ŒUVRES
PHILOSOPHIQUES
D'ARNAULD

COMPRENANT

LES OBJECTIONS CONTRE LES MÉDITATIONS DE DESCARTES

LA LOGIQUE DE PORT-ROYAL

LE TRAITÉ DES VRAIES ET DES FAUSSES IDÉES

ET PUBLIÉS

AVEC DES NOTES ET UNE INTRODUCTION

PAR C. JOURDAIN

PROFESSEUR DE PHILOSOPHIE

PARIS

HACHETTE, ÉDITEUR | LADRANGE, LIBRAIRE
rue Pierre-Sarrazin, 12 | quai des Augustins, 19

1843

BIBLIOTHÈQUE
DE M. A. BIXIO.
PARIS.

OEUVRES

PHILOSOPHIQUES

D'ARNAULD

Imprimerie de E. Duverger, rue de Verneuil, n° 4.

ŒUVRES
PHILOSOPHIQUES
D'ARNAULD

COMPRENANT

LES OBJECTIONS CONTRE LES MÉDITATIONS DE DESCARTES

LA LOGIQUE DE PORT-ROYAL

LE TRAITÉ DES VRAIES ET DES FAUSSES IDÉES

ET PUBLIÉES

AVEC DES NOTES ET UNE INTRODUCTION

PAR C. JOURDAIN

PROFESSEUR DE PHILOSOPHIE

PARIS

L. HACHETTE, ÉDITEUR | LADRANGE, LIBRAIRE
rue Pierre-Sarrazin, 12 | quai des Augustins, 19

1843

INTRODUCTION.

I.

Antoine Arnauld, né à Paris le 6 février 1612, était le vingtième enfant d'un avocat du même nom qui avait plaidé en 1594, au parlement de Paris, la cause de l'Université contre les Jésuites. L'exemple de son père et ses goûts le portaient à suivre la carrière du barreau ; mais il en fut détourné par l'abbé de Saint-Cyran, directeur de l'abbaye de Port-Royal et ami de sa famille, qui le décida à embrasser l'état ecclésiastique. Après de fortes études de théologie, où il se pénétra des sentiments de saint Augustin sur la grâce, il fut admis en 1643 au nombre des docteurs de la maison de Sorbonne. La même année vit paraître son traité de la *Fréquente Communion;* mais ce livre dont l'austérité formait un contraste remarquable avec la morale indulgente des Jésuites, souleva des haines si puissantes que, malgré l'appui de l'Université, du parlement et d'une partie de l'épiscopat, l'auteur dut céder à l'orage et se cacher comme un fugitif. A partir de ce moment, objet d'inimitié pour les uns et d'admiration pour les autres, mêlé activement aux querelles théologiques que les doctrines de Jansénius provoquèrent en France, la vie d'Arnauld fut celle d'un chef de parti et se passa dans la lutte, dans la persécution et dans l'exil. En 1656, la Sorbonne gagnée par les intrigues de ses ennemis, eut la faiblesse de l'effacer du rang des docteurs, au mépris de toutes les formes légales, pour avoir avancé cette proposition janséniste, que les Pères de l'Église nous montrent, dans la personne de saint Pierre, un juste à qui la grâce, sans laquelle on ne peut rien, a manqué. Une transaction entre les partis, conclue en 1668 sous le nom de paix de Clément IX, lui procura quelques instants d'un repos glorieux, qu'il employa à défendre la cause de l'orthodoxie catholique contre les ministres Claude et Jurieu; mais en 1679, de nouvelles persécutions de la part de l'archevêque de Paris, François de Harlay, les rigueurs exercées contre Port-Royal et les craintes personnelles qu'il inspirait à Louis XIV, l'obligèrent à quitter la France. Il se rendit d'abord à Mons, puis à Gand, à Bruxelles, à Anvers, cherchant de ville en ville une retraite qu'il n'y trouvait pas, et malgré son grand âge, ses infirmités et les périls de cette vie errante, ne cessant pas d'écrire et de combattre. Il est mort à Liége le 8 août 1694 à l'âge de quatre-vingt-trois ans[1].

Par le nombre de ses ouvrages, par l'étendue de son savoir théologique, par la fermeté indomptable de son caractère et la pureté de ses mœurs, Arnauld est une des gloires de l'Église gallicane; mais ce n'est pas le héros du Jansénisme et de Port-Royal, l'adversaire intrépide des Jésuites et de la Réforme que nous avons ici à considérer, c'est le penseur, le disciple exact ou l'émule judicieux

---

(1) Une édition des OEuvres d'Arnauld a été publiée à Lausanne, 1775-1781, en quarante-deux volumes in-4°, auxquels il faut joindre deux volumes du *Traité de la Perpétuité de la Foi* et un volume de la vie de l'auteur.

des maîtres de la philosophie moderne qu'il aurait pu égaler, sans toutefois leur ressembler, si d'autres soucis, d'autres études, d'autres luttes n'avaient rempli sa vie et comme absorbé cette mâle intelligence.

II.

Le premier ouvrage philosophique sorti de la plume d'Arnauld est la thèse qu'il rédigea en 1641 pour un de ses disciples au collége du Mans, Charles Walon de Beaupuis, devenu plus tard directeur des écoles de Port-Royal et du séminaire de Beauvais, et mort au commencement du dix-huitième siècle avec une grande réputation de savoir et de vertu. Anciennement une thèse consistait en quelques propositions non développées que le candidat devait soutenir contre ses juges. Celle du sieur de Beaupuis n'a rien innové à ce vieil usage; Arnauld ne fait qu'y poser dans un latin assez pur des conclusions au nombre de vingt-quatre sur différents points de physique, de mathématiques, de morale et de métaphysique[1]. On sent combien une pareille ébauche a peu d'importance; elle ne mériterait pas d'être mentionnée, si elle ne marquait le premier pas d'un homme célèbre dans une carrière où il devait acquérir une gloire durable.

Le cartésianisme fournit à Arnauld une occasion plus favorable d'exercer son talent philosophique. Descartes, sur le point de publier ses *Méditations*, avait chargé Mersenne d'en communiquer le manuscrit aux théologiens qu'il

---

(1) *Œuvres complètes*, t. XXXVIII, p. 1-6.

jugerait « les plus capables, les moins préoccupés des
« erreurs de l'école, les moins intéressés à les maintenir,
« enfin les plus gens de bien, sur qui il reconnaîtrait que la
« vérité et la gloire de Dieu auraient plus de force que l'envie
« et la jalousie[1]. » Il espérait recueillir des approbations « qui
» pussent soutenir l'ouvrage et empêcher les cavillations des
« ignorants qui auraient envie de contredire, s'ils n'étaient
« retenus par l'autorité de personnes doctes[2]. » Ce qui
importait surtout était d'obtenir l'avis des docteurs de la
faculté de théologie de Paris. Mais, remarque Baillet,
soit qu'ils approuvassent entièrement l'ouvrage, soit qu'ils
le méprisassent, soit enfin qu'ils ne l'entendissent pas, il
ne se trouva personne dans tout ce grand et vénérable
corps qui voulût s'ériger en censeur de Descartes, si l'on
excepte un jeune docteur ou licencié de Sorbonne qui, ayant
lu autrefois le Discours de la méthode avec plaisir, avait
acquiescé au désir du P. Mersenne[3]. Ce jeune docteur
était Arnauld, que les circonstances appelaient, à peine
âgé de vingt-huit ans, à donner son jugement d'un ouvrage
qui contenait le germe de la philosophie moderne.

Le premier objet sur lequel portent les objections, ou
plutôt les observations d'Arnauld, est la nature de l'esprit
humain. Il rappelle, en commençant, que le plus grand
des Pères de l'Eglise latine, saint Augustin, avait établi
pour fondement de la connaissance humaine le même fait
que Descartes, l'existence personnelle révélée par la pensée ; rapprochement curieux et utile qui ne détruisait pas

---

(1) *La Vie de M. Descartes*, Paris, 1691 p. 104.
(2) *Vie de Descartes*, p. 102.   (3) *Vie de Descartes*, p. 124

l'originalité du cartésianisme et qui, en le fortifiant de l'autorité d'un nom respecté, prévenait de fâcheuses résistances.

Arnauld examine ensuite si la distinction de l'âme et du corps peut se conclure de l'idée que nous avons de l'un comme sujet étendu et de l'autre comme sujet pensant, et développe les motifs qui le portent à regarder cette conclusion, non comme fausse en elle-même, mais comme hasardée et sans rapport avec les prémisses. Après avoir médité de nouveau la question et pesé les réponses de Descartes, Arnauld finit par se rendre à son avis, et déclara tout ce que l'auteur des *Méditations* avait écrit sur ce sujet « très clair, très évident et tout divin [1]. » Pour notre part, nous osons croire qu'il a cédé un peu hâtivement, et que sa première opinion était plus conforme à l'exacte vérité. Toute preuve de la spiritualité de l'âme qui part de la différence pure et simple de l'étendue et de la pensée, est en effet très imparfaite ; car elle suppose que des attributs qui diffèrent ne peuvent appartenir à un même sujet ; ce qui n'est pas, comme l'expérience sensible l'atteste. Si on veut la compléter, il faut pousser plus avant l'analyse des phénomènes psychologiques et des faits sensibles, de manière à établir que le sujet où se produisent les uns n'est pas le sujet qui comprend les autres. Il faut montrer, par exemple, que l'exercice de la pensée demande des conditions d'unité et d'identité que ne remplit pas la substance matérielle, assemblage mobile de parties qui se renouvellent de moment en moment ; — que nous possédons une

---

(1) *Lettre à Descartes*, OEuvres complètes, t. XXXVIII.

activité volontaire et libre qui se possède parce qu'elle se connaît, tandis que la matière ou est absolument inerte, ou n'a qu'une force aveugle et fatalement régie; — que les mêmes causes agissent dans la plupart des cas sur l'esprit et sur le corps d'une façon très opposée, émouvant l'une avec violence, effleurant à peine l'autre, et réciproquement. Or, aucun de ces faits, ni une foule d'autres du même genre, ne paraissent avoir été considérés par Descartes, qui se borne à répéter sous toutes les formes que la notion de l'étendue ne comprend pas celle de la pensée et n'y est pas comprise. Sa gloire impérissable est d'avoir vivement senti, fortement soutenu, que le principe intellectuel est distinct de l'organisation physique; mais s'il a mis sur la voie d'une démonstration rigoureuse de cette grande vérité, il est juste de reconnaître qu'il ne l'a pas donnée.

Arnauld soulève deux autres questions assez graves: la première si nous avons connaissance de tout ce qui se passe en nous, la seconde si nous pensons toujours. Puisque l'existence de l'âme consiste dans la pensée, exister pour elle, c'est penser; elle pense donc du moment qu'elle existe, c'est-à-dire à l'instant même de la conception, et ce phénomène se continue sans interruption pendant toute la durée de la vie. Comme d'ailleurs la pensée n'a de réalité qu'autant qu'elle vient se redoubler dans la conscience, il faut bien que pas une seule de nos pensées ne nous échappe, sauf à en oublier par la suite le plus grand nombre. Telle est la réponse que Descartes adresse à Arnauld: elle nous paraît la conséquence rigoureuse de sa théorie sur la nature de l'âme.

Relativement à la démonstration de l'existence divine, Arnauld critique avec vivacité cette pensée que Dieu est positivement par soi-même comme par une cause[1]. Il montre que la cause précédant toujours son effet, si la divinité était la cause de son être, elle se précéderait elle-même : elle se serait donné ce qu'elle possédait déjà ; elle se conserverait ou plutôt elle se rendrait ce qu'elle ne peut jamais perdre, conséquence inadmissible ou même absurde. A parler proprement, on ne peut pas demander la cause de l'existence divine ; cette cause n'est pas pour la raison. Dieu existe comme un triangle a trois angles, parce qu'il est dans la nature d'un être parfait d'exister. Descartes rétracta dans sa réponse la proposition qui avait scandalisé Arnauld. Il convint : 1° que Dieu n'est pas la cause efficiente de lui-même ; 2° qu'il ne se conserve par aucune influence positive, et il se borna à justifier les termes de la troisième Méditation ; ce qu'il déduisit peut-être plus au long que la chose ne semblait le mériter, « afin, dit-il, de montrer qu'il prenait soigneusement « garde à ne pas mettre dans ses écrits la moindre chose « que les théologiens pussent censurer avec raison[2]. »

Arnauld termine en signalant quelques points susceptibles d'alarmer la foi et d'être entendus en mauvaise part, entre autres le doute érigé en méthode et la confusion des erreurs spéculatives et des erreurs pratiques.

Les objections d'Arnauld se distinguent par une modération respectueuse qui contraste avec la légèreté malveillante de quelques-uns des adversaires du carté-

---

(1) Voyez les réponses de Descartes aux objections de Catérus.
(2) *Réponses aux quatrièmes Objections.*

sianisme. Elles élevèrent très haut sa réputation comme penseur, et le placèrent au nombre des partisans les plus éclairés du nouveau système. Dans les années suivantes, les querelles théologiques tournèrent ailleurs son attention et ne permirent même pas qu'il entretînt avec Descartes des relations suivies ; mais s'il n'a pas contribué au succès de la réforme philosophique, autant qu'on pouvait l'espérer d'un esprit de cette trempe, elle a du moins obtenu toutes ses sympathies, et dans plusieurs circonstances, il en a défendu les principes avec chaleur envers d'injustes attaques. Les rapports des théories cartésiennes avec le dogme chrétien étaient peut-être le point qui soulevait le plus de controverses entre les sectes religieuses et les partis rivaux qui divisaient alors la France. Les protestants soutenaient que la définition de la matière par l'étendue ne pouvait se concilier avec le dogme de la transsubstantiation, et quelques écrivains catholiques, partageant cette manière de voir, y puisaient des armes contre tout exercice indépendant de l'intelligence. S'il eût fallu les en croire, la philosophie se composait de vraisemblances, mélangées de beaucoup d'incertitudes et d'erreurs ; elle touchait à l'hérésie et presque toujours s'y égarait : l'esprit humain ne pouvait parvenir à la certitude que par la foi. Ces déclamations dangereuses trouvèrent chez Arnauld un antagoniste éloquent et convaincu. Aux ministres Claude et Jurieu, il répondit dans plusieurs chapitres de la *Perpétuité de la Foi* que les mystères se croient et ne s'expliquent pas, et il opposa une réfutation victorieuse au traité de l'*Existence du corps* publié par un chanoine breton, fougueux ennemi du cartésianisme et de la philosophie. Il montra combien il était périlleux et téméraire de soutenir que les Saintes-Ecritures commentées par les Pères sont l'unique source de la vérité, et qu'en dehors de cet enseignement divin tout est faux et douteux. « Cette prétention, disait-il, n'est autre « chose qu'un renouvellement de l'erreur des Académiciens « et des Pyrrhoniens que saint Augustin a jugé si préjudi- « ciable à la religion qu'il a cru devoir la réfuter[1]. » — « C'est exposer la religion au mépris des libertins, con- « tinue-t-il, que de vouloir persuader qu'il n'y a rien de cer- « tain dans les livres d'Euclide et d'Archimède, dans « l'analyse de Viète, dans la géométrie de Descartes ; que « tant de découvertes des derniers siècles ne doivent point « être réputées véritables si elles ne sont confirmées dans « l'école de Dieu, qui est l'Eglise, et appuyées par ses « livres[2]. » Qu'il nous soit permis de le faire remarquer, lorsqu'Arnauld tenait ce langage, il était d'accord avec la tradition constante de la société catholique. Beaucoup de systèmes ont eu le malheur d'être condamnés par le saint-siége ; la philosophie envisagée comme un libre développement de la raison ne le fut jamais. L'Eglise n'interdit pas à la pensée de se replier sur elle-même, et d'éclairer des lumières de la science les mystères de son origine, de sa nature et de sa fin. Elle veut que la foi demeure invariablement respectée, mais elle ne prétend pas que son empire soit universel et exclusif, et que l'esprit humain ne possède pas, indépendamment de la foi, des vérités

---

(1) *OEuv. compl.*, t. XXXVIII, p. 97.
(2) *Ibid.*, p. 98. Voyez aussi une lettre sur le scepticisme de Huet, citée par M. Cousin, *Pensées de Pascal*, introd., p. XXIII.

propres. Ceux qui ont contesté à la raison cette portée et ces droits, et qui, cachant un scepticisme dangereux sous un faux air de spiritualité, ont douté de sa puissance d'arriver à la certitude, sont quelques esprits peu sincères et peu sages, que la philosophie ne désavoue pas plus hautement que l'Eglise elle-même qui les a repoussés plusieurs fois de son sein[1].

III.

Avant les persécutions qui l'obligèrent, en 1679, de quitter la France, Arnauld vivait habituellement à Port-Royal-des-Champs, dans la société de Nicole, Sacy, Lancelot, et du duc de Luynes, traducteur des *Méditations* de Descartes. Ces pieux et savants solitaires consacraient les heures de relâche à converser de la philosophie et surtout du cartésianisme[2]. Au milieu de ces entretiens, une rencontre imprévue donna naissance à un des ouvrages qui honorent le plus le dix-septième siècle et la philosophie française, je veux dire, l'*Art de penser*. Comme la conversation roulait un jour sur la logique, un des interlocuteurs cita, comme très digne de remarque, l'exemple d'un maître qui, dans sa jeunesse, la lui avait apprise en quinze jours. Arnauld répondit qu'on pouvait mieux encore, et qu'en trois fois moins de temps il pro-

---

(1) Voyez, à ce sujet, l'*Instruction pastorale de Monseigneur l'Archevêque de Paris sur la composition, l'examen et la publication des livres en faveur desquels les auteurs ou éditeurs sollicitent une approbation*, 1842, **passim.**

(2) Voyez les *Mémoires de Fontaine*, Utrecht, 1736, et l'ingénieuse et savante histoire de *Port-Royal*, par M. Sainte-Beuve, t. II, p. 305 et suiv.

mettait de faire voir toutes les règles essentielles au jeune fils du duc de Luynes, Henri de Chevreuse, qui était présent. La proposition ayant été acceptée, il se mit à l'œuvre, de concert avec Nicole, et en moins d'une semaine, par un prodige de facilité savante, fut achevée la logique de Port-Royal que le duc de Chevreuse résuma en quatre tableaux, à étudier en quatre jours [1]. L'ouvrage, célèbre avant de paraître, circula quelque temps en manuscrit; mais comme on craignait qu'il ne fût imprimé en fraude sur une copie infidèle, l'auteur se décida à le publier, en 1662, chez Charles Savreux, imprimeur ordinaire de Port-Royal, avec un discours préliminaire écrit par Nicole [2]. Une seconde édition, augmentée d'un nouveau discours et de plusieurs chapitres également dus à Nicole, parut en 1664, et fut accueillie par un succès non moins général que la première. L'*Art de penser* devint dès lors ce qu'il est resté depuis, un livre classique que les écoles d'Angleterre et d'Allemagne ont emprunté de bonne heure à la France [3], et qui a pris peu

---

(1) *L'Art de penser*, avis (OEuv. compl., t. XLI).

(2) *L'Art de penser* a été attribué à divers auteurs, mais deux notes citées dans le catalogue manuscrit des livres de l'abbé Goujet et reproduites par M. Barbier (*Dictionnaire des ouvrages anonymes et pseudonymes*, Paris, 1806, t. I, p. 496), me paraissent trancher la question; suivant l'une, qui est de Racine, élève, comme on sait, de Port-Royal: « Les discours et les additions sont de Nicole; les premières parties sont « du même, avec le docteur Arnauld; la quatrième partie, qui traite de « la méthode, n'est que de ce célèbre docteur. » Suivant l'autre note: « Ce qu'il y a de M. Nicole est le fruit de ce qu'il avait enseigné sur la « philosophie à M. Le Nain de Tillemont, qui fut instruit, en effet, dans « les écoles de Port-Royal. »

(3) En 1736, selon les auteurs de la *Bibliothèque raisonnée*, t. XVI, p. 480, il avait déjà paru dix éditions françaises de l'*Art de penser*, et au-

à peu dans l'enseignement la place des indigestes compilations héritées de la scolastique.

Arnauld distingue quatre principales opérations de l'esprit: concevoir, juger, raisonner, ordonner; concevoir, c'est-à-dire nous former des idées des choses qui se présentent à nous; juger, c'est-à-dire affirmer une idée d'une autre; raisonner, ou tirer un second jugement d'un premier; ordonner, ou disposer diverses idées, divers jugements, divers raisonnements sur un sujet déterminé. Arnauld se trouve ainsi conduit à diviser la logique en quatre parties, dont la première traite des idées, la seconde des jugements, la troisième des raisonnements, la quatrième de la méthode. Les idées sont considérées selon leur nature et leur origine, la différence de leurs objets et leurs principaux caractères de simplicité et de composition, d'universalité et de particularité, de clarté et de confusion, etc. L'étude du jugement est ramenée à celle de la proposition qui l'exprime, et par conséquent du langage dont le rôle, les services et les inconvénients, soit comme expression, soit comme auxiliaire de la pensée sont appréciés avec un détail, et surtout une exactitude égalée peut-être, mais non surpassée par Locke et Condillac. La théorie des formes du raisonnement qu'Arnauld ne distingue pas du syllogisme, reproduit, sous une forme plus précise et plus populaire, l'analyse savante donnée par Aristote et les philosophes scolastiques. Pour la méthode, Arnauld suit la trace fidèle de Descartes, qu'il copie même textuellement dans le chapitre de l'ana-

---

tant d'éditions latines. Celle de 1704, publiée à Halle, est accompagnée d'une introduction de Fr. Buddée.

lyse et de la synthèse, comme il a eu la sincérité d'en avertir. On voit que ce plan laissait en dehors du cadre de la logique toute une partie essentielle, la théorie de l'induction et les règles de l'expérience, ces règles tracées d'une main si ferme par le génie de Bacon, appliquées si heureusement par Copernic et Galilée. Mais à part cette lacune regrettable, l'*Art de penser* est en son genre un chef-d'œuvre. On ne peut apporter dans l'exposition des arides préceptes de la logique plus d'ordre, d'élégance et de clarté qu'Arnauld, un discernement plus habile de ce qu'il faut dire parce qu'il est nécessaire, et de ce qu'il faut taire parce qu'il est superflu ; un choix plus heureux d'exemples instructifs, une connaissance plus exacte de la nature humaine et des choses propres à former le jugement en épurant le cœur. Quelques omissions inévitables ne détruisent pas le mérite de ces grandes et précieuses qualités. La portée de la raison humaine permet rarement aux écrivains d'embrasser une matière dans toute son étendue. Il suffit à leur gloire qu'ayant négligé certaines faces de leur sujet, ils aient traité excellemment les autres questions.

La *Grammaire générale et raisonnée* de Port-Royal, publiée vers le même temps que l'*Art de penser*, rappelle cet excellent ouvrage sous le double point de vue du fond et de la forme ; mais outre qu'elle n'a qu'un rapport très indirect avec la philosophie, Lancelot en est le principal auteur, et Arnauld, sous le nom duquel on l'a souvent réimprimée [1], n'y a pris part que par ses conseils. Il nous suffira donc, sans nous y arrêter, de l'avoir mentionnée.

(1) Œuv. compl., t. XLI.

Arrivons à un débat célèbre qui est le fait principal de la carrière philosophique d'Arnauld, dont il a rempli les dernières années, ses controverses avec Malebranche, à l'occasion du *Traité de la Nature et de la Grâce*, et de *la Recherche de la Vérité*.

IV.

Suivant une opinion célèbre que plusieurs philosophes de l'antiquité partagèrent, nous ne voyons pas les objets matériels en eux-mêmes, nous n'apercevons que des idées et des images détachées de leur surface, et qui, entrant en contact avec nos organes, produisent en nous le double phénomène de la sensation et de la connaissance. Ce sont, par exemple, les idées du papier sur lequel j'écris ces lignes, de la plume que ma main dirige, de la table où je m'appuie, des divers objets dont je suis environné, qui frappent actuellement mes regards, non ce papier même, cette plume, cette table, ces objets. Depuis les astres qui brillent sur nos têtes, jusqu'au brin d'herbe que foulent nos pieds, toutes choses ne s'offrent ainsi à l'entendement que par l'intermédiaire de fragiles apparences émanées d'elles. Lucrèce a embelli des couleurs de la poésie[1] cette singulière théorie que Démocrite avait imaginée, et qui fut reproduite par Epicure. Aristote paraît l'avoir adoptée, et sur la foi de son nom, elle régna dans les écoles du

---

(1) *Dico igitur rerum effigies tenuesque figuras*
Mittier ab rebus, summo de corpore, corum
Quæ quasi membranæ vel cortex nominitanda est,
Quod speciem ac formam similem gerit ejus imago.
LUCRETIUS, *de Rerum natura*, IV, v. 46 et sqq.

moyen-âge, où elle donna lieu à de subtiles controverses sur les espèces impresses et la manière dont elles se transformaient en espèces expresses par un travail de l'intellect agent.

La philosophie moderne fit justice de ces chimères. Elle prouva avec la dernière évidence, que les objets sensibles n'émettent rien de pareil à des images de leurs propriétés; et si désormais quelque chose pût demeurer obscur et sujet à discussion, ce furent les motifs qui avaient porté tant d'illustres génies et toute une grande époque à suivre une hypothèse tellement contraire à la raison et au bon sens. Mais tout en rejetant les principes d'Epicure et les espèces de la scolastique, les penseurs les plus éminents du dix-septième siècle ne contestaient pas que la connaissance humaine ne roulât tout entière sur les idées représentatives des choses, au lieu de porter directement sur les choses elles-mêmes. S'ils refusaient de voir dans les idées un produit et une émanation de la substance matérielle, ils ne doutaient ni de leur réalité, ni de l'importance du rôle qu'elles jouent dans la perception extérieure; bien plus, la question de leur origine semblait offrir d'autant plus d'intérêt que l'ancienne explication était abandonnée.

Au milieu d'autres recherches sur la nature de l'entendement, Malebranche rencontra cette question épineuse, et naturellement porté aux spéculations d'une piété sublime, nourri de la lecture de saint Augustin et imbu de sa doctrine, il la résolut, conformément à son génie propre et à ses études, par un système célèbre dans l'histoire de la philosophie, la vision en Dieu. Les idées de l'intelligence divine interposées entre nous et les corps; devenaient dans ce système le milieu immuable où nous apercevons toute vérité. Elles n'étaient pas seulement la vraie lumière qui éclaire tout homme venant en ce monde, mais l'objet immédiat, sinon le terme des contemplations de l'esprit. Malebranche exceptait la notion de l'âme que nous acquérons par sentiment intérieur, et celle des facultés morales de nos semblables, que nous connaissons par conjecture.

Une hypothèse qui rattachait aussi étroitement la pensée de l'homme à son auteur pouvait séduire quelques imaginations ardentes, mais elle était si nouvelle, si paradoxale, si téméraire, elle soulevait de si graves difficultés, que tous les esprits droits, calmes, circonspects, et le cartésianisme en avait singulièrement augmenté le nombre, devaient l'accueillir avec défiance ou la repousser ouvertement. Arnauld avoue cependant qu'il y avait d'abord donné peu d'attention, et, absorbé par d'autres soucis, ne s'était pas occupé de rechercher si elle était vraie ou fausse, bien ou mal fondée. Il ne se mit à l'étudier sérieusement que dix années après la publication de *la Recherche de la Vérité*, quand le *Traité de la Nature et de la Grâce* eut paru. Se proposant de combattre les principes de ce dernier ouvrage sur la manière dont la Providence gouverne le monde, il jugea utile de commencer par un examen approfondi de la vision en Dieu, marche indiquée par l'auteur même à ses adversaires [1], et dans les pre-

---

(1) *Défense de M. Arnauld contre la Réponse au livre Des vraies et des fausses Idées*, part. II, passim.

miers mois de 1682, il composa le livre *Des vraies et des fausses Idées*, publié l'année suivante [1].

Une question très simple, résolue au moyen d'une distinction qui ne l'est pas moins, fait tout le fond de cet important traité. Les idées existent-elles? Là est le nœud du débat. Le mot idée, répond Arnauld, a une double signification, l'une vulgaire, l'autre philosophique : selon la première, il désigne la perception de l'âme; selon la seconde, des êtres représentatifs distincts de nos perceptions. Considérées comme l'acte même du sujet qui perçoit, les idées existent ; considérées comme intermédiaires entre l'esprit et le corps, elles n'existent pas. La doctrine des idées est donc vraie dans un sens qui est celui du vulgaire ; elle est fausse dans un autre qui est celui des philosophes, particulièrement de Malebranche.

Avant de formuler ces conclusions, Arnauld expose les règles de la méthode philosophique; elles sont au nombre de sept : 1º Commencer par les choses les plus simples, et dont on ne peut douter pourvu qu'on y fasse attention. 2º Ne pas prétendre expliquer, au moyen de notions confuses, des vérités clairement connues, parce qu'on n'éclaire pas la lumière par les ténèbres. 3º Ne pas chercher de raisons à l'infini, mais s'arrêter à ce que l'on sait être la nature d'une chose. 4º Ne pas confondre les questions où on doit répondre par la cause efficiente avec celles où il faut répondre par la cause formelle. 5º Ne point demander de

---

[1] L'ouvrage parut à Cologne, chez Nicolas Schouten, en un vol. in-12 de 338 p. Il a été réimprimé à Amsterdam en 1753; mais cette réimpression est très fautive. L'éditeur des OEuvres complètes d'Arnauld a suivi le texte de l'édition originale, t. XXXVIII.

définitions des termes qui sont clairs en eux-mêmes, et qu'on obscurcirait en voulant les définir, comme l'être, la pensée, etc. 6° Ne pas attribuer aux corps ce qui ne convient qu'aux esprits, et réciproquement. 7° Ne pas multiplier les êtres sans nécessité [1].

Ces règles posées, Arnauld aborde l'examen du système de Malebranche, considéré soit dans son principe, qui est l'hypothèse des idées représentatives, soit en lui-même.

Une assimilation gratuite des lois de la matière à celles de la pensée, telle est au fond l'origine de ce paradoxe, que nous ne voyons pas les corps, mais des idées qui les représentent. Comme la vue ne peut voir que les objets qui sont devant elle, on a supposé que de même, l'esprit ne voit rien qui ne lui soit présent, par où on a compris une présence, non-seulement objective, mais locale. Or, il est trop clair que les objets ne peuvent être présents à la pensée par eux-mêmes, l'âme ne quittant pas le corps pour aller s'unir aux choses, et les choses ne sortant pas de leur repos pour venir se joindre à l'âme. Il a donc fallu expliquer par une autre voie cette communication jugée nécessaire à la connaissance, et une nouvelle hypothèse également inspirée par l'analogie en a fourni le moyen [2]. Des images semblables à celles qu'on aperçoit dans un miroir ou dans l'eau d'une fontaine, sont devenues l'intermédiaire dont l'union avec l'esprit a suppléé à l'absence des objets : toute la question s'est trouvée réduite à savoir quelle était leur nature? Mais cette double origine de l'hypothèse des idées représentatives ne la justifie pas ; elle suffirait plutôt pour

---

(1) *Des vraies et des fausses Idées*, ch. I.   (2) *Ibid.*, ch. IV.

la faire rejeter, quand la théorie échapperait à d'autres objections insurmontables.

Considérons attentivement ce qui se passe dans le fait de la connaissance. Quand je vois un cube, une pyramide, le soleil ou tout autre corps, est-ce qu'alors une image du soleil, de ce cube, de cette pyramide est unie à mon âme et occupe ma pensée ? La lumière infaillible de la conscience ne discerne rien de tel en moi, ou plutôt elle me fait voir tout le contraire. La perception est un phénomène qui a un double rapport avec l'objet perçu et le sujet qui perçoit ; elle ne suppose rien au-delà. Pour trouver dans l'esprit aucun vestige de ces êtres représentatifs qu'on appelle idées, il faut donc les y avoir mis soi-même par un vieux reste de préjugé ; comme les défenseurs des formes substantielles les trouvent dans tous les corps de l'univers, parce qu'ils se sont imaginé qu'elles contiennent la seule explication vraie de leurs propriétés [1].

La théorie des idées repose d'ailleurs sur la supposition que nous n'apercevons les objets qu'autant qu'ils nous sont présents : or, aucune hypothèse n'est plus contraire à l'expérience, au bon sens, à la raison. Dépourvus de la faculté de connaître à distance, nous ne verrions ni le soleil, ni les astres, ni les autres hommes, ni cette infinité de choses que nous avons la conscience de connaître malgré leur éloignement : de tous les corps de l'univers, notre âme n'en découvrirait qu'un seul, celui auquel elle est unie, et par conséquent elle ne remplirait pas les vues

---

[1] *Des vraies et des fausses Idées*, ch. VII.

de la Providence de qui elle a reçu l'être pour contempler et pour admirer ses ouvrages : nous ne pourrions acquérir les notions abstraites de triangle, de cercle, de nombre, fondement des sciences mathématiques ; car les nombres et les figures abstraites ne sont nulle part matériellement : nous ne pourrions même nous figurer une chose absente et éloignée de nous, pas plus que la volonté ne peut aimer un objet comme mauvais; absurdes, mais rigoureuses conséquences de l'hypothèse, qui prouvent à quelles erreurs on peut être conduit, quand on obscurcit les vérités clairement conçues par des explications aventurées [1].

Un autre vice de la théorie est de compliquer inutilement le phénomène de la perception en paraissant l'expliquer. Il est simple, elle le rend double; il consiste dans la connaissance des corps, elle y joint la connaissance d'images intermédiaires. Mais si, comme on n'en doute pas, Dieu a voulu que nous connussions les objets extérieurs, supposera-t-on que, pour nous les faire voir, il ait employé un détour tellement embarrassé que tout homme sincère avouera ne pas le comprendre? La simplicité dans le choix des moyens est le caractère de l'action divine. Ce n'est pas le père Malebranche qui le contestera. Il suit de là qu'ayant arrêté de donner à la pensée de l'homme l'univers pour spectacle, la Providence a dû suivre dans l'accomplissement de ses desseins la voie la plus courte et la plus simple ; or, n'était-ce pas que l'univers s'offrît à l'âme de lui-même, et qu'elle eut le pouvoir de le contempler immédiatement, sans image [2]?

(1) *Des vraies et des fausses Idées*, ch. vIII. (2) *Ibid.*, ch. x.

Enfin, quel est le but de la théorie des idées? Apparemment de montrer comment nous percevons les corps; et que nous apprend-elle? Que les corps ne peuvent être perçus, que nous n'en voyons que les espèces représentatives. Je veux savoir de quelle manière mon âme connaît ces riches campagnes que je découvre à l'horizon, et on me répond que je ne les connais pas, et qu'au lieu de prairies, de rivières et d'arbres matériels, je ne vois que des prairies ou des rivières et des arbres intelligibles! On imaginerait difficilement une solution moins heureuse. C'est à peu près comme si un philosophe avait promis de montrer comment la liberté chez l'homme se concilie avec la prescience en Dieu, et, après de longs discours, proposait de nier l'une et l'autre, comme unique moyen de les concilier [1].

Après avoir ainsi fait justice du principe général de la théorie des idées, Arnauld arrive au système particulier de Malebranche, qu'il n'hésite pas à qualifier « la plus « mal inventée et la plus inintelligible de toutes les hypo- « thèses [2]. »

Il s'agissait d'abord d'établir exactement ce que nous voyons en Dieu; mais Malebranche ne le détermine pas. Il commence par déclarer que nous y voyons toutes choses; et plus loin, il excepte la notion de l'âme acquise par un sentiment intérieur, et la connaissance des facultés de nos semblables, due à l'analogie. Tantôt il veut que les idées divines nous représentent seulement l'étendue, les nombres, et les essences des êtres; tantôt tous les ouvrages de Dieu, et même les choses changeantes et

---

(1) *Des vraies et des fausses Idées*, ch. xi. (2) *Ibid.*, ch. xii.

corruptibles. Sa doctrine sur ce point capital est pleine d'incertitudes [1].

Mais, où Malebranche varie et s'égare bien davantage, c'est quand il cherche à expliquer la nature et le mode de cette vision imaginaire. Il avait d'abord paru croire que chaque objet nous est représenté par une idée particulière de l'entendement divin, telle pierre, telle plante, tel animal, tel lit, par telle et telle idée; il a ensuite abandonné cette opinion, au risque même de contredire toutes les notions de la saine théologie sur la connaissance que Dieu a des choses créées; mais on ne trouve ni plus de clarté, ni plus de fondement à cette supposition qu'il adopte en dernier lieu, savoir, que les divers objets de l'univers sont représentés tous ensemble dans une étendue intelligible et infinie que Dieu renferme et où l'âme les aperçoit. Envisagée en elle-même, cette étendue est quelque chose de mystérieux et d'insaisissable, dont la nature échappe à la définition, et qui peut conduire, si on l'admet en Dieu, à se former des notions très inexactes des attributs divins. Considérée dans ses rapports avec la connaissance, elle ne suffit pas pour l'expliquer; puisqu'elle renferme tous les corps en général, il est bien clair qu'elle n'en contient et n'en représente spécialement aucun, et par conséquent ne peut rendre compte d'une seule de nos idées individuelles, à peu près comme un bloc de marbre que le ciseau du sculpteur n'a pas travaillé est une masse informe qui ne ressemble à rien de déterminé, par cela seul qu'elle peut ressembler à tout [2].

---

(1) *Des vraies et des fausses Idées*, ch. XII.
(2) « **Un excellent peintre**, dit ingénieusement Arnauld, qui avait au-

INTRODUCTION. xxiij

Vainement dira-t-on que la théorie de Malebranche fait mieux voir qu'aucune autre combien notre esprit est dépendant de Dieu, et combien il doit lui être uni ; loin d'avoir cette portée et cet avantage, elle fournirait plutôt

trefois bien étudié, et qui était aussi habile en sculpture, avait un si grand amour pour saint Augustin que, s'entretenant un jour avec un de ses amis, il lui témoigna qu'une des choses qu'il souhaiterait plus ardemment serait de savoir au vrai, si cela se pouvait, comment était fait ce grand saint. — Car vous savez, lui dit-il, que nous autres peintres désirons passionnément d'avoir les visages au naturel des personnes que nous aimons. Cet ami trouva comme lui cette curiosité fort louable, et il lui promit de chercher quelque moyen de le contenter sur cela. Et, soit que ce fût pour se divertir ou qu'il eût eu quelque autre dessein, il fit apporter le lendemain, chez le peintre, un grand bloc de marbre, une grosse masse de fort belle cire, et une toile pour peindre (car, pour une palette chargée de couleurs et de pinceaux, il s'attendit bien qu'il y en trouverait). Le peintre étonné lui demanda à quel dessein il a fait apporter tout cela chez lui : — C'est, lui dit-il pour vous contenter dans le désir que vous avez de savoir comment était saint Augustin, car je vous donne par là le moyen de le savoir. — Et comment cela ? repartit le peintre. — C'est, lui dit son ami, que le véritable visage de ce saint est certainement dans ce bloc de marbre aussi bien que dans ce morceau de cire ; vous n'avez seulement qu'à en ôter le superflu, ce qui restera vous donnera une tête de saint Augustin tout-à-fait au naturel ; et il vous sera aussi bien aisé de la mettre sur votre toile en y appliquant les couleurs qu'il faut. — Vous vous moquez de moi, dit le peintre ; car je demeure d'accord que le vrai visage de saint Augustin est dans ce bloc de marbre et dans ce morceau de cire, mais il n'y est pas d'une autre manière que cent mille autres. Comment voulez-vous donc qu'en taillant ce marbre pour en faire le visage d'un homme et travaillant sur cette cire dans ce même dessein, le visage que j'aurai fait au hasard soit plutôt celui de ce saint que quelqu'un de ces cent mille qui sont aussi bien que lui dans ce marbre et dans cette cire ? Mais, quand par hasard je le rencontrerais, ce qui est un cas moralement impossible, je n'en serais pas plus avancé ; car, ne sachant point du tout comment était fait saint Augustin, il serait impossible que je susse si j'aurai bien rencontré ou non. Et il en est de même du visage que vous voudriez que je misse sur cette toile. Le moyen que vous me donnez pour savoir au vrai comment était fait saint Augustin est donc tout-à-fait plaisant ; car c'est un moyen qui suppose que je le sais et qui ne me peut servir de rien à l'homme une occasion de s'attacher avec moins de scrupule aux choses matérielles. Si nous voyons le Créateur quand nous voyons les créatures, la recherche des créatures est une aspiration vers l'être infini. Cette curiosité vague et inquiète qui nous promène d'un objet à l'autre, et que saint Augustin et les Pères ont si énergiquement condamnée, devient légitime puisqu'elle a pour fin des choses qu'on ne peut voir sans découvrir Dieu même. Il n'est pas jusqu'aux occupations les plus frivoles dont Dieu ne soit le terme immédiat et qui par conséquent ne se trouvent en quelque sorte divinisées. Toutes les notions de la piété sont perverties, et une excuse facile est offerte aux égarements du cœur et de la raison[1].

Pressé par une expérience infaillible, Malebranche accorde que nous ne voyons en Dieu ni notre âme, ni les âmes des autres hommes; mais cette concession au bon sens et à la vérité n'est qu'une inconséquence qui trahit de nouveau le vice général du système. Dieu renferme en lui l'idée de l'âme comme l'idée de l'étendue, et la première est même beaucoup plus intelligible que la seconde. Si donc la pensée divine est le centre où nous apercevons celle-ci, nous devons y apercevoir celle-là, ou bien nous n'y découvrirons ni l'une ni l'autre. Il sert peu de soutenir, pour éviter la contradiction, que la vision en Dieu n'existe que pour les choses connues avec clarté, et que

---

si je ne le sais.—Vous vous étonnez, reprit l'ami, de l'invention que je vous ai donnée pour vous faire avoir le visage de saint Augustin au naturel. Je n'ai fait en cela que ce qu'a fait l'auteur de *la Recherche de la Vérité* pour nous faire avoir la connaissance des choses matérielles. » *Des vraies et des fausses Idées*, ch. xv.

(1) *Des vraies et des fausses Idées*, ch. xix.

la notion de l'âme, étant obscure et confuse, doit nécessairement avoir une autre origine. Sans doute la notion de l'âme est obscure, si par idée claire on entend une idée qui représente complétement son objet; mais à ce compte même, elle l'est beaucoup moins que celle de l'étendue, des figures et des nombres dont nous ignorons une foule de propriétés, tandis que nous connaissons la plupart des facultés et des modifications de notre esprit. Que si au contraire on entend par idée claire une idée dont l'évidence produise cette adhésion intime qui constitue la certitude, il n'y a rien de plus clair que la notion de l'âme, parce qu'il n'y a rien de plus certain : de sorte qu'à n'envisager que la clarté seule de nos perceptions, Malebranche ne devait pas expliquer la connaissance de l'esprit par un principe moins élevé que celle du corps [1].

La théorie des idées est donc insoutenable dans son principe, et plus encore sous la forme particulière que l'auteur de *la Recherche de la Vérité* lui a donnée. Nous ne voyons les objets matériels ni dans les idées divines, ni au moyen d'images émanées de leur surface, ni d'aucune autre manière indirecte; nous les voyons en eux-mêmes, sans intermédiaire, par la seule vertu de la faculté de connaître que nous avons reçue de la Providence. Cette explication n'est pas seulement la plus simple, elle est aussi la plus profonde, parce que la profondeur ne consiste pas à imaginer des raisons à l'infini, mais à s'arrêter au terme fixé par la nature et par la vérité. Toute théorie qui essaie d'aller plus avant est une œuvre d'imagination, non de raison,

---

(1) *Des vraies et des fausses Idées*, ch. XXII, XXIII, XXIV.

une hypothèse dénuée de preuves, qui soulève d'inextricables difficultés.

Tels sont, à part quelques points accessoires, le fond et le plan général du traité *Des vraies et des fausses Idées.* Quant à la méthode, elle ne diffère pas de celle qu'Arnauld a constamment suivie dans tous ses ouvrages de polémique. C'est une sorte de compromis entre les allures géométriques de l'école de Descartes, le formalisme de la scolastique et la démarche plus libre et moins régulière de la philosophie moderne. A l'exemple des géomètres, Arnauld établit des définitions, des axiomes, des demandes. Comme un docteur de la vieille école, il aime à enfermer son adversaire dans le cercle d'un syllogisme, et rapprochant l'opinion qu'il attaque d'un principe incontestable, à en prouver la fausseté par voie de conséquence. Chef de parti, écrivain populaire, il entremêle son argumentation de mouvements passionnés, de figures vives et pénétrantes, destinées à rendre la vérité sensible et le paradoxe ridicule. Cette méthode, alliance bizarre de procédés contraires, est-elle au fond la meilleure? Il est permis d'en douter. Un géomètre ne la jugerait pas encore assez exacte; tout philosophe qui ne sera pas mathématicien en blâmera la sécheresse. Elle ne rend pas à la pensée en précision rigoureuse ce qu'elle enlève à l'expression d'élégante facilité. La forme du traité *Des vraies et des fausses Idées* est sans doute remarquable par la netteté; mais elle est en général dépourvue de souplesse, d'éclat et d'élévation. Combien Arnauld est un écrivain inférieur, je ne dirai pas à Fénélon et à Bossuet, mais à son rival et à Descartes !

V.

Par la vigueur du raisonnement, comme par le nom de son auteur, le traité *Des vraies et des fausses Idées* était la plus rude épreuve que la théorie de la vision en Dieu eût encore subie. Malebranche répondit avec toute la fierté du génie méconnu et toute l'amertume de l'amour-propre blessé. A le croire, un misérable esprit de coterie et le dépit qu'il ressentait du livre *De la Nature et de la Grâce*, avaient seuls poussé Arnauld à réfuter un ouvrage publié depuis dix ans. Par un artifice indigne d'un chrétien et d'un prêtre, il avait choisi la partie la plus abstraite de *la Recherche de la Vérité*, celle que la foule des lecteurs pouvait le moins comprendre, afin de décrier l'auteur comme un visionnaire qui se perdait dans sa nouvelle philosophie des idées, et qui, au lieu de chercher l'intelligence des mystères de la grâce dans la lumière des saints, la cherchait dans ses propres pensées. Plût à Dieu que lui-même, renonçant aux opinions nouvelles qu'il érigeait en dogmes contre le jugement des Pères et de l'Église, il eût bien voulu se défaire pour quelque temps de ses anciens préjugés et arracher, la poutre qui l'aveuglait avant de prétendre éclairer les autres[1]! Malebranche continue sur le même ton dans tout son livre, passe avec légèreté sur les plus forts arguments d'Arnauld; puis termine par ces hautaines paroles : « Si je n'ai pas répondu « en particulier à tous les raisonnements qu'il a faits, ce

---

(1) *Réponse au livre Des vraies et des fausses Idées*, p. 3, 13, 29 et 30. Toutes les *Réponses de Malebranche à Arnauld* ont été réunies en 4 vol. in-12. Paris, 1709.

« n'est pas que je manquasse de réponse, c'est plutôt qu'ils
« n'en méritaient aucune[1]. »

A cette réplique altière, Arnauld opposa une défense de six cents pages, divisée en cinq parties, où revenant sur ses premières objections, les fortifiant par de nouvelles, poussant Malebranche avec une logique inexorable d'une erreur à une autre erreur jusqu'au scandale et à l'impiété, il l'accusait de faire Dieu corporel. « L'énormité de ce
« paradoxe, dit-il, et la bonne opinion que l'amitié et la
« charité me donnaient de l'auteur me fermaient en quelque
« sorte les yeux pour ne pas être frappé de la lumière des
« raisons qui se présentaient à moi; mais depuis sa réponse
« au *Traité des Idées*, mon doute s'est changé en une opi-
« nion arrêtée... Je n'appréhende point d'assurer qu'il met
« de l'étendue en Dieu formellement. » Après avoir développé les motifs qui l'avaient conduit à prêter à Malebranche « un sentiment si dangereux et si contraire à la
« religion, » Arnauld continuait en ces termes : « De quelque
« manière qu'il entreprenne de répondre à ces raisons, soit
« en défendant ce qu'elles prouvent, soit en le désavouant,
« je le prie d'éviter ces manières cavalières qui ne vont
« point au fond, de n'user point de défaites et d'équivo-
« ques qui ne font que brouiller, de ne point prendre le
« change et de ne point étourdir le monde par des injures
« en l'air qui sont plus contre lui que contre moi, et qui
« n'éclaircissent point la dispute[2]. » Malgré l'emportement qui règne en général dans cette défense d'Arnauld, elle se

---

(1) *Réponse au livre Des vraies et des fausses Idées*, p. 320 et 321.
(2) *Défense de M. Arnauld*, p. 304, 313.

termine par de belles paroles qu'on ne saurait trop méditer : « Je prie Dieu, dit-il, que dans une dispute qui doit être « consacrée à la vérité, il nous donne à l'un et à l'autre un « désir sincère de la rechercher uniquement; une résolu- « tion ferme de lui sacrifier tous nos intérêts et tous ces « faux points d'honneur, dont notre amour-propre nous « fait des idoles ; et un zèle pour la soutenir, autant qu'il « nous la fera connaître, qui ne soit mêlé d'aucune amer- « tume contre les personnes qui nous paraissent la ruiner « en s'imaginant l'établir. C'est ce que recommande saint « Augustin à tous ceux qui écrivent pour l'Église par ces « courtes et excellentes paroles : Aimez les hommes, étouf- « fez les erreurs, présumez de la vérité sans orgueil, com- « battez sans aigreur pour la vérité : *Diligite homines,* « *interficite errores : sine superbia de veritate præsumite :* « *sine sævitia pro veritate certate*[1]. »

Malebranche crut devoir à ses convictions, à ses amis, à lui-même, de prouver que par l'étendue intelligible il avait toujours compris la connaissance de l'étendue sans admettre en Dieu aucun élément matériel, comme son fougueux adversaire le lui reprochait[2]; mais quant aux autres points, il refusa de répondre, déclarant « qu'il ne pré- « tendait pas employer sa vie à des contestations inutiles. » Le débat ayant alors cessé faute de combattants, il reprit, quelques années plus tard, à l'occasion du *Système de philosophie* de Sylvain Régis, dont Malebranche, qui y était

---

(1) *Défense de M. Arnauld*, p. 622 et 623.
(2) *Trois lettres du P. Malebranche touchant la Défense de M. Arnauld*, lett. I.

attaqué, se porta l'adversaire et Arnauld le défenseur; mais la mort de celui-ci l'interrompit presque aussitôt [1].

Dans cette lutte passionnée entre deux esprits d'une trempe opposée, mais d'un mérite également supérieur, l'un plus élevé, plus étendu, plus brillant, l'autre plus solide, plus judicieux, plus exact, un point capital demeura acquis à la science, c'est que l'ancienne hypothèse des idées représentatives, sous quelque forme qu'on la présentât, était pleine d'obscurités, de périls et d'erreurs. Malgré les ressources inépuisables d'une argumentation toujours déliée et quelquefois éloquente, Malebranche ne parvint pas à prouver qu'entre les objets et l'esprit, il s'interposât des images distinctes de nos perceptions, et la thèse contraire fut établie par son habile adversaire avec la dernière évidence : de sorte qu'environ un siècle avant la publication des *Recherches* de Thomas Reid sur l'entendement humain, Arnauld a non-seulement soupçonné, mais développé, soutenu et invinciblement démontré la théorie même qui a fait le succès et la gloire de l'école Écossaise. Que disent en effet les Ecossais, à commencer par Reid et à finir par M. Hamilton? Que nous connaissons des corps immédiatement et en eux-mêmes. Et quel

(1) Voyez *Quatre lettres de M. Arnauld au P. Malebranche sur deux de ses plus insoutenables opinions*, 1694, OEuv. compl., t. XL, p. 69-110. — *Lettres du P. Malebranche à M. Arnauld*, 1694.— *Réponse, par le P. Malebranche, à la troisième lettre de M. Arnauld*, 1699. — *Ecrit contre la Prévention, par le P. Malebranche*, 1699. Cet écrit, peu digne de Malebranche, n'est qu'un pamphlet ayant pour objet d'établir que les livres attribués à Arnauld ne peuvent être de lui, « en supposant qu'il « eût de l'équité, de la bonne foi, de l'esprit, pour le moins autant qu'un « autre, en un mot toutes les bonnes qualités que lui donnent ceux qui « condamnent *la Recherche de la Vérité* sur son rapport. »

motif apportent-ils à l'appui de leur opinion? C'est que dans le fait de la perception extérieure, nous n'avons pas conscience, outre la notion même de la réalité matérielle, d'une notion intermédiaire qui aurait pour objet des espèces représentatives. Or ici, conclusion et argument, tout appartient au *Traité des Idées*. On a refait les analyses du philosophe français, mais sans les surpasser, et sa doctrine, peut-être revêtue de formes moins sévères, a été au fond très fidèlement reproduite. Voilà pourquoi nous n'avons jamais compris comment le chef de l'école Ecossaise, qui avait sous les yeux le livre d'Arnauld, a pu écrire les lignes suivantes : Ma-
« lebranche et Arnauld professaient tous deux la doc-
« trine universellement reçue que nous ne percevons pas
« les choses matérielles immédiatement ; que leurs idées
« seules sont les objets immédiats de notre pensée, et
« que c'est dans l'idée de chaque chose que nous perce-
« vons ses propriétés. » Et plus loin : « On aurait tort de
« conclure de ce qui précède, qu'Arnauld ait nié sans
« restriction l'existence des idées, et adopté sans réserve
« l'opinion du vulgaire, qui ne reconnaît d'autre objet de
« la perception que l'objet extérieur. Il n'abandonne pas à
« ce point les routes battues, et ce qu'il renverse d'une
« main, il le relève de l'autre[1]. » Dans ces deux passages, Reid prend le contre-pied de la vérité ; nous ne mettons pas en doute sa bonne foi ; mais son compatriote Thomas Brown n'a-t-il pas eu quelque raison de lui reprocher ses graves erreurs en histoire, et comme un penchant à

---

(1) *Essais sur les facultés intellectuelles*, II, 13, OEuv. compl., t. III, p. 224 et 228.

se créer des fantômes pour avoir le plaisir de les combattre[1]?

VI.

Il est ordinaire que les intelligences les plus droites, justement préoccupées d'une idée, veulent y rapporter toutes les autres, aux dépens de la vérité : telle est l'inclination naturelle de l'esprit humain, et la cause toujours présente, sinon inévitable, des erreurs de la philosophie. Appliquée à la perception du corps, la vision en Dieu n'est qu'une brillante rêverie ; Arnauld l'avait reconnu et démontré ; mais ce point établi solidement, il ne sut pas ou ne voulut pas s'y arrêter. Il étendit ses maximes sur les vérités sensibles à la connaissance des vérités rationnelles, et comme il avait prouvé qu'on ne voyait pas les premières en Dieu, il pensa qu'on ne voyait pas en Dieu les secondes. Une dissertation de Huyghens, théologien de Louvain, l'engagea dans cette nouvelle recherche, où il eut pour adversaires Nicole et le Père Lami. Le débat n'eut pas l'amertume, ni surtout l'éclat de la dispute avec Malebranche ; on échangea de part et d'autre une réplique, et ce fut tout. Les principales pièces du procès, la *Dissertatio bipartita* et les *Règles du bon sens* d'Arnauld ne furent même publiés que vingt et un ans après sa mort[2]. Aussi malgré l'importance de la

---

(1) *Lectures on the Philosophy of the human mind*, Lect. XXVII. Il est juste de dire que M. Hamilton a déchargé Reid d'une partie des reproches que Brown lui adresse sous ce rapport. Voy. *Fragments de philosophie de M. Hamilton*, traduits de l'anglais, par M. Louis Peisse. Paris, 1840, p. 57 et suiv.

(2) En 1715, dans un recueil de divers écrits de Nicole sur la Grâce

question, tous les historiens de la philosophie ont-ils négligé de parler de cette controverse.

Le principal motif qu'Arnauld allègue à l'appui de son sentiment est l'état particulier où notre âme se trouve quand elle conçoit les vérités rationnelles. La connaissance de ces vérités n'équivaut pas en effet pour nous à la connaissance de Dieu, et, par exemple, je puis démontrer fort clairement un théorème de géométrie, sans qu'aussitôt mon esprit se reporte vers l'intelligence divine. Or, pour découvrir une vérité dans une autre, il faut que celle-ci nous soit pour le moins aussi connue et aussi présente que la première. Si donc je n'ai pas conscience de penser à la vérité suprême, quand je saisis avec le plus d'évidence certaines vérités mathématiques, par exemple, elle ne peut être le milieu où je les aperçois[1]. — Arnauld ajoutait que l'entendement divin embrasse le particulier et le général, le contingent et le nécessaire, le relatif et l'absolu, les esprits et les corps dans l'unité d'une même pensée. Il suit de là qu'on ne voit aucune vérité dans cette lumière adorable sans les y voir toutes,

générale, publié par Jacques Fouillou et Nicolas Petit-Pied. On les trouvera au t. XL des OEuvres complètes d'Arnauld.

[1] « Conscius sum mihi multas geometricas et arithmeticas veritates clare intellexisse; cum nulla subiret animum meum cogitatio de ipsa, quæ supra mentes nostras est, incommutabili veritate, hoc est de Deo... Atqui unum idemque est me de re aliquâ cogitare, et rem aliquam mentis meæ conspectui præsentem esse. Ergo incommutabilis illa veritas quæ Deus est mentis nostræ conspectui præsens non fuit, si dum illas intellexi, conscius mihi sum nullam nequidem levissimam de illa veritate quæ Deus est cogitationem animum meum subiisse. At si tum mentis meæ conspectui præsens non fuit illa veritas quæ Deus est, non ergo in illa videre potui geometricas illas veritates. » *Dissertatio bipartita*, art. IV, 1, OEuv. comp., p. 240, 132. Cf. *Règles du bon sens*, art. v, *ibid.*, p. 170.

et par conséquent sans y découvrir les vérités matérielles[1]. Le système chimérique de Malebranche est donc le terme auquel aboutit en dernière analyse cette opinion que nous contemplons en Dieu les vérités nécessaires; elle n'en diffère que par un défaut de rigueur, en ce qu'elle isole arbitrairement la connaissance de ces vérités et la perception des objets sensibles.

Ces raisons nous paraissent peu solides. Nous accordons à Arnauld que la notion des attributs divins n'est pas présente à l'âme, quand elle connaît les premiers principes avec le plus de clarté; mais est-ce une condition indispensable de la vue de ces vérités en Dieu? Malgré la simplicité profonde de la nature divine, l'abstraction sépare ses perfections, dont chacune peut ainsi devenir l'objet d'une pensée déterminée. Je puis concevoir la puissance indépendamment de la justice, l'éternité indépendamment de la miséricorde, l'existence infinie et nécessaire indépendamment de la bonté. Mon âme alors connaît Dieu, puisqu'elle découvre un de ses attributs, et en même temps, elle le connaît très imparfaitement, puisqu'elle ne découvre pas les autres. Or, c'est là précisément la manière dont la divinité se présente à nous dans la conception des principes; chaque ordre de vérités correspond à un ordre particulier d'attributs; les vérités métaphysiques, expriment l'immutabilité, l'immensité, l'éternité; les vérités

---

(1) « Veritates contingentes... non minus sunt apud Deum in prima veritate quam veritates scientiarum quæ dicuntur necessariæ. Nulla ergo idonea ratio afferri mihi posse videtur, cur veritates contingentes in prima veritate quæ Deus est, non videantur; veritates autem scientiarum non nisi in prima veritate quæ Deus est, videri possint. » *Dissert. bip.*, art. IV, III, p. 136.

morales, la justice, la bonté, la providence; l'idée du beau, la beauté suprême et incréée. Pour que la vue de la divinité dans la connaissance de l'absolu, fût accompagnée de conscience, il faudrait concevoir ces diverses perfections non obscurément, mais clairement, non isolées l'une de l'autre, mais réunies, non à l'état de pure abstraction, si je l'ose dire, mais rattachées à leur centre; et comme les forces de l'intelligence humaine n'y suffisent pas, il en résulte que Dieu est à la fois ce qu'il y a de plus près de nous et de plus caché, un être qu'on entrevoit à tout instant et qu'on ignore, une nature dont l'intelligence peut contempler les caractères souverains sans l'y connaître.

Arnauld demande pourquoi nous verrions en Dieu les premiers principes, puisque nous n'y voyons pas les objets matériels; la raison en est parfaitement simple, c'est que toute vérité s'aperçoit où elle se trouve. Nous voyons les corps dans l'espace qui les renferme, la figure dans les corps dont elle est une propriété, le plaisir et la peine dans l'âme qu'ils modifient; de même nous devons découvrir les premiers principes dans une substance nécessaire et immuable, parce qu'il n'y a qu'une substance immuable et nécessaire capable de contenir une vérité absolue. Si les objets matériels étaient des réalités infinies, ils se confondraient avec l'être divin, et nous ne pourrions les contempler que dans son essence; mais ils sont particuliers, contingents, corruptibles; il n'est donc pas étonnant que l'esprit les aperçoive ailleurs que dans l'intelligence divine, quand bien même il puiserait la connaissance de quelques vérités à cette source ineffable.

L'explication qu'Arnauld substitue à la théorie de

Huyghens et du P. Lami est assez embarrassée. Il attribue incontestablement à l'âme la faculté de concevoir par elle-même les idées absolues; mais en outre, on pourrait conclure de quelques-unes de ses paroles, qu'il considère ces idées comme un produit de l'abstraction comparative[1]. Si telle était l'opinion d'Arnauld, il aurait commis une des méprises les plus graves où la science de l'esprit humain puisse tomber. Sans doute le travail de l'intelligence sur les perceptions élémentaires est une source féconde de jugements; mais il n'explique pas la connais-

---

(1) « Frustra recurrimus ad veritatem æternam quæ supra mentes nostras est, si in ipsa mente nostra reperimus quidquid necessarium est ut vera esse judicemus quæ in scientiis apodictive demonstrantur. At rem ita se habere facile perspicitur, si mens nostra in se conversa, quid in se agatur dum scientias acquirimus, sedulo investigare voluerit. 1° Etenim in se ipsa animadvertet multarum rerum perceptiones sive ideas, undecumque illas habuerit... 2° Animadvertit præterea, in se esse virtutem ideas illas sive perceptiones inter se comparandi et dijudicandi an una alteram excludat vel includat... 3° Aliam virtutem quæ ad illam accedit, in se reperiet, nempe dijudicandi an una idea aliam includat, per comparationem tertiæ cum utraque... Nihil est ex istis omnibus quod ad mentem nostram non pertineat, nihil quod fingi possit in Deo tantum esse, et esse æternum, ut Deus est æternus. Atqui his tantum suppositis, facile intelligimus quomodo mens humana scientias apodicticas, quasi est geometria, arithmetica sibi comparare possit. Totæ enim constant definitionibus et demonstrationibus. Definitiones excitant in mente nostra ideæ terminorum qui ad illas scientias pertinent. Axiomata... sunt judicia quæ mens nostra format ope cognoscitivæ virtutis quam a Deo habet, ita clara ut omnibus in confesso sit supponi posse ut per se nota; quia ut mens nostra illis sine dubitatione assentiatur *opus tantum habet ut attendat ad ideas claras et simplices, quas in se reperit, in quarum connexione illa judicia efformata sunt:* ad se, verbi gratia, conversa esse nequit ut cogitantem actu, quin se simul apprehendat ut existentem. Quæ autem veritas ibi creata et quæ in mente mea sit, non supra meam. Ideæ in mente mea sunt; connexio illarum a mente mea fit, ut et assensus quo illi connexioni adhæret. » *Dissert. bipart.*, art. V, II, p. 134. Cf. *Règles du bon sens, ibid.* p. 201 et suivantes.

sance des premières vérités. Comment ne seraient-elles qu'une simple combinaison d'éléments particuliers et relatifs, puisqu'elles sont universelles et absolues, ou l'œuvre de la faculté de raisonner, puisqu'elles forment la base et la condition même du raisonnement? Nous nous y élevons par une loi primitive et instinctive de notre nature intellectuelle; nous ne les créons pas. Toute autre manière de les envisager suppose qu'on a altéré leurs caractères, et a des suites également funestes pour la morale, pour la religion et pour la science. Quoi qu'il en soit, et quand bien même Arnauld n'aurait pas été infidèle jusqu'à ce point à Descartes, à ses propres opinions et à la raison, sa théorie, expression pure et simple d'un fait, se réduirait à constater que certaines vérités nous sont connues indépendamment de l'expérience; elle ne montrerait pas comment nous les connaissons.

VII.

Le débat de l'origine des idées est ce qui marque le mieux la place d'Arnauld comme métaphysicien; aussi avons-nous dû l'exposer avec quelque détail; nous passerons plus rapidement sur la controverse relative au *Traité de la Nature et de la Grâce,* qui ne touche à la philosophie que par une de ses faces.

Malebranche avait entrepris la solution d'un problème qui n'intéresse pas moins la foi que la raison, l'origine du mal, et comme si une question aussi vaste, envisagée sous un seul côté, ne pouvait suffire à l'activité de sa féconde intelligence, il ne s'était pas borné aux difficultés de l'ordre naturel, mais avait voulu également pénétrer les mystères de la Prédestination et de la Grâce. L'idée fondamentale du système qu'il proposa, est que les volontés d'un être doivent en général ressembler à sa nature, inconstantes, capricieuses, quand sa nature est flottante, mobile et passionnée; fixes et régulières, si elle est immuable. Dieu avait à choisir dans la création et la conservation du monde entre des moyens simples, féconds, généraux, uniformes, et des voies composées, stériles, particulières, déréglées. Les premières marquant sagesse, bonté, constance, immutabilité, il a dû les préférer aux secondes qui marquent défaut d'intelligence et légèreté d'esprit. A ne considérer que la puissance, il aurait pu assurément produire un autre monde plus parfait que celui que nous habitons, ou même dans lequel le mal n'aurait pas pénétré; mais il aurait fallu qu'il changeât la simplicité de ses voies : qu'il réglât toutes choses par des volontés particulières, et son infinie sagesse ne le permettait pas. Les apparentes irrégularités de la création, ces calamités qui nous affligent et ces désordres qui nous indignent, ne forment donc pas un sujet légitime d'accusation contre la Providence; il convient plutôt d'y voir un des éléments de l'ordre universel, une pièce qui concourt à la beauté de l'ensemble, et, pour tout dire, un résultat inévitable de ces lois fixes que Dieu a établies parce qu'il s'aime, et qu'il n'agit au dehors que pour se procurer un honneur digne de lui en manifestant ses perfections. Appliquant ces principes à la théologie, Malebranche imaginait, pour rendre compte du sort des réprouvés, que la distribution de la grâce est assujettie à une loi générale qui ne permettait pas que tous les hommes y participassent dans l'étendue de leurs besoins. Cette loi générale consiste en effet dans les désirs de l'âme humaine de Jésus-Christ, cause occasionnelle de la distribution de la grâce. Dieu l'accorderait à tous les hommes si la cause occasionnelle l'y déterminait; mais la science de l'âme humaine du Rédempteur ayant des bornes qui ne lui permettent pas de penser à chacun de nous, aussi souvent que nous aurions besoin de son secours, il en résulte que tous les hommes ne participent pas à ses mérites, ou n'y participent point assez pour être sauvés[1].

Le système de Malebranche fut accueilli avec défaveur par l'Église, qui le jugea nouveau et dangereux. Pressé de le combattre par plusieurs de ses amis, et, dit-on, par Bossuet[2], Arnauld engagea la lutte en 1684 par une

---

(1) *Traité de la Nature et de la Grâce*, passim.

(2) Voyez une lettre de Bossuet adressée à M. de Neercassel, archevêque d'Utrecht, en date du 22 juin 1683 : « Accepi à vestris, ut credo regionibus, tum alios multos viri omni eruditione præstantis libros, tum etiam eum cui titulus est : *De veris ac falsis Ideis*, quo libro gaudeo vehementissime confutatum auctorem eum qui *Tractatum de natura et gratia*, gallico idiomate, me quidem maxime reclamante, publicare non cessat. Hujus ego auctoris detectos paralogismos de ideis aliisque rebus huic argumento conjunctis, eò magis lætor, quod ea viam parent ad evertendum omni falsitate repletum libellum de Natura et Gratia. Atque equidem opto quam primum edi ac pervenire ad nos hujus tractatus promissam confutationem; neque tantum ejus partis quâ de gratia Christi tam falsa, tam insana, tam nova, tam exitiosa dicuntur, sed vel maxime ejus quâ de ipsa Christi persona, sanctæque ejus animæ ecclesiæque suæ structuræ incumbentis scientia, tam indigna proferuntur; quæ mihi legenti horrori fuisse isti etiam auctori candide, ut oportebat, declaratum a me est. Atque omnino fateor enisum esse me omni ope, ne tam infanda ederentur, quæ tamen quoniam, nobis invitis, undique eruperunt, valide confutari a se ecclesiæ est, ipsaque argumentandi arte qua pollere is auctor putatur, everti perspicue; quemad-

dissertation sur les *Miracles de l'ancienne loi*, suivie en 1685 d'une réplique en forme de lettre, et du premier volume des *Réflexions sur le nouveau système de la Nature et de la Grâce*, dont la fin vit le jour quelques mois plus tard[1]. La partie philosophique de cet ouvrage, la seule qui doive ici nous occuper, ne roule que sur une question : Est-il vrai que Dieu gouverne le monde par des lois générales qui réclament l'intervention des décrets particuliers? Arnauld interroge l'histoire, les théologiens les plus accrédités, les philosophes, le vulgaire; il analyse la notion de la Providence; et éclairé ainsi des lumières que lui fournissent la raison, l'autorité et le sens commun, il établit contre Malebranche les quatre points suivants : le premier, que l'idée de l'être parfait n'implique pas nécessairement qu'il ne doive agir que par des volontés générales et par les voies les plus simples; le second, que loin de suivre dans la création du monde les voies les plus simples, Dieu a produit une infinité de choses par des volontés particulières sans que des causes occasionnelles aient déterminé ses volontés générales; troisièmement, que Dieu ne fait rien par des volontés générales, qu'il ne le fasse en même temps par des volontés particulières; quatrièmement enfin, que la trace des volontés

---

modum illa de Ideis eversa plane sunt, nulloque jam loco consistere posse apud cordatos videntur. Cæteras validi confutatoris lucubrationes, mirum in modum ecclesiæ profuturas, quam latissime pervulgari opto ; mihique gratulor defensum quoque esse me ab eo viro qui tanto studio, tamque indefessa opera defendat ecclesiam. » OEuvres compl. de Bossuet, édit. de Versailles, t. XXXVII, p. 282. Voyez une autre lettre de Bossuet à un disciple de Malebranche, en date du 21 mai 1687. OEuv. compl., *ibid.*, p. 372.

(1) OEuvres compl., t. XXXVIII et XXXIX.

particulières se retrouve dans la conduite même de l'homme, et en général dans tous les événements qui dépendent de la liberté[1].

Arnauld, nous prions qu'on le remarque, ne conteste pas à Malebranche que la puissance divine ne soit limitée par ses autres perfections, et que, pouvant, à parler d'une manière absolue, toutes choses, Dieu ne puisse vouloir, Dieu n'ordonne, Dieu ne produise que les choses conformes à sa bonté, à sa justice, à son infinie et parfaite sagesse[2]. Il se sépare en cela de Descartes qui avait considéré les vérités métaphysiques, et à plus forte raison les lois de la nature, comme l'expression d'un décret arbitraire de la divinité, et se rapproche de saint Thomas et de Leibnitz. Peut-être aurait-il trouvé que l'immortel auteur de la Théodicée poussait trop loin son principe, enchaînait par des liens trop étroits, trop inflexibles, la liberté de la cause première, et surtout le libre arbitre de l'homme : mais certainement, il aurait souscrit à ces fortes et profondes paroles du docteur angélique : « La volonté suit l'entendement. — La volonté de Dieu a un rapport nécessaire avec sa bonté qui en est l'objet, et qu'elle est nécessitée de vouloir. — Dieu agit d'après la sagesse : ce qui exclut l'erreur de ceux qui croient que toutes choses dépendent de la volonté divine, considérée à part de toute raison[3]. »

(1) *Réfl. sur le nouv. syst. de la Nature et de la Grâce*, liv. I. chap. I. œuv. comp., t. XXXIX, p. 185.

(2) *Ibid.*, liv. I, chap. III, OEuv. comp., t. XXXIX, p. 209.

(3) « Voluntas intellectum sequitur. *Summa*, I, quæst. 19, art. 1. — Voluntas divina necessariam habitudinem habet ad bonitatem suam quæ est proprium ejus objectum. Unde bonitatem suam ex necessitate vult.

Arnauld ne conteste pas davantage à Malebranche que Dieu ne gouverne le monde par des règles fixes et générales ; mais la préférence accordée aux voies générales est-elle exclusive de toute autre voie ? Le maintien du cours habituel des choses importe-t-il à ce point à la majesté de l'être des êtres qu'il ne puisse l'intervertir ? La Providence, sans violer même les règles qu'elle s'est imposées, ne peut-elle tirer d'une cause ordinaire un effet nouveau et inattendu, et se servant des lois de la nature pour des fins déterminées, frapper ainsi ces grands coups dont le contre-coup porte si loin ? Arnauld juge téméraire de le prétendre et d'imposer cette limite à l'intervention de la Divinité dans les affaires du monde. « Ce « n'est pas assez, disait-il, de faire agir Dieu, il faut le faire « agir en Dieu. Ce n'est pas assez de dire qu'il est l'agent uni- « versel et unique qui fait tout dans les esprits aussi bien « que dans les corps ; il faut ajouter, pour avoir la véritable « idée de la Providence divine, qu'il ne fait rien, surtout « dans les choses humaines, que comme en étant le sou- « verain modérateur, et ayant dans tout ce qu'il fait des « fins dignes de lui, de sa miséricorde et de sa justice[1]. » — « Ni la foi ni la vraie raison, continuait Arnauld, ne « nous permettent de douter que tout n'entre généralement « dans l'ordre de la Providence, les choses corruptibles « aussi bien que les incorruptibles, celles qui paraissent les

---

Ibid., art. 3. — Deus per suam sapientiam agit. Per hoc excluditur quorumdam error qui dicebant omnia ex simplici divina voluntate pendere absque aliqua voluntate. » *Contra Gentiles*, lib. II, chap. xxiv.

(1) *Réfl. sur le nouv. syst. de la Nature et de la Grâce*, liv. I, ch. xiii, p. 279.

« plus viles aussi bien que les plus nobles; les particulières
« que les philosophes appellent individus, aussi bien que
« les genres et les espèces; les événements humains qui
« dépendent du libre arbitre aussi bien que les choses où
« les agents libres n'ont point de part[1]..... » — « Une infi-
« nité d'accidents, à ne considérer que les choses prochaines,
« paraissent n'être que des suites des lois générales de la
« nature, telles que sont les famines, les pestes, les nau-
« frages : mais la religion nous apprend que Dieu y peut
« contribuer et y contribue en effet, en mille manières qui
« nous sont cachées[2]. »

Poussé avec vigueur par son adversaire, Malebranche soutint qu'on ne l'avait pas compris, et que jamais il n'avait songé à nier que Dieu agit par des volontés particulières toutes les fois que l'ordre le demande[3]; de sorte qu'à la suite de cette controverse, deux points parurent également hors de discussion, l'un, que le monde est gouverné par des lois générales : l'autre, que ces lois laissent une grande latitude à l'action de la Providence, le premier n'étant pas contesté d'Arnauld, ni le second de Malebranche. Ce moyen terme entre deux systèmes opposés est en effet la seule opinion acceptable. Celui-là fermerait les yeux à la lumière qui ne verrait pas que des lois uniformes régissent le monde, et le monde physique, et le monde moral, et les phénomènes naturels, et les déterminations de la liberté humaine, puisque toute résolution a un motif, et que des motifs semblables, dans des circonstances pareilles, entraî-

---

(1) *Ibid., ibid.*, p. 281. (2) *Ibid.*, ch. vii, p. 177.
(3) *Lettres du P. Malebranche dans lesquelles il répond aux Réflexions physiques et théologiques de M. Arnauld*, ch. x, § ii.

neront toujours la volonté dans la même direction. Mais d'une autre part si Dieu ne poursuivait dans les événements particuliers que les conséquences des volontés générales, il est trop évident que Dieu serait aussi étranger aux affaires d'ici-bas, que le législateur peut l'être à la condamnation d'un criminel prononcée par le juge. La saine philosophie concède à la divine Providence une part moins éloignée dans le gouvernement du monde, et tout en reconnaissant la régularité qui préside à la marche de l'univers, elle proclame que Dieu veille aux derniers détails de son œuvre comme à la conservation de l'ensemble, et que s'il rapporte chacune des fins déterminées à une fin universelle qui est l'ordre, il n'établit l'ordre et ne le maintient que par l'accomplissement de ces fins spéciales qui en constituent les éléments. Là se trouve l'unique et solide raison du culte public et privé. Sous l'inflexible joug des lois générales, les sacrifices et la prière, ces pratiques saintes, répandues chez tous les peuples, ne seraient qu'un absurde préjugé; mais elles s'imposent comme un devoir rigoureux aux individus et aux nations, s'il est vrai que l'homme reçoit directement de la bonté infinie tout ce qu'il possède et tout ce qu'il est. On peut objecter, nous le savons, qu'une pareille théorie de la Providence, abaissant Dieu au niveau des rois de la terre, est entachée d'anthropomorphisme; mais cette objection nous touche infiniment peu. La nature divine, quelques efforts qu'on se puisse donner afin d'en pénétrer la profondeur, ne sera jamais pour l'intelligence que la nature humaine dégagée de ses misères, et possédant à un degré infini toutes ses perfections, par cet excellent motif que le raisonnement, comme on l'a dit, doit avoir son point

d'appui sur cette terre et dans la conscience. Si vous enlevez
à Dieu tous les attributs humains, la liberté, la justice, la
bonté, la miséricorde, l'intelligence, que vous reste-t-il ?
Une abstraction sans vie, un mot privé de sens, je ne
sais quelle vague forme de l'être, qui ressemble au Dieu
que l'humanité adore et que la raison des philosophes de
tous les âges a reconnu, à peu près autant que le néant
ressemble à l'existence. Il ne faut donc pas craindre de répéter ces admirables paroles qu'Arnauld empruntait à Bossuet, et qui satisfont à la fois l'esprit et le cœur de l'homme :
« Dieu tient du plus haut des cieux les rênes de tous les
« royaumes. Il a tous les cœurs en sa main : tantôt il retient
« les passions, tantôt il leur lâche la bride ; et par là il remue
« tout le genre humain. Veut-il faire des conquérants? Il
« fait marcher l'épouvante devant eux, et il inspire à eux et
« à leurs soldats une hardiesse invincible. Veut-il faire des
« législateurs ? Il leur fait prévenir les maux qui menacent
« les états, et poser les fondements de la tranquillité publi-
« que. Il connaît la sagesse humaine toujours courte par
« quelque endroit ; il l'éclaire, il étend ses vues, et puis il
« l'abandonne à ses ignorances ; il l'aveugle, il la précipite,
« il la confond par elle-même : elle s'enveloppe, elle s'em-
« barrasse dans ses propres subtilités et ses précautions
« lui sont un piége. Dieu exerce par ce moyen ses redou-
« tables jugements selon les règles de sa justice toujours
« infaillible. C'est lui qui prépare les effets dans les causes
« les plus éloignées, et qui frappe ces grands coups dont le
« contre-coup porte si loin [1]. »

---

(1) *Discours sur l'histoire universelle*, IIIe Partie.

VIII.

Nous avons achevé de parcourir la série des travaux philosophiques d'Arnauld, travaux qui ne furent qu'un accident presque inaperçu dans sa vie, et qui, par une singulière vicissitude, formeront peut-être son principal titre aux yeux de la postérité. Malgré les lacunes de notre exposition, elle peut servir à apprécier le génie de cet homme célèbre, dont la renommée balança un instant la gloire des personnages les plus illustres du siècle de Louis XIV. La nature lui avait refusé l'esprit d'invention, et il n'a produit aucune de ces idées fécondes qui éclairent toute une époque, et renouvellent la face entière de la philosophie. Il possédait moins encore, si on peut le dire, cette vive abondance de pensées hardies, ou cette rigueur inflexible qui, d'une ancienne opinion méditée fortement, fait sortir des opinions nouvelles, et sur une base empruntée construit un système original. Cependant, on ne saurait le placer parmi les esprits timides, qui ne font que suivre un sentier battu, et dont le rôle consiste à interpréter fidèlement la doctrine du maître. Inférieur par l'originalité à Descartes et Leibnitz, à Spinosa et à Malebranche, il surpasse indubitablement Rohault, Régis et Clerselier. Le trait le plus saillant de son caractère semble avoir été la justesse, l'exactitude, le bon sens qu'il possédait à ce degré où le bon sens devient le génie quand il s'allie, comme chez Bossuet, à la majesté. Aucun philosophe n'a parlé plus vivement contre les préjugés, et aucun n'a mieux su éviter les déplorables aberrations où le mépris des croyances populaires entraînait alors les meilleures intelligences. On a moins à lui reprocher des paradoxes que des ignorances, pour ainsi dire volontaires, et lorsqu'il échoua, ce fut plutôt par excès de prudence que par témérité. Les services qu'il a rendus à l'esprit humain peuvent se résumer en peu de mots : théologien de profession, philosophe par circonstance, il a maintenu avec une égale énergie les droits de la raison et ceux de la foi : par un ouvrage qui est un chef d'œuvre, l'*Art de penser*, il a porté à la scolastique un dernier coup dont elle ne s'est pas relevée : dans son livre des *Vraies et des Fausses Idées*, il a fait justice d'une vieille hypothèse, féconde en erreur : dans ses *Réflexions sur le système de la Nature et de la Grâce*, il a contribué à éclaircir un des points les plus difficiles de la métaphysique. Si on réfléchit maintenant que la philosophie n'était pas son étude habituelle; que les traités qu'il y a consacrés ne forment qu'une partie imperceptible de ses œuvres; enfin, qu'il a écrit ses innombrables ouvrages, non pas dans le silence d'une paisible retraite, avec le calme si nécessaire à la méditation, mais au milieu des inquiétudes de la persécution et de l'exil, loin de sa famille et de ses amis, et quelquefois ne sachant pas la veille où il reposerait le lendemain, on ne s'étonnera pas que ses contemporains, admirant les ressources inépuisables de son génie et de son courage, l'aient nommé le Grand Arnauld.

FIN DE L'INTRODUCTION.

ŒUVRES PHILOSOPHIQUES
D'ARNAULD.

OBJECTIONS
CONTRE
LES MÉDITATIONS MÉTAPHYSIQUES
DE RENÉ DESCARTES.

LETTRE AU PÈRE MERSENNE.

Mon révérend Père,

Je mets au rang des signalés bienfaits la communication qui m'a été faite par votre moyen des Méditations de M. Descartes[1]; mais comme vous en saviez le prix, aussi me l'avez-vous vendue fort chèrement, puisque vous n'avez point voulu me faire participant de cet excellent ouvrage, que je ne me sois premièrement obligé de vous en dire mon sentiment. C'est une condition à laquelle je ne me serais point engagé, si le désir de connaître les belles choses n'était en moi fort violent, et contre laquelle je réclamerais volontiers, si je pensais pouvoir obtenir de vous aussi facilement une exception pour m'être laissé emporter par cette louable curiosité, comme autrefois le préteur en accordait à ceux de qui la crainte ou la violence avait arraché le consentement.

(1) Voyez les notes à la fin de cette lettre.

Car, que voulez-vous de moi? Mon jugement touchant l'auteur ? **Nullement**. Il y a longtemps que vous savez en quelle estime j'ai **sa personne**, et le cas que je fais de son esprit et de sa doctrine. **Vous n'ignorez** pas aussi les fâcheuses affaires qui me tiennent à **présent** occupé[2]; et si vous avez meilleure opinion de moi que je ne mérite, il ne s'ensuit pas que je n'aie point de connaissance de mon peu de capacité. Cependant, ce que vous voulez soumettre à mon examen demande une très haute suffisance avec beaucoup de tranquillité et de loisir, afin que l'esprit, étant dégagé de l'embarras des affaires du monde, ne pense qu'à soi-même ; ce que vous jugez bien ne se pouvoir faire sans une méditation très profonde et une très grande recollection d'esprit. J'obéirai néanmoins, puisque vous le voulez ; mais à condition que vous serez mon garant, et que vous répondrez de toutes mes fautes. Or, quoique la philosophie se puisse vanter d'avoir seule enfanté cet ouvrage, néanmoins parce que notre auteur, en cela très modeste, se vient lui-même présenter au tribunal de la théologie, je jouerai ici deux personnages : dans le premier, paraissant en philosophe, je représenterai les principales difficultés que je jugerai pouvoir être proposées par ceux de cette profession touchant les deux questions de la nature de l'esprit humain et de l'existence de Dieu ; et après cela, prenant l'habit d'un théologien, je mettrai en avant les scrupules qu'un homme de cette robe pourrait rencontrer en tout cet ouvrage.

DE LA NATURE DE L'ESPRIT HUMAIN.

La première chose que je trouve ici digne de remarque, est de voir que M. Descartes établisse pour fondement et premier principe de toute sa philosophie ce qu'avant lui saint Augustin, homme de très grand esprit et d'une singulière doctrine, non-seulement en matière de théologie, mais aussi en ce qui concerne l'humaine philosophie, avait pris pour la base et le soutien de la sienne ; car dans le livre II du Libre arbitre, chap. III, Alipius disputant avec Evodius, et voulant prouver qu'il y a un Dieu : « Premièrement, « dit-il, je vous demande, afin que nous commencions par les « choses les plus manifestes, savoir : si vous êtes, ou si peut-être « vous ne craignez point de vous méprendre en répondant à ma « demande, combien qu'à vrai dire si vous n'étiez point, vous ne « pourriez jamais être trompé. » Auxquelles paroles reviennent celles-ci de notre auteur : « Mais il y a un je ne sais quel trompeur « très puissant et très rusé, qui met toute son industrie à me trom-

« per toujours. Il est donc sans doute que je suis, s'il me trompe[3]. »
Mais poursuivons, et afin de ne nous point éloigner de notre sujet, voyons comment de ce principe on peut conclure que notre esprit est distinct et séparé du corps.

« Je puis douter si j'ai un corps, voire même je puis douter s'il
« y a aucun corps au monde, et néanmoins je ne puis pas douter que
« je ne sois ou que je n'existe, tandis que je doute ou que je pense;
« donc, moi qui doute et qui pense, je ne suis point un corps;
« autrement, en doutant du corps, je douterais de moi-même. Voire
« même encore que je soutienne opiniâtrément qu'il n'y a aucun
« corps au monde, cette vérité néanmoins subsiste toujours, *je suis*
« *quelque chose*, et partant je ne suis point un corps[4]. » Certes cela est subtil; mais quelqu'un pourra dire, ce que même notre auteur s'objecte : de ce que je doute ou même de ce que je nie qu'il y ait aucun corps, il ne s'ensuit pas pour cela qu'il n'y en ait point.

« Mais aussi peut-il arriver que ces choses mêmes que je sup-
« pose n'être point parce qu'elles me sont inconnues, ne sont point
« en effet différentes de moi, que je connais. Je n'en sais rien, dit-il,
« je ne dispute pas maintenant de cela; je ne puis donner mon
« jugement que des choses qui me sont connues; je connais que
« j'existe, et je cherche quel je suis, moi que je connais être. Or,
« il est très certain que cette notion et connaissance de moi-même,
« ainsi précisément prise, ne dépend point des choses dont l'exis-
« tence ne m'est pas encore connue[5]. »

Mais puisqu'il confesse lui-même que par l'argument qu'il a proposé dans son traité de la Méthode, la chose en est venue seulement à ce point, qu'il a été obligé d'exclure de la nature de son esprit tout ce qui est corporel et dépendant du corps, non pas eu égard à la vérité de la chose, mais seulement suivant l'ordre de sa pensée et de son raisonnement, en telle sorte que son sens était qu'il ne connaissait rien qu'il sût appartenir à son essence, sinon qu'il était une chose qui pense, il est évident par cette réponse que la dispute en est encore aux mêmes termes, et partant, que la question dont il nous promet la solution demeure encore en son entier, à savoir comment, de ce qu'il ne connaît rien autre chose qui appartienne à son essence, sinon qu'il est une chose qui pense, il s'ensuit qu'il n'y a aussi rien autre chose qui en effet lui appartienne; ce que toutefois je n'ai pu découvrir dans toute l'étendue de la seconde Méditation, tant j'ai l'esprit pesant et grossier; mais, autant que je le puis conjecturer, il en vient à la preuve dans la sixième, pource qu'il a cru qu'elle dépendait de la connaissance claire et distincte de Dieu, qu'il ne s'était pas encore acquise dans la seconde Méditation. Voici donc comment il prouve et décide cette difficulté :

« Pource, dit-il, que je sais que toutes les choses que je conçois
« clairement et distinctement peuvent être produites par Dieu telles
« que je les conçois, il suffit que je puisse concevoir clairement et
« distinctement une chose sans une autre, pour être certain que
« l'une est distincte ou différente de l'autre, parce qu'elles peuvent
« être séparées, au moins par la toute-puissance de Dieu ; et il
« n'importe pas par quelle puissance cette séparation se fasse, pour
« être obligé à les juger différentes. Donc, pource que d'un côté
« j'ai une claire et distincte idée de moi-même, en tant que je suis
« seulement une chose qui pense et non étendue ; et que d'un autre
« j'ai une idée distincte du corps en tant qu'il est seulement une
« chose étendue et qui ne pense point, il est certain que ce moi,
« c'est-à-dire mon âme, par laquelle je suis ce que je suis, est
« entièrement et véritablement distincte de mon corps, et qu'elle
« peut être ou exister sans lui, en sorte qu'encore qu'il ne fût point,
« elle ne lairrait pas d'être tout ce qu'elle est[6]. »

Il faut ici s'arrêter un peu, car il me semble que dans ce peu de paroles consiste tout le nœud de la difficulté.

Et premièrement, afin que la majeure de cet argument soit vraie, cela ne se doit pas entendre de toute sorte de connaissance, ni même de toute celle qui est claire et distincte, mais seulement de celle qui est pleine et entière, c'est-à-dire qui comprend tout ce qui peut être connu de la chose ; car M. Descartes confesse lui-même, dans ses Réponses aux premières Objections, qu'il n'est pas besoin d'une distinction *réelle*, mais que la *formelle* suffit[7], afin qu'une chose puisse être conçue distinctement et séparément d'une autre par une abstraction de l'esprit, qui ne conçoit la chose qu'imparfaitement et en partie ; d'où vient qu'au même lieu il ajoute :

« Mais je conçois pleinement ce que c'est que le corps (c'est-
« à-dire, je conçois le corps comme une chose complète), en
« pensant seulement que c'est une chose étendue, figurée, mo-
« bile, etc., encore que je nie de lui toutes les choses qui appar-
« tiennent à la nature de l'esprit. Et d'autre part je conçois que
« l'esprit est une chose complète, qui doute, qui entend, qui
« veut, etc., encore que je nie qu'il y ait en lui aucune des choses
« qui sont contenues en l'idée du corps ; donc il y a une distinction
« réelle entre le corps et l'esprit[8]. »

Mais si quelqu'un vient à révoquer en doute cette mineure, et qu'il soutienne que l'idée que vous avez de vous-même n'est pas entière, mais seulement imparfaite, lorsque vous vous concevez, c'est-à-dire votre esprit, comme une chose qui pense et qui n'est point étendue, et pareillement, lorsque vous vous concevez, c'est-à-dire votre corps, comme une chose étendue et qui ne pense point; il faut voir comment cela a été prouvé dans ce que vous avez dit auparavant; car je ne pense pas que ce soit une chose si claire qu'on la doive prendre pour un principe indémontrable, et qui n'ait pas besoin de preuve.

Et quant à sa première partie, à savoir « que vous concevez « pleinement ce que c'est que le corps en pensant seulement que « c'est une chose étendue, figurée, mobile, etc., encore que vous « niiez de lui toutes les choses qui appartiennent à la nature de « l'esprit, » elle est de peu d'importance; car celui qui maintiendrait que notre esprit est corporel, n'estimerait pas pour cela que tout le corps fût esprit, et ainsi le corps serait à l'esprit comme le genre est à l'espèce. Mais le genre peut être entendu sans l'espèce, encore que l'on nie de lui tout ce qui est propre et particulier à l'espèce, d'où vient cet axiome de logique, que *l'espèce étant niée, le genre n'est pas nié*, ou bien, *là où est le genre, il n'est pas nécessaire que l'espèce soit;* ainsi je puis concevoir la figure sans concevoir aucune des propriétés qui sont particulières au cercle. Il reste donc encore à prouver que l'esprit peut être pleinement et entièrement entendu sans le corps.

Or, pour prouver cette proposition, je n'ai point, ce me semble, trouvé de plus propre argument dans tout cet ouvrage que celui que j'ai allégué au commencement, à savoir : « je puis nier qu'il y « ait aucun corps au monde, aucune chose étendue, et néanmoins « je suis assuré que je suis tandis que je le nie ou que je pense ; « je suis donc une chose qui pense et non point un corps, et le « corps n'appartient point à la connaissance que j'ai de moi-« même [9]. »

Mais je vois que de là il résulte seulement que je puis acquérir quelque connaissance de moi-même sans la connaissance du corps; mais que cette connaissance soit complète et entière, en telle sorte que je sois assuré que je ne me trompe point lorsque j'exclus le corps de mon essence, cela ne m'est pas encore entièrement manifeste. Par exemple, posons que quelqu'un sache que l'angle au demi-cercle est droit, et partant que le triangle fait de cet angle et du diamètre du cercle est rectangle ; mais qu'il doute et ne sache pas encore certainement, voire même qu'ayant été déçu par quelque sophisme, il nie que le carré de la base d'un triangle rectangle soit égal aux carrés des côtés, il semble que, selon ce que propose M. Descartes, il doive se confirmer dans son erreur et fausse opinion. Car, dira-t-il, je connais clairement et distinctement que ce triangle est rectangle; je doute néanmoins que le carré de sa base soit égal aux carrés des côtés; donc il n'est pas de l'essence de ce triangle que le carré de sa base soit égal aux carrés des côtés. En après, encore que je nie que le carré de sa base soit égal aux carrés des côtés, je suis néanmoins assuré qu'il est rectangle, et il me demeure en l'esprit une claire et distincte connaissance qu'un des angles de ce triangle est droit, ce qu'étant, Dieu même ne saurait faire qu'il ne soit pas rectangle, et partant, ce dont je doute, et que je puis même nier, la même idée me demeurant en l'esprit, n'appartient point à son essence.

« De plus, pour ce que je sais que toutes les choses que je conçois
« clairement et distinctement peuvent être produites par Dieu
« telles que je les conçois, c'est assez que je puisse concevoir clai-
« rement et distinctement une chose sans une autre pour être cer-
« tain que l'une est différente de l'autre, parce que Dieu les peut
« séparer [10]. » Mais je conçois clairement et distinctement que ce triangle est rectangle, sans que je sache que le carré de sa base soit égal aux carrés des côtés; donc au moins par la toute-puissance de Dieu il se peut faire un triangle rectangle dont le carré de la base ne sera pas égal aux carrés des côtés.

Je ne vois pas ce que l'on peut ici répondre, si ce n'est que cet homme ne connaît pas clairement et distinctement la nature du triangle rectangle; mais d'où puis-je savoir que je connais mieux la nature de mon esprit qu'il ne connaît celle de ce triangle? car il est aussi assuré que le triangle ou demi-cercle a un angle droit, ce qui est la notion du triangle rectangle, que je suis assuré que j'existe de ce que je pense.

Tout ainsi donc que celui-là se trompe de ce qu'il pense qu'il n'est pas de l'essence de ce triangle (qu'il connaît clairement et distinctement être rectangle) que le carré de sa base soit égal aux carrés des côtés, pourquoi peut-être ne me trompé-je pas aussi en ce que je pense que rien autre chose n'appartient à ma nature (que je sais certainement et distinctement être une chose qui pense), sinon que je suis une chose qui pense, vu que peut-être il est aussi de mon essence que je sois une chose étendue?

Et certainement, dira quelqu'un, ce n'est pas merveille si,

lorsque de ce que je pense je viens à conclure que je suis, l'idée que de là je forme de moi-même ne me représente point autrement à mon esprit que comme une chose qui pense, puisqu'elle a été tirée de ma seule pensée. De sorte que je ne vois pas que de cette idée l'on puisse tirer aucun argument pour prouver que rien autre chose n'appartient à mon essence que ce qui est contenu en elle.

On peut ajouter à cela que l'argument proposé semble prouver trop, et nous porter dans cette opinion de quelques platoniciens, laquelle néanmoins notre auteur réfute, que rien de corporel n'appartient à notre essence, en sorte que l'homme soit seulement un esprit, et que le corps n'en soit que le véhicule ou le char qui le porte, d'où vient qu'ils définissent l'homme *un esprit usant ou se servant du corps*[11].

Que si vous répondez que le corps n'est pas absolument exclu de mon essence, mais seulement en tant que précisément je suis une chose qui pense, on pourrait craindre que quelqu'un ne vînt à soupçonner que peut-être la notion ou l'idée que j'ai de moi-même, en tant que je suis une chose qui pense, ne soit pas l'idée ou la notion de quelque être complet, qui soit pleinement et parfaitement conçu, mais seulement celle d'un être incomplet, qui ne soit conçu qu'imparfaitement et avec quelque sorte d'abstraction d'esprit ou restriction de la pensée. D'où il suit que, comme les géomètres conçoivent la ligne comme une longueur sans largeur, et la superficie comme une longueur et largeur sans profondeur, quoiqu'il n'y ait point de longueur sans largeur ni de largeur sans profondeur, peut-être aussi quelqu'un pourrait-il mettre en doute, savoir : si tout ce qui pense n'est point aussi une chose étendue, mais qui, outre les propriétés qui lui sont communes avec les autres choses étendues, comme d'être mobile, figurable, etc., ait aussi cette particulière vertu et faculté de penser, ce qui fait que par une abstraction de l'esprit elle peut être conçue avec cette seule vertu comme une chose qui pense, quoique en effet les propriétés et qualités du corps conviennent à toutes les choses qui ont la faculté de penser ; tout ainsi que la quantité peut être conçue avec la longueur seule, quoique en effet il n'y ait point de quantité à laquelle, avec la longueur, la largeur et la profondeur ne conviennent. Ce qui augmente cette difficulté est que cette vertu de penser semble être attachée aux organes corporels, puisque dans les enfants elle paraît assoupie, et dans les fous tout-à-fait éteinte et perdue, ce que ces personnes impies et meurtrières des âmes nous objectent principalement.

Voilà ce que j'avais à dire touchant la distinction réelle de l'esprit d'avec le corps. Mais puisque M. Descartes a entrepris de démontrer l'immortalité de l'âme, on peut demander avec raison si elle suit évidemment de cette distinction. Car, selon les principes de la philosophie ordinaire, cela ne s'ensuit point du tout ; vu qu'ordinairement ils disent que les âmes des bêtes sont distinctes de leurs corps, et que néanmoins elles périssent avec eux.

J'avais étendu jusques ici cet écrit, et mon dessein était de montrer comment, selon les principes de notre auteur (lesquels je pensais avoir recueillis de sa façon de philosopher), de la réelle distinction de l'esprit d'avec le corps son immortalité se conclut facilement, lorsqu'on m'a mis entre les mains un sommaire de six Méditations fait par le même auteur, qui, outre la grande lumière qu'il apporte à tout son ouvrage, contenait sur ce sujet les mêmes raisons que j'avais méditées pour la solution de cette question.

Pour ce qui est des âmes des bêtes, il a déjà assez fait connaître en d'autres lieux que son opinion est qu'elles n'en ont point, mais bien seulement un corps figuré d'une certaine façon, et composé de plusieurs différents organes disposés de telle sorte que toutes les opérations que nous remarquons en elles peuvent être faites en lui et par lui.

Mais il y a lieu de craindre que cette opinion ne puisse pas trouver créance dans les esprits des hommes, si elle n'est soutenue et prouvée par de très fortes raisons. Car cela semble incroyable d'abord qu'il se puisse faire, sans le ministère d'aucune âme, que la lumière, par exemple, qui réfléchit d'un corps d'un loup dans les yeux d'une brebis, remue tellement les petits filets de ses nerfs optiques, qu'en vertu de ce mouvement, qui va jusqu'au cerveau, les esprits animaux soient répandus dans ses nerfs en la manière qui est requise pour faire que cette brebis prenne la fuite.

J'ajouterai seulement ici que j'approuve grandement ce que M. Descartes dit touchant la distinction qui est entre l'imagination et la conception pure ou l'intelligence ; et que ç'a toujours été mon opinion, que les choses que nous concevons par la raison sont beaucoup plus certaines que celles que les sens corporels nous font apercevoir. Car il y a longtemps que j'ai appris de saint Augustin, chap. xv, *De la quantité de l'âme*, qu'il faut rejeter le sentiment de ceux qui se persuadent que les choses que nous voyons par l'esprit sont moins certaines que celles que nous voyons par les yeux du corps, qui sont presque toujours troublés par la pituite. Ce qui fait dire au même saint Augustin, dans le livre Ier de ses *Soliloques*, chapitre iv, qu'il a expérimenté plusieurs

fois qu'en matière de géométrie les sens sont comme des vaisseaux.
« Car, dit-il, lorsque, pour l'établissement et la preuve de quelque
« proposition de géométrie, je me suis laissé conduire par mes sens
« jusqu'au lieu où je prétendais aller, je ne les ai pas plutôt quittés
« que, venant à repasser par ma pensée toutes les choses qu'ils
« semblaient m'avoir apprises, je me suis trouvé l'esprit aussi
« inconstant que sont les pas de ceux que l'on vient de mettre
« à terre après une longue navigation. C'est pourquoi je pense
« qu'on pourrait plutôt trouver l'art de naviguer sur la terre que
« de pouvoir comprendre la géométrie par la seule entremise des
« sens, quoiqu'il semble pourtant qu'ils n'aident pas peu ceux qui
« commencent à l'apprendre. »

DE DIEU.

La première raison que notre auteur apporte pour démontrer l'existence de Dieu, laquelle il a entrepris de prouver dans sa troisième Méditation, contient deux parties : la première est que Dieu existe, parce que son idée est en moi ; la seconde, que moi, qui ai une telle idée, je ne puis venir que de Dieu.

Touchant la première partie, il n'y a qu'une seule chose que je ne puis approuver, qui est que M. Descartes ayant fait voir que la fausseté ne se trouve proprement que dans les jugements, il dit néanmoins un peu après qu'il y a des idées qui peuvent, non pas à la vérité formellement, mais matériellement, être fausses ; ce qui me semble avoir de la répugnance avec ses principes.

Mais, de peur qu'en une matière si obscure je ne puisse pas expliquer ma pensée assez nettement, je me servirai d'un exemple qui la rendra plus manifeste. « Si, dit-il, le froid est seulement « une privation de la chaleur, l'idée qui me le représente comme « une chose positive sera matériellement fausse [12]. » Au contraire, si le froid est seulement une privation, il ne pourra y avoir aucune idée du froid qui me le représente comme une chose positive ; et ici notre auteur confond le jugement avec l'idée : car qu'est-ce que l'idée du froid ? c'est le froid même, en tant qu'il est objectivement dans l'entendement [13] ; mais si le froid est une privation, il ne saurait être objectivement dans l'entendement par une idée de qui l'être objectif soit un être positif ; donc si le froid est seulement une privation, jamais l'idée n'en pourra être positive, et conséquemment il n'y en pourra avoir aucune qui soit matériellement fausse.

Cela se confirme par le même argument que M. Descartes

emploie pour prouver que l'idée d'un Être infini est nécessairement vraie : « Car, dit-il, bien que l'on puisse feindre qu'un tel « être n'existe point, on ne peut pas néanmoins feindre que son « idée ne me représente rien de réel [14]. »

La même chose peut se dire de toute idée positive; car, encore que l'on puisse feindre que le froid, que je pense être représenté par une idée positive, ne soit pas une chose positive, on ne peut pas néanmoins feindre qu'une idée positive ne me représente rien de réel et de positif, vu que les idées ne sont pas appelées positives selon l'être qu'elles ont en qualité de modes ou de manières de penser, car en ce sens elles seraient toutes positives; mais elles sont ainsi appelées de l'être objectif qu'elles contiennent et représentent à notre esprit. Partant cette idée peut bien n'être pas l'idée du froid, mais elle ne peut pas être fausse.

Mais, direz-vous, elle est fausse pour cela même qu'elle n'est pas l'idée du froid. Au contraire, c'est votre jugement qui est faux, si vous la jugez être l'idée du froid; mais pour elle, il est certain qu'elle est très vraie; tout ainsi que l'idée de Dieu ne doit pas matériellement même être appelée fausse, encore que quelqu'un la puisse transférer et rapporter à une chose qui ne soit point Dieu, comme ont fait les idolâtres.

Enfin, cette idée du froid, que vous dites être matériellement fausse, que représente-t-elle à votre esprit? une privation? donc elle est vraie; un être positif? donc elle n'est pas l'idée du froid. Et de plus, quelle est la cause de cet être positif objectif qui, selon votre opinion, fait que cette idée soit matériellement fausse? « C'est, « dites-vous, moi-même, en tant que je participe du néant [15]. » Donc l'être objectif positif de quelque idée peut venir du néant, ce qui néanmoins répugne tout-à-fait à vos premiers fondements.

Mais venons à la seconde partie de cette démonstration, en laquelle on demande « si, moi qui ai l'idée d'un Être infini, je puis « être par un autre que par un Être infini, et principalement si je « puis être par moi-même [16]. » M. Descartes soutient que je ne puis être par moi-même, d'autant que « si je me donnais l'être, je « me donnerais aussi toutes les perfections dont je trouve en moi « quelque idée. » Mais l'auteur des premières Objections réplique fort subtilement : « *Être par soi*, ne doit pas être pris *positivement*, « mais *négativement*, en sorte que ce soit le même que *n'être pas* « *par autrui.* » « Or, ajoute-t-il, si quelque chose est par soi, « c'est-à-dire non par autrui, comment prouverez-vous pour cela « qu'elle comprend tout et qu'elle est infinie? Car à présent je ne

« vous écoute point si vous dites : puisqu'elle est par soi, elle se
« sera aisément donné toutes choses ; d'autant qu'elle n'est pas par
« soi comme par une cause, et qu'il ne lui a pas été possible, avant
« qu'elle fût, de prévoir ce qu'elle pourrait être, pour choisir ce
« qu'elle serait après [17]. »

Pour soudre cet argument, M. Descartes répond que cette façon de parler, *être par soi*, ne doit pas être prise *négativement*, mais *positivement*, eu égard même à l'existence de Dieu ; en telle sorte que « Dieu fait en quelque façon la même chose à l'égard de soi-
« même, que la cause efficiente à l'égard de son effet [18]. » Ce qui me semble un peu hardi, et n'être pas véritable.

C'est pourquoi je conviens en partie avec lui, et en partie je n'y conviens pas. Car j'avoue bien que je ne puis être par moi-même que positivement, mais je nie que le même se doive dire de Dieu. Au contraire, je trouve une manifeste contradiction que quelque chose soit par soi positivement et comme par une cause. C'est pourquoi je conclus la même chose que notre auteur, mais par une voie tout-à-fait différente, en cette sorte : Pour être par moi-même, je devrais être par moi *positivement* et comme par une cause ; donc il est impossible que je sois par moi-même. La majeure de cet argument est prouvée par ce qu'il dit lui-même, « que les parties du
« temps pouvant être séparées, et ne dépendant point les unes des
« autres, il ne s'ensuit pas de ce que je suis, que je doive être
« encore à l'avenir, si ce n'est qu'il y ait en moi quelque puissance
« réelle et positive qui me crée quasi derechef en tous les mo-
« ments [19]. » Quant à la mineure, à savoir que je ne puis être par moi positivement et comme par une cause, elle me semble si manifeste par la lumière naturelle, que ce serait en vain qu'on s'arrêterait à la vouloir prouver, puisque ce serait perdre le temps à prouver une chose connue par une autre moins connue. Notre auteur même semble en avoir reconnu la vérité, lorsqu'il n'a pas osé la nier ouvertement. Car, je vous prie, examinons soigneusement ces paroles de sa réponse aux premières Objections :

« Je n'ai pas dit, dit-il, qu'il est impossible qu'une chose soit la
« cause efficiente de soi-même ; car, encore que cela soit manifes-
« tement véritable, quand on restreint la signification d'efficient à
« ces sortes de causes qui sont différentes de leurs effets, ou qui
« les précédent en temps, il ne semble pas néanmoins que dans
« cette question on la doive ainsi restreindre, parce que la lumière
« naturelle ne nous dicte point que ce soit le propre de la cause
« efficiente de précéder en temps son effet [20]. »

Cela est fort bon pour ce qui regarde le premier membre de cette **distinction**; mais pourquoi a-t-il omis le second, et que n'a-t-il **ajouté** que la même lumière naturelle ne nous dicte point que ce soit le propre de la cause efficiente d'être différente de son effet, sinon parce que la lumière naturelle ne lui permettait pas de le dire? Et de vrai, tout effet étant dépendant de sa cause, et recevant d'elle son être, n'est-il pas très évident qu'une même chose ne peut pas dépendre ni recevoir l'être de soi-même?

De plus, toute cause est la cause d'un effet, et tout effet est l'effet d'une cause, et partant il y a un rapport mutuel entre la cause et l'effet : or il ne peut y avoir de rapport mutuel qu'entre deux choses.

En après on ne peut concevoir, sans absurdité, qu'une chose reçoive l'être, et que néanmoins cette même chose ait l'être auparavant que nous ayons conçu qu'elle l'ait reçu. Or cela arriverait si nous attribuions les notions de cause et d'effet à une même chose au regard de soi-même. Car quelle est la notion d'une cause? donner l'être; quelle est la notion d'un effet? le recevoir. Or la notion de la cause précède naturellement la notion de l'effet.

Maintenant nous ne pouvons pas concevoir une chose sous la notion de cause, comme donnant l'être, si nous ne concevons qu'elle l'a, car personne ne peut donner ce qu'il n'a pas; donc nous concevrions premièrement qu'une chose a l'être, que nous ne concevrions qu'elle l'a reçu ; et néanmoins, en celui qui reçoit, recevoir précède l'avoir.

Cette raison peut être encore ainsi expliquée : personne ne donne ce qu'il n'a pas, donc personne ne se peut donner l'être que celui qui l'a déjà : or, s'il l'a déjà, pourquoi se le donnerait-il?

Enfin, il dit, « qu'il est manifeste, par la lumière naturelle, que « la création n'est distinguée de la conservation que par la rai- « son [21]; » mais il est aussi manifeste, par la même lumière naturelle, que rien ne se peut créer soi-même, ni par conséquent aussi se conserver.

Que si de la thèse générale nous descendons à l'hypothèse spéciale de Dieu, la chose sera encore, à mon avis plus manifeste, à savoir que Dieu ne peut être par soi *positivement*, mais seulement *négativement*, c'est-à-dire *non par autrui*.

Et premièrement cela est évident par la raison que M. Descartes apporte pour prouver que si un corps *est par soi*, il doit être par soi *positivement*. « Car, dit-il, les parties du temps ne « dépendent point les unes des autres; et partant, de ce que l'on

« suppose qu'un corps jusqu'à cette heure a été par soi, c'est-à-dire
« sans cause, il ne s'ensuit pas pour cela qu'il doive être encore à
« l'avenir, si ce n'est qu'il y ait en lui quelque puissance réelle et
« positive qui pour ainsi dire le produise continuellement[23]. »

Mais tant s'en faut que cette raison puisse avoir lieu lorsqu'il est question d'un Être souverainement parfait et infini, qu'au contraire, pour des raisons tout-à-fait opposées, il faut conclure tout autrement : car, dans l'idée d'un être infini, l'infinité de sa durée y est aussi contenue, c'est-à-dire qu'elle n'est renfermée d'aucunes limites, et partant qu'elle est indivisible, permanente et subsistante tout à la fois, et dans laquelle on ne peut sans erreur et qu'improprement, à cause de l'imperfection de notre esprit, concevoir de passé ni d'avenir.

D'où il est manifeste qu'on ne peut concevoir qu'un Être infini existe, quand ce ne serait qu'un moment, qu'on ne conçoive en même temps qu'il a toujours été et qu'il sera éternellement (ce que notre auteur même dit en quelque endroit), et partant que c'est une chose superflue de demander pourquoi il persévère dans l'être. Voire même (comme l'enseigne saint Augustin, lequel, après les auteurs sacrés, a parlé de Dieu plus hautement et plus dignement qu'aucun autre), en Dieu, il n'y a point de passé ni de futur, mais un continuel présent ; ce qui fait voir clairement qu'on ne peut sans absurdité demander pourquoi Dieu persévère dans l'être, vu que cette question enveloppe manifestement le devant et l'après, le passé et le futur, qui doivent être bannis de l'idée d'un Être infini.

De plus, on ne saurait concevoir que Dieu soit par soi *positivement* comme s'il s'était lui-même premièrement produit ; car il aurait été auparavant que d'être, mais seulement (comme notre auteur déclare en plusieurs lieux) parce qu'en effet il se conserve.

Mais la conservation ne convient pas mieux à l'Être infini que la première production. Car qu'est-ce, je vous prie, que la conservation, sinon une continuelle reproduction d'une chose ; d'où il arrive que toute conservation suppose une première production ; et c'est pour cela même que le nom de continuation, comme aussi celui de conservation, étant plutôt des noms de puissance que d'acte, emportent avec soi quelque capacité ou disposition à recevoir ; mais l'Être infini est un acte très pur, incapable de telles dispositions.

Concluons donc que nous ne pouvons concevoir que Dieu soit par soi *positivement*, sinon à cause de l'imperfection de notre esprit qui conçoit Dieu à la façon des choses créées ; ce qui sera encore plus évident par cette autre raison :

On ne demande point la cause efficiente d'une chose, sinon à raison de son existence et non à raison de son essence : par exemple, quand on demande la cause efficiente d'un triangle, on demande qui a fait que ce triangle soit au monde ; mais ce ne serait pas sans absurdité que je demanderais la cause efficiente pourquoi un triangle a ses trois angles égaux à deux droits ; et à celui qui me ferait cette demande, on ne répondrait pas bien par la cause efficiente, mais on doit seulement répondre : parce que telle est la nature du triangle ; d'où vient que les mathématiciens, qui ne se mettent pas beaucoup en peine de l'existence de leur objet, ne font aucune démonstration par la cause efficiente et finale. Or, il n'est pas moins de l'essence d'un Être infini d'exister, voire même, si vous le voulez, de persévérer dans l'être, qu'il est de l'essence d'un triangle d'avoir ses trois angles égaux à deux droits ; donc, tout ainsi qu'à celui qui demanderait pourquoi un triangle a ses trois angles égaux à deux droits, on ne doit pas répondre par la cause efficiente, mais seulement : parce que telle est la nature immuable et éternelle du triangle ; de même, si quelqu'un demande pourquoi Dieu est, ou pourquoi il ne cesse point d'être, il ne faut point chercher en Dieu ni hors de Dieu de cause efficiente, ou quasi-efficiente (car je ne dispute pas ici du nom, mais de la chose), mais il faut dire pour toute raison : parce que telle est la nature de l'Être souverainement parfait.

C'est pourquoi, à ce que dit M. Descartes, « que la lumière natu« relle nous dicte qu'il n'y a aucune chose de laquelle il ne soit « permis de demander pourquoi elle existe, ou dont on ne puisse « rechercher la cause efficiente, ou bien si elle n'en a point, « demander pourquoi elle n'en a pas besoin, » je réponds que, si on demande pourquoi Dieu existe, il ne faut pas répondre par la cause efficiente, mais seulement : parce qu'il est Dieu, c'est-à-dire un Être infini ; que, si on demande quelle est sa cause efficiente, il faut répondre qu'il n'en a pas besoin ; et enfin si on demande pourquoi il n'en a pas besoin, il faut répondre : parce qu'il est un Être infini duquel l'existence est son essence ; car il n'y a que les choses dans lesquelles il est permis de distinguer l'existence actuelle de l'essence qui aient besoin de cause efficiente.

Et partant, ce qu'il ajoute immédiatement après les paroles que je viens de citer se détruit de soi-même, à savoir : « Si je pen« sais, dit-il, qu'aucune chose ne pût en quelque façon être à « l'égard de soi-même ce que la cause efficiente est à l'égard de « son effet, tant s'en faut que de là je voulusse conclure qu'il y a

« une première cause, qu'au contraire de celle-là même qu'on « appellerait première, je rechercherais de rechef la cause, et « ainsi je ne viendrais jamais à une première. » Car, au contraire, si je pensais que de quelque chose que ce fût il fallût rechercher la cause efficiente ou quasi-efficiente, j'aurais dans l'esprit de chercher une cause différente de cette chose : d'autant qu'il est manifeste que rien ne peut en aucune façon être à l'égard de soi-même ce que la cause efficiente est à l'égard de son effet.

Or, il me semble que notre auteur doit être averti de considérer diligemment et avec attention toutes ces choses, parce que je suis assuré qu'il y a peu de théologiens qui ne s'offensent de cette proposition, à savoir que « Dieu est par soi positivement, et comme « par une cause[23]. »

Il ne me reste plus qu'un scrupule, qui est de savoir comment il se peut défendre de ne pas commettre un cercle, lorsqu'il dit que « nous ne sommes assurés que les choses que nous concevons « clairement et distinctement sont vraies, qu'à cause que Dieu est « ou existe[24]. » Car nous ne pouvons être assurés que Dieu est, sinon parce que nous concevons cela très clairement et très distinctement ; donc, auparavant que d'être assurés de l'existence de Dieu, nous devons être assurés que toutes les choses que nous concevons clairement et distinctement sont toutes vraies.

J'ajouterai une chose qui m'était échappée, c'est à savoir que cette proposition me semble fausse que M. Descartes donne pour une vérité très constante, à savoir que « rien ne peut être en lui, « en tant qu'il est une chose qui pense, dont il n'ait connais-« sance[25]. » Car par ce mot, *en lui*, en tant qu'il est une chose qui pense, il n'entend autre chose que son esprit, en tant qu'il est distingué du corps. Mais qui ne voit qu'il peut y avoir plusieurs choses en l'esprit dont l'esprit même n'ait aucune connaissance ? par exemple, l'esprit d'un enfant qui est dans le ventre de sa mère a bien la vertu ou la faculté de penser, mais il n'en a pas connaissance. Je passe sous silence un grand nombre de semblables choses.

DES CHOSES QUI PEUVENT ARRÊTER LES THÉOLOGIENS.

Enfin, pour finir un discours qui n'est déjà que trop ennuyeux, je veux ici traiter les choses le plus brièvement qu'il me sera possible, et à ce sujet mon dessein est de marquer seulement les difficultés, sans m'arrêter à une dispute plus exacte.

Premièrement, je crains que quelques-uns ne s'offensent de **cette** libre façon de philosopher par laquelle toutes choses sont **révoquées** en doute. Et de vrai notre auteur même confesse, dans **sa Méthode,** que cette voie est dangereuse pour les faibles esprits; **j'avoue** néanmoins qu'il tempère un peu le sujet de cette crainte dans l'abrégé de sa première Méditation.

Toutefois, je ne sais s'il ne serait point à propos de la munir de quelque préface dans laquelle le lecteur fût averti que ce n'est pas sérieusement et tout de bon que l'on doute de ces choses, mais afin qu'ayant pour quelque temps mis à part toutes celles *qui peuvent laisser le moindre doute,* ou, comme parle notre auteur en un autre endroit, *qui peuvent donner à notre esprit une occasion de douter la plus hyperbolique*[26], nous voyions si après cela il n'y aura pas moyen de trouver quelque vérité qui soit si ferme et si assurée que les plus opiniâtres n'en puissent aucunement douter. Et aussi, au lieu de ces paroles, *ne connaissant pas l'auteur de mon origine,* je penserais qu'il vaudrait mieux mettre, *feignant de ne pas connaître*[27].

Dans la quatrième Méditation qui traite du vrai et du faux, je voudrais, pour plusieurs raisons qu'il serait long de rapporter ici, que M. Descartes, dans son abrégé ou dans le tissu même de cette Méditation, avertît le lecteur de deux choses:

La première, que, lorsqu'il explique la cause de l'erreur, il entend principalement parler de celle qui se commet dans le discernement du vrai et du faux, et non pas de celle qui arrive dans la poursuite du bien et du mal. Car, puisque cela suffit pour le dessein et le but de notre auteur, et que les choses qu'il dit ici touchant la cause de l'erreur souffriraient de très grandes objections si on les étendait aussi à ce qui regarde la poursuite du bien et du mal, il me semble qu'il est de la prudence, et que l'ordre même, dont notre auteur paraît si jaloux, requiert que toutes les choses qui ne servent point au sujet, et qui peuvent donner lieu à plusieurs disputes soient retranchées, de peur que tandis que le lecteur s'amuse inutilement à disputer des choses qui sont superflues, il ne soit diverti de la connaissance des nécessaires.

La seconde chose dont je voudrais que notre auteur donnât quelque avertissement est que, lorsqu'il dit que nous ne devons donner notre créance qu'aux choses que nous concevons clairement et distinctement, cela s'entend seulement des choses qui concernent les sciences et qui tombent sous notre intelligence, et non pas de celles qui regardent la foi et les actions de notre vie;

ce qui a fait qu'il a toujours condamné l'arrogance et présomption de ceux qui opinent, c'est-à-dire de ceux qui présument savoir ce qu'ils ne savent pas, mais qu'il n'a jamais blâmé la juste persuasion de ceux qui croient avec prudence[28]. Car, comme remarque fort judicieusement saint Augustin au chapitre xv, *de l'utilité de la croyance :* « il y a trois choses en l'esprit de l'homme qui ont
« entre elles un très grand rapport et semblent quasi n'être qu'une
« même chose, mais qu'il faut néanmoins très soigneusement dis-
« tinguer, savoir est : ENTENDRE, CROIRE et OPINER.

« Celui-là ENTEND qui comprend quelque chose par des raisons
« certaines. Celui-là CROIT, lequel, emporté par le poids et le
« crédit de quelque grave et puissante autorité, tient pour vrai
« cela même qu'il ne comprend pas par des raisons certaines.
« Celui-là OPINE qui se persuade ou plutôt qui présume de savoir
« ce qu'il ne sait pas.

« Or c'est une chose honteuse et fort indigne d'un homme que
« d'OPINER, pour deux raisons : la première, pource que celui-là
« n'est plus en état d'apprendre qui s'est déjà persuadé savoir de
« ce qu'il ignore ; et la seconde, pource que la présomption est de
« soi la marque d'un esprit mal fait et d'un homme de peu de
« sens.

« Donc ce que nous entendons nous le devons A LA RAISON, ce
« que nous croyons A L'AUTORITÉ, ce que nous opinons A L'ER-
« REUR. Je dis cela afin que nous sachions qu'ajoutant foi même
« aux choses que nous ne comprenons pas encore, nous sommes
« exempts de la présomption de ceux qui opinent. Car ceux qui
« disent qu'il ne faut rien croire que ce que nous savons, tâchent
« seulement de ne point tomber dans la faute de ceux qui opinent,
« laquelle en effet est de soi honteuse et blâmable. Mais si quel-
« qu'un considère avec soin la grande différence qu'il y a entre
« celui qui présume savoir ce qu'il ne sait pas, et celui qui croit
« ce qu'il sait bien qu'il n'entend pas, y étant toutefois porté par
« quelque puissante autorité, il verra que celui-ci évite sage-
« ment le péril de l'erreur, le blâme de peu de confiance et d'hu-
« manité, et le péché de superbe. »

Et un peu après, chap. xii, il ajoute :

« On peut apporter plusieurs raisons qui feront voir qu'il ne
« reste plus rien d'assuré parmi la société des hommes, si nous
« sommes résolus de ne rien croire que ce que nous pourrons
« connaître certainement. » Jusques ici saint Augustin.

M. Descartes peut maintenant juger combien il est nécessaire de distinguer ces choses, de peur que plusieurs de ceux qui penchent aujourd'hui vers l'impiété ne puissent se servir de ses paroles pour combattre la foi et la vérité de notre créance.

Mais ce dont je prévois que les théologiens s'offenseront le plus est que, selon ses principes, il ne semble pas que les choses que l'Église nous enseigne touchant le sacré mystère de l'Eucharistie puissent subsister et demeurer en leur entier. Car nous tenons pour article de foi que la substance du pain étant ôtée du pain eucharistique, les seuls accidents y demeurent. Or ces accidents sont l'étendue, la figure, la couleur, l'odeur, la saveur et les autres qualités sensibles.

De qualités sensibles notre auteur n'en reconnaît point, mais seulement certains différents mouvements des petits corps qui sont autour de nous, par le moyen desquels nous sentons ces différentes impressions, lesquelles puis après nous appelons du nom de couleur, de saveur, d'odeur, etc. Ainsi il reste seulement la figure, l'étendue et la mobilité. Mais notre auteur nie que ces facultés puissent être entendues sans quelque substance en laquelle ils résident, et partant aussi qu'elles puissent exister sans elle ; ce que même il répète dans ses réponses aux premières Objections.

Il ne reconnaît point aussi entre ces modes ou affections et la substance d'autre distinction que la formelle, laquelle ne suffit pas, ce semble, pour que les choses qui sont ainsi distinguées puissent être séparées l'une de l'autre, même par la toute-puissance de Dieu.

Je ne doute point que M. Descartes, dont la piété nous est très connue, n'examine et ne pèse diligemment ces choses, et qu'il ne juge bien qu'il lui faut soigneusement prendre garde qu'en tâchant de soutenir la cause de Dieu contre l'impiété des libertins, il ne semble pas leur avoir mis des armes en main pour combattre une foi que l'autorité du Dieu qu'il défend a fondée, et au moyen de laquelle il espère parvenir à cette vie immortelle qu'il a entrepris de persuader aux hommes.

NOTES

SUR LES OBJECTIONS CONTRE LES MÉDITATIONS

(1) On peut voir dans l'introduction ce qui avait amené le P. Mersenne à communiquer le manuscrit des *Méditations* à Arnauld.

(2) Arnauld, alors occupé à professer la philosophie et à se préparer à son doctorat, éprouvait des difficultés de la part du cardinal de Richelieu pour entrer dans la société de Sorbonne.

(3) Voyez la seconde Méditation.

(4) *Ibid, ibid.*

(5) *Ibid., ibid.*

(6) Voyez la sixième Méditation.

(7) La distinction formelle ou modale est celle qui se trouve entre les attributs d'une chose, comme la miséricorde et la justice en Dieu, le mouvement et la figure dans le corps. La distinction réelle est celle de deux êtres qui existent chacun à part, comme un arbre, une pierre, etc. Descartes admettait que la première suffit pour qu'une chose soit conçue, par abstraction de l'esprit, séparément d'une autre ; mais que la distinction réelle est nécessaire pour que deux objets nous paraissent, comme le corps et l'âme, former chacun un être complet et différent. Sa pensée est très fidèlement exposée par Arnauld.

(8) Voyez les *Réponses aux premières Objections.*

(9) Voyez la seconde Méditation.

(10) Voyez la sixième Méditation.

(11) Voyez le premier Alcibiade de Platon, t. V, p. 110 des OEuvres complètes, traduites par M. Cousin.

(12) Voyez la troisième Méditation.

(13) Une chose est *objectivement* dans l'entendement, quand elle y est représentée, qu'il la connaît. *Objectivement* et par représentation, sont deux expressions synonymes. On les oppose en général à formellement ou éminemment. Suivant une définition donnée par Descartes même (*Réponses aux secondes Objections*) « les mêmes choses sont dites être formellement dans les objets des idées, quand elles sont en eux telles que nous les concevons, et elles sont dites y être éminemment, quand elles n'y sont pas à la vérité telles, mais qu'elles peuvent suppléer à ce défaut par leur excellence. »

(14) Voyez la troisième Méditation.
(15) *Ibid., ibid.*
(16) *Ibid., ibid.*
(17) Voyez les *premières Objections*, par Catérus.
(18) Voyez les *Réponses aux premières Objections.*
(19) Voyez la troisième Méditation.
(20) Voyez les *Réponses aux premières Objections.*
(21) Voyez la troisième Méditation.
(22) *Ibid., ibid.*
(23) Voyez les *Réponses aux premières Objections.*
(24) Voyez la cinquième Méditation. En répondant à Arnauld, Descartes convient, comme nous l'avons dit dans l'introduction, 1° que Dieu n'est pas la cause efficiente de lui-même ; 2° qu'il ne se conserve par aucune influence positive, et il se borne à justifier les termes de la troisième Méditation : ce qu'il déduisit peut-être plus au long que la chose ne semblait le mériter, « afin, dit-il, de montrer qu'il prenait soigneusement garde à ne pas mettre dans ses écrits la moindre chose que les théologiens pussent censurer avec raison. »
(25) Voyez la troisième Méditation. Arnauld est revenu sur cette objection dans une lettre à Descartes, sous la date du 15 juillet 1648. Descartes lui répondit le jour même et le ramena à son sentiment. La question a été reprise par Locke, *Essai sur l'Ent. hum.*, II, ch. 1, § 9 et suivants.
(26) Voyez la sixième Méditation.
(27) En publiant les Méditations, Descartes a suivi le conseil d'Arnauld.
(28) Le conseil d'Arnauld a été également suivi par Descartes dans l'*Abrégé des Méditations* qui accompagne l'ouvrage.

LA LOGIQUE

ou

L'ART DE PENSER

CONTENANT, OUTRE LES RÈGLES COMMUNES,

PLUSIEURS OBSERVATIONS NOUVELLES

PROPRES A FORMER LE JUGEMENT.

AVIS.

La naissance de ce petit ouvrage est due entièrement au hasard, et plutôt à une espèce de divertissement qu'à un dessein sérieux. Une personne de condition entretenant un jeune seigneur [a], qui dans un âge peu avancé faisait paraître beaucoup de solidité et de pénétration d'esprit, lui dit qu'étant jeune, il avait trouvé un homme qui l'avait rendu, en quinze jours, capable de répondre sur une partie de la logique. Ce discours donna occasion à une autre personne qui était présente, et qui n'avait pas grande estime pour cette science, de répondre en riant, que si Monseigneur... voulait en prendre la peine, on s'engagerait bien à lui apprendre en quatre ou cinq jours tout ce qu'il y avait d'utile dans la logique. Cette proposition faite en l'air ayant servi quelque temps d'entretien, on se résolut d'en faire l'essai; mais comme on ne jugea

---

(a) Honoré d'Albert, duc de Chevreuse.

pas les logiques ordinaires assez courtes, ni assez nettes, on eut la pensée d'en faire un petit abrégé qui ne fût que pour lui.

C'est l'unique vue qu'on avait lorsqu'on se mit en devoir d'y travailler, et l'on ne pensait pas y employer plus d'un jour ; mais quand on voulut s'y appliquer, il vint dans l'esprit tant de réflexions nouvelles qu'on fut obligé de les écrire pour s'en décharger : ainsi, au lieu d'un jour, on y en employa quatre ou cinq, pendant lesquels on forma le corps de cette logique, à laquelle on a depuis ajouté diverses choses.

Or, quoiqu'on y ait embrassé beaucoup plus de matières qu'on ne s'était engagé de faire d'abord, néanmoins l'essai en réussit comme on se l'était promis ; car ce jeune seigneur l'ayant lui-même réduite en quatre tables, il en apprit facilement une par jour, sans même qu'il eût presque besoin de personne pour l'entendre. Il est vrai qu'on ne doit pas espérer que d'autres que lui y entrent avec la même facilité ; son esprit étant tout-à-fait extraordinaire dans toutes les choses qui dépendent de l'intelligence.

Voilà la rencontre qui a produit cet ouvrage : mais, quelque sentiment qu'on en ait, on ne peut, au moins avec justice, en désapprouver l'impression, puisqu'elle a été plutôt forcée que volontaire : car plusieurs personnes en ayant tiré des copies manuscrites, ce qu'on sait assez ne pouvoir se faire sans qu'il s'y glisse beaucoup de fautes, on a eu avis que les libraires se disposaient à l'imprimer : de sorte qu'on a jugé plus à propos de le donner au public correct et entier, que de permettre qu'on l'imprimât sur des copies défectueuses ; mais c'est aussi ce qui a obligé d'y faire diverses additions qui l'ont augmenté de près d'un tiers, parce qu'on a cru devoir étendre ces vues plus loin qu'on n'avait fait en ce premier essai. C'est le sujet du discours suivant, où l'on explique la fin qu'on s'y est proposée, et la raison des matières qu'on y a traitées.

AVERTISSEMENT

DE LA CINQUIÈME ÉDITION.

On a fait diverses additions importantes à cette nouvelle édition de la logique, dont l'occasion a été que les ministres se sont plaints de quelques remarques qu'on y avait faites ; ce qui a obligé d'éclaircir et de soutenir les endroits qu'ils ont voulu attaquer. On verra, par ces éclaircissements, que la raison et la foi s'accordent parfaitement, comme étant des ruisseaux de la même source, et que l'on ne saurait guère s'éloigner de l'une, sans s'écarter de l'autre. Mais quoique ce soient des contestations théologiques qui ont donné lieu à ces additions, elles ne sont pas moins propres, ni moins naturelles à la logique ; et l'on aurait pu les faire, quand il n'y aurait jamais eu de ministres au monde qui auraient voulu obscurcir les vérités de la foi par de fausses subtilités.

PREMIER DISCOURS

OU L'ON FAIT VOIR LE DESSEIN DE CETTE NOUVELLE LOGIQUE.

Il n'y a rien de plus estimable que le bon sens et la justesse de l'esprit dans le discernement du vrai et du faux. Toutes les autres qualités d'esprit ont des usages bornés ; mais l'exactitude de la raison est généralement utile dans toutes les parties et dans tous les emplois de la vie. Ce n'est pas seulement dans les sciences qu'il est difficile de distinguer la vérité de l'erreur ; mais aussi dans la plupart des sujets dont les hommes parlent, et des affaires qu'ils traitent. Il y a presque partout des routes différentes, les unes vraies, les autres fausses, et c'est à la raison d'en faire le choix. Ceux qui choisissent bien sont ceux qui ont l'esprit juste ; ceux qui prennent le mauvais parti sont ceux qui ont l'esprit faux ; et c'est la première et la plus importante différence qu'on peut mettre entre les qualités de l'esprit des hommes.

Ainsi, la principale application qu'on devrait avoir serait de former son jugement et de le rendre aussi exact qu'il peut l'être ; et c'est à quoi devrait tendre la plus grande partie de nos études. On se sert de la raison comme d'un instrument pour acquérir les sciences, et l'on devrait se servir, au contraire, des sciences comme d'un instrument pour perfectionner sa raison ; la justesse de l'esprit étant infiniment plus considérable que toutes les connaissances spéculatives auxquelles on peut arriver par le moyen des sciences les plus véritables et les plus solides : ce qui doit porter les personnes sages à ne s'y engager qu'autant qu'elles peuvent servir à cette fin, et à n'en faire que l'essai et non l'emploi des forces de leur esprit.

Si l'on ne s'y applique dans ce desein, on ne voit pas que l'étude de ces sciences spéculatives, comme de la géométrie, de l'astronomie et de la physique, soit autre chose qu'un amusement assez vain, ni qu'elles soient beaucoup plus estimables que l'ignorance de toutes ces choses, qui a au moins cet avantage, qu'elle est moins pénible, et qu'elle ne donne pas lieu à la sotte vanité que l'on tire souvent de ces connaissances stériles et infructueuses.

Non-seulement ces sciences ont des recoins et des enfoncements fort peu utiles; mais elles sont toutes inutiles, si on les considère en elles-mêmes et pour elles-mêmes. Les hommes ne sont pas nés pour employer leur temps à mesurer des lignes, à examiner les rapports des angles, à considérer les divers mouvements de la matière: leur esprit est trop grand, leur vie trop courte, leur temps trop précieux pour l'occuper à de si petits objets; mais ils sont obligés d'être justes, équitables, judicieux dans tous leurs discours, dans toutes leurs actions et dans toutes les affaires qu'ils manient, et c'est à quoi ils doivent particulièrement s'exercer et se former.

Ce soin et cette étude sont d'autant plus nécessaires, qu'il est étrange combien c'est une qualité rare que cette exactitude de jugement. On ne rencontre partout que des esprits faux, qui n'ont presque aucun discernement de la vérité; qui prennent toutes choses d'un mauvais biais; qui se paient des plus mauvaises raisons, et qui veulent en payer les autres; qui se laissent emporter par les moindres apparences; qui sont toujours dans l'excès et dans les extrémités; qui n'ont point de serres pour se tenir fermes dans les vérités qu'ils savent, parce que c'est plutôt le hasard qui les y attache qu'une solide lumière; ou qui s'arrêtent, au contraire, à leur sens avec tant d'opiniâtreté, qu'ils n'écoutent rien de ce qui pourrait les détromper; qui décident hardiment ce qu'ils ignorent, ce qu'ils n'entendent pas, et ce que personne n'a peut-être jamais entendu; qui ne font point de différence entre parler et parler, ou qui ne jugent de la vérité des choses que par le ton de la voix: celui qui parle facilement et gravement, a raison; celui qui a quelque peine à s'expliquer, ou qui fait paraître quelque chaleur, a tort; ils n'en savent pas davantage.

C'est pourquoi il n'y a point d'absurdités si insupportables qui ne trouvent des approbateurs. Quiconque a dessein de piper le monde, est assuré de trouver des personnes qui seront bien aises d'être pipées ; et les plus ridicules sottises rencontrent toujours des esprits auxquels elles sont proportionnées. Après que l'on voit tant de gens infatués des folies de l'astrologie judiciaire, et que des personnes graves traitent cette matière sérieusement, on ne doit plus s'étonner de rien. Il y a une constellation dans le ciel qu'il a plu à quelques personnes de nommer Balance, et qui ressemble à une balance comme à un moulin à vent : la balance est le symbole de la justice : donc ceux qui naîtront sous cette constellation seront justes et équitables. Il y a trois autres signes dans le Zodiaque, qu'on nomme l'un Bélier, l'autre Taureau, l'autre Capricorne, et qu'on eût pu aussi bien appeler Éléphant, Crocodile et Rhinocéros : le bélier, le taureau et le capricorne sont des animaux qui ruminent ; donc ceux qui prennent médecine lorsque la lune est sous ces constellations, sont en danger de la revomir. Quelque extravagants que soient ces raisonnements, il se trouve des personnes qui les débitent, et d'autres qui s'en laissent persuader.

Cette fausseté d'esprit n'est pas seulement cause des erreurs que l'on mêle dans les sciences, mais aussi de la plupart des fautes que l'on commet dans la vie civile, des querelles injustes, des procès mal fondés, des avis téméraires, des entreprises mal concertées. Il y en a peu qui n'aient leur source dans quelque erreur et dans quelque faute de jugement : de sorte qu'il n'y a point de défaut dont on ait plus d'intérêt de se corriger.

Mais autant cette correction est souhaitable, autant est-il difficile d'y réussir, parce qu'elle dépend beaucoup de la mesure d'intelligence que nous apportons en naissant. Le sens commun n'est pas une qualité si commune que l'on pense. Il y a une infinité d'esprits grossiers et stupides que l'on ne peut réformer en leur donnant l'intelligence de la vérité, mais en les retenant dans les choses qui sont à leur portée, et en les empêchant de juger de ce qu'ils ne sont pas capables de connaître. Il est vrai néanmoins qu'une grande partie des faux jugements des hommes ne vient pas de ce principe, et qu'elle n'est causée que par la précipitation de l'esprit et par le défaut d'attention, qui fait que l'on juge témérairement de ce que l'on ne connaît que confusément et obscurément. Le peu d'amour que les hommes ont pour la vérité, fait qu'ils ne se mettent pas en peine la plupart du temps de distinguer ce qui est vrai de ce qui est faux. Ils laissent entrer dans leur âme toutes sortes de discours et de maximes ; ils aiment mieux les supposer pour véritables que de les examiner : s'ils ne les entendent pas, ils veulent croire que d'autres les entendent bien ; et ainsi ils se remplissent la mémoire d'une infinité de choses fausses, obscures et non entendues, et raisonnent ensuite sur ces principes, sans presque considérer ce qu'ils disent, ni ce qu'ils pensent.

La vanité et la présomption contribuent encore beaucoup à ce défaut. On croit qu'il y a de la honte à douter et à ignorer; et l'on aime mieux parler et décider au hasard, que de reconnaître qu'on n'est pas assez informé des choses pour en porter jugement. Nous sommes tous pleins d'ignorance et d'erreurs; et cependant on a toutes les peines du monde à tirer de la bouche des hommes cette confession si juste et si conforme à leur condition naturelle : je me trompe, et je n'en sais rien.

Il s'en trouve d'autres, au contraire, qui, ayant assez de lumières pour connaître qu'il y a quantité de choses obscures et incertaines, et voulant, par une autre sorte de vanité, témoigner qu'ils ne se laissent pas aller à la crédulité populaire, mettent leur gloire à soutenir qu'il n'y a rien de certain : ils se déchargent ainsi de la peine de les examiner, et, sur ce mauvais principe, ils mettent en doute les vérités les plus constantes, et la Religion même. C'est la source du Pyrrhonisme, qui est une autre extravagance de l'esprit humain, qui, paraissant contraire à la témérité de ceux qui croient et décident tout, vient néanmoins de la même source, qui est le défaut d'attention ; car comme les uns ne veulent pas se donner la peine de discerner les erreurs, les autres ne veulent pas prendre celle d'envisager la vérité avec le soin nécessaire pour en apercevoir l'évidence. La moindre lueur suffit aux uns pour les persuader de choses très fausses ; et elle suffit aux autres pour les faire douter des choses les plus certaines : mais, dans les uns et dans les autres, c'est le même défaut d'application qui produit des effets si différents.

La vraie raison place toutes choses dans le rang qui leur convient; elle fait douter de celles qui sont douteuses, rejeter celles qui sont fausses, et reconnaître de bonne foi celles qui sont évidentes, sans s'arrêter aux vaines raisons des Pyrrhoniens, qui ne détruisent pas l'assurance raisonnable que l'on a des choses certaines, non pas même dans l'esprit de ceux qui les proposent. Personne ne douta jamais sérieusement qu'il y a une terre, un soleil et une lune, ni si le tout est plus grand que sa partie. On peut bien faire dire extérieurement à sa bouche qu'on en doute, parce que l'on peut mentir ; mais on ne peut pas le faire dire à son esprit. Ainsi le Pyrrhonisme n'est pas une secte de gens qui soient persuadés de ce qu'ils disent, mais c'est une secte de menteurs. Aussi se contredisent-ils souvent en parlant de leur opinion, leur cœur ne pouvant s'accorder avec leur langue, comme on peut le voir dans Montaigne, qui a tâché de le renouveler au dernier siècle.

Car, après avoir dit que les Académiciens étaient différents des Pyrrhoniens, en ce que les Académiciens avouaient qu'il y avait des choses plus vraisemblables que les autres, ce que les Pyrrhoniens ne voulaient pas reconnaître, il se déclare pour les Pyrrhoniens en ces termes : *L'avis*, dit-il, *des Pyrrhoniens est plus hardi, et quant et quant plus vraisemblable*[1]. Il y a donc des choses plus vraisemblables que les autres : et ce n'est pas pour faire une pointe qu'il parle ainsi ; ce sont des paroles qui lui sont échappées sans y penser, et qui naissent du fond de la nature, que le mensonge des opinions ne peut étouffer.

Mais le mal est que, dans les choses qui ne sont pas si sensibles, ces personnes, qui mettent leur plaisir à douter de tout, empêchent leur esprit de s'appliquer à ce qui pourrait les persuader, ou ne s'y appliquent qu'imparfaitement, et ils tombent par là dans une incertitude volontaire à l'égard de choses de la Religion, parce que cet état de ténèbres qu'ils se procurent leur est agréable, et leur paraît commode pour apaiser les remords de leur conscience, et pour contenter librement leurs passions.

Ainsi, comme ces dérèglements d'esprit, qui paraissent opposés, l'un portant à croire légèrement ce qui est obscur et incertain, et l'autre à douter de ce qui est clair et certain, ont néanmoins le même principe, qui est la négligence à se rendre attentif autant qu'il faut pour discerner la vérité, il est visible qu'il faut y remédier de la même sorte, et que l'unique moyen de s'en garantir est d'apporter une attention exacte à nos jugements et à nos pensées. C'est la seule chose qui soit absolument nécessaire pour se défendre des surprises : car ce que les Académiciens disaient, qu'il était impossible de trouver la vérité, si on n'en avait des marques, comme on ne pourrait reconnaître un esclave fugitif qu'on chercherait si on n'avait des signes pour le distinguer des autres, au cas qu'on le rencontrât, n'est qu'une vaine subtilité. Comme il ne faut point d'autres marques pour distinguer la lumière des ténèbres, que la lumière même qui se fait assez sentir, ainsi, il n'en faut point d'autres pour reconnaître la vérité, que la clarté même qui l'environne, et qui se soumet l'esprit et le persuade malgré qu'il en ait ; de sorte que toutes les raisons de ces philosophes ne sont pas plus capables d'empêcher l'âme de se rendre à la vérité, lorsqu'elle en est for-

---

(1) Voyez les notes à la fin de ce traité.

tement pénétrée, qu'elles sont capables d'empêcher les yeux de voir, lorsqu'étant ouverts, ils sont frappés par la lumière du soleil.

Mais, parce que l'esprit se laisse quelquefois abuser par de fausses lueurs, lorsqu'il n'y apporte pas l'attention nécessaire, et qu'il y a bien des choses que l'on ne connaît que par un long et difficile examen, il est certain qu'il serait utile d'avoir des règles pour s'y conduire de telle sorte, que la recherche de la vérité en fût et plus facile et plus sûre; et ces règles, sans doute, ne sont pas impossibles; car, puisque les hommes se trompent quelquefois dans leurs jugements, et que, quelquefois aussi, ils ne se trompent pas, qu'ils raisonnent tantôt bien et tantôt mal, et qu'après avoir mal raisonné, ils sont capables de reconnaître leur faute, ils peuvent remarquer, en faisant des réflexions sur leurs pensées, quelle méthode ils ont suivie, lorsqu'ils ont bien raisonné, et quelle a été la cause de leur erreur, lorsqu'ils se sont trompés, et former ainsi des règles sur ces réflexions, pour éviter à l'avenir d'être surpris.

C'est proprement ce que les philosophes entreprennent, et sur quoi ils nous font des promesses magnifiques. Si on veut les en croire, ils nous fournissent, dans cette partie qu'ils destinent à cet effet, et qu'ils appellent logique, une lumière capable de dissiper toutes les ténèbres de notre esprit; ils corrigent toutes les erreurs de nos pensées, et ils nous donnent des règles si sûres, qu'elles nous conduisent infailliblement à la vérité, et si nécessaires tout ensemble, que, sans elles, il est impossible de la connaître avec une entière certitude. Ce sont les éloges qu'ils donnent eux-mêmes à leurs préceptes. Mais, si l'on considère ce que l'expérience nous fait voir de l'usage que ces philosophes en font, et dans la logique, et dans les autres parties de la philosophie, on aura beaucoup de sujet de se défier de la vérité de ces promesses.

Néanmoins, parce qu'il n'est pas juste de rejeter absolument ce qu'il y a de bon dans la logique, à cause de l'abus qu'on peut en faire, et qu'il n'est pas vraisemblable que tant de grands esprits qui se sont appliqués avec tant de soin aux règles du raisonnement, n'aient rien du tout trouvé de solide; et enfin parce que la coutume a introduit une certaine nécessité de savoir au moins grossièrement ce que c'est que logique, on a cru que ce serait contribuer en quelque chose à l'utilité publique, que d'en tirer ce qui **peut le plus servir à former le jugement**; et c'est proprement le **dessein** qu'on s'est proposé dans cet ouvrage, en y ajoutant plusieurs nouvelles réflexions qui sont venues dans l'esprit en écrivant, et qui en font la plus grande et peut-être la plus considérable partie.

Car il me semble que les philosophes ordinaires ne se soient guère appliqués qu'à donner des règles des bons et des mauvais raisonnements. Or, quoique l'on ne puisse pas dire que ces règles soient inutiles, puisqu'elles servent quelquefois à découvrir le défaut de certains arguments embarrassés, et à disposer ses pensées d'une manière plus convaincante, néanmoins on ne doit pas aussi croire que cette utilité s'étende bien loin, la plupart des erreurs des hommes ne consistant pas à se laisser tromper par de mauvaises conséquences, mais à se laisser aller à de faux jugements dont on tire de mauvaises conséquences. C'est à quoi ceux qui jusqu'ici ont traité de la logique ont peu cherché de remèdes, et ce qui fait le principal sujet des nouvelles réflexions qu'on trouvera partout dans ce livre.

On est obligé néanmoins de reconnaître que ces réflexions, qu'on appelle nouvelles, parce qu'on ne les voit pas dans les logiques communes, ne sont pas toutes de celui qui a travaillé à cet ouvrage, et qu'il en a emprunté quelques-unes des livres d'un célèbre philosophe (a) de ce siècle, qui a autant de netteté d'esprit qu'on trouve de confusion dans les autres. On en a aussi tiré quelques autres d'un petit écrit non imprimé, qui avait été fait par feu M. Pascal, et qu'il avait intitulé: *De l'Esprit géométrique;* et c'est ce qui est dit, dans le chapitre XII de la première partie, de la différence des définitions de noms et des définitions de choses, et les cinq règles qui sont expliquées dans la quatrième partie, que l'on y a beaucoup plus étendues qu'elles ne le sont dans cet écrit.

Quant à ce qu'on a tiré des livres ordinaires de la logique, voici ce qu'on y a observé:

Premièrement, on a eu dessein de renfermer dans celle-ci tout ce qui était véritablement utile dans les autres, comme les règles des figures, les divisions des termes et des idées, quelques réflexions sur les propositions. Il y avait d'autres choses qu'on jugeait assez inutiles, comme les catégories et les lieux; mais parce qu'elles étaient courtes, faciles et communes, on n'a pas cru devoir les omettre, en avertissant néanmoins du jugement qu'on doit en faire, afin qu'on ne les crût pas plus utiles qu'elles ne sont.

On a été plus en doute sur certaines matières assez épineuses et peu utiles, comme les conversions des propositions, la démon-

---

(a) Descartes.

stration des règles des figures, mais enfin on s'est résolu de ne pas les retrancher, la difficulté même n'en étant pas entièrement inutile : car il est vrai que, lorsqu'elle ne se termine à la connaissance d'aucune vérité, on a raison de dire : *Stultum est difficiles habere nugas ;* mais on ne doit pas l'éviter de même, quand elle mène à quelque chose de vrai, parce qu'il est avantageux de s'exercer à entendre les vérités difficiles.

Il y a des estomacs qui ne peuvent digérer que les viandes légères et délicates ; et il y a de même des esprits qui ne peuvent s'appliquer à comprendre que les vérités faciles et revêtues des ornements de l'éloquence. L'un et l'autre est une délicatesse blâmable, ou plutôt une véritable faiblesse. Il faut rendre son esprit capable de découvrir la vérité, lors même qu'elle est cachée et enveloppée, et de la respecter sous quelque forme qu'elle paraisse. Si on ne surmonte cet éloignement et ce dégoût, qu'il est facile à tout le monde de concevoir de toutes les choses qui paraissent un peu subtiles et scolastiques, on étrécit insensiblement son esprit, et on le rend incapable de comprendre ce qui ne se connaît que par l'enchaînement de plusieurs propositions : et ainsi, quand une vérité dépend de trois ou quatre principes qu'il est nécessaire d'envisager tout à la fois, on s'éblouit, on se rebute, et l'on se prive par ce moyen de la connaissance de plusieurs choses utiles ; ce qui est un défaut considérable.

La capacité de l'esprit s'étend et se resserre par l'accoutumance, et c'est à quoi servent principalement les mathématiques, et généralement toutes les choses difficiles, comme celles dont nous parlons ; car elles donnent une certaine étendue à l'esprit, et elles l'exercent à s'appliquer davantage et à se tenir plus ferme dans ce qu'il connaît.

Ce sont les raisons qui ont porté à ne pas omettre ces matières épineuses, et à les traiter même aussi subtilement qu'en aucune autre logique. Ceux qui n'en seront pas satisfaits peuvent s'en délivrer en ne les lisant pas ; car on a eu soin pour cela de les en avertir à la tête même des chapitres, afin qu'ils n'aient pas sujet de s'en plaindre, et que s'ils les lisent, ce soit volontairement.

On n'a pas cru aussi devoir s'arrêter au dégoût de quelques personnes qui ont en horreur certains termes artificiels qu'on a formés pour retenir plus facilement les diverses manières de raisonner, comme si c'étaient des mots de magie, et qui font souvent des railleries assez froides sur *baroco* et *baralipton*, comme tenant du caractère de pédant ; parce que l'on a jugé qu'il y avait plus de bassesse dans ces railleries que dans ces mots. La vraie raison et le bon sens ne permettent pas qu'on traite de ridicule ce qui ne l'est point : or, il n'y a rien de ridicule dans ces termes, pourvu qu'on n'en fasse pas un trop grand mystère ; et que, comme ils n'ont été faits que pour soulager la mémoire, on ne veuille pas les faire passer dans l'usage ordinaire, et dire, par exemple, qu'on va faire un argument en *bocardo* ou en *felapton*, ce qui serait en effet très ridicule.

On abuse quelquefois beaucoup de ce reproche de pédanterie, et souvent on y tombe en l'attribuant aux autres. La pédanterie est un vice d'esprit et non de profession ; et il y a des pédants de toutes robes, de toutes conditions et de tous états. Relever des choses basses et petites, faire une vaine montre de sa science, entasser du grec et du latin sans jugement, s'échauffer sur l'ordre des mois attiques, sur les habits des Macédoniens et sur de semblables disputes de nul usage ; piller un auteur en lui disant des injures, déchirer outrageusement ceux qui ne sont pas de notre sentiment sur l'intelligence d'un passage de Suétone et sur l'étymologie d'un mot, comme s'il s'y agissait de la religion et de l'état ; vouloir faire soulever tout le monde contre un homme qui n'estime pas assez Cicéron, comme contre un perturbateur du repos public, ainsi que Jules Scaliger a tâché de faire contre Erasme[2] ; s'intéresser pour la réputation d'un ancien philosophe, comme si l'on était son proche parent, c'est proprement ce qu'on peut appeler pédanterie ; mais il n'y en a point à entendre ni à expliquer des mots artificiels assez ingénieusement inventés, et qui n'ont pour but que le soulagement de la mémoire, pourvu qu'on en use avec les précautions que l'on a marquées.

Il ne reste plus qu'à rendre raison pourquoi on a omis grand nombre de questions qu'on trouve dans les logiques ordinaires, comme celles qu'on traite dans les prolégomènes, l'universel *à parte rei*, les relations et plusieurs autres semblables ; et sur cela il suffirait presque de répondre qu'elles appartiennent plutôt à la métaphysique qu'à la logique ; mais il est vrai néanmoins que ce n'est pas ce qu'on a principalement considéré : car quand on a jugé qu'une matière pouvait être utile pour former le jugement, on a peu regardé à quelle science elle appartenait. L'arrangement de nos diverses connaissances est libre comme celui des lettres d'une imprimerie ; chacun a droit d'en former différents ordres, selon son besoin, quoique, lorsqu'on en forme, on doive les ranger de la manière la plus naturelle. Il suffit qu'une matière nous soit utile pour nous en servir, et la regarder non comme étrangère, mais comme propre; c'est pourquoi on trouvera ici quantité de choses de physique et de morale, et presque autant de métaphysique qu'il est nécessaire d'en savoir, quoique l'on ne prétende point pour cela avoir emprunté rien de personne. Tout ce qui sert à la logique lui appartient; et c'est une chose entièrement ridicule que les gênes que se donnent certains auteurs, comme Ramus et les Ramistes[3], quoique d'ailleurs fort habiles gens, qui prennent autant de peine pour borner les juridictions de chaque science, et faire qu'elles n'entreprennent pas les unes sur les autres, que l'on en prend pour marquer les limites des royaumes et régler les ressorts des parlements.

Ce qui a porté aussi à retrancher entièrement ces questions d'école, n'est pas simplement de ce qu'elles sont difficiles et de peu d'usage : on en a traité quelques-unes de cette nature; mais c'est qu'ayant toutes ces mauvaises qualités, on a cru de plus qu'on pourrait se dispenser d'en parler sans choquer personne, parce qu'elles sont peu estimées.

Car il faut mettre une grande différence entre les questions inutiles dont les livres de philosophie sont remplis. Il y en a qui sont assez méprisées par ceux mêmes qui les traitent, et il y en a, au contraire, qui sont célèbres et autorisées, et qui ont beaucoup de cours dans les écrits de personnes d'ailleurs estimables.

Il semble que c'est un devoir auquel on est obligé à l'égard de ces opinions communes et célèbres, quelque fausses qu'on les croie, de ne pas ignorer ce qu'on en dit. On doit cette civilité, ou plutôt cette justice, non à la fausseté, car elle n'en mérite point, mais aux hommes qui en sont prévenus, de ne pas rejeter ce qu'ils estiment sans l'examiner; et ainsi il est raisonnable d'acheter, par la peine d'apprendre ces questions, le droit de les mépriser.

Mais on a plus de liberté dans les premières; et celles de logique, que nous avons cru devoir omettre, sont de ce genre : elles ont cela de commode qu'elles ont peu de crédit, non-seulement dans le monde où elles sont inconnues, mais parmi ceux-là même qui les enseignent. Personne, Dieu merci, ne prend intérêt à l'universel *à parte rei*, à l'être de raison, ni aux secondes intentions; et ainsi on n'a pas lieu d'appréhender que quelqu'un se choque de ce qu'on n'en parle point; outre que ces matières sont si peu propres à être mises en français, qu'elles auraient été plus capables de décrier la philosophie de l'école que de la faire estimer.

Il est bon aussi d'avertir qu'on s'est dispensé de suivre toujours les règles d'une méthode tout-à-fait exacte, ayant mis beaucoup de choses dans la quatrième partie qu'on aurait pu rapporter à la seconde et à la troisième ; mais on l'a fait à dessein, parce qu'on a jugé qu'il était utile de voir en un même lieu tout ce qui était nécessaire pour rendre une science parfaite ; ce qui est le plus grand ouvrage de la méthode, dont on traite dans la quatrième partie : et c'est pour cette raison qu'on a réservé de parler en ce lieu-là des axiomes et des démonstrations.

Voilà à peu près les vues que l'on a eues dans cette logique. Peut-être qu'avec tout cela il y aura fort peu de personnes qui en profitent, ou qui s'aperçoivent du fruit qu'elles en tireront ; parce qu'on ne s'applique guère d'ordinaire à mettre en usage des préceptes par des réflexions expresses : mais on espère néanmoins que ceux qui l'auront lue, avec quelque soin, pourront en prendre une teinture qui les rendra plus exacts et plus solides dans leurs jugements, sans même qu'ils y pensent, comme il y a de certains remèdes qui guérissent des maux, en augmentant la vigueur et en fortifiant les parties. Quoi qu'il en soit, au moins n'incommodera-t-elle pas longtemps personne, ceux qui sont un peu avancés pouvant la lire et apprendre en sept ou huit jours ; et il est difficile que, contenant une si grande diversité de choses, chacun n'y trouve de quoi se payer de la peine de sa lecture.

SECOND DISCOURS

CONTENANT LA RÉPONSE AUX PRINCIPALES OBJECTIONS QU'ON A FAITES CONTRE CETTE LOGIQUE.

Tous ceux qui se portent à faire part au public de quelques ouvrages doivent en même temps se résoudre à avoir autant de juges que de lecteurs, et cette condition ne doit leur paraître ni injuste ni onéreuse ; car, s'ils sont vraiment désintéressés, ils doivent en avoir abandonné la propriété en les rendant publics, et les regarder ensuite avec la même indifférence qu'ils feraient des ouvrages étrangers.

Le seul droit qu'ils peuvent s'y réserver légitimement est celui de corriger ce qu'il y aurait de défectueux, à quoi ces divers jugements qu'on fait des livres sont extrêmement avantageux ; car ils sont toujours utiles lorsqu'ils sont justes, et ils ne nuisent de rien lorsqu'ils sont injustes, parce qu'il est permis de ne pas les suivre.

La prudence veut néanmoins qu'en plusieurs rencontres on s'accommode à ces jugements qui ne nous semblent pas justes ; parce que s'ils ne nous font pas voir que ce qu'on reprend soit mauvais, ils nous font voir au moins qu'il n'est pas proportionné à l'esprit de ceux qui le reprennent. Or, il est sans doute meilleur, lorsqu'on peut le faire, sans tomber en quelque plus grand inconvénient, de choisir un tempérament si juste, qu'en contentant les personnes judicieuses, on ne mécontente pas ceux qui ont le jugement moins exact ; puisque l'on ne doit pas supposer qu'on n'aura que des lecteurs habiles et intelligents.

Ainsi il serait à désirer qu'on ne considérât les premières éditions des livres que comme des essais informes que ceux qui en sont auteurs proposent aux personnes de lettres pour en apprendre leurs sentiments, et qu'ensuite, sur les différentes vues que leur donneraient ces différentes pensées, ils y travaillassent tout de nouveau pour mettre leurs ouvrages dans la perfection où ils sont capables de les porter.

C'est la conduite qu'on aurait bien désiré de suivre dans la seconde édition de cette Logique, si l'on avait appris plus de choses de ce qu'on a dit dans le monde de la première. On a fait néanmoins ce qu'on a pu, et l'on a ajouté, retranché et corrigé plusieurs choses suivant les pensées de ceux qui ont eu la bonté de faire savoir ce qu'ils y trouvaient à redire.

Et premièrement, pour le langage on a suivi presque en tout les avis de deux personnes, qui se sont donné la peine de remarquer quelques fautes qui s'y étaient glissées par mégarde, et certaines expressions qu'ils ne croyaient pas être du bon usage ; et l'on ne s'est dispensé de s'attacher à leurs sentiments, que lorsqu'en ayant consulté d'autres, on a trouvé les opinions partagées, auquel cas on a cru qu'il était permis de prendre le parti de la liberté.

On trouvera plus d'additions que de changements ou de retranchements pour les choses, parce qu'on a été moins averti de ce qu'on y reprenait. Il est vrai néanmoins que l'on a su quelques objections générales qu'on faisait contre ce livre, auxquelles on n'a pas cru devoir s'arrêter, parce qu'on s'est persuadé que ceux mêmes qui les faisaient, seraient aisément satisfaits, lorsqu'on leur aurait représenté les raisons qu'on a eues en vue dans les choses qu'ils blâmaient ; et c'est pourquoi il est inutile de répondre ici aux principales de ces objections.

Il s'est trouvé des personnes qui ont été choquées du titre d'*art de penser,* au lieu duquel elles voulaient qu'on mît l'*art de bien raisonner :* mais on les prie de considérer que la Logique ayant pour but de donner des règles pour toutes les actions de l'esprit, et aussi bien pour les idées simples, que pour les jugements et pour les raisonnements, il n'y avait guère d'autre mot qui enfermât toutes ces différentes actions; et certainement celui de pensée les comprend toutes ; car les simples idées sont des pensées, les jugements sont des pensées, et les raisonnements sont des pensées. Il est vrai que l'on eût pu dire, l'*art de bien penser ;* mais cette addition n'était pas nécessaire, étant assez marquée par le mot d'*art,* qui signifie de soi-même une méthode de bien faire quelque chose, comme Aristote même le remarque ; et c'est pourquoi on se contente de dire, l'art de peindre, l'art de conter, parce qu'on suppose qu'il ne faut point d'art pour mal peindre ni pour mal conter.

On a fait une objection beaucoup plus considérable contre cette multitude de choses tirées de différentes sciences que l'on trouve dans cette Logique ; et, parce qu'elle en attaque tout le dessein, et nous donne ainsi lieu de l'expliquer, il est nécessaire de l'examiner avec plus de soin. A quoi bon, disent-ils, toute cette bigarrure de rhétorique, de morale, de physique, de métaphysique, de géométrie? Lorsque nous pensons trouver des préceptes de logique, on nous transporte tout d'un coup dans les plus hautes sciences, sans s'être informé si nous les avions apprises. Ne devait-on pas supposer, au contraire, que si nous avions déjà toutes ces connaissances, nous n'aurions pas besoin de cette Logique? Et n'eût-il pas mieux valu nous en donner une toute simple et toute nue, où les règles fussent expliquées par des exemples tirés des choses communes, que de les embarrasser de tant de matières qui les étouffent ?

Mais ceux qui raisonnent de cette sorte n'ont pas assez considéré qu'un livre ne saurait guère avoir de plus grand défaut que de n'être pas lu, puisqu'il ne sert qu'à ceux qui le lisent ; et qu'ainsi tout ce qui contribue à faire lire un livre, contribue aussi à le rendre utile. Or, il est certain que, si on avait suivi leur pensée, et que l'on eût fait une Logique toute sèche, avec les exemples ordinaires d'animal et de cheval, quelque exacte et quelque méthodique qu'elle eût pu être, elle n'eût fait qu'augmenter le nombre de tant d'autres, dont le monde est plein, et qui ne se lisent point. Au lieu que c'est justement cet amas de différentes choses qui a donné quelque cours à celle-ci, et qui la fait lire avec un peu moins de chagrin qu'on ne fait les autres.

Mais ce n'est pas là néanmoins la principale vue qu'on a eue dans ce mélange, que d'attirer le monde à la lire, en la rendant plus divertissante que ne le sont les Logiques ordinaires. On prétend, de plus, avoir suivi la voie la plus naturelle et la plus avantageuse de traiter cet art, en remédiant, autant qu'il se pouvait, à un inconvénient qui en rend l'étude presque inutile.

Car l'expérience fait voir que sur mille jeunes gens qui apprennent la logique, il n'y en a pas dix qui en sachent quelque chose six mois après qu'ils ont achevé leurs cours. Or, il semble que la véritable cause de cet oubli ou de cette négligence si commune, soit que toutes les matières que l'on traite dans la logique étant d'elles-mêmes très abstraites et très éloignées de l'usage, on les joint encore à des exemples peu agréables, et dont on ne parle jamais ailleurs ; et ainsi l'esprit, qui ne s'y attache qu'avec peine, n'a rien qui l'y retienne attaché, et perd aisément toutes les idées qu'il en avait conçues, parce qu'elles ne sont jamais renouvelées par la pratique.

De plus, comme ces exemples communs ne font pas assez comprendre que cet art puisse être appliqué à quelque chose d'utile, ils s'accoutument à renfermer la logique dans la logique, sans l'étendre plus loin ; au lieu qu'elle n'est faite que pour servir d'instrument aux autres sciences ; de sorte que, comme ils n'en ont jamais vu de vrai usage, ils ne la mettent aussi jamais en usage, et ils sont bien aises même de s'en décharger comme d'une connaissance basse et inutile.

On a donc cru que le meilleur remède de cet inconvénient, était de ne pas tant séparer qu'on fait d'ordinaire la logique des autres sciences auxquelles elle est destinée, et de la joindre tellement, par le moyen des exemples, à des connaissances solides, que l'on vît en même temps les règles et la pratique ; afin que l'on apprît à juger de ces sciences par la logique, et que l'on retînt la logique par le moyen de ces sciences.

Ainsi, tant s'en faut que cette diversité puisse étouffer les préceptes, que rien ne peut plus contribuer à les faire bien entendre, et à les faire mieux retenir, que cette diversité, parce qu'ils sont d'eux-mêmes trop subtils pour faire impression sur l'esprit, si on ne les attache à quelque chose de plus agréable et de plus sensible.

Pour rendre ce mélange plus utile, on n'a pas emprunté au hasard des exemples de ces sciences; mais on en a choisi les points les plus importants, et qui pouvaient le plus servir de règles et de principes, pour trouver la vérité dans les autres matières que l'on n'a pu traiter.

On a considéré, par exemple, en ce qui regarde la rhétorique, que le secours qu'on pouvait en tirer pour trouver des pensées, des expressions et des embellissements, n'était pas si considérable. L'esprit fournit assez de pensées, l'usage donne les expressions; et pour les figures et les ornements, on n'en a toujours que trop. Ainsi, tout consiste presque à s'éloigner de certaines mauvaises manières d'écrire et de parler, et surtout d'un style artificiel et rhétoricien, composé de pensées fausses et hyperboliques, et de figures forcées, qui est le plus grand de tous les vices. Or, l'on trouvera peut-être autant de choses utiles dans cette Logique pour connaître et pour éviter ces défauts, que dans les livres qui en traitent expressément. Le chapitre dernier de la première partie, en faisant voir la nature du style figuré, apprend en même temps l'usage que l'on doit en faire, et découvre la vraie règle par laquelle on doit discerner les bonnes et les mauvaises figures. Celui où l'on traite des lieux en général peut beaucoup servir à retrancher l'abondance superflue des pensées communes. L'article où l'on parle des mauvais raisonnements où l'éloquence engage insensiblement, en apprenant à ne prendre jamais pour beau ce qui est faux, propose, en passant, une des plus importantes règles de la véritable rhétorique, et qui peut plus que toute autre former l'esprit à une manière d'écrire simple, naturelle et judicieuse. Enfin, ce que l'on dit dans le même chapitre, du soin que l'on doit avoir de n'irriter point la malignité de ceux à qui l'on parle, donne lieu d'éviter un très grand nombre de défauts, d'autant plus dangereux qu'ils sont plus difficiles à remarquer.

Pour la morale, le sujet principal que l'on traitait n'a pas permis qu'on en insérât beaucoup de choses. Je crois néanmoins qu'on jugera que ce que l'on en voit dans le chapitre des fausses idées des biens et des maux dans la première partie, et dans celui des mauvais raisonnements que l'on commet dans la vie civile, est de très grande étendue, et donne lieu de reconnaître une grande partie des égarements des hommes.

Il n'y a rien de plus considérable dans la métaphysique que l'origine de nos idées, la séparation des idées spirituelles et des images corporelles, la distinction de l'âme et du corps, et les preuves de son immortalité, fondées sur cette distinction; et c'est ce que l'on verra assez amplement traité dans la première et dans la quatrième partie.

On trouvera même en divers lieux la plus grande partie des principes généraux de la physique, qu'il est très facile d'allier; et l'on pourra tirer assez de lumière de ce que l'on a dit de la pesanteur, des qualités sensibles, des actions des sens, des facultés attractives, des vertus occultes, des formes substantielles, pour se détromper d'une infinité de fausses idées que les préjugés de notre enfance ont laissées dans notre esprit.

Ce n'est pas qu'on puisse se dispenser d'étudier toutes ces choses avec plus de soin dans les livres qui en traitent expressément; mais on a considéré qu'il y avait plusieurs personnes qui, ne se destinant pas à la théologie, pour laquelle il est nécessaire de savoir exactement la philosophie de l'école, qui en est comme la langue, peuvent se contenter d'une connaissance plus générale de ces sciences. Or, encore qu'ils ne puissent pas trouver dans ce livre-ci tout ce qu'ils doivent en apprendre, on peut dire néanmoins, avec vérité, qu'ils y trouveront presque tout ce qu'ils doivent en retenir.

Ce que l'on objecte, qu'il y a quelques-uns de ces exemples qui ne sont pas assez proportionnés à l'intelligence de ceux qui commencent, n'est véritable qu'à l'égard des exemples de géométrie; car, pour les autres, ils peuvent être entendus de tous ceux qui ont quelque ouverture d'esprit, quoiqu'ils n'aient jamais rien appris de philosophie : et peut-être même qu'ils seront plus intelligibles à ceux qui n'ont encore aucuns préjugés, qu'à ceux qui auront l'esprit rempli des maximes de la philosophie commune.

Pour les exemples de géométrie, il est vrai qu'ils ne seront pas compris de tout le monde; mais ce n'est pas un grand inconvénient, car on ne croit pas qu'on en trouve guère que dans des discours exprès et détachés que l'on peut facilement passer, ou dans des choses assez claires par elles-mêmes, ou assez éclaircies par d'autres exemples, pour n'avoir pas besoin de ceux de géométrie.

Si l'on examine, de plus, les endroits où l'on s'en est servi, on reconnaîtra qu'il était difficile d'en trouver d'autres qui y fussent aussi propres, n'y ayant guère que cette science qui puisse fournir des idées bien nettes et des propositions incontestables.

On a dit, par exemple, en parlant des propriétés réciproques, que c'en était une des triangles rectangles, que le carré de l'hypoténuse est égal au carré des côtés : cela est clair et certain à tous ceux qui l'entendent; et ceux qui ne l'entendent pas peuvent le supposer, et ne laissent pas de comprendre la chose à laquelle on applique cet exemple.

Mais, si l'on eût voulu se servir de celui qu'on apporte d'ordinaire, qui est la risibilité, que l'on dit être une propriété de l'homme, on eût avancé une chose assez obscure et très contestable; car, si l'on entend par le mot de risibilité le pouvoir de faire une certaine grimace qu'on fait en riant, on ne voit pas pourquoi on ne pourrait pas dresser des bêtes à faire cette grimace, et peut-être même qu'il y en a qui la font. Que si on enferme dans ce mot, non-seulement le changement que le ris fait dans le visage, mais aussi la pensée qui l'accompagne et qui le produit, et qu'ainsi l'on entende par risibilité le pouvoir de rire en pensant, toutes les actions des hommes deviendront des propriétés réciproques en cette manière, n'y en ayant point qui ne soient propres à l'homme seul, si on les joint avec la pensée. Ainsi, l'on dira que c'est une propriété de l'homme de marcher, de boire, de manger, parce qu'il n'y a que l'homme qui marche, qui boive et qui mange en pensant : pourvu qu'on l'entende de cette sorte, nous ne manquerons pas d'exemples de propriétés; mais encore ne seront-ils pas certains dans l'esprit de ceux qui attribuent des pensées aux bêtes, et qui pourront aussi bien leur attribuer le ris avec la pensée; au lieu que celui dont on s'est servi est certain dans l'esprit de tout le monde.

On a voulu montrer de même en un endroit, qu'il y avait des choses corporelles que l'on concevait d'une manière spirituelle et sans se les imaginer; et sur cela on a rapporté l'exemple d'une figure de mille angles que l'on conçoit nettement par l'esprit, quoiqu'on ne puisse s'en former d'image distincte qui en représente les propriétés; et l'on a dit, en passant, qu'une des propriétés de cette figure était que tous ses angles étaient égaux à 1996 angles droits. Il est visible que cet exemple prouve fort bien ce qu'on voulait faire voir en cet endroit.

Il ne reste plus qu'à satisfaire à une plainte plus odieuse que quelques personnes font, de ce qu'on a tiré d'Aristote des exemples de définitions défectueuses et de mauvais raisonnements; ce qui leur paraît naître d'un désir secret de rabaisser ce philosophe.

Mais ils n'auraient jamais formé un jugement si peu équitable, s'ils avaient assez considéré les vraies règles que l'on doit garder en citant des exemples de fautes, qui sont celles qu'on a eues en vue en citant Aristote.

Premièrement, l'expérience fait voir que la plupart de ceux

qu'on propose d'ordinaire sont peu utiles, et demeurent peu dans l'esprit, parce qu'ils sont formés à plaisir, et qu'ils sont si visibles et si grossiers, que l'on juge comme impossible d'y tomber. Il est donc plus avantageux, pour faire retenir ce qu'on dit de ces défauts, et pour les faire éviter, de choisir des exemples réels tirés de quelque auteur considérable dont la réputation excite davantage à se garder de ces sortes de surprises, dont on voit que les plus grands hommes sont capables.

De plus, comme on doit avoir pour but de rendre tout ce qu'on écrit aussi utile qu'il peut l'être, il faut tâcher de choisir des exemples de fautes qu'il soit bon de ne pas ignorer; car ce serait fort inutilement qu'on se chargerait la mémoire de toutes les rêveries de Flud, de Vanhelmont et de Paracelse [4]. Il est donc meilleur de chercher de ces exemples dans des auteurs si célèbres, qu'on soit même en quelque sorte obligé d'en connaître jusqu'aux défauts.

Or, tout cela se rencontre parfaitement dans Aristote; car rien ne peut porter plus puissamment à éviter une faute que de faire voir qu'un si grand esprit y est tombé : et sa philosophie est devenue si célèbre par le grand nombre de personnes de mérite qui l'ont embrassée, que c'est une nécessité de savoir même ce qu'il pourrait y avoir de défectueux. Ainsi, comme l'on jugeait très utile que ceux qui liraient ce livre apprissent, en passant, divers points de cette philosophie, et que néanmoins il n'est jamais utile de se tromper, on les a rapportés pour les faire connaître, et l'on a marqué en passant le défaut qu'on y trouvait, pour empêcher qu'on ne s'y trompât.

Ce n'est donc pas pour rabaisser Aristote, mais, au contraire, pour l'honorer autant que l'on peut en des choses où l'on n'est pas de son sentiment, que l'on a tiré ces exemples de ses livres; et il est visible, d'ailleurs, que les points où on l'a repris sont de très peu d'importance, et ne touchent point le fond de sa philosophie, que l'on n'a eu nulle intention d'attaquer.

Que si l'on n'a pas rapporté de même plusieurs choses excellentes que l'on trouve partout dans les livres d'Aristote, c'est qu'elles ne se sont pas présentées dans la suite du discours; mais si on en eût trouvé l'occasion, on l'eût fait avec joie, et l'on n'aurait pas manqué de lui donner les justes louanges qu'il mérite : car il est certain qu'Aristote est en effet un esprit très vaste et très étendu, qui découvre dans les sujets qu'il traite un grand nombre de suites et de conséquences; et c'est pourquoi il a très bien réussi en ce qu'il a dit des passions dans le second livre de sa Rhétorique.

Il y a aussi plusieurs belles choses dans ses livres de politique et de morale, dans les Problèmes et dans l'Histoire des animaux ; et, quelque confusion que l'on trouve dans ses Analytiques, il faut avouer néanmoins que presque tout ce qu'on sait des règles de la logique est pris de là. De sorte qu'il n'y a point en effet d'auteur dont on ait emprunté plus de choses dans cette Logique, que d'Aristote, puisque le corps des préceptes lui appartient.

Il est vrai qu'il semble que le moins parfait de ses ouvrages soit sa Physique, comme c'est aussi celui qui a été le plus longtemps condamné et défendu dans l'Église, ainsi qu'un savant (a) homme l'a fait voir dans un livre exprès ; mais encore le principal défaut qu'on peut y trouver n'est pas qu'elle soit fausse, mais c'est, au contraire, qu'elle est trop vraie, et qu'elle ne nous apprend que des choses qu'il est impossible d'ignorer. Car qui peut douter que toutes choses ne soient composées de matière et d'une certaine forme de cette matière ? qui peut douter qu'afin que la matière acquière une nouvelle manière et une nouvelle forme, il faut qu'elle ne l'eût pas auparavant, c'est-à-dire qu'elle en eût la privation ? qui peut douter enfin de ces autres principes métaphysiques, que tout dépend de la forme ; que la matière seule ne fait rien ; qu'il y a un lieu, des mouvements, des qualités, des facultés ? Mais après qu'on a appris toutes ces choses, il ne semble pas qu'on ait appris rien de nouveau, ni qu'on soit plus en état de rendre raison d'aucun des effets de la nature.

Que s'il se trouvait des personnes qui prétendissent qu'il n'est permis en aucune sorte de témoigner qu'on n'est pas du sentiment d'Aristote, il serait aisé de leur faire voir que cette délicatesse n'est pas raisonnable.

Car si l'on doit de la déférence à quelques philosophes, ce ne peut être que par deux raisons : ou dans la vue de la vérité qu'ils auraient suivie, ou dans la vue de l'opinion des hommes qui les approuvent.

Dans la vue de la vérité, on leur doit du respect lorsqu'ils ont raison ; mais la vérité ne peut obliger de respecter la fausseté en qui que ce soit.

Pour ce qui regarde le consentement des hommes dans l'approbation d'un philosophe, il est certain qu'il mérite aussi quelque

---

(a) M. de Launoi, dans son livre *De variâ Aristotelis fortunâ.*

respect, et qu'il y aurait de l'imprudence de le choquer, sans user de grandes précautions ; et la raison en est, qu'en attaquant ce qui est reçu de tout le monde, on se rend suspect de présomption, en croyant avoir plus de lumière que les autres.

Mais, lorsque le monde est partagé touchant les opinions d'un auteur, et qu'il y a des personnes considérables de côté et d'autre, on n'est plus obligé à cette réserve, et l'on peut librement déclarer ce qu'on approuve ou ce qu'on n'approuve pas dans ces livres sur lesquels les personnes de lettres sont divisées, parce que ce n'est pas tant alors préférer son sentiment à celui de cet auteur et de ceux qui l'approuvent, que se ranger au parti de ceux qui lui sont contraires en ce point.

C'est proprement l'état où se trouve maintenant la philosophie d'Aristote. Comme elle a eu diverses fortunes, ayant été en un temps généralement rejetée, et en un autre généralement approuvée, elle est réduite maintenant à un état qui tient le milieu entre ces extrémités : elle est soutenue par plusieurs personnes savantes, et elle est combattue par d'autres qui ne sont pas en moindre réputation. L'on écrit tous les jours librement en France, en Flandre, en Angleterre, en Allemagne, en Hollande, pour et contre la philosophie d'Aristote : les conférences de Paris sont partagées aussi bien que les livres, et personne ne s'offense qu'on s'y déclare contre lui. Les plus célèbres professeurs ne s'obligent plus à cette servitude de recevoir aveuglément tout ce qu'ils trouvent dans ses livres, et il y a même de ses opinions qui sont généralement bannies ; car qui est le médecin qui voulût soutenir maintenant que les nerfs viennent du cœur, comme Aristote l'a cru, puisque l'anatomie fait voir clairement qu'ils tirent leur origine du cerveau ; ce qui a fait dire à saint Augustin : *Qui ex puncto cerebri et quasi centro sensus omnes quinariâ distributione diffudit?* Et qui est le philosophe qui s'opiniâtre à dire que la vitesse des choses pesantes croît dans la même proportion que leur pesanteur, puisqu'il n'y a personne qui ne puisse se désabuser de cette opinion d'Aristote, en laissant tomber d'un lieu élevé deux choses très inégalement pesantes, dans lesquelles on ne remarquera néanmoins que très peu d'inégalité de vitesse.

Tous les états violents ne sont pas d'ordinaire de longue durée, et toutes les extrémités sont violentes. Il est trop dur de condamner généralement Aristote comme on a fait autrefois, et c'est une gêne bien grande que de se croire obligé de l'approuver en tout, et de le prendre pour la règle de la vérité des opinions philosophiques, comme il semble qu'on ait voulu le faire ensuite. Le monde ne peut demeurer longtemps dans cette contrainte, et se remet insensiblement en possession de la liberté naturelle et raisonnable, qui consiste à approuver ce qu'on juge vrai, et à rejeter ce qu'on juge faux.

Car la raison ne trouve pas étrange qu'on la soumette à l'autorité dans des sciences qui, traitant des choses qui sont au-dessus de la raison, doivent suivre une autre lumière, qui ne peut être que celle de l'autorité divine ; mais il semble qu'elle soit bien fondée à ne pas souffrir que dans les sciences humaines qui font profession de ne s'appuyer que sur la raison, on l'asservisse à l'autorité contre la raison[5].

C'est la règle que l'on a suivie en parlant des opinions des philosophes, tant anciens que nouveaux. On n'a considéré dans les uns et dans les autres que la vérité, sans épouser généralement les sentiments d'aucun en particulier, et sans se déclarer aussi généralement contre aucun.

De sorte que tout ce qu'on doit conclure, quand on a rejeté quelque opinion ou d'Aristote ou d'un autre, est que l'on n'est pas du sentiment de cet auteur en cette occasion ; mais on n'en peut nullement conclure que l'on n'en soit pas en d'autres points, et beaucoup moins qu'on ait quelque aversion de lui, et quelque désir de le rabaisser. On croit que cette disposition sera approuvée par toutes les personnes équitables, et qu'on ne reconnaîtra dans tout cet ouvrage qu'un désir sincère de contribuer à l'utilité publique, autant qu'on pouvait le faire par un livre de cette nature, sans aucune passion contre personne.

LA LOGIQUE

ou

L'ART DE PENSER.

La logique est l'art de bien conduire sa raison dans la connaissance des choses, tant pour s'instruire soi-même que pour en instruire les autres.

Cet art consiste dans les réflexions que les hommes ont faites sur les quatre principales opérations de leur esprit, *concevoir, juger, raisonner* et *ordonner*.

On appelle *concevoir*, la simple vue que nous avons des choses qui se présentent à notre esprit, comme lorsque nous nous représentons un soleil, une terre, un arbre, un rond, un carré, la pensée, l'être, sans en former aucun jugement exprès ; et la forme par laquelle nous nous représentons ces choses s'appelle *idée*.

On appelle *juger*, l'action de notre esprit, par laquelle, joignant ensemble diverses idées, il affirme de l'une qu'elle est l'autre, ou nie de l'une qu'elle soit l'autre, comme lorsqu'ayant l'idée de la terre et l'idée du rond, j'affirme de la terre qu'elle est ronde, ou je nie qu'elle soit ronde.

On appelle *raisonner*, l'action de notre esprit, par laquelle il forme un jugement de plusieurs autres ; comme lorsqu'ayant jugé que la véritable vertu doit être rapportée à Dieu, et que la vertu des païens ne lui était pas rapportée, il en conclut que la vertu des païens n'était pas une véritable vertu.

On appelle ici *ordonner*, l'action de l'esprit, par laquelle ayant sur un même sujet, comme sur le corps humain, diverses idées, divers jugements et divers raisonnements, il les dispose en la manière la plus propre pour faire connaître ce sujet. C'est ce qu'on appelle encore *méthode*.

Tout cela se fait naturellement, et quelquefois mieux par ceux qui n'ont appris aucune règle de la logique, que par ceux qui les ont apprises.

Ainsi, cet art ne consiste pas à trouver le moyen de faire ces opérations, puisque la nature seule nous les fournit en nous donnant la raison; mais à faire des réflexions sur ce que la nature nous fait faire, qui nous servent à trois choses.

La première est d'être assurés que nous usons bien de notre raison, parce que la considération de la règle nous y fait faire une nouvelle attention;

La seconde, est de découvrir et d'expliquer plus facilement l'erreur ou le défaut qui peut se rencontrer dans les opérations de notre esprit; car il arrive souvent que l'on découvre, par la seule lumière naturelle, qu'un raisonnement est faux, et qu'on ne découvre pas néanmoins la raison pourquoi il est faux, comme ceux qui ne savent pas la peinture peuvent être choqués du défaut d'un tableau, sans pouvoir néanmoins expliquer quel est ce défaut qui les choque;

La troisième est de nous faire mieux connaître la nature de notre esprit par les réflexions que nous faisons sur ses actions; ce qui est plus excellent en soi, quand on n'y regarderait que la seule spéculation, que la connaissance de toutes les choses corporelles, qui sont infiniment au-dessous des spirituelles.

Que si les réflexions que nous faisons sur nos pensées n'avaient jamais regardé que nous-mêmes, il aurait suffi de les considérer en elles-mêmes, sans les revêtir d'aucunes paroles ni d'aucuns autres signes; mais parce que nous ne pouvons faire entendre nos pensées les uns aux autres qu'en les accompagnant de signes extérieurs, et que même cette accoutumance est si forte, que quand nous pensons seuls, les choses ne se présentent à notre esprit qu'avec les mots dont nous avons accoutumé de les revêtir en parlant aux autres, il est nécessaire dans la logique de considérer les idées jointes aux mots, et les mots joints aux idées.

De tout ce que nous venons de dire, il s'ensuit que la logique peut être divisée en quatre parties, selon les diverses réflexions que l'on fait sur ces quatre opérations de l'esprit.

PREMIÈRE PARTIE.

CONTENANT LES RÉFLEXIONS SUR LES IDÉES, OU SUR LA PREMIÈRE ACTION DE L'ESPRIT, QUI S'APPELLE *CONCEVOIR*.

Comme nous ne pouvons avoir aucune connaissance de ce qui est hors de nous, que par l'entremise des idées qui sont en nous, les réflexions que l'on peut faire sur nos idées sont peut-être ce qu'il y a de plus important dans la logique, parce que c'est le fondement de tout le reste.

On peut réduire ces réflexions à cinq chefs, selon les cinq manières dont nous considérons les idées :

La première, selon leur nature et leur origine ;

La deuxième, selon la principale différence des objets qu'elles représentent ;

La troisième, selon leur simplicité ou composition, où nous traiterons des abstractions et précisions d'esprit ;

La quatrième, selon leur étendue ou restriction, c'est-à-dire leur universalité, particularité, singularité ;

La cinquième, selon leur clarté et obscurité, ou distinction et confusion.

CHAPITRE PREMIER.

Des idées selon leur nature et leur origine.

Le mot d'*idée* est du nombre de ceux qui sont si clairs qu'on ne peut les expliquer par d'autres, parce qu'il n'y en a point de plus clairs et de plus simples.

Mais tout ce qu'on peut faire pour empêcher qu'on ne s'y trompe, est de marquer la fausse intelligence qu'on pourrait donner à ce mot, en le restreignant à cette seule façon de concevoir les choses, qui se fait par l'application de notre esprit aux images qui sont peintes dans notre cerveau, et qui s'appelle *imagination*.

Car, comme saint Augustin remarque souvent, l'homme, depuis

le péché, s'est tellement accoutumé à ne considérer que les choses corporelles dont les images entrent par les sens dans notre cerveau, que la plupart croient ne pouvoir concevoir une chose quand ils ne se la peuvent imaginer, c'est-à-dire se la représenter sous une image corporelle, comme s'il n'y avait en nous que cette seule manière de penser et de concevoir.

Au lieu qu'on ne peut faire réflexion sur ce qui se passe dans notre esprit, qu'on ne reconnaisse que nous concevons un très grand nombre de choses sans aucune de ces images, et qu'on ne s'aperçoive de la différence qu'il y a entre l'imagination et la pure intellection. Car lors, par exemple, que je m'imagine un triangle, je ne le conçois pas seulement comme une figure terminée par trois lignes droites ; mais, outre cela, je considère ces trois lignes comme présentes par la force et l'application intérieure de mon esprit, et c'est proprement ce qui s'appelle *imaginer*. Que si je veux penser à une figure de mille angles, je conçois bien, à la vérité, que c'est une figure composée de mille côtés, aussi facilement que je conçois qu'un triangle est une figure composée de trois côtés seulement ; mais je ne puis m'imaginer les mille côtés de cette figure, ni, pour ainsi dire, les regarder comme présents avec les yeux de mon esprit.

Il est vrai néanmoins que la coutume que nous avons de nous servir de notre imagination, lorsque nous pensons aux choses corporelles, fait souvent qu'en concevant une figure de mille angles, on se représente confusément quelque figure ; mais il est évident que cette figure, qu'on se représente alors par l'imagination, n'est point une figure de mille angles, puisqu'elle ne diffère nullement de ce que je me représenterais si je pensais à une figure de dix mille angles, et qu'elle ne sert en aucune façon à découvrir les propriétés qui font la différence d'une figure de mille angles d'avec tout autre polygone.

Je ne puis donc proprement m'imaginer une figure de mille angles, puisque l'image que j'en voudrais peindre dans mon imagination me représenterait toute autre figure d'un grand nombre d'angles, aussitôt que celle de mille angles ; et néanmoins je puis la concevoir très clairement et très distinctement, puisque j'en puis démontrer toutes les propriétés, comme, que tous ses angles ensemble sont égaux à dix-neuf mille quatre-vingt-seize angles droits ; et, par conséquent, c'est autre chose de s'imaginer, et autre chose de concevoir.

Cela est encore plus clair par la considération de plusieurs choses que nous concevons très clairement, quoiqu'elles ne soient en aucune sorte du nombre de celles que l'on peut s'imaginer. Car, que concevons-nous plus clairement que notre pensée lorsque nous pensons? Et cependant il est impossible de s'imaginer une pensée, ni d'en peindre aucune image dans notre cerveau. Le *oui* et le *non* n'y peuvent aussi en avoir aucune; celui qui juge que la terre est ronde, et celui qui juge qu'elle n'est pas ronde, ayant tous deux les mêmes choses peintes dans le cerveau, savoir, la terre et la rondeur; mais l'un y ajoutant l'affirmation, qui est une action de son esprit, laquelle il conçoit sans aucune image corporelle, et l'autre une action contraire, qui est la négation, laquelle peut encore moins avoir d'image.

Lors donc que nous parlons des idées, nous n'appelons point de ce nom les images qui sont peintes en la fantaisie, mais tout ce qui est dans notre esprit, lorsque nous pouvons dire avec vérité que nous concevons une chose, de quelque manière que nous la concevions.

D'où il s'ensuit que nous ne pouvons rien exprimer par nos paroles, lorsque nous entendons ce que nous disons, que de cela même il ne soit certain que nous avons en nous l'idée de la chose que nous signifions par nos paroles, quoique cette idée soit quelquefois plus claire et plus distincte, et quelquefois plus obscure et plus confuse, comme nous l'expliquerons plus bas; car il y aurait de la contradiction entre dire que je sais ce que je dis en prononçant un mot, et que néanmoins je ne conçois rien en le prononçant que le son même du mot.

Et c'est ce qui fait voir la fausseté de deux opinions très dangereuses qui ont été avancées par des philosophes de ce temps.

La première est que nous n'avons aucune idée de Dieu[6], car si nous n'en avions aucune idée, en prononçant le nom de Dieu nous n'en concevrions que ces quatre lettres D, i, e, u, et un Français n'aurait rien davantage dans l'esprit en entendant le nom de Dieu, que si, entrant dans une synagogue et étant entièrement ignorant de la langue hébraïque, il entendait prononcer en hébreu, Adonaï ou Eloha.

Et quand les hommes ont pris le nom de Dieu, comme Caligula et Domitien, ils n'auraient commis aucune impiété, puisqu'il n'y a rien dans ces lettres ou ces deux syllabes *Deus*, qui ne puisse être attribué à un homme, si on n'y attachait aucune idée. D'où vient qu'on n'accuse point un Hollandais d'être impie pour s'appeler *Ludovicus Dieu*? En quoi donc consistait l'impiété de ces princes, sinon en ce que, laissant à ce mot *Deus* une partie au moins de son idée, comme est celle d'une nature excellente et adorable, ils s'appropriaient ce nom avec cette idée ?

Mais, si nous n'avions point d'idée de Dieu, sur quoi pourrions-nous fonder tout ce que nous disons de Dieu, comme, qu'il n'y en a qu'un, qu'il est éternel, tout-puissant, tout bon, tout sage, puisqu'il n'y a rien de tout cela enfermé dans ce son *Dieu*, mais seulement dans l'idée que nous avons de Dieu et que nous avons jointe à ce son ?

Et ce n'est aussi que par là que nous refusons le nom de Dieu à toutes les fausses divinités, non pas que ce mot ne puisse leur être attribué, s'il était pris matériellement, puisqu'il leur a été attribué par les païens; mais parce que l'idée qui est en nous du souverain Être, et que l'usage a liée à ce mot de *Dieu*, ne convient qu'au seul vrai Dieu.

La seconde de ces fausses opinions est ce qu'un Anglais a dit : « Que le raisonnement n'est peut-être autre chose qu'un assem-
« blage et enchaînement de noms par ce mot *est*. D'où il s'ensui-
« vrait que par la raison nous ne concluons rien du tout touchant
« la nature des choses, mais seulement touchant leurs appellations ;
« c'est-à-dire que nous voyons simplement si nous assemblons
« bien ou mal les noms des choses selon les conventions que nous
« avons faites à notre fantaisie, touchant leurs significations. »

A quoi cet auteur ajoute : « Si cela est, comme il peut être, le
« raisonnement dépendra des mots, les mots de l'imagination, et
« l'imagination dépendra peut-être, comme je le crois, du mou-
« vement des organes corporels; et ainsi notre âme (mens) ne
« sera autre chose qu'un mouvement dans quelques parties
« du corps organique[7]. »

Il faut croire que ces paroles ne contiennent qu'une objection éloignée du sentiment de celui qui la propose; mais, comme étant prises assertivement, elles iraient à ruiner l'immortalité de l'âme, il est important d'en faire voir la fausseté, ce qui ne sera pas difficile, car les conventions dont parle ce philosophe ne peuvent avoir été que l'accord que les hommes ont fait de prendre de certains sons pour être signes des idées que nous avons dans l'esprit. De sorte que si, outre les noms, nous n'avions en nous-même les idées des choses, cette convention aurait été impossible, comme il est impossible par aucune convention de faire entendre à un aveugle ce que veut dire le mot de rouge, de vert, de bleu, parce que, n'ayant point ces idées, il ne peut les joindre à aucun son.

De plus, les diverses nations ayant donné divers noms aux choses, et même aux plus claires et aux plus simples, comme à celles qui sont les objets de la géométrie, ils n'auraient pas les mêmes raisonnements touchant les mêmes vérités, si le raisonnement n'était qu'un assemblage de noms par le mot *est*.

Et comme il paraît par ces divers mots, que les Arabes, par exemple, ne sont point convenus avec les Français pour donner les mêmes significations aux sons, ils ne pourraient aussi convenir dans leurs jugements et leurs raisonnements, si leurs raisonnements dépendaient de cette convention.

Enfin, il y a une grande équivoque dans ce mot d'*arbitraire*, quand on dit que la signification des mots est arbitraire, car il est vrai que c'est une chose purement arbitraire que de joindre une telle idée à un tel son plutôt qu'à un autre ; mais les idées ne sont point des choses arbitraires et qui dépendent de notre fantaisie, au moins celles qui sont claires et distinctes, et, pour le montrer évidemment, c'est qu'il serait ridicule de s'imaginer que des effets très réels pussent dépendre de choses purement arbitraires. Or, quand un homme a conclu par son raisonnement que l'axe de fer qui passe par les deux meules du moulin pourrait tourner sans faire tourner celle de dessous, si, étant rond, il passait par un trou rond ; mais qu'il ne pourrait tourner sans faire tourner celle de dessus, si, étant carré, il était emboîté dans un trou carré de cette meule de dessus, l'effet qu'il a prétendu s'ensuit infailliblement, et, par conséquent, son raisonnement n'a point été un assemblage de noms, selon une convention qui aurait entièrement dépendu de la fantaisie des hommes, mais un jugement solide et effectif de la nature des choses par la considération des idées qu'il en a dans l'esprit, lesquelles il a plu aux hommes de marquer par de certains noms.

Nous voyons donc assez ce que nous entendons par le mot d'*idée* ; il ne reste plus qu'à dire un mot de leur origine.

Toute la question est de savoir si toutes nos idées viennent de nos sens, et si l'on doit passer pour vraie cette maxime commune : *Nihil est in intellectu quod non prius fuerit in sensu.*

C'est le sentiment d'un philosophe qui est estimé dans le monde, et qui commence sa logique par cette proposition : *Omnis idea ortum ducit à sensibus* : *Toute idée tire son origine des sens*[8]. Il avoue néanmoins que toutes nos idées n'ont pas été dans nos sens telles qu'elles sont dans notre esprit, mais il prétend qu'elles ont au moins été formées de celles qui ont passé par nos sens, ou par composition, comme lorsque des images séparées de l'or et d'une montagne, on s'en fait une montagne d'or; ou par ampliation et diminution, comme lorsque de l'image d'un homme d'une grandeur ordinaire, on s'en forme un géant ou un pygmée; ou par accommodation et proportion, comme lorsque de l'idée d'une maison qu'on a vue, on s'en forme l'image d'une maison qu'on n'a pas vue. Et ainsi, dit-il, nous concevons Dieu, qui ne peut tomber sous le sens, sous l'image d'un vénérable vieillard.

Selon cette pensée, quoique toutes nos idées ne fussent pas semblables à quelque corps particulier que nous ayons vu ou qui ait frappé nos sens, elles seraient néanmoins toutes corporelles, et ne nous représenteraient rien qui ne fût entré dans nos sens au moins par parties. Et ainsi nous ne concevrons rien que par des images semblables à celles qui se forment dans le cerveau, quand nous voyons ou nous nous imaginons des corps.

Mais, quoique cette opinion lui soit commune avec plusieurs des philosophes de l'école, je ne craindrai point de dire qu'elle est très absurde et aussi contraire à la religion qu'à la véritable philosophie; car, pour ne rien dire que de clair, il n'y a rien que nous concevions plus distinctement que notre pensée même, ni de proposition qui puisse nous être plus claire que celle-là : *Je pense, donc je suis.* Or, nous ne pourrions avoir aucune certitude de cette proposition, si nous ne concevions distinctement ce que c'est qu'*être* et ce que c'est que *penser*; et il ne nous faut point demander que nous expliquions ces termes, parce qu'ils sont du nombre de ceux qui sont si bien entendus par tout le monde qu'on les obscurcirait en voulant les expliquer. Si donc on ne peut nier que nous n'ayons en nous les idées de l'être et de la pensée, je demande par quel sens elles sont entrées : sont-elles lumineuses ou colorées, pour être entrées par la vue? d'un son grave ou aigu, pour être entrées par l'ouïe? d'une bonne ou mauvaise odeur, pour être entrées par l'odorat? de bon ou de mauvais goût, pour être entrées par le goût? froides ou chaudes, dures ou molles, pour être entrées par l'attouchement? Que si l'on dit qu'elles ont été formées d'autres images sensibles, qu'on nous dise quelles sont ces autres images sensibles dont on prétend que les idées de l'être et de la pensée ont été formées, et comment elles ont pu être formées, ou par composition, ou par ampliation, ou par diminution, ou par proportion. Que si l'on ne peut rien répondre à tout cela qui ne soit déraisonnable, il faut avouer que les idées de l'être et de la pensée ne tirent en aucune sorte leur origine des sens, mais que notre âme a la faculté de les former de soi-même, quoiqu'il arrive souvent qu'elle est excitée à le faire par quelque chose qui frappe les sens; comme un peintre peut être porté à faire un tableau par l'argent qu'on lui promet, sans qu'on puisse dire pour cela que le tableau a tiré son origine de l'argent.

Mais ce qu'ajoutent ces mêmes auteurs, que l'idée que nous avons de Dieu tire son origine des sens, parce que nous le concevons sous l'idée d'un vieillard vénérable, est une pensée qui n'est digne que des Anthropomorphites, ou qui confond les véritables idées que nous avons des choses spirituelles avec les fausses imaginations que nous en formons par une mauvaise accoutumance de se vouloir tout imaginer, au lieu qu'il est aussi absurde de se vouloir imaginer ce qui n'est point corporel que de vouloir ouïr des couleurs et voir des sons.

Pour réfuter cette pensée, il ne faut que considérer que si nous n'avions point d'autre idée de Dieu que celle d'un vieillard vénérable, tous les jugements que nous ferions de Dieu nous devraient paraître faux, lorsqu'ils seraient contraires à cette idée; car nous sommes portés naturellement à croire que nos jugements sont faux, quand nous voyons clairement qu'ils sont contraires aux idées que nous avons des choses; et ainsi nous ne pourrions juger avec certitude que Dieu n'a point de parties, qu'il n'est point corporel, qu'il est partout, qu'il est invisible, puisque tout cela n'est point conforme à l'idée d'un vénérable vieillard. Que si Dieu s'est quelquefois représenté sous cette forme, cela ne fait pas que ce soit là l'idée que nous en devions avoir, puisqu'il faudrait aussi que nous n'eussions point d'autre idée du Saint-Esprit que celle d'une colombe, parce qu'il s'est représenté sous la forme d'une colombe; ou que nous conçussions Dieu comme un son, parce que le son du nom de Dieu nous sert à nous en réveiller l'idée.

Il est donc faux que toutes nos idées viennent de nos sens; mais on peut dire, au contraire, que nulle idée qui est dans notre esprit ne tire son origine des sens, sinon par occasion, en ce que les mouvements qui se font dans notre cerveau, qui est tout ce que peuvent faire nos sens, donnent occasion à l'âme de se former diverses idées qu'elle ne se formerait pas sans cela, quoique presque toujours ces idées n'aient rien de semblable à ce qui se fait dans les sens et dans le cerveau, et qu'il y ait de plus un très grand nombre d'idées qui, ne tenant rien du tout d'aucune image corporelle, ne peuvent, sans une absurdité visible, être rapportées à nos sens.

Que si l'on objecte qu'en même temps que nous avons l'idée des choses spirituelles comme de la pensée, nous ne laissons pas de former quelque image corporelle, au moins du son qui la signifie, on ne dira rien de contraire à ce que nous avons prouvé; car cette image du son de *pensée* que nous nous imaginons, n'est point l'image de la pensée même, mais seulement d'un son; et elle ne peut servir à nous la faire concevoir qu'en tant que l'âme, s'étant accoutumée, quand elle conçoit ce son, de concevoir aussi la pensée, se forme en même temps une idée toute spirituelle de la pensée, qui n'a aucun rapport avec celle du son, mais qui y est seulement liée par l'accoutumance, ce qui se voit en ce que les sourds, qui n'ont point d'images des sons, ne laissent pas d'avoir des idées de leurs pensées, au moins lorsqu'ils font réflexion sur ce qu'ils pensent.

CHAPITRE II.

Des idées, considérées selon leurs objets.

Tout ce que nous concevons est représenté à notre esprit, ou comme chose, ou comme manière de chose, ou comme chose modifiée.

J'appelle *chose* ce que l'on conçoit comme subsistant par soi-même, et comme le sujet de tout ce que l'on y conçoit. C'est ce que l'on appelle autrement substance.

J'appelle *manière de chose*, ou *mode*, ou *attribut*, ou *qualité*, ce qui étant conçu dans la chose, et comme ne pouvant subsister sans elle, la détermine à être d'une certaine façon, et la fait nommer telle.

J'appelle *chose modifiée*, lorsqu'on considère la substance comme déterminée par une certaine manière ou mode.

C'est ce qui se comprendra mieux par des exemples.

Quand je considère un corps, l'idée que j'en ai me représente une chose ou une substance, parce que je le considère comme une chose qui subsiste par soi-même, et qui n'a point besoin d'aucun sujet pour exister.

Mais quand je considère que ce corps est rond, l'idée que j'ai de la rondeur ne me représente qu'une manière d'être, ou un mode que je conçois ne pouvoir subsister naturellement sans le corps dont il est rondeur.

Et enfin, quand, joignant le mode avec la chose, je considère un corps rond, cette idée me représente une chose modifiée.

Les **n**oms qui servent à exprimer les choses, s'appellent *substantifs* ou *absolus*, comme terre, soleil, esprit, Dieu.

Ceux aussi qui signifient premièrement et directement les modes, parce qu'en cela ils ont quelque rapport avec les substances, sont aussi appelés substantifs et absolus, comme dureté, chaleur, justice, prudence.

Les noms qui signifient les choses comme modifiées, marquant premièrement et directement la chose, quoique plus confusément, et indirectement le mode, quoique plus distinctement, sont appelés *adjectifs* ou *connotatifs;* comme rond, dur, juste, prudent.

Mais il faut remarquer que notre esprit, étant accoutumé de connaître la plupart des choses comme modifiées, parce qu'il ne les connaît presque que par les accidents ou qualités qui nous frappent les sens, divise souvent la substance même dans son essence en deux idées, dont il regarde l'une comme sujet, et l'autre comme mode. Ainsi, quoique tout ce qui est en Dieu soit Dieu même, on ne laisse pas de le concevoir comme un être infini, et de regarder l'infinité comme un attribut de Dieu, et l'être comme sujet de cet attribut. Ainsi l'on considère souvent l'homme comme le sujet de l'humanité, *habens humanitatem,* et par conséquent comme une chose modifiée.

Et alors on prend pour mode l'attribut essentiel qui est la chose même, parce qu'on le conçoit comme dans un sujet. C'est proprement ce qu'on appelle abstrait des substances, comme humanité, corporéité, raison.

Il est néanmoins très important de savoir ce qui est véritablement mode, et ce qui ne l'est qu'en apparence, parce qu'une des principales causes de nos erreurs est de confondre les modes avec les substances, et les substances avec les modes. Il est donc de la nature du véritable mode, qu'on puisse concevoir sans lui clairement et distinctement la substance dont il est mode, et que néanmoins on ne puisse pas réciproquement concevoir clairement ce mode, sans concevoir en même temps le rapport qu'il a à la substance dont il est mode, et sans laquelle il ne peut naturellement exister.

Ce n'est pas qu'on ne puisse concevoir le mode sans faire une attention distincte et expresse à son sujet; mais ce qui montre que la notion du rapport à la substance est enfermée au moins confusément dans celle du mode, c'est qu'on ne saurait nier ce rapport du mode, qu'on ne détruise l'idée qu'on en avait: au lieu que, quand on conçoit deux choses et deux substances, l'on peut nier l'une de l'autre sans détruire les idées qu'on avait de chacune.

Par exemple, je puis bien concevoir la prudence, sans faire attention distincte à un homme qui soit prudent ; mais je ne puis concevoir la prudence en niant le rapport qu'elle a à un homme ou à une autre nature intelligente qui ait cette vertu.

Et au contraire, lorsque j'ai considéré tout ce qui convient à une substance étendue qu'on appelle corps, comme l'extension, la figure, la mobilité, la divisibilité, et que d'autre part je considère tout ce qui convient à l'esprit et à la substance qui pense, comme de penser, de douter, de se souvenir, de vouloir, de raisonner, je puis nier de la substance étendue tout ce que je conçois de la substance qui pense, sans cesser pour cela de concevoir très distinctement la substance étendue et tous les autres attributs qui y sont joints, et je puis réciproquement nier de la substance qui pense tout ce que j'ai conçu de la substance étendue, sans cesser pour cela de concevoir très distinctement tout ce que je conçois dans la substance qui pense.

Et c'est ce qui fait voir aussi que la pensée n'est point un mode de la substance étendue, parce que l'étendue et toutes les propriétés qui la suivent se peuvent nier de la pensée, sans qu'on cesse pour cela de bien concevoir la pensée.

On peut remarquer sur le sujet des modes, qu'il y en a qu'on peut appeler intérieurs, parce qu'on les conçoit dans la substance, comme rond, carré ; et d'autres qu'on peut nommer extérieurs, parce qu'ils sont pris de quelque chose qui n'est pas dans la substance, comme aimé, vu, désiré, qui sont des noms pris des actions d'autrui ; et c'est ce qu'on appelle dans l'école *dénomination externe*.

Que si ces modes sont tirés de quelque manière dont on conçoit les choses, on les appelle secondes intentions. Ainsi être sujet, être attribut, sont des secondes intentions, parce que ce sont des manières sous lesquelles on conçoit les choses qui sont prises de l'action de l'esprit qui a lié ensemble deux idées en affirmant l'une de l'autre.

On peut remarquer encore qu'il y a des modes qu'on peut appeler substantiels, parce qu'ils nous représentent de véritables substances appliquées à d'autres substances, comme des modes et des manières ; habillé, armé, sont des modes de cette sorte.

Il y en a d'autres qu'on peut appeler simplement réels, et ce sont les véritables modes qui ne sont pas des substances, mais des manières de la substance.

Il y en a enfin qu'on peut appeler négatifs, parce qu'ils nous représentent la substance avec une négation de quelque mode réel ou substantiel.

Que si les objets représentés par ces idées, soit de substances, soit de modes, sont en effet tels qu'ils nous sont représentés, on les appelle véritables; que s'ils ne sont pas tels, elles sont fausses en la manière qu'elles le peuvent être; et c'est ce qu'on appelle dans l'école *êtres de raison*, qui consistent ordinairement dans l'assemblage que l'esprit fait de deux idées réelles en soi, mais qui ne sont pas jointes dans la vérité pour en former une même idée, comme celle qu'on peut se former d'une montagne d'or, est un être de raison, parce qu'elle est composée des deux idées de montagne et d'or, qu'elle représente comme unies, quoiqu'elles ne le soient point véritablement.

CHAPITRE III.

Des dix catégories d'Aristote.

On peut rapporter à cette considération des idées selon leurs **objets**, les dix catégories d'Aristote, puisque ce ne sont que diverses classes auxquelles ce philosophe a voulu réduire tous les **objets** de nos pensées, en comprenant toutes les substances sous la première, et tous les accidents sous les neuf autres. Les voici.

I. La SUBSTANCE, qui est ou spirituelle, ou corporelle, etc.

II. La QUANTITÉ, qui s'appelle discrète, quand les parties n'en sont point liées, comme le nombre;

Continue, quand elles sont liées; et alors elle est ou successive comme le temps, le mouvement;

Ou permanente, qui est ce qu'on appelle autrement l'espace, ou l'étendue en longueur, largeur, profondeur; la longueur seule faisant les lignes; la longueur et la largeur les surfaces, et les trois ensemble les solides.

III La QUALITÉ, dont Aristote fait quatre espèces.

La 1re comprend *les habitudes*, c'est-à-dire, les dispositions d'esprit ou de corps, qui s'acquièrent par des actes réitérés, comme les sciences, les vertus, les vices, l'adresse de peindre, d'écrire, de danser.

La 2°, *les puissances naturelles*, telles que sont les facultés de l'âme ou du corps, l'entendement, la volonté, la mémoire, les cinq sens, la puissance de marcher.

La 3ᵉ, *les qualités sensibles,* comme la dureté, la mollesse, la pesanteur, le froid, le chaud, les couleurs, les sons, les odeurs, les divers goûts.

La 4ᵉ, *la forme et la figure* qui est la détermination extérieure de la quantité, comme être rond, carré, sphérique, cubique.

IV. LA RELATION, ou le rapport d'une chose à une autre, comme de père, de fils, de maître, de valet, de roi, de sujet; de la puissance à son objet, de la vue à ce qui est visible; et tout ce qui marque comparaison, comme semblable, égal, plus grand, plus petit.

V. L'AGIR, ou en soi-même, comme marcher, danser, connaître, aimer; ou hors de soi, comme battre, couper, rompre, éclairer, échauffer.

VI. PATIR, être battu, être rompu, être éclairé, être échauffé.

VII. OÙ, c'est-à-dire, ce qu'on répond aux questions qui regardent le lieu, comme être à Rome, à Paris, dans son cabinet, dans son lit, dans sa chaise.

VIII. QUAND, c'est-à-dire, ce qu'on répond aux questions qui regardent le temps, comme, quand a-t-il vécu? il y a cent ans; quand cela s'est-il fait? hier.

IX. LA SITUATION, être assis, debout, couché, devant, derrière, à droite, à gauche.

X. AVOIR, c'est-à-dire, avoir quelque chose autour de soi pour servir de vêtement, ou d'ornement, ou d'armure, comme être habillé, être couronné, être chaussé, être armé.

Voilà les dix catégories d'Aristote, dont on fait tant de mystères, quoique à dire le vrai, ce soit une chose de soi très peu utile, et qui non-seulement ne sert guère à former le jugement, ce qui est le but de la vraie logique, mais qui souvent y nuit beaucoup pour deux raisons qu'il est important de remarquer.

La première est qu'on regarde ces catégories comme une chose établie sur la raison et sur la vérité, au lieu que c'est une chose tout arbitraire, et qui n'a de fondement que l'imagination d'un homme qui n'a eu aucune autorité de prescrire une loi aux autres, qui ont autant de droit que lui d'arranger d'une autre sorte les objets de leurs pensées, chacun selon sa manière de philosopher. Et, en effet, il y en a qui ont compris en ce distique tout ce que l'on considère selon une nouvelle philosophie en toutes les choses du monde.

> *Mens, mensura, quies, motus, positura, figura*
> *Sunt cum materiâ cunctarum exordia rerum.*

C'est-à-dire, que ces gens-là se persuadent que l'on peut rendre raison de toute la nature, en n'y considérant que ces sept choses ou modes. 1. *Mens*, l'esprit, ou la substance qui pense. 2. *Materia*, le corps ou la substance étendue. 3. *Mensura*, la grandeur ou la petitesse de chaque partie de la matière. 4. *Positura*, leur situation à l'égard les unes des autres. 5. *Figura*, leur figure. 6. *Motus*, leur mouvement. 7. *Quies*, leur repos ou moindre mouvement.

La seconde raison qui rend l'étude des catégories dangereuse, est qu'elle accoutume les hommes à se payer de mots, à s'imaginer qu'ils savent toutes choses, lorsqu'ils n'en connaissent que des noms arbitraires qui n'en forment dans l'esprit aucune idée claire et distincte, comme on le fera voir en un autre endroit [9].

On pourrait encore parler ici des attributs des Lullistes [10], *bonté, puissance, grandeur*, etc.; mais en vérité c'est une chose si ridicule, que l'imagination qu'ils ont, qu'appliquant ces mots métaphysiques à tout ce qu'on leur propose, ils pourront rendre raison de tout, qu'elle ne mérite seulement pas d'être réfutée.

Un auteur de ce temps a dit avec grande raison que les règles de la logique d'Aristote servaient seulement à prouver à un autre ce que l'on savait déjà; mais que l'art de Lulle ne servait qu'à faire discourir sans jugement de ce qu'on ne savait pas. L'ignorance vaut beaucoup mieux que cette fausse science qui fait que l'on s'imagine savoir ce qu'on ne sait point. Car, comme saint Augustin a très judicieusement remarqué dans le livre de l'Utilité de la créance, cette disposition d'esprit est très blâmable pour deux raisons : l'une, que celui qui s'est faussement persuadé qu'il connaît la vérité, se rend par là incapable de s'en faire instruire; l'autre, que cette présomption et cette témérité est une marque d'un esprit qui n'est pas bien fait : *Opinari, duas ob res turpissimum est : quòd discere non potest qui sibi jam se scire persuasit, et per se ipsa temeritas non benè affecti animi signum est.* Car le mot *opinari*, dans la pureté de la langue latine, signifie la disposition d'un esprit qui consent trop légèrement à des choses incertaines, et qui croit ainsi savoir ce qu'il ne sait pas. C'est pourquoi tous les philosophes soutenaient *sapientem nihil opinari ;* et Cicéron, en se blâmant lui-même de ce vice, dit qu'il était *magnus opinator* [11].

CHAPITRE IV.

Des Idées des choses et des idées des signes.

Quand on considère un objet en lui-même et dans son propre être, sans porter la vue de l'esprit à ce qu'il peut représenter, l'idée qu'on en a est une idée de chose, comme l'idée de la terre, du soleil ; mais quand on ne regarde un certain objet que comme en représentant un autre, l'idée qu'on en a est une idée de signe, et ce premier objet s'appelle signe. C'est ainsi qu'on regarde d'ordinaire les cartes et les tableaux. Ainsi le signe enferme deux idées, l'une de la chose qui représente, l'autre de la chose représentée ; et sa nature consiste à exciter la seconde par la première.

On peut faire diverses divisions des signes ; mais nous nous contenterons ici de trois qui sont de plus grande utilité.

Premièrement, il y a des signes certains qui s'appellent en grec τεκμήρια, comme la respiration l'est de la vie des animaux : et il y en a qui ne sont que probables, et qui sont appelés en grec σημεῖα, comme la pâleur n'est qu'un signe probable de grossesse dans les femmes.

La plupart des jugements téméraires viennent de ce que l'on confond ces deux espèces de signes, et que l'on attribue un effet à une certaine cause, quoiqu'il puisse aussi naître d'autres causes, et qu'ainsi il ne soit un signe probable de cette cause.

2° Il y a des signes joints aux choses, comme l'air du visage, qui est signe des mouvements de l'âme, est joint à ces mouvements qu'il signifie ; les symptômes, signes des maladies, sont joints à ces maladies ; et pour me servir d'exemples plus grands, comme l'arche, signe de l'Église, était jointe à Noé et à ses enfants, qui étaient la véritable Église de ce temps-là ; ainsi nos temples matériels, signes des fidèles, sont souvent joints aux fidèles ; ainsi la colombe, figure du Saint-Esprit, était jointe au Saint-Esprit ; ainsi le lavement du baptême, figure de la régénération spirituelle, est joint à cette régénération.

Il y a aussi des signes séparés des choses, comme les sacrifices de l'ancienne loi, signes de Jésus-Christ immolé, étaient séparés de ce qu'ils représentaient.

Cette division des signes donne lieu d'établir ces maximes :

1° Qu'on ne peut jamais conclure précisément, ni de la présence du signe à la présence de la chose signifiée, puisqu'il y a des signes de choses absentes ; ni de la présence du signe à l'absence de la chose signifiée, puisqu'il y a des signes de choses présentes. C'est donc par la nature particulière du signe qu'il en faut juger.

2° Que, quoiqu'une chose dans un état ne puisse être signe d'elle-même dans ce même état, puisque tout signe demande une distinction entre la chose représentante et celle qui est représentée, néanmoins il est très possible qu'une chose dans un certain état se représente dans un autre état, comme il est très possible qu'un homme dans sa chambre se représente prêchant ; et qu'ainsi la seule distinction d'état suffit entre la chose figurante et la chose figurée, c'est-à-dire, qu'une même chose peut être dans un certain état chose figurante, et dans un autre chose figurée.

3° Qu'il est très possible qu'une même chose cache et découvre une autre chose en même temps, et qu'ainsi ceux qui ont dit que *rien ne paraît par ce qui le cache*, ont avancé une maxime très peu solide ; car la même chose pouvant être en même temps et chose et signe, peut cacher comme chose ce qu'elle découvre comme signe : ainsi la cendre chaude cache le feu comme chose et le découvre comme signe : ainsi les formes empruntées par les anges les couvraient comme chose et les découvraient comme signes : ainsi les symboles eucharistiques cachent le corps de Jésus-Christ comme chose, et le découvrent comme symbole.

4° L'on peut conclure que la nature du signe consistant à exciter dans les sens par l'idée de la chose figurante celle de la chose figurée, tant que cet effet subsiste, c'est-à-dire, tant que cette double idée est excitée, le signe subsiste, quand même cette chose serait détruite en sa propre nature. Ainsi il n'importe que les couleurs de l'arc-en-ciel, que Dieu a prises pour signe qu'il ne détruirait plus le genre humain par un déluge, soient réelles et véritables, pourvu que nos sens aient toujours la même impression, et qu'ils se servent de cette impression pour concevoir la promesse de Dieu.

Il n'importe de même que le pain de l'eucharistie subsiste en sa propre nature, pourvu qu'il excite toujours dans nos sens l'image d'un pain qui nous serve à concevoir de quelle sorte le corps de Jésus-Christ est la nourriture de nos âmes, et comment les fidèles sont unis entre eux.

La troisième division des signes est qu'il y en a de naturels qui ne dépendent pas de la fantaisie des hommes, comme une image qui paraît dans un miroir est un signe naturel de celui qu'elle représente, et qu'il y en a d'autres qui ne sont que d'institution et d'établissement, soit qu'ils aient quelque rapport éloigné avec la chose figurée, soit qu'ils n'en aient point du tout. Ainsi les mots sont signes d'institution des pensées et les caractères des mots. On expliquera, en traitant des propositions, une vérité importante sur ces sortes de signes, qui est que l'on en peut, en quelques occasions, affirmer les choses signifiées.

CHAPITRE V.

Des idées considérées selon leur composition ou simplicité, et où il est parlé de la manière de connaître par abstraction ou précision.

Ce que nous avons dit en passant dans le chapitre II, que nous pouvions considérer un mode sans faire une réflexion distincte sur la substance dont il est mode, nous donne occasion d'expliquer ce qu'on appelle *abstraction d'esprit*.

Le peu d'étendue de notre esprit fait qu'il ne peut comprendre parfaitement les choses un peu composées, qu'en les considérant par parties, et comme par les diverses faces qu'elles peuvent recevoir. C'est ce qu'on peut appeler généralement connaître par abstraction.

Mais comme les choses sont différemment composées, et qu'il y en a qui le sont de parties réellement distinctes, qu'on appelle parties intégrantes, comme le corps humain, les diverses parties d'un nombre, il est bien facile alors de concevoir que notre esprit peut s'appliquer à considérer une partie sans considérer l'autre, parce que ces parties sont réellement distinctes, et ce n'est pas même ce qu'on appelle *abstraction*.

Or, il est si utile dans ces choses-là même de considérer plutôt les parties séparément que le tout, que sans cela on ne peut avoir presque aucune connaissance distincte ; car, par exemple, le moyen de pouvoir connaître le corps humain, qu'en le divisant en toutes ses parties similaires et dissimilaires, et en leur donnant à toutes différents noms ? Toute l'arithmétique est aussi fondée sur cela ; car on n'a pas besoin d'art pour compter les petits nombres, parce que l'esprit les peut comprendre tout entiers ; et ainsi tout l'art consiste à compter par parties ce qu'on ne pourrait compter par le tout, comme il serait impossible, quelque étendue d'esprit qu'on eût, de multiplier deux nombres de 8 ou 9 caractères chacun, en les prenant tout entiers.

La seconde connaissance par parties est quand on considère un mode sans faire attention à la substance, ou deux modes qui sont joints ensemble dans une même substance en les regardant chacun à part. C'est ce qu'ont fait les géomètres qui ont pris pour objet de leur science le corps étendu en longueur, largeur et profondeur : car, pour le mieux connaître, ils se sont premièrement appliqués à le considérer, selon une seule dimension qui est la longueur ; et alors ils lui ont donné le nom de ligne. Ils l'ont considéré ensuite selon deux dimensions, la longueur et la largeur, et ils l'ont appelé surface. Et puis, considérant toutes les trois dimensions ensemble, longueur, largeur et profondeur, ils l'ont appelé solide ou corps.

On voit par là combien est ridicule l'argument de quelques Sceptiques qui veulent faire douter de la certitude de la géométrie, parce qu'elle suppose des lignes et des surfaces qui ne sont point dans la nature ; car les géomètres ne supposent point qu'il y ait des lignes sans largeur ou des surfaces sans profondeur ; mais ils supposent seulement qu'on peut considérer la longueur sans faire attention à la largeur ; ce qui est indubitable, comme lorsqu'on mesure la distance d'une ville à une autre, on ne mesure que la longueur des chemins, sans se mettre en peine de leur largeur.

Or, plus on peut séparer les choses en divers modes, et plus l'esprit devient capable de les bien connaître ; et ainsi nous voyons que tant qu'on n'a point distingué dans le mouvement la détermination vers quelque endroit, du mouvement même, et même diverses parties dans une même détermination, on n'a pu rendre de raison claire de la réflexion et de la réfraction, ce qu'on a fait aisément par cette distinction, comme on peut voir dans le chapitre II *de la Dioptrique de Descartes.*

La troisième manière de concevoir les choses par abstraction est quand une même chose ayant divers attributs, on pense à l'un sans penser à l'autre, quoiqu'il n'y ait entre eux qu'une distinction de raison : et voici comme cela se fait. Si je fais, par exemple, réflexion que je pense, et que par conséquent je suis moi qui pense, dans l'idée que j'ai de moi qui pense, je puis m'appliquer à la considération d'une chose qui pense, sans faire attention que c'est moi, quoique en moi, moi et celui qui pense ne soit que la même chose ; et ainsi l'idée que je concevrai d'une personne qui pense pourra représenter, non-seulement moi, mais toutes les autres personnes qui pensent. De même, ayant figuré sur un papier un triangle équilatère, si je m'attache à le considérer au lieu où il est avec tous les accidents qui le déterminent, je n'aurai l'idée que d'un seul triangle; mais si je détourne mon esprit de la considération de toutes ces circonstances particulières, et que je ne l'applique qu'à penser que c'est une figure bornée par trois lignes égales, l'idée que je m'en formerai me représentera d'une part plus nettement cette égalité des lignes, et de l'autre sera capable de me représenter tous les triangles équilatères. Que si je passe plus avant, et que ne m'arrêtant plus à cette égalité des lignes, je considère seulement que c'est une figure terminée par trois lignes droites, je me formerai une idée qui peut représenter toutes sortes de triangles. Si ensuite, ne m'arrêtant point au nombre des lignes, je considère seulement que c'est une surface plate, bornée par des lignes droites, l'idée que je me formerai pourra représenter toutes les figures rectilignes, et ainsi je puis monter de degré en degré jusqu'à l'extension. Or, dans ces abstractions, on voit toujours que le degré inférieur comprend le supérieur avec quelque détermination particulière, comme *moi* comprend ce qui pense, et le triangle équilatère comprend le triangle, et le triangle la figure rectiligne ; mais que le degré supérieur étant moins déterminé peut représenter plus de choses.

Enfin, il est visible que par ces sortes d'abstractions, les idées, de singulières, deviennent communes, et les communes plus communes, et ainsi cela nous donnera lieu de passer à ce que nous avons à dire des idées considérées selon leur universalité ou particularité.

CHAPITRE VI.

Des idées, considérées selon leur généralité, particularité et singularité.

Quoique toutes les choses qui existent soient singulières, néanmoins, par le moyen des abstractions que nous venons d'expliquer, nous ne laissons pas d'avoir tous plusieurs sortes d'idées, dont les unes ne nous représentent qu'une seule chose, comme l'idée que chacun a de soi-même, et les autres en peuvent également représenter plusieurs, comme lorsque quelqu'un conçoit un triangle sans y considérer autre chose, sinon que c'est une figure à trois lignes et à trois angles ; l'idée qu'il en a formée peut lui servir à concevoir tous les autres triangles.

Les idées qui ne représentent qu'une seule chose s'appellent singulières ou individuelles, et ce qu'elles représentent, *des individus ;* et celles qui en représentent plusieurs s'appellent universelles, communes, générales.

Les noms qui servent à marquer les premières s'appellent propres, *Socrate, Rome, Bucéphale ;* et ceux qui servent à marquer les dernières, communs et appellatifs, comme *homme, ville, cheval ;* et tant les idées universelles que les noms communs, peuvent s'appeler termes généraux.

Mais il faut remarquer que les mots sont généraux en deux manières : l'une, que l'on appelle *univoque,* qui est lorsqu'ils sont liés avec des idées générales ; de sorte que le même mot convient à plusieurs, et selon le son, et selon une même idée qui y est jointe : tels sont les mots dont on vient de parler, d'homme, de ville, de cheval.

L'autre, qu'on appelle *équivoque,* qui est lorsqu'un même son a été lié par les hommes à des idées différentes ; de sorte que le même son convient à plusieurs, non selon une même idée, mais selon les idées différentes auxquelles il se trouve joint dans l'usage : ainsi le mot de *canon* signifie une machine de guerre, et un décret de Concile, et une sorte d'ajustement ; mais il ne les signifie que selon des idées toutes différentes.

Néanmoins cette universalité équivoque est de deux sortes. Car les différentes idées jointes à un même son, ou n'ont aucun rapport naturel entre elles, comme dans le mot de *canon,* ou en ont quelqu'un, comme lorsqu'un mot étant principalement joint à une idée, on ne le joint à une autre idée que parce qu'elle a un rapport de cause ou d'effet, ou de signe, ou de ressemblance à la première ; et alors ces sortes de mots équivoques s'appellent *analogues ;* comme quand le mot de *sain* s'attribue à l'animal, à l'air et aux viandes, car l'idée jointe à ce mot est principalement la santé qui ne convient qu'à l'animal ; mais on y joint une autre idée approchante de celle-là, qui est d'être cause de la santé, qui fait qu'on dit qu'un air est sain, qu'une viande est saine, parce qu'ils servent à conserver la santé.

Mais quand nous parlons ici de mots généraux, nous entendons les univoques qui sont joints à des idées universelles et générales.

Or, dans ces idées universelles, il y a deux choses qu'il est très important de bien distinguer, *la compréhension* et *l'étendue.*

J'appelle *compréhension* de l'idée, les attributs qu'elle enferme en soi, et qu'on ne peut lui ôter sans la détruire, comme la compréhension de l'idée du triangle enferme extension, figure, trois lignes, trois angles, et l'égalité de ces trois angles à deux droits, etc.

J'appelle *étendue* de l'idée, les sujets à qui cette idée convient; ce qu'on appelle aussi les inférieurs d'un terme général, qui, à leur égard, est appelé supérieur, comme l'idée du triangle en général s'étend à toutes les diverses espèces de triangle.

Mais, quoique l'idée générale s'étende indistinctement à tous les sujets à qui elle convient, c'est-à-dire à tous ses inférieurs, et que le nom commun les signifie tous, il y a néanmoins cette différence entre les attributs qu'elle comprend et les sujets auxquels elle s'étend, qu'on ne peut lui ôter aucun de ses attributs sans la détruire, comme nous avons déjà dit; au lieu qu'on peut la resserrer, quant à son étendue, ne l'appliquant qu'à quelqu'un des sujets auxquels elle convient, sans que pour cela on la détruise.

Or, cette restriction ou resserrement de l'idée générale, quant à son étendue, peut se faire en deux manières:

La première est, par une autre idée distincte et déterminée qu'on y joint, comme lorsqu'à l'idée générale du triangle, je joins celle d'avoir un angle droit; ce qui resserre cette idée à une seule espèce de triangle, qui est le triangle rectangle.

L'autre, en y joignant seulement une idée indistincte et indéterminée de partie, comme quand je dis, quelque triangle; et on dit alors que le terme commun devient particulier, parce qu'il ne s'étend plus qu'à une partie des sujets auxquels il s'étendait auparavant, sans que néanmoins on ait déterminé quelle est cette partie à laquelle on l'a resserré.

CHAPITRE VII.

Des cinq sortes d'idées universelles, genres, espèces, différences, propres, accidents.

Ce que nous avons dit, dans les chapitres précédents, nous donne moyen de faire entendre en peu de paroles les cinq universaux qu'on explique ordinairement dans l'école[12].

Car lorsque les idées générales nous représentent leurs objets comme des choses, et qu'elles sont marquées par des termes appelés substantifs ou absolus, on les appelle *genres* ou *espèces*.

Du genre.

On les appelle genres quand elles sont tellement communes,

qu'elles s'étendent à d'autres idées qui sont encore universelles, comme le quadrilatère est genre à l'égard du parallélogramme et du trapèze : la substance est genre à l'égard de la substance étendue qu'on appelle corps, et de la substance qui pense qu'on appelle esprit.

De l'espèce.

Et ces idées communes, qui sont sous une plus commune et plus générale, s'appellent espèces ; comme le parallélogramme et le trapèze sont les espèces du quadrilatère, le corps et l'esprit sont les espèces de la substance.

Et ainsi la même idée peut être genre, étant comparée aux idées auxquelles elle s'étend, et espèce, étant comparée à une autre qui est plus générale, comme corps, qui est un genre au regard du corps animé et du corps inanimé, et une espèce au regard de la substance ; et le quadrilatère, qui est un genre au regard du parallélogramme et du trapèze, est une espèce au regard de la figure.

Mais il y a une autre notion du mot d'espèce, qui ne convient qu'aux idées qui ne peuvent être genres ; c'est lorsqu'une idée n'a sous soi que des individus et des singuliers, comme le cercle n'a sous soi que des cercles singuliers qui sont tous d'une même espèce. C'est ce qu'on appelle espèce dernière, *species infima*.

Il y a un genre qui n'est point espèce ; savoir, le suprême de tous les genres, soit que ce genre soit l'être, soit que ce soit la substance, ce qu'il est de peu d'importance de savoir, et qui regarde plus la métaphysique que la logique.

J'ai dit que les idées générales qui nous représentent leurs objets comme des choses, sont appelées genres ou espèces ; car il n'est pas nécessaire que les objets de ces idées soient effectivement des choses et des substances ; mais il suffit que nous les considérions comme des choses, en ce que, lors même que ce sont des modes, on ne les rapporte point à leurs substances, mais à d'autres idées de modes moins générales ou plus générales, comme la figure, qui n'est qu'un mode au regard du corps figuré, est un genre au regard des figures curvilignes et rectilignes, etc.

Et au contraire les idées qui nous représentent leurs objets comme des choses modifiées, et qui sont marquées par des termes adjectifs ou connotatifs, si on les compare avec les substances que ces termes connotatifs signifient confusément, quoique directement, soit que dans la vérité ces termes connotatifs signifient des attributs essentiels, qui ne sont en effet que la chose même, **soit** qu'ils signifient de vrais modes, on ne les appelle point alors genres ni espèces, mais, ou *différences*, ou *propres*, ou *accidents*.

On les appelle *différences*, quand l'objet de ces idées est un attribut essentiel qui distingue une espèce d'une autre, comme étendu, pesant, raisonnable.

On les appelle *propres*, quand leur objet est un attribut qui appartient en effet à l'essence de la chose, mais qui n'est pas le premier que l'on considère dans cette essence, mais seulement une dépendance de ce premier, comme divisible, immortel, docile.

Et on les appelle *accidents communs*, quand leur objet est un vrai mode qui peut être séparé, au moins par l'esprit, de la chose dont il est dit accident, sans que l'idée de cette chose soit détruite dans notre esprit, comme rond, dur, juste, prudent. C'est ce qu'il faut expliquer plus particulièrement.

De la différence.

Lorsqu'un genre a deux espèces, il faut nécessairement que l'idée de chaque espèce comprenne quelque chose qui ne soit pas compris dans l'idée du genre; autrement, si chacune ne comprenait que ce qui est compris dans le genre, ce ne serait que le genre; et comme le genre convient à chaque espèce, chaque espèce conviendrait à l'autre. Ainsi le premier attribut essentiel que comprend chaque espèce de plus que le genre, s'appelle sa différence; et l'idée que nous en avons est une idée universelle, parce qu'une seule et même idée peut nous représenter cette différence partout où elle se trouve, c'est-à-dire dans tous les inférieurs de l'espèce.

Exemple. Le corps et l'esprit sont les deux espèces de la substance. Il faut donc qu'il y ait dans l'idée du corps quelque chose de plus que dans celle de la substance, et de même dans celle de l'esprit. Or, la première chose que nous voyons de plus dans le corps, c'est l'étendue; et la première chose que nous voyons de plus dans l'esprit, c'est la pensée. Et ainsi la différence du corps sera l'étendue, et la différence de l'esprit sera la pensée, c'est-à-dire que le corps sera une substance étendue, et l'esprit une substance qui pense.

De là on peut voir, 1° que la différence a deux regards: l'un au genre qu'elle divise et partage; l'autre à l'espèce qu'elle constitue et qu'elle forme, faisant la principale partie de ce qui est enfermé dans l'idée de l'espèce selon sa compréhension: d'où vient que toute espèce peut être exprimée par un seul nom, comme **esprit, corps**; ou par deux mots, savoir, par celui du genre, et par celui de sa différence joints ensemble ; ce qu'on appelle définition, **comme substance** qui pense, substance étendue.

On peut voir en second lieu que, puisque la différence constitue l'espèce et la distingue des autres espèces, elle doit avoir la même étendue que l'espèce, et ainsi qu'il faut qu'elles puissent se dire réciproquement l'une de l'autre, comme tout ce qui pense est esprit, et tout ce qui est esprit pense.

Néanmoins il arrive assez souvent que l'on ne voit dans certaines choses aucun attribut qui soit tel, qu'il convienne à toute une espèce, et qu'il ne convienne qu'à cette espèce ; et alors on joint plusieurs attributs ensemble, dont l'assemblage ne se trouvant que dans cette espèce, en constitue la différence. Ainsi les Platoniciens, prenant les démons pour des animaux raisonnables aussi bien que l'homme, ne trouvaient pas que la différence de raisonnable fût réciproque à l'homme ; c'est pourquoi ils y en ajoutaient une autre, comme mortel, qui n'est pas non plus réciproque à l'homme, puisqu'elle convient aux bêtes ; mais toutes deux ensemble ne conviennent qu'à l'homme. C'est ce que nous faisons dans l'idée que nous nous formons de la plupart des animaux.

Enfin, il faut remarquer qu'il n'est pas toujours nécessaire que les deux différences qui partagent un genre soient toutes deux positives, mais que c'est assez qu'il y en ait une, comme deux hommes sont distingués l'un de l'autre, si l'un a une charge que l'autre n'a pas, quoique celui qui n'a pas de charge n'ait rien que l'autre n'ait. C'est ainsi que l'homme est distingué des bêtes en général, en ce que l'homme est un animal qui a un esprit, *animal mente præditum*, et que la bête est un pur animal, *animal merum*. Car l'idée de la bête en général n'enferme rien de positif qui ne soit dans l'homme ; mais on y joint seulement la négation de ce qui est en l'homme, savoir, l'esprit. De sorte que toute la différence qu'il y a entre l'idée d'animal et celle de bête, est que l'idée d'animal n'enferme pas la pensée dans sa compréhension, mais ne l'exclut pas aussi et l'enferme même dans son étendue, parce qu'elle convient à un animal qui pense ; au lieu que l'idée de bête l'exclut dans sa compréhension, et ainsi ne peut convenir à l'animal qui pense.

Du propre.

Quand nous avons trouvé la différence qui constitue une espèce, c'est-à-dire son principal attribut essentiel qui la distingue de toutes les autres espèces, si, considérant plus particulièrement sa nature, nous y trouvons encore quelque attribut qui soit nécessairement lié avec ce premier attribut, et qui par conséquent convienne à toute cette espèce et à cette seule espèce, *omni et soli*, nous l'appelons propriété ; et étant signifié par un terme connotatif, nous l'attribuons à l'espèce comme son propre ; et parce qu'il convient aussi à tous les inférieurs de l'espèce, et que la seule idée que nous en avons une fois formée peut représenter cette propriété partout où elle se trouve, on en a fait le quatrième des termes communs et universaux.

Exemple. Avoir un angle droit est la différence essentielle du triangle rectangle ; et parce que c'est une dépendance nécessaire de l'angle droit que le carré du côté qui le soutient soit égal aux carrés des deux côtés qui le comprennent, l'égalité de ces carrés est considérée comme la propriété du triangle rectangle, qui convient à tous les triangles rectangles, et qui ne convient qu'à eux seuls.

Néanmoins on a quelquefois étendu plus loin ce nom de propre, et on en a fait quatre espèces.

La 1re est celle que nous venons d'expliquer, *quod convenit omni, et soli, et semper*, comme c'est le propre de tout cercle, du seul cercle, et toujours que les lignes tirées du centre à la circonférence soient égales.

La 2e, *quod convenit omni, sed non soli*, comme on dit qu'il est propre à l'étendue d'être divisible, parce que toute étendue peut être divisée, quoique la durée, le nombre et la force le puissent être aussi.

La 3e est *quod convenit soli, sed non omni*, comme il ne convient qu'à l'homme d'être médecin ou philosophe, quoique tous les hommes ne le soient pas.

La 4e, *quod convenit omni et soli, sed non semper*, dont on rapporte pour exemple le changement de la couleur du poil en blanc, *canescere;* ce qui convient à tous les hommes et aux seuls hommes, mais seulement dans la vieillesse.

De l'accident.

Nous avons déjà dit dans le chapitre second qu'on appelait mode ce qui ne pouvait exister naturellement que par la substance, et ce qui n'était point nécessairement lié avec l'idée d'une chose, en sorte qu'on peut bien concevoir la chose sans concevoir le mode, comme on peut bien concevoir un homme sans le concevoir prudent; mais on ne peut concevoir la prudence sans concevoir, ou un homme, ou une autre nature intelligente qui soit prudente.

Or, quand on joint une idée confuse et indéterminée de substance avec une idée distincte de quelque mode, cette idée est capable de représenter toutes les choses où sera ce mode, comme l'idée de prudent, tous les hommes prudents; l'idée de rond, tous les corps ronds; et alors cette idée, exprimée par un terme connotatif *prudent, rond*, est ce qui fait le cinquième universel qu'on appelle accident, parce qu'il n'est pas essentiel à la chose à qui on l'attribue; car s'il l'était, il serait différence ou propre.

Mais il faut remarquer ici, comme on l'a déjà dit, que, quand on considère deux substances ensemble, on peut en considérer une comme mode de l'autre. Ainsi un homme habillé peut être considéré comme un tout composé de cet homme et de ses habits; mais être habillé au regard de cet homme, est seulement un mode ou une façon d'être sous laquelle on le considère, quoique ses habits soient des substances. C'est pourquoi être habillé n'est qu'un cinquième universel.

En voilà plus qu'il n'en faut touchant les cinq universaux qu'on traite dans l'école avec tant d'étendue; car il sert de très peu de savoir qu'il y a des genres, des espèces, des différences, des propres et des accidents; mais l'importance est de reconnaître les vrais genres des choses, les vraies espèces de chaque genre, leurs vraies différences, leurs vraies propriétés, et les accidents qui leur conviennent; et c'est à quoi nous pourrons donner quelque lumière dans les chapitres suivants, après avoir dit auparavant quelque chose des termes complexes [13].

PREMIÈRE PARTIE.

CHAPITRE VIII.

Des termes complexes et de leur universalité ou particularité.

On joint quelquefois à un terme divers autres termes qui composent dans notre esprit une idée totale, de laquelle il arrive souvent qu'on peut affirmer ou nier ce qu'on ne pourrait pas affirmer ou nier de chacun de ces termes étant séparés; par exemple, ce sont des termes complexes, *un homme prudent, un corps transparent; Alexandre, fils de Philippe.*

Cette addition se fait quelquefois par le pronom relatif, comme si je dis: *Un corps qui est transparent; Alexandre, qui est fils de Philippe; le pape, qui est vicaire de Jésus-Christ.*

Et on peut dire même que si ce relatif n'est pas toujours exprimé, il est toujours en quelque sorte sous-entendu, parce qu'il peut s'exprimer, si l'on veut, sans changer la proposition.

Car c'est la même chose de dire, un corps transparent, ou un corps qui est transparent.

Ce qu'il y a de plus remarquable dans ces termes complexes, est que l'addition que l'on fait à un terme est de deux sortes: l'une qu'on peut appeler *explication*, et l'autre *détermination.*

Cette addition peut s'appeler seulement *explication* quand elle ne fait que développer, ou ce qui était enfermé dans la compréhension de l'idée du premier terme, ou du moins ce qui lui convient comme un de ses accidents, pourvu qu'il lui convienne généralement et dans toute son étendue; comme si je dis: *L'homme, qui est un animal doué de raison*, ou *l'homme qui désire naturellement d'être heureux*, ou *l'homme, qui est mortel.* Ces additions ne sont que des explications, parce qu'elles ne changent point du tout l'idée du mot d'homme, et ne la restreignent point à ne signifier qu'une partie des hommes, mais marquent seulement ce qui convient à tous les hommes.

Toutes les additions qu'on ajoute aux noms qui marquent distinctement un individu, sont de cette sorte; comme quand on dit: *Paris, qui est la plus grande ville de l'Europe; Jules César, qui a été le plus grand capitaine du monde; Aristote, le prince des philosophes; Louis XIV, roi de France.* Car les termes individuels, distinctement exprimés, se prennent toujours dans toute leur étendue, étant déterminés tout ce qu'ils peuvent l'être.

L'autre sorte d'addition, qu'on peut appeler *détermination*, est quand ce qu'on ajoute à un mot général en restreint la signification, et fait qu'il ne se prend plus pour ce mot général dans toute son étendue, mais seulement pour une partie de cette étendue; comme si je dis : *Les corps transparents, les hommes savants, un animal raisonnable.* Ces additions ne sont point de simples explications, mais des déterminations, parce qu'elles restreignent l'étendue du premier terme, en faisant que le mot de corps ne signifie plus qu'une partie des corps, le mot d'homme, qu'une partie des hommes, le mot d'animal, qu'une partie des animaux.

Et ces additions sont quelquefois telles, qu'elles rendent individuel un mot général, quand on y ajoute des conditions individuelles, comme quand je dis : *Le pape qui est aujourd'hui,* cela détermine le mot général de pape à la personne unique et singulière d'Alexandre VII.

On peut de plus distinguer deux sortes de termes complexes, les uns dans l'expression, et les autres dans le sens seulement.

Les premiers sont ceux dont l'addition est exprimée, tels que sont tous les exemples qu'on a rapportés jusqu'ici.

Les derniers sont ceux dont l'un des termes n'est point exprimé, mais seulement sous-entendu, comme quand nous disons en France *le roi,* c'est un terme complexe dans le sens, parce que nous n'avons pas dans l'esprit, en prononçant ce mot de roi, la seule idée générale qui répond à ce mot; mais nous y joignons mentalement l'idée de Louis XIV, qui est maintenant roi de France. Il y a une infinité de termes dans les discours ordinaires des hommes qui sont complexes en cette manière, comme le nom de *monsieur* dans chaque famille.

Il y a même des mots qui sont complexes dans l'expression pour quelque chose, et qui le sont encore dans le sens pour d'autres; comme quand on dit : *Le prince des philosophes,* c'est un terme complexe dans l'expression, puisque le mot de prince est déterminé par celui de philosophe; mais au regard d'Aristote, que l'on marque dans les écoles par ce mot, il n'est complexe que dans le sens, puisque l'idée d'Aristote n'est que dans l'esprit, sans être exprimée par aucun son qui le distingue en particulier.

Tous les termes connotatifs ou adjectifs, ou sont parties d'un terme complexe quand leur substantif est exprimé, ou sont complexes dans le sens quand il est sous-entendu; car, comme il a été dit dans le chapitre II, ces termes connotatifs marquent directement un sujet, quoique plus confusément, et indirectement une forme ou un mode, quoique plus distinctement ; et ainsi ce sujet n'est qu'une idée fort générale et fort confuse, quelquefois d'un être, quelquefois d'un corps qui est pour l'ordinaire déterminé par l'idée distincte de la forme qui lui est jointe ; comme *album* signifie une chose qui a de la blancheur ; ce qui détermine l'idée confuse de chose à ne représenter que celles qui ont cette qualité.

Mais ce qui est de plus remarquable dans ces termes complexes, est qu'il y en a qui sont déterminés dans la vérité à un seul individu, et qui ne laissent pas de conserver une certaine universalité équivoque qu'on peut appeler une équivoque d'erreur, parce que les hommes demeurant d'accord que ce terme ne signifie qu'une chose unique, faute de bien discerner quelle est véritablement cette chose unique, l'appliquent, les uns à une chose, et les autres à une autre ; ce qui fait qu'il a besoin d'être encore déterminé, ou par diverses circonstances, ou par la suite du discours, afin que l'on sache précisément ce qu'il signifie.

Ainsi le mot de *véritable religion* ne signifie qu'une seule et unique religion, qui est dans la vérité la catholique, n'y ayant que celle-là de véritable. Mais parce que chaque peuple et chaque secte croit que sa religion est la véritable, ce mot est très équivoque dans la bouche des hommes, quoique par erreur. Et si on lit dans un historien qu'un prince a été zélé pour la véritable religion, on ne saurait dire ce qu'il a entendu par-là, si on ne sait de quelle religion a été cet historien ; car si c'est un protestant, cela voudra dire la religion protestante ; si c'est un Arabe mahométan qui parlât ainsi de son prince, cela voudrait dire la religion mahométane, et on ne pourrait juger que ce serait la religion catholique, si on ne savait que cet historien était catholique.

Les termes complexes, qui sont ainsi équivoques par erreur, sont principalement ceux qui enferment des qualités dont les sens ne jugent point, mais seulement l'esprit, sur lesquelles il est facile que les hommes aient divers sentiments.

Si je dis par exemple : Il n'y avait que des hommes de six pieds qui fussent enrôlés dans l'armée de Marius, ce terme complexe d'hommes de six pieds n'est pas sujet à être équivoque par erreur, parce qu'il est bien aisé de mesurer des hommes, pour juger s'ils ont six pieds. Mais si l'on eût dit qu'on ne devait enrôler que de vaillants hommes, le terme de vaillants hommes eût été plus sujet à être équivoque par erreur, c'est-à-dire à être attribué à des hommes qu'on eût cru vaillants, et qui ne l'eussent pas été en effet.

Les termes de comparaison sont aussi fort sujets à être équivoques par erreur. *Le plus grand géomètre de Paris, le plus savant homme, le plus adroit, le plus riche.* Car, quoique ces termes soient déterminés par des conditions individuelles, n'y ayant qu'un seul homme qui soit le plus grand géomètre de Paris, néanmoins ce mot peut être facilement attribué à plusieurs, quoiqu'il ne convienne qu'à un seul dans la vérité, parce qu'il est fort aisé que les hommes soient partagés de sentiments sur ce sujet, et qu'ainsi plusieurs donnent ce nom à celui que chacun croit avoir cet avantage par-dessus les autres.

Les mots de *sens d'un auteur*, de *doctrine d'un auteur sur un tel sujet*, sont encore de ce nombre, surtout quand un auteur n'est pas si clair qu'on ne dispute quelle a été son opinion, comme nous voyons que les philosophes disputent tous les jours touchant les opinions d'Aristote, chacun le tirant de son côté. Car, quoique Aristote n'ait qu'un seul et unique sens sur un tel sujet, néanmoins, comme il est différemment entendu, ces mots de *sentiment d'Aristote* sont équivoques par erreur, parce que chacun appelle sentiment d'Aristote ce qu'il a compris être son véritable sentiment ; et ainsi, l'un comprenant une chose et l'autre une autre, ces termes de sentiment d'Aristote sur un tel sujet, quelque individuels qu'ils soient en eux-mêmes, pourront convenir à plusieurs choses, savoir : à tous les divers sentiments qu'on lui aura attribués, et ils signifieront dans la bouche de chaque personne ce que chaque personne aura conçu être le sentiment de ce philosophe.

Mais, pour mieux comprendre en quoi consiste l'équivoque de ces termes, que nous avons appelés équivoques par erreur, il faut remarquer que ces mots sont connotatifs, ou expressément, ou dans le sens. Or, comme nous avons déjà dit, on doit considérer, dans les mots connotatifs, le sujet, qui est directement, mais confusément exprimé, et la forme ou le mode, qui est distinctement, quoique indirectement exprimé. Ainsi, le blanc signifie confusément un corps, et la blancheur distinctement ; sentiment d'Aristote signifie confusément quelque opinion, quelque pensée, quelque doctrine, et distinctement la relation de cette pensée à Aristote, auquel on l'attribue.

Or, quand il arrive de l'équivoque dans ces mots, ce n'est pas proprement à cause de cette forme ou de ce mode, qui, étant distinct, est invariable ; ce n'est pas aussi à cause du sujet confus, lorsqu'il demeure dans cette confusion ; car, par exemple, le mot de *prince des philosophes* ne peut jamais être équivoque, tant qu'on n'appliquera cette idée de prince des philosophes à aucun individu distinctement connu ; mais l'équivoque arrive seulemen t parce que l'esprit, au lieu de ce sujet confus, y substitue souvent un sujet distinct et déterminé, auquel il attribue la forme et le mode. Car, comme les hommes sont de différents avis sur ce sujet, ils peuvent donner cette qualité à diverses personnes, et les marquer ensuite par ce mot, qu'ils croient leur convenir, comme autrefois on entendait Platon par le nom de prince des philosophes, et maintenant on entend Aristote.

Le mot de véritable religion n'étant pas joint avec l'idée distincte d'aucune religion particulière, et demeurant dans son idée confuse, n'est point équivoque, puisqu'il ne signifie que ce qui est en effet la véritable religion. Mais lorsque l'esprit a joint cette idée de véritable religion à une idée distincte d'un certain culte particulier distinctement connu, ce mot devient très équivoque, et signifie, dans la bouche de chaque peuple, le culte qu'il prend pour véritable.

Il en est de même de ces mots, *sentiment d'un tel philosophe sur une telle matière ;* car, demeurant dans leur idée générale, ils signifient simplement et en général la doctrine que ce philosophe a enseignée sur cette matière, comme ce qu'a enseigné Aristote sur la nature de notre âme, *id quod sensit talis scriptor ;* et cet *id,* c'est-à-dire cette doctrine, demeurant dans son idée confuse sans être appliquée à une idée distincte, ces mots ne sont nullement équivoques ; mais lorsqu'au lieu de cet *id* confus, de cette doctrine confusément conçue, l'esprit substitue une doctrine distincte et un sujet distinct, alors, selon les différentes idées distinctes qu'on y pourra substituer, ce terme deviendra équivoque. Ainsi, l'opinion d'Aristote touchant la nature de notre âme est un mot équivoque dans la bouche de Pomponace[14], qui prétend qu'il l'a crue mortelle, et dans celle de plusieurs autres interprètes de ce philosophe, qui prétendent, au contraire, qu'il l'a crue immortelle, aussi bien que ses maîtres Platon et Socrate[15]. Et de là il arrive que ces sortes de mots peuvent souvent signifier une chose à qui la forme exprimée indirectement ne convient pas. Supposant, par exemple, que Philippe n'ait pas été véritablement père d'Alexandre, comme Alexandre lui-même le voulait faire croire, le mot de *fils de Philippe,* qui signifie en général celui qui a été engendré par Philippe, étant appliqué par erreur à Alexandre, signifiera une personne qui ne serait pas véritablement le fils de Philippe.

Le mot de *sens de l'Écriture* étant appliqué par un hérétique à une erreur contraire à l'Écriture, signifiera dans sa bouche cette erreur qu'il aura cru être le sens de l'Écriture, et qu'il aura, dans cette pensée, appelée le sens de l'Écriture. C'est pourquoi les calvinistes n'en sont pas plus catholiques, pour protester qu'ils ne suivent que la parole de Dieu, car ces mots de *parole de Dieu* signifient dans leur bouche toutes les erreurs qu'ils prennent faussement pour la parole de Dieu.

CHAPITRE IX.

De la clarté et distinction des idées, et de leur obscurité et confusion.

On peut distinguer dans une idée la clarté d'avec la distinction, et l'obscurité d'avec la confusion; car on peut dire qu'une idée nous est claire quand elle nous frappe vivement, quoiqu'elle ne soit point distincte, comme l'idée de la douleur nous frappe très vivement, et, selon cela, peut être appelée claire; et néanmoins elle est fort confuse, en ce qu'elle nous représente la douleur comme dans la main blessée, quoiqu'elle ne soit que dans notre esprit[16].

Néanmoins, on peut dire que toute idée est distincte en tant que claire, et que leur obscurité ne vient que de leur confusion, comme dans la douleur le seul sentiment qui nous frappe est clair et est distinct aussi; mais ce qui est confus, qui est que ce sentiment soit dans notre main, ne nous est point clair.

Prenant donc pour une même chose la clarté et la distinction des idées, il est très important d'examiner pourquoi les unes sont claires, et les autres obscures.

Mais c'est ce qui se connaît mieux par des exemples que par tout autre moyen, et ainsi nous allons faire un dénombrement des principales de nos idées qui sont claires et distinctes, et des principales de celles qui sont confuses et obscures.

L'idée que chacun a de soi-même comme d'une chose qui pense est très claire, et de même aussi l'idée de toutes les dépendances de notre pensée, comme juger, raisonner, douter, vouloir, désirer, sentir, imaginer.

Nous avons aussi des idées fort claires de la substance étendue et de ce qui lui convient, comme figure, mouvement, repos; car quoique nous puissions feindre qu'il n'y a aucun corps ni aucune figure, ce que nous ne pouvons pas feindre de la substance qui pense tant que nous pensons, néanmoins nous ne pouvons pas nous dissimuler à nous-mêmes que nous ne concevions clairement l'étendue et la figure.

Nous concevons aussi clairement l'être, l'existence, la durée, l'ordre, le nombre, pourvu que nous pensions seulement que la durée de chaque chose est un mode ou une façon dont nous considérons cette chose en tant qu'elle continue d'être, et que pareillement l'ordre et le nombre ne diffèrent pas en effet des choses ordonnées et nombrées.

Toutes ces idées-là sont si claires, que souvent, en voulant les éclaircir davantage et ne pas se contenter de celles que nous formons naturellement, on les obscurcit.

Nous pouvons aussi dire que l'idée que nous avons de Dieu en cette vie est claire en un sens, quoiqu'elle soit obscure en un autre sens, et très imparfaite.

Elle est claire en ce qu'elle suffit pour nous faire connaître en Dieu un très grand nombre d'attributs que nous sommes assurés ne se trouver qu'en Dieu seul ; mais elle est obscure, si on la compare à celle qu'ont les bienheureux dans le ciel, et elle est imparfaite en ce que notre esprit étant fini, ne peut concevoir que très imparfaitement un objet infini. Mais ce sont différentes conditions en une idée d'être parfaite et d'être claire ; car elle est parfaite quand elle nous représente tout ce qui est en son objet, et elle est claire quand elle nous en représente assez pour le concevoir clairement et distinctement.

Les idées confuses et obscures sont celles que nous avons des qualités sensibles, comme des couleurs, des sons, des odeurs, des goûts, du froid, du chaud, de la pesanteur, etc., comme aussi de nos appétits, de la faim, de la soif, de la douleur corporelle, etc., et voici ce qui fait que ces idées sont confuses.

Comme nous avons été plus tôt enfants qu'hommes, et que les choses extérieures ont agi sur nous en causant divers sentiments dans notre âme par les impressions qu'elles faisaient sur notre corps, l'âme, qui voyait que ce n'était pas par sa volonté que ces sentiments s'excitaient en elle, mais qu'elle ne les avait qu'à l'occasion de certains corps, comme qu'elle sentait de la chaleur en s'approchant du feu, ne s'est pas contentée de juger qu'il y avait quelque chose hors d'elle qui était cause qu'elle avait ces sentiments, en quoi elle ne se serait pas trompée ; mais elle a passé plus outre, ayant cru que ce qui était dans ces objets était entièrement semblable aux sentiments ou aux idées qu'elle avait à leur occasion ; et de ces jugements elle en forma des idées, en transportant ces sentiments de chaleur, de couleur, etc., dans les choses même qui sont hors d'elle ; et ce sont là ces idées obscures et confuses que nous avons des qualités sensibles, l'âme ayant ajouté ses faux jugements à ce que la nature lui faisait connaître.

Et comme ces idées ne sont point naturelles, mais arbitraires, on y a agi avec une grande bizarrerie. Car quoique la chaleur et la brûlure ne soient que deux sentiments [17], l'un plus faible et l'autre plus fort, on a mis la chaleur dans le feu, et l'on a dit que le feu a de la chaleur ; mais on n'y a pas mis la brûlure ou la douleur qu'on sent en s'en approchant de trop près, et on ne dit point que le feu a de la douleur.

Mais si les hommes ont bien vu que la douleur n'est pas dans le feu qui brûle la main, peut-être qu'ils se sont encore trompés en croyant qu'elle est dans la main que le feu brûle ; au lieu qu'à le bien prendre, elle n'est que dans l'esprit, quoique à l'occasion de ce qui se passe dans la main, parce que la douleur du corps n'est autre chose qu'un sentiment d'aversion que l'âme conçoit de quelque mouvement contraire à la constitution naturelle de son corps.

C'est ce qui a été reconnu, non-seulement par quelques anciens philosophes, comme les Cyrénaïques, mais aussi par saint Augustin en divers endroits. Les douleurs (dit-il dans le livre XIV de la Cité de Dieu, chap. 15) qu'on appelle corporelles, ne sont pas du corps, mais de l'âme, qui est dans le corps, et à cause du corps : *Dolores qui dicuntur carnis, animæ sunt in carne, et ex carne ;* car la douleur du corps, ajoute-t-il, n'est autre chose qu'un chagrin de l'âme, à cause de son corps, et l'opposition qu'elle a à ce qui se fait dans le corps, comme la douleur de l'âme qu'on appelle tristesse, est l'opposition qu'a notre âme aux choses qui arrivent contre notre gré : *Dolor carnis tantummodò offensio est animæ ex carne, et quædam ab ejus passione dissensio ; sicuti animæ dolor, quæ tristitia nuncupatur, dissensio est ab his rebus, quæ nobis nolentibus acciderunt.*

Et au liv. VII de la Genèse à la lettre, chap. 19, la répugnance que ressent l'âme de voir que l'action par laquelle elle gouverne le corps est empêchée par le trouble qui arrive dans son tempérament, est ce qui s'appelle douleur. *Cùm afflictiones corporis molestè sentit (anima) actionem suam, quâ illi regendo adest, turbato ejus temperamento impediri offenditur, et hæc offensio dolor vocatur.*

En effet, ce qui fait voir que la douleur qu'on appelle corporelle est dans l'âme, non dans le corps, c'est que les mêmes choses qui nous causent de la douleur quand nous y pensons, ne nous en causent point lorsque notre esprit est fortement occupé ailleurs, comme ce prêtre de Calame, en Afrique, dont parle saint Augustin dans le liv. xiv de la Cité de Dieu, chap. 24, qui, toutes les fois qu'il voulait, s'aliénait tellement des sens, qu'il demeurait comme mort, et non-seulement ne sentait pas quand on le pinçait ou qu'on le piquait, mais non pas même quand on le brûlait. *Qui, quando ei placebat, ad imitatas quasi lamentantis hominis voces, ita se auferebat à sensibus, et jacebat simillimus mortuo, **ut non solùm vellicantes atque pungentes minime sentiret, sed aliquandò etiam igne ureretur admoto, sine ullo doloris sensu, nisi postmodùm ex vulnere.***

Il faut de plus remarquer que ce n'est pas proprement la mauvaise disposition de la main, et le mouvement que la brûlure y cause, qui fait que l'âme sent de la douleur; mais qu'il faut que ce mouvement se communique au cerveau par le moyen des petits filets enfermés dans les nerfs, comme dans des tuyaux, qui sont étendus comme de petites cordes, depuis le cerveau jusqu'à la main et les autres parties du corps; ce qui fait qu'on ne saurait remuer ces petits filets, qu'on ne remue aussi la partie du cerveau d'où ils tirent leur origine; et c'est pourquoi, si quelque obstruction empêche que ces filets de nerfs ne puissent communiquer leur mouvement au cerveau, comme il arrive dans la paralysie, il se peut faire qu'un homme voie couper et brûler sa main sans qu'il en sente de la douleur; et au contraire, ce qui semble bien étrange, on peut avoir ce qu'on appelle mal à la main sans avoir de main, comme il arrive très souvent à ceux qui ont la main coupée, parce que les filets des nerfs qui s'étendaient depuis la main jusqu'au cerveau, étant remués par quelque fluxion vers le coude, où ils se terminent, lorsqu'on a le bras coupé jusque-là, peuvent tirer la partie du cerveau à laquelle ils sont attachés, en la même manière qu'ils la tiraient lorsqu'ils s'étendaient jusqu'à la main, comme l'extrémité d'une corde peut être remuée de la même sorte, en la tirant par le milieu, qu'en la tirant par l'autre bout; et c'est ce qui est cause que l'âme alors sent la même douleur qu'elle sentait quand elle avait une main, parce qu'elle porte son attention au lieu d'où avait accoutumé de venir ce mouvement du cerveau; comme ce que nous voyons dans un miroir nous paraît au lieu où il serait, s'il était vu par des rayons droits, parce que c'est la manière la plus ordinaire de voir les objets.

Et cela peut servir à faire comprendre qu'il est très possible qu'une âme séparée du corps soit tourmentée par le feu ou de l'enfer ou du purgatoire, et qu'elle sente la même douleur que l'on sent quand on est brûlé, puisque, lors même qu'elle était dans le corps, la douleur de la brûlure était en elle, et non dans le corps, et que ce n'était autre chose qu'une pensée de tristesse qu'elle ressentait à l'occasion de ce qui se passait dans le corps auquel Dieu l'avait unie. Pourquoi donc ne pourrions-nous pas concevoir que la justice de Dieu puisse tellement disposer une certaine portion de la matière à l'égard d'un esprit, que le mouvement de cette matière soit une occasion à cet esprit d'avoir des pensées affligeantes, qui est tout ce qui arrive à notre âme dans la douleur corporelle?

Mais pour revenir aux idées confuses, celle de la pesanteur, qui paraît si claire, ne l'est pas moins que les autres dont nous venons de parler; car les enfants voyant des pierres et autres choses semblables qui tombent en bas aussitôt qu'on cesse de les soutenir, ils ont formé de là l'idée d'une chose qui tombe, laquelle idée est naturelle et vraie, et de plus, de quelque cause de cette chute, ce qui est encore vrai. Mais parce qu'ils ne voyaient rien que la pierre, et qu'ils ne voyaient point ce qui la poussait, par un jugement précipité, ils ont conclu que ce qu'ils ne voyaient point n'était point, et qu'ainsi la pierre tombait d'elle-même par un principe intérieur qui était en elle, sans que rien autre chose la poussât en bas, et c'est à cette idée confuse, et qui n'était née que de leur erreur, qu'ils ont attaché le nom de gravité et de pesanteur.

Et il leur est encore ici arrivé de faire des jugements tout différents de choses dont ils devaient juger de la même sorte. Car, comme ils ont vu des pierres qui se remuaient en bas vers la terre, ils ont vu des pailles qui se remuaient vers l'ambre, et des morceaux de fer ou d'acier qui se remuaient vers l'aimant; ils avaient donc autant de raison de mettre une qualité dans les pailles et dans le fer pour se porter vers l'ambre ou l'aimant, que dans les pierres pour se porter vers la terre. Néanmoins il ne leur a pas plu de le faire; mais ils ont mis une qualité dans l'ambre pour attirer les pailles, et une dans l'aimant pour attirer le fer, qu'ils ont appelé des qualités attractives, comme s'il ne leur eût pas été aussi facile d'en mettre une dans la terre pour attirer les choses pesantes. Mais, quoi qu'il en soit, ces qualités attractives ne sont nées, de même que la pesanteur, que d'un faux raisonnement, qui a fait croire qu'il fallait que le fer attirât l'aimant, parce qu'on ne voyait rien qui poussât l'aimant vers le fer; quoiqu'il soit impossible de concevoir qu'un corps en puisse attirer un autre, si le corps qui attire ne se meut lui-même, et si celui qui est attiré ne lui est joint ou attaché par quelque lien.

On doit aussi rapporter à ces jugements de notre enfance l'idée qui nous représente les choses dures et pesantes, comme étant plus matérielles et plus solides que les choses légères et déliées ; ce qui nous fait croire qu'il y a bien plus de matière dans une boîte pleine d'or, que dans une autre qui ne serait pleine que d'air ; car ces idées ne viennent que de ce que nous n'avons jugé dans notre enfance de toutes les choses extérieures, que par rapport aux impressions qu'elles faisaient sur nos sens ; et ainsi, parce que les corps durs et pesants agissaient bien plus sur nous que les corps légers et subtils, nous nous sommes imaginé qu'ils contenaient plus de matière ; au lieu que la raison nous devait faire juger que chaque partie de la matière n'occupant jamais que sa place, un espace égal est toujours rempli d'une même quantité de matière.

De sorte qu'un vaisseau d'un pied cube n'en contient pas davantage étant plein d'or, qu'étant plein d'air ; et même il est vrai, en un sens, qu'étant plein d'air, il comprend plus de matière solide, par une raison qu'il serait trop long d'expliquer ici.

On peut dire que c'est de cette imagination que sont nées toutes les opinions extravagantes de ceux qui ont cru que notre âme était ou un air très subtil composé d'atomes, comme Démocrite et les Épicuriens, ou un air enflammé, comme les Stoïciens, ou une portion de la lumière céleste, comme les anciens Manichéens, et Flud même de notre temps, ou un vent délié, comme les Sociniens : car toutes ces personnes n'auraient jamais cru qu'une pierre, du bois, de la boue, fussent capables de penser ; et c'est pourquoi Cicéron, en même temps qu'il veut, comme les Stoïciens, que notre âme soit une flamme subtile, rejette comme une absurdité insupportable de s'imaginer qu'elle soit de terre, ou d'un air grossier : *Quid enim, obsecro te ; terrâne tibi aut hoc nebuloso, aut caliginoso cœlo, sata aut concreta esse videtur tanta vis memoriæ!*[18] Mais ils se sont persuadés qu'en subtilisant cette matière, ils la rendraient moins matérielle, moins grossière et moins corporelle, et qu'enfin elle deviendrait capable de penser, ce qui est une imagination ridicule ; car une matière n'est plus subtile qu'une autre, qu'en ce qu'étant divisée en parties plus petites et plus agitées, elle fait d'une part moins de résistance aux autres corps, et s'insinue de l'autre plus facilement dans leurs pores : mais, divisée ou non divisée, agitée ou non agitée, elle n'en est ni moins matière, ni moins corporelle, ni plus capable de penser ; et impossible de s'imaginer qu'il y ait aucun rapport du mouvement ou de la figure de la matière subtile ou grossière avec la pensée, et qu'une matière qui ne pensait pas lorsqu'elle était en repos comme la terre, ou dans un mou vement modéré comme l'eau, puisse parvenir à se connaître soi-même, si on vient à la remuer davantage, et à lui donner trois ou quatre bouillons de plus.

On pourrait étendre cela beaucoup davantage ; mais c'est assez pour faire entendre toutes les autres idées confuses, qui ont presque toutes quelques causes semblables à ce que nous venons de dire.

L'unique remède à cet inconvénient, est de nous défaire des préjugés de notre enfance, et de ne rien croire de ce qui est du ressort de notre raison, par ce que nous en avons jugé autrefois, mais par ce que nous en jugeons maintenant ; et ainsi nous nous réduirons à nos idées naturelles ; et pour les confuses, nous n'en retiendrons que ce qu'elles ont de clair, comme qu'il y a quelque chose dans le feu qui est cause que je sens de la chaleur, que toutes les choses qu'on appelle pesantes sont poussées en bas par quelque cause, ne déterminant rien de ce qui peut être dans le feu qui me cause ce sentiment, ou de la cause qui fait tomber une pierre en bas, que je n'aie des raisons claires qui m'en donnent la connaissance.

CHAPITRE X.

Quelques exemples de ces idées confuses et obscures, tirés de la morale.

On a rapporté dans le chapitre précédent divers exemples de ces idées confuses, que l'on peut aussi appeler fausses, pour la raison que nous avons dite ; mais parce qu'ils sont tous pris de la physique, il ne sera pas inutile d'y en joindre quelques autres tirés de la morale, les fausses idées que l'on se forme à l'égard des biens et des maux étant infiniment plus dangereuses.

Qu'un homme ait une idée fausse ou véritable, claire ou obscure, de la pesanteur, des qualités sensibles et des actions des sens, il n'en est ni plus heureux, ni plus malheureux ; s'il en est un peu plus ou moins savant, il n'en est ni plus homme de bien ni plus méchant. Quelque opinion que nous ayons de toutes ces choses, elles ne changeront pas pour nous. Leur être est indépendant de notre science, et la conduite de notre vie est indépendante de la connaissance de leur être : ainsi, il est permis à tout le monde de s'en remettre à ce que nous en connaîtrons dans l'autre vie, et de se reposer généralement de l'ordre du monde sur la bonté et sur la sagesse de celui qui le gouverne.

Mais personne ne se peut dispenser de former des jugements sur les choses bonnes et mauvaises, puisque c'est par ces jugements qu'on doit conduire sa vie, régler ses actions, et se rendre heureux ou malheureux éternellement ; et comme les fausses idées que l'on a de toutes ces choses sont les sources des mauvais jugements que l'on en fait, il serait infiniment plus important de s'appliquer à les connaître et à les corriger, que non pas à réformer celles que la précipitation de nos jugements ou les préjugés de notre enfance nous font concevoir des choses de la nature qui ne sont l'objet que d'une spéculation stérile.

Pour les découvrir toutes, il faudrait faire une morale tout entière ; mais on n'a dessein ici que de proposer quelques exemples de la manière dont on les forme, en alliant ensemble diverses idées qui ne sont pas jointes dans la vérité, dont on compose ainsi de vains fantômes après lesquels les hommes courent, et dont ils se repaissent misérablement toute leur vie.

L'homme trouve en soi l'idée du bonheur et du malheur, et cette idée n'est point fausse ni confuse tant qu'elle demeure générale : il a aussi des idées de petitesse, de grandeur, de bassesse, d'excellence ; il désire le bonheur, il fuit le malheur, il admire l'excellence, il méprise la bassesse.

Mais la corruption du péché, qui le sépare de Dieu, en qui seul il pouvait trouver son véritable bonheur, et à qui seul par conséquent il en devait attacher l'idée, la lui fait joindre à une infinité de choses dans l'amour desquelles il s'est précipité pour y chercher la félicité qu'il avait perdue ; et c'est par là qu'il s'est formé une infinité d'idées fausses et obscures, en se représentant tous les objets de son amour comme étant capables de le rendre heureux, et ceux qui l'en privent comme le rendant misérable. Il a de même perdu par le péché la véritable grandeur et la véritable excellence, et ainsi il est contraint, pour s'aimer, de se représenter à soi-même autre qu'il n'est en effet ; de se cacher ses misères et sa pauvreté, et d'enfermer dans son idée un grand nombre de choses qui en sont entièrement séparées, enfin de la grossir et de l'agrandir ; et voici la suite ordinaire de ces fausses idées.

La première et la principale pente de la concupiscence est vers le plaisir des sens qui naît de certains objets extérieurs ; et comme l'âme s'aperçoit que ce plaisir qu'elle aime lui vient de ces choses, elle y joint incontinent l'idée de bien, et celle de mal à ce qui l'en prive. Ensuite, voyant que les richesses et la puissance humaine sont les moyens ordinaires de se rendre maître de ces objets de la concupiscence, elle commence à les regarder comme de grands biens, et par conséquent elle juge heureux les riches et les grands qui les possèdent, et malheureux les pauvres qui en sont privés.

Or, comme il y a une certaine excellence dans le bonheur, elle ne sépare jamais ces deux idées, et elle regarde toujours comme grands tous ceux qu'elle considère comme heureux, et comme petits ceux qu'elle estime pauvres et malheureux ; et c'est la raison du mépris que l'on fait des pauvres, et de l'estime que l'on fait des riches. Ces jugements sont si injustes et si faux que saint Thomas croit que c'est ce regard d'estime et d'admiration pour les riches qui est condamné si sévèrement par l'apôtre saint Jacques, lorsqu'il défend de donner un siége plus élevé aux riches qu'aux pauvres dans les assemblées ecclésiastiques (*a*) ; car ce passage ne pouvant s'entendre à la lettre d'une défense de rendre certains devoirs extérieurs plutôt aux riches qu'aux pauvres, puisque l'ordre du monde, que la religion ne trouble point, souffre ces préférences, et que les saints même les ont pratiquées, il semble qu'on doive l'entendre de cette préférence intérieure qui fait regarder les pauvres comme sous les pieds des riches, et les riches comme étant infiniment élevés au-dessus des pauvres.

Mais quoique ces idées et les jugements qui en naissent soient faux et déraisonnables, ils sont néanmoins communs à tous les hommes qui ne les ont pas corrigés, parce qu'ils sont produits par la concupiscence dont ils sont tous infectés. Et il arrive de là que l'on ne se forme pas seulement ces idées des riches, mais que l'on sait que les autres ont pour eux les mêmes mouvements d'estime et d'admiration ; de sorte que l'on considère leur état, non-seulement environné de toute la pompe et de toutes les commodités qui y sont jointes, mais aussi de tous ces jugements avantageux que l'on forme des riches, et que l'on connaît par les discours ordinaires des hommes et par sa propre expérience.

C'est proprement ce fantôme, composé de tous les admirateurs des riches et des grands que l'on conçoit environner leur trône, et les regarder avec des sentiments intérieurs de crainte, de respect et d'abaissement, qui fait l'idole des ambitieux, pour lequel ils travaillent toute leur vie et s'exposent à tant de dangers.

Et pour montrer que c'est ce qu'ils recherchent et qu'ils adorent, il ne faut que considérer que s'il n'y avait au monde qu'un homme qui pensât, et que tout le reste de ceux qui auraient la figure humaine ne fussent que des statues automates ; et que de plus ce seul homme raisonnable, sachant parfaitement que toutes

---

(*a*) Chapitre II, verset 3.

ces statues qui lui ressembleraient extérieurement seraient entièrement privées de raison et de pensée, sût néanmoins le secret de les remuer par quelques ressorts, et d'en tirer tous les services que nous tirons des hommes, on peut bien croire qu'il se divertirait quelquefois aux divers mouvements qu'il imprimerait à ces statues ; mais certainement il ne mettrait jamais son plaisir et sa gloire dans les respects extérieurs qu'il se ferait rendre par elles ; il ne serait jamais flatté de leurs révérences, et même il s'en lasserait aussitôt que l'on se lasse des marionnettes ; de sorte qu'il se contenterait ordinairement d'en tirer les services qui lui seraient nécessaires, sans se soucier d'en amasser un plus grand nombre que ce qu'il en aurait besoin pour son usage.

Ce n'est donc pas les simples effets extérieurs de l'obéissance des hommes, séparés de la vue de leurs pensées, qui sont l'objet de l'amour des ambitieux ; ils veulent commander à des hommes et non à des automates, et leur plaisir consiste dans la vue des mouvements de crainte, d'estime et d'admiration qu'ils excitent dans les autres.

C'est ce qui fait voir que l'idée qui les occupe est aussi vaine et aussi peu solide que celle de ceux qu'on appelle proprement hommes vains, qui sont ceux qui se repaissent de louanges, d'acclamations, d'éloges, de titres et des autres choses de cette nature. La seule chose qui les en distingue est la différence des mouvements et des jugements qu'ils se plaisent d'exciter ; car au lieu que les hommes vains ont pour but d'exciter des mouvements d'amour et d'estime pour leur science, leur éloquence, leur esprit, leur adresse, leur bonté ; les ambitieux veulent exciter des mouvements de terreur, de respect et d'abaissement sous leur grandeur, et des idées conformes à ces jugements par lesquels on les regarde comme terribles, élevés, puissants. Ainsi, les uns et les autres mettent leur bonheur dans les pensées d'autrui ; mais les uns choisissent certaines pensées, et les autres d'autres.

Il n'y a rien de plus ordinaire que de voir ces vains fantômes, composés des faux jugements des hommes, donner le branle aux plus grandes entreprises, et servir de principal objet à toute la conduite de la vie des hommes.

Cette valeur, si estimée dans le monde, qui fait que ceux qui passent pour braves se précipitent sans crainte dans les plus grands dangers, n'est souvent qu'un effet de l'application de leur esprit à ces images vides et creuses qui le remplissent. Peu de personnes méprisent sérieusement la vie ; et ceux qui semblent affronter la mort avec tant de hardiesse à une brèche ou dans une bataille, tremblent comme les autres, et souvent plus que les autres, lorsqu'elle les attaque dans leur lit. Mais ce qui produit la générosité qu'ils font paraître en quelques rencontres, c'est qu'ils envisagent d'une part les railleries que l'on fait des lâches, et de l'autre les louanges qu'on donne aux vaillants hommes ; et ce double fantôme les occupant, les détourne de la considération des dangers et de la mort.

C'est par cette raison que ceux qui ont plus sujet de croire que les hommes les regardent, étant plus remplis de la vue de ces jugements, sont plus vaillants et plus généreux. Ainsi les capitaines ont d'ordinaire plus de courage que les soldats, et les gentilshommes que ceux qui ne le sont pas, parce qu'ayant plus d'honneur à perdre et à acquérir, ils en sont aussi plus vivement touchés. Les mêmes travaux, disait un grand capitaine, ne sont pas également pénibles à un général d'armée et à un soldat, parce qu'un général est soutenu par les jugements de toute une armée qui a les yeux sur lui, au lieu qu'un soldat n'a rien qui le soutienne que l'espérance d'une petite récompense et d'une basse réputation de bon soldat, qui ne s'étend pas souvent au-delà de la compagnie.

Qu'est-ce que se proposent ces gens qui bâtissent des maisons superbes beaucoup au-dessus de leur condition et de leur fortune ? Ce n'est pas la simple commodité qu'ils y recherchent ; cette magnificence excessive y nuit plus qu'elle n'y sert, et il est visible aussi que s'ils étaient seuls au monde, ils ne prendraient jamais cette peine, non plus que s'ils croyaient que tous ceux qui verraient leurs maisons n'eussent pour eux que des sentiments de mépris. C'est donc pour des hommes qu'ils travaillent, et pour des hommes qui les approuvent. Ils s'imaginent que tous ceux qui verront leurs palais, concevront des mouvements de respect et d'admiration pour celui qui en est le maître ; et ainsi ils se représentent à eux-mêmes au milieu de leur palais, environnés d'une troupe de gens qui les regardent de bas en haut, et qui les jugent grands, puissants, heureux, magnifiques ; et c'est pour cette idée qui les remplit qu'ils font toutes ces grandes dépenses et prennent toutes ces peines.

Pourquoi croit-on que l'on charge les carrosses de ce grand nombre de laquais ? Ce n'est pas pour le service qu'on en tire, ils incommodent plus qu'ils ne servent ; mais c'est pour exciter en passant, dans ceux qui les voient, l'idée que c'est une personne de grande condition qui passe ; et la vue de cette idée, qu'ils s'imaginent que l'on formera en voyant ces carrosses, satisfait la vanité de ceux à qui ils appartiennent.

Si l'on examine de même tous les états, tous les emplois et toutes les professions qui sont estimés dans le monde, on trouvera que ce qui les rend agréables, et ce qui soulage les peines et les fatigues qui les accompagnent, est qu'ils présentent souvent à l'esprit des mouvements de respect, d'estime, de crainte, d'admiration que les autres ont pour nous.

Ce qui rend au contraire la solitude ennuyeuse, à la plupart du monde, est que, les séparant de la vue des hommes, elle les sépare aussi de celle de leurs jugements et de leurs pensées. Ainsi, leur cœur demeure vide et affamé, étant privé de cette nourriture ordinaire, et ne trouvant pas dans soi-même de quoi se remplir. Et c'est pourquoi les philosophes païens ont jugé la vie solitaire si insupportable, qu'ils n'ont pas craint de dire que leur Sage ne voudrait pas posséder tous les biens du corps et de l'esprit, à condition de vivre toujours seul et de ne parler de son bonheur avec personne. Il n'y a que la religion chrétienne qui ait pu rendre la solitude agréable, parce que, portant les hommes à mépriser ces vaines idées, elle leur donne en même temps d'autres objets plus capables d'occuper l'esprit, et plus dignes de remplir le cœur pour lesquels ils n'ont point besoin de la vue et du commerce des hommes.

Mais il faut remarquer que l'amour des hommes ne se termine pas proprement à connaître les pensées et les sentiments des autres ; mais qu'ils s'en servent seulement pour agrandir et pour rehausser l'idée qu'ils ont d'eux-mêmes, en y joignant et incorporant toutes ces idées étrangères, et s'imaginant, par une illusion grossière, qu'ils sont réellement plus grands, parce qu'ils sont dans une plus grande maison, et qu'il y a plus de gens qui les admirent, quoique toutes ces choses qui sont hors d'eux, et toutes ces pensées des autres hommes, ne mettant rien en eux, les laissent aussi pauvres et aussi misérables qu'ils étaient auparavant.

On peut découvrir par là ce qui rend agréable aux hommes plusieurs choses qui semblent n'avoir rien d'elles-mêmes qui soit capable de les divertir et de leur plaire ; car la raison du plaisir qu'ils y prennent, est que l'idée d'eux-mêmes se représente à eux plus grande qu'à l'ordinaire par quelque vaine circonstance que l'on y joint.

On prend plaisir à parler des dangers que l'on a courus, parce qu'on se forme sur ces accidents une idée qui nous représente à nous-mêmes, ou comme prudents, ou comme favorisés particulièrement de Dieu. On aime à parler des maladies dont on est guéri, parce qu'on se représente à soi-même comme ayant beaucoup de force pour résister aux grands maux.

On désire remporter l'avantage en toutes choses, et même dans les jeux de hasard, où il n'y a nulle adresse, lors même qu'on ne joue pas pour le gain, parce que l'on joint à son idée celle d'heureux : il semble que la fortune ait fait choix de nous, et qu'elle nous ait favorisés comme ayant égard à notre mérite. On conçoit même ce bonheur prétendu comme une qualité permanente qui donne droit d'espérer à l'avenir le même succès; et c'est pourquoi il y en a que les joueurs choisissent, et avec qui ils aiment mieux se lier qu'avec d'autres, ce qui est entièrement ridicule ; car on peut bien dire qu'un homme a été heureux jusqu'à un certain moment ; mais pour le moment suivant, il n'y a nulle probabilité plus grande qu'il le soit, que ceux qui ont été les plus malheureux.

Ainsi, l'esprit de ceux qui n'aiment que le monde n'a pour objet en effet que de vains fantômes qui l'amusent et l'occupent misérablement, et ceux qui passent pour les plus sages ne se repaissent, aussi bien que les autres, que d'illusions et de songes. Il n'y a que ceux qui rapportent leur vie et leurs actions aux choses éternelles, que l'on puisse dire avoir un objet solide, réel et subsistant, étant vrai à l'égard de tous les autres qu'ils aiment la vanité et le néant, et qu'ils courent après la fausseté et le mensonge.

CHAPITRE XI.

D'une autre cause qui met de la confusion dans nos pensées et dans nos discours, qui est que nous les attachons à des mots.

Nous avons déjà dit que la nécessité que nous avons d'user de signes extérieurs pour nous faire entendre, fait que nous attachons tellement nos idées aux mots, que souvent nous considérons plus les mots que les choses. Or, c'est une des causes les plus ordinaires de la confusion de nos pensées et de nos discours.

Car il faut remarquer que, quoique les hommes aient souvent de différentes idées des mêmes choses, ils se servent néanmoins des mêmes mots pour les exprimer, comme l'idée qu'un philosophe païen a de la vertu, n'est pas la même que celle qu'en a un théologien, et néanmoins chacun exprime son idée par le même mot de vertu.

De plus, les mêmes hommes en différents âges ont considéré les mêmes choses en des manières très différentes, et néanmoins ils ont toujours rassemblé toutes ces idées sous un même nom : ce qui fait que, prononçant ce mot, ou l'entendant prononcer, on se brouille facilement, le prenant tantôt selon une idée, tantôt selon l'autre. Par exemple, l'homme ayant reconnu qu'il y avait en lui que'que chose, quoi que ce fût, qui faisait qu'il se nourrissait et qu'il croissait, a appelé cela *âme*, et a étendu cette idée à ce qui est de semblable, non-seulement dans les animaux, mais même dans les plantes. Et ayant vu encore qu'il pensait, il a encore appelé du nom d'*âme* ce qui était en lui le principe de la pensée; d'où il est arrivé que, par cette ressemblance de nom, il a pris pour la même chose ce qui pensait et ce qui faisait que le corps se nourrissait et croissait. De même on a étendu également le mot de vie à ce qui est cause des opérations des animaux, et à ce qui nous fait penser, qui sont deux choses absolument différentes.

Il y a de même beaucoup d'équivoques dans les mots de *sens* et de *sentiments*, lors même qu'on ne prend ces mots que pour quelqu'un des cinq sens corporels; car il se passe ordinairement trois choses en nous lorsque nous usons de nos sens, comme lorsque nous voyons quelque chose. La première, est qu'il se fait de certains mouvements dans les organes corporels, comme dans l'œil et dans le cerveau; la seconde, que ces mouvements donnent occasion à notre âme de concevoir quelque chose, comme lorsqu'ensuite du mouvement qui se fait dans notre œil par la réflexion de la lumière dans des gouttes de pluie opposées au soleil, elle a des idées du rouge, du bleu et de l'orangé; la troisième est le jugement que nous faisons de ce que nous voyons, comme de l'arc-en-ciel, à qui nous attribuons ces couleurs, et que nous concevons d'une certaine grandeur, d'une certaine figure et en une certaine distance. La première de ces trois choses est uniquement dans notre corps, les deux autres sont seulement en notre âme, quoiqu'à l'occasion de ce qui se passe dans notre corps; et néanmoins nous comprenons toutes les trois, quoique si différentes, sous le même nom de *sens* et de *sentiment*, ou de *vue*, d'*ouïe*, etc. Car quand on dit que l'œil voit, que l'oreille ouït, cela ne peut s'entendre que selon le mouvement de l'organe corporel, étant bien clair que l'œil n'a aucune perception des objets qui le frappent, et que ce n'est pas lui qui en juge. On dit au contraire qu'on n'a pas vu une personne qui s'est présentée devant nous, et qui nous a frappé les yeux, lorsque nous n'y avons pas fait réflexion. Et alors on prend le mot de *voir* pour la pensée qui se forme en notre âme, ensuite de ce qui se passe dans notre œil et dans notre cerveau; et selon cette signification du mot de voir, c'est l'âme qui voit et non pas le corps, comme Platon le soutient, et Cicéron après lui, par ces paroles : *Nos enim ne nunc quidem oculis cernimus ea quæ videmus. Neque enim est ullus sensus in corpore. Viæ quasi quædam sunt ad oculos, ad aures, ad nares, à sede animi perforatæ. Itaque sæpè aut cogitatione aut aliquâ vi morbi impediti, apertis atque integris et oculis et auribus, nec videmus, nec audimus; ut facilè intelligi possit, animum et videre et audire, non eas partes quæ quasi fenestræ sunt animi* [19]. Enfin, on prend les mots des sens, de la vue, de l'ouïe, etc., pour la dernière de ces trois choses, c'est-à-dire pour les jugements que notre âme fait ensuite des perceptions qu'elle a eues à l'occasion de ce qui s'est passé dans les organes corporels, lorsque l'on dit que les sens se trompent, comme quand ils voient dans l'eau un bâton courbé, et que le soleil ne nous paraît que de deux pieds de diamètre. Car il est certain qu'il ne peut y avoir d'erreur ou de fausseté ni en tout ce qui se passe dans l'organe corporel, ni dans la seule perception de notre âme, qui n'est qu'une simple appréhension ; mais que toute l'erreur ne vient que de ce que nous jugeons mal, en concluant, par exemple, que le soleil n'a que deux pieds de diamètre, parce que sa grande distance fait que l'image qui s'en forme dans le fond de notre œil est à peu près de la même grandeur que celle qu'y formerait un objet de deux pieds à une certaine distance plus proportionnée à notre manière ordinaire de voir. Mais parce que nous avons fait ce jugement dès l'enfance, et que nous y sommes tellement accoutumés qu'il se fait au même instant que nous voyons le soleil, sans presque aucune réflexion, nous l'attribuons à la vue, et nous disons que nous voyons les objets petits ou grands, selon qu'ils sont plus proches et plus éloignés de nous, quoique ce soit notre esprit, et non notre œil qui juge de leur petitesse et de leur grandeur.

Toutes les langues sont pleines d'une infinité de mots semblables, qui, n'ayant qu'un même son, sont néanmoins signes d'idées entièrement différentes.

Mais il faut remarquer que quand un nom équivoque signifie deux choses qui n'ont nul rapport entre elles, et que les hommes n'ont jamais confondues dans leur pensée, il est presque impossible alors qu'on s'y trompe, et qu'il soit cause d'aucune erreur; comme on ne se trompera pas, si l'on a un peu de sens commun, par l'équivoque du mot *bélier*, qui signifie un animal, et un signe du zodiaque. Au lieu que quand l'équivoque est venue de l'erreur même des hommes, qui ont confondu par méprise des idées différentes, comme dans le mot d'âme, il est difficile de s'en détromper, parce qu'on suppose que ceux qui se sont les premiers servis de ces mots, les ont bien entendus ; et ainsi nous nous contentons souvent de les prononcer, sans examiner jamais si l'idée que nous en avons est claire et distincte ; et nous attribuons même à ce que nous nommons d'un même nom ce qui ne convient qu'à des idées de choses incompatibles, sans nous apercevoir que cela ne vient que de ce que nous avons confondu deux choses différentes sous un même nom [20].

CHAPITRE XII.

Du remède à la confusion qui naît dans nos pensées et dans nos discours de la confusion des mots ; où il est parlé de la nécessité et de l'utilité de définir les noms dont on se sert, et de la différence de la définition des choses d'avec la définition des noms.

Le meilleur moyen pour éviter la confusion des mots qui se rencontrent dans les langues ordinaires, est de faire une nouvelle langue et de nouveaux mots, qui ne soient attachés qu'aux idées que nous voulons qu'ils représentent : mais, pour cela, il n'est pas nécessaire de faire de nouveaux sons, parce qu'on peut se servir de ceux qui sont déjà en usage, en les regardant comme s'ils n'avaient aucune signification, pour leur donner celle que nous voulons qu'ils aient, en désignant par d'autres mots simples, et qui ne soient point équivoques, l'idée à laquelle nous voulons les appliquer : comme si je veux prouver que notre âme est immortelle, le mot d'âme étant équivoque, comme nous l'avons montré, fera naître aisément de la confusion dans ce que j'aurai à dire : de sorte que pour l'éviter, je regarderai le mot d'âme comme si c'était un son qui n'eût point encore de sens, et je l'appliquerai uniquement à ce qui est en nous le principe de la pensée, en disant : *J'appelle âme ce qui est en nous le principe de la pensée.*

C'est ce qu'on appelle la définition du mot, *definitio nominis*, dont les géomètres se servent si utilement, laquelle il faut bien distinguer de la définition de la chose, *definitio rei*.

Car dans la définition de la chose, comme peut être celle-ci : *L'homme est un animal raisonnable, le temps est la mesure du mouvement,* on laisse au terme qu'on définit, comme *homme* ou *temps,* son idée ordinaire, dans laquelle on prétend que sont contenues d'autres idées, comme *animal raisonnable*, ou *mesure du mouvement;* au lieu que dans la définition du nom, comme nous avons déjà dit, on ne regarde que le son, et ensuite on détermine ce son à être signe d'une idée que l'on désigne par d'autres mots.

Il faut aussi prendre garde de ne pas confondre la définition de nom dont nous parlons ici, avec celle dont parlent quelques philosophes, qui entendent par là l'explication de ce qu'un mot signifie selon l'usage ordinaire d'une langue, ou selon son étymologie : c'est de quoi nous pourrons parler en un autre endroit ; mais ici, on ne regarde, au contraire, que l'usage particulier auquel celui qui définit un mot veut qu'on le prenne pour bien concevoir sa pensée, sans se mettre en peine si les autres le prennent dans le même sens.

Et de là il s'ensuit premièrement, que les définitions de noms sont arbitraires, et que celles des choses ne le sont point ; car chaque son étant indifférent de soi-même et par sa nature à signifier toutes sortes d'idées, il m'est permis, pour mon usage particulier, et pourvu que j'en avertisse les autres, de déterminer un son à signifier précisément une certaine chose, sans mélange d'aucune autre ; mais il en est tout autrement de la définition des choses : car il ne dépend point de la volonté des hommes que les idées comprennent ce qu'ils voudraient qu'elles comprissent ; de sorte que si, en voulant les définir, nous attribuons à ces idées quelque chose qu'elles ne contiennent pas, nous tombons nécessairement dans l'erreur.

Ainsi, pour donner un exemple de l'un et de l'autre, si, dépouillant le mot *parallélogramme* de toute signification, je l'applique à signifier un triangle, cela m'est permis, et je ne commets en cela aucune erreur, pourvu que je ne le prenne qu'en cette sorte : et je pourrai dire alors que le parallélogramme a trois angles égaux à deux droits ; mais si, laissant à ce mot sa signification et son idée ordinaire, qui est de signifier une figure dont les côtés sont parallèles, je venais à dire que le parallélogramme est une figure à trois lignes, parce que ce serait alors une définition de choses, elle serait très fausse, étant impossible qu'une figure à trois lignes ait ses côtés parallèles.

Il s'ensuit, en second lieu, que les définitions des noms ne peuvent pas être contestées par cela même qu'elles sont arbitraires ; car vous ne pouvez pas nier qu'un homme n'ait donné à un son la signification qu'il dit lui avoir donnée, ni qu'il n'ait cette signification dans l'usage qu'en fait cet homme, après nous en avoir avertis; mais pour les définitions des choses, on a souvent droit de les contester, puisqu'elles peuvent être fausses, comme nous l'avons montré.

Il s'ensuit troisièmement, que toute définition de nom ne pouvant être contestée, peut être prise pour principe, au lieu que les définitions des choses ne peuvent point du tout être prises pour principes, et sont de véritables propositions qui peuvent être niées par ceux qui y trouveront quelque obscurité, et par conséquent elles ont besoin d'être prouvées comme d'autres propositions, et ne doivent pas être supposées, à moins qu'elles ne fussent claires d'elles-mêmes comme des axiomes.

Néanmoins ce que je viens de dire, que la définition du nom peut être prise pour principe, a besoin d'explication; car cela n'est vrai qu'à cause que l'on ne doit pas contester que l'idée qu'on a désignée ne puisse être appelée du nom qu'on lui a donné; mais on n'en doit rien conclure à l'avantage de cette idée, ni croire pour cela seul qu'on lui a donné un nom, qu'elle signifie quelque chose de réel. Car, par exemple, je puis définir le mot de *chimère* en disant: J'appelle chimère ce qui implique contradiction; et cependant, il ne s'ensuivra pas de là que la chimère soit quelque chose. De même, si un philosophe me dit: J'appelle pesanteur le principe intérieur qui fait qu'une pierre tombe sans que rien la pousse, je ne contesterai pas cette définition, au contraire, je la recevrai volontiers, parce qu'elle me fait entendre ce qu'il veut dire; mais je lui nierai que ce qu'il entend par ce mot pesanteur soit quelque chose de réel, parce qu'il n'y a point de tel principe dans les pierres.

J'ai voulu expliquer ceci un peu au long, parce qu'il y a deux grands abus qui se commettent sur ce sujet dans la philosophie commune. Le premier est de confondre la définition de la chose avec la définition du nom, et d'attribuer à la première ce qui ne convient qu'à la dernière; car, ayant fait à leur fantaisie cent définitions, non de nom, mais de chose, qui sont très fausses, et qui n'expliquent point du tout la vraie nature des choses ni les idées que nous en avons naturellement, ils veulent ensuite que l'on considère ces définitions comme des principes que personne ne peut contredire; et, si quelqu'un les leur nie, comme elles sont très niables, ils prétendent qu'on ne mérite pas de disputer avec eux.

Le second abus est que, ne se servant presque jamais de définitions de noms, pour en ôter l'obscurité et les fixer à de certaines idées désignées clairement, ils les laissent dans leur confusion : d'où il arrive que la plupart de leurs disputes ne sont que des disputes de mots ; et, de plus, qu'ils se servent de ce qu'il y a de clair et de vrai dans les idées confuses, pour établir ce qu'elles ont d'obscur et de faux ; ce qui se reconnaîtrait facilement si on avait défini les noms. Ainsi, les philosophes croient d'ordinaire que la chose du monde la plus claire est, que le feu est chaud, et qu'une pierre est pesante, et que ce serait une folie de le nier, et en effet, ils le persuaderont à tout le monde, tant qu'on n'aura point défini les noms : mais, en les définissant, on découvrira aisément si ce qu'on leur niera sur ce sujet est clair ou obscur ; car il leur faut demander ce qu'ils entendent par le mot de chaud et par le mot de pesant. Que s'ils répondent que, par chaud, ils entendent seulement ce qui est propre à causer en nous le sentiment de la chaleur, et par pesant, ce qui tombe en bas, n'étant point soutenu, ils ont raison de dire qu'il faut être déraisonnable pour nier que le feu soit chaud, et qu'une pierre soit pesante : mais, s'ils entendent par chaud ce qui a en soi une qualité semblable à ce que nous nous imaginons quand nous sentons de la chaleur, et par pesant ce qui a en soi un principe intérieur qui le fait aller vers le centre, sans être poussé par quoi que ce soit, il sera facile alors de leur montrer que ce n'est point leur nier une chose claire, mais très obscure, pour ne pas dire très fausse, que de leur nier qu'en ce sens le feu soit chaud, et qu'une pierre soit pesante ; parce qu'il est bien clair que le feu nous fait avoir le sentiment de la chaleur par l'impression qu'il fait sur notre corps ; mais il n'est nullement clair que le feu ait rien en lui qui soit semblable à ce que nous sentons quand nous sommes auprès du feu : et il est de même fort clair qu'une pierre descend en bas quand on la laisse ; mais il n'est nullement clair qu'elle y descende d'elle-même, sans que rien la pousse en bas [21].

Voilà donc la grande utilité de la définition des noms, de faire comprendre nettement de quoi il s'agit, afin de ne pas disputer inutilement sur des mots, que l'un entend d'une façon, et l'autre de l'autre, comme on fait si souvent, même dans les discours ordinaires.

Mais, outre cette utilité, il y en a encore une autre ; c'est qu'on ne peut souvent avoir une idée distincte d'une chose, qu'en y employant beaucoup de mots pour la désigner : or, il serait importun, surtout dans les livres de science, de répéter toujours cette grande suite de mots. C'est pourquoi, ayant fait comprendre la chose par tous ces mots, on attache à un seul mot l'idée qu'on a conçue, et ce mot tient lieu de tous les autres. Ainsi, ayant compris qu'il y a des nombres qui sont divisibles en deux également, pour éviter de répéter souvent tous ces termes, on donne un nom à cette propriété, en disant : J'appelle tout nombre qui est divisible en deux également, nombre pair : cela fait voir que toutes les fois qu'on se sert du mot qu'on a défini, il faut substituer mentalement la définition en la place du défini, et avoir cette définition si présente, qu'aussitôt qu'on nomme, par exemple, le nombre pair, on entende précisément que c'est celui qui est divisible en deux également, et que ces deux choses soient tellement jointes et inséparables dans la pensée, qu'aussitôt que le discours en exprime l'une, l'esprit y attache immédiatement l'autre. Car ceux qui définissent les termes, comme font les géomètres, avec tant de soin, ne le font que pour abréger le discours, que de si fréquentes circonlocutions rendraient ennuyeux. *Ne assiduè circumloquendo moras faciamus*, comme dit saint Augustin ; mais ils ne le font pas pour abréger les idées des choses dont ils discourent, parce qu'ils prétendent que l'esprit suppléera la définition entière aux termes courts, qu'ils n'emploient que pour éviter l'embarras que la multitude des paroles apporterait.

CHAPITRE XIII.

Observations importantes touchant la définition des noms.

Après avoir expliqué ce que c'est que les définitions des noms, et combien elles sont utiles et nécessaires, il est important de faire quelques observations sur la manière de s'en servir, afin de ne pas en abuser.

La première est, qu'il ne faut pas entreprendre de définir tous les mots, parce que souvent cela serait inutile, et qu'il est même impossible de le faire. Je dis qu'il serait souvent inutile de définir de certains noms ; car, lorsque l'idée que les hommes ont de quelque chose est distincte, et que tous ceux qui entendent une langue forment la même idée en entendant prononcer un mot, il serait inutile de le définir, puisqu'on a déjà la fin de la définition, qui est que le mot soit attaché à une idée claire et distincte. C'est ce qui arrive dans les choses fort simples dont tous les hommes ont naturellement la même idée ; de sorte que les mots par lesquels on les signifie sont entendus de la même sorte par tous ceux qui s'en servent, ou, s'ils y mêlent quelquefois quelque chose d'obscur, leur principale attention néanmoins va toujours à ce qu'il y a de clair ; et ainsi ceux qui ne s'en servent que pour en marquer l'idée claire, n'ont pas sujet de craindre qu'ils ne soient pas entendus. Tels sont les mots d'*être*, de *pensée*, d'*étendue*, d'*égalité*, de *durée* ou de *temps*, et autres semblables. Car, encore que quelques-uns obscurcissent l'idée du temps par diverses propositions qu'ils en forment, et qu'ils appellent définitions, comme que le temps est la mesure du mouvement selon l'antériorité et la postériorité, néanmoins ils ne s'arrêtent pas eux-mêmes à cette définition, quand ils entendent parler du temps, et n'en conçoivent autre chose que ce que naturellement tous les autres en conçoivent : et ainsi les savants et les ignorants entendent la même chose, et avec la même facilité, quand on leur dit qu'un cheval est moins de temps à faire une lieue qu'une tortue.

Je dis de plus qu'il serait impossible de définir tous les mots ; car, pour définir un mot, on a nécessairement besoin d'autres mots qui désignent l'idée à laquelle on veut attacher ce mot ; et, si l'on voulait aussi définir les mots dont on se serait servi pour l'explication de celui-là, on en aurait encore besoin d'autres, et ainsi à l'infini. Il faut donc nécessairement s'arrêter à des termes primitifs qu'on ne définisse point ; et ce serait un aussi grand défaut de vouloir trop définir, que de ne pas assez définir, parce que, par l'un et par l'autre, on tomberait dans la confusion que l'on prétend éviter [22].

La seconde observation est qu'il ne faut point changer les définitions déjà reçues, quand on n'a point sujet d'y trouver à redire ; car il est toujours plus facile de faire entendre un mot, lorsque l'usage déjà reçu, au moins parmi les savants, l'a attaché à une idée, que lorsqu'il l'y faut attacher de nouveau, et le détacher de quelque autre idée avec laquelle on a accoutumé de le joindre. C'est pourquoi ce serait une faute de changer les définitions reçues par les mathématiciens, si ce n'est qu'il y en eût quelqu'une d'embrouillée, et dont l'idée n'aurait pas été désignée assez nettement, comme peut être celle de l'angle et de la proportion dans Euclide.

La troisième observation est que, quand on est obligé de définir un mot, on doit, autant que l'on peut, s'accommoder à l'usage, en ne donnant pas aux mots des sens tout-à-fait éloignés de ceux qu'ils ont, et qui pourraient même être contraires à leur étymologie, comme qui dirait : J'appelle parallélogramme une figure terminée par trois lignes ; mais se contentant pour l'ordinaire de dépouiller les mots qui ont deux sens, de l'un de ces sens, pour l'attacher uniquement à l'autre. Comme la chaleur signifiant, dans l'usage commun, et le sentiment que nous avons, et une qualité que nous nous imaginons dans le feu tout-à-fait semblable à ce que nous sentons ; pour éviter cette ambiguïté, je puis me servir du nom de chaleur, en l'appliquant à l'une de ces idées, et le détachant de l'autre ; comme si je dis : J'appelle chaleur le sentiment que j'ai quand je m'approche du feu, et donnant à la cause de ce sentiment, ou un nom tout-à-fait différent, comme serait celui d'ardeur, ou ce même nom, avec quelque addition qui le détermine et qui le distingue de chaleur prise pour le sentiment, comme qui dirait la chaleur virtuelle.

La raison de cette observation est que les hommes, ayant une fois attaché une idée à un mot, ne s'en défont pas facilement ; et ainsi leur ancienne idée revenant toujours, leur fait aisément oublier la nouvelle que vous voulez leur donner en définissant ce mot ; de sorte qu'il serait plus facile de les accoutumer à un mot qui ne signifierait rien du tout, comme qui dirait : J'appelle *bara* une figure terminée par trois lignes, que de les accoutumer à dépouiller le mot de *parallélogramme* de l'idée d'une figure dont les côtés opposés sont parallèles, pour lui faire signifier une figure dont les côtés ne peuvent être parallèles.

C'est un défaut dans lequel sont tombés tous les chimistes, qui ont pris plaisir de changer les noms à la plupart des choses dont ils parlent, sans aucune utilité, et de leur en donner qui signifient déjà d'autres choses qui n'ont nul véritable rapport avec les nouvelles idées auxquelles ils les lient. Ce qui donne même lieu à quelques-uns de faire des raisonnements ridicules, comme est celui d'une personne qui, s'imaginant que la peste était un mal saturnien, prétendait qu'on avait guéri des pestiférés en leur pendant au col un morceau de plomb, que les chimistes appellent Saturne, sur lequel on avait gravé un jour de samedi, qui porte aussi le nom de Saturne, la figure dont les astronomes se servent pour marquer cette planète ; comme si des rapports arbitraires et sans raison entre le plomb et la planète de Saturne, et entre cette même planète et le jour du samedi, et la petite marque dont on la désigne, pouvaient avoir des effets réels, et guérir effectivement des maladies.

Mais ce qu'il y a de plus insupportable dans ce langage des chimistes, est la profanation qu'ils font des plus sacrés mystères de la religion pour servir de voile à leurs prétendus secrets, jusque-là même qu'il y en a qui ont passé jusqu'à ce point d'impiété, que d'appliquer ce que l'Écriture dit des vrais chrétiens, qu'ils sont la race choisie, le sacerdoce royal, la nation sainte, le peuple que Dieu s'est acquis, et qu'il a appelé des ténèbres à son admirable lumière, à la chimérique confrérie des Rosecroix [23], qui sont, selon eux, des sages qui sont parvenus à l'immortalité bienheureuse, ayant trouvé le moyen, par la pierre philosophale, de fixer leur âme dans leur corps, d'autant, disent-ils, qu'il n'y a point de corps plus fixe et plus incorruptible que l'or. On peut voir ces rêveries et beaucoup d'autres semblables, dans l'examen qu'a fait Gassendi de la philosophie de Flud [24], qui font voir qu'il n'y a guère de plus mauvais caractère d'esprit, que celui de ces écrivains énigmatiques qui s'imaginent que les pensées les moins solides, pour ne pas dire les plus fausses et les plus impies, passeront pour de grands mystères, étant revêtues des manières de parler inintelligibles au commun des hommes.

CHAPITRE XIV.

D'une autre sorte de définition de noms, par lesquels on marque ce qu'ils signifient dans l'usage.

Tout ce que nous avons dit des définitions de noms ne doit s'entendre que de celles où l'on définit les mots dont on se sert en **particulier**; et c'est ce qui les rend libres et arbitraires, parce qu'il **est permis** à chacun de se servir de tel son qu'il lui plaît pour exprimer ses idées, pourvu qu'il en avertisse. Mais, comme les hommes ne sont maîtres que de leur langage, et non pas de celui des autres, chacun a le droit de faire un dictionnaire pour soi; mais on n'a pas droit d'en faire pour les autres, ni d'expliquer leurs paroles par ces significations particulières qu'on aura attachées aux mots. C'est pourquoi, quand on n'a pas dessein de faire connaître simplement en quel sens on prend un mot, mais qu'on prétend expliquer celui auquel il est communément pris, les définitions qu'on en donne ne sont nullement arbitraires, mais elles sont liées et astreintes à représenter, non la vérité des choses, mais la vérité de l'usage; et on doit les estimer fausses, si elles n'expriment pas véritablement cet usage, c'est-à-dire si elles ne joignent pas aux sons les mêmes idées qui y sont jointes par l'usage ordinaire de ceux qui s'en servent; et c'est ce qui fait voir aussi que ces définitions ne sont nullement exemptes d'être contestées, puisque l'on dispute tous les jours de la signification que l'usage donne aux termes.

Or, quoique ces sortes de définitions de mots semblent être le **partage** des grammairiens, puisque ce sont celles qui composent **les dictionnaires**, qui ne sont autre chose que l'explication des **idées** que les hommes sont convenus de lier à certains sons, néanmoins l'on peut faire sur ce sujet plusieurs réflexions très importantes pour l'exactitude de nos jugements.

La première, qui sert de fondement aux autres, est que les hommes ne considèrent pas souvent toute la signification des mots, c'est-à-dire que les mots signifient souvent plus qu'il ne semble, et que, lorsqu'on en veut expliquer la signification, on ne représente pas toute l'impression qu'ils font dans l'esprit.

Car, signifier dans un son prononcé ou écrit, n'est autre chose qu'exciter une idée liée à ce son dans notre esprit, en frappant nos oreilles ou nos yeux. Or, il arrive souvent qu'un mot, outre l'idée principale que l'on regarde comme la signification propre de ce mot, excite plusieurs autres idées qu'on peut appeler accessoires, auxquelles on ne prend pas garde, quoique l'esprit en reçoive l'impression.

Par exemple, si l'on dit à une personne : Vous en avez menti, et que l'on ne regarde que la signification principale de cette expression, c'est la même chose que si on lui disait : Vous savez le contraire de ce que vous dites ; mais, outre cette signification principale, ces paroles emportent dans l'usage une idée de mépris et d'outrage, et elles font croire que celui qui nous les dit ne se soucie pas de nous faire injure, ce qui les rend injurieuses et offensantes.

Quelquefois ces idées accessoires ne sont pas attachées aux mots par un usage commun, mais elles y sont seulement jointes par celui qui s'en sert ; et ce sont proprement celles qui sont excitées par le ton de la voix, par l'air du visage, par les gestes, et par les autres signes naturels qui attachent à nos paroles une infinité d'idées, qui en diversifient, changent, diminuent, augmentent la signification, en y joignant l'image des mouvements, des jugements et des opinions de celui qui parle.

C'est pourquoi, si celui qui disait qu'il fallait prendre la mesure du ton de sa voix, des oreilles de celui qui écoute, voulait dire qu'il suffit de parler assez haut pour se faire entendre, il ignorait une partie de l'usage de la voix, le ton signifiant souvent autant que les paroles mêmes. Il y a voix pour instruire, voix pour flatter, voix pour reprendre ; souvent on ne veut pas seulement qu'elle arrive jusqu'aux oreilles de celui à qui l'on parle, mais on veut qu'elle le frappe et qu'elle le perce ; et personne ne trouverait bon qu'un laquais, que l'on reprend un peu fortement, répondît : Monsieur, parlez plus bas, je vous entends bien ; parce que le ton fait partie de la réprimande, et est nécessaire pour former dans l'esprit l'idée que l'on veut y imprimer.

Mais quelquefois ces idées accessoires sont attachées aux mots mêmes, parce qu'elles s'excitent ordinairement par tous ceux qui les prononcent ; et c'est ce qui fait qu'entre des expressions qui semblent signifier la même chose, les unes sont injurieuses, les autres douces ; les unes modestes, les autres impudentes ; les unes honnêtes, et les autres déshonnêtes ; parce qu'outre cette idée principale en quoi elles conviennent, les hommes y ont attaché d'autres idées, qui sont cause de cette diversité.

Cette remarque peut servir à découvrir une injustice assez ordinaire à ceux qui se plaignent des reproches qu'on leur a faits, qui est de changer les substantifs en adjectifs ; de sorte que, si on les a accusés d'ignorance ou d'imposture, ils disent qu'on les a appelés ignorants ou imposteurs ; ce qui n'est pas raisonnable, ces mots ne signifiant pas la même chose ; car les mots adjectifs d'ignorant ou imposteur, outre la signification du défaut qu'ils marquent, enferment encore l'idée du mépris ; au lieu que ceux d'ignorance et d'imposture marquent la chose telle qu'elle est, sans l'aigrir ni l'adoucir. L'on en pourrait trouver d'autres qui signifieraient la même chose d'une manière qui enfermerait de plus une idée adoucissante et qui témoignerait qu'on désire épargner celui à qui l'on fait ces reproches ; et ce sont ces manières que choisissent les personnes sages et modérées, à moins qu'elles n'aient quelque raison particulière d'agir avec plus de force.

C'est encore par là qu'on peut reconnaître la différence du style simple et du style figuré, et pourquoi les mêmes pensées nous paraissent beaucoup plus vives quand elles sont exprimées par une figure, que si elles étaient renfermées dans des expressions toutes simples, car cela vient de ce que les expressions figurées signifient, outre la chose principale, le mouvement et la passion de celui qui parle, et impriment ainsi l'une et l'autre idée dans l'esprit ; au lieu que l'expression simple ne marque que la vérité toute nue.

Par exemple, si ce demi-vers de Virgile :

Usque adeòne mori miserum est ?

était exprimé simplement et sans figure, de cette sorte : *Non est usque adeò mori miserum,* il est sans doute qu'il aurait beaucoup moins de force ; et la raison en est, que la première expression signifie beaucoup plus que la seconde ; car elle n'exprime pas seulement cette pensée, que la mort n'est pas un si grand mal que l'on croit ; mais elle représente de plus l'idée d'un homme qui se raidit contre la mort, et qui l'envisage sans effroi, image beaucoup plus vive que n'est la pensée même à laquelle elle est jointe. Ainsi, il n'est pas étrange qu'elle frappe davantage, parce que l'âme s'instruit par les images des vérités; mais elle ne s'émeut guère que par l'image des mouvements.

Si vis me flere, dolendum est
Primùm ipsi tibi.

Mais, comme le style figuré signifie ordinairement, avec les choses, les mouvements que nous ressentons en les concevant et en parlant, on peut juger par là de l'usage que l'on en doit faire et quels sont les sujets auxquels il est propre. Il est visible qu'il est ridicule de s'en servir dans les matières purement spéculatives, que l'on regarde d'un œil tranquille, et qui ne produisent aucun mouvement dans l'esprit; car, puisque les figures expriment les mouvements de notre âme, celles que l'on mêle en des sujets où l'âme ne s'émeut point sont des mouvements contre la nature, et des espèces de convulsions. C'est pourquoi il n'y a rien de moins agréable que certains prédicateurs qui s'écrient indifféremment sur tout, et qui ne s'agitent pas moins sur des raisonnements philosophiques que sur les vérités les plus étonnantes et les plus nécessaires pour le salut.

Et, au contraire, lorsque la matière que l'on traite est telle qu'elle doit raisonnablement nous toucher, c'est un défaut d'en parler d'une manière sèche, froide et sans mouvement, parce que c'est un défaut de n'être pas touché de ce qui doit nous toucher.

Ainsi, les vérités divines n'étant pas proposées simplement pour être connues, mais beaucoup plus pour être aimées, révérées et adorées par les hommes, il est sans doute que la manière noble, élevée et figurée dont les saints Pères les ont traitées leur est bien plus proportionnée qu'un style simple et sans figure, comme celui des scolastiques, puisqu'elle ne nous enseigne pas seulement ces vérités, mais qu'elle nous représente aussi les sentiments d'amour et de révérence avec lesquels les Pères en ont parlé, et que, portant ainsi dans notre esprit l'image de cette sainte disposition, elle peut beaucoup contribuer à y en imprimer une semblable; au lieu que le style scolastique étant simple, et ne contenant que les idées de la vérité toute nue, est moins capable de produire dans l'âme les mouvements de respect et d'amour que l'on doit avoir pour les vérités chrétiennes; ce qui le rend en ce point, non-seulement moins utile, mais aussi moins agréable, le plaisir de l'âme consistant plus à sentir des mouvements qu'à acquérir des connaissances.

Enfin, c'est par cette même remarque qu'on peut résoudre cette question célèbre entre les anciens philosophes : s'il y a des mots déshonnêtes, et que l'on peut réfuter les raisons des Stoïciens, qui voulaient qu'on pût se servir indifféremment des expressions qui sont estimées ordinairement infâmes et impudentes.

Ils prétendent, dit Cicéron, dans une lettre qu'il a faite sur ce sujet, qu'il n'y a point de paroles sales ni honteuses ; car, ou l'infamie (disent-ils) vient des choses, ou elle est dans les paroles ; elle ne vient pas simplement des choses, puisqu'il est permis de les exprimer en d'autres paroles qui ne passent point pour déshonnêtes ; elle n'est pas aussi dans les paroles, considérées comme sons, puisqu'il arrive souvent, comme Cicéron le montre, qu'un même son signifiant diverses choses, et étant estimé déshonnête dans une signification, ne l'est point en un autre [25].

Mais tout cela n'est qu'une vaine subtilité qui ne naît que de ce que ces philosophes n'ont pas assez considéré ces idées accessoires que l'esprit joint aux idées principales des choses ; car il arrive de là qu'une même chose peut être exprimée honnêtement par un son, et déshonnêtement par un autre, si l'un de ces sons y joint quelque autre idée qui en couvre l'infamie, et si l'autre, au contraire, la présente à l'esprit d'une manière impudente. Ainsi les mots d'adultère, d'inceste, de péché abominable, ne sont pas infâmes, quoiqu'ils représentent des actions très infâmes, parce qu'ils ne les représentent que couvertes d'un voile d'horreur, qui fait qu'on ne les regarde que comme des crimes ; de sorte que ces mots signifient plutôt le crime de ces actions que les actions mêmes, au lieu qu'il y a de certains mots qui les expriment sans en donner de l'horreur, et plutôt comme plaisantes que comme criminelles, et qui y joignent même une idée d'impudence et d'effronterie, et ce sont ces mots-là qu'on appelle infâmes et déshonnêtes.

Il en est de même de certains tours par lesquels on exprime honnêtement des actions qui, quoique légitimes, tiennent quelque chose de la corruption de la nature ; car ces tours sont en effet honnêtes, parce qu'ils n'expriment pas simplement ces choses, mais aussi la disposition de celui qui en parle de cette sorte, et qui témoigne par sa retenue qu'il les envisage avec peine et qu'il les couvre autant qu'il peut, et aux autres et à soi-même ; au lieu que ceux qui en parleraient d'une autre manière feraient paraître qu'ils prendraient plaisir à regarder ces sortes d'objets ; et ce plaisir étant infâme, il n'est pas étrange que les mots qui impriment cette idée soient estimés contraires à l'honnêteté.

C'est pourquoi il arrive aussi qu'un même mot est estimé honnête en un temps et honteux en un autre, ce qui a obligé les docteurs hébreux de substituer en certains endroits de la Bible des mots hébreux à la marge, pour être prononcés par ceux qui la liraient, au lieu de ceux dont l'Écriture se sert ; car cela vient de ce que ces mots, lorsque les prophètes s'en sont servis, n'étaient point déshonnêtes, parce qu'ils étaient liés avec quelque idée qui faisait regarder ces objets avec retenue et avec pudeur ; mais depuis, cette idée en ayant été séparée, et l'usage y en ayant joint une autre d'impudence et d'effronterie, ils sont devenus honteux ; et c'est avec raison que, pour ne pas frapper l'esprit de cette mauvaise idée, les rabbins veulent qu'on en prononce d'autres en lisant la Bible, quoiqu'ils n'en changent pas pour cela le texte.

Ainsi c'était une mauvaise défense à un auteur que la profession religieuse obligeait à une exacte modestie, et à qui on avait reproché avec raison de s'être servi d'un mot peu honnête pour signifier un lieu infâme, d'alléguer que les Pères n'avaient pas fait difficulté de se servir de celui de *lupanar*, et qu'on trouvait souvent dans leurs écrits les mots de *meretrix*, de *leno*, et d'autres qu'on aurait peine à souffrir en notre langue ; car la liberté avec laquelle les Pères se sont servis de ces mots devait lui faire connaître qu'ils n'étaient pas estimés honteux de leur temps, c'est-à-dire que l'usage n'y avait pas joint cette idée d'effronterie qui les rend infâmes, et il avait tort de conclure de là qu'il lui fût permis de se servir de ceux qui sont estimés déshonnêtes en notre langue, parce que ces mots ne signifient pas en effet la même chose que ceux dont les Pères se sont servis, puisque, outre l'idée principale en laquelle ils conviennent, ils enferment aussi l'image d'une mauvaise disposition d'esprit et qui tient quelque chose du libertinage et de l'impudence.

Ces idées accessoires étant donc si considérables et diversifiant si fort les significations principales, il serait utile que ceux qui font des dictionnaires les marquassent, et qu'ils avertissent, par exemple, des mots qui sont injurieux, civils, aigres, honnêtes, déshonnêtes, ou plutôt qu'ils retranchassent entièrement ces derniers, étant toujours plus utile de les ignorer que de les savoir.

CHAPITRE XV.

Des idées que l'esprit ajoute à celles qui sont précisément signifiées par les mots.

On peut encore comprendre sous le nom d'idées accessoires une autre sorte d'idées que l'esprit ajoute à la signification précise des termes par une raison particulière : c'est qu'il arrive souvent qu'ayant conçu cette signification précise qui répond au mot, il ne s'y arrête pas quand elle est trop confuse et trop générale ; mais, portant sa vue plus loin, il en prend occasion de considérer encore dans l'objet qui lui est représenté d'autres attributs et d'autres faces, et de le concevoir ainsi par des idées plus distinctes.

C'est ce qui arrive particulièrement dans les pronoms démonstratifs, quand, au lieu du nom propre, on se sert du neutre *hoc*, *ceci*; car il est clair que *ceci* signifie cette chose, et que *hoc* signifie *hæc res*, *hoc negotium*. Or, le mot de chose, *res*, marque un attribut très général et très confus de tout objet, n'y ayant que le néant à quoi on ne puisse appliquer le mot de chose.

Mais, comme le pronom démonstratif *hoc* ne marque pas simplement la chose en elle-même, et qu'il la fait concevoir comme présente, l'esprit n'en demeure pas à ce seul attribut de chose, il y joint d'ordinaire quelques autres attributs distincts ; ainsi quand on se sert du mot de *ceci* pour montrer un diamant, l'esprit ne se contente pas de le concevoir comme une chose présente, mais il y ajoute les idées de corps dur et éclatant qui a une telle forme.

Toutes ces idées, tant la première et principale que celles que l'esprit y ajoute, s'excitent par le mot de *hoc* appliqué à un diamant ; mais elles ne s'y excitent pas de la même manière, car l'idée de l'attribut de chose présente s'y excite comme la propre signification du mot, et ces autres s'excitent comme des idées que l'esprit conçoit liées et identifiées avec cette première et principale idée, mais qui ne sont pas marquées précisément par le pronom *hoc*; c'est pourquoi, selon que l'on emploie le terme de *hoc* en des matières différentes, les additions sont différentes. Si je dis *hoc* en montrant un diamant, ce terme signifiera toujours *cette chose*; mais l'esprit y suppléera, et ajoutera, qui est un diamant, qui est un corps dur et éclatant ; si c'est du vin, l'esprit y ajoutera les idées de la liquidité, du goût et de la couleur du vin, et ainsi des autres choses.

Il faut donc bien distinguer ces idées ajoutées des idées signifiées, car quoique les unes et les autres se trouvent dans un

PREMIÈRE PARTIE.

même esprit, elles ne s'y trouvent pas de la même sorte ; et l'esprit, qui ajoute ces autres idées plus distinctes, ne laisse pas de concevoir que le terme de *hoc* ne signifie de soi-même qu'une idée confuse, qui, quoique jointe à des idées plus distinctes, demeure toujours confuse.

C'est par là qu'il faut démêler une chicane importune que les ministres ont rendue célèbre, et sur laquelle ils fondent leur principal argument pour établir leur sens de figure dans l'Eucharistie ; et l'on ne doit pas s'étonner que nous nous servions ici de cette remarque pour éclaircir cet argument, puisqu'il est plus digne de la logique que de la théologie.

Leur prétention est que, dans cette proposition de Jésus-Christ : *Ceci est mon corps*, le mot de *ceci* signifie le pain ; or, disent-ils, le pain ne peut être réellement le corps de Jésus-Christ, donc la proposition de Jésus-Christ ne signifie point, *ceci est réellement mon corps*.

Il n'est pas question d'examiner ici la mineure et d'en faire voir la fausseté ; on l'a fait ailleurs[26] ; et il ne s'agit que de la majeure par laquelle ils soutiennent que le mot de *ceci* signifie le pain ; et il n'y a qu'à leur dire sur cela, selon le principe que nous avons établi, que le mot de *pain* marquant une idée distincte, n'est point précisément ce qui répond au terme de *hoc*, qui ne marque que l'idée confuse de chose présente ; mais qu'il est bien vrai que Jésus-Christ, en prononçant ce mot, et ayant en même temps appliqué ses apôtres au pain qu'il tenait entre ses mains, ils ont vraisemblablement ajouté à l'idée confuse de *chose présente* signifiée par le terme *hoc*, l'idée distincte du pain, qui était seulement excitée et non précisément signifiée par ce terme.

Ce n'est que le manque d'attention à cette distinction nécessaire entre les idées excitées et les idées précisément signifiées qui fait tout l'embarras des ministres ; ils font mille efforts inutiles pour prouver que Jésus-Christ montrant du pain, et les apôtres le voyant et y étant appliqués par le terme de *hoc*, ils ne pouvaient pas ne pas concevoir du pain. On leur accorde qu'ils conçurent apparemment du pain, et qu'ils eurent sujet de le concevoir ; il ne faut point tant faire d'efforts pour cela ; il n'est pas question s'ils conçurent du pain, mais comment ils conçurent.

Et c'est sur quoi on leur dit que s'ils conçurent, c'est-à-dire s'ils eurent dans l'esprit l'idée distincte du pain, ils ne l'eurent pas comme signifiée par le mot de *hoc*, ce qui est impossible, puisque ce terme ne signifiera jamais qu'une idée confuse ; mais ils l'eurent comme une idée ajoutée à cette idée confuse et excitée par les circonstances.

On verra dans la suite l'importance de cette remarque; mais il est bon d'ajouter ici que cette distinction est si indubitable, que, lors même qu'ils entreprennent de prouver que le terme de *ceci* signifie du pain, ils ne font autre chose que l'établir. *Ceci*, dit un ministre qui a parlé le dernier sur cette matière, *ne signifie pas seulement cette chose présente, mais cette chose présente que vous savez qui est du pain*. Qui ne voit dans cette proposition que ces termes, *que vous savez qui est du pain*, sont bien ajoutés au mot de *chose présente* par une proposition incidente, mais ne sont pas signifiés précisément par le mot de *chose présente*, le sujet d'une proposition ne signifiant pas la proposition entière; et par conséquent dans cette proposition qui a le même sens, *ceci que vous savez qui est du pain*, le mot de pain est bien ajouté au mot de *ceci*, mais n'est pas signifié par le mot de *ceci*.

Mais qu'importe, diront les ministres, que le mot de *ceci* signifie précisément le pain, pourvu qu'il soit vrai que les apôtres conçurent que ce que Jésus-Christ appelle *ceci* était du pain.

Voici à quoi cela importe; c'est que le terme de *ceci* ne signifiant de soi-même que l'idée précise de *chose présente*, quoique déterminée au pain par les idées distinctes que les apôtres y ajoutèrent, demeura toujours capable d'une autre détermination et d'être lié avec d'autres idées, sans que l'esprit s'aperçût de ce changement d'objet. Et ainsi quand Jésus-Christ prononça de *ceci*, que c'était son corps, les apôtres n'eurent qu'à retrancher l'addition qu'ils y avaient faite par les idées distinctes de pain; et, retenant la même idée de *chose présente*, ils conçurent, après la proposition de Jésus-Christ achevée, que cette chose présente était maintenant le corps de Jésus-Christ : ainsi ils lièrent le mot de *hoc, ceci*, qu'ils avaient joint au pain par une proposition incidente, avec l'attribut de corps de Jésus-Christ. L'attribut de corps de Jésus-Christ les obligea bien de retrancher les idées ajoutées; mais il ne leur fit point changer l'idée précisément marquée par le mot de *hoc*, et ils conçurent simplement que c'était le corps de Jésus-Christ. Voilà tout le mystère de cette proposition, qui ne naît pas de l'obscurité des termes, mais du changement opéré par Jésus-Christ, qui fit que ce sujet *hoc* a eu deux différentes déterminations au commencement et à la fin de la proposition, comme nous l'expliquerons dans la seconde partie, chap. XII, en traitant de l'unité de confusion dans les sujets.

DEUXIÈME PARTIE.

CONTENANT LES RÉFLEXIONS QUE LES HOMMES ONT FAITES SUR LEURS JUGEMENTS.

CHAPITRE PREMIER.

Des mots par rapport aux propositions.

Comme nous avons dessein d'expliquer ici les diverses remarques que les hommes ont faites sur leurs jugements, et que ces jugements sont des propositions qui sont composées de diverses parties, il faut commencer par l'explication de ces parties, qui sont principalement les noms, les pronoms et les verbes.

Il est peu important d'examiner si c'est à la grammaire ou à la logique d'en traiter, et il est plus court de dire, que tout ce qui est utile à la fin de chaque art lui appartient, soit que la connaissance lui en soit particulière, soit qu'il y ait aussi d'autres arts et d'autres sciences qui s'en servent.

Or, il est certainement de quelque utilité pour la fin de la logique, qui est *de bien penser*, d'entendre les divers usages des sons qui sont destinés à signifier les idées, et que l'esprit a coutume d'y lier si étroitement, que l'une ne se conçoit guère sans l'autre ; en sorte que l'idée de la chose excite l'idée du son, et l'idée du son, celle de la chose.

On peut dire en général sur ce sujet, que les mots sont des sons distincts et articulés, dont les hommes ont fait des signes pour marquer ce qui se passe dans leur esprit.

Et comme ce qui s'y passe se réduit à concevoir, juger, raisonner et ordonner, ainsi que nous l'avons déjà dit, les mots servent à marquer toutes ces opérations ; et pour cela on en a inventé principalement de trois sortes qui y sont essentiels, dont nous nous contenterons de parler ; savoir, les noms, les pronoms et les verbes, qui tiennent la place des noms, mais d'une manière différente ; et c'est ce qu'il faut expliquer ici plus en détail.

DES NOMS.

Les objets de nos pensées étant, comme nous avons déjà dit, ou des choses ou des manières de choses, les mots destinés à signifier, tant les choses que les manières, s'appellent *noms*.

Ceux qui signifient les choses s'appellent *noms substantifs*, comme *terre*, *soleil*. Ceux qui signifient les manières, en marquant en même temps le sujet auquel elles conviennent, s'appellent *noms adjectifs*, comme *bon*, *juste*, *rond*.

C'est pourquoi, quand, par une abstraction de l'esprit, on conçoit ces manières sans les rapporter à un certain sujet, comme elles subsistent alors en quelque sorte dans l'esprit par elles-mêmes, elles s'expriment par un mot substantif, comme *sagesse*, *blancheur*, *couleur*.

Et, au contraire, quand ce qui est de soi-même substance et chose vient à être conçu par rapport à quelque sujet, les mots qui le signifient en cette manière deviennent adjectifs, comme *humain*, *charnel*; et en dépouillant ces adjectifs, formés des noms de substance, de leur rapport, on en fait de nouveaux substantifs : ainsi, après avoir formé du mot substantif *homme* l'adjectif *humain*, on forme de l'adjectif *humain* le substantif *humanité*.

Il y a des noms qui passent pour substantifs en grammaire, qui sont de véritables adjectifs, comme *roi*, *philosophe*, *médecin*, puisqu'ils marquent une manière d'être ou mode dans un sujet. Mais la raison pourquoi ils passent pour substantifs, c'est que, comme ils ne conviennent qu'à un seul sujet, on sous-entend toujours cet unique sujet sans qu'il soit besoin de l'exprimer.

Par la même raison, ces mots, *le rouge*, *le blanc*, etc. sont de véritables adjectifs, parce que le rapport est marqué; mais la raison pourquoi on n'exprime pas le substantif auquel ils se rapportent, c'est que c'est un substantif général, qui comprend tous les sujets de ces modes, et qui est par là unique dans cette généralité. Ainsi le *rouge*, c'est toute chose rouge ; *le blanc*, toute chose blanche; ou, comme l'on dit en géométrie, c'est une chose rouge *quelconque*.

Les adjectifs ont donc essentiellement deux significations : l'une distincte, qui est celle du mode ou manière ; l'autre confuse, qui est celle du sujet : mais, quoique la signification du mode soit plus distincte, elle est pourtant indirecte, et, au contraire, celle du sujet, quoique confuse, est directe. Le mot de *blanc*, *candidum*, signifie indirectement, quoique distinctement, *la blancheur*.

DES PRONOMS.

L'usage des pronoms est de tenir la place des noms, et de donner moyen d'en éviter la répétition, qui est ennuyeuse ; mais il ne faut pas s'imaginer qu'en tenant la place des noms, ils fassent entièrement le même effet sur l'esprit : cela n'est nullement vrai ; au contraire, ils ne remédient au dégoût de la répétition, que parce qu'ils ne représentent les noms que d'une manière confuse. Les noms découvrent en quelque sorte les choses à l'esprit, et les pronoms les présentent comme voilées, quoique l'esprit sente pourtant que c'est la même chose que celle qui est signifiée par les noms. C'est pourquoi il n'y a point d'inconvénient que le nom et le pronom soient joints ensemble : *Tu Phædria, Ecce ego Joannes*.

DES DIVERSES SORTES DE PRONOMS.

Comme les hommes ont reconnu qu'il était souvent inutile et de mauvaise grâce de se nommer soi-même, ils ont introduit le pronom de la première personne pour mettre en la place de celui qui parle, *ego, moi, je*.

Pour n'être pas obligés de nommer celui à qui on parle, ils ont trouvé bon de le marquer par un mot qu'ils ont appelé pronom de la seconde personne, *toi* ou *vous*.

Et pour n'être pas obligés de répéter les noms des autres personnes et des autres choses dont on parle, ils ont inventé les pronoms de la troisième personne, *ille, illa, illud*, entre lesquels il y en a qui marquent, comme au doigt, la chose dont on parle, et qu'à cause de cela on nomme démonstratifs, *hic, iste, celui-ci, celui-là*.

Il y en a aussi un qu'on nomme réciproque, parce qu'il marque un rapport d'une chose à soi-même. C'est le pronom *sui, sibi, se* : *Caton s'est tué*.

Tous les pronoms ont cela de commun, comme nous avons déjà dit, qu'ils marquent confusément le nom dont ils tiennent la place ; mais il y a cela de particulier dans le neutre de ces pronoms *illud, hoc*, lorsqu'il est mis absolument, c'est-à-dire sans nom exprimé, qu'au lieu que les autres genres *hic, hæc, ille, illa*, peuvent se rapporter et se rapportent presque toujours à des idées distinctes, qu'ils ne marquent néanmoins que confusément ; *illum exspirantem flammas,* c'est-à-dire *illum Ajacem : His ego nec metas rerum, nec tempora ponam,* c'est-à-dire, *Romanis.* Le neutre, au contraire, se rapporte toujours à un nom général et confus : *hoc erat in votis,* c'est-à-dire, *hæc res, hoc negotium erat in votis : hoc erat alma parens, etc.* Ainsi il y a une double confusion dans le neutre ; savoir, celle du pronom, dont la signification est toujours confuse, et celle du mot *negotium, chose,* qui est encore aussi générale et aussi confuse.

DU PRONOM RELATIF.

Il y a encore un autre pronom qu'on appelle relatif, *qui, quæ, quod, qui, lequel, laquelle.*

Ce pronom relatif a quelque chose de commun avec les autres pronoms, et quelque chose de propre.

Ce qu'il a de commun, est qu'il se met au lieu du nom, et en excite une idée confuse.

Ce qu'il a de propre, est que la proposition dans laquelle il entre peut faire partie du sujet ou de l'attribut d'une proposition, et former ainsi une de ces propositions ajoutées ou incidentes, dont nous parlerons plus bas avec plus d'étendue, Dieu *qui est bon,* le monde *qui est visible.*

Je suppose ici qu'on entend ces termes de sujet et d'attribut des propositions, quoiqu'on ne les ait pas encore expliqués expressément, parce qu'ils sont si communs, qu'on les entend ordinairement avant que d'avoir étudié la logique : ceux qui ne les entendraient pas, n'auront qu'à recourir au lieu où on en marque le sens.

On peut résoudre par là cette question : quel est le sens précis du mot *que,* lorsqu'il suit un verbe et qu'il semble ne se rapporter à rien. *Jean répondit qu'il n'était pas le Christ. Pilate dit qu'il ne trouvait point de crime en Jésus-Christ.*

Il y en a qui en veulent faire un adverbe aussi bien que du mot *quod,* que les Latins prennent quelquefois au même sens qu'à notre *que* français quoique rarement : *Non tibi objicio quod hominem spoliásti*[27]*,* dit Cicéron.

Mais la vérité est que les mots *que, quod,* ne sont autre chose que le pronom relatif, et qu'ils en conservent le sens.

Ainsi, dans cette proposition, *Jean répondit qu'il n'était pas le Christ,* ce *que* conserve l'usage de lier une autre proposition, savoir, *n'était pas le Christ,* avec l'attribut enfermé dans le mot de *répondit,* qui signifie *fuit respondens.*

DEUXIÈME PARTIE.

L'autre usage, qui est de tenir la place du nom et de s'y rapporter, y paraît à la vérité beaucoup moins : ce qui a fait dire à quelques personnes habiles que ce *que* en était entièrement privé dans cette occasion. On pourrait dire néanmoins qu'il le retient aussi ; car, en disant que *Jean répondit*, on entend *qu'il fit une réponse;* et c'est à cette idée confuse de *réponse* que se rapporte ce *que*. De même, quand Cicéron dit : *Non tibi objicio quod hominem spoliásti*, le *quod* se rapporte à l'idée confuse de *chose objectée*, formé par le mot d'*objicio;* et cette *chose objectée*, conçue d'abord confusément, est ensuite particularisée par la proposition incidente, liée par le *quod*, *quod hominem spoliásti*.

On peut remarquer la même chose dans ces questions : *Je suppose que vous serez sage; je vous dis que vous avez tort :* ce terme, *je dis*, fait concevoir d'abord confusément *une chose dite;* et c'est à cette *chose dite* que se rapporte le *que*. *Je dis que*, c'est-à-dire *je dis une chose qui est*. Et qui dit de même, *je suppose*, donne l'idée confuse d'une *chose supposée;* car *je suppose* veut dire *je fais une supposition;* et c'est à cette idée de *chose supposée* que se rapporte le *que*. *Je suppose que*, c'est-à-dire, *je fais une supposition qui est*.

On peut mettre au rang des pronoms l'article grec ὁ, ἡ, τό, lorsqu'au lieu d'être devant le nom, on le met après : τοῦτό ἐστι τὸ σῶμά μου τὸ ὑπὲρ ὑμῶν διδόμενον, dit saint Luc[28], car ce τό, *le*, représente à l'esprit le corps σῶμα d'une manière confuse ; ainsi il a la fonction de pronom.

Et la seule différence qu'il y a entre l'article employé à cet usage et le pronom relatif, est que, quoique l'article tienne la place du nom, il joint pourtant l'attribut qui le suit au nom qui précède dans une même proposition ; mais le relatif fait, avec l'attribut suivant, une proposition à part, quoique jointe à la première, ὃ δίδοται, *quod datur*, c'est-à-dire, *quod est datum*.

On peut juger par cet usage de l'article, qu'il y a peu de solidité dans la remarque qui a été faite depuis peu par un ministre[29] sur la manière dont on doit traduire ces paroles de l'Évangile de saint Luc, que nous venons de rapporter, parce que, dans le texte grec, il y a non un pronom relatif, mais un article : *C'est mon corps donné pour vous*, et non *qui est donné pour vous*, τὸ ὑπὲρ ὑμῶν διδόμενον, et non ὃ ὑπὲρ ὑμῶν δίδοται; il prétend que c'est une nécessité absolue, pour exprimer la force de cet article, de traduire ainsi ce texte : *Ceci est mon corps; mon corps donné pour vous*, ou *le corps donné pour vous;* et que ce n'est pas bien traduire que d'exprimer ce passage en ces termes, *ceci est mon corps qui est donné pour vous.*

Mais cette prétention n'est fondée que sur ce que cet auteur n'a pénétré qu'imparfaitement la vraie nature du pronom relatif et de l'article ; car il est certain que, comme le pronom relatif, *qui, quæ, quod,* en tenant la place du nom, ne le représente que d'une manière confuse, de même l'article ὁ, ἡ, τό ne représente que confusément le nom auquel il se rapporte, de sorte que cette représentation confuse étant proprement destinée à éviter la répétition distincte du même mot qui est choquante, c'est en quelque sorte détruire la fin de l'article que de le traduire par une répétition expresse d'un même mot, *ceci est mon corps, mon corps donné pour vous,* l'article n'étant mis que pour éviter cette répétition ; au lieu qu'en traduisant par le pronom relatif, *ceci est mon corps, qui est donné pour vous,* on garde cette condition essentielle de l'article, qui est de ne représenter le nom que d'une manière confuse, et de ne pas frapper l'esprit deux fois par la même image, et l'on manque seulement à en observer une autre, qui pourrait paraître moins essentielle, qui est que l'article tient de telle sorte la place du nom, que l'adjectif que l'on y joint ne fait point une nouvelle proposition, τὸ ὑπὲρ ὑμῶν διδόμενον ; au lieu que le relatif *qui, quæ, quod* sépare un peu davantage, et devient sujet d'une nouvelle proposition, ὃ ὑπὲρ ὑμῶν δίδοται. Ainsi il est vrai que ni l'une ni l'autre de ces deux traductions : *Ceci est mon corps qui est donné pour vous; Ceci est mon corps, mon corps donné pour vous,* n'est entièrement parfaite ; l'une changeant la signification confuse de l'article en une signification distincte, contre la nature de l'article, et l'autre, qui conserve cette signification confuse, séparant en deux propositions, par le pronom relatif, ce qui n'en fait qu'une par le moyen de l'article. Mais si l'on est obligé par nécessité à se servir de l'une ou de l'autre, on n'a pas droit de choisir la première en condamnant l'autre, comme cet auteur a prétendu faire par sa remarque.

CHAPITRE II.

Du Verbe.

Nous avons emprunté jusqu'ici ce que nous avons dit des noms et des pronoms, d'un petit livre imprimé il y a quelque temps sous le titre de Grammaire générale[30], à l'exception de quelques points que nous avons expliqués d'une autre manière ; mais en ce qui regarde le verbe, dont il traite dans le chap. XIII, je ne ferai que transcrire ce que cet auteur en dit, parce qu'il m'a semblé que l'on n'y pouvait rien ajouter.

Les hommes, dit-il, n'ont pas eu moins besoin d'inventer des mots qui marquassent l'affirmation, qui est la principale manière de notre pensée, que d'en inventer qui marquassent les objets de nos pensées.

Et c'est proprement en quoi consiste ce que l'on appelle *verbe*, qui n'est rien autre qu'*un mot dont le principal usage est de signifier l'affirmation*, c'est-à-dire de marquer que le discours où ce mot est employé est le discours d'un homme qui ne conçoit pas seulement les choses, mais qui en juge et qui les affirme ; en quoi le verbe est distingué de quelques noms, qui signifient aussi l'affirmation, comme *affirmans, affirmatio*, parce qu'ils ne la signifient qu'en tant que, par une réflexion d'esprit, elle est devenue l'objet de notre pensée ; et ainsi ils ne marquent pas que celui qui se sert de ces mots affirme, mais seulement qu'il conçoit une affirmation.

J'ai dit que le *principal* usage du verbe était de signifier l'affirmation, parce que nous ferons voir plus bas que l'on s'en sert encore pour signifier d'autres mouvements de notre âme, comme ceux de désirer, de prier, de commander, etc. Mais ce n'est qu'en changeant d'inflexion et de mode, et ainsi nous ne considérons le verbe, dans tout ce chapitre, que selon sa principale signification, qui est celle qu'il a à l'indicatif. Selon cette idée, l'on peut dire que le verbe de lui-même ne devrait point avoir d'autre usage que de marquer la liaison que nous faisons dans notre esprit des deux termes d'une proposition ; mais il n'y a que le verbe *être*, qu'on appelle substantif, qui soit demeuré dans cette simplicité, et encore n'y est-il proprement demeuré que dans la troisième personne du présent *est*, et en de certaines rencontres : car, comme les hommes se portent naturellement à abréger leurs expressions, ils ont joint presque toujours à l'affirmation d'autres significations dans un même mot.

I. Ils y ont joint celle de quelque attribut, de sorte qu'alors deux mots font une proposition, comme quand je dis : *Petrus vivit*, *Pierre vit*, parce que le mot de *vivit* enferme seul l'affirmation, et de plus l'attribut d'*être vivant ;* et ainsi c'est la même chose de dire *Pierre vit*, que de dire *Pierre est vivant*. De là est venue la grande diversité de verbes dans chaque langue ; au lieu que si l'on s'était contenté de donner au verbe la signification générale de l'affirmation, sans y joindre aucun attribut particulier, on n'aurait eu besoin dans chaque langue que d'un seul verbe, qui est celui que l'on appelle substantif.

II. Ils ont encore joint en de certaines rencontres le sujet de la proposition; de sorte qu'alors deux mots peuvent encore, et même un seul mot, faire une proposition entière : deux mots, comme quand je dis *sum homo*, parce que *sum* ne signifie pas seulement l'affirmation, mais enferme la signification du pronom *ego* qui est le sujet de cette proposition, et que l'on exprime toujours en français *je suis homme :* un seul mot, comme quand je dis *vivo, sedeo ;* car ces verbes enferment dans eux-mêmes l'affirmation et l'attribut, comme nous avons déjà dit ; et, étant à la première personne, ils enferment encore le sujet *je suis vivant, je suis assis*. De là est venue la différence des personnes qui est ordinairement dans tous les verbes.

III. Ils ont encore joint un rapport au temps au regard duquel on affirme ; de sorte qu'un seul mot, comme *coenasti*, signifie que j'affirme de celui à qui je parle l'action de souper, non pour le temps présent, mais pour le passé, et de là est venue la diversité des temps qui est encore pour l'ordinaire commune à tous les verbes.

La diversité de ces significations, jointe à un même mot, est ce qui a empêché beaucoup de personnes, d'ailleurs fort habiles, de bien connaître la nature du verbe, parce qu'ils ne l'ont pas considéré selon ce qui lui est essentiel, qui est *l'affirmation*, mais selon ces autres rapports qui lui sont accidentels en tant que verbe.

Ainsi Aristote s'étant arrêté à la troisième des significations ajoutées à celle qui est essentielle au verbe, l'a défini, *vox significans cum tempore*[31], un mot qui signifie avec temps.

D'autres, comme Buxtorf[32], y ayant ajouté la seconde, l'ont défini, *vox flexilis cum tempore et personâ*, un mot qui a diverses inflexions avec temps et personnes.

D'autres s'étant arrêtés à la première de ces significations ajoutées, qui est celle de l'attribut, et ayant considéré que les attributs que les hommes ont joints à l'affirmation dans un même mot sont d'ordinaire des actions et des passions, ont cru que l'essence du verbe consistait à *signifier des actions ou des passions*.

Et enfin, Jules-César Scaliger a cru trouver un mystère dans son livre des Principes de la langue latine, en disant que la distinction de choses *in permanentes et fluentes*, en ce qui demeure

DEUXIÈME PARTIE.

et ce qui passe, était la vraie origine de la distinction entre les noms et les verbes, les noms étant pour signifier ce qui demeure et les verbes ce qui passe.[35]

Mais il est aisé de voir que toutes ces définitions sont fausses et n'expliquent point la vraie nature du verbe.

La manière dont sont conçues les deux premières le fait assez voir, puisqu'il n'y est point dit ce que le verbe signifie, mais seulement ce avec quoi il signifie *cum tempore, cum personâ*.

Les deux dernières sont encore plus mauvaises; car elles ont les deux plus grands vices d'une définition, qui est de ne convenir ni à tout le défini, ni au seul défini, *neque omni, neque soli*.

Car il y a des verbes qui ne signifient ni des actions, ni des passions, ni ce qui passe; comme *existit, quiescit, friget, alget, tepet, calet, albet, viret, claret*, etc.

Et il y a des mots qui ne sont point verbes qui signifient des actions et des passions et même des choses qui passent, selon la définition de Scaliger; car il est certain que les participes sont de vrais noms, et que néanmoins ceux des verbes actifs ne signifient pas moins des actions, et ceux des passifs des passions que les verbes mêmes dont ils viennent; et il n'y a aucune raison de prétendre que *fluens* ne signifie pas une chose qui passe, aussi bien que *fluit*.

A quoi on peut ajouter, contre les deux premières définitions du verbe, que les participes signifient aussi avec temps, puisqu'il y en a du présent, du passé et du futur, surtout en grec; et ceux qui croient, non sans raison, qu'un vocatif est une vraie seconde personne, surtout quand il a une terminaison différente du nominatif, trouveront qu'il n'y aurait de ce côté-là qu'une différence du plus ou du moins entre le vocatif et le verbe.

Et ainsi la raison essentielle pourquoi un participe n'est point un verbe, c'est qu'il ne signifie point *l'affirmation :* d'où vient qu'il ne peut faire une proposition, ce qui est le propre du verbe, qu'en y ajoutant un verbe, c'est-à-dire en y remettant ce qu'on en a ôté en changeant le verbe en participe. Car pourquoi est-ce que *Petrus vivit*, Pierre vit, est une proposition; et que *Petrus vivens*, Pierre vivant, n'en est pas une, si vous n'y ajoutez *est*, *Petrus est vivens*, Pierre est vivant; sinon parce que l'affirmation qui est enfermée dans *vivit* en a été ôtée pour en faire le participe *vivens* ? D'où il paraît que l'affirmation qui se trouve, ou qui ne se trouve pas dans un mot, est ce qui fait qu'il est verbe ou qu'il n'est pas verbe.

Sur quoi on peut encore remarquer en passant que l'infinitif **qui est** très souvent nom, ainsi que nous dirons, comme lorsqu'on **dit** *le boire, le manger,* est alors différent des participes, en ce que les participes sont des noms adjectifs, et que l'infinitif est un nom substantif fait par abstraction de cet adjectif, de même que de *candidus* se fait *candor*, et de *blanc* vient *blancheur*. Ainsi *rubet,* verbe, signifie *est rouge,* enfermant tout ensemble l'affirmation et l'attribut; *rubens*, participe, signifie simplement rouge sans affirmation ; et *rubere,* pris pour un nom, signifie *rougeur*.

Il doit donc demeurer pour constant qu'à ne considérer simplement que ce qui est essentiel au verbe, sa seule vraie définition est, *vox significans affirmationem, un mot qui signifie l'affirmation:* car on ne saurait trouver de mot qui marque l'affirmation qui ne soit verbe, ni de verbe qui ne serve à la marquer au moins dans l'indicatif. Et il est indubitable que, si l'on en avait inventé un, comme serait *est*, qui marquât toujours l'affirmation, sans aucune différence ni de personne ni de temps, de sorte que la diversité des personnes se marquât seulement par les noms et les pronoms et la diversité des temps par les adverbes, il ne laisserait pas d'être un vrai verbe. Comme en effet dans les propositions que les philosophes appellent d'éternelle vérité, comme *Dieu est infini; tout corps est divisible; le tout est plus grand que sa partie,* le mot *est* ne signifie que l'affirmation simple, sans aucun rapport au temps, parce que cela est vrai selon tous les temps, et sans que notre esprit s'arrête à aucune diversité de personne.

Ainsi le verbe, selon ce qui lui est essentiel, est un mot qui signifie l'affirmation; mais si l'on veut mettre dans la définition du verbe ses principaux accidents, on pourra le définir ainsi: *vox significans affirmationem, cum designatione personæ, numeri et temporis; un mot qui signifie l'affirmation, avec désignation de la personne, du nombre et du temps.* Ce qui convient proprement au verbe substantif.

Car pour les autres verbes, en tant qu'ils diffèrent du verbe substantif par l'union que les hommes ont faite de l'affirmation avec de certains attributs, on peut les définir de cette sorte : *vox significans affirmationem alicujus attributi, cum designatione personæ, numeri et temporis; un mot qui marque l'affirmation de quelque attribut, avec désignation de la personne, du nombre et du temps.*

Et l'on peut remarquer en passant que l'affirmation, en tant que conçue, pouvant être aussi l'attribut du verbe, comme dans le verbe *affirmo*, ce verbe signifie deux affirmations, dont l'une regarde la personne qui parle, et l'autre la personne de qui on parle, soit que ce soit de soi-même, soit que ce soit d'un autre. Car quand je dis *Petrus affirmat*, *affirmat* est la même chose que *est affirmans*, et alors *est* marque mon affirmation ou le jugement que je fais touchant Pierre ; et *affirmans*, l'affirmation que je conçois et que j'attribue à Pierre. Le verbe *nego*, au contraire, contient une affirmation et une négation par la même raison.

Car il faut encore remarquer que, quoique tous nos jugements ne soient pas affirmatifs, mais qu'il y en ait de négatifs, les verbes néanmoins ne signifient jamais d'eux-mêmes que les affirmations ; la négation ne se marquant que par des particules, *non*, *ne*, ou par des noms qui l'enferment, *nullus*, *nemo*, *nul*, *personne*, qui, étant joints aux verbes, en changent l'affirmation en négation : *nul homme n'est immortel : nullum corpus est indivisibile*.

CHAPITRE III.

Ce que c'est qu'une proposition, et des quatre sortes de propositions.

Après avoir conçu les choses par nos idées, nous comparons ces idées ensemble ; et, trouvant que les unes conviennent entre elles et que les autres ne conviennent pas, nous les lions ou délions, ce qui s'appelle *affirmer* ou *nier*, et généralement *juger*.

Ce jugement s'appelle aussi *proposition*, et il est aisé de voir qu'elle doit avoir deux termes : l'un de qui l'on affirme ou de qui l'on nie, lequel on appelle *sujet* ; et l'autre que l'on affirme ou que l'on nie, lequel s'appelle *attribut* ou *prædicatum*.

Et il ne suffit pas de concevoir ces deux termes ; mais il faut que l'esprit les lie ou les sépare : et cette action de notre esprit est marquée dans le discours par le verbe *est*, ou seul quand nous affirmons, ou avec une particule négative quand nous nions. Ainsi quand je dis *Dieu est juste*, *Dieu* est le sujet de cette proposition, et *juste* en est l'attribut ; et le mot *est* marque l'action de mon esprit qui affirme, c'est-à-dire qui lie ensemble les deux idées de *Dieu* et de *juste* comme convenant l'un à l'autre. Que si je dis *Dieu n'est pas injuste*, *est*, étant joint avec les particules *ne*, *pas*, signifie l'action contraire à celle d'affirmer, savoir : celle de nier par laquelle je regarde ces idées comme répugnantes l'une à l'autre,

7.

parce qu'il y a quelque chose d'enfermé dans l'idée d'*injuste* qui est contraire à ce qui est enfermé dans l'idée de *Dieu*[34].

Mais, quoique toute proposition enferme nécessairement ces trois choses, néanmoins, comme l'on a dit dans le chapitre précédent, elle peut n'avoir que deux mots ou même qu'un.

Car les hommes, voulant abréger leurs discours, ont fait une infinité de mots qui signifient tout ensemble l'affirmation, c'est-à-dire ce qui est signifié par le verbe substantif, et de plus un certain attribut qui est affirmé. Tels sont tous les verbes, hors celui qu'on appelle substantif, comme *Dieu existe*, c'est-à-dire *est existant*; *Dieu aime les hommes*, c'est-à-dire *Dieu est aimant les hommes*: et le verbe substantif, quand il est seul, comme quand je dis *je pense, donc je suis*, cesse d'être purement substantif, parce qu'alors on y joint le plus général des attributs qui est l'*être*; car *je suis* veut dire, *je suis un être, je suis quelque chose*.

Il y a aussi d'autres rencontres où le sujet et l'affirmation sont renfermés dans un même mot, comme dans les premières et secondes personnes des verbes, surtout en latin; comme quand je dis : *sum christianus ;* car le sujet de cette proposition est *ego*, qui est renfermé dans *sum*.

D'où il paraît que, dans cette même langue, un seul mot fait une proposition dans les premières et les secondes personnes des verbes, qui, par leur nature, enferment déjà l'affirmation avec l'attribut; comme *veni, vidi, vici*, sont trois propositions.

On voit par là que toute proposition est affirmative ou négative, et que c'est ce qui est marqué par le verbe, qui est affirmé ou nié.

Mais il y a une autre différence dans les propositions, laquelle naît de leur sujet, qui est d'être universelles, ou particulières, ou singulières.

Car les termes, comme nous avons déjà dit dans la première partie, sont ou singuliers, ou communs et universels.

Et les termes universels peuvent être pris, ou selon toute leur étendue, en les joignant aux signes universels exprimés, ou sous-entendus, comme *omnis, tout*, pour l'affirmation ; *nullus, nul*, pour la négation : *tout homme, nul homme*.

Ou selon une partie indéterminée de leur étendue, qui est lorsqu'on y joint le mot *aliquis, quelque*, comme *quelque homme, quelques hommes*, ou d'autres, selon l'usage des langues.

D'où il arrive une différence notable dans les propositions; car, lorsque le sujet d'une proposition est un terme commun qui est pris dans toute son étendue, la proposition s'appelle universelle, soit qu'elle soit affirmative, comme *tout impie est fou ;* ou négative, comme *nul vicieux n'est heureux.*

Et, lorsque le terme commun n'est pris que selon une partie indéterminée de son étendue, à cause qu'il est resserré par le mot indéterminé *quelque*, la proposition s'appelle particulière, soit qu'elle affirme, comme *quelque cruel est lâche ;* soit qu'elle nie, comme *quelque pauvre n'est pas malheureux.*

Que si le sujet d'une proposition est singulier, comme quand je dis, *Louis XIII a pris La Rochelle*, on l'appelle singulière.

Mais, quoique cette proposition singulière soit différente de l'universelle, en ce que son sujet n'est pas commun, elle doit néanmoins plutôt s'y rapporter qu'à la particulière ; parce que son sujet, par cela même qu'il est singulier, est nécessairement pris dans toute son étendue ; ce qui fait l'essence d'une proposition universelle, et qui la distingue de la particulière ; car il importe peu pour l'universalité d'une proposition, que l'étendue de son sujet soit grande ou petite, pourvu que, telle qu'elle soit, on la prenne tout entière ; et c'est pourquoi les propositions singulières tiennent lieu d'universelles dans l'argumentation. Ainsi l'on peut réduire toutes les propositions à quatre sortes, que l'on a marquées par ces quatre voyelles, A, E, I, O, pour soulager la mémoire.

A. L'universelle affirmative, comme, *tout vicieux est esclave.*

E. L'universelle négative, comme, *nul vicieux n'est heureux.*

I. La particulière affirmative, comme, *quelque vicieux est riche.*

O. La particulière négative, comme, *quelque vicieux n'est pas riche.*

Et pour les faire mieux retenir, on a fait ces deux vers :

> *Asserit A, negat E, verùm generaliter ambo ;*
> *Asserit I, negat O, sed particulariter ambo.*

On a aussi accoutumé d'appeler quantité, l'universalité ou la particularité des propositions.

Et on appelle qualité, l'affirmation ou la négation qui dépendent du verbe, qui est regardé comme la forme de la proposition.

Et ainsi, A et E conviennent selon la quantité, et diffèrent selon la qualité, et de même I et O.

Mais **A** et **I** conviennent selon la qualité, et diffèrent **selon la quantité**, et de même **E** et **O**³⁵.

Les propositions se divisent encore, selon la matière, **en vraies et en fausses**; et il est clair qu'il n'y en peut point avoir qui ne soient ni vraies ni fausses, puisque toute proposition marquant le jugement que nous faisons des choses, elle est vraie quand ce jugement est conforme à la vérité, et fausse lorsqu'il n'y est pas conforme.

Mais, parce que nous manquons souvent de lumière pour reconnaître le vrai et le faux, outre les propositions qui nous paraissent certainement vraies, et celles qui nous paraissent certainement fausses, il y en a qui nous semblent vraies, mais dont la vérité ne nous est pas si évidente que nous n'ayons quelque appréhension qu'elles ne soient fausses, ou bien qui nous semblent fausses, mais de la fausseté desquelles nous ne nous tenons pas assurés. Ce sont les propositions qu'on appelle probables, dont les premières sont plus probables, et les dernières moins probables. Nous dirons quelque chose dans la quatrième partie, de ce qui nous fait juger avec certitude qu'une proposition est vraie.

CHAPITRE IV.

De l'opposition entre les propositions qui ont même sujet et même attribut.

Nous venons de dire qu'il y a quatre sortes de propositions, A, E, I, O. On demande maintenant quelle convenance ou disconvenance elles ont ensemble, lorsqu'on fait du même sujet et du même attribut diverses sortes de propositions. C'est ce qu'on appelle opposition.

Et il est aisé de voir que cette opposition ne peut être que de trois sortes, quoique l'une des trois se divise en deux autres.

Car, si elles sont opposées en quantité et en qualité tout ensemble, comme A, O, et E, I, on les appelle contradictoires, comme, *tout homme est animal, quelque homme n'est pas animal; nul n'est impeccable, quelque homme est impeccable.*

Si elles diffèrent en quantité seulement, et qu'elles conviennent en qualité, comme A, I, et E, O, on les appelle subalternes, comme, *tout homme est animal, quelque homme est animal; nul homme homme n'est impeccable, quelque homme n'est pas impeccable.*

Et si elles diffèrent en qualité, et qu'elles conviennent en quantité, alors elles sont appelées *contraires*, ou *subcontraires*; con-

traires, quand elles sont universelles, comme, *tout homme est animal, nul homme n'est animal;*

Subcontraires, quand elles sont particulières, comme, *quelque homme est animal, quelque homme n'est pas animal.*

En regardant maintenant ces propositions opposées selon la vérité ou la fausseté, il est aisé de juger,

1° Que les contradictoires ne sont jamais ni vraies, ni fausses ensemble ; mais si l'une est vraie, l'autre est fausse ; et si l'une est fausse, l'autre est vraie : car s'il est vrai que tout homme soit animal, il ne peut pas être vrai que quelque homme n'est pas animal; et si, au contraire, il est vrai que quelque homme n'est pas animal, il n'est donc pas vrai que tout homme soit animal. Cela est si clair, qu'on ne pourrait que l'obscurcir en l'expliquant davantage.

2° Les contraires ne peuvent jamais être vraies ensemble ; mais elles peuvent être toutes deux fausses. Elles ne peuvent être vraies, parce que les contradictoires seraient vraies ; car s'il est vrai que tout homme soit animal, il est faux que quelque homme n'est pas animal, qui est la contradictoire, et par conséquent encore plus faux que nul homme ne soit animal, qui est la contraire.

Mais la fausseté de l'une n'emporte pas la vérité de l'autre ; car il peut être faux que tous les hommes soient justes, sans qu'il soit vrai pour cela que nul homme ne soit juste, puisqu'il peut y avoir des hommes justes, quoique tous ne soient pas justes.

3° Les subcontraires, par une règle toute opposée à celle des contraires, peuvent être vraies ensemble, comme ces deux-ci, *quelque homme est juste, quelque homme n'est pas juste;* parce que la justice peut convenir à une partie des hommes, et ne pas convenir à l'autre ; et ainsi l'affirmation et la négation ne regardent pas le même sujet, puisque *quelque homme* est pris pour une partie des hommes dans l'une des propositions, et pour une autre partie dans l'autre. Mais elles ne peuvent être toutes deux fausses ; puisque autrement les contradictoires seraient toutes deux fausses, car s'il était faux que quelque homme fût juste, il serait donc vrai que nul homme n'est juste, qui est la contradictoire, et à plus forte raison que quelque homme n'est pas juste, qui est la subcontraire.

4° Pour les subalternes, ce n'est pas une véritable opposition, puisque la particulière est une suite de la générale ; car, si tout homme est animal, quelque homme est animal ; si nul homme n'est singe, quelque homme n'est pas singe. C'est pourquoi la vérité des universelles emporte celle des particulières ; mais la vérité des particulières n'emporte pas celle des universelles : car il ne s'ensuit pas que, parce qu'il est vrai que quelque homme est juste, il soit vrai aussi que tout homme est juste; et, au contraire, la fausseté des particulières emporte la fausseté des universelles : car, s'il est faux que quelque homme soit impeccable, il est encore plus faux que tout homme soit impeccable. Mais la fausseté des universelles n'emporte pas la fausseté des particulières; car, quoiqu'il soit faux que tout homme soit juste, il ne s'ensuit pas que ce soit une fausseté de dire que quelque homme est juste. D'où il s'ensuit qu'il y a plusieurs rencontres où ces propositions subalternes sont toutes deux vraies, et d'autres où elles sont toutes deux fausses.

Je ne dis rien de la réduction des propositions opposées en un même sens, parce que cela est tout-à-fait inutile, et que les règles qu'on en donne ne sont la plupart vraies qu'en latin.

CHAPITRE V.

Des propositions simples et composées. Qu'il y en a de simples qui paraissent **composées** et qui ne le sont pas, et qu'on peut appeler complexes. De celles **qui sont** complexes par le sujet ou par l'attribut.

Nous avons dit que toute proposition doit avoir au moins un **sujet** et un attribut; mais il ne s'ensuit pas de là qu'elle ne puisse avoir plus d'un sujet et plus d'un attribut. Celles donc qui n'ont qu'un sujet et qu'un attribut s'appellent *simples*, et celles qui ont plus d'un sujet ou plus d'un attribut s'appellent *composées*, comme quand je dis : Les biens et les maux, la vie et la mort, la pauvreté et les richesses viennent du Seigneur; cet attribut, *venir du Seigneur*, est affirmé, non d'un seul sujet, mais de plusieurs; savoir, *des biens et des maux*, etc.

Mais, avant que d'expliquer ces propositions composées, il faut remarquer qu'il y en a qui le paraissent, et qui sont néanmoins simples : car la simplicité d'une proposition se prend de l'unité du sujet et de l'attribut. Or, il y a plusieurs propositions qui n'ont proprement qu'un sujet et qu'un attribut; mais dont le sujet et l'attribut est un terme complexe, qui enferme d'autres propositions qu'on peut appeler incidentes, qui ne font que partie du sujet ou de l'attribut, y étant jointes par le pronom relatif, *qui, lequel*, dont le propre est de joindre ensemble plusieurs propositions, en sorte qu'elles n'en composent toutes qu'une seule.

Ainsi, quand Jésus-Christ dit : *Celui qui fera la volonté de mon père, qui est dans le ciel, entrera dans le royaume des cieux*, le sujet de cette proposition contient deux propositions, puisqu'il comprend deux verbes ; mais comme ils sont joints par des *qui*, ils ne font que partie du sujet : au lieu que quand je dis, les biens et les maux viennent du Seigneur, il y a proprement deux sujets, parce que j'affirme également de l'un et de l'autre qu'ils viennent de Dieu.

Et la raison de cela est, que les propositions jointes à d'autres par des *qui*, ou ne sont des propositions que fort imparfaitement, selon ce qui sera dit plus bas, ou ne sont pas tant considérées comme des propositions que l'on fasse alors, que comme des propositions qui ont été faites auparavant, et qu'alors on ne fait plus que concevoir, comme si c'étaient de simples idées. D'où vient qu'il est indifférent d'énoncer ces propositions incidentes par des noms adjectifs ou par des participes sans verbes et sans *qui*, ou avec des verbes et des *qui* ; car c'est la même chose de dire *Dieu invisible a créé le monde visible*, ou *Dieu qui est invisible, a créé le monde qui est visible. Alexandre, le plus généreux de tous les rois, a vaincu Darius*, ou *Alexandre, qui a été le plus généreux de tous les rois, a vaincu Darius* : et dans l'un et dans l'autre, mon but principal n'est pas d'affirmer que Dieu soit invisible, ou qu'Alexandre ait été le plus généreux de tous les rois ; mais supposant l'un et l'autre comme affirmé auparavant, j'affirme de Dieu conçu comme invisible, qu'il a créé le monde visible, et d'Alexandre conçu comme le plus généreux de tous les rois, qu'il a vaincu Darius.

Mais si je disais : *Alexandre a été le plus généreux de tous les rois et le vainqueur de Darius*, il est visible que j'affirmerais également d'Alexandre, et qu'il aurait été le plus généreux de tous les rois, et qu'il aurait été le vainqueur de Darius. Et ainsi c'est avec raison qu'on appelle ces dernières sortes de propositions des propositions composées, au lieu qu'on peut appeler les autres des propositions complexes.

Il faut encore remarquer que ces propositions complexes peuvent être de deux sortes : car la complexion, pour parler ainsi, peut tomber ou sur la matière de la proposition, c'est-à-dire sur le sujet ou sur l'attribut, ou sur tous les deux, ou bien sur la forme seulement.

1º La complexion tombe sur le sujet, quand le sujet est un terme complexe, comme dans cette proposition : *Tout homme qui ne craint rien est roi : Rex est qui metuit nihil.*

Beatus ille qui procul negotiis,
Ut prisca gens mortalium,

> *Paterna rura bobus exercet suis,*
> *Solutus omni frenore* [36].

Car le verbe *est* est sous-entendu dans cette dernière proposition, et *beatus* en est l'attribut, et tout le reste le sujet.

2° La complexion tombe sur l'attribut, lorsque l'attribut est un terme complexe, comme : *La piété est un bien qui rend l'homme heureux dans les plus grandes adversités.*

> *Sum pius Æneas famâ super œthera notus* [37].

Mais il faut particulièrement remarquer ici que toutes les propositions composées de verbes actifs et de leur régime, peuvent être appelées complexes, et qu'elles contiennent en quelque manière deux propositions. Si je dis, par exemple, Brutus a tué un tyran, cela veut dire que Brutus a tué quelqu'un, et que celui qu'il a tué était tyran. D'où vient que cette proposition peut être contredite en deux manières, ou en disant : Brutus n'a tué personne, ou en disant que celui qu'il a tué n'était pas tyran. Ce qu'il est très important de remarquer, parce que lorsque ces sortes de propositions entrent en des arguments, quelquefois on n'en prouve qu'une partie en supposant l'autre : ce qui oblige souvent, pour réduire ces arguments dans la forme la plus naturelle, de changer l'actif en passif, afin que la partie qui est prouvée soit exprimée directement, comme nous remarquerons plus au long quand nous traiterons des arguments composés de ces propositions complexes.

3° Quelquefois la complexion tombe sur le sujet et sur l'attribut ; l'un et l'autre étant un terme complexe, comme dans cette proposition : *Les grands qui oppriment les pauvres seront punis de Dieu, qui est le protecteur des opprimés.*

> *Ille ego qui quondam gracili modulatus avenâ*
> *Carmen, et egressus silvis vicina coëgi,*
> *Ut, quamvis avido, parerent arva colono,*
> *Gratum opus agricolis : at nunc horrentia Martis*
> *Arma, virumque cano, Trojæ qui primus ab oris*
> *Italiam, fato profugus, Lavinaque venit*
> *Littora* [38].

Les trois premiers vers et la moitié du quatrième composent le sujet de cette proposition ; le reste en compose l'attribut, et l'affirmation est enfermée dans le verbe *cano*.

Voilà les trois manières selon lesquelles les propositions peuvent être complexes, quant à leur matière, c'est-à-dire quant à leur sujet et à leur attribut.

CHAPITRE VI.

De la nature des propositions incidentes, qui font partie des propositions complexes.

Mais, avant que de parler des propositions dont la complexion tombe sur la forme, c'est-à-dire sur l'affirmation ou la négation, il y a plusieurs remarques importantes à faire sur la nature des propositions incidentes, qui font partie du sujet ou de l'attribut de celles qui sont complexes selon la matière.

1° On a déjà vu que ces propositions incidentes sont celles dont le sujet est le relatif *qui* : comme, *les hommes, qui sont créés pour connaître et pour aimer Dieu*, ou *les hommes qui sont pieux* : ôtant le terme d'*hommes*, le reste est une proposition incidente.

Mais il faut se souvenir de ce qui a été dit dans le chap. VIII de la première partie, que les additions des termes complexes sont de deux sortes : les unes qu'on peut appeler de simples explications, qui est lorsque l'addition ne change rien dans l'idée du terme, parce que ce qu'on y ajoute lui convient généralement et dans toute son étendue, comme dans le premier exemple, *les hommes, qui sont créés pour connaître et pour aimer Dieu*.

Les autres qui peuvent s'appeler des déterminations, parce que ce qu'on ajoute à un terme ne convenant pas à ce terme dans toute son étendue, en restreint et en détermine la signification, comme dans le second exemple, *les hommes qui sont pieux*. Suivant cela, on peut dire qu'il y a un *qui* explicatif et un *qui* déterminatif.

Or, quand le *qui* est explicatif, l'attribut de la proposition incidente est affirmé du sujet auquel le *qui* se rapporte, quoique ce ne soit qu'incidemment au regard de la proposition totale, de sorte qu'on peut substituer le sujet même au *qui*, comme on peut voir dans le premier exemple : *les hommes, qui ont été créés pour connaître et pour aimer Dieu*, car on peut dire : *les hommes ont été créés pour connaître et pour aimer Dieu*.

Mais quand le *qui* est déterminatif, l'attribut de la proposition incidente n'est point proprement affirmé du sujet auquel le *qui* se rapporte ; car si, après avoir dit *les hommes qui sont pieux sont charitables*, on voulait substituer le mot d'*hommes* au *qui* en disant *les hommes sont pieux*, la proposition serait fausse, parce que ce serait affirmer le mot de *pieux* des hommes comme hommes ; mais en disant, *les hommes qui sont pieux sont charitables*, on n'affirme ni des hommes en général, ni d'aucuns hommes en particulier, qu'ils soient pieux ; mais l'esprit, joignant ensemble l'idée de *pieux* avec celle d'*hommes*, et en faisant une idée totale, juge que l'attribut de *charitable* convient à cette idée totale, et ainsi, tout le jugement qui est exprimé dans la proposition incidente est seulement celui par lequel notre esprit juge que l'idée de *pieux* n'est pas incompatible avec celle d'*homme*, et qu'ainsi il peut les considérer comme jointes ensemble et examiner ensuite ce qui leur convient selon cette union.

2° Il y a souvent des termes qui sont doublement et triplement complexes, étant composés de plusieurs parties dont chacune à part est complexe ; et ainsi il peut s'y rencontrer diverses propositions incidentes et de diverse espèce, le *qui* de l'une étant déterminatif, et le *qui* de l'autre explicatif. C'est ce qu'on verra mieux par cet exemple : *La doctrine qui met le souverain bien dans la volupté du corps, laquelle a été enseignée par Épicure*[59], *est indigne d'un philosophe*. Cette proposition a pour attribut, *indigne d'un philosophe*, et tout le reste pour sujet ; ainsi ce sujet est un terme complexe qui enferme deux propositions incidentes : la première est, *qui met le souverain bien dans la volupté du corps* ; le *qui*, dans cette proposition incidente, est déterminatif, car il détermine le mot de doctrine, qui est général, à celle qui affirme que le souverain bien de l'homme est dans la volupté du corps ; d'où vient qu'on ne pourrait, sans absurdité, substituer au *qui* le mot de doctrine, en disant : *la doctrine met le souverain bien dans la volupté du corps*. La seconde proposition incidente est *qui a été enseignée par Épicure*, et le sujet auquel ce *qui* se rapporte est tout le terme complexe : *la doctrine met le souverain bien dans la volupté du corps*, qui marque une doctrine singulière et individuelle, capable de divers accidents, comme d'être soutenue par diverses personnes, quoiqu'elle soit déterminée en elle-même à être toujours prise de la même sorte, au moins dans ce point précis, selon lequel on l'entend, et c'est pourquoi le *qui* de la seconde proposition incidente, *qui a été enseignée par Épicure*, n'est point déterminatif, mais seulement explicatif ; d'où vient qu'on peut substituer le sujet auquel ce *qui* se rapporte en la place du *qui*, en disant : *la doctrine qui met le souverain bien dans la volupté du corps, a été enseignée par Épicure*.

3° La dernière remarque est que, pour juger de la nature de ces propositions, et pour savoir si le *qui* est déterminatif ou explicatif, il faut souvent avoir plus d'égard au sens et à l'intention de celui qui parle qu'à la seule expression.

DEUXIÈME PARTIE.

Car il y a souvent des termes complexes qui paraissent incomplexes, ou qui paraissent moins complexes qu'ils ne le sont en effet, parce qu'une partie de ce qu'ils enferment dans l'esprit de celui qui parle est sous-entendue et non exprimée, selon ce qui a été dit dans le chapitre VIII de la première partie, où l'on a fait voir qu'il n'y avait rien de plus ordinaire dans les discours des hommes, que de marquer des choses singulières par des noms communs, parce que les circonstances du discours font assez voir qu'on joint à cette idée commune qui répond à ce mot une idée singulière et distincte, qui le détermine à ne signifier qu'une seule et unique chose.

J'ai dit que cela se reconnaissait d'ordinaire par les circonstances, comme, dans la bouche des Français, le mot de roi signifie Louis XIV. Mais voici encore une règle qui peut servir à faire juger quand un terme commun demeure dans son idée générale, ou quand il est déterminé par une idée distincte et particulière, quoique non exprimée.

Quand il y a une absurdité manifeste à lier un attribut avec un sujet demeurant dans son idée générale, on doit croire que celui qui fait cette proposition n'a pas laissé ce sujet dans son idée générale. Ainsi, si j'entends dire à un homme : *Rex hoc mihi imperavit; le roi m'a commandé telle chose*, je suis assuré qu'il n'a pas laissé le mot de roi dans son idée générale : car le roi en général ne fait point de commandement particulier.

Si un homme m'avait dit : *La gazette de Bruxelles, du 14 janvier 1662, touchant ce qui se passe à Paris, est fausse*, je serais assuré qu'il aurait quelque chose dans l'esprit de plus que ce qui serait signifié par ces termes, parce que tout cela n'est point capable de faire juger si cette gazette est vraie ou fausse, et qu'ainsi il faudrait qu'il eût conçu une nouvelle distincte et particulière, laquelle il jugeât contraire à la vérité, comme si cette gazette avait dit *que le roi a fait cent chevaliers de l'ordre du Saint-Esprit*.

De même dans les jugements que l'on fait des opinions des philosophes, quand on dit que la doctrine d'un tel philosophe est fausse, sans exprimer distinctement quelle est cette doctrine, comme, *que la doctrine de Lucrèce touchant la nature de notre âme est fausse*, il faut nécessairement que, dans ces sortes de jugements, ceux qui les font conçoivent une opinion distincte et particulière sous le mot général de doctrine d'un tel philosophe, parce que la qualité de fausse ne peut pas convenir à une doctrine, comme étant d'un tel auteur, mais seulement comme étant une telle opinion en particulier, contraire à la vérité ; et ainsi ces sortes de propositions se résolvent nécessairement en celles-ci : *Une telle opinion, qui a été enseignée par un tel auteur, est fausse : l'opinion que notre âme soit composée d'atomes, qui a été enseignée par Lucrèce, est fausse.* De sorte que ces jugements enferment toujours deux affirmations, lors même qu'elles ne sont pas distinctement exprimées : l'une principale, qui regarde la vérité en elle-même, qui est que c'est une grande erreur de vouloir que notre âme soit composée d'atomes ; l'autre incidente, qui ne regarde qu'un point d'histoire, qui est que cette erreur a été enseignée par Lucrèce.

CHAPITRE VII.

De la fausseté qui peut se trouver dans les termes complexes et dans les propositions incidentes.

Ce que nous venons de dire peut servir à résoudre une question célèbre, qui est de savoir si la fausseté ne peut se trouver que dans les propositions, et s'il n'y en a point dans les idées et dans les simples termes.

Je parle de la fausseté plutôt que de la vérité, parce qu'il y a une vérité qui est dans les choses par rapport à l'esprit de Dieu, soit que les hommes y pensent ou n'y pensent pas ; mais il ne peut y avoir de fausseté que par rapport à l'esprit de l'homme, ou à quelque esprit sujet à erreur, qui juge faussement qu'une chose est ce qu'elle n'est pas.

On demande donc si cette fausseté ne se rencontre que dans les propositions et dans les jugements.

On répond ordinairement que non, ce qui est vrai en un sens ; mais cela n'empêche pas qu'il n'y ait quelquefois de la fausseté, non dans les idées simples, mais dans les termes complexes, parce qu'il suffit pour cela qu'il y ait quelque jugement et quelque affirmation, ou expresse, ou virtuelle.

C'est ce que nous verrons mieux en considérant en particulier les deux sortes de termes complexes, l'un dont le *qui* est explicatif, l'autre dont il est déterminatif.

Dans la première sorte de termes complexes, il ne faut pas s'étonner s'il peut y avoir de la fausseté ; parce que l'attribut de la proposition incidente est affirmé du sujet auquel le *qui* se rapporte. *Alexandre, qui est fils de Philippe ;* j'affirme, quoique incidemment, le fils de Philippe, d'Alexandre, et par conséquent il y a en cela de la fausseté, si cela n'est pas.

Mais il faut remarquer deux ou trois choses importantes.

1° Que la fausseté de la proposition incidente n'empêche pas, pour l'ordinaire, la vérité de la proposition principale. Par exemple, *Alexandre, qui a été fils de Philippe, a vaincu les Perses* : cette proposition doit passer pour vraie, quand Alexandre ne serait pas fils de Philippe, parce que l'affirmation de la proposition principale ne tombe que sur Alexandre ; et ce qu'on y a joint incidemment, quoique faux, n'empêche point qu'il soit vrai qu'Alexandre ait vaincu les Perses.

Que si néanmoins l'attribut de la proposition principale avait rapport à la proposition incidente, comme si je disais : *Alexandre, fils de Philippe, était petit-fils d'Amyntas*, ce serait alors seulement que la fausseté de la proposition incidente rendrait fausse la proposition principale.

2° Les titres qui se donnent communément à certaines dignités peuvent se donner à tous ceux qui possèdent cette dignité, quoique ce qui est signifié par ce titre ne leur convienne en aucune sorte. Ainsi, parce qu'autrefois le titre de *saint* et de *très saint* se donnait à tous les évêques, on voit que les évêques catholiques, dans la conférence de Carthage, ne faisaient point de difficulté de donner ce nom aux évêques donatistes, *sanctissimus Petilianus dixit*, quoiqu'ils sussent bien qu'il ne pouvait pas y avoir de véritable sainteté dans un évêque schismatique. Nous voyons aussi que saint Paul, dans les Actes, donne le titre de *très bon* ou *très excellent* à Festus, gouverneur de Judée[40], parce que c'était le titre qu'on donnait d'ordinaire à ces gouverneurs.

3° Il n'en est pas de même quand une personne est l'auteur d'un titre qu'il donne à un autre, et qu'il le lui donne parlant de lui-même, non selon l'opinion des autres, ou selon l'erreur populaire ; car on peut alors lui imputer avec raison la fausseté de ces propositions. Ainsi, quand un homme dit : *Aristote, qui est le prince des philosophes*, ou simplement, *le prince des philosophes a cru que l'origine des nerfs était dans le cœur*, on n'aurait pas droit de lui dire que cela est faux, parce qu'Aristote n'est pas le plus excellent des philosophes ; car il suffit qu'il ait suivi en cela l'opinion commune, quoique fausse. Mais si un homme disait : *Gassendi, qui est le plus habile des philosophes, croit qu'il y a du vide dans la nature*, on aurait sujet de disputer à cet homme la qualité qu'il voudrait donner à Gassendi, et de le rendre responsable de la fausseté qu'on pourrait prétendre se trouver dans cette proposition incidente. L'on peut donc être accusé de fausseté en donnant à la même personne un titre qui ne lui convient pas, et n'en être pas accusé en lui en donnant un autre qui lui convient encore moins dans la vérité. Par exemple : *Le pape Jean XII n'était ni saint, ni chaste, ni pieux*[41], comme Baronius le reconnaît, et cependant ceux qui l'appelaient *très saint* ne pouvaient être repris de mensonge, et ceux qui l'eussent appelé *très chaste* ou *très pieux* eussent été de fort grands menteurs, quoiqu'ils ne l'eussent fait que par des propositions incidentes, comme s'ils eussent dit : *Jean XII, très chaste pontife, a ordonné telle chose.*

Voilà pour ce qui est des premières sortes de propositions incidentes dont le *qui* est explicatif ; quant aux autres, dont le *qui* est déterminatif, comme : *Les hommes qui sont pieux, les rois qui aiment leurs peuples*, il est certain que, pour l'ordinaire, elles ne sont pas susceptibles de fausseté, parce que l'attribut de la proposition incidente n'y est pas affirmé du sujet auquel le *qui* se rapporte.

Car, si l'on dit, par exemple, *que les juges qui ne font jamais rien par prière et par faveur, sont dignes de louanges*, on ne dit pas pour cela qu'il n'y ait aucun juge sur la terre qui soit dans cette perfection. Néanmoins, je crois qu'il y a toujours dans ces propositions une affirmation tacite et virtuelle, non de la convenance actuelle de l'attribut au sujet auquel le *qui* se rapporte, mais de la convenance possible. Et si on se trompe en cela, je crois qu'on a raison de trouver qu'il y aurait de la fausseté dans ces propositions incidentes, comme si on disait : *Les esprits qui sont carrés sont plus solides que ceux qui sont ronds*, l'idée de *carré* et de *rond* étant incompatible avec l'idée d'*esprit* pris pour le principe de la pensée, j'estime que ces propositions incidentes devraient passer pour fausses.

Et l'on peut même dire que c'est de là que naissent la plupart de nos erreurs : car ayant l'idée d'une chose, nous y joignons souvent une autre idée incompatible, quoique par erreur nous l'ayons crue compatible, ce qui fait que nous attribuons à cette même idée ce qui ne peut lui convenir.

Ainsi, trouvant en nous-mêmes deux idées, celle de la substance qui pense, et celle de la substance étendue, il arrive souvent que lorsque nous considérons notre âme, qui est la substance qui pense, nous y mêlons insensiblement quelque chose de l'idée de la substance étendue, comme quand nous nous imaginons qu'il faut que notre âme remplisse un lieu, ainsi que le remplit un corps, et qu'elle ne le serait point, si elle n'était nulle part, qui sont des choses qui ne conviennent qu'au corps ; et c'est de là qu'est née l'erreur impie de ceux qui croient l'âme mortelle. On peut voir un excellent discours de saint Augustin sur ce sujet, dans le livre x de la Trinité, où il montre qu'il n'y a rien de plus facile à connaître que la nature de notre âme ; mais que ce qui brouille les hommes est que, voulant la connaître, ils ne se contentent pas de ce qu'ils en connaissent sans peine, qui est que c'est une substance qui pense, qui veut, qui doute, qui sait ; mais ils joignent à ce qu'elle est ce qu'elle n'est pas, se la voulant imaginer sous quelques-uns de ces fantômes sous lesquels ils ont accoutumé de concevoir les choses corporelles.

Quand d'autre part nous considérons les corps, nous avons bien de la peine à nous empêcher d'y mêler quelque chose de l'idée de la substance qui pense ; ce qui nous fait dire des corps pesants, qu'ils veulent aller au centre ; des plantes, qu'elles cherchent les aliments qui leur sont propres ; des crises d'une maladie, que c'est la nature qui s'est voulu décharger de ce qui lui nuisait ; et de mille autres choses, surtout dans nos corps, que la nature veut faire ceci ou cela, quoique nous soyons bien assurés que nous ne l'avons pas voulu, n'y ayant pensé en aucune sorte, et qu'il soit ridicule de s'imaginer qu'il y ait en nous quelque autre chose que nous-même qui connaisse ce qui nous est propre ou nuisible, qui cherche l'un et qui fuie l'autre.

Je crois que c'est encore à ce mélange d'idées incompatibles qu'on doit attribuer tous les murmures que les hommes font contre Dieu ; car il serait impossible de murmurer contre Dieu, si on le concevait véritablement selon ce qu'il est, tout-puissant, tout sage et tout bon ; mais les méchants le concevant comme tout-puissant et comme le maître souverain de tout le monde, lui attribuent tous les malheurs qui leur arrivent, en quoi ils ont raison ; et parce qu'en même temps ils le conçoivent cruel et injuste, ce qui est incompatible avec sa bonté, ils s'emportent contre lui, comme s'il avait eu tort de leur envoyer les maux qu'ils souffrent.

CHAPITRE VIII.

Des propositions complexes selon l'affirmation ou la négation, et d'une espèce de ces sortes de propositions que les philosophes appellent modales.

Outre les propositions dont le sujet ou l'attribut est un terme complexe, il y en a d'autres qui sont complexes, parce qu'il y a des termes ou des propositions incidentes qui ne regardent que la forme de la proposition, c'est-à-dire, l'affirmation ou la négation qui est exprimée par le verbe, comme si je dis : *Je soutiens que la terre est ronde; je soutiens*, n'est qu'une proposition incidente, qui doit faire partie de quelque chose dans la proposition principale ; et cependant il est visible qu'elle ne fait partie ni du sujet, ni de l'attribut; car cela n'y change rien du tout, et ils seraient conçus entièrement de la même sorte, si je disais simplement, *la terre est ronde;* et ainsi cela ne tombe que sur l'affirmation qui est exprimée en deux manières : l'une à l'ordinaire par le verbe *est, la terre est ronde;* et l'autre plus expressément par le verbe *je soutiens.*

C'est de même, quand on dit : *je nie, il est vrai, il n'est pas vrai,* ou qu'on ajoute dans une proposition ce qui en appuie la vérité, comme quand je dis : *Les raisons d'astronomie nous convainquent que le soleil est beaucoup plus grand que la terre;* car cette première partie n'est que l'appui de l'affirmation.

Néanmoins il est important de remarquer qu'il y a de ces sortes de propositions qui sont ambiguës, et qui peuvent être prises différemment, selon le dessein de celui qui les prononce, comme si je dis : *Tous les philosophes nous assurent que les choses pesantes tombent d'elles-mêmes en bas;* si mon dessein est de montrer que les choses pesantes tombent d'elles-mêmes en bas, la première partie de cette proposition ne sera qu'incidente, et ne fera qu'appuyer l'affirmation de la dernière partie ; mais si, au contraire, je n'ai dessein que de rapporter cette opinion des philosophes, sans que moi-même je l'approuve, alors la première partie sera la proposition principale, et la dernière sera seulement une partie de l'attribut; car ce que j'affirmerai ne sera pas que les choses pesantes tombent d'elles-mêmes, mais seulement que tous les philosophes l'assurent. Et il est aisé de voir que ces deux différentes manières de prendre cette même proposition la changent tellement, que ce sont deux différentes propositions, et qui ont des sens tout différents. Mais il est souvent aisé de juger par la suite auquel de ces deux sens on la prend ; car, par exemple, si, après avoir fait cette proposition, j'ajoutais : *or, les pierres sont pesantes; donc elles tombent en bas d'elles-mêmes,* il serait visible que je l'aurais prise au premier sens, et que la première partie ne serait qu'incidente ; mais si, au contraire, je concluais ainsi : *or, cela est une erreur; et par conséquent il peut se faire qu'une erreur soit enseignée par tous les philosophes,* il serait manifeste que je l'aurais prise dans le second sens ; c'est-à-dire, que la première partie serait la proposition principale, et que la seconde ferait partie seulement de l'attribut.

De ces propositions complexes, où la complexion tombe sur le verbe et non sur le sujet ni sur l'attribut, les philosophes ont particulièrement remarqué celles qu'ils ont appelées *modales*, parce que l'affirmation ou la négation y est modifiée par l'un de ces quatre modes, *possible, contingent, impossible, nécessaire :* et parce que chaque mode peut être affirmé ou nié, comme, *il est impossible,* **il** ***n'est pas impossible***, et en l'une et en l'autre façon être joint avec une proposition affirmative ou négative, que *la terre est ronde,* que *la terre n'est pas ronde,* chaque mode peut avoir quatre propositions, et les quatre ensemble seize, qu'ils ont marquées par ces quatre mots : Purpurea, Iliace, Amabimus, Edentuli, dont voici tout le mystère. Chaque syllabe marque un de ces quatre modes.

La 1re, possible;
La 2e, contingent;
La 3e, impossible;
La 4e, nécessaire.

Et la voyelle qui se trouve dans chaque syllabe, qui est, ou A, ou E, ou I, ou U, marque si le mode doit être affirmé ou nié, et si la proposition qu'il appellent *dictum* doit être affirmée ou niée en cette manière.

A. L'affirmation du mode, et l'affirmation de la proposition.

E. L'affirmation du mode, et la négation de la proposition.

I. La négation du mode, et l'affirmation de la proposition.

U. La négation du mode, et la négation de la proposition.

Ce serait perdre le temps que d'en apporter des exemples qui sont faciles à trouver. Il faut seulement observer que purpurea répond à l'A des propositions complexes, iliace à E, amabimus à I, edentuli à U, et qu'ainsi, si on veut que les exemples soient vrais, il faut, ayant pris un sujet, prendre pour *purpurea* un attribut qui en puisse être universellement affirmé; pour *iliace*, qui en puisse être universellement nié; pour *amabimus*, qui en puisse être affirmé particulièrement; et pour *edentuli*, qui en puisse être nié particulièrement.

Mais quelque attribut qu'on prenne, il est toujours vrai que toutes les quatre propositions d'un même mot n'ont que le même sens; de sorte que l'une étant vraie, toutes les autres le sont aussi

CHAPITRE IX.

Des diverses sortes de propositions composées.

Nous avons déjà dit que les propositions composées sont celles qui ont ou un double sujet, ou un double attribut. Or, il y en a de deux sortes ; les unes où la composition est expressément marquée, et les autres où elle est plus cachée, et que les logiciens, pour cette raison, appellent *exponibles*, qui ont besoin d'être exposées ou expliquées.

On peut réduire celles de la première sorte à six espèces : les copulatives et les disjonctives ; les conditionnelles et les causales ; les relatives et les discrétives.

DES COPULATIVES.

On appelle copulatives celles qui enferment ou plusieurs sujets ou plusieurs attributs joints par une conjonction affirmative ou négative, c'est-à-dire *et* ou *ni ;* car *ni* fait la même chose que *et* en ces sortes de propositions, puisque *ni* signifie *et* avec une négation qui tombe sur le verbe, et non sur l'union des deux mots qu'il joint, comme si je dis, *que la science et les richesses ne rendent pas un homme heureux*, j'unis autant la science aux richesses, en assurant de l'une et de l'autre, qu'elles ne rendent pas un homme heureux, que si je disais, que la science et les richesses rendent un homme vain.

On peut distinguer de trois sortes de ces propositions.

1° Quand elles ont plusieurs sujets.

Mors et vita in manu linguæ.

La mort et la vie sont en la puissance de la langue.

2° Quand elles ont plusieurs attributs.

Auream quisquis mediocritatem
Diligit, tutus caret obsoleti
Sordibus tecti, caret invidendâ
Sobrius aulâ [42].

Celui qui aime la médiocrité, qui est si estimable en toutes choses, n'est logé ni malproprement, ni superbement.

> *Sperat infaustis, metuit secundis*
> *Alteram sortem, benè præparatum*
> *Pectus* [43].

Un esprit bien fait espère une bonne fortune dans la mauvaise, et en craint une mauvaise dans la bonne.

3° Quand elles ont plusieurs sujets et plusieurs attributs.

> *Non domus et fundus, non æris acervus et auri,*
> *Ægroto domini deduxit corpore febres,*
> *Non animo curas* [44].

Ni les maisons, ni les terres, ni les plus grands amas d'or et d'argent ne peuvent ni chasser la fièvre du corps de celui qui les possède, ni délivrer son esprit d'inquiétude et de chagrin.

La vérité de ces propositions dépend de la vérité de toutes les deux parties; ainsi, si je dis, la foi et la bonne vie sont nécessaires au salut, cela est vrai, parce que l'une et l'autre y est nécessaire; mais si je disais, la bonne vie et les richesses sont nécessaires au salut, cette proposition serait fausse, quoique la bonne vie y soit nécessaire, parce que les richesses n'y sont pas nécessaires.

Les propositions qui sont considérées comme négatives et contradictoires à l'égard des copulatives, et de toutes les autres composées, ne sont pas toutes celles où il se rencontre des négations, mais seulement celles où la négation tombe sur la conjonction; ce qui se fait en diverses manières, comme en mettant le *non* à la tête de la proposition, *non enim amas, et deseris,* dit saint Augustin; c'est-à-dire, il ne faut pas croire que vous aimiez une personne et que vous l'abandonniez.

Car c'est encore en cette manière qu'on rend une proposition contradictoire à la copulative, en niant expressément la conjonction; comme lorsqu'on dit qu'il ne peut pas se faire qu'une chose soit en même temps cela et cela :

Qu'on ne peut pas être amoureux et sage,

> *Amare et sapere, vix Deo conceditur:*

Quo l'amour et la majesté ne s'accordent point ensemble,

> *Non benè conveniunt, nec in una sede morantur*
> *Majestas et amor.*

DES DISJONCTIVES.

Les disjonctives sont de grand usage, et ce sont celles où entre la conjonction disjonctive *vel, ou*.

L'amitié, ou trouve les amis égaux, ou les rend égaux,

Amicitia pares aut accipit, aut facit.

Une femme aime ou hait, il n'y a point de milieu,

Aut amat, aut odit mulier, nihil est tertium.

Celui qui vit dans une entière solitude est un bête ou un ange (dit Aristote)[45].

Les hommes ne se remuent que par l'intérêt ou par la crainte.
La terre tourne autour du soleil, ou le soleil autour de la terre.
Toute action faite avec jugement est bonne ou mauvaise.

La vérité de ces propositions dépend de l'opposition nécessaire des parties, qui ne doivent point souffrir de milieu; mais, comme il faut qu'elles n'en puissent souffrir du tout pour être nécessairement vraies, il suffit qu'elles n'en souffrent point ordinairement pour être considérées comme moralement vraies. C'est pourquoi il est absolument vrai qu'une action faite avec jugement est bonne ou mauvaise, les théologiens faisant voir qu'il n'y en a point en particulier qui soit indifférente; mais quand on dit que les hommes ne se remuent que par l'intérêt ou par la crainte, cela n'est pas vrai absolument, puisqu'il y en a quelques-uns qui ne se remuent ni par l'une ni par l'autre de ces passions, mais par la considération de leur devoir; et ainsi, toute la vérité qui y peut être, est que ce sont les deux ressorts qui remuent la plupart des hommes.

Les propositions contradictoires aux disjonctives sont celles où on nie la vérité de la disjonction; ce qu'on fait en latin comme en toutes les autres propositions composées, en mettant la négation à la tête : *Non omnis actio est bona vel mala;* et en français : *Il n'est pas vrai que toute action soit bonne ou mauvaise.*

DES CONDITIONNELLES.

Les conditionnelles sont celles qui ont deux parties liées par la condition *si*, dont la première, qui est celle où est la condition, s'appelle l'antécédent, et l'autre le conséquent. *Si l'âme est spirituelle*, c'est l'antécédent ; *elle est immortelle*, c'est le conséquent.

Cette conséquence est quelquefois médiate et quelquefois immédiate ; elle n'est que médiate, quand il n'y a rien dans les termes de l'une et de l'autre partie qui les lie ensemble, comme si je dis :

Si la terre est immobile, le soleil tourne ;
Si Dieu est juste, les méchants seront punis.

Ces conséquences sont fort bonnes ; mais elles ne sont pas immédiates, parce que les deux parties n'ayant pas de terme commun, elles ne se lient que par ce qu'on a dans l'esprit, et qui n'est pas exprimé, que la terre et le soleil se trouvant sans cesse en des situations différentes l'une à l'égard de l'autre, il faut nécessairement que si l'une est immobile, l'autre se remue.

Quand la conséquence est immédiate, il faut pour l'ordinaire,

1° Ou que les deux parties aient un même sujet :

Si la mort est un passage à une vie plus heureuse, elle est désirable.

Si vous avez manqué à nourrir les pauvres, vous les avez tués,

Si non pavisti, occidisti.

2° Ou qu'elles aient le même attribut :

Si toutes les épreuves de Dieu nous doivent être chères, les maladies nous le doivent être.

3° Ou que l'attribut de la première partie soit l'attribut de la seconde :

Si la patience est une vertu, il y a des vertus pénibles.

4° Ou enfin que le sujet de la première partie soit l'attribut de la seconde, ce qui ne peut être que quand cette seconde partie est négative.

Si tous les vrais chrétiens vivent selon l'Évangile, il n'y a guère de vrais chrétiens.

On ne regarde, pour la vérité de ces propositions, que la vérité de la conséquence ; car, quoique l'une et l'autre parties fussent fausses, si néanmoins la conséquence de l'une à l'autre est bonne, la proposition, en tant que conditionnelle, est vraie, comme :

Si la volonté de la créature est capable d'empêcher que la volonté absolue de Dieu ne s'accomplisse, Dieu n'est pas tout-puissant.

Les propositions considérées comme négatives et contradictoires aux conditionnelles, sont celles-là seulement dans lesquelles la condition est niée; ce qui se fait en latin, en mettant une négation à la tête :

> *Non si miserum fortuna Sinonem*
> *Finxit, vanum etiam mendacemque improba finget* [46].

Mais en français on exprime ces contradictoires par *quoique* et une négation :

Si vous mangez du fruit défendu, vous mourrez.
Quoique vous mangiez du fruit défendu, vous ne mourrez pas.

Ou bien par *il n'est pas vrai* :

Il n'est pas vrai que, si vous mangez du fruit défendu, vous mourrez.

DES CAUSALES.

Les causales sont celles qui contiennent deux propositions liées par un mot de cause, *quia, parce que*, ou *ut, afin que* :

Malheur aux riches, parce qu'ils ont leur consolation en ce monde.

Les méchants sont élevés, afin que, tombant de plus haut, leur chute en soit plus grande.

> *Tolluntur in altum,*
> *Ut lapsu graviore ruant.*

Ils le peuvent, parce qu'ils croient le pouvoir,

> *Possunt, quia posse videntur.*

Un tel prince a été malheureux, parce qu'il était né sous une telle constellation.

On peut aussi réduire à ces sortes de propositions celles qu'on appelle *réduplicatives* :

L'homme, en tant qu'homme, est raisonnable.
Les rois, en tant que rois, ne dépendent que de Dieu seul.

Il est nécessaire, pour la vérité de ces propositions, que l'une des parties soit cause de l'autre; ce qui fait aussi qu'il faut que l'une et l'autre soient vraies; car ce qui est faux n'est point cause, et n'a point de cause; mais l'une et l'autre partie peuvent être vraies, et la causale être fausse, parce qu'il suffit pour cela que l'une des parties ne soit pas cause de l'autre; ainsi un prince peut avoir été malheureux et être né sous une telle constellation, qu'il ne laisserait pas d'être faux qu'il ait été malheureux pour être né sous cette constellation.

C'est pourquoi c'est en cela proprement que consistent les contradictoires de ces propositions, quand on nie qu'une soit cause de l'autre : *Non ideò infelix, quia sub hoc natus sidere.*

DES RELATIVES.

Les relatives sont celles qui renferment quelque comparaison et quelque rapport :

Où est le trésor, là est le cœur.
Telle est la vie, telle est la mort.

Tanti es, quantum habeas,

On est estimé dans le monde à proportion de son bien.

La vérité dépend de la justesse du rapport, et on les contredit en niant le rapport.

Il n'est pas vrai que telle est la vie, telle est la mort.
Il n'est pas vrai que l'on soit estimé dans le monde à proportion de son bien.

DES DISCRÉTIVES.

Ce sont celles où l'on fait des jugements différents, en marquant cette différence par les particules *sed, mais, tamen, néanmoins,* ou autres semblables exprimées ou sous-entendues.

Fortuna opes auferre, non animum potest. La fortune peut ôter le bien, mais elle ne peut ôter le cœur.

Et mihi res, non me rebus submittere conor[47]. Je tâche de me mettre au-dessus des choses, et non pas d'y être asservi.

Cœlum, non animum mutant qui trans mare currunt. Ceux qui passent les mers ne changent que de pays, et non pas d'esprit.

La vérité de cette sorte de proposition dépend de la vérité de toutes les deux parties et de la séparation qu'on y met ; car quoique les deux parties fussent vraies, une proposition de cette sorte serait ridicule, s'il n'y avait point entre elles d'opposition, comme si je disais :

Judas était un larron, et néanmoins il ne put souffrir que Marie répandît ses parfums sur JÉSUS-CHRIST.

Il peut y avoir plusieurs contradictoires d'une proposition de cette sorte, comme si on disait :

Ce n'est pas des richesses, mais de la science que dépend le bonheur.

On peut contredire cette proposition en toutes ces manières :

Le bonheur dépend des richesses, et non pas de la science.
Le bonheur ne dépend ni des richesses, ni de la science.
Le bonheur dépend des richesses et de la science.

Ainsi l'on voit que les copulatives sont contradictoires des discrétives ; car ces deux dernières propositions sont copulatives.

CHAPITRE X.

Des propositions composées dans le sens.

Il y a d'autres propositions composées, dont la composition est plus cachée, et on peut les réduire à ces quatre sortes : 1° exclusives ; 2° exceptives ; 3° comparatives ; 4° inceptives ou désitives.

1. DES EXCLUSIVES.

On appelle exclusives, celles qui marquent qu'un attribut convient à un sujet, et qu'il ne convient qu'à ce seul sujet, ce qui est marquer qu'il ne convient pas à d'autres ; d'où il s'ensuit qu'elles enferment deux jugements différents, et que par conséquent elles sont composées dans le sens. C'est ce qu'on exprime par le mot *seul*, ou autre semblable, ou en français, *il n'y a*. Il n'y a que Dieu seul aimable pour lui-même.

Deus solus fruendus, reliqua utenda.

C'est-à-dire, nous devons aimer Dieu pour lui-même, et n'aimer les autres choses que pour Dieu.

Quas dederis solas semper habebis opes.

Les seules richesses qui vous demeureront toujours, seront celles que vous aurez données libéralement.

Nobilitas sola est atque unica virtus.

La vertu fait la noblesse, et toute autre chose ne rend point vraiment noble.

Hoc unum scio quod nihil scio, disaient les Académiciens,

Il est certain qu'il n'y a rien de certain, et il n'y a qu'obscurité et incertitude en toute autre chose.

Lucain, parlant des Druides, fait cette proposition disjonctive composée de deux exclusives.

> *Solis nosse deos, et cœli numina vobis,*
> *Aut solis nescire datum est* [48].

Ou vous connaissez les dieux, quoique tous les autres les ignorent;

Ou vous les ignorez quoique tous les autres les connaissent.

Ces propositions se contredisent en trois manières; car, 1° on peut nier que ce qui est dit convenir à un seul sujet, lui convienne en aucune sorte.

2° On peut soutenir que cela convient à autre chose.

3° On peut soutenir l'un et l'autre.

Ainsi, contre cette sentence, *la seule vertu est la vraie noblesse,* on peut dire :

1° Que la seule vertu ne rend point noble.
2° Que la naissance rend noble aussi bien que la vertu.
3° Que la naissance rend noble, et non la vertu.

Ainsi cette maxime des Académiciens, *que cela est certain qu'il n'y a rien de certain*, était contredite différemment par les dogmatiques et par les Pyrrhoniens; car les dogmatiques la combattaient, en soutenant que cela était doublement faux, parce qu'il y avait beaucoup de choses que nous connaissions très certainement; et qu'ainsi il n'était point vrai que nous fussions certains de ne rien savoir; et les Pyrrhoniens disaient aussi que cela était faux, par une raison contraire, qui est que tout était tellement incertain qu'il était même incertain s'il n'y avait rien de certain.

C'est pourquoi il y a un défaut de jugement dans ce que Lucain dit des Druides, parce qu'il n'y a point de nécessité que les seuls Druides fussent dans la vérité au regard des dieux, ou qu'eux seuls fussent dans l'erreur; car, pouvant y avoir diverses erreurs touchant la nature de Dieu, il pouvait fort bien se faire que, quoique les Druides eussent des pensées, touchant la nature de Dieu, différentes de celles des autres nations, ils ne fussent pas moins dans l'erreur que les autres nations.

Ce qui est ici de plus remarquable, est qu'il y a souvent de ces propositions qui sont exclusives dans le sens, quoique l'exclusion ne soit pas exprimée : ainsi ce vers de Virgile, où l'exclusion est marquée,

Una salus victis nullam sperare salutem,

a été traduit heureusement par ce vers français, dans lequel l'exclusion est sous-entendue :

Le salut des vaincus est de n'en point attendre.

Néanmoins il est bien plus ordinaire en latin qu'en français de sous-entendre les exclusions : de sorte qu'il y a souvent des passages qu'on ne peut traduire dans toute leur force, sans en faire des propositions exclusives, quoique en latin l'exclusion n'y soit pas marquée.

Ainsi, 2. Cor. 10. 17. *Qui gloriatur, in Domino glorietur,* doit être traduit : que celui qui se glorifie, ne se glorifie qu'au Seigneur.

Galat. 6. 8. *Quæ seminaverit homo, hæc et metet :* l'homme ne recueillera que ce qu'il aura semé.

Ephes. 4. 5. *Unus Dominus, una fides, unum baptisma :* il n'y a qu'un Seigneur, qu'une foi, qu'un baptême.

Matth. 5. 46, *Si diligitis eos qui vos diligunt, quam mercedem habebitis!* Si vous n'aimez que ceux qui vous aiment, quelle récompense en mériterez-vous?

Sénèque dans la Troade : *Nullas habet spet Troja, si tales habet :* si Troie n'a que cette espérance, elle n'en a point ; comme s'il y avait, *si tantùm tales habet.*

2. DES EXCEPTIVES.

Les exceptives sont celles où l'on affirme une chose de tout un sujet, à l'exception de quelqu'un des inférieurs de ce sujet à qui on fait entendre, par quelque particule exceptive, que cela ne convient pas, ce qui visiblement enferme deux jugements, et ainsi rend ces propositions composées dans le sens, comme si je dis :

Toutes les sectes des anciens philosophes, hors celle des Platoniciens, n'ont point reconnu que Dieu fût sans corps.

Cela veut dire deux choses : la première, que les philosophes anciens ont cru Dieu corporel ; la seconde, que les Platoniciens ont cru le contraire.

Avarus, nisi cùm moritur, nil rectè facit,

L'avare ne fait rien de bien, si ce n'est de mourir.

Et miser nemo, nisi comparatus,

DEUXIÈME PARTIE. 143

Nul ne se croit misérable, qu'en se comparant à de plus heureux.

Nemo læditur, nisi à seipso,

Nous n'avons de mal que celui que nous nous faisons à nous-mêmes.

Excepté le sage, disaient les Stoïciens [49], tous les hommes sont vraiment fous.

Ces propositions se contredisent, de même que les exclusives,

1° En soutenant que le sage des Stoïciens était aussi fou que les autres hommes;

2° En soutenant qu'il y en avait d'autres que ce sage qui n'étaient point fous;

3° En prétendant que ce sage des Stoïciens était fou, et que d'autres hommes ne l'étaient pas.

Il faut remarquer que les propositions exclusives et les exceptives ne sont, pour ainsi dire, que la même chose exprimée un peu différemment, de sorte qu'il est toujours fort aisé de les changer réciproquement les unes aux autres : et ainsi nous voyons que cette exceptive de Térence,

Imperitus, nisi quod ipse facit, nil rectum putat,

a été changée par Cornélius Gallus en cette exclusive :

Hoc tantùm rectum quod facit ipse putat.

3. DES COMPARATIVES.

Les propositions où l'on compare enferment deux jugements, parce que c'en sont deux de dire qu'une chose est telle, et de dire qu'elle est telle plus ou moins qu'une autre, et ainsi ces sortes de propositions sont composées dans le sens.

Amicum perdere est damnorum maximum,

La plus grande de toutes les pertes, est de perdre un ami.

Ridiculum acri
Fortiùs et meliùs magnas plerumque secat res [50],

On fait souvent plus d'impression dans les affaires, même les plus importantes, par une raillerie agréable, que par les meilleures raisons.

Meliora sunt vulnera amici, quàm fraudulenta oscula inimici,

. Les coups d'un ami valent mieux que les baisers trompeurs d'un ennemi.

On contredit ces propositions en plusieurs manières, comme cette maxime d'Épicure, *la douleur est le plus grand de tous les maux*, était contredite d'une sorte par les Stoïciens, et d'une autre par les Péripatéticiens; car les Péripatéticiens avouaient que la douleur était un mal; mais ils soutenaient que les vices et les autres dérèglements d'esprit étaient de bien plus grands maux; au lieu que les Stoïciens ne voulaient pas même reconnaître que la douleur fût un mal, bien loin d'avouer que ce fût le plus grand de tous les maux.

Mais on peut traiter ici une question, qui est de savoir s'il est toujours nécessaire que, dans ces propositions, le positif du comparatif convienne à tous les deux membres de la comparaison, et s'il faut, par exemple, supposer que deux choses soient bonnes, afin de pouvoir dire que l'une est meilleure que l'autre.

Il semble d'abord que cela devrait être ainsi; mais l'usage est au contraire, puisque nous voyons que l'Écriture se sert du mot meilleur, non-seulement en comparant deux biens ensemble, *melior est sapientia quàm vires, et vir prudens quàm fortis;* la sagesse vaut mieux que la force, et l'homme prudent que l'homme vaillant;

Mais aussi en comparant un bien à un mal, *melior est patiens arrogante;* un homme patient vaut mieux qu'un homme superbe;

Et même en comparant deux mots ensemble, *melius est habitare cum dracone, quàm cum muliere litigiosâ;* il vaut mieux demeurer avec un dragon qu'avec une femme querelleuse. Et dans l'Évangile : il vaut mieux être jeté dans la mer une pierre au col, que de scandaliser le moindre des fidèles.

La raison de cet usage est qu'un plus grand bien est meilleur qu'un moindre, parce qu'il a plus de bonté qu'un moindre bien. Or, par la même raison, on peut dire, quoique moins proprement, qu'un bien est meilleur qu'un mal, parce que ce qui a de la bonté en a plus que ce qui n'en a point; et l'on peut dire aussi qu'un moindre mal est meilleur qu'un plus grand mal, parce que la diminution du mal tenant lieu de bien dans les maux, ce qui est moins mauvais a plus de cette sorte de bonté que ce qui est plus mauvais.

Il faut donc éviter de s'embarrasser mal à propos par la chaleur de la dispute à chicaner sur ces façons de parler, comme fit un grammairien donatiste, nommé Cresconius, en écrivant contre saint Augustin; car ce saint ayant dit que les catholiques avaient plus de raison de reprocher aux donatistes d'avoir livré les livres sacrés, que les donatistes n'en avaient de le reprocher aux catholiques : *Traditionem non vobis probabiliùs objicimus*, Cresconius s'imagina avoir droit de conclure de ces paroles, que saint Augustin avouait par là que les donatistes avaient raison de le reprocher aux catholiques. *Si enim vos probabiliùs*, disait-il, *nos ergò probabiliter : nam gradus iste quòd antè positum est auget, non quod antè dictum est improbat*. Mais saint Augustin réfute premièrement cette vaine subtilité par des exemples de l'Écriture, et entre autres par ce passage de l'épître aux Hébreux, où saint Paul ayant dit que la terre qui ne porte que des épines était maudite, et ne devait attendre que le feu, il ajoute : *Confidimus autem de vobis, fratres charissimi, meliora; non quia*, dit ce Père, *bona illa erant quæ suprà dixerat, proferre spinas et tribulos et ustionem mereri, sed magis, quia mala erant, ut illis devitatis meliora eligerent et optarent, hoc est, bona tantis malis contraria*. Et il lui montre ensuite, par les plus célèbres auteurs de son art, combien la conséquence était fausse, puisqu'on aurait pu, de la même sorte, reprocher à Virgile d'avoir pris pour une bonne chose la violence d'une maladie qui porte les hommes à se déchirer avec leurs propres dents, parce qu'il souhaite une meilleure fortune aux gens de bien.

Di meliora piis, erroremque hostibus illum !
Discissos nudis laniabant dentibus artus[51].

Quomodò ergò meliora piis, dit ce Père, *quasi bona essent* **istis**, *ac non potiùs magna mala, qui discissos nudis laniabant dentibus artus*[61]?

4. DES INCEPTIVES OU DÉSITIVES.

Lorsqu'on dit qu'une chose a commencé ou cesse d'être telle, on fait deux jugements : l'un de ce qu'était cette chose avant le temps dont on parle ; l'autre de ce qu'elle est depuis ; et ainsi ces propositions, dont les unes sont appelées inceptives, et les autres désitives, sont composées dans le sens ; et elles sont si semblables, qu'il est plus à propos de n'en faire qu'une espèce, et de les traiter ensemble.

Les Juifs ont commencé, depuis le retour de la captivité de Babylone, à ne plus se servir de leurs caractères anciens, qui sont ceux qu'on appelle maintenant samaritains.

La langue latine a cessé d'être vulgaire en Italie depuis cinq cents ans.

Les Juifs n'ont commencé qu'au cinquième siècle depuis J. C. à se servir des points pour marquer les voyelles.

Ces propositions se contredisent selon l'un et l'autre rapport aux deux temps différents. Ainsi il y en a qui contredisent cette dernière, en prétendant, quoique faussement, que les Juifs ont toujours eu l'usage des points, au moins pour les livres, et qu'ils étaient gardés dans le temple; et d'autres la contredisent, en prétendant, au contraire, que l'usage des points est même plus nouveau que le cinquième siècle.

Réflexion générale.

Quoique nous ayons montré que les propositions exclusives, exceptives, etc., pouvaient être contredites en plusieurs manières, il est vrai néanmoins que quand on les nie simplement sans s'expliquer davantage, la négation tombe naturellement sur l'exclusion, ou l'exception, ou la comparaison, ou le changement marqué par les mots de commencer et de cesser. C'est pourquoi, si une personne croyait qu'Épicure n'a pas mis le souverain bien dans la volupté du corps, et qu'on lui dit *que le seul Épicure y a mis le souverain bien,* si elle le niait simplement sans ajouter autre chose, elle ne satisferait pas à sa pensée, parce qu'on aurait sujet de croire, sur cette simple négation, qu'elle demeure d'accord qu'Épicure a mis en effet le souverain bien dans la volupté du corps, mais qu'elle ne le croit pas seul de cet avis.

De même, si, connaissant la probité d'un juge, on me demandait *s'il ne vend plus la justice,* je ne pourrais pas répondre simplement par *non,* parce que le *non* signifierait qu'il ne la vend plus, mais laisserait croire en même temps que je reconnais qu'il l'a autrefois vendue.

Et c'est ce qui fait voir qu'il y a des propositions auxquelles il serait injuste de demander qu'on y répondît simplement par oui ou par non, parce qu'en formant deux sens, on n'y peut faire de réponse juste qu'en s'expliquant sur l'un et sur l'autre.

CHAPITRE XI.

Observations pour reconnaître dans quelques propositions exprimées d'une manière moins ordinaire, quel en est le sujet et quel en est l'attribut.

C'est sans doute un défaut de la logique ordinaire, qu'on n'accoutume point ceux qui l'apprennent à reconnaître la nature des propositions et des raisonnements, qu'en les attachant à l'ordre et à l'arrangement dont on les forme dans les écoles, qui est souvent très différent de celui dont on les forme dans le monde et dans les livres, soit d'éloquence, soit de morale, soit des autres sciences.

Ainsi on n'a presque point d'autre idée d'un sujet et d'un attribut, sinon que l'un est le premier terme d'une proposition, et l'autre le dernier ; et de l'universalité ou particularité, sinon qu'il y a dans l'une *omnis* ou *nullus*, *tout* ou *nul*, et dans l'autre, *aliquis*, *quelque*.

Cependant tout cela trompe très souvent, et il est besoin de jugement pour discerner ces choses en plusieurs propositions. Commençons par le sujet et l'attribut.

L'unique et véritable règle est de regarder par le sens ce dont on affirme, et ce qu'on affirme ; car le premier est toujours le sujet, et le dernier l'attribut, en quelque ordre qu'ils se trouvent.

Ainsi il n'y a rien de plus commun en latin que ces sortes de propositions : *Turpe est obsequi libidini ;* il est honteux d'être esclave de ses passions ; où il est visible par le sens, que *turpe*, *honteux*, est ce qu'on affirme, et par conséquent l'attribut, et *obsequi libidini*, être esclave de ses passions, ce dont on affirme, c'est-à-dire, ce qu'on assure être honteux, et par conséquent le sujet. De même dans saint Paul : *Est quæstus magnus pietas cum sufficientiâ*, le vrai ordre serait, *pietas cum sufficientiâ est quæstus magnus*.

Et de même dans ces vers :

> *Felix qui potuit rerum cognoscere causas ;*
> *Atque metus omnes, et inexorabile fatum*
> *Subjecit pedibus, strepitumque Acherontis avari* [62].

Felix est l'attribut, et le reste le sujet.

Le sujet et l'attribut sont souvent encore plus difficiles à reconnaître dans les propositions complexes ; et nous avons déjà vu qu'on ne peut quelquefois juger que par la suite du discours et l'intention d'un auteur, quelle est la proposition principale, et quelle est l'incidente dans ces sortes de propositions.

Mais, outre ce que nous avons dit, on peut encore remarquer que, dans ces propositions complexes, où la première partie n'est que la proposition incidente, et la dernière est la principale, comme dans la majeure et la conclusion de ce raisonnement :

Dieu commande d'honorer les rois :
Louis XIV est roi ;
Donc Dieu commande d'honorer Louis XIV.

il faut souvent changer le verbe actif en passif, pour avoir le vrai sujet de cette proposition principale, comme dans cet exemple même ; car il est visible que, raisonnant de la sorte, mon intention principale, dans la majeure, est d'affirmer quelque chose des rois, dont je puisse conclure qu'il faut honorer Louis XIV ; et ainsi ce que je dis du commandement de Dieu n'est proprement qu'une proposition incidente qui confirme cette affirmation : *Les rois doivent être honorés ; reges sunt honorandi.* D'où il s'ensuit que *les rois* est le sujet de la majeure, et Louis XIV le sujet de la conclusion, quoiqu'à ne considérer les choses que superficiellement, l'une et l'autre semblent n'être qu'une partie de l'attribut.

Ce sont aussi des propositions fort ordinaires à notre langue : *C'est une folie que de s'arrêter à des flatteurs ; c'est de la grêle qui tombe ; c'est un dieu qui nous a rachetés.* Or, le sens doit faire encore juger que, pour les remettre dans l'arrangement naturel, en plaçant le sujet avant l'attribut, il faudrait les exprimer ainsi : *S'arrêter à des flatteurs est une folie ; ce qui tombe est de la grêle ; celui qui nous a rachetés est Dieu ;* et cela est presque universel dans toutes les propositions qui commence par *c'est*, où l'on trouve après un *qui* ou un *que*, d'avoir leur attribut au commencement et le sujet à la fin. C'est assez d'en avoir averti une fois, et tous ces exemples ne sont que pour faire voir qu'on en doit juger par le sens, et non par l'ordre des mots. Ce qui est un avis très nécessaire pour ne pas se tromper, en prenant des syllogismes pour vicieux qui sont en effet très bons ; parce que, faute de discerner dans les propositions le sujet et l'attribut, on croit qu'ils sont contraires aux règles lorsqu'ils y sont très conformes.

CHAPITRE XII.

Des sujets confus équivalents à deux sujets.

Il est important, pour mieux entendre la nature de ce qu'on appelle *sujet* dans les propositions, d'ajouter ici une remarque qui a été faite dans des ouvrages plus considérables que celui-ci, mais qui, appartenant à la logique, peut trouver ici sa place.

C'est que, lorsque deux ou plusieurs choses qui ont quelque ressemblance se succèdent l'une à l'autre dans le même lieu, et principalement quand il n'y paraît pas de différence sensible, quoique les hommes puissent les distinguer en parlant métaphysiquement, ils ne les distinguent pas néanmoins dans leurs discours ordinaires; mais les réunissant sous une idée commune qui n'en fait pas voir la différence et qui ne marque que ce qu'ils ont de commun, ils en parlent comme si c'était une même chose.

C'est ainsi que, quoique nous changions d'air à tout moment, nous regardons néanmoins l'air qui nous environne comme étant toujours le même, et nous disons que de froid il est devenu chaud comme si c'était le même ; au lieu que souvent cet air, que nous sentons froid, n'est pas le même que celui que nous trouvions chaud.

Cette eau, disons-nous aussi en parlant d'une rivière, était trouble il y a deux jours, et la voilà claire comme du cristal: cependant combien s'en faut-il que ce soit la même eau! *In idem flumen bis non descendimus*, dit Sénèque, *manet idem fluminis nomen, aqua transmissa est*[55].

Nous considérons le corps des animaux, et nous en parlons comme étant toujours le même, quoique nous ne soyons pas assurés qu'au bout de quelques années il reste aucune partie de la première matière qui le composait; et non-seulement nous en parlons comme d'un même corps sans y faire réflexion, mais nous le faisons aussi lorsque nous y faisons une réflexion expresse. Car le langage ordinaire permet de dire : le corps de cet animal était composé, il y a dix ans, de certaines parties de matière, et maintenant il est composé de parties toutes différentes[54]. Il semble qu'il y ait de la contradiction dans ce discours ; car si les parties sont toutes différentes, ce n'est donc pas le même corps: il est vrai; mais on en parle néanmoins comme d'un même corps; et ce qui rend ces propositions véritables, c'est que le même terme est pris pour différents sujets dans cette différente application.

Auguste disait de la ville de Rome qu'il l'avait trouvée de brique, et qu'il la laissait de marbre. On dit de même d'une ville, d'une maison, d'une église, qu'elle a été ruinée en un tel temps, et rétablie en un autre temps. Quelle est donc cette Rome qui est tantôt de brique et tantôt de marbre? quelles sont ces villes, ces maisons, ces églises qui sont ruinées en un temps et rétablies en un autre ? Cette *Rome*, qui était de brique, était-elle la **même** que *Rome* de marbre ? Non ; mais l'esprit ne laisse pas de se former une certaine idée confuse de *Rome* à qui il attribue ces deux qualités, d'être de brique en un temps et de marbre en un autre ; et quand il en fait ensuite des propositions, et qu'il dit, par exemple, que *Rome*, qui avait été de brique avant Auguste, était de marbre quand il mourut, le mot de *Rome*, qui ne paraît qu'un sujet, en marque néanmoins deux réellement distincts, mais réunis sous une idée confuse de *Rome*, qui fait que l'esprit ne s'aperçoit pas de la distinction de ces sujets.

C'est par là qu'on a éclairci, dans le livre dont on a emprunté cette remarque[55], l'embarras affecté que les ministres se plaisent à trouver dans cette proposition, *ceci est mon corps*, que personne n'y trouvera en suivant les lumières du sens commun. Car, comme on ne dira jamais que c'était une proposition fort embarrassée et fort difficile à entendre que de dire d'une église qui aurait été brûlée et rebâtie : cette église fut brûlée il y a dix ans, et elle a été rebâtie depuis un an ; de même, on ne saurait dire raisonnablement qu'il y ait aucune difficulté à entendre cette proposition : *ceci, qui est du pain dans ce moment-ci, est mon corps dans cet autre moment*. Il est vrai que ce n'est pas le même *ceci* dans ces différents moments, comme l'église brûlée et l'église rebâtie ne sont pas réellement la même église ; mais l'esprit, concevant et le pain et le corps de Jésus-Christ sous une idée commune d'objet présent qu'il exprime par *ceci*, attribue à cet objet réellement double, et qui n'est un que d'une unité de confusion, d'être pain en un certain moment et d'être le corps de Jésus-Christ en un autre ; de même qu'ayant formé de cette église brûlée et de cette église rebâtie une idée commune d'église, il donne à cette idée confuse deux attributs qui ne peuvent convenir au même sujet.

Il s'ensuit de là qu'il n'y a aucune difficulté dans cette proposition, *ceci est mon corps*, prise au sens des catholiques, puisqu'elle n'est que l'abrégé de cette autre proposition parfaitement claire, *ceci, qui est pain dans ce moment-ci, est mon corps dans cet autre moment* ; et que l'esprit supplée tout ce qui n'est pas exprimé. Car, comme nous avons remarqué à la fin de la première partie, quand on se sert du pronom démonstratif *hoc*, pour marquer quelque chose exposé aux sens, l'idée formée précisément par le pronom demeurant confuse, l'esprit y ajoute des idées claires et distinctes tirées des sens par forme de proposition incidente. Ainsi, Jésus-Christ prononçant le mot de *ceci*, l'esprit des apôtres y ajoutait *qui est pain*; et comme il concevait qu'il était pain dans ce moment-là, il y faisait aussi cette addition du temps; et ainsi le mot de *ceci* formait cette idée, *ceci qui est pain dans ce moment-ci*. De même quand il dit que c'était son corps, ils conçurent que *ceci était son corps dans ce moment-là*. Ainsi l'expression, *ceci est mon corps*, forma en eux cette proposition totale; *ceci, qui est pain dans ce moment-ci, est mon corps dans cet autre moment;* et cette expression étant claire, l'abrégé de la proposition, qui ne diminue rien de l'idée, l'est aussi.

Et quant à la difficulté proposée par les ministres, qu'une même chose ne peut être pain et corps de Jésus-Christ, comme elle regarde également la proposition étendue, *ceci, qui est pain dans ce moment-ci, est mon corps dans cet autre moment*, et la proposition abrégée, *ceci est mon corps*, il est clair que ce ne peut être qu'une chicanerie frivole pareille à celle qu'on pourrait alléguer contre ces propositions : cette église fut brûlée en un tel temps, et elle a été rétablie dans cet autre temps; et qu'elles se doivent toutes démêler par cette manière de concevoir plusieurs sujets distincts sous une même idée, qui fait que le même terme est tantôt pris pour un sujet et tantôt pour un autre, sans que l'esprit s'aperçoive de ce passage d'un sujet à un autre.

Au reste, on ne prétend pas décider ici cette importante question, de quelle sorte on doit entendre ces paroles, *ceci est mon corps*, si c'est dans un sens de figure ou dans un sens de réalité. Car il ne suffit pas de prouver qu'une proposition peut se prendre dans un certain sens; il faut de plus prouver qu'elle doit s'y prendre. Mais comme il y a des ministres qui, par les principes d'une très fausse logique, soutiennent opiniâtrement que les paroles de Jésus-Christ ne peuvent recevoir le sens catholique, il n'est point hors de propos d'avoir montré ici en abrégé que le sens catholique n'a rien que de clair, de raisonnable et de conforme au langage commun de tous les hommes.

CHAPITRE XIII.

Autres observations pour reconnaître si les propositions sont universelles ou particulières.

On peut faire quelques observations semblables, et non moins nécessaires, touchant l'universalité et la particularité.

OBSERVATION I. Il faut distinguer deux sortes d'universalités : l'une qu'on peut appeler métaphysique, et l'autre morale.

J'appelle universalité métaphysique, lorsqu'une universalité est parfaite et sans exception, comme, *tout homme est vivant*, cela ne reçoit point d'exception.

Et j'appelle universalité morale celle qui reçoit quelque exception, parce que, dans les choses morales, on se contente que les choses soient telles ordinairement, *ut plurimum*, comme ce que saint Paul rapporte et approuve.

Cretenses semper mendaces, malæ bestiæ, ventres pigri[56].

Ou ce que dit le même apôtre : *Omnes quæ sua sint quærunt, non quæ Jesu-Christi*,[57].

Ou ce que dit Horace :

> *Omnibus hoc vitium est cantoribus, inter amicos*
> *Ut nunquam inducant animum cantare rogati,*
> *Injussi nunquam desistant*[58].

Ou ce qu'on dit d'ordinaire :

Que toutes les femmes aiment à parler ;
Que tous les jeunes gens sont inconstants ;
Que tous les vieillards louent le temps passé.

Il **suffit**, dans toutes ces sortes de propositions, qu'ordinairement cela soit ainsi, et on ne doit pas aussi en conclure rien à la rigueur.

Car, comme ces propositions ne sont pas tellement générales qu'elles ne souffrent des exceptions, il pourrait se faire que la conclusion serait fausse. Comme on n'aurait pas pu conclure de chaque Crétois en particulier, qu'il aurait été un menteur et une méchante bête, quoique l'apôtre approuve en général ce vers d'un de leurs poëtes : *Les Crétois sont toujours menteurs, méchantes bêtes, grands mangeurs*, parce que quelques-uns de cette île pouvaient ne pas avoir les vices qui étaient communs aux autres[59].

Ainsi la modération qu'on doit garder dans ces propositions qui ne sont que moralement universelles, c'est, d'une part, de n'en tirer qu'avec grand jugement des conclusions particulières, et de l'autre de ne pas les contredire ni ne pas les rejeter comme fausses, quoiqu'on puisse opposer des instances où elles n'ont pas de lieu, mais de se contenter, si on les étendait trop loin, de montrer qu'elles ne doivent pas se prendre à la rigueur.

Observation II. Il y a des propositions qui doivent passer pour métaphysiquement universelles, quoiqu'elles puissent recevoir des exceptions, lorsque dans l'usage ordinaire ces exceptions extraordinaires ne passent point pour devoir être comprises dans ces termes universels, comme si je dis, *tous les hommes n'ont que deux bras*, cette proposition doit passer pour vraie dans l'usage ordinaire ; et ce serait chicaner que d'opposer qu'il y a eu des monstres qui n'ont pas laissé d'être hommes, quoiqu'ils eussent quatre bras, parce qu'on voit assez qu'on ne parle pas des monstres dans ces propositions générales, et qu'on veut dire seulement que, dans l'ordre de la nature, les hommes n'ont que deux bras. On peut dire de même que tous les hommes se servent des sons pour exprimer leurs pensées, mais que tous ne se servent pas de l'écriture : et ce ne serait pas une objection raisonnable que d'opposer les muets pour trouver de la fausseté dans cette proposition, parce qu'on voit assez, sans qu'on l'exprime, que cela ne doit s'entendre que de ceux qui n'ont point d'empêchement naturel à se servir des sons, ou pour n'avoir pu les apprendre, comme ceux qui sont nés sourds, ou pour ne pouvoir les former, comme les muets.

OBSERVATION III. Il y a des propositions qui ne sont universelles que parce qu'elles doivent s'entendre de *generibus singulorum*, et non pas de *singulis generum*, comme parlent les philosophes, c'est-à-dire de toutes les espèces de quelque genre, et non pas de tous les particuliers de ces espèces. Ainsi l'on dit que tous les animaux furent sauvés dans l'arche de Noé, parce qu'il en fut sauvé quelques-uns de toutes les espèces. Jésus-Christ dit aussi des Pharisiens, qu'ils payaient la dîme de toutes les herbes, *decimatis omne olus*, non qu'ils payassent la dîme de toutes les herbes qui étaient dans le monde, mais parce qu'il n'y avait point de sortes d'herbes dont ils ne payassent la dîme. Ainsi saint Paul dit : *Sicut et ego omnibus per omnia placeo ;* c'est-à-dire qu'il s'accommodait à toutes sortes de personnes, Juifs, Gentils, Chrétiens, quoiqu'il ne plût pas à ses persécuteurs, qui étaient en si grand nombre. Ainsi l'on dit d'un homme, *qu'il a passé par toutes les charges*, c'est-à-dire par toutes sortes de charges.

OBSERVATION IV. Il y a des propositions qui ne sont universelles que parce que le sujet doit être pris comme restreint par une partie de l'attribut ; je dis par une partie, car il serait ridicule qu'il fût restreint par tout l'attribut, comme qui prétendrait que cette proposition est vraie : *Tous les hommes sont justes*, parce qu'il l'entendrait en ce sens, que tous les hommes justes sont justes, ce qui serait impertinent. Mais quand l'attribut est complexe, et a deux parties, comme dans cette proposition : *Tous les hommes sont justes par la grâce de Jésus-Christ*, c'est avec raison qu'on peut prétendre que le terme de *justes* est sous-entendu dans le sujet, quoiqu'il n'y soit pas exprimé ; parce qu'il est assez clair que l'on veut dire seulement que tous les hommes qui sont justes ne sont justes que par la grâce de Jésus-Christ : et ainsi cette proposition est vraie en toute rigueur, quoiqu'elle paraisse fausse à ne considérer que ce qui est exprimé dans le sujet, y ayant tant d'hommes qui sont méchants et pécheurs, et qui, par conséquent, n'ont point été justifiés par la grâce de Jésus-Christ. Il y a un très grand nombre de propositions dans l'Écriture, qui doivent être prises en ce sens, et entre autres ce que dit saint Paul : *Comme tous meurent par Adam, ainsi tous seront vivifiés par Jésus-Christ*[60] ; car il est certain qu'une infinité de païens, qui sont morts dans leur infidélité, n'ont point été vivifiés par Jésus-Christ, et qu'ils n'auront aucune part à la vie de la gloire dont parle saint Paul en cet endroit : et ainsi le sens de l'apôtre est que, comme tous ceux qui meurent, meurent par Adam, tous ceux aussi qui sont vivifiés, sont vivifiés par Jésus-Christ.

Il y a aussi beaucoup de propositions qui ne sont moralement universelles qu'en cette manière, comme quand on dit : *Les Français sont bons soldats ; les Hollandais sont bons matelots ; les Flamands sont bons peintres ; les Italiens sont bons comédiens ;* cela veut dire que les Français qui sont soldats sont ordinairement bons soldats, et ainsi des autres.

OBSERVATION V. Il ne faut pas s'imaginer qu'il n'y ait point d'autre marque de particularité que ces mots, *quidam*, *aliquis*, *quelque*, et semblables ; car, au contraire, il arrive assez rarement que l'on s'en serve, surtout dans notre langue.

Quand la particule *des* ou *de* est le pluriel de l'article *un*, selon la nouvelle remarque de la Grammaire générale, elle fait que les noms se prennent particulièrement, au lieu que, pour l'ordinaire, ils se prennent généralement avec l'article *les*. C'est pourquoi il a bien de la différence entre ces deux propositions : *Les médecins croient maintenant qu'il est bon de boire pendant le chaud de la fièvre ;* et, *Des médecins croient maintenant que le sang ne se fait pas dans le foie.* Car *les médecins*, dans la première, marque le commun des médecins d'aujourd'hui ; et *des médecins*, dans la seconde, marque seulement quelques médecins particuliers.

Mais souvent avant *des*, ou *de*, ou *un* au singulier, on met *il y a*, comme *il y a des médecins*, et cela en deux manières.

La première est, en mettant seulement après *des*, ou *un*, un substantif pour être le sujet de la proposition, et un adjectif pour en être l'attribut, soit qu'il soit le premier ou le dernier, comme : *Il y a des douleurs salutaires; il y a des plaisirs funestes; il y a de faux amis; il y a une humilité généreuse; il y a des vices couverts de l'apparence de la vertu.* C'est comme on exprime dans notre langue ce qu'on exprime par *quelque* dans le style de l'école : *Quelques douleurs sont salutaires, quelque humilité est généreuse,* et ainsi des autres.

La seconde manière est de joindre par un *qui* l'adjectif au substantif : *Il y a des craintes qui sont raisonnables.* Mais ce *qui* n'empêche pas que ces propositions ne puissent être simples dans le sens, quoique complexes dans l'expression : car c'est comme si on disait simplement : *Quelques craintes sont raisonnables.* Ces façons de parler sont encore plus ordinaires que les précédentes : *Il y a des hommes qui n'aiment qu'eux-mêmes; il y a des chrétiens qui sont indignes de ce nom.*

On se sert quelquefois en latin d'un mot semblable. HORACE.

Sunt quibus in satyrâ videor nimis acer, et ultra Legem tendere opus [61].

Ce qui est la même chose que s'il avait dit :

Quidam existimant me nimis acrem esse in satyrâ.

Il y en a qui me croient trop piquant dans la satire.

De même dans l'Écriture : *Est qui nequiter se humiliat;* il y en a qui s'humilient mal.

Omnis, tout, avec une négation, fait aussi une proposition particulière, avec cette différence, qu'en latin la négation précède *omnis,* et en français elle suit *tout* : *Non omnis qui dicit mihi, Domine, Domine, intrabit in regnum cœlorum* [62]. Tous ceux qui me disent, Seigneur, Seigneur, n'entreront point dans le royaume des cieux. *Non omne peccatum est crimen.* Tout péché n'est pas un crime.

Néanmoins dans l'hébreu, *non omnis* est souvent pour *nullus,* comme dans le psaume : *Non justificabitur in conspectu tuo omnis vivens* [63], nul homme vivant ne se justifiera devant Dieu. Cela vient de ce qu'alors la négation ne tombe que sur le verbe, et non point sur *omnis.*

OBSERVATION VI. Voilà quelques observations assez utiles quand il y a un terme d'universalité, comme *tout, nul,* etc. Mais quand il n'y en a point, et qu'il n'y a point aussi de particularité, comme quand je dis, *l'homme est raisonnable, l'homme est juste,* c'est une question célèbre parmi les philosophes, si ces propositions, qu'ils appellent *indéfinies,* doivent passer pour universelles ou pour particulières ; ce qui doit s'entendre quand elles sont sans aucune suite de discours, ou qu'on ne les a point déterminées par la suite à aucun de ces sens ; car il est indubitable qu'on doit prendre le sens d'une proposition, quand elle a quelque ambiguïté, de ce qui l'accompagne dans le discours de celui qui s'en sert.

La considérant donc en elle-même, la plupart des philosophes disent qu'elle doit passer pour universelle dans une matière nécessaire, et pour particulière dans une matière contingente.

Je trouve cette maxime approuvée par de fort habiles gens, et néanmoins elle est très fausse ; et il faut dire, au contraire, que lorsqu'on attribue quelque qualité à un terme commun, la proposition indéfinie doit passer pour universelle en quelque matière que ce soit : et ainsi, dans une matière contingente, elle ne doit point être considérée comme une proposition particulière, mais comme une universelle qui est fausse ; et c'est le jugement naturel que tous les hommes en font, les rejetant comme fausses lorsqu'elles ne sont pas vraies généralement, au moins d'une généralité morale, dont les hommes se contentent dans les discours ordinaires des choses du monde.

Car qui souffrirait que l'on dît : *Que les ours sont blancs, que les hommes sont noirs, que les Parisiens sont gentilshommes, les Polonais sont sociniens, les Anglais sont trembleurs?* Et cependant, selon la distinction de ces philosophes, ces propositions devraient passer pour très vraies, puisque étant indéfinies dans une matière contingente, elles devraient être prises pour particulières. Or, il est très vrai qu'il y a quelques ours blancs, comme ceux de la Nouvelle-Zemble ; quelques hommes qui sont noirs, comme les Éthiopiens ; quelques Parisiens qui sont gentilshommes ; quelques Polonais qui sont sociniens ; quelques Anglais qui sont trembleurs. Il est donc clair qu'en quelque matière que ce soit, les propositions indéfinies de cette sorte sont prises pour universelles, mais que dans une matière contingente on se contente d'une universalité morale. Ce qui fait qu'on dit fort bien : *Les Français sont vaillants, les Italiens sont soupçonneux, les Allemands sont grands, les Orientaux sont voluptueux.* quoique cela ne soit pas vrai de tous les particuliers, parce qu'on se contente qu'il soit vrai de la plupart.

Il y a donc une autre distinction sur ce sujet, laquelle est plus raisonnable, qui est que ces propositions indéfinies sont universelles en matière de doctrine, comme, les anges n'ont point de corps, et qu'elles ne sont que particulières dans les faits et dans les narrations, comme quand il est dit dans l'Évangile : *Milites plectentes coronam de spinis, imposuerunt capiti ejus*[64]; il est bien clair que cela ne doit être entendu que de quelques soldats, et non pas de tous les soldats. Donc la raison est qu'en matière d'actions singulières, lors surtout qu'elles sont déterminées à un certain temps, elles ne conviennent ordinairement à un terme commun qu'à cause de quelques particuliers, dont l'idée distincte est dans l'esprit de ceux qui font ces propositions : de sorte qu'à le bien prendre, ces propositions sont plutôt singulières que particulières, comme on pourra le juger par ce qui a été dit des termes complexes dans le sens, 1re partie, chap. VIII, et 2e partie, chap. VI.

OBSERVATION VII. Les noms de *corps*, de *communauté*, de *peuple*, étant pris collectivement, comme ils le sont d'ordinaire, pour **tout le corps, toute la communauté, tout le peuple**, ne font point les propositions où ils entrent, proprement universelles, ni encore moins particulières, mais singulières, comme quand je dis : *Les Romains ont vaincu les Carthaginois; les Vénitiens font la guerre aux Turcs; les juges d'un tel lieu ont condamné un criminel;* ces propositions ne sont point universelles; autrement on pourrait conclure de chaque Romain, qu'il aurait vaincu les Carthaginois, ce qui serait faux : et elles ne sont point aussi particulières; **car** cela veut dire plus que si je disais, que quelques Romains ont vaincu les Carthaginois; mais elles sont singulières, parce que l'on considère chaque peuple comme une personne morale, dont la durée est de plusieurs siècles, qui subsiste tant qu'il compose un État, et qui agit en tous ces temps par ceux qui le composent, comme un homme agit par ses membres. D'où vient que l'on dit, que les Romains qui ont été vaincus par les Gaulois qui prirent Rome, ont vaincu les Gaulois au temps de César, attribuant ainsi à ce même terme de *Romains* d'avoir été vaincus en un temps, et d'avoir été victorieux en l'autre, quoiqu'en l'un de ces temps il n'y ait eu aucun de ceux qui étaient en l'autre : et c'est ce qui fait voir sur quoi est fondée la vanité que chaque particulier prend des belles actions de sa nation, auxquelles il n'a point eu de part, et qui est aussi sotte que celle d'une oreille, qui, étant sourde, se glorifierait de la vivacité de l'œil ou de l'adresse de la main.

CHAPITRE XIV.

Des propositions où l'on donne aux signes le nom des choses.

Nous avons dit dans la première partie, que des idées, les unes avaient pour objet des choses, les autres des signes. Or, ces idées de signe attachées à des mots, venant à composer des propositions, il arrive une chose qu'il est important d'examiner en ce lieu, et qui appartient proprement à la logique, c'est qu'on en affirme quelquefois les choses signifiées ; et il s'agit de savoir quand on a droit de le faire, principalement à l'égard des signes d'institution ; car, à l'égard des signes naturels, il n'y a pas de difficulté, parce que le rapport visible qu'il y a entre ces sortes de signes et les choses, marque clairement que quand on affirme du signe la chose signifiée, on veut dire, non que ce signe soit réellement cette chose, mais qu'il l'est en signification et en figure ; et ainsi l'on dira sans préparation et sans façon d'un portrait de César, que c'est César ; et d'une carte d'Italie, que c'est d'Italie.

Il n'est donc besoin d'examiner cette règle qui permet d'affirmer les choses signifiées de leurs signes, qu'à l'égard des signes d'institution qui n'avertissent pas par un rapport visible du sens auquel on entend ces propositions ; et c'est ce qui a donné lieu à bien des disputes.

Car il semble à quelques-uns que cela puisse se faire indifféremment, et qu'il suffise pour montrer qu'une proposition est raisonnable en la prenant en un sens de figure et de signe, de dire qu'il est ordinaire de donner au signe le nom de la chose signifiée : et cependant cela n'est pas vrai ; car il y a une infinité de propositions qui seraient extravagantes, si l'on donnait aux signes le nom des choses signifiées ; ce que l'on ne fait jamais, parce qu'elles sont extravagantes. Ainsi un homme qui aurait établi dans son esprit que certaines choses en signifieraient d'autres, serait ridicule, si, sans en avoir averti personne, il prenait la liberté de donner à ces signes de fantaisie le nom de ces choses, et disait, par exemple, qu'une pierre est un cheval, et un âne un roi de Perse, parce qu'il aurait établi ces signes dans son esprit. Ainsi la première règle qu'on doit suivre sur ce sujet, est qu'il n'est pas permis indifféremment de donner aux signes le nom des choses.

La seconde, qui est une suite de la première, est que la seule incompatibilité évidente des termes n'est pas une raison suffisante pour conduire l'esprit au sens de signe, et pour conclure qu'une proposition ne pouvant se prendre proprement, se doit donc expliquer en un sens de signe. Autrement il n'y aurait point de ces propositions qui fussent extravagantes, et plus elles seraient impossibles dans le sens propre, plus on retomberait facilement dans le sens de signe, ce qui n'est pas néanmoins : car qui souffrirait que, sans autre préparation, et en vertu seulement d'une destination secrète, on dît que la mer est le ciel, que la terre est la lune, qu'un arbre est un roi ? Qui ne voit qu'il n'y aurait point de voie plus courte pour s'acquérir la réputation de folie, que de prétendre introduire ce langage dans le monde ? Il faut donc que celui à qui on parle soit préparé d'une certaine manière, afin qu'on ait droit de se servir de ces sortes de propositions, et il faut remarquer, sur ces préparations, qu'il y en a de certainement insuffisantes, et d'autres qui sont certainement suffisantes.

1° Les rapports éloignés qui ne paraissent point aux sens, ni à la première vue de l'esprit, et qui ne se découvrent que par méditation, ne suffisent nullement pour donner d'abord aux signes le nom des choses signifiées : car il n'y a presque point de choses, entre lesquelles on ne puisse trouver de ces sortes de rapports, et il est clair que des rapports qu'on ne voit pas d'abord ne suffisent point pour conduire au sens de figure.

2° Il ne suffit pas, pour donner à un signe le nom de la chose signifiée dans le premier établissement qu'on en fait, de savoir que ceux à qui on parle le considèrent déjà comme un signe d'une autre chose toute différente. On sait, par exemple, que le laurier est signe de la victoire, et l'olivier de la paix ; mais cette connaissance ne prépare nullement l'esprit à trouver bon qu'un homme à qui il plaira de rendre le laurier signe du roi de la Chine, et l'olivier du grand-seigneur, dise sans façon, en se promenant dans un jardin : Voyez ce laurier, c'est le roi de la Chine ; et cet olivier, c'est le Grand-Turc.

3° Toute préparation qui applique seulement l'esprit à attendre quelque chose de grand, sans le préparer à regarder en particulier une chose comme signe, ne suffit nullement pour donner droit d'attribuer à ce signe le nom de la chose signifiée dans la première institution. La raison en est claire, parce qu'il n'y a nulle conséquence directe et prochaine entre l'idée de grandeur et l'idée de signe ; et ainsi l'une ne conduit point à l'autre.

Mais c'est certainement une préparation suffisante pour donner aux signes le nom des choses, quand on voit dans l'esprit de ceux à qui on parle que, considérant certaines choses comme signes, ils sont en peine seulement de savoir ce qu'elles signifient.

Ainsi Joseph a pu répondre à Pharaon, que les sept vaches grasses et les sept épis pleins qu'il avait vus en songe, étaient sept années d'abondance; et les sept vaches maigres et les sept épis maigres, sept années de stérilité; parce qu'il voyait que Pharaon n'était en peine que de cela, et qu'il lui faisait intérieurement cette question : Qu'est-ce que ces vaches grasses et maigres, ces épis pleins et vides sont en signification[65]?

Ainsi Daniel répondit fort raisonnablement à Nabuchodonosor, qu'il était la tête d'or[66]; parce qu'il lui avait proposé le songe qu'il avait eu d'une statue qui avait la tête d'or, et qu'il lui en avait demandé la signification.

Ainsi, quand on a proposé une parabole, et qu'on vient à l'expliquer, ceux à qui l'on parle, considérant déjà tout ce qui la compose comme des signes, on a droit, dans l'explication de chaque partie, de donner au signe le nom de la chose signifiée.

Ainsi Dieu ayant fait voir au prophète Ézéchiel en vision, *in spiritu*, un champ plein de morts, et les prophètes distinguant les visions des réalités, et étant accoutumés à les prendre pour des signes, Dieu lui parla fort intelligiblement en lui disant, que *ces os étaient la maison d'Israël*[67]; c'est-à-dire qu'ils la signifiaient.

Voilà les préparations certaines; et comme on ne voit pas d'autres exemples où l'on convienne que l'on ait donné au signe le nom de la chose signifiée, que ceux où elles se trouvent, on en peut tirer cette maxime de sens commun : que l'on ne donne aux signes le nom des choses, que lorsque l'on a droit de supposer qu'ils sont déjà regardés comme signes, et que l'on voit dans l'esprit des autres qu'ils sont en peine de savoir, non ce qu'ils sont, mais ce qu'ils signifient.

Mais comme la plupart des règles morales ont des exceptions, on pourrait douter s'il n'en faudrait point faire une à celle-ci en un seul cas; c'est quand la chose signifiée est telle, qu'elle exige en quelque sorte d'être marquée par un signe : de sorte que, sitôt que le nom de cette chose est prononcé, l'esprit conçoit incontinent que le sujet auquel on l'a joint est destiné pour la désigner. Ainsi, comme les alliances sont ordinairement marquées par des signes extérieurs, si l'on affirmait le mot d'*alliance* de quelque chose extérieure, l'esprit pourrait être porté à concevoir qu'on l'en affirmerait comme de son signe : de sorte que, quand il y aurait dans l'Écriture que la *Circoncision est l'alliance*, peut-être n'y aurait-il rien de surprenant, car l'alliance porte l'idée du signe sur la chose à laquelle elle est jointe : et ainsi, comme celui qui écoute une proposition conçoit l'attribut et les qualités de l'attribut avant qu'il en fasse l'union avec le sujet, on peut supposer que celui qui entend cette proposition, *la Circoncision est l'alliance*, est suffisamment préparé à concevoir que la Circoncision n'est alliance qu'en signe, le mot d'*alliance* lui ayant donné lieu de former cette idée, non avant qu'il soit prononcé, mais avant qu'il fût joint dans son esprit avec le mot de *Circoncision*.

J'ai dit que l'on pourrait croire que les choses qui exigent, par une convenance de raison, d'être marquées par des signes, seraient une exception de la règle établie, qui demande une préparation précédente, qui fasse regarder le signe comme signe, afin qu'on en puisse affirmer la chose signifiée, parce que l'on pourrait croire aussi le contraire : car 1° cette proposition, *la Circoncision est l'alliance*, n'est point dans l'Écriture, qui porte seulement : *Voici l'alliance que vous observerez entre vous, votre postérité et moi : Tout mâle parmi vous sera circoncis*[68]. Or, il n'est pas dit dans ces paroles que la Circoncision soit l'alliance ; mais la Circoncision y est commandée comme condition de l'alliance. Il est vrai que Dieu exigeait cette condition, afin que la Circoncision fût signe de l'alliance, comme il est porté dans le verset suivant : *Ut sit in signum fœderis*; mais afin qu'elle fût signe il en fallait commander l'observation, et la faire condition de l'alliance, et c'est ce qui est contenu dans le verset précédent.

2° Ces paroles de saint Luc : *Ce calice est la nouvelle alliance en mon sang*[69], que l'on allègue aussi, ont encore moins d'évidence pour confirmer cette exception ; car, en traduisant littéralement, il y a dans saint Luc : *Ce calice est le nouveau testament en mon sang*. Or, comme le mot de testament ne signifie pas seulement la dernière volonté du testateur, mais encore plus proprement l'instrument qui la marque, il n'y a point de figure à appeler le calice du sang de Jésus-Christ, *testament*, puisque c'est proprement la marque, le gage et le signe de la dernière volonté de Jésus-Christ, l'instrument de la nouvelle alliance.

Quoi qu'il en soit, cette exception étant douteuse d'une part, et étant très rare de l'autre, et y ayant très peu de choses qui exigent d'elles-mêmes d'être marquées par des signes, elles n'empêchent pas l'usage et l'application de la règle à l'égard de toutes les autres choses qui n'ont pas cette qualité, et que les hommes n'ont point accoutumé de marquer par des signes d'institution. Car il faut se souvenir de ce principe d'équité, que la plupart des **règles ayant des exceptions, elles ne laissent pas d'avoir leur force dans les choses** qui ne sont point comprises dans l'exception.

C'est par ces principes qu'il faut décider cette importante question, si l'on peut donner à ces paroles, *ceci est mon corps*, le sens de figure; ou plutôt, c'est par ces principes que toute la terre l'a décidée, toutes les nations du monde s'étant portées naturellement à les prendre au sens de réalité, et à en exclure le sens de figure; car les apôtres ne regardant pas le pain comme un signe, et n'étant point en peine de ce qu'il signifiait, Jésus-Christ n'aurait pu donner aux signes le nom des choses, sans parler contre l'usage de tous les hommes, et sans les tromper : ils pouvaient peut-être regarder ce qui se faisait comme quelque chose de grand; mais cela ne suffit pas.

Je n'ai plus à remarquer sur le sujet des signes, auxquels l'on donne le nom des choses, sinon qu'il faut extrêmement distinguer entre les expressions où l'on se sert du nom de la chose pour marquer le signe, comme quand on appelle un tableau d'Alexandre du nom d'Alexandre, et celles dans lesquelles le signe étant marqué par son nom propre, ou par un pronom, on en affirme la chose signifiée; car cette règle, qu'il faut que l'esprit de ceux à qui on parle regarde déjà le signe comme signe, et soit en peine de savoir de quoi il est signe, ne s'entend nullement du premier genre d'expressions, mais seulement du second, où l'on affirme expressément du signe de la chose signifiée; car on ne se sert de ces expressions que pour apprendre à ceux à qui l'on parle ce que signifie ce signe, et on ne le fait en cette manière que lorsqu'ils sont suffisamment préparés à concevoir que le signe n'est la chose signifiée qu'en signification et en figure.

CHAPITRE XV.

De deux sortes de propositions qui sont de grand usage dans les sciences, la division et la définition, et premièrement de la division.

Il est nécessaire de dire quelque chose en particulier de deux sortes de propositions qui sont de grand usage dans les sciences, **la division et la définition**.

La division est le partage d'un tout en ce qu'il contient.

Mais comme il y a deux sortes de *tout*, il y a aussi deux sortes de divisions. Il y a un tout composé de plusieurs parties réellement distinctes, appelé en latin *totum*, et dont les parties sont appelées *parties intégrantes.* La division de ce tout s'appelle proprement *partition ;* comme quand on divise une maison en ses appartements, une ville en ses quartiers, un royaume ou un état en ses provinces, l'homme en corps et en âme, le corps en ses membres. La seule règle de cette division est de faire des dénombrements bien exacts et auxquels il ne manque rien.

L'autre *tout* est appelé en latin *omne*, et ses parties, *parties subjectives* ou *inférieures,* parce que ce tout est un terme commun, et ses parties sont les sujets compris dans son étendue. Le mot d'*animal* est un tout de cette nature, dont les inférieurs, comme *homme et bête*, qui sont compris dans son étendue, sont les parties subjectives. Cette division retient proprement le nom de division, et on en peut remarquer de quatre sortes.

La 1re est quand on divise le genre par ses espèces : **Toute substance est corps ou esprit ; tout animal est homme ou bête.**

La 2e est quand on divise le genre par ses différences : **Tout animal est raisonnable ou privé de raison ; tout nombre est pair ou impair ; toute proposition est vraie ou fausse ; toute ligne est droite ou courbe.**

La 3e quand on divise un sujet commun par les accidents opposés dont il est capable, ou selon ses divers inférieurs, ou en divers temps, comme : *Tout astre est lumineux par soi-même, ou* **seulement par réflexion ;** *tout corps est en mouvement ou en repos ;* **tous les Français sont nobles ou roturiers ;** *tout homme est* **sain ou malade ;** *tous les peuples se servent pour s'exprimer, ou de la* **parole** *seulement, ou de l'écriture outre la parole.*

La 4e d'un accident en ses divers sujets, comme la division des biens en ceux de l'esprit et du corps.

Les règles de la division sont : 1_o qu'elle soit entière, c'est-à-dire que les membres de la division comprennent toute l'étendue du terme que l'on divise, comme *pair* et *impair* comprennent toute l'étendue du terme de *nombre*, n'y en ayant point qui ne soit pair ou impair. Il n'y a presque rien qui fasse faire tant de faux raisonnements que le défaut d'attention à cette règle ; et ce qui trompe est qu'il y a souvent des termes qui paraissent tellement opposés, qu'ils semblent ne point souffrir de milieu, et qui ne laissent pas d'en avoir. Ainsi, entre ignorant et savant, il y a une certaine médiocrité de savoir qui tire un homme du rang des ignorants, et qui ne le met pas encore au rang des savants. Entre vicieux et vertueux, il y a aussi un certain état dont on peut dire ce que Tacite dit de Galba, *magis extra vitia, quàm cum virtuti-*

bus [70]; car il y a des gens qui, n'ayant point de vices grossiers, ne sont pas appelés vicieux, et qui, ne faisant point de bien, ne peuvent point être appelés vertueux, quoique devant Dieu ce soit un grand vice que de n'avoir point de vertu. Entre sain et malade, il y a l'état d'un homme indisposé ou convalescent : entre le jour et la nuit, il y a le crépuscule : entre les vices opposés, il y a le milieu de la vertu, comme la piété entre l'impiété et la superstition; et quelquefois ce milieu est double, comme entre l'avarice et la prodigalité, il y a libéralité, et une épargne louable : entre la timidité qui craint tout et la témérité qui ne craint rien, il y a la générosité, qui ne s'étonne point des périls, et une précaution raisonnable, qui fait éviter ceux auxquels il n'est pas à propos de s'exposer.

La deuxième règle, qui est une suite de la première, est que les membres de la division soient opposés, comme *pair, impair; raisonnable, privé de raison*. Mais il faut remarquer ce qu'on a déjà dit dans la première partie, qu'il n'est pas nécessaire que toutes les différences qui font ses membres opposés soient positives; mais qu'il suffit que l'une le soit, et que l'autre soit le genre seul avec la négation de l'autre différence ; et c'est même par là qu'on fait que les membres sont plus certainement opposés. Ainsi, la différence de la bête d'avec l'homme n'est que la privation de la raison, qui n'est rien de positif : l'imparité n'est que la négation de la divisibilité en deux parties égales. Le nombre premier n'a rien que n'ait le nombre composé; l'un et l'autre ayant l'unité pour mesure, et celui qu'on appelle premier n'étant différent du composé, qu'en ce qu'il n'a point d'autre mesure que l'unité.

Néanmoins, il faut avouer que c'est le meilleur d'exprimer les différences opposées par des termes positifs, quand cela se peut; parce que cela fait mieux entendre la nature des membres de la division. C'est pourquoi la division de la substance en celle qui pense et celle qui est étendue, est beaucoup meilleure que la commune, en celle qui est matérielle, et celle qui est immatérielle, ou bien en celle qui est corporelle, et celle qui n'est pas corporelle ; parce que les mots d'*immatérielle* ou d'*incorporelle* ne nous donnent qu'une idée fort imparfaite et fort confuse de ce qui se comprend beaucoup mieux par les mots de *substance qui pense*.

La troisième règle, qui est une suite de la seconde, est que l'un des membres ne soit pas tellement enfermé dans l'autre, que l'autre en puisse être affirmé, quoiqu'il puisse quelquefois y être enfermé en une autre manière ; car la ligne est enfermée dans la surface comme le terme de la surface, et la surface dans le solide comme le terme du solide. Mais cela n'empêche pas que l'étendue ne se divise en ligne, surface et solide, parce qu'on ne peut pas dire que la ligne soit surface, ni la surface solide. On ne peut pas, au contraire, diviser le nombre en pair, impair et carré, parce que tout nombre carré étant pair ou impair, il est enfermé dans les deux premiers membres.

On ne doit pas aussi diviser les opinions en vraies, fausses et probables, parce que toute opinion probable est vraie ou fausse. Mais on peut les diviser premièrement en vraies et en fausses, et puis diviser les unes et les autres en certaines et en probables[71].

Ramus et ses partisans se sont fort tourmentés pour montrer que toutes les divisions ne doivent avoir que deux membres. Tant qu'on peut le faire commodément, c'est le meilleur; mais la clarté et la facilité étant ce qu'on doit le plus considérer dans les sciences, on ne doit pas rejeter les divisions en trois membres, et plus encore, quand elles sont plus naturelles, et qu'on aurait besoin de subdivisions forcées pour les faire toujours en deux membres : car alors, au lieu de soulager l'esprit, ce qui est le principal fruit de la division, on l'accable par un grand nombre de subdivisions, qu'il est bien plus difficile de retenir, que si tout d'un coup on avait fait plus de membres à ce que l'on divise. Par exemple, n'est-il pas plus court, plus simple et plus naturel de dire : *Toute étendue est, ou ligne, ou surface, ou solide*, que de dire comme Ramus : *Magnitudo est linea vel lineatum : lineatum est superficies vel solidum*[72]?

Enfin, on peut remarquer que c'est un égal défaut de ne faire pas assez et de faire trop de divisions; l'un n'éclaire pas assez l'esprit, et l'autre le dissipe trop. Grassot[73], qui est un philosophe estimable entre les interprètes d'Aristote, a nui à son livre par le trop grand nombre de divisions. On retombe par là dans la confusion que l'on prétend éviter : *confusum est quidquid in pulverem sectum est*[74].

CHAPITRE XVI.

De la définition qu'on appelle définition de choses.

Nous avons parlé fort au long, dans la première partie, des définitions de noms, et nous avons montré qu'il ne fallait pas les confondre avec les définitions des choses; parce que les définitions des noms sont arbitraires, au lieu que les définitions des choses ne dépendent point de nous, mais de ce qui est enfermé dans la véritable idée d'une chose, et ne doivent point être prises pour principes, mais être considérées comme des propositions qui doivent souvent être confirmées par raison, et qui peuvent être combattues. Ce n'est donc que de cette dernière sorte de définition que nous parlons en ce lieu.

Il y en a de deux sortes : l'une plus exacte, qui retient le nom de définition ; l'autre moins exacte, qu'on appelle description.

La plus exacte est celle qui explique la nature d'une chose par ses attributs essentiels, dont ceux qui sont communs s'appellent *genre*, et ceux qui sont propres *différence*.

Ainsi on définit l'homme un animal raisonnable ; l'esprit, une substance qui pense ; le corps, une substance étendue ; Dieu, l'être parfait. Il faut, autant que l'on peut, que ce qu'on met pour genre dans la définition, soit le genre prochain du défini, et non pas seulement le genre éloigné.

On définit aussi quelquefois par les parties intégrantes, comme lorsqu'on dit que l'homme est une chose composée d'un esprit et d'un corps. Mais alors même il y a quelque chose qui tient lieu de genre, comme le mot de chose composée, et le reste tient lieu de différence.

La définition moins exacte, qu'on appelle description, est celle qui donne quelque connaissance d'une chose par les accidents qui lui sont propres, et qui la déterminent assez pour en donner quelque idée qui la discerne des autres.

C'est en cette manière qu'on décrit les herbes, les fruits, les animaux, par leur figure, par leur grandeur, par leur couleur et autres semblables accidents. C'est de cette nature que sont les descriptions des poëtes et des orateurs.

Il y a aussi des définitions ou descriptions qui se font par les causes, par la matière, par la forme, par la fin, etc., comme si on définit une horloge, une machine de fer composée de diverses roues, dont le mouvement réglé est propre à marquer les heures.

Il y a trois choses nécessaires à une bonne définition : qu'elle soit universelle, qu'elle soit propre, qu'elle soit claire.

1° Il faut qu'une définition soit universelle, c'est-à-dire qu'elle comprenne tout le défini. C'est pourquoi la définition commune du *temps*, que c'est *la mesure du mouvement*, n'est peut-être pas bonne, parce qu'il y a grande apparence que le temps ne mesure pas moins le repos que le mouvement, puisqu'on dit aussi bien qu'une chose a été tant de temps en repos, comme on dit qu'elle s'est remuée pendant tant de temps; de sorte qu'il semble que le temps ne soit autre chose que la durée de la créature en quelque état qu'elle soit.

2° Il faut qu'une définition soit propre, c'est-à-dire qu'elle ne convienne qu'au défini. C'est pourquoi la définition commune des éléments, *un corps simple corruptible*, ne semble pas bonne; car les corps célestes n'étant pas moins simples que les éléments par le propre aveu de ces philosophes, on n'a aucune raison de croire qu'il ne se fasse pas dans les cieux des altérations semblables à celles qui se font sur la terre, puisque, sans parler des comètes, qu'on sait maintenant n'être point formées des exhalaisons de la terre, comme Aristote se l'était imaginé, on a découvert des taches dans le soleil qui s'y forment, et qui s'y dissipent de la même sorte que nos nuages, quoique ce soient de bien plus grands corps.

3° Il faut qu'une définition soit claire, c'est-à-dire qu'elle nous serve à avoir une idée plus claire et plus distincte de la chose qu'on définit, et qu'elle nous en fasse, autant qu'il se peut, comprendre la nature; de sorte qu'elle puisse nous aider à rendre raison de ses principales propriétés. C'est ce qu'on doit principalement considérer dans les définitions, et c'est ce qui manque à une grande partie des définitions d'Aristote.

Car qui est celui qui a mieux compris la nature du mouvement par cette définition : *Actus entis in potentiâ quatenùs in potentiâ*, l'acte d'un être en puissance en tant qu'il est en puissance[75]? L'idée que la nature nous en fournit n'est-elle pas cent fois plus claire que celle-là? et à qui servit-elle jamais pour expliquer aucune des propriétés du mouvement?

Les quatre célèbres définitions de ces quatre premières qualités, *le sec, l'humide, le chaud, le froid*, ne sont pas meilleures.

Le sec, dit-il, est ce qui est facilement retenu dans ses bornes, et difficilement dans celles d'un autre corps : *Quod suo termino facilè continetur, difficulter alieno.*

Et *l'humide*, au contraire, ce qui est facilement retenu dans les bornes d'un autre corps, et difficilement dans les siennes : *Quod suo termino difficulter continetur, facilè alieno*[76].

Mais premièrement ces deux définitions conviennent mieux aux corps durs et aux corps liquides qu'aux corps secs et aux corps humides; car on dit qu'un air est sec et qu'un autre air est humide, quoiqu'il soit toujours facilement retenu dans les bornes d'un autre corps, parce qu'il est toujours liquide : et de plus, on ne voit pas comment Aristote a pu dire que le feu, c'est-à-dire la flamme, était sèche selon cette définition, puisqu'elle s'accommode facilement aux bornes d'un autre corps; d'où vient aussi que Virgile appelle le feu liquide : *Et liquidi simul ignis*. Et c'est une vaine subtilité de dire avec Campanelle [77], que le feu étant enfermé, *aut rumpit, aut rumpitur;* car ce n'est point à cause de sa prétendue sécheresse, mais parce que sa propre fumée l'étouffe, s'il n'a de l'air. C'est pourquoi il s'accommodera fort bien aux bornes d'un autre corps, pourvu qu'il ait quelque ouverture par où il puisse chasser ce qui s'en exhale sans cesse.

Pour le *chaud*, il le définit, ce qui rassemble les corps semblables et désunit les dissemblables : *Quod congregat homogenea et disgregat heterogenea*.

Et le *froid*, ce qui rassemble les corps dissemblables et désunit les semblables : *Quod congregat heterogenea et disgregat homogenea* [78]. C'est ce qui convient quelquefois au chaud et au froid, mais non pas toujours, et ce qui de plus ne sert de rien à nous faire entendre la vraie cause qui fait que nous appelons un corps chaud et un autre froid; de sorte que le chancelier Bacon avait raison de dire que ces définitions étaient semblables à celle qu'on ferait d'un homme en le définissant : *un animal qui fait des souliers et qui laboure les vignes*. Le même philosophe définit la nature : *Principium motûs et quietis in eo in quo est* [79]; le principe du mouvement et du repos en ce en quoi elle est. Ce qui n'est fondé que sur une imagination qu'il a eue que les corps naturels étaient en cela différents des corps artificiels, que les naturels avaient en eux le principe de leur mouvement et que les artificiels ne l'avaient que de dehors ; au lieu qu'il est évident et certain que nul corps ne peut se donner le mouvement à soi-même, parce que la matière étant de soi-même indifférente au mouvement et au repos, ne peut être déterminée à l'un ou à l'autre que par une cause étrangère, ce qui ne pouvant aller à l'infini, il faut nécessairement que ce soit Dieu qui ait imprimé le mouvement dans la matière, et que ce soit lui qui l'y conserve.

La célèbre définition de l'âme paraît encore plus défectueuse : *Actus primus corporis naturalis organici potentiâ vitam habentis; l'acte premier du corps naturel organique qui a la vie en puissance* [80]. On ne sait ce qu'il a voulu définir: car, 1° si c'est l'âme en tant qu'elle est commune aux hommes et aux bêtes, c'est une chimère qu'il a définie, n'y ayant rien de commun entre ces deux choses. 2° Il a expliqué un terme obscur par quatre ou cinq plus obscurs; et, pour ne parler que du mot de *vie*, l'idée qu'on a de la vie n'est pas moins confuse que celle qu'on a de l'âme, ces deux termes étant également ambigus et équivoques.

Voilà quelques règles de la division et de la définition; mais, quoiqu'il n'y ait rien de plus important dans les sciences que de bien diviser et de bien définir, il n'est pas nécessaire d'en rien dire ici davantage, parce que cela dépend beaucoup plus de la connaissance de la matière que l'on traite que des règles de la logique.

CHAPITRE XVII.

De la conversion des propositions, où l'on explique plus à fond la nature de l'affirmation et de la négation, dont cette conversion dépend, et premièrement de la nature de l'affirmation.

(Les chapitres suivants sont un peu difficiles à comprendre, et ne sont nécessaires que pour la spéculation. C'est pourquoi ceux qui ne voudront pas se fatiguer l'esprit à des choses peu utiles pour la pratique, peuvent les passer.)

J'ai réservé jusqu'ici à parler de la conversion des propositions, parce que de là dépendent les fondements de toute l'argumentation dont nous devons traiter dans la partie suivante; et ainsi il a été bon que cette matière ne fût pas éloignée de ce que nous avons à dire du raisonnement, quoique, pour bien la traiter, il faille reprendre quelque chose de ce que nous avons dit de l'affirmation ou de la négation, et expliquer à fond la nature de l'une et de l'autre.

Il est certain que nous ne saurions exprimer une proposition aux autres que nous ne nous servions de deux idées: l'une pour le sujet et l'autre pour l'attribut, et d'un autre mot qui marque l'union que notre esprit y conçoit.

Cette union ne peut mieux s'exprimer que par les paroles mêmes dont on se sert pour affirmer, en disant qu'une chose est une autre chose.

Et de là il est clair que la nature de l'affirmation est d'unir et d'identifier, pour le dire ainsi, le sujet avec l'attribut, puisque c'est ce qui est signifié par le mot *est*.

Et il s'ensuit aussi qu'il est de la nature de l'affirmation de mettre l'attribut dans tout ce qui est exprimé dans le sujet, selon l'étendue qu'il a dans la proposition; comme quand je dis que *tout homme est animal*, je veux dire et je signifie que tout ce qui est homme est aussi animal; et ainsi je conçois l'animal dans tous les hommes.

Que si je dis seulement *quelque homme est juste*, je ne mets pas *juste* dans tous les hommes, mais seulement dans quelque homme.

Mais il faut pareillement considérer ici ce que nous avons déjà dit, qu'il faut distinguer dans les idées la compréhension de l'extension, et que la compréhension marque les attributs contenus dans une idée; et l'extension, les sujets qui contiennent cette idée.

Car il s'ensuit de là qu'une idée est toujours affirmée selon sa compréhension, parce qu'en lui ôtant quelqu'un de ses attributs essentiels, on la détruit et on l'anéantit entièrement, et ce n'est plus la même idée; et, par conséquent, quand elle est affirmée, elle l'est toujours selon tout ce qu'elle comprend en soi. Ainsi, quand je dis *qu'un rectangle est un parallélogramme*, j'affirme du rectangle tout ce qui est compris dans l'idée du parallélogramme; car, s'il y avait quelque partie de cette idée qui ne convînt pas au rectangle, il s'ensuivrait que l'idée entière ne lui conviendrait pas, mais seulement une partie de cette idée: et ainsi le mot de parallélogramme, qui signifie l'idée totale, devrait être nié et non affirmé du rectangle. On verra que c'est le principe de tous les arguments affirmatifs.

Et il s'ensuit, au contraire, que l'idée de l'attribut n'est pas prise selon toute extension, à moins que son extension ne fût pas plus grande que celle du sujet.

Car si je dis *que tous les impudiques seront damnés*, je ne dis pas qu'ils seront eux seuls tous les damnés, mais qu'ils seront du nombre des damnés.

Ainsi, l'affirmation mettant l'idée de l'attribut dans le sujet, c'est proprement le sujet qui détermine l'extension de l'attribut dans la proposition affirmative, et l'identité qu'elle marque regarde l'attribut comme resserré dans une étendue égale à celle du sujet, et non pas dans toute sa généralité, s'il en a une plus grande que le sujet: car il est vrai que les lions sont tous animaux, c'est-à-dire que chacun des lions enferme l'idée d'animal; mais il n'est pas vrai qu'ils soient tous les animaux.

J'ai dit que l'attribut n'est pas pris dans toute sa généralité, s'il en a une plus grande que le sujet; car n'étant restreint que par le sujet, si le sujet est aussi général que cet attribut, il est clair qu'alors l'attribut demeurera dans toute sa généralité, puisqu'il en aura autant que le sujet, et que nous supposons que par sa nature il n'en peut avoir davantage.

DEUXIÈME PARTIE.

De là on peut recueillir ces quatre axiomes indubitables.

Axiome I. *L'attribut est mis dans le sujet par la proposition affirmative, selon toute l'extension que le sujet a dans la proposition;* c'est-à-dire que si le sujet est universel, l'attribut est conçu dans toute l'extension du sujet ; et si le sujet est particulier, l'attribut n'est conçu que dans une partie de l'extension du sujet. Il y en a des exemples ci-dessus.

Axiome II. *L'attribut d'une proposition affirmative est affirmé selon toute sa compréhension, c'est-à-dire, selon tous ses attributs.* La preuve en est ci-dessus.

Axiome III. *L'attribut d'une proposition affirmative n'est point affirmé selon toute son extension, si elle est de soi-même plus grande que celle du sujet.* La preuve en est ci-dessus.

Axiome IV. *L'extension de l'attribut est resserrée par celle du sujet, en sorte qu'il ne signifie plus que la partie de son extension qui convient au sujet;* comme quand on dit que les hommes sont animaux, le mot d'animal ne signifie plus tous les animaux, mais seulement les animaux qui sont hommes.

CHAPITRE XVIII.

De la conversion des propositions affirmatives.

On appelle conversion d'une proposition, lorsqu'on change le sujet en attribut, et l'attribut en sujet, sans que la proposition cesse d'être vraie, si elle l'était auparavant, ou plutôt en sorte qu'il s'ensuive nécessairement de la conversion qu'elle est vraie, supposé qu'elle le fût.

Or, ce que nous venons de dire fera entendre facilement comment cette conversion doit se faire : car, comme il est impossible qu'une chose soit jointe et unie à une autre, que cette autre ne soit jointe aussi à la première, et qu'il s'ensuit fort bien que si A est joint à B, B aussi est joint à A, il est clair qu'il est impossible que deux choses soient conçues comme identifiées, qui est la plus parfaite de toutes les unions, que cette union ne soit réciproque, c'est-à-dire, que l'on ne puisse faire une affirmation mutuelle des deux termes unis en la manière qu'ils sont unis ; ce qui s'appelle conversion.

Ainsi, comme dans les propositions particulières affirmatives, par exemple, lorsqu'on dit : *Quelque homme est juste,*, le sujet et l'attribut sont tous deux particuliers, le sujet d'*homme* étant particulier par la marque de particularité que l'on y ajoute, et l'attribut *juste* l'étant aussi, parce que son étendue étant resserrée par celle du sujet, il ne signifie que la seule justice qui est en quelque homme ; il est évident que si quelque homme est identifié avec quelque juste, quelque juste aussi est identifié avec quelque homme ; et qu'ainsi il n'y a qu'à changer simplement l'attribut en sujet, en gardant la même particularité, pour convertir ces sortes de propositions.

On ne peut pas dire la même chose des propositions universelles affirmatives, à cause que, dans ces propositions, il n'y a que le sujet qui soit universel, c'est-à-dire qui soit pris selon toute son étendue, et que l'attribut, au contraire, est limité et restreint ; et partant, lorsqu'on le rendra sujet par la conversion, il faudra lui garder sa même restriction, et y ajouter une marque qui le détermine, de peur qu'on ne le prenne généralement. Ainsi, quand je dis que *l'homme est animal*, j'unis l'idée d'*homme* avec celle d'*animal*, restreinte et resserrée aux seuls hommes, et partant, quand je voudrai envisager cette union comme par une autre face, et commençant par *l'animal*, et affirmer ensuite *l'homme*, il faut conserver à ce terme sa même restriction, et de peur que l'on ne s'y trompe, y ajouter quelque note de détermination.

De sorte que de ce que les propositions universelles affirmatives ne peuvent se convertir qu'en particulières affirmatives, on ne doit pas conclure qu'elles se convertissent moins proprement que les autres ; mais comme elles sont composées d'un sujet général et d'un attribut restreint, il est clair que lorsqu'on les convertit, en changeant l'attribut en sujet, elles doivent avoir un sujet restreint et resserré, c'est-à-dire particulier.

De là on doit tirer ces deux règles.

Règle I. *Les propositions universelles affirmatives peuvent se convertir en ajoutant une marque de particularité à l'attribut devenu sujet.*

Règle II. *Les propositions particulières affirmatives doivent se convertir sans aucune addition, ni changement, c'est-à-dire en retenant pour l'attribut devenu sujet, la marque de particularité qui était au premier sujet.*

Mais il est aisé de voir que ces deux règles peuvent se réduire à une seule qui les comprendra toutes deux.

L'attribut étant restreint par le sujet dans toutes les propositions

DEUXIÈME PARTIE.

affirmatives, si on veut le faire devenir sujet, il faut lui conserver sa restriction, et par conséquent lui donner une marque de particularité, soit que le premier sujet fût universel, soit qu'il fût particulier.

Néanmoins il arrive assez souvent que des propositions universelles affirmatives peuvent se convertir en d'autres universelles; mais c'est seulement lorsque l'attribut n'a pas de soi-même plus d'étendue que le sujet, comme lorsqu'on affirme la différence ou le propre de l'espèce, ou la définition du défini : car alors l'attribut, n'étant pas restreint, peut se prendre dans la conversion aussi généralement que se prenait le sujet. *Tout homme est raisonnable. Tout raisonnable est homme.*

Mais ces conversions n'étant véritables qu'en des rencontres particulières, on ne les compte point pour de vraies conversions, qui doivent être certaines et infaillibles par la seule transposition des termes.

CHAPITRE XIX.

De la nature des propositions négatives.

La nature d'une proposition négative ne peut s'exprimer plus clairement qu'en disant que c'est concevoir qu'une chose n'est pas une autre.

Mais, afin qu'une chose ne soit pas une autre, il n'est pas nécessaire qu'elle n'ait rien de commun avec elle, et il suffit qu'elle n'ait pas tout ce que l'autre a, comme il suffit, afin qu'une bête ne soit pas homme, qu'elle n'ait pas tout ce qu'a l'homme, et il n'est pas nécessaire qu'elle n'ait rien de ce qui est dans l'homme; et de là on peut tirer cet axiome.

AXIOME V. *La proposition négative ne sépare pas du sujet toutes les parties contenues dans la compréhension de l'attribut, mais elle sépare seulement l'idée totale et entière composée de tous ces attributs unis.*

Si je dis que la matière n'est pas une substance qui pense, je ne dis pas pour cela qu'elle n'est pas substance, mais je dis qu'elle n'est pas substance *pensante*, qui est l'idée totale et entière que je nie de la matière.

Il en est tout au contraire de l'extension de l'idée; car la proposition négative sépare du sujet l'idée de l'attribut selon toute son extension : et la raison en est claire; car être sujet d'une idée et être contenu dans son extension, n'est autre chose qu'enfermer cette idée ; et par conséquent, quand on dit qu'une idée n'en enferme pas une autre, qui est ce qu'on appelle nier, on dit qu'elle n'est pas un des sujets de cette idée.

Ainsi, si je dis que l'homme n'est pas un être insensible, je veux dire qu'il n'est aucun des êtres insensibles, et par conséquent je les sépare tous de lui ; et de là on peut tirer cet autre axiome.

Axiome VI. *L'attribut d'une proposition negative est toujours pris généralement.* Ce qui peut aussi s'exprimer ainsi plus distinctement. *Tous les sujets d'une idée qui est niée d'une autre, sont aussi niés de cette autre idée ;* c'est-à-dire qu'une idée est toujours niée selon toute son extension. Si le triangle est nié des carrés, tout ce qui est triangle sera nié du carré. On exprime ordinairement dans l'école cette règle en ces termes, qui ont le même sens : *Si on nie le genre, on nie aussi l'espèce ;* car l'espèce est un sujet du genre, l'homme est un sujet d'animal, parce qu'il est contenu dans son extension.

Non-seulement les propositions négatives séparent l'attribut du sujet selon toute l'extension de l'attribut, mais elles séparent aussi cet attribut du sujet selon toute l'extension qu'a le sujet dans la proposition ; c'est-à-dire qu'elle l'en sépare universellement si le sujet est universel, et particulièrement s'il est particulier. Si je dis que *nul vicieux n'est heureux,* je sépare toutes les personnes heureuses de toutes les personnes vicieuses ; et si je dis que *quelque docteur n'est pas docte,* je sépare docte de quelque docteur, et de là on doit tirer cet axiome.

Axiome VII. *Tout attribut nié d'un sujet est nié de tout ce qui est contenu dans l'étendue qu'a ce sujet dans la proposition.*

CHAPITRE XX.

De la conversion des propositions négatives.

Comme il est impossible qu'on sépare deux choses totalement, que cette séparation ne soit mutuelle et réciproque, il est clair que si je dis que *nul homme n'est pierre,* je puis dire aussi que *nulle pierre n'est homme ;* car si quelque pierre était homme, cet homme serait pierre, et par conséquent il ne serait pas vrai que nul homme ne fût pierre. Et ainsi :

Règle III. *Les propositions universelles négatives peuvent se convertir simplement en changeant l'attribut en sujet, et conservant* à *l'attribut, devenu sujet, la même universalité qu'avait le premier sujet.*

Car l'attribut dans les propositions négatives est toujours pris universellement, parce qu'il est nié selon toute son étendue, ainsi que nous l'avons montré ci-dessus.

Mais, par cette même raison, on ne peut faire de conversion des propositions négatives particulières, et on ne peut pas dire, par exemple, que *quelque médecin n'est pas homme*, parce que l'on dit que *quelque homme n'est pas médecin*. Cela vient, comme j'ai dit, de la nature même de la négation que nous venons d'expliquer, qui est que dans les propositions négatives l'attribut est toujours pris universellement et selon toute son extension; de sorte que lorsqu'un sujet particulier devient attribut par la conversion dans une proposition négative particulière, il devient universel, et change de nature contre les règles de la véritable conversion, qui ne doit point changer la restriction ou l'étendue des termes. Ainsi, dans cette proposition, *quelque homme n'est pas médecin*, le terme d'*homme* est pris particulièrement. Mais dans cette fausse conversion, *quelque médecin n'est pas homme*, le mot d'homme est pris universellement.

Or, il ne s'ensuit nullement de ce que la qualité de médecin est séparée de quelque homme, dans cette proposition, *quelque homme n'est pas médecin*, et de ce que l'idée de triangle est séparée de celle de quelque figure en cette autre proposition, *quelque figure n'est pas triangle*, il ne s'ensuit, dis-je, nullement qu'il y ait des médecins qui ne soient pas hommes, ni des triangles qui ne soient pas figures [81].

TROISIÈME PARTIE.

DU RAISONNEMENT.

Cette partie que nous avons maintenant à traiter, qui comprend les règles du raisonnement, est estimée la plus importante de la logique, et c'est presque l'unique qu'on y traite avec quelque soin ; mais il y a sujet de douter si elle est aussi utile qu'on se l'imagine. La plupart des erreurs des hommes, comme nous avons déjà dit ailleurs, viennent bien plus de ce qu'ils raisonnent sur de faux principes, que non pas de ce qu'ils raisonnent mal suivant leurs principes. Il arrive rarement qu'on se laisse tromper par des raisonnements qui ne soient faux que parce que la conséquence en est mal tirée, et ceux qui ne seraient pas capables d'en reconnaître la fausseté par la seule lumière de la raison, ne le seraient pas ordinairement d'entendre les règles que l'on en donne et encore moins de les appliquer. Néanmoins, quand on ne considérerait ces règles que comme des vérités spéculatives, elles serviraient toujours à exercer l'esprit ; et de plus, on ne peut nier qu'elles n'aient quelque usage en quelques rencontres, et à l'égard de quelques personnes, qui, étant d'un naturel vif et pénétrant, ne se laissent quelquefois tromper par de fausses conséquences, que faute d'attention, à quoi la réflexion qu'ils feraient sur ces règles serait capable de remédier. Quoi qu'il en soit, voilà ce qu'on en dit ordinairement, et quelque chose même de plus que ce qu'on en dit.

CHAPITRE PREMIER.

De la nature du raisonnement, et des diverses espèces qu'il peut y en avoir.

La nécessité du raisonnement n'est fondée que sur les bornes étroites de l'esprit humain, qui, ayant à juger de la vérité ou de la fausseté d'une proposition, qu'alors on appelle *question*, ne peut pas toujours le faire par la considération des deux idées qui la composent, dont celle qui en est le sujet est aussi appelée le *petit* *terme*, parce que le sujet est d'ordinaire moins étendu que l'attribut, et celle qui en est l'attribut est aussi appelée *le grand terme* par une raison contraire. Lors donc que la seule considération de ces deux idées ne suffit pas pour faire juger si l'on doit affirmer ou nier l'une de l'autre, il a besoin de recourir à une troisième idée, ou incomplexe ou complexe (suivant ce qui a été dit des termes complexes), et cette troisième idée s'appelle *moyen*.

Or, il ne servirait de rien, pour faire cette comparaison de deux idées ensemble par l'entremise de cette troisième idée, de la comparer seulement avec un des deux termes. Si je veux savoir, par exemple, si l'âme est spirituelle, et que ne le pénétrant pas d'abord, je choisisse, pour m'en éclaircir, l'idée de pensée, il est clair qu'il me sera utile de comparer la pensée avec l'âme, si je ne conçois dans la pensée aucun rapport avec l'attribut de spirituelle, par le moyen duquel je puisse juger s'il convient ou ne convient pas à l'âme. Je dirai bien, par exemple, l'âme pense ; mais je n'en pourrai pas conclure, donc elle est spirituelle, si je ne conçois aucun rapport entre le terme de *penser* et celui de *spirituelle*.

Il faut donc que ce terme moyen soit comparé, tant avec le sujet ou le petit terme, qu'avec l'attribut ou le grand terme, soit qu'il ne le soit que séparément avec chacun de ces termes, comme dans les syllogismes, qu'on appelle *simples* pour cette raison, soit qu'il le soit tout à la fois avec tous les deux, comme dans les arguments qu'on appelle *conjonctifs*.

Mais en l'une ou l'autre manière, cette comparaison demande deux propositions.

Nous parlerons en particulier des arguments conjonctifs ; mais pour les simples cela est clair, parce que le moyen étant une fois comparé avec l'attribut de la conclusion (ce qui ne peut être qu'en affirmant ou niant), fait la proposition qu'on appelle *majeure*, à cause que cet attribut de la conclusion s'appelle *grand terme*.

Et, étant une autre fois comparé avec le sujet de la conclusion, fait celle qu'on appelle *mineure*, à cause que le sujet de la conclusion s'appelle *petit terme*.

Et puis la conclusion, qui est la proposition même qu'on avait à prouver, et qui, avant que d'être prouvée, s'appelait *question*.

Il est bon de savoir que les deux premières propositions s'appellent aussi *prémisses* (*præmissæ*), parce qu'elles sont mises au moins dans l'esprit avant la conclusion, qui en doit être une suite nécessaire si le syllogisme est bon ; c'est-à-dire que, supposé la **vérité** des prémisses, il faut nécessairement que la conclusion soit vraie.

Il est vrai que l'on n'exprime pas toujours les deux prémisses, parce que souvent une seule suffit pour en faire concevoir deux à l'esprit ; et, quand on n'exprime ainsi que deux propositions, cette sorte de raisonnement s'appelle *enthymème*, qui est un véritable syllogisme dans l'esprit, parce qu'il supplée la proposition qui n'est pas exprimée, mais qui est imparfaite dans l'expression, et ne conclut qu'en vertu de cette proposition sous-entendue.

J'ai dit qu'il y avait au moins trois propositions dans un raisonnement ; mais il pourrait y en avoir beaucoup davantage, sans qu'il fût pour cela défectueux, pourvu qu'on garde toujours les règles ; car, si, après avoir consulté une troisième idée, pour savoir si un attribut convient ou ne convient pas à un sujet, et l'avoir comparée avec un des termes, je ne sais pas encore s'il convient ou ne convient pas au second terme, j'en pourrais choisir une quatrième pour m'en éclaircir, et une cinquième si celle-là ne suffit pas, jusqu'à ce que je vinsse à une idée qui liât l'attribut de la conclusion avec le sujet.

Si je doute, par exemple, *si les avares sont misérables*, je pourrai considérer d'abord que les avares sont pleins de désirs et de passions ; si cela ne me donne pas lieu de conclure, *donc ils sont misérables*, j'examinerai ce que c'est que d'être plein de désirs, et je trouverai dans cette idée celle de manquer de beaucoup de choses que l'on désire, et la misère dans cette privation de ce que l'on désire, ce qui me donnera lieu de former ce raisonnement : *Les avares sont pleins de désirs : ceux qui sont pleins de désirs manquent de beaucoup de choses, parce qu'il est impossible qu'ils satisfassent tous leurs désirs : ceux qui manquent de ce qu'ils désirent sont misérables, donc les avares sont misérables.*

Ces sortes de raisonnements, composés de plusieurs propositions, dont la seconde dépend de la première, et ainsi du reste, s'appellent *sorites*, et ce sont ceux qui sont les plus ordinaires dans les mathématiques ; mais parce que, quand ils sont longs, l'esprit a plus de peine à les suivre, et que le nombre des trois propositions est assez proportionné avec l'étendue de notre esprit, on a pris plus de soin d'examiner les règles des bons et des mauvais **syllogismes**, c'est-à-dire des arguments de trois propositions ; ce qu'il est bon de suivre, parce que les règles qu'on en donne peuvent facilement s'appliquer à tous les raisonnements composés de plusieurs propositions, d'autant qu'ils peuvent tous se réduire en syllogismes, s'ils sont bons.

CHAPITRE II.

Division des syllogismes en simples et en conjonctifs, et des simples en incomplexes et en complexes.

Les syllogismes sont *simples* ou *conjonctifs*. Les simples, sont ceux où le moyen n'est joint à la fois qu'à un des termes de la conclusion : les conjonctifs sont ceux où il est joint à tous les deux ; ainsi cet argument est simple :

Tout bon prince est aimé de ses sujets :
Tout roi pieux est bon prince :
Donc tout roi pieux est aimé de ses sujets :

parce que le moyen est joint séparément avec *roi pieux*, qui est le sujet de la conclusion, et avec *aimé de ses sujets*, qui en est l'attribut. Mais celui-ci est conjonctif par une raison contraire :

Si un état électif est sujet aux divisions, il n'est pas de longue durée :
Or, un état électif est sujet aux divisions :
Donc un état électif n'est pas de longue durée :

puisque *état électif*, qui est le sujet, et *de longue durée*, qui est l'attribut, entrent dans la majeure.

Comme ces deux sortes de syllogismes ont leur règles séparées, nous en parlerons séparément.

Les syllogismes simples, qui sont ceux où le moyen est joint séparément avec chacun des termes de la conclusion, sont encore de deux sortes.

Les uns, où chaque terme est joint tout entier avec le moyen, savoir, avec l'attribut tout entier dans la majeure, et avec le sujet tout entier dans la mineure.

Les autres, où la conclusion étant complexe, c'est-à-dire composée de termes complexes, on ne prend qu'une partie du sujet, ou une partie de l'attribut, pour joindre avec le moyen dans l'une des propositions, et on prend tout le reste, qui n'est plus qu'un seul terme, pour joindre avec le moyen dans l'autre proposition, comme dans cet argument :

La loi divine oblige d'honorer les rois :

Louis XIV est roi :
Donc la loi divine oblige d'honorer Louis XIV.

Nous appellerons les premières sortes d'arguments, démêlés et incomplexes, et les autres impliqués ou complexes ; non que tous ceux où il y a des propositions complexes soient de ce dernier genre, mais parce qu'il n'y en a point de ce dernier genre où il n'y ait des propositions complexes.

Or, quoique les règles qu'on donne ordinairement pour les syllogismes simples puissent avoir lieu dans tous les syllogismes complexes en les renversant, néanmoins, parce que la force de la conclusion ne dépend point de ce renversement-là, nous n'appliquerons ici les règles des syllogismes simples qu'aux incomplexes, en nous réservant de traiter à part des syllogismes complexes.

CHAPITRE III.

Règles générales des syllogismes simples incomplexes.

(Ce chapitre et les suivants, jusqu'au douzième, sont de ceux dont il est parlé dans le DISCOURS, qui contiennent des choses subtiles et nécessaires pour la spéculation de la logique, mais qui sont de peu d'usage.)

Nous avons déjà vu dans les chapitres précédents qu'un syllogisme simple ne doit avoir que trois termes, les deux termes de la conclusion et un seul moyen, dont chacun étant répété deux fois, il s'en fait trois propositions : la majeure où entre le moyen et l'attribut de la conclusion appelé le grand terme ; la mineure où entre aussi le moyen, et le sujet de la conclusion appelée le petit terme ; et la conclusion, dont le petit terme est le sujet, et le grand terme l'attribut.

Mais parce qu'on ne peut pas tirer toutes sortes de conclusions de toutes sortes de prémisses, il y a des règles générales qui font voir qu'une conclusion ne saurait être bien tirée dans un syllogisme où elles ne sont pas observées : et ces règles sont fondées sur les axiomes qui ont été établis dans la seconde partie, touchant la nature des propositions affirmatives et négatives, universelles et particulières, tels que sont ceux-ci, qu'on ne fera que proposer, ayant été prouvés ailleurs.

1. Les propositions particulières sont enfermées dans les générales de même nature, et non les générales dans les particulières, I dans A, et O dans E, et non A dans I, ni E dans O.

2. Le sujet d'une proposition, pris universellement ou particulièrement, est ce qui la rend universelle ou particulière.

3. L'attribut d'une proposition affirmative n'ayant jamais plus d'étendue que le sujet, est toujours considéré comme pris particulièrement, parce que ce n'est que par accident s'il est quelquefois pris généralement.

4. L'attribut d'une proposition négative est toujours pris généralement.

C'est principalement sur ces axiomes que sont fondées les règles générales des syllogismes, qu'on ne saurait violer sans tomber dans de faux raisonnements.

Règle I. *Le moyen ne peut être pris deux fois particulièrement; mais il doit être pris au moins une fois universellement.*

Car, devant unir ou désunir les deux termes de la conclusion, il est clair qu'il ne peut le faire s'il est pris pour deux parties différentes d'un même tout, parce que ce ne sera pas peut-être la même partie qui sera unie ou désunie de ces deux termes. Or, étant pris deux fois particulièrement, il peut être pris pour deux différentes parties du même tout; et par conséquent on n'en pourra rien conclure, au moins nécessairement; ce qui suffit pour rendre un argument vicieux, puisqu'on n'appelle bon syllogisme, comme on vient de le dire, que celui dont la conclusion ne peut être fausse, les prémisses étant vraies. Ainsi, dans cet argument: *Quelque homme est saint: quelque homme est voleur: donc quelque voleur est saint*, le mot d'*homme* étant pris pour diverses parties des hommes, ne peut unir *voleur* avec *saint*, parce que ce n'est pas le même homme qui est saint et qui est voleur.

On ne peut pas dire de même du sujet et de l'attribut de la conclusion; car, encore qu'ils soient pris deux fois particulièrement, on peut néanmoins les unir ensemble en unissant un de ces termes au moyen dans toute l'étendue du moyen; car il s'ensuit de là fort bien que si ce moyen est uni dans quelqu'une de ses parties à quelque partie de l'autre terme, ce premier terme, que nous avons dit être joint à tout le moyen, se trouvera joint aussi avec le terme auquel quelque partie du moyen est jointe. S'il y a quelques Français dans chaque maison de Paris, et qu'il y ait des Allemands en quelque maison de Paris, il y a des maisons où il y a tout ensemble un Français et un Allemand.

Si quelques riches sont sots,

Et que tout riche soit honoré,
Il y a des sots honorés.

Car ces riches qui sont sots, sont aussi honorés, puisque tous les riches sont honorés, et par conséquent, dans ces riches sots et honorés, les qualités de sot et d'honoré sont jointes ensemble.

Règle II. *Les termes de la conclusion ne peuvent point être pris plus universellement dans la conclusion que dans les prémisses.*

C'est pourquoi, lorsque l'un ou l'autre est pris universellement dans la conclusion, le raisonnement sera faux s'il est pris particulièrement dans les deux premières propositions.

La raison est qu'on ne peut rien conclure du particulier au général (selon le premier axiome); car de ce que quelque homme est noir, on ne peut pas conclure que tout homme est noir.

1er *Corollaire.* Il doit toujours y avoir dans les prémisses un terme universel de plus que dans la conclusion; car tout terme qui est général dans la conclusion, doit aussi l'être dans les prémisses; et de plus, le moyen doit y être pris au moins une fois généralement.

2e *Corollaire.* Lorsque la conclusion est négative, il faut nécessairement que le grand terme soit pris généralement dans la majeure; car il est pris généralement dans la conclusion négative (par le quatrième axiome), et par conséquent il doit aussi être pris généralement dans la majeure (par la seconde règle).

3e *Corollaire.* La majeure d'un argument, dont la conclusion est négative, ne peut jamais être une particulière affirmative, car le sujet et l'attribut d'une proposition affirmative sont tous deux pris particulièrement (par le deuxième et le troisième axiome) : et ainsi le grand terme n'y serait pris que particulièrement contre le second corollaire.

4e *Corollaire.* Le petit terme est toujours dans la conclusion comme dans les prémisses, c'est-à-dire que, comme il ne peut être que particulier dans la conclusion quand il est particulier dans les prémisses, il peut, au contraire, être toujours général dans la conclusion, quand il l'est dans les prémisses; car le petit terme ne saurait être général dans la mineure, lorsqu'il en est le sujet, qu'il ne soit généralement uni au moyen ou désuni du moyen, et il n'en peut être l'attribut, et y être pris généralement, que la proposition ne soit négative, parce que l'attribut d'une proposition affirmative est toujours pris particulièrement; or, les propositions négatives marquent que l'attribut pris selon toute son étendue est désuni d'avec le sujet.

Et par conséquent, une proposition où le petit terme est général marque ou une union du moyen avec tout ce petit terme, ou une désunion du moyen d'avec tout le petit terme.

Or, si, par cette union du moyen avec le petit terme, on conclut qu'une autre idée est jointe avec ce petit terme, on doit conclure qu'elle est jointe à tout le petit terme, et non-seulement à une partie ; car le moyen étant joint à tout le petit terme, ne peut rien prouver par cette union d'une partie qu'il ne le prouve aussi des autres, puisqu'il est joint à toutes.

De même, si la désunion du moyen d'avec le petit terme prouve quelque chose de quelque partie du petit terme, elle le prouve de toutes les parties, puisqu'il est également désuni de toutes ses parties.

5e *Corollaire.* Lorsque la mineure est une négative universelle, si on en peut tirer une conclusion légitime, elle peut être toujours générale. C'est une suite du précédent corollaire ; car le petit **terme** ne saurait manquer d'être pris généralement dans la mineure, lorsqu'elle est négative universelle, soit qu'il en soit le sujet (par le deuxième axiome), soit qu'il en soit l'attribut (par le quatrième axiome).

Règle III. *On ne peut rien conclure de deux propositions négatives.*

Car deux propositions négatives séparent le sujet du moyen, et l'attribut du même moyen ; or, de ce que deux choses sont séparées de la même chose, il ne s'ensuit, ni qu'elles soient, ni qu'elles ne soient pas la même chose. De ce que les Espagnols ne sont pas Turcs, et de ce que les Turcs ne sont pas chrétiens, il ne s'ensuit pas que les Espagnols ne soient pas chrétiens, et il ne s'ensuit pas aussi que les Chinois le soient, quoiqu'ils ne soient pas plus Turcs que les Espagnols.

Règle IV. *On ne peut prouver une proposition négative par deux propositions affirmatives.*

Car de ce que les deux termes de la conclusion sont unis avec un troisième, on ne peut pas prouver qu'ils soient désunis entre eux.

Règle V. *La conclusion suit toujours la plus faible partie, c'est-*

à-dire que, s'il y a une des deux propositions qui soit négative, elle doit être négative; et s'il y en a une particulière, elle doit être particulière.

La preuve en est que, s'il y a une proposition négative, le moyen est désuni de l'une des parties de la conclusion, et ainsi il est incapable de les unir, ce qui est nécessaire pour conclure affirmativement.

Et s'il y a une proposition particulière, la conclusion n'en peut être générale; car si la conclusion est générale et affirmative, le sujet étant universel, il doit aussi être universel dans la mineure, et par conséquent il en doit être le sujet, l'attribut n'étant jamais pris généralement dans les propositions affirmatives : donc le moyen, joint à ce sujet, sera particulier dans la mineure : donc il sera général dans la majeure, parce qu'autrement, il serait deux fois particulier : donc il en sera le sujet, et le terme ne saurait être général dans la mineure, lorsqu'il en est le sujet, qu'il ne le soit généralement, et par conséquent cette majeure sera aussi universelle; et ainsi il ne peut y avoir de proposition particulière dans un argument affirmatif dont la conclusion est générale.

Cela est encore plus clair dans les conclusions universelles négatives; car de là il s'ensuit qu'il doit y avoir trois termes universels dans les deux prémisses, suivant le premier corollaire; or, comme il doit y avoir une proposition affirmative, par la troisième règle, dont l'attribut est pris particulièrement, il s'ensuit que tous les autres trois termes sont pris universellement, et par conséquent les deux sujets des deux propositions, ce qui les rend universelles : ce qu'il fallait démontrer.

6ᵉ *Corollaire. Ce qui conclut le général, conclut le particulier.*

Ce qui conclut A conclut I; ce qui conclut E conclut O; mais ce qui conclut le particulier ne conclut pas pour cela le général : c'est une suite de la règle précédente et du premier axiome; mais il faut remarquer qu'il a plu aux hommes de ne considérer les espèces d'un syllogisme que selon sa plus noble conclusion, qui est la générale : de sorte qu'on ne compte point pour une espèce particulière de syllogisme celui où on ne conclut le particulier que parce qu'on en peut aussi conclure le général.

C'est pourquoi il n'y a point de syllogisme où la majeure étant A, et la mineure E, la conclusion soit O; car (par le cinquième **corollaire**) la conclusion d'une mineure universelle négative peut toujours être générale; de sorte que si on ne peut pas la tirer générale, ce sera parce qu'on n'en pourra tirer aucune; ainsi, A, E,

O, n'est jamais un syllogisme à part, mais seulement en tant qu'il peut être enfermé dans A, E, E.

Règle VI. *De deux propositions particulières il ne s'ensuit rien.*

Car si elles sont toutes deux affirmatives, le moyen y sera pris deux fois particulièrement, soit qu'il soit sujet (par le deuxième axiome), soit qu'il soit attribut (par le troisième axiome); or, par la première règle, on ne conclut rien par un syllogisme dont le moyen est pris deux fois particulièrement.

Et, s'il y en avait une négative, la conclusion l'étant aussi (par la règle précédente), il doit y avoir au moins deux termes universels dans les prémisses (suivant le deuxième corollaire); donc il doit y avoir une proposition universelle dans ces deux prémisses, étant impossible de disposer trois termes en deux propositions où il doit y avoir deux termes pris universellement, en sorte que l'on ne fasse ou deux attributs négatifs, ce qui serait contre la troisième règle, ou quelqu'un des sujets universels, ce qui fait la **proposition universelle**[82].

CHAPITRE IV.

Des figures et des modes des syllogismes en général; qu'il ne peut y avoir que quatre figures.

Après l'établissement des règles générales qui doivent être nécessairement observées dans tous les syllogismes simples, il reste à voir combien il peut y avoir de ces sortes de syllogismes.

On peut dire en général qu'il y en a autant de sortes qu'il peut y avoir de différentes manières de disposer, en gardant ces règles, les trois propositions d'un syllogisme, et les trois termes dont elles sont composées.

La disposition des trois propositions selon leurs quatre différences, A, E, I, O, s'appelle *mode.*

Et la disposition des trois termes, c'est-à-dire du moyen avec les deux termes de la conclusion, s'appelle *figure.*

Or, on peut compter combien il peut y avoir de modes concluants, à n'y considérer point les différentes figures selon lesquelles un même mode peut faire divers syllogismes; car, par la doctrine des combinaisons, quatre termes (comme sont A, E, I, O), étant pris trois à trois, ne peuvent être différemment arrangés qu'en soixante-quatre manières; mais de ces soixante-quatre diverses manières, ceux qui voudront prendre la peine de les considérer chacune à part, trouveront qu'il y en a

28, exclues par la troisième et la sixième règle, qu'on ne conclut rien de deux négatives et de deux particulières ;

18, par la cinquième, que la conclusion suit la plus faible partie ;

6, par la quatrième, qu'on ne peut conclure négativement de deux affirmatives ;

1, savoir, I, E, O, par le troisième corollaire des règles générales ;

1, savoir, A, E, O, par le sixième corollaire des règles générales.

Ce qui fait en tout cinquante-quatre, et par conséquent il ne reste que dix modes concluants.

4 Affirmatifs.
$\begin{cases} A, A, A. \\ A, I, I. \\ A, A, I. \\ I, A, I. \end{cases}$
6 Négatifs.
$\begin{cases} E, A, E. \\ A, E, E. \\ E, A, O. \\ A, O, O. \\ O, A, O. \\ E, I, O. \end{cases}$

Mais cela ne fait pas qu'il n'y ait que dix espèces de syllogismes, parce qu'un seul de ces modes en peut faire diverses espèces, selon l'autre manière d'où se prend la diversité des syllogismes, qui est la différente disposition des trois termes, que nous avons déjà dit s'appeler *figure*.

Or, pour cette disposition des trois termes, elle ne peut regarder que les deux premières propositions, parce que la conclusion est supposée avant qu'on fasse le syllogisme pour la prouver ; et ainsi, le moyen ne pouvant s'arranger qu'en quatre manières différentes avec les deux termes de la conclusion, il n'y a aussi que quatre figures possibles.

Car, ou le moyen est *sujet en la majeure et attribut en la mineure*, ce qui fait la première *figure* ;

Ou il est *attribut en la majeure et en la mineure*, ce qui fait la deuxième *figure* ;

Ou il est *sujet en l'une et l'autre*, ce qui fait la troisième *figure* ;

Ou il est enfin *attribut dans la majeure et sujet en la mineure*, ce qui peut faire une quatrième *figure* ; étant certain que l'on peut conclure quelquefois nécessairement en cette manière, ce qui suffit pour faire un vrai syllogisme. On en verra des exemples ci-après.

Néanmoins, parce qu'on ne peut conclure de cette quatrième

manière, qu'en une façon qui n'est nullement naturelle, et où l'esprit ne se porte jamais, Aristote et ceux qui l'ont suivi n'ont pas donné à cette manière de raisonner le nom de figure. Galien a soutenu le contraire, et il est clair que ce n'est qu'une dispute de mots, qui doit se décider en leur faisant dire de part et d'autre ce qu'ils entendent par le mot de figure [85].

Mais ceux-là se trompent sans doute, qui prennent pour une quatrième figure, qu'ils accusent Aristote de n'avoir pas reconnue, les arguments de la première, dont la majeure et la mineure sont transposées, comme lorsqu'on dit : *Tout corps est divisible; tout ce qui est divisible est imparfait ; donc tout corps est imparfait.* Je m'étonne que Gassendi soit tombé dans cette erreur ; car il est ridicule de prendre pour la majeure d'un syllogisme, la proposition qui se trouve la première, et pour mineure, celle qui se trouve la seconde ; si cela était, il faudrait prendre souvent la conclusion même pour la majeure ou la mineure d'un argument, puisque c'est assez souvent la première ou la seconde des trois propositions qui le composent, comme dans ces vers d'Horace, la conclusion est la première, la mineure la seconde, et la majeure la troisième :

> *Qui melior servo, qui liberior sit avarus,*
> *In triviis fixum cùm se dimittit ob assem,*
> *Non video : nam qui cupiet, metuet quoque; porrò*
> *Qui metuens vivit, liber mihi non erit unquam.*

Car tout se réduit à cet argument :

Celui qui est dans de continuelles appréhensions n'est point libre :
Tout avare est dans de continuelles appréhensions :
Donc nul avare n'est libre.

Il ne faut donc point avoir égard au simple arrangement local des propositions qui ne changent rien dans l'esprit ; mais on doit prendre pour syllogisme de la première figure tous ceux où le milieu est sujet dans la proposition où se trouve le grand terme (c'est-à-dire l'attribut de la conclusion) et attribut dans celle où se trouve le petit terme (c'est-à-dire le sujet de la conclusion) ; et ainsi il ne reste pour quatrième figure que ceux au contraire où le milieu est attribut dans la majeure et sujet dans la mineure ; et c'est ainsi que nous les appellerons, sans que personne puisse le trouver mauvais, puisque nous avertissons par avance que nous n'entendons par ce terme de figure qu'une différente disposition du moyen.

CHAPITRE V.

Règles, modes et fondements de la première figure.

La première figure est donc celle où le moyen est sujet dans la majeure et attribut dans la mineure.

Cette figure n'a que deux règles.

Règle I. *Il faut que la mineure soit affirmative.*

Car si elle était négative, la majeure serait affirmative par la troisième règle générale, et la conclusion négative par la cinquième : donc le grand terme serait pris universellement dans la conclusion, parce qu'elle serait négative, et particulièrement dans la majeure, parce qu'il en est l'attribut dans cette figure, et qu'elle serait affirmative, ce qui serait contre la seconde règle, qui défend de conclure du particulier au général. Cette raison a lieu aussi dans la troisième figure, où le grand terme est aussi attribut dans la majeure.

Règle II. *La majeure doit être universelle.*

Car la mineure étant affirmative par la règle précédente, le moyen qui y est attribut, y est pris particulièrement : donc il doit être universel dans la majeure où il est sujet, ce qui la rend universelle ; autrement il serait pris deux fois (particulièrement) contre la première règle générale.

Démonstration.

Qu'il ne peut y avoir que quatre modes de la première figure.

On a fait voir dans le chapitre précédent, qu'il ne peut y avoir que dix modes concluants ; mais de ces dix modes, A, E, E, et A, O, O, sont exclus par la première règle de cette figure, qui est que la mineure doit être affirmative.

I, A, I, et O, A, O, sont exclus par la deuxième, qui est que la majeure doit être universelle.

A, A, I, et E, A, O, sont exclus par le quatrième corollaire des règles générales ; car le petit terme étant sujet dans la mineure, elle ne peut être universelle que la conclusion ne puisse l'être aussi.

Et par conséquent, il ne reste que ces quatre modes :

2 Affirmatifs. $\begin{cases} A, A, A. \\ A, I, I. \end{cases}$ 2 Négatifs. $\begin{cases} E, A, E. \\ E, I, O. \end{cases}$

Ce qu'il fallait démontrer.

Ces quatre modes, pour être plus facilement retenus, ont été réduits à des mots artificiels, dont les trois syllabes marquent les trois propositions, et la voyelle de chaque syllabe marque quelle doit être cette proposition; de sorte que ces mots ont cela de très commode dans l'école, qu'on marque clairement par un seul mot une espèce de syllogisme, que sans cela on ne pourrait faire entendre qu'avec beaucoup de discours.

BAR-   *Quiconque laisse mourir de faim ceux qu'il doit nourrir, est homicide :*

BA-   *Tous les riches qui ne donnent point l'aumône dans les nécessités publiques, laissent mourir de faim ceux qu'ils doivent nourrir :*

RA.   *Donc ils sont homicides.*

CE-   *Nul voleur impénitent ne doit s'attendre d'être sauvé :*

LA-   *Tous ceux qui meurent après s'être enrichis du bien de l'église, sans vouloir le restituer, sont des voleurs impénitents :*

RENT.   *Donc nul d'eux ne doit s'attendre d'être sauvé.*

DA-   *Tout ce qui sert au salut, est avantageux :*

RI-   *Il y a des afflictions qui servent au salut :*

I.   *Donc il y a des afflictions qui sont avantageuses.*

FE-   *Ce qui est suivi d'un juste repentir n'est jamais à souhaiter :*

RI-   *Il y a des plaisirs qui sont suivis d'un juste repentir :*

O.   *Donc il y a des plaisirs qui ne sont point à souhaiter.*

Fondement de la première figure.

Puisque dans cette figure le grand terme est affirmé ou nié du moyen pris universellement, et ce même moyen affirmé ensuite dans la mineure du petit terme, ou sujet de la conclusion, il est clair qu'elle n'est fondée que sur deux principes, l'un pour les modes affirmatifs, l'autre pour les modes négatifs.

Principe des modes affirmatifs.

Ce qui convient à une idée prise universellement, convient aussi à tout ce dont cette idée est affirmée, ou qui est sujet de cette idée, ou qui est compris dans l'extension de cette idée : car ces expressions sont synonymes.

Ainsi, l'idée d'*animal* convenant à tous les hommes, convient aussi à tous les Éthiopiens. Ce principe a été tellement éclairci dans le chapitre où nous avons traité de la nature des propositions affirmatives, qu'il n'est pas nécessaire de l'éclaircir ici davantage. Il suffira d'avertir qu'on l'exprime ordinairement dans l'école en cette manière : *Quod convenit consequenti, convenit antecedenti;* et que l'on entend par terme conséquent une idée générale qui est affirmée d'une autre, et par antécédent le sujet dont elle est affirmée, parce qu'en effet l'attribut se tire par conséquence du sujet; s'il est homme, il est animal.

Principe des modes négatifs.

Ce qui est nié d'une idée prise universellement, est nié de tout ce dont cette idée est affirmée.

Arbre est nié de tous les animaux; il est donc nié de tous les hommes, parce qu'ils sont animaux. On l'exprime ainsi dans l'école : *Quod negatur de consequenti, negatur de antecedenti.*

Ce que nous avons dit en traitant des propositions négatives, me dispense d'en parler ici davantage.

Il faut remarquer qu'il n'y a que la première figure qui conclue tout, A, E, I, O.

Et qu'il n'y a qu'elle aussi qui conclue A, dont la raison est, qu'afin que la conclusion soit universelle affirmative, il faut que le petit terme soit pris généralement dans la mineure, et par conséquent qu'il en soit sujet, et que le moyen en soit l'attribut : d'où il arrive que le moyen y est pris particulièrement; il faut donc qu'il soit pris généralement dans la majeure (par la première règle générale), et que par conséquent il en soit le sujet. Or c'est en cela que consiste la première figure, que le moyen y est sujet en la majeure, et attribut en la mineure.

CHAPITRE VI.

Règles, modes et fondements de la seconde figure.

La seconde figure est celle où le moyen est deux fois attribut, et de là il s'ensuit qu'afin qu'elle conclue nécessairement, il faut que l'on garde ces deux règles.

Règle I. *Il faut qu'il y ait une des deux propositions négatives, et par conséquent que la conclusion le soit aussi par la sixième règle générale.*

Car, si elles étaient toutes deux affirmatives, le moyen, qui est toujours attribut, serait pris deux fois particulièrement contre la première règle générale.

Règle II. *Il faut que la majeure soit universelle.*

Car, la conclusion étant négative, le grand terme ou l'attribut est pris universellement. Or, ce même terme est sujet de la majeure : donc il doit être universel, et, par conséquent, rendre la majeure universelle.

Démonstration.

Qu'il ne peut y avoir que quatre modes dans la seconde figure.

Des dix modes concluants, les quatre affirmatifs sont exclus par la première règle de cette figure, qui est que l'une des prémisses doit être négative.

O, A, O, est exclus par la seconde règle, qui est que la majeure doit être universelle.

E, A, O, est exclus par la même raison qu'en la première figure, parce que le petit terme est aussi sujet en la mineure.

Il ne reste donc de ces dix modes que ces quatre :

2 Généraux. { E, A, E.   2 Particuliers. { E, I, O.
             { A, E, E.   { A, O, O.

Ce qu'il fallait démontrer.

On a compris ces quatre modes sous ces mots artificiels.

Ce-	*Nul menteur n'est croyable :*
sa-	*Tout homme de bien est croyable :*
re.	*Donc nul homme de bien n'est menteur.*
Ca-	*Tous ceux qui sont à* Jésus-Christ *crucifient leur chair :*
mes-	*Tous ceux qui mènent une vie molle et voluptueuse ne crucifient point leur chair :*
tres.	*Donc nul d'eux n'est à* Jésus-Christ.
Fes-	*Nulle vertu n'est contraire à l'amour de la vérité :*
ti-	*Il y a un amour de la paix qui est contraire à l'amour de la vérité :*
no.	*Donc il y a un amour de la paix qui n'est pas vertu.*
Ba-	*Toute vertu est accompagnée de discrétion :*
ro-	*Il y a des zèles sans discrétion :*
co.	*Donc il y a des zèles qui ne sont pas vertu.*

Fondement de la seconde figure.

Il serait facile de réduire toutes ces diverses sortes d'arguments à un même principe par quelques détours; mais il est plus avantageux d'en réduire deux à un principe, et deux à un autre, parce que la dépendance et la liaison qu'ils ont avec ces deux principes, est plus claire et plus immédiate.

Principe des arguments en *Cesare* et *Festino*.

Le premier de ces principes est celui qui sert aussi de fondement aux arguments négatifs de la première figure; savoir, *que ce qui est nié d'une idée universelle, est aussi nié de tout ce dont cette idée est affirmée, c'est-à-dire de tous les sujets de cette idée* : car il est clair que les arguments en *Cesare* et *Festino*, sont établis sur ce principe. Pour montrer, par exemple, que nul homme de bien n'est menteur, j'ai affirmé croyable de tout homme de bien, et j'ai nié menteur de tout homme croyable, en disant que nul menteur n'est croyable. Il est vrai que cette façon de nier est indirecte, puisqu'au lieu de nier menteur de croyable, j'ai nié croyable de menteur : mais comme les propositions négatives universelles se convertissent simplement en niant l'attribut d'un sujet universel, on nie ce sujet universel de l'attribut.

Cela fait voir néanmoins que les arguments en *Cesare* sont, en quelque manière, indirects, puisque ce qui doit être nié n'y est nié qu'indirectement; mais, comme cela n'empêche pas que l'esprit ne comprenne facilement et clairement la force de l'argument, ils peuvent passer pour directs, entendant ce terme pour des arguments clairs et naturels.

Cela fait voir aussi que ces deux modes *Cesare* et *Festino* ne sont différents des deux de la première figure, *Celarent* et *Ferio*, qu'en ce que la majeure en est renversée; mais quoique l'on puisse dire que les modes négatifs de la première figure sont plus directs, il arrive néanmoins souvent que ces deux de la deuxième figure qui y répondent sont plus naturels, et que l'esprit s'y porte plus facilement; car, par exemple, dans celui que nous venons de proposer, quoique l'ordre direct de la négation demandât que l'on dît : Nul homme croyable n'est menteur, ce qui eût fait un argument en *Celarent*, néanmoins notre esprit se porte naturellement à dire que nul menteur n'est croyable.

Principe des arguments en *Camestres* et *Baroco*.

Dans ces deux modes le moyen est affirmé de l'attribut de la conclusion, et nié du sujet : ce qui fait voir qu'ils sont établis directement sur ce principe : *Tout ce qui est compris dans l'extension d'une idée universelle, ne convient à aucun des sujets dont on la nie, l'attribut d'une proposition négative étant pris selon toute son extension*, comme on l'a prouvé dans la seconde partie.

Vrai chrétien est compris dans l'extension de charitable, puisque tout vrai chrétien est charitable ; charitable est nié d'impitoyable envers les pauvres ; donc vrai chrétien est nié d'impitoyable envers les pauvres ; ce qui fait cet argument :

Tout vrai chrétien est charitable ;
Nul impitoyable envers les pauvres n'est charitable :
Donc nul impitoyable envers les pauvres n'est vrai chrétien.

CHAPITRE VII.

Règles, modes et fondements de la troisième figure.

Dans la troisième figure le moyen est deux fois sujet ; d'où il s'ensuit :

Règle I. *Que la mineure doit être affirmative.*

Ce que nous avons déjà prouvé par la première règle de la première figure ; parce que dans l'une et dans l'autre, l'attribut de la conclusion est aussi attribut dans la majeure.

Règle II. *L'on n'y peut conclure que particulièrement.*

Car, la mineure étant toujours affirmative, le petit terme qui y est attribut est particulier ; donc, il ne peut être universel dans la conclusion où il est sujet, parce que ce serait conclure le général du particulier, contre la deuxième règle générale.

Démonstration.

Qu'il ne peut y avoir que six modes dans la troisième figure.

Des dix modes concluants, A, E, E, et A, O, O, sont exclus par la première règle de cette figure, qui est, que la mineure ne peut être négative.

A, A, A, et E, A, E, sont exclus par la deuxième règle, qui est que la conclusion n'y peut être générale.

Il ne reste donc que ces six modes.

3 Affirmatifs. $\begin{cases} \text{A, A, I.} \\ \text{A, I, I.} \\ \text{I, A, I.} \end{cases}$ 3 Négatifs. $\begin{cases} \text{E, A, O.} \\ \text{E, I, O.} \\ \text{O, A, O.} \end{cases}$

Ce qu'il fallait démontrer.

C'est ce qu'on a réduit à ces six mots artificiels, quoique dans un autre ordre.

Da-   *La divisibilité de la matière à l'infini est incompréhensible :*
Ra-   *La divisibilité de la matière à l'infini est très certaine :*
pti.   *Il y a donc des choses très certaines qui sont incompréhensibles.*

Fe-   *Nul homme ne peut se quitter soi-même :*
la-   *Tout homme est ennemi de soi-même :*
pton.   *Il y a donc des ennemis que l'on ne saurait quitter.*

Di-   *Il y a des méchants qui font les plus grandes fortunes :*
sa-   *Tous les méchants sont misérables :*
mis.   *Il y a donc des misérables dans les plus grandes fortunes.*

Da-   *Tout serviteur de Dieu est roi :*
ti-   *Il y a des serviteurs de Dieu qui sont pauvres :*
si.   *Il y a donc des pauvres qui sont rois.*

Bo-   *Il y a des colères qui ne sont pas blâmables :*
car-   *Toute colère est une passion :*
do.   *Donc il y a des passions qui ne sont pas blâmables.*

Fe-   *Nulle sottise n'est éloquente :*
ri-   *Il y a des sottises en figure :*
son.   *Il y a donc des figures qui ne sont pas éloquentes.*

Fondements de la troisième figure.

Les deux termes de la conclusion étant attribués dans les deux prémisses à un même terme qui sert de moyen, on peut réduire les modes affirmatifs de cette figure à ce principe :

Principe des modes affirmatifs.

Lorsque deux termes peuvent s'affirmer d'une même chose, ils peuvent aussi s'affirmer l'un de l'autre pris particulièrement.

Car, étant unis ensemble dans cette chose, puisqu'ils lui conviennent, il s'ensuit qu'ils sont quelquefois unis ensemble, et, partant, que l'on peut les affirmer l'un de l'autre particulièrement; mais, afin qu'on soit assuré que ces deux termes aient été affirmés d'une même chose, qui est le moyen, il faut que ce moyen soit pris au moins une fois universellement; car s'il était pris deux fois particulièrement, ce pourrait être deux diverses parties d'un terme commun, qui ne serait pas la même chose.

Principe des modes négatifs.

Lorsque de deux termes l'un peut être nié et l'autre affirmé de la même chose, ils peuvent se nier particulièrement l'un de l'autre.

Car il est certain qu'ils ne sont pas toujours joints ensemble, puisqu'ils n'y sont pas joints dans cette chose : donc on peut les nier quelquefois l'un de l'autre, c'est-à-dire que l'on peut les nier l'un de l'autre pris particulièrement; mais il faut, par la même raison, qu'afin que ce soit la même chose, le moyen soit pris au moins une fois universellement.

CHAPITRE VIII.

Des modes de la quatrième figure.

La quatrième figure est celle où le moyen est attribut dans la majeure, et sujet dans la mineure; elle est si peu naturelle, qu'il est assez inutile d'en donner les règles. Les voilà néanmoins, afin qu'il ne manque rien à la démonstration de toutes les manières simples de raisonner.

Règle I. *Quand la majeure est affirmative,* **la mineure est toujours universelle.**

Car le moyen est pris particulièrement dans la majeure affirmative, parce qu'il en est l'attribut. Il faut donc (par la première règle générale) qu'il soit pris généralement dans la mineure, et que par conséquent, il la rende universelle, parce qu'il en est le sujet.

Règle II. *Quand la mineure est affirmative, la conclusion est toujours particulière.*

Car le petit terme est attribut dans la mineure, et par conséquent il y est pris particulièrement, quand elle est affirmative; d'où il s'ensuit (par la deuxième règle générale) qu'il doit être aussi particulier dans la conclusion, ce qui la rend particulière, parce qu'il en est le sujet.

Règle III. *Dans les modes négatifs, la majeure doit être générale.*

Car la conclusion étant négative, le grand terme y est pris généralement. Il faut donc (par la deuxième règle générale) qu'il soit pris aussi généralement dans les prémisses. Or, il est le sujet de la majeure aussi bien que dans la deuxième figure, et par conséquent il faut, aussi bien que dans la deuxième figure, qu'étant pris généralement, il rende la majeure générale.

Démonstration.

Qu'il ne peut y avoir que cinq modes dans la quatrième figure.

Des dix modes concluants, A, I, I, et A, O, O, sont exclus par la première règle.
A, A, A, et E, A, E, sont exclus par la deuxième.
O, A, O, par la troisième.

Il ne reste donc que ces cinq :

2 Affirmatifs. $\begin{cases} A, A, I. \\ I, A, I. \end{cases}$ 3 Négatifs. $\begin{cases} A, E, E. \\ E, A, O. \\ E, I, O. \end{cases}$

Ces cinq modes peuvent se renfermer dans ces mots artificiels.

Bar- Tous les miracles de la nature sont ordinaires :
Ba- Tout ce qui est ordinaire ne nous frappe point :
ri. Donc il y a des choses qui ne nous frappent point, qui sont des miracles de la nature.

Ca- Tous les maux de la vie sont des maux passagers :
len- Tous les maux passagers ne sont point à craindre :
tes. Donc nul des maux qui sont à craindre n'est un mal de cette vie.

Di- Quelque fou dit vrai :
ba- Quiconque dit vrai mérite d'être suivi :
tis. Donc il y en a qui méritent d'être suivis, qui ne laissent pas d'être fous.

Fes- Nulle vertu n'est une qualité naturelle :
pa- Toute qualité naturelle a Dieu pour premier auteur :
mo. Donc il y a des qualités qui ont Dieu pour auteur, qui ne sont pas des vertus.

Fri- Nul malheureux n'est content :

SE *Il y a des personnes contentes qui sont pauvres :*
SOM. *Il y a donc des pauvres qui ne sont pas malheureux.*

Il est bon d'avertir que l'on exprime ordinairement ces cinq modes en cette façon : *Baralipton, Celantes, Dabitis, Fapesmo, Frisesomorum ;* ce qui est venu de ce qu'Aristote n'ayant pas fait une figure séparée de ces modes, on ne les a regardés que comme des modes indirects de la première figure, parce qu'on a prétendu que la conclusion en était renversée, et que l'attribut en était le véritable sujet. C'est pourquoi ceux qui ont suivi cette opinion ont mis pour première proposition celle où le sujet de la conclusion entre, et pour mineure celle où entre l'attribut.

Et ainsi ils ont donné neuf modes à la première figure, quatre directs et cinq indirects, qu'ils ont renfermés dans ces deux vers :

Barbara, Celarent, Darii, Ferio, Baralipton,
Celantes, Dabitis, Fapesmo, Frisesomorum.

Et pour les deux autres figures.

Cesare, Camestres, Festino, Baroco, Darapti,
Felapton, Disamis, Datisi, Bocardo, Ferison.

Mais, comme la conclusion étant toujours supposée, puisque c'est ce qu'on veut prouver, on ne peut pas dire proprement qu'elle soit jamais renversée, nous avons cru qu'il était plus avantageux de prendre toujours pour majeure la proposition où entre l'attribut de la conclusion : ce qui nous a obligés, pour mettre la majeure la première, de renverser ces mots artificiels. De sorte que, pour mieux les retenir, on peut les renfermer en ce vers :

Barbari, Calentes, Dibatis, Fespamo, Frisesom.

Récapitulation des diverses espèces de syllogismes.

De tout ce qu'on vient de dire, on peut conclure qu'il y a dix-neuf espèces de syllogismes, qu'on peut diviser en diverses manières.

1º En { Généraux 5. / Particuliers 14. } 2º En { Affirmatifs 7. / Négatifs 12. }

3º En ceux qui concluent. { A, 1. / E, 4. / I, 6. / O, 8. }

4º Selon les différentes figures, en les subdivisant par les modes ; ce qui a déjà été assez fait dans l'explication de chaque figure.

5° Ou, au contraire, selon les modes, en les subdivisant par les figures ; ce qui fera encore trouver dix-neuf espèces de syllogismes, parce qu'il y a trois modes, dont chacun ne conclut qu'en une seule figure ; six dont chacun conclut en deux figures ; et un qui conclut en toutes les quatre.

CHAPITRE IX.

Des syllogismes complexes, et comment on peut les réduire aux syllogismes communs, et en juger par les mêmes règles.

Il faut avouer que s'il y en a à qui la logique sert, il y en a beaucoup à qui elle nuit ; et il faut reconnaître, en même temps, qu'il n'y en a point à qui elle nuise davantage qu'à ceux qui s'en piquent le plus, et qui affectent avec plus de vanité de paraître bons logiciens : car cette affectation même étant la marque d'un esprit bas et peu solide, il arrive que, s'attachant plus à l'écorce des règles qu'au bon sens, qui en est l'âme, ils se portent facilement à rejeter comme mauvais des raisonnements qui sont très bons ; parce qu'ils n'ont pas assez de lumière pour les ajuster aux règles, qui ne servent qu'à les tromper, à cause qu'ils ne les comprennent qu'imparfaitement.

Pour éviter ce défaut, qui ressent beaucoup cet air de pédanterie si indigne d'un honnête homme, nous devons plutôt examiner la solidité d'un raisonnement par la lumière naturelle que par les formes ; et un des moyens d'y réussir, quand nous y trouvons quelque difficulté, est d'en faire d'autres semblables en différentes matières ; et lorsqu'il nous paraît clairement qu'il conclut bien, à ne considérer que le bon sens, si nous trouvons en même temps qu'il contienne quelque chose qui ne nous semble pas conforme aux règles, nous devons plutôt croire que c'est faute de bien le démêler, que non pas qu'il y soit contraire en effet.

Mais les raisonnements dont il est plus difficile de bien juger, et où il est plus aisé de se tromper, sont ceux que nous avons déjà dit se pouvoir appeler *complexes*, non pas simplement parce qu'il s'y trouvait des propositions complexes, mais parce que les termes de la conclusion étant complexes, n'étaient pas pris tout entiers dans chacune des prémisses pour être joints avec le moyen, mais seulement une partie de l'un des termes, comme en cet exemple :

Le soleil est une chose insensible :
Les Perses adoraient le soleil :
Donc les Perses adoraient une chose insensible ;

où l'on voit que la conclusion ayant pour attribut *adoraient une chose insensible,* on n'en met qu'une partie dans la majeure, savoir : *une chose insensible,* et *adoraient,* dans la mineure.

Or, nous ferons deux choses touchant ces sortes de syllogismes. Nous montrerons, premièrement, comment on peut les réduire aux syllogismes incomplexes dont nous avons parlé jusqu'ici pour en juger par les mêmes règles.

Et nous ferons voir, en second lieu, que l'on peut donner des règles plus générales pour juger tout d'un coup de la bonté ou du vice de ces syllogismes complexes, sans avoir besoin d'aucune réduction.

C'est une chose assez étrange que, quoique l'on fasse peut-être beaucoup plus d'état de la logique qu'on ne devrait, jusqu'à soutenir qu'elle est absolument nécessaire pour acquérir les sciences, on la traite néanmoins avec si peu de soin, que l'on ne dit presque rien de ce qui peut avoir quelque usage ; car on se contente d'ordinaire de donner des règles des syllogismes simples, et presque tous les exemples qu'on en apporte sont composés de propositions incomplexes, qui sont si claires, que personne ne s'est jamais avisé de les proposer sérieusement dans aucun discours ; car, à qui a-t-on jamais ouï faire ces syllogismes : Tout homme est animal : Pierre est homme : donc Pierre est animal.

Mais on se met peu en peine d'appliquer les règles des syllogismes aux arguments dont les propositions sont complexes, quoique cela soit souvent assez difficile, et qu'il y ait plusieurs arguments de cette nature qui paraissent mauvais, et qui sont néanmoins fort bons ; et que d'ailleurs l'usage de ces sortes d'arguments soit beaucoup plus fréquent que celui des syllogismes entièrement simples. C'est ce qu'il sera plus aisé de faire voir par des exemples que par des règles.

EXEMPLE I. Nous avons dit, par exemple, que toutes les propositions composées de verbes actifs sont complexes en quelque manière ; et de ces propositions on en fait souvent des arguments dont la forme et la force sont difficiles à reconnaître, comme celui-ci que nous avons déjà proposé en exemple :

La loi divine commande d'honorer les rois :
Louis XIV est roi :
Donc la loi divine commande d'honorer Louis XIV.

Quelques personnes peu intelligentes ont accusé ces **sortes de** syllogismes d'être défectueux, parce que, disaient-elles, ils sont composés de pures affirmatives dans la deuxième figure, ce qui est un défaut essentiel ; mais ces personnes ont bien montré qu'elles consultaient plus la lettre et l'écorce des règles, que non pas la lumière de la raison, par laquelle ces règles ont été trouvées ; car cet argument est tellement vrai et concluant, que s'il était contre la règle, ce serait une preuve que la règle serait fausse, et non pas que l'argument fût mauvais.

Je dis donc, premièrement, que cet argument est bon ; car dans cette proposition, *la loi divine commande d'honorer les rois*, ce mot de *rois* est pris généralement pour tous les rois en particulier, et par conséquent Louis XIV est du nombre de ceux que la loi divine commande d'honorer.

Je dis, en second lieu, que *roi*, qui est le moyen, n'est point attribut dans cette proposition, *la loi divine commande d'honorer les rois*, quoiqu'il soit joint à l'attribut *commande*, ce qui est bien différent ; car, ce qui est véritablement attribut est affirmé et convient : or, 1° *roi* n'est point affirmé, et ne convient point à la loi de Dieu ; 2° l'attribut est restreint par le sujet : or, le mot de *roi* n'est point restreint dans cette proposition, *la loi divine commande d'honorer les rois*, puisqu'il se prend généralement.

Mais si l'on demande ce qu'il est donc, il est facile de répondre qu'il est sujet d'une autre proposition enveloppée dans celle-là ; car, quand je dis que la loi divine commande d'honorer les rois, comme j'attribue à la loi de commander, j'attribue aussi l'honneur aux rois, car c'est comme si je disais : *la loi divine commande que les rois soient honorés.*

De même, dans cette conclusion, *la loi divine commande d'honorer Louis XIV*, Louis XIV n'est point l'attribut, quoique joint à l'attribut, et il est, au contraire, le sujet de la proposition enveloppée ; car c'est autant que si je disais : *la loi divine commande que Louis XIV soit honoré.*

Ainsi, ces propositions étant développées en cette manière :

La loi divine commande que les rois soient honorés :
Louis XIV est roi :

Donc la loi divine commande que Louis XIV soit honoré,

il est clair que tout l'argument consiste dans ces propositions :

Les rois doivent être honorés :
Louis XIV est roi :
Donc Louis XIV doit être honoré,

et que cette proposition, *la loi divine commande*, qui paraissait la principale, n'est qu'une proposition incidente à cet argument, qui est jointe à l'affirmation à qui la loi divine sert de preuve.

Il est clair de même que cet argument est de la première figure en *Barbara*, les termes singuliers, comme Louis XIV, passant pour universels, parce qu'ils sont pris dans toute leur étendue, comme nous avons déjà remarqué.

Exemple II. Par la même raison, cet argument, qui paraît de la deuxième figure et conforme aux règles de cette figure, ne vaut rien.

Nous devons croire l'Écriture :
La tradition n'est point l'Écriture.
Donc nous ne devons point croire la tradition.

Car il doit se réduire à la première figure, comme s'il y avait :

L'Écriture doit être crue :
La tradition n'est point l'Écriture :
Donc la tradition ne doit pas être crue.

Or, l'on ne peut rien conclure dans la première figure d'une mineure négative.

Exemple III. Il y a d'autres arguments dont les propositions paraissent de pures affirmatives dans la deuxième figure, et qui ne laissent pas d'être fort bons, comme :

Tout bon pasteur est prêt à donner sa vie pour ses brebis :
Or, il y a aujourd'hui peu de pasteurs qui soient prêts à donner leur vie pour leurs brebis :
Donc il y a aujourd'hui peu de bons pasteurs.

Mais ce qui fait que ce raisonnement est bon, c'est qu'on n'y conclut affirmativement qu'en apparence ; car la mineure est une proposition exclusive, qui contient dans le sens cette négative : *plusieurs des pasteurs d'aujourd'hui ne sont pas prêts à donner leur vie pour leurs brebis;* et la conclusion aussi se réduit à cette négative : *plusieurs des pasteurs d'aujourd'hui ne sont pas de bons pasteurs.*

EXEMPLE IV. Voici encore un argument qui, étant de la première figure, paraît avoir la mineure négative, et qui néanmoins est fort bon.

Tous ceux à qui on ne peut ravir ce qu'ils aiment sont hors d'atteinte à leurs ennemis :
Or, quand un homme n'aime que Dieu, on ne peut lui ravir ce qu'il aime :
Donc tous ceux qui n'aiment que Dieu sont hors d'atteinte à leurs ennemis.

Ce qui fait que cet argument est fort bon, c'est que la mineure n'est *négative* qu'en apparence, et est en effet *affirmative.*
Car le sujet de la majeure, qui doit être attribut dans la mineure, n'est pas *ceux à qui on peut ravir ce qu'ils aiment;* mais c'est, au contraire, *ceux à qui on ne peut le ravir;* or, c'est ce qu'on affirme de ceux qui n'aiment que Dieu; de sorte que le sens de la mineure est :
Or, tous ceux qui n'aiment que Dieu sont du nombre de ceux à qui on ne peut ravir ce qu'ils aiment; ce qui est visiblement une proposition affirmative.

EXEMPLE V. C'est ce qui arrive encore quand la majeure est une proposition exclusive, comme :

Les seuls amis de Dieu sont heureux :
Or, il y a des riches qui ne sont pas amis de Dieu :
Donc il y a des riches qui ne sont pas heureux; car la particule *seuls* fait que la première proposition de ce syllogisme vaut ces deux-ci : *les amis de Dieu sont heureux :* et, *tous les autres hommes qui ne sont point amis de Dieu ne sont point heureux.*

Or, comme c'est de cette seconde proposition que dépend la force de ce raisonnement, la mineure, qui semblait négative, devient affirmative; parce que le sujet de la majeure, qui doit être attribut dans la mineure, n'est pas *amis de Dieu,* mais *ceux qui ne sont pas amis de Dieu,* de sorte que tout l'argument doit se prendre ainsi :

Tous ceux qui ne sont point amis de Dieu ne sont pas heureux :

Or, il y a des riches qui sont du nombre de ceux qui ne sont pas amis de Dieu :
Donc il y a des riches qui ne sont point heureux.

Mais ce qui fait qu'il n'est pas nécessaire d'exprimer la mineure de cette sorte, et qu'on lui laisse l'apparence d'une proposition négative, c'est que c'est la même chose de dire négativement qu'un homme n'est pas ami de Dieu, et de dire affirmativement qu'il est non ami de Dieu, c'est-à-dire du nombre de ceux qui ne sont pas amis de Dieu.

Exemple VI. Il y a beaucoup d'arguments semblables dont toutes les propositions paraissent négatives, et qui néanmoins sont très bons, parce qu'il y en a une qui n'est négative qu'en apparence, et qui est affirmative en effet, comme nous venons de le faire voir, et comme on verra encore par cet exemple :

Ce qui n'a point de parties ne peut périr par la dissolution de ses parties :
Notre âme n'a point de parties :
Donc notre âme ne peut périr par la dissolution de ses parties.

Il y a des gens qui apportent ces sortes de syllogismes pour montrer que l'on ne doit pas prétendre que cet axiome de la logique, *On ne conclut rien de pures négatives,* soit vrai généralement et sans distinction : mais ils n'ont pas pris garde que, dans le sens, la mineure de ce syllogisme et autres semblables est affirmative, parce que le milieu, qui est le sujet de la majeure, en est l'attribut ; or, le sujet de la majeure n'est pas *ce qui a des parties*, mais *ce qui n'a point de parties :* et ainsi le sens de la mineure est : *notre âme est une chose qui n'a point de parties ;* ce qui est une proposition affirmative d'un attribut négatif.

Ces mêmes personnes prouvent encore que les arguments négatifs sont quelquefois concluants, par ces exemples : *Jean n'est pas raisonnable : donc il n'est point homme. Nul animal ne voit : donc nul homme ne voit.* Mais elles devaient considérer que ces exemples ne sont que des enthymèmes, et que nul enthymème ne conclut qu'en vertu d'une proposition sous-entendue, et qui par conséquent doit être dans l'esprit, quoiqu'elle ne soit pas exprimée ; or, dans l'un et l'autre de ces exemples, la proposition sous-entendue est nécessairement affirmative. Dans le premier, celle-ci : *Tout homme est raisonnable : Jean n'est point raisonnable : donc Jean n'est point homme ;* et, dans l'autre : *Tout homme est ani-*

mal : nul animal ne voit : donc nul homme ne voit ; or, on ne peut pas dire que ces syllogismes soient de pures négatives, et, par conséquent, les enthymèmes, qui ne concluent que parce qu'ils enferment ces syllogismes entiers dans l'esprit de celui qui les fait, ne peuvent être apportés en exemple, pour faire voir qu'il y a quelquefois des arguments de pures négatives qui concluent.

CHAPITRE X.

Principe général par lequel, sans aucune réduction aux figures et aux modes, on peut juger de la bonté ou du défaut de tout syllogisme.

Nous avons vu comme on peut juger si les arguments complexes sont concluants ou vicieux, en les réduisant à la forme des arguments plus communs, pour en juger ensuite par les règles communes ; mais comme il n'y a point d'apparence que notre esprit ait besoin de cette réduction pour faire ce jugement, cela a fait penser qu'il fallait qu'il y eût des règles plus générales, sur lesquelles même les communes fussent appuyées, par où l'on reconnût plus facilement la bonté ou le défaut de toutes sortes de syllogismes : et voici ce qui en est venu dans l'esprit.

Lorsqu'on veut prouver une proposition dont la vérité ne paraît pas évidemment, il semble que tout ce qu'on a à faire soit de trouver une proposition plus connue qui confirme celle-là, laquelle, pour cette raison, on peut appeler la proposition *contenante*. Mais, parce qu'elle ne peut pas la contenir expressément et dans les mêmes termes, puisque, si cela était, elle n'en serait point différente, et ainsi elle ne servirait de rien pour la rendre plus claire, il est nécessaire qu'il y ait encore une autre proposition qui fasse voir que celle que nous avons appelée *contenante* contient en effet celle que l'on veut prouver ; et celle-là peut s'appeler *applicative*.

Dans les syllogismes affirmatifs, il est souvent indifférent laquelle des deux on appelle *contenante*, parce qu'elles contiennent toutes deux, en quelque sorte, la conclusion, et qu'elles servent mutuellement à faire voir que l'autre la contient.

Par exemple, si je doute si un homme vicieux est malheureux, et que je raisonne ainsi :

Tout esclave de ses passions est malheureux :
Tout vicieux est esclave de ses passions :
Donc tout vicieux est malheureux,

quelque proposition que vous preniez, vous pourrez dire qu'elle contient la conclusion, et que l'autre le fait voir ; car la majeure la contient, parce qu'*esclave de ses passions* contient sous soi *vicieux;* c'est-à-dire que *vicieux* est renfermé dans son étendue, et est un de ses sujets, comme la mineure le fait voir : et la mineure la contient aussi, parce qu'*esclave de ses passions* comprend, dans son idée, celle de malheureux, comme la majeure le fait voir.

Néanmoins, comme la majeure est presque toujours plus générale, on la regarde d'ordinaire comme la proposition contenante, et la mineure comme applicative.

Pour les syllogismes négatifs, comme il n'y a qu'une proposition négative, et que la négation n'est proprement enfermée que dans la négation, il semble qu'on doive toujours prendre la proposition négative pour la contenante, et l'affirmative pour l'applicative seulement, soit que la négative soit la majeure, comme en *Celarent, Ferio, Cesare, Festino;* soit que ce soit la mineure, comme en *Camestres* et *Baroco*.

Car si je prouve par cet argument que nul avare n'est heureux,

Tout heureux est content :
Nul avare n'est content :
Donc nul avare n'est heureux,

il est plus naturel de dire que la mineure, qui est négative, contient la conclusion qui est aussi négative; et que la majeure est pour montrer qu'elle la contient : car cette mineure, *nul avare n'est content*, séparant totalement *content* d'avec *avare*, en sépare aussi *heureux*, puisque, selon la majeure, *heureux* est totalement enfermé dans l'étendue de *content*.

Il n'est pas difficile de montrer que toutes les règles que nous avons données ne servent qu'à faire voir que la conclusion est contenue dans l'une des premières propositions, et que l'autre le fait voir; et que les arguments ne sont vicieux que quand on manque à observer cela, et qu'ils sont toujours bons quand on l'observe. Car toutes ces règles se réduisent à deux principales, qui sont le fondement des autres : l'une, *que nul terme ne peut être plus général dans la conclusion que dans les prémisses;* or, cela dépend visiblement de ce principe général, *que les prémisses doivent contenir la conclusion :* ce qui ne pourrait pas être si, le même terme étant dans les prémisses et dans la conclusion, il avait moins d'étendue dans les prémisses que dans la conclusion; car le moins général ne contient pas le plus général, *quelque homme* ne contient pas *tout homme*.

L'autre règle générale est, *que le moyen doit être pris au moins une fois universellement*; ce qui dépend encore de ce principe, *que la conclusion doit être contenue dans les prémisses.* Car, supposons que nous ayons à prouver *que quelque ami de Dieu est pauvre*, et que nous nous servions pour cela de cette proposition, *quelque saint est pauvre*, je dis qu'on ne verra jamais évidemment que cette proposition contient la conclusion, que par une autre proposition où le moyen, qui est *saint*, soit pris universellement; car, il est visible qu'afin que cette proposition, *quelque saint est pauvre*, contienne la conclusion, *quelque ami de Dieu est pauvre*, il faut et il suffit que le terme *quelque saint* contienne le terme *quelque ami de Dieu*, puisque pour l'autre elles l'ont commun. Or, un terme particulier n'a point d'étendue déterminée; il ne contient certainement que ce qu'il enferme dans sa compréhension et dans son idée.

Et par conséquent, afin que le terme *quelque saint* contienne le terme *quelque ami de Dieu*, il faut qu'*ami de Dieu* soit contenu dans la compréhension de l'idée de *saint*.

Or, tout ce qui est contenu dans la compréhension d'une idée en peut être universellement affirmé; tout ce qui est enfermé dans la compréhension de l'idée de *triangle*, peut être affirmé de *tout triangle*; tout ce qui est enfermé dans l'idée d'*homme*, peut être affirmé de *tout homme*, et, par conséquent, afin qu'*ami de Dieu* soit enfermé dans l'idée de *saint*, il faut que *tout saint soit ami de Dieu;* d'où il s'ensuit que cette conclusion, *quelque ami de Dieu est pauvre*, ne peut être contenue dans cette proposition, *quelque saint est pauvre*, où le moyen *saint* est pris particulièrement, qu'en vertu d'une proposition où il soit pris universellement, puisqu'elle doit faire voir qu'un *ami de Dieu* est contenu dans la compréhension de l'idée de *saint :* c'est ce qu'on ne peut montrer qu'en affirmant *ami de Dieu* de *saint* pris universellement, *tout saint est ami de Dieu;* et par conséquent nulle des prémisses ne contiendrait la conclusion, si le moyen étant pris particulièrement dans l'une des propositions, il n'était pris universellement dans l'autre : ce qu'il fallait démontrer [84].

CHAPITRE XI.

Application de ce principe général à plusieurs syllogismes qui paraissent embarrassés.

Sachant donc, par ce que nous avons dit dans la seconde partie, **ce que c'est que l'étendue et la compréhension des termes, par où**

l'on peut juger quand une proposition en contient ou n'en contient pas une autre, on peut juger de la bonté ou du défaut de tout syllogisme, sans considérer s'il est simple ou composé, complexe ou incomplexe, et sans prendre garde aux figures ni aux modes, par ce seul principe général : *que l'une des deux propositions doit contenir la conclusion, et l'autre faire voir qu'elle la contient* : c'est ce qui se comprendra mieux par des exemples.

EXEMPLE I. Je doute si ce raisonnement est bon :

Le devoir d'un chrétien est de ne point louer ceux qui commettent des actions criminelles :

Or, ceux qui se battent en duel commettent une action criminelle :

Donc le devoir d'un chrétien est de ne point louer ceux qui se battent en duel.

Je n'ai que faire de me mettre en peine pour savoir à quelle figure ni à quel mode on peut le réduire ; mais il me suffit de considérer si la conclusion est contenue dans l'une des deux premières propositions, et si l'autre le fait voir, et je trouve d'abord que la première n'ayant rien de différent de la conclusion, sinon qu'il y a en l'une, *ceux qui commettent des actions criminelles*, et en l'autre, *ceux qui se battent en duel*, celle où il y a, *commettre des actions criminelles* contiendra celle où il y a, *se battre en duel*, pourvu que *commettre des actions criminelles* contienne *se battre en duel*.

Or, il est visible, par le sens, que le terme de, *ceux qui commettent des actions criminelles*, est pris universellement ; et que cela s'entend de tous ceux qui en commettent quelles qu'elles soient : et ainsi la mineure, *ceux qui se battent en duel commettent une action criminelle*, faisant voir que, *se battre en duel* est contenu sous ce terme de *commettre des actions criminelles*, elle fait voir aussi que la première proposition contient la conclusion.

EXEMPLE II. Je doute si ce raisonnement est bon :

L'Évangile promet le salut aux chrétiens :
Il y a des méchants qui sont chrétiens :
Donc l'Évangile promet le salut aux méchants.

Pour en juger, je n'ai qu'à regarder que la majeure ne peut contenir la conclusion, si le mot de *chrétiens* n'y est pris généralement pour *tous les chrétiens*, et non pour *quelques chrétiens* seulement ; car, si l'Évangile ne promet le salut qu'à quelques chrétiens, il **ne s'ensuit pas qu'il le promette à des méchants qui seraient chrétiens**, parce que ces méchants peuvent n'être pas du nombre de ces chrétiens auxquels l'Évangile promet le salut ; c'est pourquoi ce raisonnement conclut bien, mais la majeure est fausse, si le mot de *chrétiens* se prend dans la majeure pour *tous les chrétiens ;* et il conclut mal, s'il ne se prend que pour *quelques chrétiens ;* car alors la première proposition ne contiendrait point la conclusion.

Mais, pour savoir s'il doit se prendre universellement, cela doit se juger par une autre règle que nous avons donnée dans la seconde partie, qui est que, *hors les faits, ce dont on affirme, est pris universellement, quand il est exprimé indéfiniment ;* car quoique *ceux qui commettent des actions criminelles* dans le premier exemple, et *chrétiens* dans le deuxième, soient partie d'un attribut, ils tiennent lieu néanmoins de sujet au regard de l'autre partie du même attribut ; car ils sont ce dont on affirme, qu'on ne doit pas les louer, ou qu'on leur promet le salut : et par conséquent, n'étant point restreints, ils doivent être pris universellement, et ainsi, l'un et l'autre argument est bon dans la forme; mais la majeure du second est fausse, si ce n'est qu'on entendît par le mot de *chrétiens*, ceux qui vivent conformément à l'Évangile, auquel cas la mineure serait fausse, parce qu'il n'y a point de méchants qui vivent conformément à l'Évangile.

EXEMPLE III. Il est aisé de voir, par le même principe, que ce raisonnement ne vaut rien :

La loi divine commande d'obéir aux magistrats séculiers :
Les évêques ne sont point des magistrats séculiers :
Donc la loi divine ne commande point d'obéir aux évêques.

Car nulle des premières propositions ne contient la conclusion, puisqu'il ne s'ensuit pas que la loi divine, commandant une chose, n'en commande pas une autre : et ainsi, la mineure fait bien voir que *les évêques* ne sont pas compris sous le nom de *magistrats séculiers*, et que le commandement d'honorer les magistrats séculiers ne comprend point les évêques ; mais la majeure ne dit pas que Dieu n'ait fait d'autres commandements que celui-là, comme il faudrait qu'elle fît pour enfermer la conclusion en vertu de cette mineure : ce qui fait que cet autre argument est bon :

EXEMPLE IV. *Le christianisme n'oblige les serviteurs de servir* leurs maîtres que dans les choses qui ne sont point contre la loi de Dieu :

Or, un mauvais commerce est contre la loi de Dieu :
Donc le christianisme n'oblige point les serviteurs de servir leurs maîtres dans un mauvais commerce.

Car la majeure contient la conclusion, puisque la mineure, *mauvais commerce,* est contenue dans le nombre des choses qui sont contre la loi de Dieu, et que la majeure étant exclusive, vaut autant que si on disait : *La loi divine n'oblige point les serviteurs de servir leurs maîtres dans toutes les choses qui sont contre la loi de Dieu.*

Exemple V. On peut résoudre facilement ce sophisme commun par ce seul principe.

Celui qui dit que vous êtes un animal dit vrai :
Celui qui dit que vous êtes un oison dit que vous êtes un animal :
Donc celui qui dit que vous êtes un oison dit vrai.

Car il suffit de dire que nulle de ces deux premières propositions ne contient la conclusion ; puisque, si la majeure la contenait, n'étant différente de la conclusion qu'en ce qu'il y a *animal* dans la majeure, et *oison* dans la conclusion, il faudrait qu'*animal* contînt *oison ;* mais *animal* est pris particulièrement dans cette majeure, puisqu'il est attribut de cette proposition incidente affirmative, *vous êtes un animal ;* et par conséquent il ne pourrait contenir *oison* que dans sa compréhension ; ce qui obligerait, pour le faire voir, de prendre le mot d'*animal* universellement dans la mineure, en affirmant *oison* de tout animal : ce qu'on ne peut faire, et ce qu'on ne fait pas aussi, puisqu'*animal* est encore pris particulièrement dans la mineure, étant encore, aussi bien que dans la majeure, l'attribut de cette proposition affirmative incidente *vous êtes un animal.*

Exemple VI. On peut encore résoudre par là cet ancien sophisme, qui est rapporté par saint Augustin :

Vous n'êtes pas ce que je suis :
Je suis homme :
Donc vous n'êtes pas homme.

Cet argument ne vaut rien par les règles des figures, parce qu'il est de la première, et que la première proposition, qui en est la mineure, est négative : mais il suffit de dire que la conclusion n'est point contenue dans la première de ces propositions, et que l'autre proposition, *je suis homme*, ne fait point voir qu'elle y soit contenue ; car la conclusion étant négative, le terme d'homme y est pris universellement, et ainsi n'est point contenu dans le terme *ce que je suis*, parce que celui qui parle ainsi n'est pas *tout homme, mais seulement quelque homme*, comme il paraît en ce qu'il dit seulement dans la proposition applicative, *je suis homme*, où le terme d'homme est restreint à une signification particulière, parce qu'il est attribut d'une proposition affirmative : or, le général n'est pas contenu dans le particulier.

CHAPITRE XII.

Des syllogismes conjonctifs.

Les syllogismes conjonctifs ne sont pas tous ceux dont les propositions sont conjonctives ou composées, mais ceux dont la majeure est tellement composée qu'elle enferme toute la conclusion : on peut les réduire à trois genres, *les conditionnels, les disjonctifs, et les copulatifs*.

Des syllogismes conditionnels.

Les syllogismes conditionnels sont ceux où la majeure est une proposition conditionnelle qui contient toute la conclusion, comme :

S'il y a un Dieu, il faut l'aimer :
Or, il y a un Dieu :
Donc il faut l'aimer.

La majeure a deux parties : la première s'appelle l'antécédent, *s'il y a un Dieu*; la deuxième, le conséquent, *il faut l'aimer*.

Ce syllogisme peut être de deux sortes, parce que de la même majeure on peut former deux conclusions.

La première est, quand ayant affirmé le conséquent dans la majeure, on affirme l'antécédent dans la mineure, selon cette règle : *en posant l'antécédent, on pose le conséquent*.

Si la matière ne peut se mouvoir d'elle-même, il faut que le premier mouvement lui ait été donné de Dieu :
Or, la matière ne peut se mouvoir d'elle-même :
Il faut donc que le premier mouvement lui ait été donné de Dieu.

La deuxième sorte est, quand on ôte le conséquent pour ôter

TROISIÈME PARTIE. 211

l'antécédent, selon cette règle : *ôtant le conséquent, on ôte l'antécédent.*

Si quelqu'un des élus périt, Dieu se trompe :
Mais Dieu ne se trompe point :
Donc aucun des élus ne périt.

C'est le raisonnement de saint Augustin : *Horum si quisquam perit, fallitur Deus : sed nemo eorum perit, quia non fallitur Deus.*

Les arguments conditionnels sont vicieux en deux manières : l'une est, quand la majeure est une conditionnelle déraisonnable, et dont la conséquence est contre les règles, comme si je concluais le général du particulier, en disant : Si nous nous trompons en quelque chose, nous nous trompons en tout.

Mais cette fausseté dans la majeure de ces syllogismes en regarde plutôt la matière que la forme; ainsi, on ne les considère comme vicieux selon la forme, que quand on tire une mauvaise conclusion de la majeure, vraie ou fausse, raisonnable ou déraisonnable : ce qui se fait de deux sortes.

La première, lorsqu'on infère l'antécédent du conséquent, comme si on disait :

Si les Chinois sont mahométans, ils sont infidèles :
Or, ils sont infidèles :
Donc ils sont mahométans.

La deuxième sorte d'arguments conditionnels qui sont faux, est quand de la négation de l'antécédent on infère la négation du conséquent, comme dans le même exemple :

Si les Chinois sont mahométans, ils sont infidèles :
Or, ils ne sont pas mahométans :
Donc ils ne sont pas infidèles.

Il y a néanmoins de ces arguments conditionnels qui semblent avoir ce second défaut, qui ne laissent pas d'être fort bons, parce qu'il y a une exclusion sous-entendue dans la majeure, quoique non exprimée. Exemple : Cicéron ayant publié une loi contre ceux qui achèteraient les suffrages, et Muréna étant accusé de les avoir achetés, Cicéron, qui plaidait pour lui, se justifie par cet argument, du reproche que lui faisait Caton, d'agir, dans cette défense, contre sa loi : *Etenim si largitionem factam esse confiterer, idque rectè factum esse defenderem, facerem improbè, etiamsi alius legem tulisset ; cùm verò nihil commissum contra legem esse defendam, quid est quòd meam defensionem latio legis impediat?* Il semble que cet argument soit semblable à celui d'un blasphémateur, qui dirait pour s'excuser : *Si je niais qu'il y eût un Dieu, je serais un méchant; mais quoique je blasphème, je ne nie pas qu'il y eût un Dieu : donc je ne suis pas un méchant.* Cet argument ne vaudrait rien, parce qu'il y a d'autres crimes que l'athéisme qui rendent un homme méchant ; mais ce qui fait que celui de Cicéron est bon, quoique Ramus l'ait proposé pour exemple d'un mauvais raisonnement, c'est qu'il enferme dans le sens une particule exclusive, et qu'il faut le réduire à ces termes :

Ce serait alors seulement qu'on pourrait me reprocher avec raison d'agir contre ma loi, si j'avouais que Muréna eût acheté les suffrages, et que je ne laissasse pas de justifier son action :
Mais je prétends qu'il n'a point acheté les suffrages :
Et par conséquent je ne fais rien contre ma loi.

Il faut dire la même chose de ce raisonnement de Vénus dans Virgile, en parlant à Jupiter :

> *Si sinè pace tuâ atque invito numine Troes*
> *Italiam petiére, luant peccata, neque illos*
> *Juveris auxilio : sin tot responsa secuti,*
> *Quœ superi manesque dabant, cur nunc tua quisquam*
> *Flectere jussa potest, aut cur nova condere fata* [85] ?

car ce raisonnement se réduit à ces termes :

Si les Troyens étaient venus en Italie contre le gré des dieux, ils seraient punissables :
Mais ils n'y sont pas venus contre le gré des dieux :
Donc ils ne sont pas punissables.

Il faut donc y suppléer quelque chose ; autrement il serait semblable à celui-ci, qui certainement ne conclut pas :

Si Judas était entré dans l'apostolat sans vocation, il aurait dû être rejeté de Dieu :
Mais il n'y est pas entré sans vocation :
Donc il n'a pas dû être rejeté de Dieu.

Mais ce qui fait que celui de Vénus, dans Virgile, n'est pas vicieux, c'est qu'il faut considérer la majeure comme étant exclusive dans le sens, de même que s'il y avait :

Ce serait alors seulement que les Troyens seraient punissables,

et indignes du secours des dieux, s'ils étaient venus en Italie contre leur gré :
Donc, etc.

Ou bien il faut dire, ce qui est la même chose, que l'affirmative, *si sinè pace tuâ*, etc., enferme dans le sens cette négative :

Si les Troyens ne sont venus dans l'Italie que par l'ordre des dieux, il n'est pas juste que les dieux les abandonnent :
Or, ils n'y sont venus que par l'ordre des dieux :
Donc, etc.

Des syllogismes disjonctifs.

On appelle syllogismes disjonctifs ceux dont la première proposition est disjonctive, c'est-à-dire dont les parties sont jointes par *vel*, *ou*, comme celui-ci de Cicéron.

Ceux qui ont tué César sont parricides ou défenseurs de la liberté :
Or, ils ne sont point parricides :
Donc ils sont défenseurs de la liberté.

Il y en a de deux sortes : la première, quand on ôte une partie pour garder l'autre ; comme dans celui que nous venons de proposer, ou dans celui-ci :

Tous les méchants doivent être punis en ce monde ou en l'autre :
Or, il y a des méchants qui ne sont point punis en ce monde :
Donc ils le seront en l'autre.

Il y a quelquefois trois membres dans cette sorte de syllogismes, et alors on en ôte deux pour en garder un, comme dans cet argument de saint Augustin, dans son livre du Mensonge, chap. VIII.

Aut non est credendum bonis, aut credendum est eis quos credimus debere aliquando mentiri, aut non est credendum bonos aliquando mentiri. Horum primum perniciosum est; secundum stultum : restat ergò ut nunquam mentiantur boni.

La seconde sorte, mais moins naturelle, est quand on prend une des parties pour ôter l'autre, comme si l'on disait :

Saint Bernard, témoignant que Dieu avait confirmé, par des miracles, sa prédication de la Croisade, était un saint ou un imposteur :
Or, c'était un saint :
Donc ce n'était pas un imposteur.

Ces syllogismes disjonctifs ne sont guère faux que par la fausseté de la majeure, dans laquelle la division n'est pas exacte, se trouvant un milieu entre les membres opposés, comme si je disais :

Il faut obéir aux princes en ce qu'ils commandent contre la loi de Dieu, ou se révolter contre eux :
Or, il ne faut pas leur obéir en ce qui est contre la loi de Dieu :
Donc il faut se révolter contre eux :

Ou, or, il ne faut pas se révolter contre eux :
Donc il faut leur obéir en ce qui est contre la loi de Dieu.

L'un et l'autre raisonnement est faux, parce qu'il y a un milieu dans cette disjonction qui a été observé par les premiers chrétiens, qui est de souffrir patiemment toutes choses, plutôt que de rien faire contre la loi de Dieu, sans néanmoins se révolter contre les princes.

Ces fausses disjonctions sont une des sources les plus communes des faux raisonnements des hommes.

Des syllogismes copulatifs.

Ces syllogismes ne sont que d'une sorte, qui est quand on prend une proposition copulative niante, dont ensuite on établit une partie pour ôter l'autre.

Un homme n'est pas tout ensemble serviteur de Dieu, et idolâtre de son argent :
Or, l'avare est idolâtre de son argent :
Donc il n'est pas serviteur de Dieu.

Car cette sorte de syllogisme ne conclut point nécessairement, quand on ôte une partie pour mettre l'autre, comme on peut voir par ce raisonnement tiré de la même proposition :

Un homme n'est pas tout ensemble serviteur de Dieu, et idolâtre de l'argent :
Or les prodigues ne sont point idolâtres de l'argent :
Donc ils sont serviteurs de Dieu.

CHAPITRE XIII.
Des syllogismes dont la conclusion est conditionnelle.

On a fait voir qu'un syllogisme parfait ne peut avoir moins de trois propositions ; mais cela n'est vrai que quand on conclut absolument, et non quand on ne le fait que conditionnellement, parce qu'alors la seule proposition conditionnelle peut enfermer une des prémisses outre la conclusion, et même toutes les deux.

Exemple : si je veux prouver que la lune est un corps raboteux, et non poli comme un miroir, ainsi qu'Aristote se l'est imaginé, je ne puis le conclure absolument qu'en trois propositions.

Tout corps qui réfléchit la lumière de toutes parts est raboteux:
Or, la lune réfléchit la lumière de toutes parts :
Donc la lune est un corps raboteux.

Mais je n'ai besoin que de deux propositions pour la conclure conditionnellement en cette manière :

Tout corps qui réfléchit la lumière de toutes parts est raboteux.
Donc si la lune réfléchit la lumière de toutes parts, c'est un corps raboteux.

Et je puis même renfermer ce raisonnement en une seule proposition, ainsi :

Si tout corps qui réfléchit la lumière de toutes parts est raboteux, et que la lune réfléchisse la lumière de toutes parts, il faut avouer que ce n'est point un corps poli, mais raboteux.

Ou bien en liant une des propositions par la particule causale, *parce que,* ou *puisque,* comme :

Si tout vrai ami doit être prêt à donner sa vie pour son ami,
Il n'y a guère de vrais amis ;
Puisqu'il n'y en a guère qui le soient jusqu'à ce point.

Cette manière de raisonner est très commune et très belle, et c'est ce qui fait qu'il ne faut pas s'imaginer qu'il n'y ait de raisonnement que lorsqu'on voit trois propositions séparées et arrangées comme dans l'école ; car il est certain que cette seule proposition comprend ce syllogisme entier :

Tout vrai ami doit être prêt à donner sa vie pour ses amis:
Or, il n'y a guère de gens qui soient prêts à donner leur vie pour leurs amis:
Donc il n'y a guère de vrais amis.

Toute la différence qu'il y a entre les syllogismes absolus et ceux dont la conclusion est enfermée avec l'une des prémisses dans une proposition conditionnelle, est que les premiers ne peuvent être accordés tout entiers, que nous ne demeurions d'accord de ce qu'on aurait voulu nous persuader; au lieu que dans les derniers, on peut accorder tout, sans que celui qui les fait ait encore rien gagné, parce qu'il lui reste à prouver que la condition d'où dépend la conséquence qu'on lui a accordée est véritable.

Et ainsi ces arguments ne sont proprement que des préparations à une conclusion absolue; mais ils sont aussi très propres à cela, et il faut avouer que ces manières de raisonner sont très ordinaires et très naturelles, et qu'elles ont cet avantage, qu'étant plus éloignées de l'air de l'école, elles en sont mieux reçues dans le monde.

On peut conclure de cette sorte en toutes les figures et en tous les modes, et ainsi, il n'y a point d'autres règles à y observer, que les règles mêmes des figures.

Il faut seulement remarquer que la conclusion conditionnelle comprenant toujours l'une des prémisses outre la conclusion, c'est quelquefois la majeure, et quelquefois la mineure.

C'est ce qu'on verra par les exemples de plusieurs conclusions conditionnelles qu'on peut tirer de deux maximes générales; l'une affirmative et l'autre négative, soit l'affirmative, ou déjà prouvée, ou accordée.

Tout sentiment de douleur est une pensée.

On en conclut affirmativement.

1. *Donc, si toutes les bêtes sentent de la douleur,*
Toutes les bêtes pensent. Barbara.

2. *Donc, si quelque plante sent de la douleur,*
Quelque plante pense. Darii.

3. *Donc, si toute pensée est une action de l'esprit,*
Tout sentiment de douleur est une action de l'esprit. Barbara.

4. *Donc, si tout sentiment de douleur est un mal,*
Quelque pensée est un mal. Darapti.

5. *Donc, si le sentiment de douleur est dans la main que l'on brûle,*
Il y a quelque pensée dans la main que l'on brûle. Disamis.

NÉGATIVEMENT.

6. *Donc, si nulle pensée n'est dans le corps,*
Nul sentiment de douleur n'est dans le corps. Celarent.

7. *Donc, si nulle bête ne pense,*
Nulle bête ne sent de la douleur. Camestres.

8. *Donc, si quelque partie de l'homme ne pense point,*
Quelque partie de l'homme ne sent point la douleur. Baroco.

9. *Donc, si nul mouvement de la matière n'est une pensée,*
Nul sentiment de douleur n'est un mouvement de la matière. Cesare.

10. *Donc, si le sentiment de douleur n'est pas agréable,*
Quelque pensée n'est pas agréable. Felapton.

11. *Donc, si quelque sentiment de douleur n'est pas volontaire,*
Quelque pensée n'est pas volontaire. Bocardo.

On pourrait tirer encore quelques autres conclusions conditionnelles de cette maxime générale : *Tout sentiment de douleur est une pensée;* mais comme elles seraient peu naturelles, elles ne méritent pas d'être rapportées.

De celles qu'on a tirées, il y en a qui comprennent la mineure, outre la conclusion; savoir, la 1re, 2e, 7e, 8e, et d'autres la majeure; savoir, la 3e, 4e, 5e, 6e, 9e, 10e, 11e.

On peut de même remarquer les diverses conclusions conditionnelles, qui peuvent se tirer d'une proposition générale négative; soit, par exemple, celle-ci :

Nulle matière ne pense.

1. *Donc, si toute âme de bête est matière,*
Nulle âme de bête ne pense. Celarent.

2. *Donc, si quelque partie de l'homme est matière,*
Quelque partie de l'homme ne pense point. Ferio.

3. *Donc, si notre âme pense,*
Notre âme n'est point matière. Cesare.

4. *Donc, si quelque partie de l'homme pense,*
Quelque partie de l'homme n'est point matière. Festino.

5. *Donc, si tout ce qui sent de la douleur pense,*
Nulle matière ne sent de la douleur. Camestres.

6. *Donc, si toute matière est une substance,*
Quelque substance ne pense point. Felapton.

7. *Donc, si quelque matière est cause de plusieurs effets qui paraissent très merveilleux,*
Tout ce qui est cause d'effets merveilleux ne pense pas. Ferison.

De ces conditionnelles il n'y a que la cinquième qui enferme la majeure outre la conclusion : toutes les autres renferment la mineure.

Le plus grand usage de ces sortes de raisonnements est d'obliger celui à qui on veut persuader une chose, de reconnaître premièrement la bonté d'une conséquence qu'il peut accorder, sans s'engager encore à rien, parce qu'on ne la lui propose que conditionnellement, et séparée de la vérité matérielle, pour parler ainsi, de ce qu'elle contient.

Et par là on le dispose à recevoir plus facilement la conclusion absolue qu'on en tire; ou en mettant l'antécédent pour mettre le conséquent; ou en ôtant le conséquent pour ôter l'antécédent.

Ainsi, un homme m'ayant avoué que, *nulle matière ne pense*, j'en conclurai : *donc si l'âme des bêtes pense, il faut qu'elle soit distincte de la matière.*

Et comme il ne pourra me nier cette conclusion conditionnelle, j'en pourrai tirer l'une ou l'autre de ces deux conséquences absolues :

Or, l'âme des bêtes pense :
Donc elle est distincte de la matière.

ou bien au contraire :

Or, l'âme des bêtes n'est pas distincte de la matière :
Donc elle ne pense point.

On voit par là qu'il faut quatre propositions, afin que ces sortes de raisonnements soient achevés, et qu'ils établissent quelque chose absolument; et néanmoins on ne doit pas les mettre au rang des syllogismes qu'on appelle composés, parce que ces quatre propositions ne contiennent rien davantage dans le sens que ces trois propositions d'un syllogisme commun :

Nulle matière ne pense :
Toute âme de bête est matière :
Donc nulle âme de bête ne pense.

CHAPITRE XIV.

Des enthymèmes, et des sentences enthymématiques.

On a déjà dit que l'enthymème était un syllogisme parfait dans l'esprit, mais imparfait dans l'expression, parce qu'on y supprimait quelqu'une des propositions comme trop claire et trop connue, et comme étant facilement suppléée par l'esprit de ceux à qui l'on parle. Cette manière d'argument est si commune dans les discours et dans les écrits, qu'il est rare, au contraire, que l'on y exprime toutes les propositions, parce qu'il y en a d'ordinaire une assez claire pour être supposée, et que la nature de l'esprit humain est d'aimer mieux qu'on lui laisse quelque chose à suppléer, que non pas qu'on s'imagine qu'il ait besoin d'être instruit de tout.

Ainsi cette suppression flatte la vanité de ceux à qui l'on parle, en se remettant de quelque chose à leur intelligence, et en abrégeant le discours, elle le rend plus fort et plus vif. Il est certain, par exemple, que si de ce vers de la Médée (a) d'Ovide, qui contient un enthymème très élégant :

> *Servare potui, perdere an possim rogas?*
>
> Je t'ai pu conserver, je te pourrai donc perdre.

on en avait fait un argument en forme, en cette manière : *celui qui peut conserver, peut perdre : or, je t'ai pu conserver : donc je te pourrai perdre*, toute la grâce en serait ôtée ; la raison en est que, comme une des principales beautés d'un discours est d'être plein de sens, et de donner occasion à l'esprit de former une pensée plus étendue que n'est l'expression, c'en est, au contraire, un des plus grands défauts d'être vide de sens, et de renfermer peu de pensées, ce qui est presque inévitable dans les syllogismes philosophiques ; car l'esprit allant plus vite que la langue, et une des propositions suffisant pour en faire concevoir deux, l'expression de la seconde devient inutile, ne contenant aucun nouveau sens. C'est ce qui rend ces sortes d'arguments si rares dans la vie des hommes ; parce que, sans même y faire réflexion, on s'éloigne de ce qui ennuie, et l'on se réduit à ce qui est précisément nécessaire pour se faire entendre.

Les enthymèmes sont donc la manière ordinaire dont les hommes expriment leurs raisonnements, en supprimant la proposition qu'ils jugent devoir être facilement suppléée ; et cette proposition est tantôt la majeure, tantôt la mineure, et quelquefois la conclusion ; quoique alors cela ne s'appelle pas proprement enthymème, tout l'argument étant contenu en quelque sorte dans les deux premières propositions.

Il arrive aussi quelquefois que l'on renferme les deux proposi-

---

(a) Cette pièce est perdue, et il n'en reste que ce vers cité par Quintilien, liv. VIII, ch. 5, *Barnes. in Euripid.*

tions de l'enthymème dans une seule proposition, qu'Aristote appelle, pour ce sujet, sentence enthymématique, et dont il rapporte cet exemple :

Ἀθάνατον ὀργὴν μὴ φύλαττε, θνητὸς ὤν.
Mortel, ne garde pas une haine immortelle.

L'argument entier serait. *Celui qui est mortel, ne doit pas conserver une haine immortelle : or, vous êtes mortel : donc*, etc., et l'enthymème parfait serait : *Vous êtes mortel : que votre haine ne soit donc pas immortelle.*

CHAPITRE XV.

Des syllogismes composés de plus de trois propositions.

Nous avons déjà dit que les syllogismes composés de plus de trois propositions s'appellent généralement *sorites*.

On peut en distinguer de trois sortes. 1° Les gradations, dont il n'est point nécessaire de rien dire davantage que ce qui en a été dit au premier chapitre de cette troisième partie.

2° Les dilemmes, dont nous traiterons dans le chapitre suivant.

3° Ceux que les Grecs ont appelés épichérèmes, qui comprennent la preuve ou de quelqu'une des deux premières propositions, ou de toutes les deux; et ce sont ceux-là dont nous parlerons dans ce chapitre.

Comme l'on est souvent obligé de supprimer dans les discours certaines propositions trop claires, il est aussi souvent nécessaire, quand on en avance de douteuses, d'y joindre en même temps des preuves pour empêcher l'impatience de ceux à qui l'on parle, qui se blessent quelquefois lorsqu'on prétend les persuader par des raisons qui leur paraissent fausses ou douteuses; car, quoique l'on y remédie dans la suite, néanmoins il est dangereux de produire, même pour un peu de temps, ce dégoût dans leur esprit : et ainsi, il vaut beaucoup mieux que les preuves suivent immédiatement ces propositions douteuses, que non pas qu'elles en soient séparées. Cette séparation produit encore un autre inconvénient bien incommode, c'est qu'on est obligé de répéter la proposition que l'on veut prouver. C'est pourquoi, au lieu que la méthode de l'école est de proposer l'argument entier, et ensuite de prouver la proposition qui reçoit difficulté, celle que l'on suit dans les discours ordinaires, est de joindre aux propositions douteuses les preuves qui les établissent, ce qui fait une espèce d'argument composé de plusieurs propositions : car à la majeure on joint les preuves de la majeure, à la mineure les preuves de la mineure, et ensuite on conclut.

L'on peut réduire ainsi toute l'oraison pour Milon à un argument composé, dont la majeure est qu'il est permis de tuer celui qui nous dresse des embûches. Les preuves de cette majeure se tirent de la loi naturelle, du droit des gens, des exemples. La mineure est que Clodius a dressé des embûches à Milon, et les preuves de la mineure sont l'équipage de Clodius, sa suite, etc. La conclusion est, qu'il a donc été permis à Milon de le tuer.

Le péché originel se prouverait par les misères des enfants, selon la méthode dialectique, en cette manière.

Les enfants ne sauraient être misérables qu'en punition de quelque péché qu'ils tirent de leur naissance : or, ils sont misérables, donc c'est à cause du péché originel. Ensuite il faudrait prouver la majeure et la mineure ; la majeure par cet argument disjonctif : la misère des enfants ne peut procéder que de l'une de ces quatre causes : 1° des péchés précédents commis en une autre vie ; 2° de l'impuissance de Dieu, qui n'avait pas le pouvoir de les en garantir ; 3° de l'injustice de Dieu, qui les asservirait sans sujet ; 4° du péché originel. Or, il est impie de dire qu'elle vienne des trois premières causes ; elle ne peut donc venir que de la quatrième, qui est le péché originel.

La mineure, *que les enfants sont misérables*, se prouverait par le dénombrement de leurs misères.

Mais il est aisé de voir combien saint Augustin a proposé cette preuve du péché originel avec plus de grâce et de force, en la renfermant dans un argument composé en cette sorte.

« Considérez la multitude et la grandeur des maux qui acca-
« blent les enfants, et combien les premières années de leur vie
« sont remplies de vanité, de souffrances, d'illusions, de frayeurs ;
« ensuite, lorsqu'ils sont devenus grands, et qu'ils commencent
« même à servir Dieu, l'erreur les tente pour les séduire, le tra-
« vail et la douleur les tentent pour les affaiblir, la concupiscence
« les tente pour les enflammer, la tristesse les tente pour les
« abattre, l'orgueil les tente pour les élever ; et qui pourrait repré-
« senter, en peu de paroles, tant de diverses peines qui appesan-
« tissent le joug des enfants d'Adam? L'évidence de ces misères
« a forcé les philosophes païens, qui ne savaient et ne croyaient
« rien du péché de notre premier père, de dire que nous n'étions
« nés que pour souffrir les châtiments que nous avions mérités

« par quelques crimes commis en une autre vie que celle-ci, et
« qu'ainsi nos âmes avaient été attachées à des corps corrup-
« tibles, par le même genre de supplice que des tyrans de Toscane
« faisaient souffrir à ceux qu'ils attachaient tout vivants avec des
« corps morts. Mais cette opinion, que les âmes sont jointes à des
« corps en punition des fautes précédentes d'une autre vie, est
« rejetée par l'apôtre. Que reste-t-il donc, sinon que la cause de
« ces maux effroyables soit, ou l'injustice ou l'impuissance de Dieu,
« ou la peine du premier péché de l'homme? Mais, parce que
« Dieu n'est ni injuste, ni impuissant, il ne reste plus que ce que
« vous ne voulez pas reconnaître, mais qu'il faut pourtant que
« vous reconnaissiez malgré vous, que ce joug si pesant, que les
« enfants d'Adam sont obligés de porter depuis que leurs corps sont
« sortis du sein de leur mère, jusqu'au jour qu'ils rentrent dans
« le sein de leur mère commune, qui est la terre, n'aurait point
« été, s'ils ne l'avaient mérité par le crime qu'ils tirent de leur
« origine. »

CHAPITRE XVI.

Des dilemmes.

On peut définir un dilemme un raisonnement composé, où, après avoir divisé un tout en ses parties, on conclut affirmativement ou négativement du tout ce qu'on a conclu de chaque partie.

Je dis *ce qu'on a conclu de chaque partie*, et non pas seulement ce qu'on en aurait affirmé; car on n'appelle proprement dilemme que quand ce que l'on dit de chaque partie est appuyé de sa raison particulière.

Par exemple, ayant à prouver qu'*on ne saurait être heureux en ce monde*, on peut le faire par ce dilemme :

On ne peut vivre en ce monde qu'en s'abandonnant à ses passions, ou en les combattant :

Si on s'y abandonne, c'est un état malheureux, parce qu'il est honteux, et qu'on n'y saurait être content :

Si on les combat, c'est aussi un état malheureux, parce qu'il n'y a rien de plus pénible que cette guerre intérieure qu'on est continuellement obligé de se faire à soi-même :

Il ne peut donc y avoir en cette vie de véritable bonheur.

Si l'on veut prouver que *les évêques qui ne travaillent point au salut des âmes qui leur sont commises sont inexcusables devant Dieu*, on peut le faire par ce dilemme ;

Ou ils sont capables de cette charge, ou ils en sont incapables :

S'ils en sont capables, ils sont inexcusables de ne pas s'y employer :

S'ils en sont incapables, ils sont inexcusables d'avoir accepté une charge si importante dont ils ne pouvaient pas s'acquitter :

Et par conséquent, en quelque manière que ce soit, ils sont inexcusables devant Dieu, s'ils ne travaillent au salut des âmes qui leur sont commises.

Mais on peut faire quelques observations sur ces sortes de raisonnements.

La première est, que l'on n'exprime pas toujours toutes les propositions qui y entrent : car, par exemple, le dilemme que nous venons de proposer est renfermé dans ce peu de paroles d'une harangue de saint Charles, à l'entrée de l'un de ses conciles provinciaux : *Si tanto muneri impares, cur tam ambitiosi? si pares, cur tam negligentes?*

Ainsi, il y a beaucoup de choses sous-entendues dans ce dilemme célèbre, par lequel un ancien philosophe prouvait qu'on ne devait point se mêler des affaires de la république.

Si on y agit bien, on offensera les hommes; si on y agit mal, on offensera les dieux : donc on ne doit point s'en mêler.

Et de même en celui par lequel un autre prouvait qu'il ne fallait pas se marier : *Si la femme qu'on épouse est belle, elle cause de la jalousie; si elle est laide, elle déplaît : donc il ne faut point se marier.*

Car dans l'un et l'autre de ces dilemmes, la proposition qui devait contenir la partition est sous-entendue ; et c'est ce qui est fort ordinaire, parce qu'elle se sous-entend facilement, étant assez marquée par les propositions particulières où l'on traite chaque partie.

Et de plus, afin que la conclusion soit renfermée dans les prémisses, il faut sous-entendre partout quelque chose de général qui puisse convenir à tout comme dans le premier :

Si on agit bien, on offensera les hommes, ce qui est fâcheux;
Si on agit mal, on offensera les dieux, ce qui est fâcheux aussi;
Donc il est fâcheux, en toute manière, de se mêler des affaires de la république.

Cet avis est fort important pour bien juger de la force d'un dilemme. Car ce qui fait, par exemple, que celui-là n'est pas concluant, est qu'il n'est point fâcheux d'offenser les hommes, quand on ne peut l'éviter qu'en offensant Dieu.

La deuxième observation est qu'un dilemme peut être vicieux, principalement par deux défauts. L'un est, quand la disjonctive sur laquelle il est fondé est défectueuse, ne comprenant pas tous les membres du tout que l'on divise.

Ainsi le dilemme, pour ne point se marier, ne conclut pas, parce qu'il peut y avoir des femmes qui ne seront pas si belles qu'elles causent de la jalousie, ni si laides qu'elles déplaisent.

C'est aussi, par cette raison, un très faux dilemme que celui dont se servaient les anciens philosophes pour ne point craindre la mort. *Ou notre âme*, disaient-ils, *périt avec le corps ; et ainsi, n'ayant plus de sentiment, nous serons incapables de mal : ou si l'âme survit au corps, elle sera plus heureuse qu'elle n'était dans le corps : donc la mort n'est point à craindre.* Car, comme Montaigne a fort bien remarqué[86], c'était un grand aveuglement de ne pas voir qu'on peut concevoir un troisième état entre ces deux-là ; qui est que, l'âme demeurant après le corps, se trouvât dans un état de tourment et de misère, et qui donne un juste sujet d'appréhender la mort, de peur de tomber en cet état.

L'autre défaut, qui empêche que les dilemmes ne concluent, est quand les conclusions particulières de chaque partie ne sont pas nécessaires. Ainsi, il n'est pas nécessaire qu'une belle femme cause de la jalousie, puisqu'elle peut être si sage et si vertueuse qu'on n'aura aucun sujet de se défier de sa fidélité.

Il n'est pas nécessaire aussi qu'étant laide, elle déplaise à son mari, puisqu'elle peut avoir d'autres qualités si avantageuses d'esprit et de vertu, qu'elle ne laissera pas de lui plaire.

La troisième observation est, que celui qui se sert d'un dilemme doit prendre garde qu'on ne puisse le retourner contre lui-même. Ainsi Aristote témoigne qu'on retourna, contre le philosophe qui ne voulait pas qu'on se mêlât des affaires publiques, le dilemme dont il se servait pour le prouver : car on lui dit :

Si on s'y gouverne selon les règles corrompues des hommes, on contentera les hommes ;
Si on garde la vraie justice, on contentera les dieux :
Donc on doit s'en mêler.

Néanmoins ce retour n'était pas raisonnable ; car il n'est pas avantageux de contenter les hommes en offensant Dieu.

CHAPITRE XVII.

Des lieux ou de la méthode de trouver des arguments. Combien cette méthode est de peu d'usage.

Ce que les rhétoriciens et les logiciens appellent lieux, *loci argumentorum*, sont certains chefs généraux, auxquels on peut rapporter toutes les preuves dont on se sert dans les diverses matières que l'on traite ; et la partie de la logique, qu'ils appellent invention, n'est autre chose que ce qu'ils enseignent de ces lieux.

Ramus fait une querelle sur ce sujet à Aristote et aux philosophes de l'école, parce qu'ils traitent des lieux après avoir donné les règles des arguments, et il prétend contre eux qu'il faut expliquer les lieux et ce qui regarde l'invention avant que de traiter de ces règles[87].

La raison de Ramus est, que l'on doit avoir trouvé la matière avant que de songer à la disposer.

Or, l'explication des lieux enseigne à trouver cette matière, au lieu que les règles des arguments n'en peuvent apprendre que la disposition.

Mais cette raison est très faible, parce qu'encore qu'il soit nécessaire que la matière soit trouvée pour la disposer, il n'est pas nécessaire néanmoins d'apprendre à trouver la matière avant d'avoir appris à la disposer : car, pour apprendre à disposer la matière, il suffit d'avoir certaines matières générales pour servir d'exemples ; or, l'esprit et le sens commun en fournissent toujours assez, sans qu'il soit besoin d'en emprunter d'aucun art ni d'aucune méthode. Il est donc vrai qu'il faut avoir une matière pour y appliquer les règles des arguments ; mais il est faux qu'il soit nécessaire de trouver cette matière par la méthode des lieux.

On pourrait dire, au contraire, que comme on prétend enseigner dans les lieux l'art de tirer des arguments et des syllogismes, il est nécessaire de savoir auparavant ce que c'est qu'argument et syllogisme ; mais on pourrait peut-être aussi répondre que la nature seule nous fournit une connaissance générale de ce que c'est que raisonnement, qui suffit pour entendre ce qu'on en dit en parlant des lieux.

Il est donc assez inutile de se mettre en peine en quel ordre on doit traiter des lieux, puisque c'est une chose à peu près indifférente ; mais il serait peut-être plus utile d'examiner s'il ne serait pas plus à propos de n'en point traiter du tout.

On sait que les anciens ont fait un grand mystère de cette méthode, et que Cicéron la préfère même à toute la dialectique, telle qu'elle était enseignée par les Stoïciens, parce qu'ils ne parlaient point des lieux. Laissons, dit-il, toute cette science, qui ne nous dit rien de l'art de trouver des arguments, et qui ne nous fait que trop de discours pour nous instruire à en juger. *Istam artem totam relinquamus quæ in excogitandis argumentis muta nimiùm est, in judicandis nimirùm loquax.* Quintilien et tous les autres rhétoriciens, Aristote et tous les philosophes en parlent de même; de sorte que l'on aurait peine à n'être pas de leur sentiment, si l'expérience générale n'y paraissait entièrement opposée.

On peut en prendre à témoin presque autant de personnes qu'il y en a qui ont passé par le cours ordinaire des études, et qui ont appris de cette méthode artificielle de trouver des preuves, ce qu'on en apprend dans les colléges; car, y en a-t-il un seul qui puisse dire véritablement que, lorsqu'il a été obligé de traiter quelque sujet, il ait fait réflexion sur ces lieux et y ait cherché les raisons qui lui étaient nécessaires? Qu'on consulte tant d'avocats et de prédicateurs qui sont au monde, tant de gens qui parlent et qui écrivent, et qui ont toujours de la matière de reste; et je ne sais si on en pourra trouver quelqu'un qui ait jamais pensé à faire un argument *à causâ, ab effectu, ab adjunctis*, pour prouver ce qu'il désirait persuader.

Aussi, quoique Quintilien fasse paraître de l'estime pour cet art, il est obligé néanmoins de reconnaître qu'il ne faut pas, lorsqu'on traite une matière, aller frapper à la porte de tous ces lieux pour en tirer des arguments et des preuves. *Illud, quoque,* dit-il, *studiosi eloquentiæ cogitent non esse, cùm proposita fuerit materia dicendi, scrutanda singula et velut ostiatim pulsanda, ut sciant an ad id probandum quod intendimus, fortè respondeant.*

Il est vrai que tous les arguments qu'on fait sur chaque sujet peuvent se rapporter à ces chefs et à ces termes généraux qu'on appelle lieux; mais ce n'est point par cette méthode qu'on les trouve. La nature, la considération attentive du sujet, la connaissance des diverses vérités les fait produire et ensuite l'art les rapporte à certains genres, de sorte que l'on peut dire véritablement des lieux, ce que saint Augustin dit en général des préceptes de la rhétorique. On trouve, dit-il, que les règles de l'éloquence sont observées dans les discours des personnes éloquentes, quoiqu'ils n'y pensent pas en les faisant, soit qu'ils les sachent, soit qu'ils les ignorent. Ils pratiquent ces règles, parce qu'ils sont éloquents;

mais ils ne s'en servent pas pour être éloquents. *Implent quippe illa, quia sunt eloquentes, non adhibent ut sint eloquentes.*

L'on marche naturellement, comme ce même père le remarque en un autre endroit, et en marchant on fait certains mouvements réglés du corps ; mais il ne servirait de rien pour apprendre à marcher, de dire, par exemple, qu'il faut envoyer des esprits en certains nerfs, remuer certains muscles, faire certains mouvements dans les jointures, mettre un pied devant l'autre, et se reposer sur l'un pendant que l'autre avance. On peut bien former des règles en observant ce que la nature nous fait faire ; mais on ne fait jamais ces actions par le secours de ces règles : ainsi l'on traite tous les lieux dans les discours les plus ordinaires, et l'on ne saurait rien dire qui ne s'y rapporte ; mais ce n'est point en y faisant une réflexion expresse que l'on produit ces pensées ; cette réflexion ne pouvant servir qu'à ralentir la chaleur de l'esprit et à l'empêcher de trouver les raisons vives et naturelles, qui sont les vrais ornements de toute sorte de discours.

Virgile, dans le neuvième Livre de l'Énéide, après avoir représenté Euryale surpris et environné de ses ennemis, qui étaient près de venger sur lui la mort de leurs compagnons que Nisus, ami d'Euryale, avait tués, met ces paroles pleines de mouvement et de passion dans la bouche de Nisus :

> *Me, me, adsum qui feci : in me convertite ferrum,*
> *O Rutuli ! mea fraus omnis ; nihil iste, nec ausus,*
> *Nec potuit : cœlum hoc, et sidera conscia testor :*
> *Tantùm infelicem nimiùm dilexit amicum.*

C'est un argument, dit Ramus, *à causâ efficiente ;* mais on pourrait bien juger avec assurance, que jamais Virgile ne songea, lorsqu'il fit ces vers, au *lieu* de la cause efficiente. Il ne les aurait jamais faits, s'il s'était arrêté à y chercher cette pensée ; et il faut nécessairement que, pour produire des vers si nobles et si animés, il ait, non-seulement oublié ces règles, s'il les savait, mais qu'il se soit, en quelque sorte, oublié lui-même pour prendre la passion qu'il représentait.

Le peu d'usage que le monde a fait de cette méthode des lieux depuis tant de temps qu'elle est trouvée et qu'on l'enseigne dans les écoles, est une preuve évidente qu'elle n'est pas de grand usage ; mais quand on se serait appliqué à en tirer tout le fruit qu'on en peut tirer, on ne voit pas qu'on puisse arriver par là à quelque chose qui soit véritablement utile et estimable ; car tout ce qu'on peut prétendre par cette méthode, est de **trouver sur chaque sujet diverses pensées générales, ordinaires, éloignées**, comme les Lullistes en trouvent par le moyen de leurs tables : or, tant s'en faut qu'il soit utile de se procurer cette **sorte d'abondance**, qu'il n'y a rien qui gâte davantage le jugement.

Rien n'étouffe plus les bonnes semences que l'abondance des mauvaises herbes ; rien ne rend un esprit plus stérile en pensées **justes** et solides, que cette mauvaise fertilité de pensées communes. L'esprit s'accoutume à cette facilité, et ne fait plus d'efforts pour trouver les raisons propres, particulières et naturelles, qui ne se découvrent que dans la considération attentive de son sujet.

On devrait considérer que cette abondance, qu'on recherche par le moyen de ces lieux, est un très petit avantage. Ce n'est pas ce qui manque à la plupart du monde. On pèche beaucoup plus par **excès** que par défaut ; et les discours que l'on fait ne sont que trop remplis de matière. Ainsi, pour former les hommes dans une éloquence judicieuse et solide, il serait bien plus utile de leur apprendre à se taire qu'à parler, c'est-à-dire à supprimer et à retrancher les pensées basses, communes et fausses, qu'à produire, comme ils font, un amas confus de raisonnements bons et mauvais, dont on remplit les livres et les discours.

Et comme l'usage des lieux ne peut guère servir qu'à trouver de ces sortes de pensées, on peut dire que s'il est bon de savoir ce qu'on en dit, parce que tant de personnes célèbres en ont parlé qu'ils ont formé une espèce de nécessité de ne pas ignorer une chose si commune, il est encore beaucoup plus important d'être très persuadé qu'il n'y a rien de plus ridicule que de les employer pour discourir de tout à perte de vue, comme les Lullistes font par le moyen de leurs attributs généraux, qui sont des espèces de lieux ; et que cette mauvaise facilité de parler de tout, et de trouver raison partout, dont quelques personnes font vanité, est un si mauvais caractère d'esprit, qu'il est beaucoup au-dessous de la bêtise.

C'est pourquoi tout l'avantage qu'on peut tirer de ces lieux se réduit au plus à en avoir une teinture générale, qui sert peut-être un peu, sans qu'on y pense, à envisager la matière que l'on traite par plus de faces et de parties.

TROISIÈME PARTIE.

CHAPITRE XVIII.

Division des lieux en lieux de grammaire, de logique et de métaphysique.

Ceux qui ont traité des lieux, les ont divisés en différentes matières. Celle qui a été suivie par Cicéron dans les Livres de l'Invention et dans le 2ᵉ Livre de l'Orateur, et par Quintilien au 5ᵉ Livre de ses Institutions, est moins méthodique; mais elle est aussi plus propre pour l'usage des discours du barreau, auquel ils la rapportent particulièrement. Celle de Ramus est trop embarrassée de subdivisions.

En voici une qui paraît assez commode, d'un philosophe allemand fort judicieux et fort solide, nommé Clauberge[88], dont la Logique m'est tombée entre les mains, lorsqu'on avait déjà commencé à imprimer celle-ci.

Les lieux sont tirés, ou de la grammaire ou de la logique, ou de la métaphysique.

Lieux de grammaire.

Les lieux de grammaire sont, l'étymologie, et les mots dérivés de même racine, qui s'appellent en latin *conjugata* et en grec παρώνυμα.

On argumente par l'étymologie, quand on dit, par exemple, que plusieurs personnes du monde ne se divertissent jamais, à proprement parler; parce que se divertir, c'est se désappliquer des occupations sérieuses, et qu'ils ne s'occupent jamais sérieusement.

Les mots dérivés de même racine servent aussi à faire trouver des pensées.

> *Homo sum, humani nil à me alienum puto.*
> *Mortali urgemur ab hoste, mortales.*
> *Quid tam dignum misericordiâ quàm miser?*
> *Quid tam indignum misericordiâ quàm superbus miser?*

Qu'y a-t-il de plus digne de miséricorde qu'un misérable? Et qu'y a-t-il de plus indigne de miséricorde qu'un misérable qui est orgueilleux?

Lieux de logique.

Les lieux de logique sont les termes universels, genre, espèce, différence, propre, accident, la définition, la division; et comme tous ces points ont été expliqués auparavant, il n'est pas nécessaire d'en traiter ici davantage.

Il faut seulement remarquer que l'on joint d'ordinaire à ces lieux certaines maximes communes, qu'il est bon de savoir, non pas qu'elles soient fort utiles, mais parce qu'elles sont communes. On en a déjà rapporté quelques-unes sous d'autres termes; mais il est bon de les savoir sous les termes ordinaires.

1° Ce qui s'affirme ou se nie du genre, s'affirme ou se nie de l'espèce. *Ce qui convient à tous les hommes, convient aux grands; mais ils ne peuvent pas prétendre aux avantages qui sont au-dessus des hommes.*

2° En détruisant le genre, on détruit aussi l'espèce. *Celui qui ne juge point du tout, ne juge point mal; celui qui ne parle point du tout, ne parle jamais indiscrètement.*

3° En détruisant toutes les espèces, on détruit les genres. *Les formes qu'on appelle substantielles (excepté l'âme raisonnable) ne sont ni corps ni esprit : donc ce ne sont point des substances.*

4° Si l'on peut affirmer ou nier de quelque chose la différence totale, on en peut affirmer ou nier l'espèce. *L'étendue ne convient pas à la pensée : donc elle n'est pas matière.*

5° Si l'on peut affirmer ou nier de quelque chose la propriété, on en peut affirmer ou nier l'espèce. *Étant impossible de se figurer la moitié d'une pensée, ni une pensée ronde et carrée, il est impossible que ce soit un corps.*

6° On affirme ou on nie le défini de ce dont on affirme ou nie la définition. *Il y a peu de personnes justes, parce qu'il y en a peu qui aient une ferme et constante volonté de rendre à chacun ce qui lui appartient.*

Lieux de métaphysique.

Les lieux de métaphysique sont certains termes généraux convenant à tous les êtres auxquels on rapporte plusieurs arguments, comme les causes, les effets, le tout, les parties, les termes opposés. Ce qu'il y a de plus utile est d'en savoir quelques divisions générales, et principalement des causes.

Les définitions qu'on donne dans l'école aux causes en général, en disant qu'*une cause est ce qui produit un effet*, ou *ce par quoi une chose est*, sont si peu nettes, et il est si difficile de voir comment elles conviennent à tous les genres de cause, qu'on au ait aussi bien fait de laisser ce mot entre ceux que l'on ne définit point, l'idée que nous en avons étant aussi claire que les définitions qu'on en donne.

Mais la division des causes en quatre espèces, qui sont la cause finale, efficiente, matérielle et formelle, est si célèbre, qu'il est nécessaire de la savoir [89].

On appelle CAUSE FINALE la fin pour laquelle une chose est.

Il y a des fins *principales*, qui sont celles que l'on regarde principalement, et des fins *accessoires*, qu'on ne considère que par surcroît.

Ce que l'on prétend faire ou obtenir est appelé *finis cujus gratiâ*. Ainsi, la santé est la fin de la médecine, parce qu'elle prétend la procurer.

Celui pour qui l'on travaille est appelé *finis cui*. L'homme est la fin de la médecine en cette manière, parce que c'est à lui qu'elle a dessein d'apporter la guérison.

Il n'y a rien de plus ordinaire que de tirer des arguments de la fin, ou pour montrer qu'une chose est imparfaite, comme qu'un discours est mal fait, lorsqu'il n'est pas propre à persuader; ou pour faire voir qu'il est vraisemblable qu'un homme a fait ou fera quelque action, parce qu'elle est conforme à la fin qu'il a accoutumé de se proposer; d'où vient cette parole célèbre d'un juge de Rome, qu'il fallait examiner avant toutes choses, *cui bono*, c'est-à-dire quel intérêt un homme aurait eu à faire une chose, parce que les hommes agissent ordinairement selon leur intérêt, ou pour montrer, au contraire, qu'on ne doit pas soupçonner un homme d'une action, parce qu'elle aurait été contraire à sa fin.

Il y a encore plusieurs autres manières de raisonner par la fin que le bon sens découvrira mieux que tous les préceptes; ce qui soit dit aussi pour les autres lieux.

LA CAUSE EFFICIENTE est celle qui produit une autre chose. On en tire des arguments, en montrant qu'un effet n'est pas, parce qu'il n'a pas eu de ca se suffisante, ou qu'il est ou sera, en faisant voir que toutes ses causes sont. Si ces causes sont nécessaires, l'argument est nécessaire; si elles sont libres et contingentes, il n'est que probable.

Il y a diverses espèces de cause efficiente, dont il est utile de savoir les noms :

Dieu créant Adam était sa cause *totale*, parce que rien ne concourait avec lui; mais le père et la mère ne sont chacun que causes *partielles* de leur enfant, parce qu'ils ont besoin l'un de l'autre.

Le soleil est une cause *propre* de la lumière; mais il n'est cause qu'*accidentelle* de la mort d'un homme que sa chaleur aura fait mourir, parce qu'il était mal disposé.

Le père est cause *prochaine* de son fils.

L'aïeul n'en est que la cause *éloignée*.

La mère est une cause *productive*.

La nourrice n'est qu'une cause *conservante*.

Le père est une cause *univoque* à l'égard de ses enfants, parce qu'ils lui sont semblables en nature.

Dieu n'est qu'une cause *équivoque* à l'égard des créatures, parce qu'elles ne sont pas de la nature de Dieu.

Un ouvrier est la cause *principale* de son ouvrage; ses instruments n'en sont que la cause *instrumentale*.

L'air qui entre dans les orgues est une cause *universelle* de l'harmonie des orgues;

La disposition particulière de chaque tuyau, et celui qui en joue, en sont les causes *particulières* qui déterminent l'universelle.

Le soleil est une cause *naturelle*.

L'homme, une cause *intellectuelle* à l'égard de ce qu'il fait avec jugement.

Le feu qui brûle du bois est une cause *nécessaire*.

Un homme qui marche est une cause *libre*.

Le soleil, éclairant une chambre, est la cause *propre* de sa clarté; l'ouverture de la fenêtre n'est qu'une cause ou condition, sans laquelle l'effet ne se ferait pas *conditio sine quâ non*.

Le feu, brûlant une maison, est la cause *physique* de l'embrasement; l'homme qui y a mis le feu en est la cause *morale*.

On rapporte encore à la cause efficiente, la cause *exemplaire*, qui est le modèle que l'on se propose en faisant un ouvrage, comme le dessin d'un bâtiment par lequel un architecte se conduit; ou généralement ce qui est cause de l'être objectif de notre idée, ou de quelque autre image que ce soit, comme le roi Louis XIV est la cause *exemplaire* de son portrait.

La cause matérielle est ce dont les choses sont formées, comme l'or est la matière d'un vase d'or; ce qui convient ou ne convient pas à la matière, convient ou ne convient pas aux choses qui en sont composées.

La forme est ce qui rend une chose telle et la distingue des autres, soit que ce soit un être réellement distingué de la matière, selon l'opinion de l'école, soit que ce soit seulement l'arrangement des parties. C'est par la connaissance de cette forme qu'on en doit expliquer les propriétés.

Il y a autant de différents effets que de causes, ces mots étant réciproques. La manière ordinaire d'en tirer des arguments est de montrer que si l'effet est, la cause est, rien ne pouvant être sans cause. On prouve aussi qu'une cause est bonne ou mauvaise quand les effets en sont bons ou mauvais, ce qui n'est pas toujours vrai dans les causes par accident.

On a parlé suffisamment du tout et des parties dans le chapitre de la division, et ainsi il n'est pas nécessaire d'en rien ajouter ici.

On fait de quatre sortes de termes opposés :

Les relatifs, comme père, fils ; maître, serviteur.

Les contraires, comme froid et chaud ; sain et malade.

Les privatifs, comme la vie, la mort; la vue, l'aveuglement; l'ouïe, la surdité; la science, l'ignorance.

Les contradictoires qui consistent dans un terme et dans la simple négation de ce terme : voir, ne voir pas. La différence qu'il y a entre ces deux dernières sortes d'opposés est que les termes privatifs enferment la négation d'une forme dans un sujet qui en est capable, au lieu que les négatifs ne marquent point cette capacité. C'est pourquoi on ne dit point qu'une pierre est aveugle ou morte, parce qu'elle n'est capable ni de la vue ni de la vie.

Comme ces termes sont opposés, on se sert de l'un pour nier l'autre. Les termes contradictoires ont cela de propre qu'en ôtant l'un on établit l'autre.

Il y a plusieurs sortes de comparaisons : car l'on compare les choses, ou égales, ou inégales ; ou semblables, ou dissemblables. On prouve que ce qui convient ou ne convient pas à une chose égale ou semblable, convient ou ne convient pas à une autre chose à qui elle est égale ou semblable.

Dans les choses inégales, on prouve négativement que, si ce qui est plus probable n'est pas, ce qui est moins probable n'est pas à plus forte raison ; ou affirmativement que, si ce qui est moins probable est, ce qui est plus probable est aussi. On se sert d'ordinaire des différences ou des dissimilitudes pour ruiner ce que d'autres auraient voulu établir par des similitudes, comme on ruine l'argument qu'on tire d'un arrêt en montrant qu'il est donné sur un autre cas.

Voilà grossièrement une partie de ce que l'on dit des lieux. Il y a des choses qu'il est plus utile de ne savoir qu'en cette manière;

Ceux qui en désireront davantage le peuvent voir dans les auteurs qui en ont traité avec plus de soin. On ne saurait néanmoins conseiller à personne de l'aller chercher dans les Topiques d'Aristote, parce que ce sont des livres étrangement confus; mais il y a quelque chose d'assez beau sur ce sujet dans le premier livre de sa Rhétorique, où il enseigne diverses manières de faire voir qu'une chose est utile, agréable, plus grande, plus petite. Il est vrai néanmoins qu'on n'arrivera jamais par ce chemin à aucune connaissance bien solide.

CHAPITRE XIX.

Des diverses manières de mal raisonner, que l'on appelle sophismes.

Quoique, sachant les règles des bons raisonnements, il ne soit pas difficile de reconnaître ceux qui sont mauvais, néanmoins, comme les exemples à fuir frappent souvent davantage que les exemples à imiter, il ne sera pas inutile de représenter les principales sources des mauvais raisonnements que l'on appelle *sophismes* ou *paralogismes,* parce que cela donnera encore plus de facilité à les éviter.

Je ne les réduirai qu'à sept ou huit, y en ayant quelques-uns de si grossiers, qu'ils ne méritent pas d'être remarqués.

I. *Prouver autre chose que ce qui est en question.*

Ce sophisme est appelé par Aristote *ignoratio elenchi*[90], c'est-à-dire l'ignorance de ce que l'on doit prouver contre son adversaire. C'est un vice très ordinaire dans les contestations des hommes. On dispute avec chaleur, et souvent on ne s'entend pas l'un l'autre. La passion ou la mauvaise foi fait qu'on attribue à son adversaire ce qui est éloigné de son sentiment pour le combattre avec plus d'avantage, ou qu'on lui impute les conséquences qu'on s'imagine pouvoir tirer de sa doctrine, quoiqu'il les désavoue et qu'il les nie. Tout cela peut se rapporter à cette première espèce de sophisme qu'un homme de bien et sincère doit éviter sur toutes choses.

Il eût été à souhaiter qu'Aristote, qui a eu soin de nous avertir de ce défaut, eût eu autant de soin de l'éviter; car on ne peut dissimuler qu'il n'ait combattu plusieurs des anciens philosophes en rapportant leurs opinions peu sincèrement. Il réfute Parménides et Mélissus, pour n'avoir admis qu'un seul principe de toutes choses, comme s'ils avaient entendu par là le principe dont elles sont composées ; au lieu qu'ils entendaient le seul et unique principe dont toutes les choses ont tiré leur origine qui est Dieu [91].

Il accuse tous les anciens de n'avoir pas reconnu la privation pour un des principes des choses naturelles, et il les traite sur cela de rustiques et de grossiers : mais qui ne voit que ce qu'il nous représente comme un grand mystère qui eût été ignoré jusqu'à lui ne peut jamais avoir été ignoré de personne, puisqu'il est impossible de ne pas voir qu'il faut que la matière dont on fait une table ait la privation de la forme de table, c'est-à-dire ne soit pas table avant qu'on en fasse une table ? Il est vrai que ces anciens ne s'étaient pas avisés de cette connaissance pour expliquer les principes des choses naturelles, parce qu'en effet il n'y a rien qui y serve moins, étant assez visible qu'on n'en connaît pas mieux comment se fait une horloge, pour savoir que la matière dont on l'a faite a dû n'être pas horloge, avant qu'on en fît une horloge.

C'est donc une injustice à Aristote de reprocher à ces anciens philosophes d'avoir ignoré une chose qu'il est impossible d'ignorer, et de les accuser de ne s'être pas servis, pour expliquer la nature, d'un principe qui n'explique rien ; et c'est une illusion et un sophisme que d'avoir produit au monde ce principe de la privation comme un rare secret, puisque ce n'est point ce que l'on cherche quand on tâche de découvrir les principes de la nature. On suppose comme une chose connue, qu'une chose n'est pas avant que d'être faite : mais on veut savoir de quels principes elle est composée et quelle cause l'a produite.

Aussi n'y a-t-il jamais eu de statuaire, par exemple, qui, pour apprendre à quelqu'un la manière de faire une statue, lui ait donné, pour première instruction, cette leçon par laquelle Aristote veut qu'on commence l'explication de tous les ouvrages de la nature : Mon ami, la première chose que vous devez savoir est que, pour faire une statue, il faut choisir un marbre qui ne soit pas encore cette statue que vous voulez faire.

II. *Supposer pour vrai ce qui est en question.*

C'est ce qu'Aristote appelle *pétition de principe*, ce qu'on voit assez être entièrement contraire à la vraie raison ; puisque, dans tout raisonnement, ce qui sert de preuve doit être plus clair et plus connu que ce qu'on veut prouver.

Cependant Galilée l'accuse, et avec justice, d'être tombé lui-même dans ce défaut, lorsqu'il veut prouver, par cet argument, que la terre est au centre du monde.

La nature des choses pesantes est de tendre au centre du monde, et des choses légères de s'en éloigner :

Or, l'expérience nous fait voir que les choses pesantes tendent au centre de la terre, et que les choses légères s'en éloignent :

Donc le centre de la terre est le même que le centre du monde.

Il est clair qu'il y a dans la majeure de cet argument une manifeste pétition de principe ; car nous voyons bien que les choses pesantes tendent au centre de la terre, mais d'où Aristote a-t-il appris qu'elles tendent au centre du monde, s'il ne suppose que le centre de la terre est le même que le centre du monde ? Ce qui est la conclusion même qu'il veut prouver par cet argument.

Ce sont aussi de pures pétitions de principe que la plupart des arguments dont on se sert pour prouver un certain genre bizarre de substances, qu'on appelle dans l'école *des formes substantielles,* lesquelles on prétend être corporelles, quoiqu'elles ne soient pas des corps, ce qui est assez difficile à comprendre. S'il n'y avait des formes substantielles, disent-ils, il n'y aurait point de génération ; or, il y a génération dans le monde, donc il y a des formes substantielles.

Il n'y a qu'à distinguer l'équivoque du mot de génération pour voir que cet argument n'est qu'une pure pétition de principe ; car si l'on entend par le mot de génération la production naturelle d'un nouveau tout dans la nature, comme la production d'un poulet qui se forme dans un œuf, on a raison de dire qu'il y a des générations en ce sens ; mais on n'en peut pas conclure qu'il y ait des formes substantielles, puisque le seul arrangement des parties par la nature peut produire ces nouveaux tous et ces nouveaux êtres naturels. Mais si l'on entend par le mot de génération, comme ils l'entendent ordinairement, la production d'une nouvelle substance qui ne fût pas auparavant, savoir, de cette forme substantielle, on supposera justement ce qui est en question : étant visible que celui qui nie les formes substantielles ne peut pas accorder que la nature produise des formes substantielles, et tant s'en faut qu'il puisse être porté par cet argument à avouer qu'il y en ait, qu'il doit en tirer une conclusion contraire en cette sorte : S'il y avait des formes substantielles, la nature pourrait produire des substances qui ne seraient pas auparavant ; or la nature ne peut pas produire de nouvelles substances, puisque ce serait une espèce de création, et partant il n'y a point de formes substantielles.

En voici un autre de même nature : S'il n'y avait point de formes substantielles, disent-ils encore, les êtres naturels ne seraient pas des tous, qu'ils appellent *per se, totum per se*, mais des êtres par accident ; or ils sont des tous *per se*, donc il y a des formes substantielles.

Il faut encore prier ceux qui se servent de cet argument de vouloir expliquer ce qu'ils entendent par un tout *per se, totum per se ;* car, s'ils entendent, comme ils font, un être composé de matière et de forme, il est clair que c'est une pétition de principe, puisque c'est comme s'ils disaient : S'il n'y avait point de formes substantielles, les êtres naturels ne seraient pas composés de matière et de formes substantielles : or ils sont composés de matière et de formes substantielles, donc il y a des formes substantielles. Que s'ils entendent autre chose, qu'ils le disent, et on verra qu'ils ne prouvent rien.

On s'est arrêté un peu en passant à faire voir la faiblesse des arguments sur lesquels on établit dans l'école ces sortes de substances qui ne se découvrent ni par le sens, ni par l'esprit, et dont on ne sait autre chose, sinon qu'on les appelle des formes substantielles ; parce que, quoique ceux qui les soutiennent le fassent à très bon dessein, néanmoins les fondements dont ils se servent et les idées qu'ils donnent de ces formes obscurcissent et troublent des preuves très solides et très convaincantes de l'immortalité de l'âme, qui sont prises de la distinction des corps et des esprits, et de l'impossibilité qu'il y a qu'une substance qui n'est pas matière périsse par les changements qui arrivent dans la matière ; car, par le moyen de ces formes substantielles, on fournit, sans y penser, aux libertins, des exemples de substances qui périssent, qui ne sont pas proprement matière, et à qui on attribue, dans les animaux, une infinité de pensées, c'est-à-dire d'actions purement spirituelles ; et c'est pourquoi il est utile pour la religion et pour la conviction des impies et des libertins de leur ôter cette réponse, en leur faisant voir qu'il n'y a rien de plus mal fondé que ces substances périssables, qu'on appelle des formes substantielles.

On peut rapporter encore à cette sorte de sophisme la preuve que l'on tire d'un principe différent de ce qui est en question, mais que l'on sait n'être pas moins contesté par celui contre lequel on dispute. Ce sont, par exemple, deux dogmes également constants parmi les catholiques : l'un que tous les points de la foi ne peuvent pas se prouver par l'Écriture seule; l'autre, que c'est un point de la foi, que les enfants sont capables du baptême. Ce serait donc mal raisonner à un anabaptiste de prouver contre les catholiques qu'ils ont tort de croire que les enfants soient capables du baptême, parce que nous n'en voyons rien dans l'Écriture, puisque cette preuve supposerait que l'on ne devrait croire de foi que ce qui est dans l'Écriture, ce qui est nié par les catholiques.

Enfin on peut rapporter à ce sophisme tous les raisonnements où l'on prouve une chose inconnue, par une qui est autant ou plus inconnue, ou une chose incertaine, par une autre qui est autant ou plus incertaine.

III. *Prendre pour cause ce qui n'est point cause.*

Ce sophisme s'appelle *non causa pro causâ*. Il est très ordinaire parmi les hommes, et on y tombe en plusieurs manières : l'une est par la simple ignorance des véritables causes des choses. C'est ainsi que les philosophes ont attribué mille effets à la crainte du vide, qu'on a prouvé démonstrativement en ce temps, et par des expériences très ingénieuses, n'avoir pour cause que la pesanteur de l'air, comme on peut le voir dans l'excellent traité de Pascal. Les mêmes philosophes enseignent ordinairement que les vases pleins d'eau se fendent à la gelée, parce que l'eau se resserre, et ainsi laisse du vide que la nature ne peut souffrir, et néanmoins on a reconnu qu'ils ne se rompent que parce qu'au contraire l'eau étant gelée occupe plus de place qu'avant que d'être gelée, ce qui fait aussi que la glace nage sur l'eau.

On peut rapporter au même sophisme, quand on se sert de causes éloignées et qui ne prouvent rien, pour prouver des choses, ou assez claires d'elles-mêmes, ou fausses, ou au moins douteuses, comme quand Aristote veut prouver que le monde est parfait par cette raison. « Le monde est parfait, parce qu'il contient des corps; « le corps est parfait, parce qu'il a trois dimensions; les trois dimen-« sions sont parfaites, parce que trois sont tout (*quia tria sunt* « *omnia*), et trois sont tout parce qu'on ne se sert pas du mot de « *tout*, quand il n'y a qu'une chose ou deux, mais seulement quand « il y en a trois. » On prouvera par cette raison que le moindre atome est aussi parfait que le monde, puisqu'il a trois dimensions aussi bien que le monde; mais tant s'en faut que cela prouve que le monde soit parfait, qu'au contraire tout corps, en tant que corps, est essentiellement imparfait, et que la perfection du monde consiste principalement en ce qu'il enferme des créatures qui ne sont pas corps.

Le même philosophe prouve qu'il y a trois mouvements simples, parce qu'*il y a trois dimensions*. Il est difficile de voir la conséquence de l'un à l'autre.

Il prouve aussi que le ciel est inaltérable et incorruptible parce qu'il se meut circulairement, et qu'il n'y a rien de contraire au mouvement circulaire; mais, 1° on ne voit pas ce que fait la contrariété du mouvement à la corruption ou à l'altération du corps; 2° on voit encore moins pourquoi le mouvement circulaire, d'orient en occident, n'est pas contraire à un autre mouvement circulaire d'occident en orient.

L'autre cause qui fait tomber les hommes dans ce sophisme est la sotte vanité qui nous fait avoir honte de reconnaître notre ignorance; car c'est de là qu'il arrive que nous aimons mieux nous forger des causes imaginaires des choses dont on nous demande raison, que d'avouer que nous n'en savons pas la cause, et la manière dont nous nous échappons de cette confession de notre ignorance est assez plaisante. Quand nous voyons un effet dont la cause nous est inconnue, nous nous imaginons l'avoir découverte, lorsque nous avons joint à cet effet un mot général de *vertu* et de *faculté*, qui ne forme dans notre esprit aucune autre idée, sinon que cet effet a quelque cause, ce que nous savions bien avant que d'avoir trouvé ce mot. Il n'y a personne, par exemple, qui ne sache que ses artères battent; que le fer étant proche de l'aimant va s'y joindre, que le séné purge, et que le pavot endort. Ceux qui ne font point profession de science, et à qui l'ignorance n'est pas honteuse, avouent franchement qu'ils connaissent ces effets, mais qu'ils n'en savent pas la cause; au lieu que les savants, qui rougiraient d'en dire autant, s'en tirent d'une autre manière, et prétendent qu'ils ont découvert la vraie cause de ces effets, qui est qu'il y a dans les artères une vertu pulsifique, dans l'aimant une vertu magnétique, dans le séné une vertu purgative, et dans le pavot une vertu soporifique. Voilà qui est fort commodément résolu, et il n'y a point de Chinois qui n'eût pu avec autant de facilité se tirer de l'admiration où on était des horloges en ce pays-là, lorsqu'on leur en apporta d'Europe, car il n'aurait eu qu'à dire qu'il connaissait parfaitement la raison de ce que les autres trouvaient si merveilleux, et que ce n'était autre chose, sinon qu'il y avait dans cette machine une vertu *indicatrice* qui marquait les heures sur le cadran, et une vertu *sonorifique* qui les faisait sonner; il se serait rendu aussi savant par là dans la connaissance des horloges que le sont ces philosophes dans la connaissance du battement des artères, et des propriétés de l'aimant, du séné et du pavot.

Il y a encore d'autres mots qui servent à rendre les hommes savants à peu de frais, comme de sympathie, d'antipathie, de qualités occultes; mais encore tous ceux-là ne diraient rien de faux s'ils se contentaient de donner à ces mots de *vertu* et de *faculté* une notion générale de cause quelle qu'elle soit, intérieure ou extérieure, dispositive ou active. Car il est certain qu'il y a dans l'aimant quelque disposition qui fait que le fer va plutôt s'y joindre qu'à une autre pierre, et il a été permis aux hommes d'appeler cette disposition, en quoi que ce soit qu'elle consiste, *vertu magnétique*, de sorte que s'ils se trompent, c'est seulement en ce qu'ils s'imaginent en être plus savants pour avoir trouvé ce mot, ou bien en ce que par là ils veulent que nous entendions une certaine qualité imaginaire, par laquelle l'aimant attire le fer, laquelle ni eux ni personne n'a jamais conçue.

Mais il y en a d'autres qui nous donnent pour les véritables causes de la nature de pures chimères, comme font les astrologues, qui rapportent tout aux influences des astres et qui ont même trouvé par là qu'il fallait qu'il y eût un ciel immobile au-dessus de tous ceux à qui ils donnent du mouvement, parce que la terre portant diverses choses en divers pays (*Non omnis fert omnia tellus, India mittit ebur, molles sua thura Sabæi*), on n'en pouvait rapporter la cause qu'aux influences d'un ciel qui, étant immobile, eût toujours les mêmes aspects sur les mêmes endroits de la terre.

Aussi l'un d'eux ayant entrepris de prouver par des raisons physiques l'immobilité de la terre, fait l'une de ses principales démonstrations de cette raison mystérieuse, que si la terre tournait autour du soleil, les influences des astres iraient de travers, ce qui causerait un grand désordre dans le monde.

C'est par ces influences qu'on épouvante les peuples, quand on voit paraître quelque comète (*a*), ou qu'il arrive quelque grande éclipse, comme celle de l'an 1654, qui devait bouleverser le monde, et principalement la ville de Rome, ainsi qu'il était expressément marqué dans la chronologie de Helvicus, *Romæ fatalis*, quoiqu'il n'y ait aucune raison, ni que les comètes et les éclipses puissent avoir aucun effet considérable sur la terre, ni que des causes géné-

---

(*a*) On peut voir les pensées sur les comètes, par Bayle.

rales, comme celle-là, agissent plutôt en un endroit qu'en un autre, et menacent plutôt un roi ou un prince qu'un artisan ; aussi en voit-on cent qui ne sont suivies d'aucun effet remarquable. Que s'il arrive quelquefois des guerres, des mortalités, des pestes et la mort de quelque prince après des comètes ou des éclipses, il en arrive aussi sans comètes et sans éclipses ; et d'ailleurs ces effets sont si généraux et si communs, qu'il est bien difficile qu'ils n'arrivent tous les ans en quelque endroit du monde : de sorte que ceux qui disent en l'air que cette comète menace quelque grand de la mort, ne se hasardent pas beaucoup.

C'est encore pis quand ils donnent ces influences chimériques pour la cause des inclinations des hommes, vicieuses ou vertueuses, et même de leurs actions particulières et des événements de leur vie, sans en avoir d'autre fondement, sinon qu'entre mille prédictions il arrive par hasard que quelques-unes sont vraies ; mais si l'on veut juger des choses par le bon sens, on avouera qu'un flambeau allumé dans la chambre d'une femme qui accouche doit avoir plus d'effet sur le corps de son enfant, que la planète de Saturne en quelque aspect qu'elle le regarde, et avec quelque autre qu'elle soit jointe.

Enfin, il y en a qui apportent des causes chimériques d'effets chimériques, comme ceux qui, supposant que la nature abhorre le vide, et qu'elle fait des efforts pour l'éviter (ce qui est un effet imaginaire : car la nature n'a horreur de rien, et tous les effets qu'on attribue à cette horreur dépendent de la seule pesanteur de l'air), ne laissent pas d'apporter des raisons de cette horreur imaginaire, qui sont encore plus imaginaires. La nature abhorre le vide, dit l'un d'entre eux, parce qu'elle a besoin de la continuité des corps pour faire passer les influences, et pour la propagation des qualités. C'est une étrange sorte de science que celle-là, qui prouve ce qui n'est point par ce qui n'est point.

C'est pourquoi, quand il s'agit de rechercher les causes des effets extraordinaires que l'on propose, il faut d'abord examiner avec soin si ces effets sont véritables ; car souvent on se fatigue inutilement à chercher des raisons de choses qui ne sont point, et il y en a une infinité qu'il faut résoudre en la même manière que Plutarque résout cette question qu'il se propose : Pourquoi les poulains qui ont été courus par les loups sont plus vites que les autres ; car, après avoir dit que c'est peut-être parce que ceux qui étaient plus lents ont été pris par les loups, et qu'ainsi ceux qui sont échappés étaient les plus vites, ou bien que la peur leur ayant donné une vitesse extraordinaire, ils en ont retenu l'habitude ; il rapporte enfin une autre solution, qui est apparemment véritable : c'est, dit-il, que peut-être cela n'est pas vrai. C'est ainsi qu'il faut résoudre un grand nombre d'effets qu'on attribue à la lune, comme, que les os sont pleins de moelle lorsqu'elle est pleine, et vides lorsqu'elle est en décours ; qu'il en est de même des écrevisses : car il n'y a qu'à dire que tout cela est faux, comme des personnes fort exactes m'ont assuré l'avoir éprouvé, les os et les écrevisses se trouvent indifféremment tantôt pleins et tantôt vides dans tous les temps de la lune. Il y a bien de l'apparence qu'il en est de même de quantité d'observations que l'on fait pour la coupe des bois, pour cueillir ou semer les graines, pour enter les arbres, pour prendre des médecines ; et le monde se délivrera peu à peu de toutes ces servitudes, qui n'ont point d'autre fondement que des suppositions dont personne n'a jamais éprouvé sérieusement la vérité. C'est pourquoi il y a de l'injustice dans ceux qui prétendent que, pourvu qu'ils allèguent une expérience ou un fait tiré de quelque auteur ancien, on est obligé de le recevoir sans examen.

C'est encore à cette sorte de sophisme qu'on doit rapporter cette tromperie ordinaire de l'esprit humain, *post hoc, ergo propter hoc*. Cela est arrivé ensuite de telle chose : il faut donc que cette chose en soit la cause. C'est par là que l'on a conclu que c'était une étoile nommée Canicule, qui était cause de la chaleur extraordinaire que l'on sent durant les jours que l'on appelle caniculaires ; ce qui a fait dire à Virgile, en parlant de cette étoile que l'on appelle en latin *Sirius* :

Aut Sirius ardor :
Ille sitim morbosque ferens mortalibus aegris
Nascitur, et laevo contristat lumine coelum.

Cependant, comme Gassendi a fort bien remarqué, il n'y a rien de moins vraisemblable que cette imagination ; car cette étoile étant de l'autre côté de la ligne, ses effets devraient être plus forts sur les lieux où elle est plus perpendiculaire ; et néanmoins les jours que nous appelons caniculaires ici, sont le temps de l'hiver de ce côté-là : de sorte qu'ils ont bien plus de sujet de croire en ce pays-là que la canicule leur apporte le froid, que nous n'en avons de croire qu'elle nous cause le chaud.

IV. *Dénombrement imparfait.*

Il n'y a guère de défaut de raisonnement où les personnes habiles tombent plus facilement qu'en celui de faire des dénombrements imparfaits, et de ne considérer pas assez toutes les manières dont une chose peut être, ou peut arriver ; ce qui leur fait conclure témérairement, ou qu'elle n'est pas, parce qu'elle n'est pas d'une certaine manière, quoiqu'elle puisse être d'une autre ; ou qu'elle est de telle ou telle façon, quoiqu'elle puisse être encore d'une autre manière qu'ils n'ont pas considérée.

On peut trouver des exemples de ces raisonnements défectueux dans les preuves sur lesquelles Gassendi établit le principe de sa philosophie, qui est le vide répandu entre les parties de la matière, qu'il appelle *vacuum disseminatum* ; et je les rapporterai d'autant plus volontiers, que Gassendi ayant été un homme célèbre, qui avait plusieurs connaissances très curieuses, les fautes même qu'il pourrait avoir mêlées dans ce grand nombre d'ouvrages qu'on a publiés après sa mort, ne sont pas méprisables et méritent d'être sues : au lieu qu'il est fort inutile de se charger la mémoire de celles qui se trouvent dans les auteurs qui n'ont point de réputation.

Le premier argument que Gassendi emploie pour prouver ce vide répandu, et qu'il prétend faire passer en un endroit pour une démonstration aussi claire que celle des mathématiques, est celui-ci :

S'il n'y avait point de vide, et que tout fût rempli de corps, le mouvement serait impossible, et le monde ne serait qu'une grande masse de matière raide, inflexible et immobile : car le monde étant tout rempli, aucun corps ne peut se remuer qu'il ne prenne la place d'un autre : ainsi si le corps A se remue, il faut qu'il déplace un autre corps au moins égal à soi, savoir B ; et B, pour se remuer, en doit aussi déplacer un autre. Or, cela ne peut arriver qu'en deux manières : l'une, que ce déplacement des corps aille à l'infini, ce qui est ridicule et impossible ; l'autre, qu'il se fasse circulairement, et que le dernier corps déplacé occupe la place d'A.

Il n'y a point encore jusques ici de dénombrement imparfait ; et il est vrai, de plus, qu'il est ridicule de s'imaginer qu'en remuant un corps, on en remue jusqu'à l'infini, qui se déplacent l'un l'autre : l'on prétend seulement que le mouvement se fait en cercle, et que le dernier corps remué occupe la place du premier, qui est A, et qu'ainsi tout se trouve rempli. C'est aussi ce que Gassendi entreprend de réfuter par cet argument : le premier corps remué, qui est A, ne peut se mouvoir, si le dernier, qui est X, ne peut se remuer. Or, X ne peut se remuer, puisque pour se remuer, il faudrait qu'il prît la place de l'A, laquelle n'est pas encore vide : et partant, X ne pouvant se remuer, A ne le peut aussi : donc tout demeure immobile. Tout ce raisonnement n'est fondé que sur cette supposition, que le corps X, qui est immédiatement devant A, ne puisse se remuer qu'en un seul cas, qui est, que la place d'A soit déjà vide lorsqu'il commence à se remuer : en sorte qu'avant l'instant où il l'occupe, il y en ait un autre où l'on puisse dire qu'elle est vide. Mais cette supposition est fausse et imparfaite, parce qu'il y a encore un cas dans lequel il est très possible que X se remue, qui est, qu'au même instant qu'il occupe la place d'A, A quitte cette place, et dans ce cas, il n'y a nul inconvénient que A pousse B, et B pousse C jusqu'à X, et que X dans le même instant occupe la place d'A ; par ce moyen il y aura du mouvement, et il n'y aura point de vide.

Or, que ce soit un cas possible, c'est-à-dire qu'il puisse arriver qu'un corps occupe la place d'un autre corps au même instant que ce corps la quitte, c'est une chose qu'on est obligé de reconnaître dans quelque hypothèse que ce soit, pourvu seulement qu'on admette quelque matière continue : car, par exemple, en distinguant dans un bâton deux parties qui se suivent immédiatement, il est clair que, lorsqu'on le remue, au même instant que la première quitte un espace, cet espace est occupé par la seconde, et qu'il n'y en a point où l'on puisse dire que cet espace est vide de la première, et n'est pas rempli de la seconde. Cela est encore plus clair dans un cercle de fer qui tourne autour de son centre ; car alors chaque partie occupe au même instant l'espace qui a été quitté par celle qui la précède, sans qu'il soit besoin de s'imaginer aucun vide. Or, si cela est possible dans un cercle de fer, pourquoi ne le sera-t-il pas dans un cercle qui sera en partie de bois et en partie d'air ? et pourquoi le corps A, que l'on suppose de bois, poussant et déplaçant le corps B, que l'on suppose d'air, le corps B n'en pourra-t-il pas déplacer un autre, et cet autre un autre jusqu'à X, qui entrera dans la place d'A au même temps qu'il la quittera.

Il est donc clair que le défaut du raisonnement de Gassendi vient de ce qu'il a cru qu'afin qu'un corps occupât la place d'un autre, il fallait que cette place fût vide auparavant, et en un instant précédent, et qu'il n'a pas considéré qu'il suffisait qu'elle se vidât au même instant.

Les autres preuves qu'il rapporte sont tirées de diverses expériences par lesquelles il fait voir, avec raison, que l'air se comprime, et que l'on peut faire entrer un nouvel air dans un espace qui en paraît déjà tout rempli, comme on voit dans les ballons et les arquebuses à vent.

Sur ces expériences, il forme ce raisonnement : si l'espace A, étant déjà tout rempli d'air, est capable de recevoir une nouvelle quantité d'air par compression, il faut que ce nouvel air qui y entre, ou soit mis par pénétration dans l'espace déjà occupé par l'autre air, ce qui est impossible; ou que cet air, enfermé dans A, ne le remplît pas entièrement; mais qu'il y eût entre les parties de l'air des espaces vides, dans lesquels le nouvel air est reçu; et cette seconde hypothèse prouve, dit-il, ce que je prétends, qui est qu'il y a des espaces vides entre les parties de la matière, capables d'être remplies de nouveaux corps. Mais il est assez étrange que Gassendi ne se soit pas aperçu qu'il raisonnait sur un dénombrement imparfait, et qu'outre l'hypothèse de la pénétration, qu'il a raison de juger naturellement impossible, et celle des vides répandus entre les parties de la matière qu'il veut établir, il y en a une troisième dont il ne dit rien, et qui, étant possible, fait que son argument ne conclut rien; car l'on peut supposer qu'entre les parties plus grossières de l'air, il y a une matière plus subtile et plus déliée, et qui, pouvant sortir par les pores de tous les corps, fait que l'espace qui semble rempli d'air peut encore recevoir un autre air nouveau, parce que cette matière subtile étant chassée par les parties de l'air que l'on y enfonce par force leur fait place en sortant au travers des pores.

Et Gassendi était d'autant plus obligé de réfuter cette hypothèse, qu'il admet lui-même cette matière subtile qui pénètre les corps et passe par tous les pores, puisqu'il veut que le froid et le chaud soient des corpuscules qui entrent dans nos pores, qu'il dit la même chose de la lumière, et qu'il reconnaît même que, dans l'expérience célèbre que l'on fait avec du vif-argent, qui demeure suspendu à une hauteur de deux pieds trois pouces et demi dans les tuyaux qui sont plus longs que cela, et laisse en haut un espace qui paraît vide, et qui n'est certainement rempli d'aucune matière sensible; il reconnaît, dis-je, qu'on ne peut pas prétendre avec raison que cet espace soit absolument vide, puisque la lumière y passe, laquelle il prend pour un corps.

Ainsi, en remplissant de matière subtile ces espaces qu'il prétend être vides, il trouvera autant de place pour y faire entrer de nouveaux corps, que s'ils étaient actuellement vides.

14.

V. *Juger d'une chose par ce qui ne lui convient que par* **accident.**

Ce sophisme est appelé dans l'école *fallacia accidentis,* qui est lorsque l'on tire une conclusion absolue, simple et sans restriction de ce qui n'est vrai que par accident. C'est ce que font tant de gens qui déclament contre l'antimoine, parce qu'étant mal appliqué il produit de mauvais effets ; et d'autres qui attribuent à l'éloquence tous les mauvais effets qu'elle produit quand on en abuse ; ou à la médecine, les fautes de quelques médecins ignorants.

C'est par là que les hérétiques de ce temps ont fait croire à tant de peuples abusés, qu'on devait rejeter comme des inventions de Satan, l'invocation des saints, la vénération des reliques, la prière pour les morts ; parce qu'il s'était glissé des abus et de la superstition parmi ces saintes pratiques autorisées par toute l'antiquité ; comme si le mauvais usage que les hommes peuvent faire des meilleures choses les rendait mauvaises.

On tombe souvent aussi dans ce mauvais raisonnement, quand on prend les simples occasions pour les véritables causes ; comme qui accuserait la religion chrétienne d'avoir été la cause du massacre d'une infinité de personnes qui ont mieux aimé souffrir la mort que de renoncer Jésus-Christ ; au lieu que ce n'est pas à la religion chrétienne, ni à la constance des martyrs, qu'on doit attribuer ces meurtres, mais à la seule injustice et à la seule cruauté des païens. C'est par ce sophisme qu'on impute souvent aux gens de bien d'être cause de tous les maux qu'ils eussent pu éviter en faisant des choses qui eussent blessé leur conscience, parce que s'ils avaient voulu se relâcher dans cette exacte observance de la loi de Dieu, ces maux ne seraient pas arrivés.

On voit aussi un exemple considérable de ce sophisme dans le raisonnement ridicule des Épicuriens, qui concluaient que les dieux devaient avoir une forme humaine, parce que dans toutes les choses du monde, il n'y avait que l'homme qui eût l'usage de la raison. *Les dieux,* disaient-ils, *sont très heureux : nul ne peut être heureux sans la vertu : il n'y a point de vertu sans la raison ; et la raison ne se trouve nulle part ailleurs qu'en ce qui a la forme humaine : il faut donc avouer que les dieux sont en forme humaine.* Mais ils étaient bien aveugles de ne pas voir que, quoique dans l'homme la substance qui pense et qui raisonne soit jointe à un corps humain, ce n'est pas néanmoins la figure humaine qui fait que l'homme pense et raisonne, étant ridicule de s'imaginer que la raison et la pensée dépendent de ce qu'il a un nez, une bouche, des joues, deux bras, deux mains, deux pieds; et ainsi c'était un sophisme puéril à ces philosophes, de conclure qu'il ne pouvait y avoir de raison que dans la forme humaine, parce que dans l'homme elle se trouvait jointe par accident à la forme humaine.

VI. *Passer du sens divisé au sens composé, ou du sens composé au sens divisé.*

L'un de ces sophismes s'appelle *fallacia compositionis;* et l'autre *fallacia divisionis.* On les comprendra mieux par des exemples.

Jésus-Christ dit, dans l'Évangile, en parlant de ses miracles : *Les aveugles voient, les boiteux marchent droit, les sourds entendent.* Cela ne peut être vrai qu'en prenant ces choses séparément, et non conjointement, c'est-à-dire, dans le sens divisé, et non dans le sens composé; car les aveugles ne voyaient pas demeurant aveugles, et les sourds n'entendaient pas demeurant sourds; mais ceux qui avaient été aveugles auparavant et ne l'étaient plus voyaient, et de même des sourds.

C'est aussi dans le même sens qu'il est dit, dans l'Écriture, que Dieu justifie les impies ; car cela ne veut pas dire qu'il tient pour justes ceux qui sont encore impies; mais qu'il rend justes, par sa grâce, ceux qui auparavant étaient impies.

Il y a, au contraire, des propositions qui ne sont véritables qu'en un sens opposé à celui-là, qui est le sens composé, comme quand saint Paul dit que les médisants, les fornicateurs, les avares n'entreront point dans le royaume des cieux; car cela ne veut pas dire que nul de ceux qui auront eu ces vices ne seront sauvés; mais seulement que ceux qui y demeureront attachés, et qui ne les auront point quittés, en se convertissant à Dieu, n'auront point de part au royaume du ciel.

Il est aisé de voir qu'on ne peut passer, sans sophisme, de l'un de ces sens à l'autre, et que ceux-là, par exemple, raisonneraient mal, qui se promettraient le ciel, en demeurant dans leurs crimes, parce que Jésus-Christ est venu pour sauver les pécheurs, et qu'il dit, dans l'Évangile, que les femmes de mauvaise vie précéderont les Pharisiens dans le royaume de Dieu ; ou qui, au contraire, ayant mal vécu, désespéreraient de leur salut, comme n'ayant plus rien à attendre que la punition de leurs crimes; parce qu'il est dit que la colère de Dieu est réservée à tous ceux qui vivent mal, et que toutes les personnes vicieuses n'ont point de part à l'héritage de Jésus-Christ. Les premiers passeraient du sens divisé au sens composé, en se promettant, quoique toujours pécheurs, ce qui n'est promis qu'à ceux qui cessent de l'être par une véritable conversion ; et les derniers passeraient du sens composé au sens divisé, en appliquant à ceux qui ont été pécheurs et qui cessent de l'être en se convertissant à Dieu, ce qui ne regarde que les pécheurs qui demeurent dans leurs péchés et dans leur mauvaise vie.

VII. *Passer de ce qui est vrai à quelque égard, à ce qui est vrai simplement.*

C'est ce qu'on appelle dans l'école *à dicto secundùm quid ad dictum simpliciter.* En voici des exemples : les Épicuriens prouvaient encore que les dieux devaient avoir la forme humaine, parce qu'il n'y en a point de plus belle que celle-là, et que tout ce qui est beau doit être en Dieu. C'était mal raisonner ; car la forme humaine n'est point absolument une beauté, mais seulement au regard des corps ; et ainsi, n'étant une perfection qu'à quelque égard et non simplement, il ne s'ensuit pas qu'elle doive être en Dieu, parce que toutes les perfections sont en Dieu, n'y ayant que celles qui sont simplement perfections, c'est-à-dire qui n'enferment aucune imperfection, qui soient nécessairement en Dieu.

Nous voyons aussi, dans Cicéron, au 3ᵉ livre de la Nature des dieux, un argument ridicule de Cotta contre l'existence de Dieu, qui peut se rapporter au même défaut. « Comment, dit-il, pou-
« vons-nous concevoir Dieu, ne pouvant lui attribuer aucune
« vertu ? Car dirons-nous qu'il a de la prudence ? Mais la prudence
« consistant dans le choix des biens et des maux, quel besoin Dieu
« peut-il avoir de ce choix, n'étant capable d'aucun mal ? Dirons-
« nous qu'il a de l'intelligence et de la raison ? Mais la raison et
« l'intelligence nous servent à découvrir ce qui nous est inconnu
« par ce qui nous est connu : or, il ne peut y avoir rien d'inconnu
« à Dieu. La justice ne peut aussi être en Dieu, puisqu'elle ne
« regarde que la société des hommes ; ni la tempérance, parce
« qu'il n'a point de voluptés à modérer ; ni la force, parce qu'il
« n'est susceptible ni de douleur ni de travail, et qu'il n'est exposé
« à aucun péril. Comment donc pourrait être Dieu, ce qui n'aurait
« ni intelligence, ni vertu ? »

Il est difficile de rien concevoir de plus impertinent que cette manière de raisonner. Elle est semblable à la pensée d'un paysan qui, n'ayant jamais vu que des maisons couvertes de chaume, et ayant ouï dire qu'il n'y a point dans les villes de toits de chaumes, en conclurait qu'il n'y a point de maisons dans les villes, et que ceux qui y habitent sont bien malheureux, étant exposés à toutes les injures de l'air. C'est comme Cotta ou plutôt Cicéron raisonne. Il ne peut y avoir en Dieu de vertus semblables à celles qui sont dans les hommes : donc il ne peut y avoir de vertus en Dieu. Et ce qui est merveilleux, c'est qu'il ne conclut qu'il n'y a point de vertu en Dieu, que parce que l'imperfection qui se trouve dans la vertu humaine ne peut être en Dieu, de sorte que ce lui est une preuve que Dieu n'a point d'intelligence, parce que rien ne lui est caché ; c'est-à-dire qu'il ne voit rien, parce qu'il voit tout ; qu'il ne peut rien, parce qu'il peut tout ; qu'il ne jouit d'aucun bien, parce qu'il possède tous les biens.

VIII. *Abuser de l'ambiguïté des mots, ce qui peut se faire en diverses manières.*

On peut rapporter à cette espèce de sophisme tous les syllogismes qui sont vicieux, parce qu'il s'y trouve quatre termes ; soit parce que le milieu y est pris deux fois particulièrement ; ou parce qu'il est pris en un sens dans la première proposition, et en un autre sens dans la seconde ; ou enfin parce que les termes de la conclusion ne sont pas pris dans le même sens dans les prémisses que dans la conclusion : car nous ne restreignons pas le mot d'ambiguïté aux seuls mots qui sont grossièrement équivoques, ce qui ne trompe presque jamais ; mais nous comprenons par là tout ce qui peut faire changer de sens à un mot, surtout lorsque les hommes ne s'aperçoivent pas aisément de ce changement, parce que diverses choses étant signifiées par le même son, ils les prennent pour la même chose. Sur quoi on peut voir ce qui a été dit vers la fin de la première partie, où l'on a aussi parlé du remède qu'on doit apporter à la confusion des mots ambigus, en les définissant si nettement qu'on n'y puisse être trompé.

Ainsi, je me contenterai d'apporter quelques exemples de cette ambiguïté, qui trompe quelquefois d'habiles gens. Telle est celle qui se trouve dans les mots qui signifient quelque tout, qui peut se prendre ou collectivement pour toutes ses parties ensemble, ou distributivement pour chacune de ses parties. C'est par là qu'on doit résoudre ce sophisme des Stoïciens, qui concluaient que le monde était un animal doué de raison, « parce que ce qui a l'usage

« de la raison est meilleur que ce qui ne l'a point. Or, il n'y a rien,
« disaient-ils, qui soit meilleur que le monde : donc le monde a
« l'usage de la raison. » La mineure de cet argument est fausse,
parce qu'ils attribuaient au monde ce qui ne convient qu'à Dieu,
qui est d'être tel qu'on ne puisse rien concevoir de meilleur et
de plus parfait. Mais, en se bornant dans les créatures, quoique
l'on puisse dire qu'il n'y a rien de meilleur que le monde, en le
prenant collectivement pour l'universalité de tous les êtres que
Dieu a créés, tout ce qu'on en peut conclure au plus, est que le
monde a l'usage de la raison, selon quelques-unes de ses parties,
telles que sont les anges et les hommes, et non pas que le tout
ensemble soit un animal qui ait l'usage de la raison.

Ce serait de même mal raisonner que de dire : L'homme pense :
or, l'homme est composé de corps et d'âme : donc le corps et l'âme
pensent; car il suffit, afin que l'on puisse attribuer la pensée à
l'homme entier, qu'il pense selon une des parties; d'où il ne s'ensuit nullement qu'il pense selon l'autre.

IX. *Tirer une conclusion générale d'une induction défectueuse.*

On appelle induction, lorsque la recherche de plusieurs choses
particulières nous mène à la connaissance d'une vérité générale.
Ainsi, lorsqu'on a éprouvé sur beaucoup de mers que l'eau en est
salée, et sur beaucoup de rivières que l'eau en est douce, on conclut généralement que l'eau de la mer est salée, et celle des rivières douce. Les diverses épreuves qu'on a faites que l'or ne diminue
point au feu, a fait juger que cela est vrai de tout or : et comme
on n'a point trouvé de peuple qui ne parle, on croit pour très
certain que tous les hommes parlent; c'est-à-dire se servent des
sons pour signifier leur pensée.

C'est même par là que toutes nos connaissances commencent,
parce que les choses singulières se présentent à nous avant les
universelles, quoique ensuite les universelles servent à connaître les
singulières.

Mais il est vrai néanmoins que l'induction seule n'est jamais un
moyen certain d'acquérir une science parfaite, comme on le fera
voir en un autre endroit, la considération des choses singulières
servant seulement d'occasion à notre esprit de faire attention à ses
idées naturelles, selon lesquelles il juge de la vérité des choses en
général; car il est vrai, par exemple, que je ne me serais peut-
être jamais avisé de considérer la nature d'un triangle, si je n'avais

vu un triangle qui m'a donné occasion d'y penser : mais ce n'est pas néanmoins l'examen particulier de tous les triangles qui m'a fait conclure généralement et certainement de tous que l'espace qu'ils comprennent est égal à celui du rectangle de toute leur base, et de la moitié de leur hauteur (car cet examen serait impossible), mais la seule considération de ce qui est renfermé dans l'idée du triangle que je trouve dans mon esprit.

Quoi qu'il en soit, réservant à un autre endroit de traiter de cette matière, il suffit de dire ici que les inductions défectueuses, c'est-à-dire qui ne sont pas entières, font souvent tomber en erreur, et je me contenterai d'en rapporter un exemple remarquable.

Tous les philosophes avaient cru jusqu'à ce temps, comme une vérité indubitable, qu'une seringue étant bien bouchée, il était impossible d'en tirer le piston sans la faire crever, et que l'on pouvait faire monter de l'eau si haut qu'on voudrait par des pompes aspirantes : ce qui le faisait croire si fermement, c'est qu'on s'imaginait s'en être assuré par une induction très certaine, en ayant fait une infinité d'expériences ; mais l'un et l'autre s'est trouvé faux, parce que l'on a fait de nouvelles expériences qui ont fait voir que le piston d'une seringue, quelque bouchée qu'elle fût, pouvait se tirer, pourvu qu'on y employât une force égale au poids d'une colonne d'eau de plus de trente-trois pieds de haut de la grosseur de la seringue, et qu'on ne saurait lever de l'eau par une pompe aspirante plus haut de trente-deux à trente-trois pieds.

CHAPITRE XX.

Des mauvais raisonnements que l'on commet dans la vie civile et dans les discours ordinaires.

Voilà quelques exemples des fautes les plus communes que l'on commet en raisonnant dans les matières de sciences ; mais parce que le principal usage de la raison n'est pas dans ces sortes de sujets qui entrent peu dans la conduite de la vie, et dans lesquels même il est moins dangereux de se tromper, il serait sans doute beaucoup plus utile de considérer généralement ce qui engage les hommes dans les faux jugements qu'ils font en toute sorte de matière, et principalement en celle des mœurs et des autres choses qui sont importantes à la vie civile, et qui font le sujet ordinaire de leurs entretiens. Mais, parce que ce dessein demanderait un ouvrage à part qui comprendrait presque toute la morale, on se contentera de marquer ici en général une partie des causes de ces faux jugements, qui sont si communs parmi les hommes.

On ne s'est pas arrêté à distinguer les faux jugements des mauvais raisonnements, et on a recherché indifféremment les causes des uns et des autres ; tant parce que les faux jugements sont les sources des mauvais raisonnements, et les attirent par une suite nécessaire, que parce qu'en effet il y a presque toujours un raisonnement caché et enveloppé en ce qui nous paraît un jugement simple, y ayant toujours quelque chose qui sert de motif et de principe à ce jugement. Par exemple, lorsque l'on juge qu'un bâton qui paraît courbé dans l'eau l'est en effet, ce jugement est fondé sur cette proposition générale et fausse, que ce qui paraît courbé à nos sens, est courbé en effet, et ainsi enferme un raisonnement, quoique non développé. En considérant donc généralement les causes de nos erreurs, il semble qu'on puisse les rapporter à deux principales : l'une intérieure, qui est le dérèglement de la volonté, qui trouble et dérègle le jugement ; l'autre extérieure, qui consiste dans les objets dont on juge, et qui trompent notre esprit par une fausse apparence. Or, quoique ces causes se joignent presque toujours ensemble, il y a néanmoins certaines erreurs où l'un paraît plus que l'autre ; et c'est pourquoi nous les traiterons séparément.

I. *Des sophismes d'amour-propre, d'intérêt et de passion.*

Si on examine avec soin ce qui attache ordinairement les hommes plutôt à une opinion qu'à une autre, on trouvera que ce n'est pas la pénétration de la vérité et la force des raisons, mais quelque lien d'amour-propre, d'intérêt ou de passion. C'est le poids qui emporte la balance, et qui nous détermine dans la plupart de nos doutes ; c'est ce qui donne le plus grand branle à nos jugements, et qui nous y arrête le plus fortement. Nous jugeons des choses, non par ce qu'elles sont en elles-mêmes, mais par ce qu'elles sont à notre égard ; et la vérité et l'utilité ne sont pour nous qu'une même chose.

Il n'en faut point d'autres preuves que ce que nous voyons tous les jours, que des choses tenues partout ailleurs pour douteuses, ou même pour fausses, sont tenues pour très certaines par tous ceux d'une nation ou d'une profession, ou d'un institut ; car n'étant pas possible que ce qui est vrai en Espagne soit faux en France, ni que l'esprit de tous les Espagnols soit tourné si différemment de celui de tous les Français, qu'à ne juger des choses que par les règles de la raison, ce qui paraît vrai généralement aux uns paraisse faux généralement aux autres; il est visible que cette diversité de jugement ne peut venir d'autre cause, sinon qu'il plaît aux uns de tenir pour vrai ce qui leur est avantageux, et que les autres n'y ayant point d'intérêt, en jugent d'une autre sorte.

Cependant qu'y a-t-il de moins raisonnable que de prendre notre intérêt pour motif de croire une chose? Tout ce qu'il peut faire au plus, est de nous porter à considérer avec plus d'attention les raisons qui peuvent nous faire découvrir la vérité de ce que nous désirons être vrai : mais il n'y a que cette vérité, qui doit se trouver dans la chose même indépendamment de nos désirs, qui doive nous persuader. Je suis d'un tel pays; donc je dois croire qu'un tel saint y a prêché l'Évangile. Je suis d'un tel ordre; donc je crois qu'un tel privilége est véritable. Ce ne sont pas là des raisons. De quelque ordre et de quelque pays que vous soyez, vous ne devez croire que ce qui est vrai, et que ce que vous seriez disposé à croire si vous étiez d'un autre pays, d'un autre ordre, d'une autre profession.

II. Mais cette illusion est bien plus visible lorsqu'il arrive du changement dans les passions : car, quoique toutes choses soient demeurées dans leur place, il semble néanmoins à ceux qui sont émus de quelque passion nouvelle, que le changement qui ne s'est fait que dans leur cœur ait changé toutes les choses extérieures qui y ont quelque rapport. Combien voit-on de gens qui ne peuvent plus reconnaître aucune bonne qualité, ni naturelle, ni acquise, dans ceux contre qui ils ont conçu de l'aversion, ou qui ont été contraires en quelque chose à leurs sentiments, à leurs désirs, à leurs intérêts? Cela suffit pour devenir tout d'un coup à leur égard téméraire, orgueilleux, ignorant, sans foi, sans honneur, sans conscience. Leurs affections et leurs désirs ne sont pas plus justes ni plus modérés que leur haine. S'ils aiment quelqu'un, il est exempt de toute sorte de défaut; tout ce qu'ils désirent est juste et facile, tout ce qu'ils ne désirent pas est injuste et impossible, sans qu'ils puissent alléguer aucune raison de tous ces jugements, que la passion même qui les possède : de sorte qu'encore qu'ils ne fassent pas dans leur esprit ce raisonnement formel : je l'aime; donc c'est le plus habile homme du monde : je le hais; donc c'est un homme de néant, ils le font en quelque sorte dans leur cœur ; et c'est pourquoi on peut appeler ces sortes d'égarement des sophismes et des illusions du cœur, qui consistent à transporter nos passions dans les objets de nos passions, et à juger qu'ils sont ce que nous voulons ou désirons qu'ils soient : ce qui est sans doute très déraisonnable, puisque nos désirs ne changent rien dans l'être de ce qui est hors de nous, et qu'il n'y a que Dieu, dont la volonté soit tellement efficace, que les choses sont tout ce qu'il veut qu'elles soient.

III. On peut rapporter à la même illusion de l'amour-propre celle de ceux qui décident tout par un principe fort général et fort commode, qui est, qu'ils ont raison, qu'ils connaissent la vérité; d'où il ne leur est pas difficile de conclure que ceux qui ne sont pas de leur sentiment se trompent : en effet, la conclusion est nécessaire.

Le défaut de ces personnes ne vient que de ce que l'opinion avantageuse qu'elles ont de leurs lumières leur fait prendre toutes leurs pensées pour tellement claires et évidentes, qu'elles s'imaginent qu'il suffit de les proposer pour obliger tout le monde à s'y soumettre; et c'est pourquoi elles se mettent peu en peine d'en apporter des preuves; elles écoutent peu les raisons des autres, elles veulent tout emporter par autorité, parce qu'elles ne distinguent jamais leur autorité de la raison; elles traitent de téméraires tous ceux qui ne sont pas de leur sentiment, sans considérer que si les autres ne sont pas de leur sentiment, elles ne sont pas aussi du sentiment des autres, et qu'il n'est pas juste de supposer sans preuve que nous avons raison, lorsqu'il s'agit de convaincre des personnes qui ne sont d'une autre opinion que nous que parce qu'elles sont persuadées que nous n'avons pas raison.

IV. Il y en a de même qui n'ont point d'autre fondement, pour rejeter certaines opinions, que ce plaisant raisonnement : Si cela était, je ne serais pas un habile homme : or, je suis un habile homme; donc cela n'est pas. C'est la principale raison qui a fait rejeter longtemps certains remèdes très utiles et des expériences très certaines; parce que ceux qui ne s'en étaient point encore avisés concevaient qu'ils se seraient donc trompés jusqu'alors. Quoi! si le sang, disaient-ils, avait une révolution circulaire dans le corps; si l'aliment ne se portait pas au foie par les veines mésaraïques; si l'artère veineuse portait le sang au cœur; si le sang montait par la veine cave descendante; si la nature n'avait point d'horreur du vide; si l'air était pesant et avait un mouvement en bas, j'aurais ignoré des choses importantes dans l'anatomie et dans la physique : il faut donc que cela ne soit pas. Mais pour les guérir de cette fantaisie, il ne faut que leur bien représenter que c'est un très petit inconvénient qu'un homme se trompe, et qu'ils ne laisseront pas d'être habiles en d'autres choses, quoiqu'ils ne l'aient pas été en celles qui auraient été nouvellement découvertes.

V. Il n'y a rien aussi de plus ordinaire que de voir des gens se faire mutuellement les mêmes reproches, et se traiter, par exemple, d'opiniâtres, de passionnés, de chicaneurs, lorsqu'ils sont de différents sentiments. Il n'y a presque point de plaideurs qui ne s'entr'accusent d'allonger les procès, et de couvrir la vérité par des adresses artificieuses ; et ainsi ceux qui ont raison et ceux qui ont tort parlent presque le même langage et font les mêmes plaintes, et s'attribuent les uns aux autres les mêmes défauts; ce qui est une des choses les plus incommodes qui soient dans la vie des hommes, et qui jettent la vérité et l'erreur, la justice et l'injustice dans une si grande obscurité que le commun du monde est incapable d'en faire le discernement : et il arrive de là que plusieurs s'attachent, au hasard et sans lumière, à l'un des partis, et que d'autres les condamnent tous deux comme ayant également tort.

Toute cette bizarrerie naît encore de la même maladie qui fait prendre à chacun pour principe qu'il a raison : car de là il n'est pas difficile de conclure que tous ceux qui nous résistent sont opiniâtres ; puisqu'être opiniâtre, c'est ne se rendre pas à la raison.

Mais encore qu'il soit vrai que ces reproches de passion, d'aveuglement, de chicanerie, qui sont très injustes de la part de ceux qui se trompent, sont justes et légitimes de la part de ceux qui ne se trompent pas, néanmoins, parce qu'ils supposent que la vérité soit du côté de celui qui les fait, les personnes sages et judicieuses, qui traitent quelque matière contestée, doivent éviter de s'en servir avant que d'avoir suffisamment établi la vérité et la justice de la cause qu'ils soutiennent. Ils n'accuseront donc jamais leurs adversaires d'opiniâtreté, de témérité, de manquer de sens commun, avant que de l'avoir bien prouvé. Ils ne diront point, s'ils ne l'ont fait voir auparavant, qu'ils tombent en des absurdités et des extravagances insupportables ; car les autres en diront autant de leur côté; ce qui n'est rien avancer, et ainsi ils aimeront mieux se réduire à cette règle si équitable de saint Augustin : *Omittamus ista communia, quæ dici ex utráque parte possunt, licet verè dici ex utráque parte non possint;* et ils se contenteront de défendre la vérité par les armes qui lui sont propres et que le mensonge ne peut emprunter, qui sont les raisons claires et solides.

VI. L'esprit des hommes n'est pas seulement naturellement

amoureux de lui-même; mais il est aussi naturellement jaloux, envieux et malin à l'égard des autres : il ne souffre qu'avec peine qu'ils aient quelque avantage, parce qu'il les désire tous pour lui: et comme c'en est un que de connaître la vérité et d'apporter aux hommes quelque nouvelle lumière, on a une passion secrète de leur ravir cette gloire, ce qui engage souvent à combattre sans raison les opinions et les inventions des autres.

Ainsi, comme l'amour-propre fait souvent faire ce raisonnement ridicule : C'est une opinion que j'ai inventée, c'est celle de mon ordre, c'est un sentiment qui m'est commode, il est donc véritable; la malignité naturelle fait souvent faire cet autre qui n'est pas moins absurde : C'est un autre que moi qui l'a dit, cela est donc faux : ce n'est pas moi qui ai fait ce livre, il est donc mauvais.

C'est la source de l'esprit de contradiction si ordinaire parmi les hommes, et qui les porte, quand ils entendent ou lisent quelque chose d'autrui, à considérer peu les raisons qui pourraient les persuader, et à ne songer qu'à celles qu'ils croient pouvoir opposer. Ils sont toujours en garde contre la vérité, et ils ne pensent qu'aux moyens de la repousser et de l'obscurcir, en quoi ils réussissent presque toujours, la fertilité de l'esprit humain étant inépuisable en fausses raisons.

Quand ce vice est dans l'excès, il fait un des principaux caractères de l'esprit de pédanterie qui met son plus grand plaisir à chicaner les autres sur les plus petites choses et à contredire tout avec une basse malignité; mais il est souvent plus imperceptible et plus caché ; et l'on peut dire même que personne n'en est entièrement exempt, parce qu'il a sa racine dans l'amour-propre qui vit toujours dans les hommes.

La connaissance de cette disposition maligne et envieuse qui réside dans le fond du cœur des hommes, nous fait voir qu'une des plus importantes règles qu'on puisse garder pour n'engager pas dans l'erreur ceux à qui l'on parle, et ne leur donner point d'éloignement de la vérité qu'on veut leur persuader, est de n'irriter que le moins qu'on peut leur envie et leur jalousie en parlant de soi, et en leur présentant des objets auxquels elle puisse s'attacher.

Car les hommes, n'aimant guère qu'eux-mêmes, ne souffrent qu'avec impatience qu'un autre les applique à soi, et veuille qu'on le regarde avec estime. Tout ce qu'ils ne rapportent pas à eux-mêmes leur est odieux et importun, et ils passent ordinairement de la haine des personnes à la haine des opinions et des raisons ; et c'est pourquoi les personnes sages évitent autant qu'elles peuvent d'exposer aux yeux des autres les avantages qu'elles ont ; elles fuient de se présenter en face et de se faire envisager en particulier, et tâchent plutôt de se cacher dans la presse pour n'être pas remarquées, afin qu'on ne voie dans leurs discours que la vérité qu'elles proposent.

Pascal, qui savait autant de véritable rhétorique que personne en ait jamais su, portait cette règle jusqu'à prétendre qu'un honnête homme devait éviter de se nommer, et même de se servir des mots de *je* et de *moi ;* et il avait accoutumé de dire sur ce sujet que la piété chrétienne anéantit le *moi* humain, et que la civilité humaine le cache et le supprime. Ce n'est pas que cette règle doive aller jusqu'au scrupule ; car il y a des rencontres où ce serait se gêner inutilement que de vouloir éviter ces mots ; mais il est toujours bon de l'avoir en vue pour s'éloigner de la méchante coutume de quelques individus qui ne parlent que d'eux-mêmes, et qui se citent partout lorsqu'il n'est point question de leur sentiment : ce qui donne lieu à ceux qui les écoutent de soupçonner que ce regard si fréquent vers eux-mêmes ne naisse d'une secrète complaisance qui les porte souvent vers cet objet de leur amour, et excite en eux, par une suite naturelle, une aversion secrète pour ces gens-là et pour tout ce qu'ils disent. C'est ce qui fait voir qu'un des caractères les plus indignes d'un honnête homme est celui que Montaigne a affecté de n'entretenir ses lecteurs que de ses humeurs, de ses inclinations, de ses fantaisies, de ses maladies, de ses vertus et de ses vices ; et qu'il ne naît que d'un défaut de jugement aussi bien que d'un violent amour de soi-même. Il est vrai qu'il tâche autant qu'il peut d'éloigner de lui le soupçon d'une vanité basse et populaire, en parlant librement de ses défauts, aussi bien que de ses bonnes qualités, ce qui a quelque chose d'aimable par une apparence de sincérité ; mais il est facile de voir que tout cela n'est qu'un jeu et un artifice qui doit le rendre encore plus odieux. Il parle de ses vices pour les faire connaître, et non pour les faire détester ; il ne prétend pas qu'on doive moins l'en estimer ; il les regarde comme des choses à peu près indifférentes, et plutôt galantes que honteuses : s'il les découvre, c'est qu'il s'en soucie peu, et qu'il croit qu'il n'en sera pas plus vil ni plus méprisable ; mais quand il appréhende que quelque chose le rabaisse un peu, il est aussi adroit que personne à le cacher ; c'est pourquoi un auteur célèbre de ce temps remarque agréablement, qu'ayant eu soin fort inutilement de nous avertir en deux endroits de son Livre, qu'il avait un page qui était un officier assez peu utile en la maison d'un gentilhomme de six mille livres de rente, il n'avait pas eu le même soin de nous dire qu'il avait eu aussi un clerc ayant été conseiller du parlement de Bordeaux ; cette charge, quoique très honorable en soi, ne satisfaisant pas assez la vanité qu'il avait de faire paraître partout une humeur de gentilhomme et de cavalier, et un éloignement de robe et des procès.

Il y a néanmoins de l'apparence qu'il ne nous eût pas célé cette circonstance de sa vie, s'il eût pu trouver quelque maréchal de France qui eût été conseiller de Bordeaux, comme il a bien voulu nous faire savoir qu'il avait été maire de cette ville ; mais, après nous avoir avertis qu'il avait succédé en cette charge au maréchal de Biron, et qu'il l'avait laissée au maréchal de Matignon.

Mais ce n'est pas le plus grand mal de cet auteur, que la vanité, et il est plein d'un si grand nombre d'infamies honteuses, et de maximes épicuriennes et impies, qu'il est étrange qu'on l'ait souffert si longtemps dans les mains de tout le monde, et qu'il y ait même des personnes d'esprit qui n'en connaissent pas le venin.

Il ne faut point d'autres preuves pour juger de son libertinage, que cette manière même dont il parle de ses vices ; car reconnaissant en plusieurs endroits qu'il avait été engagé en un grand nombre de désordres criminels, il déclare néanmoins en d'autres qu'il ne se repent de rien, et que s'il avait à revivre, il revivrait comme il avait vécu. « Quant à moi, dit-il, je ne puis désirer en général
« d'être autre ; je ne puis condamner ma forme universelle, m'en
« déplaire et supplier Dieu pour mon entière réformation et pour
« l'excuse de ma faiblesse naturelle ; mais cela, je ne dois le nom-
« mer repentir, non plus que le déplaisir de n'être ni ange, ni
« Caton : mes actions sont réglées et conformes à ce que je suis et
« à ma condition : je ne puis faire mieux, et le repentir ne touche
« pas proprement les choses qui ne sont pas en notre force. Je ne
« me suis pas attendu d'attacher monstrueusement la queue d'un
« philosophe à la tête et au corps d'un homme perdu, ni que ce
« chétif bout de vie eût à désavouer et à démentir la plus belle,
« entière et longue partie de ma vie. Si j'avais à revivre, je revi-
« vrais comme j'ai vécu : ni je ne plains point le passé, ni je ne
« crains point l'avenir. » Paroles horribles, et qui marquent une extinction entière de tout sentiment de religion ; mais qui sont dignes de celui qui parle ainsi en un autre endroit : « Je me plonge

« la tête baissée stupidement dans la mort, sans la considérer et
« reconnaître, comme dans une profondeur muette et obscure, qui
« m'engloutit tout d'un coup, et m'étouffe en un moment, plein
« d'un puissant sommeil, plein d'insipidité et d'indolence. » Et
en un autre endroit : « La mort, qui n'est qu'un quart d'heure de
« passion, sans conséquence et sans nuisance, ne mérite pas des
« préceptes particuliers. »

Quoique cette digression semble assez éloignée de ce sujet, elle y rentre néanmoins, par cette raison, qu'il n'y a point de livre qui inspire davantage cette mauvaise coutume de parler de soi, de s'occuper de soi, de vouloir que les autres s'y occupent. Ce qui corrompt étrangement la raison, et dans nous, par la vanité qui accompagne toujours ces discours, et dans les autres, par le dépit et l'aversion qu'ils en conçoivent. Il n'est permis de parler de soi-même qu'aux personnes d'une vertu éminente, et qui témoignent, par la manière avec laquelle elles le font, que si elles publient leurs bonnes actions, ce n'est que pour exciter les autres à en louer Dieu, ou pour les édifier; et si elles publient leurs fautes, ce n'est que pour s'en humilier devant les hommes, et pour les en détourner : mais pour les personnes du commun, c'est une vanité ridicule de vouloir informer les autres de leurs petits avantages; et c'est une effronterie punissable que de découvrir leurs désordres au monde, sans témoigner d'en être touchés, puisque le dernier excès de l'abandonnement dans le vice, est de n'en point rougir, et de n'en avoir ni confusion ni repentir; mais d'en parler indifféremment comme de toute autre chose : en quoi consiste proprement l'esprit de Montaigne.

VII. On peut distinguer, en quelque sorte, de la contradiction maligne et envieuse, une autre sorte d'humeur moins mauvaise, mais qui engage dans les mêmes fautes de raisonnement; c'est l'esprit de dispute, qui est encore un défaut qui gâte beaucoup l'esprit.

Ce n'est pas qu'on puisse blâmer généralement les disputes : on peut dire, au contraire, que pourvu qu'on en use bien, il n'y a rien qui serve davantage à donner diverses ouvertures, ou pour trouver la vérité, ou pour la persuader aux autres. Le mouvement d'un esprit qui s'occupe seul à l'examen de quelque matière, est d'ordinaire trop froid et trop languissant; il a besoin d'une certaine chaleur qui l'excite et qui réveille ses idées; et c'est d'ordinaire par les diverses oppositions qu'on nous fait, que l'on découvre où consiste la difficulté de la persuasion et l'obscurité : ce qui nous donne lieu de faire effort pour la vaincre.

Mais il est vrai qu'autant que cet exercice est utile, lorsque l'on en use comme il faut, et avec un entier dégagement de passion, **autant** est-il dangereux lorsqu'on en use mal, et que l'on met sa **gloire** à soutenir son sentiment à quelque prix que ce soit, et à **contredire** celui des autres. Rien n'est plus capable de nous éloigner de la vérité, et de nous jeter dans l'égarement, que cette sorte d'humeur. On s'accoutume, sans qu'on s'en aperçoive, à trouver raison partout, et à se mettre au-dessus des raisons, en ne s'y rendant jamais : ce qui conduit peu à peu à n'avoir rien de certain, et à confondre la vérité avec l'erreur, en les regardant l'une et l'autre comme également probables. C'est ce qui fait qu'il est si rare que l'on termine quelque question par la dispute, et qu'il n'arrive presque jamais que deux philosophes tombent d'accord. On trouve toujours à repartir et à se défendre, parce que l'on a pour but d'éviter non l'erreur, mais le silence, et que l'on croit qu'il est moins honteux de se tromper toujours, que d'avouer que l'on s'est trompé.

Ainsi, à moins qu'on ne se soit accoutumé par un long exercice à se posséder parfaitement, il est très difficile qu'on ne perde de vue la vérité dans les disputes, parce qu'il n'y a guère d'action qui excite plus les passions. Quel vice n'éveillent-elles pas, dit un auteur célèbre, étant presque toujours commandées par la colère? Nous entrons en inimitié premièrement contre les raisons, puis contre les personnes; nous n'apprenons à disputer que pour contredire, et chacun contredisant et étant contredit, il en arrive que le fruit de la dispute est d'anéantir la vérité. L'un va en Orient, l'autre en Occident, on perd le principal, et l'on s'écarte dans la presse des incidents; au bout d'une heure de tempête, on ne sait ce qu'on cherche; l'un est en bas, l'autre est en haut, l'autre à côté; l'un se prend à un mot et à une similitude, l'autre n'écoute et n'entend plus ce qu'on lui oppose, et il est si engagé dans sa course, qu'il ne pense plus qu'à se suivre et non pas vous. Il y en a qui, se trouvant faibles, craignent tout, refusent tout, confondent la dispute dès l'entrée, ou bien, au milieu de la contestation, se mutinent à se taire, affectant un orgueilleux mépris, ou une sottement modeste fuite de contention : pourvu que celui-ci frappe, il ne regarde pas combien il se découvre; l'autre compte ses mots et les pèse pour raisons : celui-là n'y emploie que l'avantage de sa **voix et de ses poumons**; on en voit qui concluent contre eux-mêmes, et d'autres qui lassent et étourdissent tout le monde de préfaces et de digressions inutiles. Il y en a enfin qui s'arment d'injures, et qui feront une querelle d'Allemand, pour se défaire de la conférence d'un esprit qui presse le leur. Ce sont les vices ordinaires de nos disputes, qui sont assez ingénieusement représentées par cet écrivain qui, n'ayant jamais connu les véritables grandeurs de l'homme, en a assez bien connu les défauts; et l'on peut juger par là combien ces sortes de conférences sont capables de dérégler l'esprit, à moins que l'on n'ait un extrême soin, non-seulement de ne pas tomber soi-même le premier dans ces défauts, mais aussi de ne pas suivre ceux qui y tombent, et de se régler tellement, qu'on puisse les voir égarer sans s'égarer soi-même, et sans s'écarter de la fin que l'on doit se proposer, qui est l'éclaircissement de la vérité que l'on examine.

VIII. Il se trouve des personnes, principalement parmi ceux qui hantent la cour, qui, reconnaissant assez combien ces humeurs contredisantes sont incommodes et désagréables, prennent une route toute contraire, qui est de ne rien contredire, mais de louer et d'approuver tout indifféremment; et c'est ce qu'on appelle complaisance, qui est une humeur plus commode pour la fortune, mais aussi désavantageuse pour le jugement; car, comme les contredisants prennent pour vrai le contraire de ce qu'on leur dit, les complaisants semblent prendre pour vrai tout ce qu'on leur dit; et cette accoutumance corrompt premièrement leurs discours, et ensuite leur esprit.

C'est par ce moyen qu'on a rendu les louanges si communes, et qu'on les donne si indifféremment à tout le monde, qu'on ne sait plus qu'en conclure. Il n'y a point dans la gazette de prédicateur qui ne soit des plus éloquents, et qui ne ravisse ses auditeurs par la profondeur de sa science : tous ceux qui meurent sont illustres en piété : les plus petits auteurs pourraient faire des livres des éloges qu'ils reçoivent de leurs amis; de sorte que, dans cette profusion de louanges, que l'on fait avec si peu de discernement, il y a sujet de s'étonner qu'il y ait des personnes qui en soient si avides, et qui ramassent avec tant de soin celles qu'on leur donne.

Il est impossible que cette confusion dans le langage ne produise la même confusion dans l'esprit, et que ceux qui s'accoutument à louer tout, ne s'accoutument aussi à approuver tout : mais quand la fausseté ne serait que dans les paroles, et non dans l'esprit, cela suffit pour en éloigner ceux qui aiment sincèrement la vérité.

Il n'est pas nécessaire de reprendre tout ce qu'on voit de mal; mais il est nécessaire de ne louer que ce qui est véritablement louable; autrement l'on jette ceux qu'on loue de cette sorte dans l'illusion, l'on contribue à tromper ceux qui jugent de ces personnes par ces louanges, et l'on fait tort à ceux qui en méritent de véritables, en les rendant communes à ceux qui n'en méritent pas : enfin l'on détruit toute la foi du langage, et l'on brouille toutes les idées des mots, en faisant qu'ils ne soient plus signes de nos jugements et de nos pensées, mais seulement d'une civilité extérieure qu'on veut rendre à ceux que l'on loue, comme pourrait être une révérence: car c'est tout ce que l'on doit conclure des louanges et des compliments ordinaires.

IX. Entre les diverses manières par lesquelles l'amour-propre jette les hommes dans l'erreur, ou plutôt les y affermit et les empêche d'en sortir, il n'en faut pas oublier une, qui est sans doute des principales et des plus communes; c'est l'engagement à soutenir quelque opinion, à laquelle on s'est attaché par d'autres considérations que par celles de la vérité : car cette vue de défendre son sentiment fait que l'on ne regarde plus dans les raisons dont on se sert, si elles sont vraies ou fausses, mais si elles peuvent servir à persuader ce que l'on soutient : l'on emploie toutes sortes d'arguments bons et mauvais, afin qu'il y en ait pour tout le monde ; et l'on passe quelquefois jusqu'à dire des choses qu'on sait bien être absolument fausses, pourvu qu'elles servent à la fin qu'on se propose. En voici quelques exemples.

Une personnes intelligente ne soupçonnera jamais Montaigne d'avoir cru toutes les rêveries de l'astrologie judiciaire; cependant quand il en a besoin pour rabaisser sottement les hommes, il les emploie comme de bonnes raisons. « A considérer, dit-il, la domi-
« nation et puissance que ces corps-là ont, non-seulement sur nos
« vies et conditions de notre fortune, mais sur nos inclinations
« mêmes, qu'ils régissent, poussent et agitent à la merci de leurs
« influences; pourquoi les priverons-nous d'âme, de vie et de
« discours. »

Veut-il détruire l'avantage que les hommes ont sur les bêtes par le commerce de la parole, il nous rapporte des contes ridicules, et dont il connaît l'extravagance mieux que personne, et en tire des conclusions plus ridicules. « Il y en a, dit-il, qui se sont vantés
« d'entendre le langage des bêtes, comme Apollonius Thyanéus,
« Mélampus, Tirésias, Thalès et autres ; et puisqu'il est ainsi,
« comme disent les cosmographes qu'il y a des nations qui reçoivent
« un chien pour roi, il faut bien qu'ils donnent certaine interpré-
« tation à sa voix et à ses mouvements. »

L'on conclura, par cette raison, que quand Caligula fit son cheval consul, il fallait bien que l'on entendît les ordres qu'il donnait dans l'exercice de cette charge; mais on aurait tort d'accuser Montaigne de cette mauvaise conséquence : son dessein n'était pas de parler raisonnablement, mais de faire un amas confus de tout ce qu'on peut dire contre les hommes; ce qui est néanmoins un vice très contraire à la justesse de l'esprit et à la sincérité d'un homme de bien.

Qui pourrait de même souffrir cet autre raisonnement du même auteur sur le sujet des augures que les païens tiraient du vol des oiseaux, et dont les plus sages d'entre eux se sont moqués. « De « toutes les prédictions du temps passé, dit-il, les plus anciennes « et les plus certaines étaient celles qui se tiraient du vol des « oiseaux : nous n'avons rien de pareil ni de si admirable; cette « règle, cet ordre du branler de leur aile, par lequel on tire des « conséquences des choses à venir, il faut bien qu'il soit conduit « par quelque excellent moyen à une si noble opération : car c'est « prêter à la lettre que d'attribuer ce grand effet à quelque ordon- « nance naturelle, sans l'intelligence, le consentement et le discours « de celui qui le produit, et c'est une opinion évidemment fausse.»

N'est-ce pas une chose assez plaisante que de voir un homme qui ne tient rien d'évidemment vrai ni d'évidemment faux, dans un traité fait exprès pour établir le pyrrhonisme et pour détruire l'évidence de la certitude, nous débiter sérieusement ces rêveries comme des vérités certaines, et traiter l'opinion contraire d'évidemment fausse ? Mais il se moque de nous quand il parle de la sorte, il est inexcusable de se jouer ainsi de ses lecteurs, en leur disant des choses qu'il ne croit pas, et que l'on ne peut pas croire sans folie.

Il était sans doute aussi bon philosophe que Virgile, qui n'attribue pas même à une intelligence qui soit dans les oiseaux les changements réglés qu'on voit dans leurs mouvements selon la diversité de l'air, dont on peut tirer quelque conjecture pour la pluie et le beau temps, comme l'on peut voir dans ces vers admirables des Géorgiques :

> *Haud equidem credo quia sit divinitùs illis*
> *Ingenium, aut rerum fato prudentia major :*
> *Verùm ubi tempestas et cœli mobilis humor*
> *Mutavére vias, et Jupiter humidus Austris*
> *Densat, erant quæ rara modò, et quæ densa, relaxat,*
> *Vertuntur species animorum, et pectora motus*

> *Nunc hos nunc alios, dum nubila ventus agebat,*
> *Concipiunt : hinc ille avium concentus in agris,*
> *Et lœtæ pecudes, et ovantes gutture corvi.*

Mais ces égarements étant involontaires, il ne faut **qu'avoir un** peu de bonne foi pour les éviter : les plus communs et les plus dangereux sont ceux que l'on ne reconnaît pas, parce que l'engagement où l'on est entré de défendre un sentiment trouble la vue de l'esprit, et lui fait prendre pour vrai tout ce qui sert à sa fin ; et l'unique remède qu'on peut y apporter est de n'avoir pour fin que la vérité, et d'examiner avec tant de soin les raisonnements, que l'engagement même ne puisse pas nous tromper.

Des faux raisonnements qui naissent des objets mêmes.

On a déjà remarqué qu'il ne fallait pas séparer les causes intérieures de nos erreurs de celles qui se tirent des objets, que l'on peut appeler extérieures, parce que la fausse apparence de ces objets ne serait pas capable de nous jeter dans l'erreur, si la volonté ne poussait l'esprit à former un jugement précipité, lorsqu'il n'est pas encore suffisamment éclairé.

Mais, parce qu'elle ne peut aussi exercer cet empire sur l'entendement dans les choses entièrement évidentes, il est visible que l'obscurité des objets y contribue beaucoup, et même il y a souvent des rencontres où la passion qui porte à mal raisonner est assez imperceptible, et c'est pourquoi il est utile de considérer séparément ces illusions, qui naissent principalement des choses mêmes.

I. C'est une opinion fausse et impie, que la vérité soit tellement semblable au mensonge, et la vertu au vice, qu'il soit impossible de les discerner ; mais il est vrai que dans la plupart des choses il y a un mélange d'erreur et de vérité, de vice et de vertu, de perfection et d'imperfection, et que ce mélange est une des plus ordinaires sources des faux jugements des hommes.

Car c'est par ce mélange trompeur que les bonnes qualités des personnes qu'on estime font approuver leurs défauts, et que les défauts de ceux qu'on n'estime pas font condamner ce qu'ils ont de bon, parce que l'on ne considère pas que les personnes les plus imparfaites ne le sont pas en tout, et que Dieu laisse aux plus vertueuses des imperfections qui, étant des restes de l'infirmité humaine, ne doivent pas être l'objet de notre imitation ni de notre estime.

La raison en est que les hommes ne considèrent guère les choses en détail ; ils ne jugent que selon leur plus forte impression, et ne sentent que ce qui les frappe davantage : ainsi lorsqu'ils aperçoivent dans un discours beaucoup de vérités, ils ne remarquent pas les erreurs qui y sont mêlées ; et, au contraire, s'il y a des vérités mêlées parmi beaucoup d'erreurs, ils ne font attention qu'aux erreurs ; le fort emportant le faible, et l'impression la plus vive étouffant celle qui est plus obscure.

Cependant il y a une injustice manifeste à juger de cette sorte : il ne peut y avoir de juste raison de rejeter la raison, et la vérité n'en est pas moins vérité pour être mêlée avec le mensonge : elle n'appartient jamais aux hommes, quoique ce soient les hommes qui la proposent ; ainsi, encore que les hommes, par leurs mensonges, méritent qu'on les condamne, les vérités qu'ils avancent ne méritent pas d'être condamnées.

C'est pourquoi la justice et la raison demandent que, dans toutes les choses qui sont ainsi mêlées de bien et de mal, on en fasse le discernement, et c'est particulièrement dans cette séparation judicieuse que paraît l'exactitude de l'esprit : c'est par là que les Pères de l'Église ont tiré des livres des païens des choses excellentes pour les mœurs, et que saint Augustin n'a pas fait de difficulté d'emprunter d'un hérétique donatiste sept règles pour l'intelligence de l'Écriture.

C'est à quoi la raison nous oblige lorsque l'on peut faire cette distinction ; mais parce que l'on n'a pas toujours le temps d'examiner en détail ce qu'il y a de bien et de mal dans chaque chose, il est juste en ces rencontres de leur donner le nom qu'elles méritent selon leur plus considérable partie : ainsi, l'on doit dire qu'un homme est bon philosophe lorsqu'il raisonne ordinairement bien, et qu'un livre est bon lorsqu'il y a notablement plus de bien que de mal.

Et c'est encore en quoi les hommes se trompent beaucoup, que dans ces jugements généraux ; car ils n'estiment et ne blâment souvent les choses que selon ce qu'elles ont de moins considérable, leur peu de lumière faisant qu'ils ne pénètrent pas ce qui est le principal, lorsque ce n'est pas le plus sensible.

Ainsi, quoique ceux qui sont intelligents dans la peinture estiment infiniment plus le dessin que le coloris ou la délicatesse du pinceau, néanmoins les ignorants sont plus touchés d'un tableau dont les couleurs sont vives et éclatantes que d'un autre plus sombre, qui serait admirable pour le dessin.

Il faut pourtant avouer que les faux jugements ne sont pas si ordinaires dans les arts, parce que ceux qui n'y savent rien s'en rapportent plus aisément aux sentiments de ceux qui y sont habiles; mais ils sont bien fréquents dans les choses qui sont de la juridiction du peuple, et dont le monde prend la liberté de juger, comme l'éloquence.

On appelle, par exemple, un prédicateur éloquent, lorsque ses périodes sont bien justes, et qu'il ne dit point de mauvais mots; et, sur ce fondement, Vaugelas dit en un endroit qu'un mauvais mot fait plus de tort à un prédicateur ou à un avocat qu'un mauvais raisonnement. On doit croire que c'est une vérité de fait qu'il rapporte, et non un sentiment qu'il autorise; et il est vrai qu'il se trouve des personnes qui jugent de cette sorte, mais il est vrai aussi qu'il n'y a rien de moins raisonnable que ces jugements; car la pureté du langage, le nombre des figures, sont tout au plus dans l'éloquence ce que le coloris est dans la peinture, c'est-à-dire que ce n'en est que la partie la plus basse et la plus matérielle; mais la principale consiste à concevoir fortement les choses, et à les exprimer en sorte qu'on en porte dans l'esprit des auditeurs une image vive et lumineuse, qui ne présente pas seulement ces choses toutes nues, mais aussi les mouvements avec lesquels on les conçoit ; et c'est ce qui peut se rencontrer en des personnes peu exactes dans la langue et peu justes dans le nombre, et qui se rencontre même rarement dans ceux qui s'appliquent trop aux mots et aux embellissements, parce que cette vue les détourne des choses, et affaiblit la vigueur de leurs pensées, comme les peintres remarquent que ceux qui excellent dans le coloris n'excellent pas ordinairement dans le dessin; l'esprit n'étant pas capable de cette double application, et l'une nuisant à l'autre.

On peut dire généralement que l'on n'estime dans le monde la plupart des choses que par l'extérieur; parce qu'il ne se trouve presque personne qui en pénètre l'intérieur et le fond : tout se juge sur l'étiquette, et malheur à ceux qui ne l'ont pas favorable! Il est habile, intelligent, solide, tant que vous voudrez; mais il ne parle pas facilement, et ne se démêle pas bien d'un compliment : qu'il se résolve à être peu estimé toute sa vie du commun du monde, et à voir qu'on lui préfère une infinité de petits esprits. Ce n'est pas un grand mal que de n'avoir pas la réputation qu'on mérite ; mais c'en est un considérable de suivre ces faux jugements, et de ne regarder les choses que par l'écorce; et c'est ce qu'on doit tâcher d'éviter.

II. Entre les causes qui nous engagent dans l'erreur par un faux éclat qui nous empêche de la reconnaître, on peut mettre avec raison une certaine éloquence pompeuse et magnifique, que Cicéron appelle *abundantem sonantibus verbis uberibusque sententiis*; car il est étrange combien un faux raisonnement se coule doucement dans la suite d'une période qui remplit bien l'oreille, ou d'une figure qui nous surprend, et qui nous amuse à la regarder.

Non-seulement ces ornements nous dérobent la vue des faussetés qui se mêlent dans le discours, mais ils y engagent insensiblement, parce que souvent elles sont nécessaires pour la justesse de la période ou de la figure : ainsi, quand on voit un orateur commencer une longue gradation, ou une antithèse à plusieurs membres, on a sujet d'être sur ses gardes, parce qu'il arrive rarement qu'il s'en tire sans donner quelque contorsion à la vérité, pour l'ajuster à la figure : il en dispose ordinairement comme l'on ferait des pierres d'un bâtiment ou du métal d'une statue; il la taille, il l'étend, il l'accourcit, il la déguise selon qu'il lui est nécessaire pour la placer dans ce vain ouvrage de paroles qu'il veut former.

Combien le désir de faire une pointe a-t-il fait produire de fausses pensées? Combien la rime a-t-elle engagé de gens à mentir? Combien l'affectation de ne se servir que des mots de Cicéron, et de ce qu'on appelle la pure latinité, a-t-elle fait écrire de sottises à certains auteurs italiens? Qui ne rirait d'entendre dire à Bembe[92] qu'un pape avait été élu par la faveur des dieux immortels, *deorum immortalium beneficiis?* Il y a même des poëtes qui s'imaginent qu'il est de l'essence de la poésie d'introduire des divinités païennes; et un poëte allemand, aussi bon versificateur qu'écrivain peu judicieux, ayant été repris, avec raison, par François Pic de la Mirande[93], d'avoir fait entrer dans un poëme où il décrit des guerres de chrétiens contre chrétiens toutes les divinités du paganisme, et d'avoir mêlé Apollon, Diane, Mercure, avec le pape, les électeurs et l'empereur, soutient nettement que sans cela il n'aurait pas été poëte, en se servant, pour le prouver, de cette étrange raison, que les vers d'Hésiode, d'Homère et de Virgile sont remplis des noms et des fables de ces dieux, d'où il conclut qu'il lui est permis de faire de même.

Ces mauvais raisonnements sont souvent imperceptibles à ceux qui les font, et les trompent les premiers : ils s'étourdissent par le son de leurs paroles : l'éclat de leurs figures les éblouit, et la magnificence de certains mots les attire, sans qu'ils s'en aperçoivent, à des pensées si peu solides, qu'ils les rejeteraient sans doute s'ils y faisaient quelque réflexion.

Il est croyable, par exemple, que c'est le mot de vestale qui a flatté un auteur de ce temps, et qui l'a porté à dire à une demoiselle, pour l'empêcher d'avoir honte de savoir le latin, qu'elle ne devait pas rougir de parler une langue que parlaient les vestales : car s'il avait considéré cette pensée, il aurait vu qu'on aurait pu dire avec autant de raison à cette demoiselle qu'elle devait rougir de parler une langue que parlaient autrefois les courtisanes de Rome, qui étaient en bien plus grand nombre que les vestales, ou qu'elle devait rougir de parler une autre langue que celle de son pays, puisque les anciennes vestales ne parlaient que leur langue naturelle. Tous ces raisonnements, qui ne valent rien, sont aussi bons que celui de cet auteur; et la vérité est que les vestales ne peuvent servir de rien pour justifier ni pour condamner les filles qui apprennent le latin.

Les faux raisonnements de cette sorte, que l'on rencontre si souvent dans les écrits de ceux qui affectent le plus d'être éloquents, font voir combien la plupart des personnes qui parlent ou qui écrivent auraient besoin d'être bien persuadées de cette excellente règle, *qu'il n'y a rien de beau que ce qui est vrai;* ce qui retrancherait des discours une infinité de vains ornements et de pensées fausses. Il est vrai que cette exactitude rend le style plus sec et moins pompeux ; mais elle le rend aussi plus vif, plus sérieux, plus clair et plus digne d'un honnête homme : l'impression en est bien plus forte et bien plus durable ; au lieu que celle qui naît simplement de ces périodes si ajustées, est tellement superficielle, qu'elle s'évanouit presque aussitôt qu'on les a entendues.

III. C'est un défaut très ordinaire parmi les hommes de juger témérairement des actions et des intentions des autres, et l'on n'y tombe guère que par un mauvais raisonnement, par lequel, en ne connaissant pas assez distinctement toutes les causes qui peuvent produire quelque effet, on attribue cet effet précisément à une cause, lorsqu'il peut avoir été produit par plusieurs autres ; ou bien l'on suppose qu'une cause qui, par accident, a eu un certain effet en une rencontre, et étant jointe à plusieurs circonstances, le doit avoir en toutes rencontres.

Un homme de lettres se trouve de même sentiment qu'un hérétique sur une matière de critique indépendante des controverses de la religion ; un adversaire malicieux en conclura qu'il a de l'inclination pour les hérétiques, mais il le conclura témérairement et malicieusement, parce que c'est peut-être la raison et la vérité qui l'engagent dans ce sentiment.

Un écrivain parlera avec quelque force contre une opinion qu'il croit dangereuse. On l'accusera sur cela de haine et d'animosité contre les auteurs qui l'ont avancée : mais ce sera injustement et témérairement, cette force pouvant naître de zèle pour la vérité, aussi bien que de haine contre les personnes.

Un homme est ami d'un méchant : donc, conclut-on, il est lié d'intérêt avec lui, et il est participant de ses crimes : cela ne s'ensuit pas ; peut-être les a-t-il ignorés, et peut-être n'y a-t-il point pris de part.

On manque de rendre quelque civilité à ceux à qui on en doit : c'est, dit-on, un orgueilleux et un insolent ; mais ce n'est peut-être qu'une inadvertance ou un simple oubli.

Toutes ces choses extérieures ne sont que des signes équivoques, c'est-à-dire qui peuvent signifier plusieurs choses ; et c'est juger témérairement que de déterminer ce signe à une chose particulière, sans en avoir de raison particulière : le silence est quelquefois signe de modestie et de jugement, et quelquefois de bêtise ; la lenteur marque quelquefois la prudence, et quelquefois la pesanteur de l'esprit ; le changement est quelquefois signe d'inconstance, et quelquefois de sincérité : ainsi, c'est mal raisonner que de conclure qu'un homme est inconstant, de cela seul qu'il a changé de sentiment, car il peut avoir eu raison d'en changer.

IV. Les fausses inductions par lesquelles on tire des propositions générales de quelques expériences particulières, sont une des plus communes sources des faux raisonnements des hommes. Il ne leur faut que trois ou quatre exemples pour en former une maxime et un lieu commun, et pour s'en servir ensuite de principe pour décider toutes choses.

Il y a beaucoup de maladies cachées aux plus habiles médecins, et souvent les remèdes ne réussissent pas : des esprits excessifs en concluent que la médecine est absolument inutile, et que c'est un métier de charlatan.

Il y a des femmes légères et déréglées : cela suffit à des jaloux pour concevoir des soupçons injustes contre les plus honnêtes, et à des écrivains licencieux, pour les condamner toutes généralement.

Il y a souvent des personnes qui cachent de grands vices sous une apparence de piété : des libertins en concluent que toute la dévotion n'est qu'hypocrisie.

Il y a des choses obscures et cachées, et l'on se trompe quelquefois grossièrement. Toutes choses sont obscures et incertaines, disent les anciens et les nouveaux Pyrrhoniens, et nous ne pouvons connaître la vérité d'aucune chose avec certitude.

Il y a de l'inégalité dans quelques actions des hommes; cela suffit pour en faire un lieu commun, dont personne ne soit excepté : « La raison, disent-ils, est si manque et si aveugle, qu'il n'y a « nulle si claire facilité qui lui soit assez claire ; l'aisé et le malaisé « lui sont tout un, tous sujets également; et la nature, en général, « désavoue sa juridiction. Nous ne pensons ce que nous voulons « qu'à l'instant que nous le voulons ; nous ne voulons rien libre- « ment, rien absolument, rien constamment. »

La plupart du monde ne saurait représenter les défauts ou les bonnes qualités des autres que par des propositions générales et excessives. De quelques actions particulières on en conclut l'habitude; de trois ou quatre fautes, on en fait une coutume : ce qui arrive une fois le mois, ou une fois l'an, arrive tous les jours, à toute heure, à tout moment dans les discours des hommes, tant ils ont peu de soin de garder dans leurs paroles les bornes de la vérité et de la justice.

V. C'est une faiblesse et une injustice que l'on condamne souvent et que l'on évite peu, de juger des conseils par les événements, et de rendre coupables ceux qui ont pris une résolution prudente selon les circonstances qu'ils pouvaient voir, de toutes les mauvaises suites qui en sont arrivées, ou par un simple hasard, ou par la malice de ceux qui l'ont traversée, ou par quelques autres rencontres qu'il ne leur était pas possible de prévoir. Non-seulement les hommes aiment autant être heureux que sages, mais ils ne font pas de différence entre heureux et sages, ni entre malheureux et coupables. Cette distinction leur paraît trop subtile. On est ingénieux pour trouver les fautes que l'on s'imagine avoir attiré les mauvais succès ; et comme les astrologues, lorsqu'ils savent un certain accident, ne manquent jamais de trouver l'aspect des astres qui l'a produit, on ne manque aussi jamais de trouver, après les disgrâces et les malheurs, que ceux qui y sont tombés les ont mérités par quelque imprudence. Il n'a pas réussi, il a donc tort. C'est ainsi que l'on raisonne dans le monde, et qu'on y a toujours raisonné, parce qu'il y a toujours eu peu d'équité dans les jugements des hommes, et que, ne connaissant pas les vraies causes des choses, ils en substituent selon les événements, en louant ceux qui réussissent, et en blâmant ceux qui ne réussissent pas.

VI. Mais il n'y a point de faux raisonnements plus fréquents parmi les hommes, que ceux où l'on tombe, ou en jugeant témérairement de la vérité des choses par une autorité qui n'est pas suffisante pour nous en assurer, ou en décidant le fond par la manière. Nous appellerons l'un le sophisme de l'autorité, et l'autre le sophisme de la manière.

Pour comprendre combien ils sont ordinaires, il ne faut que considérer que la plupart des hommes ne se déterminent point à croire un sentiment plutôt qu'un autre, par des raisons solides et essentielles qui en feraient connaître la vérité, mais par certaines marques extérieures et étrangères qui sont plus convenables, ou qu'ils jugent plus convenables à la vérité qu'à la fausseté.

La raison en est que la vérité intérieure des choses est souvent assez cachée; que les esprits des hommes sont ordinairement faibles et obscurs, pleins de nuages et de faux jours, au lieu que ces marques extérieures sont claires et sensibles : de sorte que, comme les hommes se portent aisément à ce qui leur est plus facile, ils se rangent presque toujours du côté où ils voient ces marques extérieures qu'ils discernent facilement.

Elles peuvent se réduire à deux principales : l'autorité de celui qui propose la chose, et la manière dont elle est proposée; et ces deux voies de persuader sont si puissantes qu'elles emportent presque tous les esprits.

Ainsi Dieu, qui voulait que la connaissance certaine des mystères de la foi pût s'acquérir par les plus simples d'entre les fidèles, a eu la bonté de s'accommoder à cette faiblesse de l'esprit des hommes, en ne la faisant pas dépendre d'un examen particulier de tous les points qui nous sont proposés à croire ; mais en nous donnant pour règle certaine de la vérité l'autorité de l'église universelle qui nous les propose, qui, étant claire et évidente, retire les esprits de tous les embarras où les engageraient nécessairement les discussions particulières de ces mystères.

Ainsi, dans les choses de la foi, l'autorité de l'église universelle est entièrement décisive ; et tant s'en faut qu'elle puisse être un sujet d'erreur, qu'on ne tombe dans l'erreur qu'en s'écartant de son autorité, et en refusant de s'y soumettre.

On tire aussi dans les matières de religion des arguments convaincants, de la manière dont elles sont proposées. Quand on a vu, par exemple, en divers siècles de l'église, et principalement dans le dernier, des hommes qui tâchaient de planter leurs opinions par le fer et par le sang; quand on les a vus armés contre l'église par le schisme, contre les puissances temporelles par la révolte; quand on a vu des gens sans mission ordinaire, sans miracles, sans aucunes marques extérieures de piété, et plutôt avec des marques sensibles de dérèglement, entreprendre de changer la foi et la discipline de l'église, une manière si criminelle était plus que suffisante pour les faire rejeter par toutes les personnes raisonnables, et pour empêcher les plus grossières de les écouter.

Mais dans les choses dont la connaissance n'est pas absolument nécessaire, et que Dieu a laissées davantage au discernement de la raison de chacun en particulier, l'autorité et la manière ne sont pas si considérables, et elles servent souvent à engager plusieurs personnes à des jugements contraires à la vérité.

On n'entreprend pas ici de donner des règles et des bornes précises de la déférence qu'on doit à l'autorité dans les choses humaines, mais de marquer seulement quelques fautes grossières que l'on commet en cette matière.

Souvent on ne regarde que le nombre des témoins, sans considérer si ce nombre fait qu'il soit plus probable qu'on ait rencontré la vérité, ce qui n'est pas raisonnable. Car, comme un auteur de ce temps a judicieusement remarqué, dans les choses difficiles et qu'il faut que chacun trouve par soi-même, il est plus vraisemblable qu'un seul trouve la vérité, que non pas qu'elle soit découverte par plusieurs. Ainsi ce n'est pas une bonne conséquence; cette opinion est suivie du plus grand nombre des philosophes, donc elle est la plus vraie.

Souvent on se persuade par certaines qualités qui n'ont aucune liaison avec la vérité des choses dont il s'agit. Ainsi, il y a quantité de gens qui croient, sans autre examen, ceux qui sont les plus âgés, et qui ont plus d'expérience dans les choses mêmes qui ne dépendent ni de l'âge ni de l'expérience, mais de la lumière de l'esprit.

La piété, la sagesse, la modération sont sans doute les qualités les plus estimables qui soient au monde, et elles doivent donner beaucoup d'autorité aux personnes qui les possèdent, dans les choses qui dépendent de la piété, de la sincérité, et même d'une lumière de Dieu, qu'il est plus probable que Dieu communique davantage à ceux qui le servent plus purement; mais il y a une infinité de choses qui ne dépendent que d'une lumière humaine, d'une expérience humaine, d'une pénétration humaine, et dans ces choses, ceux qui ont l'avantage de l'esprit et de l'étude méritent plus de créance que les autres. Cependant il arrive souvent le contraire, et plusieurs estiment qu'il est plus sûr de suivre dans ces choses mêmes le sentiment des plus gens de bien.

Cela vient en partie de ce que ces avantages d'esprit ne sont pas si sensibles que le règlement extérieur qui paraît dans les personnes de piété, et en partie aussi de ce que les hommes n'aiment point à faire des distinctions ; le discernement les embarrasse ; ils veulent tout ou rien. S'ils ont créance à une personne pour quelque chose, ils la croient en tout ; s'ils n'en ont point pour une autre, ils ne la croient en rien ; ils aiment les voies courtes, décisives et abrégées ; mais cette humeur, quoique ordinaire, ne laisse pas d'être contraire à la raison qui nous fait voir que les mêmes personnes ne sont pas croyables en tout, parce qu'elles ne sont pas éminentes en tout, et que c'est mal raisonner que de conclure : C'est un homme grave ; donc il est intelligent et habile en toutes choses.

VII. Il est vrai que s'il y a des erreurs pardonnables, ce sont celles où l'on s'engage en déférant plus qu'il ne faut au sentiment de ceux qu'on estime gens de bien ; mais il y a une illusion beaucoup plus absurde en soi, et qui est néanmoins très ordinaire, qui est de croire qu'un homme dit vrai, parce qu'il est de condition, qu'il est riche ou élevé en dignité.

Ce n'est pas que personne fasse expressément ces sortes de raisonnements : Il a cent mille livres de rente, donc il a raison ; il est de grande naissance, donc on doit croire ce qu'il avance comme véritable ; c'est un homme qui n'a point de bien, il a donc tort : néanmoins il se passe quelque chose de semblable dans l'esprit de la plupart des hommes, et qui emporte leur jugement sans qu'ils y pensent.

Qu'une même chose soit proposée par une personne de qualité, ou par un homme de néant, on l'approuvera souvent dans la bouche de cette personne de qualité, lorsqu'on ne daignera pas même l'écouter dans celle d'un homme de basse condition. L'Écriture a voulu nous instruire de cette humeur des hommes, en la présentant parfaitement dans le livre de l'Ecclésiastique (a) : Si le

---

(a) Ch. 13, v. 28, 29.

riche parle, dit-elle, tout le monde se tait, et on élève ses **paroles jusqu'aux** nues ; si le pauvre parle, on demande qui est **celui-là ?** *Dives locutus est, et omnes tacuerunt, et verbum illi is* **usque ad nubes perducent** *: pauper locutus est, et dicunt quis est hic ?*

Il est certain que la complaisance et la flatterie ont beaucoup de part dans l'approbation que l'on donne aux actions et aux paroles des personnes de condition, et qu'ils l'attirent souvent aussi par une certaine grâce extérieure et par une manière d'agir noble, libre et naturelle, qui leur est quelquefois si particulière qu'elle est presque inimitable à ceux qui sont de basse naissance ; mais il est certain aussi qu'il y en a plusieurs qui approuvent tout ce que font et disent les grands, par un abaissement intérieur de leur esprit, qui plie sous le faix de la grandeur, et qui n'a pas la vue assez ferme pour en soutenir l'éclat ; et que cette pompe extérieure qui les environne en impose toujours un peu, et fait quelque impression sur les âmes les plus fortes.

La raison de cette tromperie vient de la corruption du cœur des hommes, qui, ayant une passion ardente pour l'honneur et les plaisirs, conçoivent nécessairement beaucoup d'amour pour les richesses et les autres qualités par le moyen desquelles on obtient ces honneurs et ces plaisirs. Or, l'amour que l'on a pour toutes ces choses que le monde estime fait que l'on juge heureux ceux qui les possèdent ; et en les jugeant heureux, on les place au-dessus de soi, et on les regarde comme des personnes éminentes et élevées. Cette accoutumance de les regarder avec estime passe insensiblement de leur fortune à leur esprit. Les hommes ne font pas d'ordinaire les choses à demi. On leur donne donc une âme aussi élevée que leur rang, on se soumet à leurs opinions, et c'est la raison de la créance qu'ils trouvent ordinairement dans les affaires qu'ils traitent.

Mais cette illusion est encore bien plus forte dans les grands mêmes, qui n'ont pas eu soin de corriger l'impression que leur fortune fait naturellement dans leur esprit, qu'elle n'est dans ceux qui leur sont inférieurs. Il y en a peu qui ne fassent une raison de leur condition et de leurs richesses, et qui ne prétendent que leurs sentiments doivent prévaloir sur celui de ceux qui sont au-dessous d'eux. Ils ne peuvent souffrir que ces gens qu'ils regardent avec mépris prétendent avoir autant de jugement et de raison qu'eux ; et c'est ce qui les rend si impatients à la moindre contradiction qu'on leur fait.

Tout cela vient encore de la même source, c'est-à-dire des

fausses idées qu'ils ont de leur grandeur, de leur noblesse et de leurs richesses. Au lieu de les considérer comme des choses entièrement étrangères à leur être, qui n'empêchent pas qu'ils ne soient parfaitement égaux à tout le reste des hommes, selon l'âme et selon le corps, et qui n'empêchent pas qu'ils n'aient le jugement aussi faible et aussi capable de se tromper que celui de tous les autres, ils incorporent en quelque manière dans leur essence toutes ces qualités de grand, de noble, de riche, de maître, de seigneur, de prince; ils en grossissent leur idée, et ne se représentent jamais à eux-mêmes sans tous leurs titres, tout leur attirail et tout leur train.

Ils s'accoutument à se regarder dès leur enfance comme une espèce séparée des autres hommes; leur imagination ne les mêle jamais dans la foule du genre humain; ils sont toujours comtes ou ducs à leurs yeux et jamais simplement hommes; ainsi, ils se taillent une âme et un jugement selon la mesure de leur fortune, et ne se croient pas moins au-dessus des autres par leur esprit qu'ils le sont par leur condition et par leur fortune.

La sottise de l'esprit humain est telle qu'il n'y a rien qui ne lui serve à grandir l'idée qu'il a de lui-même. Une belle maison, un habit magnifique, une grande barbe, font qu'il s'en croit plus habile, et, si l'on y prend garde, il s'estime davantage à cheval ou en carrosse qu'à pied. Il est facile de persuader à tout le monde qu'il n'y a rien de plus ridicule que ces jugements; mais il est très difficile de se garantir entièrement de l'impression secrète que toutes ces choses extérieures font dans l'esprit. Tout ce qu'on peut faire est de s'accoutumer, autant qu'on le peut, à ne donner aucune autorité à toutes les qualités qui ne peuvent en rien contribuer à trouver la vérité, et de n'en donner à celles mêmes qui y contribuent qu'autant qu'elles y contribuent effectivement. L'âge, la science, l'étude, l'expérience, l'esprit, la vivacité, la retenue, l'exactitude, le travail, servent pour trouver la vérité des choses cachées, et ainsi ces qualités méritent qu'on y ait égard; mais il faut pourtant les peser avec soin, et ensuite en faire comparaison avec les raisons contraires, car de chacune de ces choses en particulier on ne conclut rien de certain, puisqu'il y a des opinions très fausses qui ont été approuvées par des personnes de fort bon esprit et qui avaient une grande partie de ces qualités.

VIII. Il y a encore quelque chose de plus trompeur dans les surprises qui naissent de la lumière, car on est porté naturellement à croire qu'un homme a raison, lorsqu'il parle avec grâce, avec facilité, avec gravité, avec modération et avec douceur, et à croire, au contraire, qu'un homme a tort, lorsqu'il parle désagréablement, ou qu'il fait paraître de l'emportement, de l'aigreur, de la présomption dans ses actions et dans ses paroles.

Cependant, si l'on ne juge du fond des choses que par ces manières extérieures et sensibles, il est impossible qu'on n'y soit souvent trompé. Car il y a des gens qui débitent gravement et modestement des sottises ; et d'autres, au contraire, qui, étant d'un naturel prompt, ou qui, étant même possédés de quelque passion qui paraît dans leur visage et dans leurs paroles, ne laissent pas d'avoir la vérité de leur côté. Il y a des esprits fort médiocres et très superficiels, qui, pour avoir été nourris à la cour, où l'on étudie et où l'on pratique mieux l'art de plaire que partout ailleurs, ont des manières fort agréables, sous lesquelles ils font passer beaucoup de faux jugements ; il y en a d'autres, au contraire, qui, n'ayant aucun extérieur, ne laissent pas d'avoir l'esprit grand et solide dans le fond. Il y en a qui parlent mieux qu'ils ne pensent, et d'autres qui pensent mieux qu'ils ne parlent. Ainsi, la raison veut que ceux qui en sont capables n'en jugent point par ces choses extérieures, et qu'ils ne laissent pas de se rendre à la vérité, non-seulement lorsqu'elle est proposée avec ces manières choquantes et désagréables, mais lors même qu'elle est mêlée avec quantité de faussetés : car une même personne peut dire vrai en une chose et faux dans une autre, avoir raison en ce point et tort en celui-là.

Il faut donc considérer chaque chose séparément, c'est-à-dire qu'il faut juger de la manière par la manière, et du fond par le fond, et non du fond par la manière, ni de la manière par le fond. Une personne a tort de parler avec colère, et elle a raison de dire vrai ; et, au contraire, une autre a raison de parler sagement et civilement, et elle a tort d'avancer des faussetés.

Mais, comme il est raisonnable d'être sur ses gardes, pour ne pas conclure qu'une chose est vraie ou fausse, parce qu'elle est proposée de telle ou telle façon, il est juste aussi que ceux qui désirent persuader les autres de quelque vérité qu'ils ont reconnue s'étudient à la revêtir des manières favorables qui sont propres à la faire approuver, et à éviter les manières odieuses qui ne sont capables que d'en éloigner les hommes.

Ils doivent se souvenir que, quand il s'agit d'entrer dans l'esprit du monde, c'est peu de chose que d'avoir raison ; et que c'est un grand mal de n'avoir que raison, et de n'avoir pas ce qui est nécessaire pour faire goûter la raison.

S'ils honorent sérieusement la vérité, ils ne doivent pas la déshonorer, en la couvrant des marques de la fausseté et du mensonge ; et, s'ils l'aiment sincèrement, ils ne doivent pas attirer sur elle la haine et l'aversion des hommes par la manière choquante dont ils la proposent. C'est le plus grand précepte de la rhétorique, qui est d'autant plus utile, qu'il sert à régler l'âme aussi bien que les paroles; car, encore que ce soient deux choses différentes d'avoir tort dans la manière et d'avoir tort dans le fond, néanmoins les fautes de la manière sont souvent plus grandes et plus considérables que celles du fond.

En effet, toutes ces manières fières, présomptueuses, aigres, opiniâtres, emportées, viennent toujours de quelque dérèglement d'esprit, qui est souvent plus considérable que le défaut d'intelligence et de lumière que l'on reprend dans les autres; et même il est toujours injuste de vouloir persuader les hommes de cette sorte : car il est bien juste que l'on se rende à la vérité, quand on la connaît ; mais il est injuste qu'on exige des autres qu'ils tiennent pour vrai tout ce que l'on croit, et qu'ils défèrent à notre seule autorité ; et c'est néanmoins ce que l'on fait en proposant la vérité avec ces manières choquantes : car l'air du discours entre ordinairement dans l'esprit avec les raisons, l'esprit étant plus prompt pour apercevoir cet air, qu'il ne l'est pour comprendre la solidité des preuves, qui souvent ne se comprennent point du tout. Or, l'air du discours étant ainsi séparé des preuves, ne marque que l'autorité que celui qui parle s'attribue ; de sorte que s'il est aigre et impérieux, il rebute nécessairement l'esprit des autres, parce qu'il paraît qu'on veut emporter par autorité, et par une espèce de tyrannie, ce qu'on ne doit obtenir que par la persuasion et par la raison.

Cette injustice est encore plus grande, s'il arrive qu'on emploie ces manières choquantes pour combattre des opinions communes et reçues ; car la raison d'un particulier peut bien être préférée à celle de plusieurs, lorsqu'elle est plus vraie : mais un particulier ne doit jamais prétendre que son autorité doive prévaloir à celle de tous les autres.

Ainsi, non-seulement la modestie et la prudence, mais la justice même oblige de prendre un air rabaissé quand on combat des opinions communes, ou une autorité affermie, parce qu'autrement on ne peut éviter cette injustice, d'opposer l'autorité d'un particulier à une autorité, ou publique, ou plus grande et plus établie. On ne peut témoigner trop de modération, quand il s'agit de troubler la possession d'une opinion reçue, ou d'une créance acquise depuis longtemps. Ce qui est si vrai, que saint Augustin l'étend même aux vérités de la religion, ayant donné cette excellente règle à tous ceux qui sont obligés d'instruire les autres.

« Voici de quelle sorte, dit-il, les catholiques sages et religieux
« enseignent ce qu'ils doivent enseigner aux autres. Si ce sont des
« choses communes et autorisées, ils les proposent d'une manière
« pleine d'assurance, et qui ne témoigne aucun doute, en l'accom-
« pagnant de toute la douceur qui leur est possible ; mais si ce sont
« des choses extraordinaires, quoiqu'ils en reconnaissent très
« clairement la vérité, ils les proposent plutôt comme des doutes et
« comme des questions à examiner, que comme des dogmes et des
« décisions arrêtées, pour s'accommoder en cela à la faiblesse de
« ceux qui les écoutent. » Que si une vérité est si haute qu'elle surpasse les forces de ceux à qui l'on parle, ils aiment mieux la retenir pour quelque temps, pour leur donner lieu de croître et de s'en rendre capables, que de la leur découvrir en cet état de faiblesse, où elle ne ferait que les accabler.

QUATRIÈME PARTIE.

DE LA MÉTHODE.

Il nous reste à expliquer la dernière partie de la logique, qui regarde la méthode, laquelle est sans doute l'une des plus utiles et des plus importantes. Nous avons cru devoir y joindre ce qui regarde la démonstration, parce qu'elle ne consiste pas d'ordinaire en un seul argument, mais dans une suite de plusieurs raisonnements, par lesquels on prouve invinciblement quelque vérité ; et que même il sert de peu pour bien démontrer, de savoir les règles des syllogismes, ce à quoi l'on manque très peu souvent ; mais que le tout est de bien arranger ses pensées, en se servant de celles qui sont claires et évidentes, pour pénétrer dans ce qui paraissait plus caché.

Et, comme la démonstration a pour fin la science, il est nécessaire d'en dire quelque chose auparavant.

CHAPITRE PREMIER.

De la science ; qu'il y en a. Que les choses que l'on connaît par l'esprit sont plus certaines que ce que l'on connaît par les sens. Qu'il y a des choses que l'esprit humain est incapable de savoir. Utilité que l'on peut tirer de cette ignorance nécessaire.

Si, lorsque l'on considère quelque maxime, on en connaît la vérité en elle-même, et par l'évidence qu'on y aperçoit, qui nous persuade sans autre raison, cette sorte de connaissance s'appelle intelligence ; et c'est ainsi que l'on connaît les premiers principes.

Mais si elle ne nous persuade pas par elle-même, on a besoin de quelque autre motif pour s'y rendre, et ce motif est, ou l'autorité, ou la raison. Si c'est l'autorité qui fait que l'esprit embrasse ce qui lui est proposé, c'est ce qu'on appelle foi. Si c'est la raison, alors, ou cette raison ne produit pas une entière conviction, mais laisse encore quelque doute ; et cet acquiescement de l'esprit, accompagné de doute, est ce qu'on nomme opinion.

Que si cette raison nous convainc entièrement, alors, ou elle n'est claire qu'en apparence et faute d'attention ; et la persuasion qu'elle produit est une erreur, si elle est fausse en effet, ou du moins un jugement téméraire, si, étant vraie en soi, on n'a pas néanmoins eu assez de raison de la croire véritable.

Mais, si cette raison n'est pas seulement apparente, mais solide et véritable, ce qui se reconnaît par une attention plus longue et plus exacte, par une persuasion plus ferme, et par la qualité de la clarté qui est plus vive et plus pénétrante, alors la conviction que cette raison produit s'appelle science, sur laquelle on forme diverses questions.

La première est, s'il y en a, c'est-à-dire, si nous avons des connaissances fondées sur des raisons claires et certaines ; ou, en général, si nous avons des connaissances claires et certaines : car cette question regarde autant l'intelligence que la science.

Il s'est trouvé des philosophes qui ont fait profession de le nier, et qui ont même établi sur ce fondement toute leur philosophie ; et entre ces philosophes, les uns se sont contentés de nier la certitude en admettant la vraisemblance ; et ce sont les nouveaux académiciens : les autres, qui sont les pyrrhoniens, ont même nié cette vraisemblance, et ont prétendu que toutes choses étaient également obscures et incertaines.

Mais la vérité est que toutes ces opinions, qui ont fait tant de bruit dans le monde, n'ont jamais subsisté que dans des discours, des disputes, ou des écrits, et que personne n'en a jamais été sérieusement persuadé. C'étaient des jeux et des amusements de personnes oisives et ingénieuses ; mais ce ne furent jamais des sentiments dont ils fussent intérieurement pénétrés, et par lesquels ils voulussent se conduire : c'est pourquoi le meilleur moyen de convaincre ces philosophes, était de les rappeler à leur conscience et à la bonne foi, et de leur demander, après tous ces discours, par lesquels ils s'efforçaient de montrer qu'on ne peut distinguer le sommeil de la veille, ni la folie du bon sens, s'ils n'étaient pas persuadés, malgré toutes leurs raisons, qu'ils ne dormaient pas, et qu'ils avaient l'esprit sain : et, s'ils eussent eu quelque sincérité, ils auraient démenti toutes leurs vaines subtilités, en avouant franchement qu'ils ne pouvaient pas ne point croire toutes ces choses quand ils l'eussent voulu.

Que s'il se trouvait quelqu'un qui pût entrer en doute s'il ne dort point, ou s'il n'est point fou, ou qui pût même croire que l'existence de toutes les choses extérieures est incertaine, et qu'il est douteux s'il y a un soleil, une lune, et une matière, au moins personne ne saurait douter, comme dit saint Augustin[94], s'il est, s'il pense, s'il vit : car, soit qu'il dorme ou qu'il veille, soit qu'il ait l'esprit sain ou malade, soit qu'il se trompe ou qu'il ne se trompe pas, il est certain au moins, puisqu'il pense, qu'il est et qu'il vit, étant impossible de séparer l'être et la vie de la pensée, et de croire que ce qui pense n'est pas, et ne vit pas ; et de cette connaissance claire, certaine et indubitable, il peut en former une règle pour approuver comme vraies toutes les pensées qu'il trouvera claires, comme celle-là lui paraît.

Il est impossible de même de douter de ses perceptions, en les séparant de leur objet : qu'il y ait ou qu'il n'y ait pas un soleil et une terre, il m'est certain que je m'imagine en voir un ; il m'est certain que je doute, lorsque je doute ; que je crois voir, lorsque je crois voir ; que je crois entendre, lorsque je crois entendre ; et ainsi des autres : de sorte qu'en se renfermant dans son esprit seul, et en y considérant ce qui s'y passe, on y trouvera une infinité de connaissances claires, et dont il est impossible de douter.

Cette considération peut servir à décider une autre question que l'on fait sur ce sujet, qui est, si les choses que l'on ne connaît que par l'esprit sont plus ou moins certaines que celles que l'on connaît par les sens : car il est clair, par ce que nous venons de dire, que nous sommes plus assurés de nos perceptions et de nos idées, que nous ne voyons que par une réflexion d'esprit, que nous ne le sommes de tous les objets de nos sens[95]. L'on peut dire même qu'encore que les sens ne nous trompent pas toujours dans le rapport qu'ils nous font, néanmoins la certitude que nous avons qu'ils ne nous trompent pas, ne vient pas des sens, mais d'une réflexion de l'esprit, par laquelle nous discernons quand nous devons croire et quand nous ne devons pas croire les sens.

Et c'est pourquoi il faut avouer que saint Augustin a eu raison de soutenir, après Platon, que le jugement de la vérité et la règle pour la discerner n'appartiennent point aux sens, mais à l'esprit : *Non est judicium veritatis in sensibus;* et que même cette certitude que l'on peut tirer des sens ne s'étend pas bien loin, et qu'il y a plusieurs choses que l'on peut savoir par les sens, et dont on ne peut pas dire que l'on ait une assurance entière.

Par exemple, on peut bien savoir par les sens qu'un tel corps est plus grand qu'un autre corps ; mais on ne saurait savoir avec certitude quelle est la grandeur véritable et naturelle de chaque corps ; et, pour comprendre cela, il n'y a qu'à considérer que si tout le monde n'avait jamais regardé les objets extérieurs qu'avec des lunettes qui les grossissent, il est certain qu'on ne se serait figuré les corps et toutes les mesures des corps, que selon la grandeur dans laquelle ils nous auraient été représentés par ces lunettes : or, nos yeux mêmes sont des lunettes, et nous ne savons pas précisément s'ils ne diminuent point ou n'augmentent point les objets que nous voyons, et si les lunettes artificielles, que nous croyons les diminuer ou les augmenter, ne les établissent point, au contraire, dans leur grandeur véritable; et partant, on ne connaît pas certainement la grandeur absolue et naturelle de chaque corps.

On ne sait point aussi si nous les voyons de la même grandeur que les autres hommes : car encore que deux personnes les mesurant conviennent ensemble qu'un certain corps n'a, par exemple, que cinq pieds, néanmoins ce que l'on conçoit par un pied n'est peut-être pas ce que l'autre conçoit; car l'un conçoit ce que ses yeux lui rapportent, et un autre de même : or, peut-être que les yeux de l'un ne lui rapportent pas la même chose que ce que les yeux des autres leur représentent, parce que ce sont des lunettes autrement taillées.

Il y a pourtant beaucoup d'apparence que cette diversité n'est pas grande, parce que l'on ne voit pas dans la conformation de l'œil une différence qui puisse produire un changement bien notable; outre que, quoique nos yeux soient des lunettes, ce sont pourtant des lunettes taillées de la main de Dieu; et ainsi l'on a sujet de croire qu'elles ne s'éloignent de la vérité des objets que par quelques défauts qui corrompent ou troublent leur figure naturelle.

Quoi qu'il en soit, si le jugement de la grandeur des objets est incertain en quelque sorte, aussi n'est-il guère nécessaire; et il n'en faut nullement conclure qu'il n'y ait pas plus de certitude dans tous les autres rapports des sens : car, si je ne sais pas précisément, comme j'ai dit, quelle est la grandeur absolue et naturelle d'un éléphant, je sais pourtant qu'il est plus grand qu'un cheval et moindre qu'une baleine, ce qui suffit pour l'usage de la vie.

Il y a donc de la certitude et de l'incertitude et dans l'esprit et dans les sens; et ce serait une faute égale de vouloir faire passer toutes choses ou pour certaines ou pour incertaines.

La raison, au contraire, nous oblige d'en reconnaître de trois genres.

Car il y en a que l'on peut connaître clairement et certainement; il y en a que l'on ne connaît pas, à la vérité, clairement, mais que l'on peut espérer de pouvoir connaître; et il y en a enfin qu'il est comme impossible de connaître avec certitude, ou parce que nous n'avons point de principes qui nous y conduisent, ou parce qu'elles sont trop disproportionnées à notre esprit.

Le premier genre comprend tout ce que l'on connaît par démonstration, ou par intelligence.

Le second est la matière de l'étude des philosophes; mais il est possible qu'ils s'y occupent fort inutilement, s'ils ne savent le distinguer du troisième, c'est-à-dire s'ils ne peuvent discerner les choses où l'esprit peut arriver, de celles où il n'est pas capable d'atteindre.

Le plus grand abrégement que l'on puisse trouver dans l'étude des sciences, est de ne s'appliquer jamais à la recherche de tout ce qui est au-dessus de nous, et que nous ne saurions espérer raisonnablement de pouvoir comprendre. De ce genre sont toutes les questions qui regardent la puissance de Dieu, qu'il est ridicule de vouloir renfermer dans les bornes étroites de notre esprit, et généralement tout ce qui tient de l'infini; car notre esprit étant fini, il se perd et s'éblouit dans l'infinité, et demeure accablé sous la multitude des pensées contraires qu'elle fournit.

C'est une solution très commode et très courte pour se tirer d'un grand nombre de questions, dont on disputera toujours tant que l'on en voudra disputer, parce que l'on n'arrivera jamais à une connaissance assez claire pour fixer et arrêter nos esprits. Est-il possible qu'une créature ait été créée dans l'éternité? Dieu peut-il faire un corps infini en grandeur, un mouvement infini en vitesse, une multitude infinie en nombre? Un nombre infini est-il pair ou impair? Y a-t-il un infini plus grand que l'autre? Celui qui dira tout d'un coup, je n'en sais rien, sera aussi avancé en un moment que celui qui s'appliquera à raisonner vingt ans sur ces sortes de sujets; et la seule différence qu'il peut y avoir entre eux, est que celui qui s'efforcera de pénétrer ces questions est en danger de tomber en un degré plus bas que la simple ignorance, qui est de croire savoir ce qu'il ne sait pas.

Il y a de même une infinité de questions métaphysiques qui, étant trop vagues, trop abstraites, et trop éloignées des principes clairs et connus, ne se résoudront jamais; et le plus sûr est de s'en délivrer le plus tôt qu'on peut, et après avoir appris légèrement qu'on les forme, se résoudre de bon cœur à les ignorer.

Nescire quædam magna pars sapientiæ.

Par ce moyen, en se délivrant des recherches où il est comme **impossible** de réussir, on pourra faire plus de progrès dans celles qui sont plus proportionnées à notre esprit.

Mais il faut remarquer qu'il y a des choses qui sont incompréhensibles dans leur manière, et qui sont certaines dans leur existence. On ne peut concevoir comment elles peuvent être, et il est certain néanmoins qu'elles sont.

Qu'y a-t-il de plus incompréhensible que l'éternité! et qu'y a-t-il en même temps de plus certain? en sorte que ceux qui, par un aveuglement horrible, ont détruit dans leur esprit la connaissance de Dieu, sont obligés de l'attribuer au plus vil et au plus méprisable de tous les êtres, qui est la matière.

Quel moyen de comprendre que le plus petit grain de matière soit divisible à l'infini, et que l'on ne puisse jamais arriver à une partie si petite, que, non-seulement elle n'en enferme plusieurs autres, mais qu'elle n'en enferme une infinité; que le plus petit grain de blé enferme en soi autant de parties, quoique à proportion plus petites, que le monde entier; que toutes les figures imaginables s'y trouvent actuellement, et qu'il contienne en soi un petit monde avec toutes ses parties, un soleil, un ciel, des étoiles, des planètes, une terre dans une justesse admirable de proportions; et qu'il n'y ait aucune des parties de ce grain qui ne contienne encore un monde proportionnel! Quelle peut être la partie dans ce petit monde, qui répond à la grosseur d'un grain de blé, et quelle effroyable différence doit-il y avoir, afin qu'on puisse dire véritablement que ce qu'est un grain de blé à l'égard du monde entier, cette partie l'est à l'égard d'un grain de blé! Néanmoins cette partie, dont la petitesse nous est déjà incompréhensible, contient encore un autre monde proportionnel, et ainsi à l'infini, sans qu'on en puisse trouver aucune qui n'ait autant de parties proportionnelles que tout le monde, quelque étendue qu'on lui donne [96].

Toutes ces choses sont inconcevables, et néanmoins il faut nécessairement qu'elles soient, puisque l'on démontre la divisibilité de la matière à l'infini, et que la géométrie nous en fournit des preuves aussi claires que d'aucune des vérités qu'elle nous découvre.

Car cette science nous fait voir qu'il y a de certaines lignes qui n'ont nulle mesure commune, et qu'elle appelle pour cette raison incommensurables, comme la diagonale d'un carré et les côtés. Or, si cette diagonale et ces côtés étaient composés d'un certain nombre de parties indivisibles, une de ces parties indivisibles ferait la mesure commune de ces deux lignes; et, par conséquent, il est impossible que ces deux lignes soient composées d'un certain nombre de parties indivisibles.

On démontre encore dans cette science qu'il est impossible qu'un nombre carré soit double d'un autre nombre carré, et que cependant il est très possible qu'un carré d'étendue soit double d'un autre carré d'étendue ; or, si ces deux carrés d'étendue étaient composés d'un certain nombre de parties finies, le grand carré contiendrait le double des parties du petit ; et tous les deux étant carrés, il y aurait un carré de nombre double d'un autre carré de nombre, ce qui est impossible.

Enfin, il n'y a rien de plus clair que cette raison, que deux néants d'étendue ne peuvent former une étendue, et que toute étendue a des parties : or, en prenant deux de ces parties qu'on suppose indivisibles, je demande si elles ont de l'étendue, ou si elles n'en ont point; si elles en ont, elles sont donc divisibles, et elles ont plusieurs parties; si elles n'en ont point, ce sont donc deux néants d'étendue; et ainsi il est impossible qu'elles puissent former une étendue.

Il faut renoncer à la certitude humaine, pour douter de la vérité de ces démonstrations; mais pour aider à concevoir, autant qu'il est possible, cette divisibilité infinie de la matière, j'y joindrai encore une preuve qui fait voir en même temps une division à l'infini, et un mouvement qui se ralentit à l'infini sans arriver jamais au repos.

Il est certain que quand on douterait si l'étendue peut se diviser à l'infini, on ne saurait au moins douter qu'elle ne puisse s'augmenter à l'infini, et qu'à un plan de cent mille lieues on ne puisse en joindre un autre de cent mille lieues, et ainsi à l'infini : or, cette augmentation infinie de l'étendue prouve sa divisibilité à l'infini ; et, pour le comprendre, il n'y a qu'à s'imaginer une mer plate, que l'on augmente en longueur à l'infini, et un vaisseau sur le bord de cette mer, qui s'éloigne du port en droite ligne; il est certain qu'en regardant du port le bas du vaisseau au travers d'un verre ou d'un autre corps diaphane, le rayon qui se terminera au bas de ce vaisseau passera par un certain point du verre, et que le rayon horizontal passera par un autre point du verre plus élevé que le premier. Or, à mesure que le vaisseau s'éloignera, le point du rayon qui se terminera au bas du vaisseau montera toujours, et divisera infiniment l'espace qui est entre ces deux points ; et plus le vaisseau s'éloignera, plus il montera lentement, sans que jamais il cesse de monter, ni qu'il puisse arriver au point du rayon horizontal, parce que ces deux lignes se coupant dans l'œil, ne seront jamais ni parallèles, ni une même ligne. Ainsi, cet exemple nous fournit en même temps la preuve d'une division à l'infini de l'étendue, et d'un ralentissement à l'infini du mouvement.

C'est par cette diminution infinie de l'étendue, qui naît de sa divisibilité, qu'on peut prouver ces problèmes qui semblent impossibles dans les termes. Trouver un espace infini égal à un espace fini, ou qui ne soit que la moitié, le tiers, etc., d'un espace fini. On peut les résoudre en diverses manières ; et en voici une assez grossière, mais très facile. Si l'on prend la moitié d'un carré, et la moitié de cette moitié, et ainsi à l'infini, et que l'on joigne toutes ces moitiés par leur plus longue ligne, on en fera un espace d'une figure irrégulière, et qui diminuera toujours à l'infini par un des bouts, mais qui sera égal à tout le carré ; car la moitié, et la moitié de la moitié, plus la moitié de cette seconde moitié, et ainsi à l'infini, font le tout ; le tiers et le tiers du tiers, et le tiers du nouveau tiers, et ainsi à l'infini, font la moitié. Les quarts pris de la même sorte font le tiers, et les cinquièmes le quart. Joignant bout à bout ces tiers ou ces quarts, on en fera une figure qui contiendra la moitié ou le tiers de l'aire du total, et qui sera infinie d'un côté en longueur, en diminuant continuellement en largeur.

L'utilité qu'on peut tirer de ces spéculations n'est pas simplement d'acquérir ces connaissances, qui sont d'elles-mêmes assez stériles ; mais c'est d'apprendre à connaître les bornes de notre esprit, et à lui faire avouer, malgré qu'il en ait, qu'il y a des choses qui sont, quoiqu'il ne soit pas capable de les comprendre ; et c'est pourquoi il est bon de le fatiguer à ces subtilités, afin de dompter sa présomption, et lui ôter la hardiesse d'opposer jamais ses faibles lumières aux vérités que l'Église lui propose, sous prétexte qu'il ne peut pas les comprendre ; car, puisque la vigueur de l'esprit des hommes est contrainte de succomber au plus petit atome de la matière, et d'avouer qu'il voit clairement qu'il est infiniment divisible, sans pouvoir comprendre comment cela peut se faire, n'est-ce pas pécher visiblement contre la raison que de refuser de croire les effets merveilleux de la toute-puissance de Dieu, qui est d'elle-même incompréhensible, par cette raison que notre esprit ne peut les comprendre.

QUATRIÈME PARTIE.

Mais comme il est avantageux de faire sentir quelquefois à son esprit sa propre faiblesse, par la considération de ces objets qui le surpassent, et qui, le surpassant, l'abattent et l'humilient, il est certain aussi qu'il faut tâcher de choisir, pour l'occuper ordinairement, des sujets et des matières qui lui soient plus proportionnés, et dont il soit capable de trouver et de comprendre la vérité, soit en prouvant les effets par les causes, ce qui s'appelle démontrer *à priori;* soit en démontrant, au contraire, les causes par les effets, ce qui s'appelle prouver *à posteriori.* Il faut un peu étendre ces termes, pour y réduire toutes sortes de démonstrations; mais il a été bon de les marquer en passant, afin qu'on les entende, et que l'on ne soit pas surpris en les voyant dans des livres ou dans des discours de philosophie; et, parce que ces raisons sont d'ordinaire composées de plusieurs parties, il est nécessaire, pour les rendre claires et concluantes, de les disposer en un certain ordre et une certaine méthode; et c'est de cette méthode que nous traiterons dans la plus grande partie de ce Livre.

CHAPITRE II.

De deux sortes de méthodes, analyse et synthèse. Exemple de l'analyse.

On peut appeler généralement méthode l'art de bien disposer une suite de plusieurs pensées, ou pour découvrir la vérité quand nous l'ignorons, ou pour la prouver aux autres, quand nous la connaissons déjà.

Ainsi, il y a deux sortes de méthodes; l'une pour découvrir la vérité, qu'on appelle *analyse* ou *méthode de résolution,* et qu'on peut aussi appeler *méthode d'invention;* et l'autre pour la faire entendre aux autres, quand on l'a trouvée, qu'on appelle *synthèse* ou *méthode de composition,* et qu'on peut aussi appeler *méthode de doctrine.*

On ne traite pas d'ordinaire par analyse le corps entier d'une science, mais on s'en sert seulement pour résoudre quelque question (a).

Or, toutes les questions sont, ou de mots, ou de choses.

J'appelle ici questions de mots, non pas celles où on cherche des mots, mais celles où, par les mots, on cherche des choses, comme celles où il s'agit de trouver le sens d'une énigme, ou d'ex-

---

(a) La plus grande partie de tout ce que l'on dit ici des questions, a été tirée d'un manuscrit de Descartes, que M. Clerselier a eu la bonté de prêter.

pliquer ce qu'a voulu dire un auteur par des paroles obscures et ambiguës.

Les questions de choses peuvent se réduire à quatre principales espèces.

La 1re est quand on cherche les causes par les effets. On sait, par exemple, les divers effets de l'aimant; on en cherche la cause : on sait les divers effets qu'on a accoutumé d'attribuer à l'horreur du vide; on cherche si c'en est la vraie cause, et on a trouvé que non : on connaît le flux et le reflux de la mer; on demande quelle peut être la cause d'un si grand mouvement et si réglé.

La 2e est quand on cherche les effets par les causes. On a su, par exemple, de tout temps, que le vent et l'eau avaient grande force pour mouvoir les corps; mais les anciens n'ayant pas assez examiné quels pouvaient être les effets de ces causes, ne les avaient point appliqués, comme on a fait depuis, par le moyen des moulins, à un grand nombre de choses très utiles à la société humaine, et qui soulagent notablement le travail des hommes; ce qui devrait être le fruit de la vraie physique : de sorte que l'on peut dire que la première sorte de questions, où l'on cherche les causes par les effets, fait toute la spéculation de la physique; et que la seconde sorte, où l'on cherche les effets par les causes, en fait toute la pratique.

La 3e espèce des questions est, quand par les parties on cherche le tout; comme lorsqu'ayant plusieurs nombres, on en cherche la somme, en les ajoutant l'un à l'autre : ou qu'en ayant deux, on en cherche le produit, en les multipliant un par l'autre.

La 4e est quand, ayant le tout et quelque partie, on cherche une autre partie; comme lorsqu'ayant un nombre et ce que l'on en doit ôter, on cherche ce qui restera; ou qu'ayant un nombre, on cherche quelle en sera la tantième partie.

Mais il faut remarquer que, pour étendre plus loin ces deux dernières sortes de questions, et afin qu'elles comprennent ce qui ne pourrait pas proprement se rapporter aux deux premières, il faut prendre le mot de partie plus généralement pour tout ce que comprend une chose, ses modes, ses extrémités, ses accidents, ses propriétés, et généralement tous ses attributs : de sorte que ce sera, par exemple, chercher un tout par ses parties, que de chercher l'aire d'un triangle par sa hauteur et par sa base; et ce sera, au contraire, chercher une partie par le tout et une autre partie, que de chercher le côté d'un rectangle par la connaissance qu'on a de son aire et de l'un de ses côtés.

QUATRIÈME PARTIE.

Or, de quelque nature que soit la question que l'on propose à résoudre, la première chose qu'il faut faire est de concevoir nettement et distinctement ce que c'est précisément qu'on demande, c'est-à-dire quel est le point précis de la question.

Car il faut éviter ce qui arrive à plusieurs, qui, par une précipitation d'esprit, s'appliquent à résoudre ce qu'on leur propose avant que d'avoir assez considéré par quels signes et par quelles marques ils pourront reconnaître ce qu'ils cherchent, quand ils le rencontreront : comme si un valet à qui son maître aurait commandé de chercher l'un de ses amis, se hâtait d'y aller avant que d'avoir su plus particulièrement de son maître quel est cet ami.

Or, encore que dans toute question il y ait quelque chose d'inconnu, autrement il n'y aurait rien à chercher, il faut néanmoins que cela même qui est inconnu soit marqué et désigné par de certaines conditions qui nous déterminent à rechercher une chose plutôt qu'une autre, et qui puissent nous faire juger, quand nous l'aurons trouvée, que c'est ce que nous cherchions.

Et ce sont ces conditions que nous devons bien envisager d'abord, en prenant garde de n'en point ajouter qui ne soient pas enfermées dans ce que l'on a proposé, et de n'en point omettre qui y seraient enfermées ; car on peut pécher en l'une et en l'autre manière.

On pécherait en la première manière, si, lors, par exemple, que l'on nous demande quel est l'animal qui, au matin, marche à quatre pieds, à midi à deux, et au soir à trois, on se croyait astreint de prendre tous ces mots de pied, de matin, de midi, de soir dans leur propre et naturelle signification ; car celui qui propose cette énigme n'a point mis pour condition qu'on dût les prendre de la sorte ; mais il suffit que ces mots puissent, par métaphore, se rapporter à autre chose ; et ainsi cette question est bien résolue, quand on a dit que cet animal est l'homme.

Supposons encore qu'on nous demande par quel artifice pouvait avoir été faite la figure d'un Tantale, qui, étant couché sur une colonne, au milieu d'un vase, en posture d'un homme qui se penche pour boire, ne pouvait jamais le faire, parce que l'eau pouvait bien monter dans le vase jusqu'à sa bouche, mais s'enfuyait toute sans qu'il en demeurât rien dans le vase aussitôt qu'elle était arrivée jusqu'à ses lèvres ; on pécherait, en ajoutant des conditions qui ne serviraient de rien à la solution de cette demande, si on s'amusait à chercher quelque secret merveilleux dans la figure de ce Tantale qui ferait fuir cette eau aussitôt qu'elle aurait touché ses lèvres, car cela n'est point enfermé dans la question ; et si on la conçoit bien, on doit la réduire à ces termes, de faire un vase qui tienne l'eau, n'étant plein que jusqu'à une certaine hauteur, et qui la laisse toute aller, si on le remplit davantage ; et cela est fort aisé ; car il ne faut que cacher un syphon dans la colonne qui ait un petit trou en bas par où l'eau y entre, et dont la plus longue jambe ait son ouverture par-dessous le pied du vase : tant que l'eau que l'on mettra dans le vase ne sera pas arrivée au haut du syphon, elle y demeurera ; mais quand elle y sera arrivée, elle s'enfuira toute par la plus longue jambe du syphon qui est ouverte au-dessous du pied du vase.

On demande encore quel pouvait être le secret de ce buveur d'eau qui se fit voir à Paris, il y a vingt ans, et comment il pouvait se faire qu'en jetant de l'eau de sa bouche, il remplit en même temps cinq ou six verres différents d'eaux de diverses couleurs. Si on s'imagine que ces eaux de diverses couleurs étaient dans son estomac, et qu'il les séparait en les jetant l'une dans un verre et l'autre dans l'autre, on cherchera un secret que l'on ne trouvera jamais, parce qu'il n'est pas possible : au lieu qu'on n'a qu'à chercher pourquoi l'eau sortie en même temps de la même bouche paraissait de diverses couleurs dans chacun de ces verres ; et il y a grande apparence que cela venait de quelque teinture qu'il avait mise au fond de ces verres.

C'est aussi l'artifice de ceux qui proposent des questions qu'ils ne veulent pas que l'on puisse résoudre facilement, d'environner ce qu'on doit trouver de tant de conditions inutiles, et qui ne servent de rien à le faire trouver, que l'on ne puisse pas facilement découvrir le vrai point de la question, et qu'ainsi on perde le temps, et on se fatigue inutilement l'esprit en s'arrêtant à des choses qui ne peuvent contribuer en rien à la résoudre.

L'autre manière dont on pèche, dans l'examen des conditions de ce que l'on cherche, est quand on en omet qui sont essentielles à la question que l'on propose. On propose, par exemple, de trouver par art le mouvement perpétuel ; car on sait bien qu'il y en a de perpétuels dans la nature, comme sont les mouvements des fontaines, des rivières, des astres. Il y en a qui, s'étant imaginé que la terre tourne sur son centre, et que ce n'est qu'un gros aimant dont la pierre d'aimant a toutes les propriétés, ont cru aussi qu'on pourrait disposer un aimant de telle sorte qu'il tournerait toujours circulairement ; mais quand cela serait, on n'aurait pas satisfait au problème de trouver par art le mouvement perpétuel, puisque ce mouvement serait aussi naturel que celui d'une roue qu'on expose au courant d'une rivière.

Lors donc qu'on a bien examiné les conditions qui désignent et qui marquent ce qu'il y a d'inconnu dans la question, il faut ensuite examiner ce qu'il y a de connu, puisque c'est par là qu'on doit arriver à la connaissance de ce qui est inconnu ; car il ne faut pas nous imaginer que nous devions trouver un nouveau genre d'être, au lieu que notre lumière ne peut s'étendre qu'à reconnaître que ce que l'on cherche participe en telle et telle manière à la nature des choses qui nous sont connues. Si un homme, par exemple, était aveugle de naissance, on se tuerait en vain de chercher des arguments et des preuves pour lui faire avoir les vraies idées des couleurs telles que nous les avons par les sens : et de même, si l'aimant, et les autres corps dont on cherche la nature, était un nouveau genre d'être, et tel que notre esprit n'en aurait point conçu de semblable, nous ne devrions pas nous attendre de le connaître jamais par raisonnement ; mais nous aurions besoin pour cela d'un autre esprit que le nôtre. Et ainsi, on doit croire avoir trouvé tout ce qui peut se trouver par l'esprit humain, si on peut concevoir distinctement un tel mélange des êtres et des natures qui nous sont connues, qu'il produise tous les effets que nous voyons dans l'aimant[97].

Or, c'est dans l'attention que l'on fait, à ce qu'il y a de connu dans la question que l'on veut résoudre, que consiste principalement l'analyse ; tout l'art étant de tirer de cet examen beaucoup de vérités qui puissent nous mener à la connaissance de ce que nous cherchons.

Comme si l'on propose : *Si l'âme de l'homme est immortelle*, et que, pour le chercher on s'applique à considérer la nature de notre âme, on y remarque, premièrement, que c'est le propre de l'âme de penser, et qu'elle pourrait douter de tout, sans pouvoir douter si elle pense, puisque le doute même est une pensée. On examine ensuite ce que c'est que de penser ; et, ne voyant point que dans l'idée de la pensée il y ait rien d'enfermé de ce qui est enfermé dans l'idée de la substance étendue qu'on appelle corps, et qu'on peut même nier de la pensée tout ce qui appartient au corps, comme d'être long, large, profond, d'avoir diversité de parties, d'être d'une telle ou d'une telle figure, d'être divisible, etc., sans détruire pour cela l'idée qu'on a de la pensée ; on en conclut que la pensée n'est point un mode de la substance étendue, parce qu'il est de la nature du mode de ne pouvoir être conçu en niant de lui la chose dont il serait mode. D'où l'on infère encore que la pensée n'étant point un mode de la **substance étendue**, il faut que ce soit l'attribut d'une autre substance ; et qu'ainsi la substance qui pense et la substance étendue soient **deux** substances réellement distinctes. D'où il s'ensuit que la destruction de l'une ne doit point emporter la destruction de l'autre ; puisque même la substance étendue n'est point proprement détruite, mais que tout ce qui arrive, en ce que nous appelons destruction, n'est autre chose que le changement ou la dissolution de quelques parties de la matière qui demeure toujours dans la nature, comme nous jugeons fort bien qu'en rompant toutes les roues d'une horloge, il n'y a point de substance détruite, quoique l'on dise que cette horloge est détruite : ce qui fait voir que l'âme, n'étant point divisible et composée d'aucunes parties, ne peut périr, et par conséquent qu'elle est immortelle.

Voilà ce qu'on appelle *analyse* ou *résolution*, où il faut remarquer 1° qu'on doit y pratiquer, aussi bien que dans la méthode qu'on appelle *de composition*, de passer toujours de ce qui est plus connu à ce qui l'est moins ; car il n'y a point de vraie méthode qui puisse se dispenser de cette règle.

2° Mais qu'elle diffère de celle de composition, en ce que l'on prend ces vérités connues dans l'examen particulier de la chose que l'on se propose de connaître, et non dans les choses plus générales, comme on fait dans la méthode de doctrine. Ainsi, dans l'exemple que nous avons proposé, on ne commence pas par l'établissement de ces maximes générales : Que nulle substance ne périt à proprement parler ; que ce qu'on appelle destruction n'est qu'une dissolution de parties ; qu'ainsi ce qui n'a point de parties ne peut être détruit, etc. ; mais on monte par degrés à ces connaissances générales.

3° On n'y propose les maximes claires et évidentes qu'à mesure qu'on en a besoin, au lieu que dans l'autre on les établit d'abord, ainsi que nous dirons plus bas.

4° Enfin, ces deux méthodes ne diffèrent que comme le chemin qu'on fait en montant d'une vallée en une montagne, de celui que l'on fait en descendant de la montagne dans la vallée ; ou comme diffèrent les deux manières dont on peut se servir pour prouver qu'une personne est descendue de saint Louis, dont l'une est de montrer que cette personne a tel pour père, qui était fils d'un tel, et celui-là d'un autre, et ainsi jusqu'à saint Louis ; et l'autre de commencer par saint Louis, et montrer qu'il a eu tels enfants, et ces enfants d'autres, en descendant jusqu'à la personne dont il s'agit : et cet exemple est d'autant plus propre, en cette rencontre, qu'il est certain que, pour trouver une généalogie inconnue, il faut remonter du fils au père; au lieu que, pour l'expliquer après l'avoir trouvée, la manière la plus ordinaire est de commencer par le tronc pour en faire voir les descendants; qui est aussi ce qu'on fait d'ordinaire dans les sciences, où, après s'être servi de l'analyse pour trouver quelque vérité, on se sert de l'autre méthode pour expliquer ce qu'on a trouvé.

On peut comprendre par là ce que c'est que l'analyse des géomètres : car voici en quoi elle consiste. Une question leur ayant été proposée, dont ils ignorent la vérité ou la fausseté, si c'est un théorème, la possibilité ou l'impossibilité, si c'est un problème, ils supposent que cela est comme il est proposé; et, examinant ce qui s'ensuit de là, s'ils arrivent, dans cet examen, à quelque vérité claire dont ce qui leur est proposé soit une suite nécessaire, ils en concluent que ce qui leur est proposé est vrai; et reprenant ensuite par où ils avaient fini, ils le démontrent par l'autre méthode qu'on appelle *de composition*. Mais s'ils tombent, par une suite nécessaire de ce qui leur est proposé, dans quelque absurdité ou impossibilité, ils en concluent que ce qu'on leur avait proposé est faux et impossible.

Voilà ce qu'on peut dire généralement de l'analyse, qui consiste plus dans le jugement et dans l'adresse de l'esprit que dans des règles particulières. Ces quatre néanmoins, que Descartes propose dans sa *Méthode*, peuvent être utiles pour se garder de l'erreur en voulant rechercher la vérité dans les sciences humaines, quoique, à dire vrai, elles soient générales pour toutes sortes de méthodes, et non particulières pour la seule analyse.

La 1re *est de ne recevoir jamais aucune chose pour vraie, qu'on ne la connaisse évidemment être telle, c'est-à-dire d'éviter soigneusement la précipitation et la prévention, et de ne comprendre rien de plus en ses jugements que ce qui se présente si clairement à l'esprit, qu'on n'ait aucune occasion de le mettre en doute.*

La 2e *de diviser chacune des difficultés qu'on examine en autant de parcelles qu'il se peut, et qu'il est requis pour les résoudre.*

La 3e, *de conduire par ordre ses pensées, en commençant par les objets les plus simples et les plus aisés à connaître, pour monter peu à peu, comme par degrés, jusqu'à la connaissance des plus composés, et supposant même de l'ordre entre ceux qui ne se précèdent point naturellement les uns les autres.*

La **4ᵉ**, de *faire partout des dénombrements si entiers et des revues si générales, qu'on puisse s'assurer de ne rien omettre* [98].

Il est vrai qu'il y a beaucoup de difficulté à observer ces règles; mais il est toujours avantageux de les avoir dans l'esprit, et de les garder autant que l'on peut lorsqu'on veut trouver la vérité par la voie de la raison, et autant que notre esprit est capable de la connaître.

CHAPITRE III.

De la méthode de composition, et particulièrement de celle qu'observent les géomètres.

Ce que nous avons dit dans le chapitre précédent nous a déjà donné quelque idée de la méthode de composition, qui est la plus importante, en ce que c'est celle dont on se sert pour expliquer toutes les sciences.

Cette méthode consiste principalement à commencer par les choses les plus générales et les plus simples, pour passer aux moins générales et plus composées. On évite par là les redites; puisque, si on traitait les espèces avant le genre, comme il est impossible de bien connaître une espèce sans en connaître le genre, il faudrait expliquer plusieurs fois la nature du genre dans l'explication de chaque espèce.

Il y a encore beaucoup de choses à observer pour rendre cette méthode parfaite et entièrement propre à la fin qu'elle doit se proposer, qui est de nous donner une connaissance claire et distincte de la vérité : mais, parce que les préceptes généraux sont plus difficiles à comprendre, quand ils sont séparés de toute matière, nous considérerons la méthode que suivent les géomètres comme étant celle qu'on a toujours jugée la plus propre pour persuader la vérité et en convaincre entièrement l'esprit ; et nous ferons voir premièrement ce qu'elle a de bon, et en second lieu ce qu'elle semble avoir de défectueux.

Les géomètres ayant pour but de n'avancer rien que de convaincant, ils ont cru pouvoir y arriver en observant trois choses en général.

La **1ʳᵉ** est de *ne laisser aucune ambiguïté dans les termes*, à quoi ils ont pourvu par les définitions des mots dont nous avons parlé dans la première partie.

La **2ᵉ** est de *n'établir leurs raisonnements que sur des principes clairs et évidents*, et qui ne puissent être contestés par aucune personne d'esprit : ce qui fait qu'avant toutes choses ils posent les axiomes qu'ils demandent qu'on leur accorde, comme étant si clairs, qu'on les obscurcirait en voulant les prouver.

La 3ᵉ est de *prouver démonstrativement toutes les conclusions qu'ils avancent*, en ne se servant que des définitions qu'ils ont posées, des principes qui leur ont été accordés comme étant très évidents, ou des propositions qu'ils en ont déjà tirées par la force du raisonnement, et qui leur deviennent après autant de principes.

Ainsi, on peut réduire à ces trois chefs tout ce que les géomètres observent pour convaincre l'esprit, et renfermer le tout en ces cinq règles très importantes.

RÈGLES NÉCESSAIRES :

Pour les définitions.

1ʳᵉ. *Ne laisser aucun des termes un peu obscurs ou équivoques, sans le définir.*

2ᵉ. *N'employer dans les définitions que des termes parfaitement connus ou déjà expliqués.*

Pour les axiomes.

3ᵉ. *Ne demander en axiomes que des choses parfaitement évidentes.*

Pour les démonstrations.

4ᵉ. *Prouver toutes les propositions un peu obscures, en n'employant à leur preuve que les définitions qui auront précédé, ou les axiomes qui auront été accordés, ou les propositions qui auront déjà été démontrées, ou la construction de la chose même dont il s'agira, lorsqu'il y aura quelque opération à faire.*

5ᵉ. *N'abuser jamais de l'équivoque des termes, en manquant d'y substituer mentalement les définitions qui les restreignent et qui les expliquent.*

Voilà ce que les géomètres ont jugé nécessaire pour rendre les preuves convaincantes et invincibles : et il faut avouer que l'attention à observer ces règles est suffisante pour éviter de faire de faux raisonnements en traitant les sciences, ce qui sans doute est le principal, tout le reste pouvant se dire utile plutôt que nécessaire [99].

CHAPITRE IV.

Explication plus particulière de ces règles, et premièrement de celles qui regardent les définitions.

Quoique nous ayons déjà parlé dans la première partie de l'utilité des définitions des termes, néanmoins cela est si important que l'on ne peut trop l'avoir dans l'esprit ; puisque par là on démêle une infinité de disputes qui n'ont souvent pour sujet que l'ambiguïté des termes, que l'un prend en un sens, et l'autre en un autre : de sorte que de très grandes contestations cesseraient en un moment, si l'un ou l'autre des disputants avait soin de marquer nettement et en peu de paroles ce qu'il entend par les termes qui sont le sujet de la dispute.

Cicéron a remarqué que la plupart des disputes entre les philosophes anciens, et surtout entre les Stoïciens et les Académiciens [100], n'étaient fondées que sur cette ambiguïté de paroles, les Stoïciens ayant pris plaisir, pour se relever, de prendre les termes de la morale en d'autres sens que les autres, ce qui faisait croire que leur morale était bien plus sévère et plus parfaite, quoique en effet cette prétendue perfection ne fût que dans les mots, et non dans les choses : le sage des Stoïciens ne prenant pas moins tous les plaisirs de la vie que les philosophes des autres sectes qui paraissaient moins rigoureux, et n'évitant pas avec moins de soin les maux et les incommodités, avec cette seule différence, qu'au lieu que les autres philosophes se servaient des mots ordinaires de biens et de maux, les Stoïciens, en jouissant des plaisirs, ne les appelaient pas des biens, mais des choses préférables, προηγμένα, et en fuyant les maux, ne les appelaient pas des maux, mais seulement des choses rejetables, ἀποπροηγμένα.

C'est donc un avis très utile de retrancher de toutes les disputes tout ce qui n'est fondé que sur l'équivoque des mots, en les définissant par d'autres termes si clairs qu'on ne puisse plus s'y méprendre.

A cela sert la première des règles que nous venons de rapporter : *Ne laisser aucun terme un peu obscur ou équivoque qu'on ne le définisse.*

Mais, pour tirer toute l'utilité que l'on doit de ces définitions, il faut encore y ajouter la seconde règle : *N'employer, dans les définitions, que des termes parfaitement connus ou déjà expliqués ;*

QUATRIÈME PARTIE.

c'est-à-dire que des termes qui désignent clairement, autant qu'il se peut, l'idée qu'on veut signifier par le mot qu'on définit.

Car, quand on n'a pas désigné assez nettement et assez distinctement l'idée à laquelle on veut attacher un mot, il est presque impossible que dans la suite on ne passe insensiblement à une autre idée que celle qu'on a désignée, c'est-à-dire qu'au lieu de substituer mentalement, à chaque fois qu'on se sert de ce mot, la même idée qu'on a désignée, on n'en substitue une autre que la nature nous fournit : et c'est ce qu'il est aisé de découvrir, en substituant expressément la définition au défini ; car cela ne doit rien changer de la proposition, si l'on est toujours demeuré dans la même idée : au lieu que cela la changera, si l'on n'y est pas demeuré.

Tout cela se comprendra mieux par quelques exemples. Euclide définit l'angle plan rectiligne : *La rencontre de deux lignes droites inclinées sur un même plan* [101]. Si l'on considère cette définition comme une simple définition de mots, en sorte qu'on regarde le mot *d'angle* comme ayant été dépouillé de toute signification, pour n'avoir plus que celle de la rencontre de deux lignes, on ne doit point y trouver à redire ; car il a été permis à Euclide d'appeler du mot *d'angle* la rencontre de deux lignes : mais il a été obligé de s'en souvenir, et de ne prendre plus le mot *d'angle* qu'en ce sens. Or, pour juger s'il l'a fait, il ne faut que substituer, toutes les fois qu'il parle de *l'angle*, au mot *d'angle* la définition qu'il a donnée ; et si, en substituant cette définition, il se trouve quelque absurdité en ce qu'il dit de l'angle, il s'ensuivra qu'il n'est pas demeuré dans la même idée qu'il avait désignée, mais qu'il est passé insensiblement à une autre, qui est celle de la nature. Il enseigne, par exemple, à diviser un angle en deux. Substituez sa définition. Qui ne voit que ce n'est point la rencontre de deux lignes qu'on divise en deux, que ce n'est point la rencontre de deux lignes qui a des côtés, et qui a une base ou sous-tendante ; mais que tout cela convient à l'espace compris entre les lignes, et non à la rencontre des lignes ?

Il est visible que ce qui a embarrassé Euclide, et ce qui l'a empêché de désigner l'angle par les mots d'espace compris entre deux lignes qui se rencontrent, est qu'il a vu que cet espace pouvait être plus grand ou plus petit, quand les côtés de l'angle sont plus longs ou plus courts, sans que l'angle en soit plus grand et plus petit ; mais il ne devait pas conclure de là que l'angle rectiligne n'était pas un espace, mais seulement que c'était un espace compris entre deux lignes droites qui se rencontrent, indéterminé selon celle de ces deux dimensions qui répond à la longueur de ces lignes, et déterminé selon l'autre par la partie proportionnelle d'une circonférence qui a pour centre le point où ces lignes se rencontrent.

Cette définition désigne si nettement l'idée que tous les hommes ont d'un angle, que c'est tout ensemble une définition de mot et une définition de la chose ; excepté que le mot d'*angle* comprend aussi, dans le discours ordinaire, un angle solide : au lieu que, par cette définition, on le restreint à signifier un angle plan rectiligne : et lorsqu'on a ainsi défini l'angle, il est indubitable que tout ce que l'on pourra dire ensuite de l'angle plan rectiligne, tel qu'il se trouve dans toutes les figures rectilignes, sera vrai de cet angle ainsi défini, sans qu'on soit jamais obligé de changer d'idée, ni qu'il se rencontre jamais aucune absurdité en substituant la définition à la place du défini ; car c'est cet espace ainsi expliqué que l'on peut diviser en deux, en trois, en quatre ; c'est cet espace qui a deux côtés entre lesquels il est compris ; c'est cet espace qu'on peut terminer du côté qu'il est de soi-même indéterminé, par une ligne qu'on appelle base ou sous-tendante ; c'est cet espace qui n'est point considéré comme plus grand ou plus petit, pour être compris entre des lignes plus longues ou plus courtes, parce qu'étant indéterminé selon cette dimension, ce n'est point de là qu'on doit prendre sa grandeur et sa petitesse. C'est par cette définition qu'on trouve le moyen de juger si un angle est égal à un autre angle, ou plus grand ou plus petit : car puisque la grandeur de cet espace n'est déterminée que par la partie proportionnelle d'une circonférence qui a pour centre le point où les lignes qui comprennent l'angle se rencontrent, lorsque deux angles ont pour mesure l'aliquote pareille chacun de sa circonférence, comme la dixième partie, ils sont égaux ; et si l'un a la dixième, et l'autre la douzième, celui qui a la dixième est plus grand que celui qui a la douzième. Au lieu que, par la définition d'Euclide, on ne saurait entendre en quoi consiste l'égalité de deux angles ; ce qui fait une horrible confusion dans ses Éléments, comme Ramus a remarqué, quoique lui-même ne rencontre guère mieux.

Voici d'autres définitions d'Euclide, où il fait la même faute qu'en celle de l'angle. *La raison*, dit-il, *est une habitude de deux grandeurs de même genre, comparées l'une à l'autre selon la quantité : proportion est une similitude de raisons*[102].

Par ces définitions, le nom de *raison* doit comprendre l'habitude qui est entre deux grandeurs, lorsque l'on considère de combien l'une surpasse l'autre : car on ne peut nier que ce ne soit une habitude de deux grandeurs comparées selon la quantité : et par conséquent, quatre grandeurs auront proportion ensemble, lorsque la différence de la première à la seconde est égale à la différence de la troisième à la quatrième. Il n'y a donc rien à dire à ces définitions d'Euclide, pourvu qu'il demeure toujours dans ces idées qu'il a désignées par ces mots, et à qui il a donné les noms de *raison* et de *proportion*. Mais il n'y demeure pas, puisque, selon toute la suite de son livre, ces quatre nombres 3, 5, 8, 10, ne sont point en proportion, quoique la définition qu'il a donnée au mot de *proportion* leur convienne ; puisqu'il y a entre le premier nombre et le second, comparés selon la quantité, une habitude semblable à celle qui est entre le troisième et le quatrième.

Il fallait donc, pour ne pas tomber dans cet inconvénient, remarquer qu'on peut comparer deux grandeurs en deux manières ; l'une, en considérant de combien l'une surpasse l'autre ; et l'autre, de quelle manière l'une est contenue dans l'autre : et comme ces deux habitudes sont différentes, il fallait leur donner divers noms, donnant à la première le nom de *différence*, et réservant à la seconde le nom de *raison*. Il fallait ensuite définir la *proportion* l'égalité de l'une ou de l'autre de ces sortes d'habitudes, c'est-à-dire de la *différence* ou de la *raison* ; et, comme cela fait deux espèces, les distinguer aussi par deux divers noms, en appelant l'égalité des différences *proportion arithmétique*, et l'égalité des raisons *proportion géométrique* : et parce que cette dernière est d'un usage beaucoup plus grand que la première, on pouvait encore avertir que lorsque simplement on nomme *proportion*, ou grandeurs proportionnelles, on entend la proportion géométrique, et que l'on n'entend l'arithmétique que quand on l'exprime. Voilà ce qui aurait démêlé toute cette obscurité, et aurait levé toute équivoque.

Tout cela nous fait voir qu'il ne faut pas abuser de cette maxime, que les définitions des mots sont arbitraires ; mais qu'il faut avoir grand soin de désigner si nettement et si clairement l'idée à laquelle on veut lier le mot que l'on définit, qu'on ne puisse s'y tromper dans la suite du discours, en changeant cette idée, c'est-à-dire en prenant le mot en un autre sens que celui qu'on lui a donné par la définition, en sorte qu'on ne puisse substituer la définition en la place du défini, sans tomber dans quelque absurdité.

CHAPITRE V.

Que les géomètres semblent n'avoir pas toujours bien compris la différence qu'il y a entre la définition des mots et la définition des choses.

Quoiqu'il n'y ait point d'auteurs qui se servent mieux de la définition des mots que les géomètres, je me crois néanmoins ici obligé de remarquer qu'ils n'ont pas toujours pris garde à la différence que l'on doit mettre entre les définitions des choses et les définitions des mots, qui est que les premières sont contestables, et que les autres sont incontestables; car j'en vois qui disputent de ces définitions de mots avec la même chaleur que s'il s'agissait des choses mêmes.

Ainsi, l'on peut voir dans les commentaires de Clavius [103] sur Euclide, une longue dispute et fort échauffée entre Pelletier et lui, touchant l'espace entre la tangente et la circonférence, que Pelletier prétendait n'être pas un angle, au lieu que Clavius soutient que c'en est un. Qui ne voit que tout cela pouvait se terminer en un seul mot, en se demandant l'un à l'autre ce qu'il entendait par le mot angle?

Nous voyons encore que Simon Stevin [104], très célèbre mathématicien du prince d'Orange, ayant défini le nombre: *Nombre est cela par lequel s'explique la quantité de chacune chose*, il se met ensuite fort en colère contre ceux qui ne veulent pas que l'unité soit nombre, jusqu'à faire des exclamations de rhétorique, comme s'il s'agissait d'une dispute fort solide. Il est vrai qu'il mêle dans ce discours une question de quelque importance, qui est de savoir si l'unité est au nombre comme le point est à la ligne; mais c'est ce qu'il fallait distinguer pour ne pas brouiller deux choses très différentes: et ainsi, traitant à part ces deux questions, l'une, si l'unité est nombre, l'autre, si l'unité est au nombre ce qu'est le point à la ligne, il fallait dire, sur la première, que ce n'était qu'une dispute de mots, et que l'unité était nombre ou n'était pas nombre, selon la définition qu'on voudrait donner au nombre: qu'en le définissant comme Euclide: *Nombre est une multitude d'unités assemblées*, il était visible que l'unité n'était pas nombre; mais que, comme cette définition d'Euclide était arbitraire, et qu'il était permis d'en donner une autre au nom de nombre, on pouvait lui en donner une comme est celle que Stevin apporte, selon laquelle l'unité est nombre. Par là la première question est vidée, et on ne peut rien dire, outre cela, contre ceux à qui il ne plaît pas d'appeler l'unité nombre, sans une manifeste pétition de principe, comme on peut voir en examinant les prétendues démonstrations de Stevin. La première est :

La partie est de même nature que le tout :
Unité est partie d'une multitude d'unités :
Donc l'unité est de même nature qu'une multitude d'unités, et par conséquent nombre.

Cet argument ne vaut rien du tout ; car, quand la partie serait toujours de la même nature que le tout, il ne s'ensuivrait pas qu'elle dût toujours avoir le même nom que le tout ; et, au contraire, il arrive très souvent qu'elle n'a point le même nom. Un soldat est une partie de l'armée, et n'est point une armée ; une chambre est une partie d'une maison, et non point une maison ; un demi-cercle n'est point un cercle ; la partie d'un carré n'est point un carré. Cet argument prouve donc au plus que l'unité étant partie de la multitude des unités, a quelque chose de commun avec toute multitude d'unités, selon quoi on pourra dire qu'ils sont de même nature ; mais cela ne prouve pas qu'on soit obligé de donner le même nom de nombre à l'unité et à la multitude d'unités, puisqu'on peut, si l'on veut, garder le nom de nombre pour la multitude d'unités, et ne donner à l'unité que son nom même d'unité ou de partie du nombre.

La seconde raison de Stevin ne vaut pas mieux.

Si du nombre donné l'on n'ôte aucun nombre, le nombre donné demeure:
Donc si l'unité n'était pas nombre, en ôtant un de trois, le nombre donné demeurerait, ce qui est absurde.

Mais cette majeure est ridicule, et suppose ce qui est en question ; car Euclide niera que le nombre donné demeure, lorsqu'on n'en ôte aucun nombre, puisqu'il suffit, pour ne pas demeurer tel qu'il était, qu'on en ôte ou un nombre, ou une partie du nombre, telle qu'est l'unité : et si cet argument était bon, on prouverait de la même manière, qu'en ôtant un demi-cercle d'un cercle donné, le cercle donné doit demeurer, parce qu'on n'en a ôté aucun cercle.

Ainsi, tous les arguments de Stevin prouvent au plus qu'on peut définir le nombre en sorte que le mot de nombre convienne à l'unité, parce que l'unité et la multitude d'unités ont assez de convenance pour être signifiés par un même nom : mais ils ne prouvent nullement qu'on ne puisse pas aussi définir le nombre en restreignant ce mot à la multitude d'unités, afin de ne pas être obligé d'excepter l'unité toutes les fois qu'on explique des propriétés qui conviennent à tous les nombres, hormis à l'unité.

Mais la seconde question, qui est de savoir si l'unité est aux autres nombres comme le point est à la ligne, n'est point de même nature que la première, et n'est point une dispute de mot, mais de chose : car il est absolument faux que l'unité soit au nombre comme le point est à la ligne ; puisque l'unité ajoutée au nombre le fait plus grand, au lieu que le point ajouté à la ligne ne la fait point plus grande. L'unité est partie du nombre, et le point n'est pas partie de la ligne. L'unité ôtée du nombre, le nombre donné ne demeure point ; et le point ôté de la ligne, la ligne donnée demeure.

Le même Stevin est plein de semblables disputes sur les définitions des mots, comme quand il s'échauffe pour prouver que le nombre n'est point une quantité discrète ; que la proportion des nombres est toujours arithmétique, et non géométrique ; que toute racine de quelque nombre que ce soit est un nombre : ce qui fait voir qu'il n'a point compris proprement ce que c'était qu'une définition de mot, et qu'il a pris les définitions des mots, qui ne peuvent être contestées, pour les définitions des choses, que l'on peut souvent contester avec raison.

CHAPITRE VI.

Des règles qui regardent les axiomes, c'est-à-dire les propositions claires et évidentes par elles-mêmes.

Tout le monde demeure d'accord qu'il y a des propositions si claires et si évidentes d'elles-mêmes, qu'elles n'ont pas besoin d'être démontrées ; et que toutes celles qu'on ne démontre point doivent être telles pour être principes d'une véritable démonstration : car si elles sont tant soit peu incertaines, il est clair qu'elles ne peuvent être le fondement d'une conclusion tout-à-fait certaine.

Mais plusieurs ne comprennent pas assez en quoi consiste cette clarté et cette évidence d'une proposition, car, premièrement, il ne faut pas s'imaginer qu'une proposition ne soit claire et certaine, que lorsque personne ne la contredit ; et qu'elle doive passer pour douteuse, ou qu'au moins on soit obligé de la prouver, lorsqu'il se trouve quelqu'un qui la nie. Si cela était, il n'y aurait rien de certain ni de clair, puisqu'il s'est trouvé des philosophes qui ont fait profession de douter généralement de tout, et qu'il y en a même qui ont prétendu qu'il n'y avait aucune proposition qui fût plus vraisemblable que sa contraire. Ce n'est donc point par les contestations des hommes qu'on doit juger de la certitude ni de la clarté ; car il n'y a rien qu'on ne puisse contester, surtout de parole : mais il faut tenir pour clair ce qui paraît tel à tous ceux qui veulent prendre la peine de considérer les choses avec attention, et qui sont sincères à dire ce qu'ils en pensent intérieurement. C'est pourquoi il y a une parole de très grand sens dans Aristote, qui est que la démonstration ne regarde proprement que le discours intérieur, et non pas le discours extérieur, parce qu'il n'y a rien de si bien démontré qui ne puisse être nié par un homme opiniâtre, qui s'engage à contester de paroles les choses mêmes dont il est intérieurement persuadé, ce qui est une très mauvaise disposition, et très indigne d'un esprit bien fait ; quoiqu'il soit vrai que cette humeur se prend souvent dans les écoles de philosophie, par la coutume qu'on y a introduite de disputer de toutes choses, et de mettre son honneur à ne se rendre jamais, celui-là étant jugé avoir le plus d'esprit qui est le plus prompt à trouver des défaites pour s'échapper ; au lieu que le caractère d'un honnête homme est de rendre les armes à la vérité, aussitôt qu'il l'aperçoit, et de l'aimer dans la bouche même de son adversaire.

Secondement, les mêmes philosophes, qui tiennent que toutes nos idées viennent de nos sens, soutiennent aussi que toute la certitude et toute l'évidence des propositions vient, ou immédiatement, ou médiatement des sens. « Car, disent-ils, cet axiome
« même, qui passe pour le plus clair et le plus évident que l'on
« puisse désirer : Le tout est plus grand que sa partie, n'a trouvé
« de créance dans notre esprit que parce que, dès notre enfance,
« nous avons observé en particulier, et que tout l'homme est plus
« grand que sa tête, et toute une maison qu'une chambre, et toute
« une forêt qu'un arbre, et tout le ciel qu'une étoile[105]. »

Cette imagination est aussi fausse que celle que nous avons réfutée dans la première partie, *que toutes nos idées viennent de nos sens;* car si nous n'étions assurés de cette vérité, *le tout est plus grand que sa partie*, que par les diverses observations que nous en avons faites depuis notre enfance, nous n'en serions que probablement assurés ; puisque l'induction n'est un moyen certain de connaître une chose, que quand nous sommes assurés que l'induction est entière, n'y ayant rien de plus ordinaire que de découvrir la fausseté de ce que nous avions cru vrai sur des inductions qui nous paraissaient si générales, qu'on ne s'imaginait point pouvoir y trouver d'exception.

Ainsi, il n'y a pas longtemps qu'on croyait indubitable que l'eau **contenue** dans un vaisseau courbé, dont un côté était beaucoup **plus large** que l'autre, se tenait toujours au niveau, n'étant pas plus haute dans le petit côté que dans le grand, parce qu'on s'en était assuré par une infinité d'observations : et néanmoins on a trouvé depuis peu que cela est faux, quand l'un des côtés est extrêmement étroit, parce qu'alors l'eau s'y tient plus haute que dans l'autre côté. Tout cela fait voir que les seules inductions ne sauraient nous donner une certitude entière d'aucune vérité, à moins que nous ne fussions assurés qu'elles fussent générales, ce qui est impossible ; et par conséquent nous ne serions que probablement assurés de la vérité de cet axiome : *Le tout est plus grand que sa partie*, si nous n'en étions assurés que pour avoir vu qu'un homme est plus grand que sa tête, une forêt qu'un arbre, une maison qu'une chambre, le ciel qu'une étoile, puisque nous aurions toujours sujet de douter s'il n'y aurait point quelque autre tout auquel nous n'aurions pas pris garde, qui ne serait pas plus grand que sa partie.

Ce n'est donc point de ces observations que nous avons faites depuis notre enfance, que la certitude de cet axiome dépend ; puisqu'au contraire il n'y a rien de plus capable de nous entretenir dans l'erreur, que de nous arrêter à ces préjugés de notre enfance ; mais elle dépend uniquement de ce que les idées claires et distinctes que nous avons d'un tout et d'une partie renferment clairement, et que le tout est plus grand que la partie, et que la partie est plus petite que le tout : et tout ce qu'ont pu faire les diverses observations que nous avons faites d'un homme plus grand que sa tête, d'une maison plus grande qu'une chambre, a été de nous servir d'occasion pour faire attention aux idées de *tout* et de *partie;* mais il est absolument faux qu'elles soient cause de la certitude absolue et inébranlable que nous avons de la vérité de cet axiome, comme je crois l'avoir démontré.

Ce que nous avons dit de cet axiome, peut se dire de tous les autres, et ainsi je crois que la certitude et l'évidence de la connaissance humaine dans les choses naturelles dépend de ce principe :

Tout ce qui est contenu dans l'idée claire et distincte d'une chose, peut s'affirmer avec vérité de cette chose.

- **Ainsi**, parce qu'*être animal* est renfermé dans l'idée de l'*homme*, je puis affirmer de l'homme qu'il est animal ; parce qu'avoir tous ses diamètres égaux est renfermé dans l'idée d'un cercle, je puis affirmer de tout cercle que tous ses diamètres sont égaux ; parce qu'avoir tous ses angles égaux à deux droits est renfermé dans l'idée d'un triangle, je dois l'affirmer de tout triangle.

Et l'on ne peut contester ce principe sans détruire toute l'évidence de la connaissance humaine, et établir un pyrrhonisme ridicule ; car nous ne pouvons juger des choses que par les idées que nous en avons, puisque nous n'avons aucun moyen de les concevoir qu'autant qu'elles sont dans notre esprit, et qu'elles n'y sont que par leurs idées. Or, si les jugements que nous formons en considérant ces idées ne regardaient pas les choses en elles-mêmes, mais seulement nos pensées ; c'est-à-dire si de ce que je vois clairement qu'avoir trois angles égaux à deux droits est renfermé dans l'idée d'un triangle, je n'avais pas droit de conclure que, dans la vérité, tout triangle a trois angles égaux à deux droits, mais seulement que je le pense ainsi, il est visible que nous n'aurions aucune connaissance des choses, mais seulement de nos pensées : et par conséquent, nous ne saurions rien des choses que nous nous persuadons savoir le plus certainement ; mais nous saurions seulement que nous les pensons être de telle sorte, ce qui détruirait manifestement toutes les sciences.

Et il ne faut pas craindre qu'il y ait des hommes qui demeurent sérieusement d'accord de cette conséquence, que nous ne savons d'aucune chose si elle est vraie ou fausse en elle-même ; car il y en a de si simples et de si évidentes, comme : *Je pense ; donc je suis : Le tout est plus grand que sa partie*, qu'il est impossible de douter sérieusement si elles sont telles en elles-mêmes que nous les concevons. La raison est qu'on ne saurait en douter sans y penser, et on ne saurait y penser sans les croire vraies, et par conséquent on ne saurait en douter.

Néanmoins ce principe seul ne suffit pas pour juger de ce qui doit être reçu pour axiome ; car il y a des attributs qui sont véritablement renfermés dans l'idée des choses qui s'en peuvent néanmoins et s'en doivent démontrer, comme l'égalité de tous les angles d'un triangle à deux droits, ou de tous ceux d'un hexagone à huit droits, mais il faut prendre garde si l'on n'a besoin que de considérer l'idée d'une chose avec une attention médiocre, pour voir clairement qu'un tel attribut y est renfermé ; ou si, de plus, il est nécessaire d'y joindre quelque autre idée pour s'apercevoir de cette liaison. Quand il n'est besoin que de considérer l'idée, la proposition peut être prise pour axiome, surtout si cette considération ne demande qu'une attention médiocre dont tous les esprits ordinaires soient capables : mais si l'on a besoin de quelque autre idée que de l'idée de la chose, c'est une proposition qu'il faut démontrer. Ainsi, l'on peut donner ces deux règles pour les axiomes.

Règle I. *Lorsque, pour voir clairement qu'un attribut convient à un sujet, comme pour voir qu'il convient au tout d'être plus grand que sa partie, on n'a besoin que de considérer les deux idées du sujet et de l'attribut avec une médiocre attention, en sorte qu'on ne puisse le faire sans s'apercevoir que l'idée de l'attribut est véritablement renfermée dans l'idée du sujet : on a droit alors de prendre cette proposition pour un axiome qui n'a pas besoin d'être démontré, parce qu'il a de lui-même toute l'évidence que pourrait lui donner la démonstration, qui ne pourrait faire autre chose, sinon de montrer que cet attribut convient au sujet en se servant d'une troisième idée pour montrer cette liaison ; ce qu'on voit déjà sans l'aide d'aucune troisième idée.*

Mais il ne faut pas confondre une simple explication, quand même elle aurait quelque forme d'argument, avec une vraie démonstration ; car il y a des axiomes qui ont besoin d'être expliqués pour mieux les faire entendre, quoiqu'ils n'aient pas besoin d'être démontrés ; l'explication n'étant autre chose que de dire en autres termes et plus au long ce qui est contenu dans l'axiome ; au lieu que la démonstration demande quelque moyen nouveau que l'axiome ne contienne pas clairement.

Règle II. *Quand la seule considération des idées du sujet et de l'attribut ne suffit pas pour voir clairement que l'attribut convient au sujet, la proposition qui l'affirme ne doit point être prise pour axiome ; mais elle doit être démontrée, en se servant de quelques autres idées pour faire voir cette liaison, comme on se sert de l'idée des lignes parallèles pour montrer que les trois angles d'un triangle sont egaux à deux droits.*

Ces deux règles sont plus importantes que l'on ne pense, car c'est un des défauts les plus ordinaires aux hommes, de ne pas assez se consulter eux-mêmes dans ce qu'ils assurent ou qu'ils nient ; de s'en rapporter à ce qu'ils en ont ouï dire ou qu'ils ont autrefois pensé, sans prendre garde à ce qu'ils en penseraient eux-mêmes, s'ils considéraient avec plus d'attention ce qui se passe dans leur esprit ; de s'arrêter plus au son des paroles qu'à leurs véritables idées ; d'assurer comme clair et évident ce qu'il leur est impossible de concevoir, et de nier comme faux ce qu'il leur serait impossible de ne pas croire vrai, s'ils voulaient prendre la peine d'y penser sérieusement.

Par exemple, ceux qui disent que dans un morceau de bois, outre ses parties et leur situation, leur figure, leur mouvement ou leur repos, et les pores qui se trouvent entre ces parties, il y a encore une forme substantielle distinguée de tout cela, croient ne rien dire que de certain, et cependant ils disent une chose que ni eux ni personne n'a jamais comprise et ne comprendra jamais.

Que si, au contraire, on veut leur expliquer les effets de la nature par les parties insensibles dont les corps sont composés, et par leur différente situation, grandeur, figure, mouvement ou repos, et par les pores qui se trouvent entre ces parties, et qui donnent ou ferment le passage à d'autres matières, ils croient qu'on ne leur dit que des chimères, quoiqu'on ne leur dise rien qu'ils ne conçoivent que très facilement ; et même, par un renversement d'esprit assez étrange, la facilité qu'ils ont à concevoir ces choses les porte à croire que ce ne sont pas les vraies causes des effets de la nature, mais qu'elles sont plus mystérieuses et plus cachées ; de sorte qu'ils sont plus disposés à croire ceux qui les leur expliquent par des principes qu'ils ne conçoivent point, que ceux qui ne se servent que des principes qu'ils entendent.

Et ce qui est encore assez plaisant est que, quand on leur parle de parties insensibles, ils croient être bien fondés à les rejeter; parce qu'on ne peut les leur faire voir ni toucher, et cependant ils se contentent de formes substantielles, de pesanteur, de vertu attractive , etc., que non-seulement ils ne peuvent voir ni toucher, mais qu'ils ne peuvent même concevoir.

CHAPITRE VII.

Quelques axiomes importants et qui peuvent servir de principes à de grandes vérités.

Tout le monde demeure d'accord qu'il est important d'avoir dans l'esprit plusieurs axiomes et principes, qui, étant clairs et indubitables, puissent nous servir de fondement pour connaître les choses les plus cachées; mais ceux que l'on donne ordinairement sont de si peu d'usage qu'il est assez inutile de les savoir, car ce qu'ils appellent le premier principe de la connaissance, *Il est impossible que la même chose soit et ne soit pas*, est très clair et très certain ; mais je ne vois point de rencontre où il puisse jamais servir à nous donner aucune connaissance. Je crois donc que ceux-ci pourront être plus utiles. Je commencerai par celui que nous venons d'expliquer.

Axiome I. *Tout ce qui est renfermé dans l'idée claire et distincte d'une chose peut en être affirmé avec vérité.*

Axiome II. *L'existence, au moins possible, est renfermée dans l'idée de tout ce que nous concevons clairement et distinctement.*

Car, dès-là qu'une chose est conçue clairement, nous ne pouvons pas ne point la regarder comme pouvant être, puisqu'il n'y a que la contradiction qui se trouve entre nos idées qui nous fait croire qu'une chose ne peut être ; or il ne peut y avoir de contradiction dans une idée lorsqu'elle est claire et distincte.

Axiome III. *Le néant ne peut être cause d'aucune chose.* Il naît d'autres axiomes de celui-ci, qui peuvent en être appelés des corollaires, tels que sont les suivants.

Axiome IV, ou 1er corollaire du 3e. *Aucune chose ni aucune perfection de cette chose actuellement existante ne peut avoir le néant ou une chose non existante pour cause de son existence.*

Axiome V, ou 2e corollaire du 3e. *Toute la réalité ou perfection qui est dans une chose, se rencontre formellement ou éminemment dans sa cause première et totale.*

Axiome VI, ou 3e corollaire du 3e. *Nul corps ne peut se mouvoir soi-même,* c'est-à-dire se donner le mouvement, n'en ayant point.

Ce principe est si évident naturellement, que c'est ce qui a introduit les formes substantielles et les qualités réelles de pesanteur et de légèreté ; car les philosophes voyant, d'une part, qu'il était impossible que ce qui devait être mu se mût soi-même, et s'étant faussement persuadés, de l'autre, qu'il n'y avait rien hors la pierre qui poussât en bas une pierre qui tombait, ils se sont crus obligés de distinguer deux choses dans une pierre, la matière qui recevait le mouvement, et la forme substantielle aidée de l'accident de la pesanteur qui le donnait ; ne prenant pas garde, ou qu'ils tombaient par là dans l'inconvénient qu'ils voulaient éviter, si cette forme était elle-même matérielle, c'est-à-dire une vraie matière; ou que si elle n'était pas matière, ce devait être une substance qui en fût réellement distincte; ce qu'il leur était impossible de concevoir clairement, à moins que de la concevoir comme un esprit, c'est-à-dire une substance qui pense, comme est véritablement la forme de l'homme, et non pas celle de tous les autres corps.

AXIOME VII, OU 4ᵉ COROLLAIRE DU 3ᵉ. *Nul corps ne peut en mouvoir un autre, s'il n'est mu lui-même*: car si un corps étant en repos ne peut se donner le mouvement à soi-même, il peut encore moins le donner à un autre corps.

AXIOME VIII. *On ne doit pas nier ce qui est clair et évident pour ne pouvoir comprendre ce qui est obscur.*

AXIOME IX. *Il est de la nature d'un esprit fini de ne pouvoir comprendre l'infini.*

AXIOME X. *Le témoignage d'une personne infiniment puissante, infiniment sage, infiniment bonne et infiniment véritable, doit avoir plus de force pour persuader notre esprit que les raisons les plus convaincantes.*

Car nous devons être plus assurés que celui qui est infiniment intelligent ne se trompe pas, et que celui qui est infiniment bon ne nous trompe pas, que nous ne sommes assurés que nous ne nous trompons pas dans les choses les plus claires.

Ces trois derniers axiomes sont le fondement de la foi, de laquelle nous pourrons dire quelque chose plus bas.

AXIOME XI. *Les faits dont les sens peuvent juger facilement étant attestés par un très grand nombre de personnes de divers temps, de diverses nations, de divers intérêts, qui en parlent comme les sachant par eux-mêmes, et qu'on ne peut soupçonner d'avoir conspiré ensemble pour appuyer un mensonge, doivent passer pour aussi constants et indubitables que si on les avait vus de ses propres yeux.*

C'est le fondement de la plupart de nos connaissances, y ayant infiniment plus de choses que nous savons par cette voie que ne sont celles que nous savons par nous-mêmes.

CHAPITRE VIII.

Des règles qui regardent les démonstrations.

Une vraie démonstration demande deux choses : l'une, que dans la matière il n'y ait rien que de certain et indubitable ; l'autre, qu'il n'y ait rien de vicieux dans la forme d'argumenter ; or, on aura certainement l'un et l'autre, si l'on observe les deux règles que nous avons posées.

Car il n'y aura rien que de véritable et de certain dans la matière, si toutes les propositions qu'on avancera pour servir de preuves sont :

Ou les définitions des mots qu'on aura expliqués, qui, étant arbitraires, ne peuvent être contestées ;

Ou les axiomes qui auront été accordés, et que l'on n'a point dû supposer s'ils n'étaient clairs et évidents d'eux-mêmes par la 3e règle ;

Ou des propositions déjà démontrées, et qui, par conséquent, sont devenues claires et évidentes par la démonstration qu'on en a faite ;

Ou la construction de la chose même dont il s'agira lorsqu'il y aura quelque opération à faire, ce qui doit être aussi indubitable que le reste, puisque cette construction doit avoir été auparavant démontrée possible, s'il y avait quelque doute qu'elle ne le fût pas.

Il est donc clair qu'en observant la première règle, on n'avancera jamais pour preuve aucune proposition qui ne soit certaine et évidente.

Il est aussi aisé de montrer qu'on ne péchera point contre la forme de l'argumentation, en observant la seconde règle, qui est de n'abuser jamais de l'équivoque des termes, en manquant d'y substituer mentalement les définitions qui les restreignent et les expliquent.

Car s'il arrive jamais qu'on pèche contre les règles des syllogismes, c'est en se trompant dans l'équivoque de quelque terme, et le prenant en un sens dans l'une des propositions, et en un autre sens dans l'autre, ce qui arrive principalement dans le moyen du syllogisme, qui, étant pris en deux divers sens dans les deux premières propositions, est le défaut le plus ordinaire des arguments vicieux. Or, il est clair qu'on évitera ce défaut si l'on observe cette seconde règle.

Ce n'est pas qu'il n'y ait encore d'autres vices de l'argumentation outre celui qui vient de l'équivoque des termes ; mais c'est qu'il est presque impossible qu'un homme d'un esprit médiocre, et qui a quelque lumière, y tombe jamais, surtout en des matières spéculatives, et ainsi il serait inutile d'avertir d'y prendre garde et d'en donner des règles ; et cela serait même nuisible, parce que l'application qu'on aurait à ces règles superflues pourrait divertir de l'attention qu'on doit avoir aux nécessaires. Aussi nous ne voyons point que les géomètres se mettent jamais en peine de la forme de leurs arguments, ni qu'ils pensent à les conformer aux règles de la logique, sans qu'ils y manquent néanmoins, parce que cela se fait naturellement et n'a pas besoin d'étude.

Il y a encore une observation à faire sur les propositions qui ont besoin d'être démontrées. C'est qu'on ne doit pas mettre de ce nombre celles qui peuvent l'être par l'application de la règle de l'évidence à chaque proposition évidente ; car si cela était, il n'y aurait presque point d'axiome qui n'eût besoin d'être démontré, puisqu'ils peuvent l'être presque tous par celui que nous avons dit pouvoir être pris pour le fondement de toute évidence : *Tout ce que l'on voit clairement être contenu dans une idée claire et distincte, peut en être affirmé avec vérité*. On peut dire, par exemple :

Tout ce qu'on voit clairement être contenu dans une idée claire et distincte, peut en être affirmé avec vérité :

Or, on voit clairement que l'idée claire et distincte qu'on a du tout, enferme d'être plus grand que sa partie :

Donc on peut affirmer avec vérité que le tout est plus grand que sa partie.

Mais, quoique cette preuve soit très bonne, elle n'est pas néanmoins nécessaire, parce que notre esprit supplée cette majeure, sans avoir besoin d'y faire une attention particulière ; et ainsi voit clairement et évidemment que le tout est plus grand que sa partie, sans qu'il ait besoin de faire réflexion d'où lui vient cette évidence ; car ce sont deux choses différentes, de connaître évidemment une chose, et de savoir d'où nous vient cette évidence.

CHAPITRE IX.

De quelques défauts qui se rencontrent d'ordinaire dans la méthode des géomètres.

Nous avons vu ce que la méthode des géomètres a de bon, que nous avons réduit à cinq règles qu'on ne peut trop avoir dans l'esprit ; et il faut avouer qu'il n'y a rien de plus admirable que d'avoir découvert tant de choses si cachées, et les avoir démontrées par des raisons si fermes et si invincibles, en se servant de si peu de règles : de sorte qu'entre tous les philosophes ils ont seuls cet avantage d'avoir banni de leur école et de leurs livres la contestation et la dispute.

Néanmoins, si l'on veut juger des choses sans préoccupation, comme on ne peut leur ôter la gloire d'avoir suivi une voie beaucoup plus assurée que tous les autres pour trouver la vérité, on ne peut nier aussi qu'ils ne soient tombés en quelques défauts qui ne les détournent pas de leur fin, mais qui font seulement qu'ils n'y arrivent pas par la voie la plus droite et la plus commode ; c'est ce que je tâcherai de montrer, en tirant d'Euclide même les exemples de ces défauts.

DÉFAUT I. *Avoir plus de soin de la certitude que de l'évidence, et de convaincre l'esprit que de l'éclairer.*

Les géomètres sont louables de n'avoir rien voulu avancer que de convaincant; mais il semble qu'ils n'ont pas assez pris garde qu'il ne suffit pas, pour avoir une parfaite science de quelque vérité d'être convaincu que cela est vrai, si de plus on ne pénètre, par des raisons prises de la nature de la chose même, pourquoi cela est vrai; car, jusqu'à ce que nous soyons arrivés à ce point-là, notre esprit n'est point pleinement satisfait, et cherche encore une plus grande connaissance que celle qu'il a : ce qui est une marque qu'il n'a point encore la vraie science. On peut dire que ce défaut est la source de presque tous les autres que nous remarquerons, et ainsi il n'est pas nécessaire de l'expliquer davantage, parce que nous le ferons assez dans la suite.

DÉFAUT II. *Prouver des choses qui n'ont pas besoin de preuves.*

Les géomètres avouent qu'il ne faut pas s'arrêter à vouloir prouver ce qui est clair de soi-même. Ils le font néanmoins souvent, parce que, s'étant plus attachés à convaincre l'esprit qu'à l'éclairer, comme nous venons de dire, ils croient qu'ils le convaincront mieux en trouvant quelque preuve des choses même les plus évidentes, qu'en les proposant simplement, et laissant à l'esprit d'en reconnaître l'évidence.

C'est ce qui a porté Euclide à prouver que les deux côtés d'un triangle pris ensemble sont plus grands qu'un seul [106], quoique cela soit évident par la seule notion de la ligne droite, qui est la plus courte longueur qui puisse se donner entre deux points, et la mesure naturelle de la distance d'un point à un point, ce qu'elle ne serait pas, si elle n'était aussi la plus courte de toutes les lignes qui puissent être tirées d'un point à un point.

C'est ce qui l'a encore porté à ne pas faire une demande, mais un problème qui doit être démontré, de *tirer une ligne égale à une ligne donnée*, quoique cela soit aussi facile et plus facile que de faire un cercle ayant un rayon donné.

Ce défaut est venu, sans doute, de n'avoir pas considéré que toute la certitude et l'évidence de nos connaissances dans les sciences naturelles vient de ce principe : *Qu'on peut assurer d'une chose, tout ce qui est contenu dans son idée claire et distincte*. D'où il s'ensuit que si nous n'avons besoin, pour connaître qu'un attribut est renfermé dans une idée, que de la simple considération de l'idée, sans y en mêler d'autres, cela doit passer pour évident et pour clair, comme nous avons déjà dit plus haut.

Je sais bien qu'il y a de certains attributs qui se voient plus facilement dans les idées que les autres ; mais je crois qu'il suffit qu'ils puissent s'y voir clairement avec une médiocre attention, et que nul homme qui aura l'esprit bien fait n'en puisse douter sérieusement, pour regarder les propositions qui se tirent ainsi de la simple considération des idées, comme des principes qui n'ont point besoin de preuves, mais au plus d'explication et d'un peu de discours. Ainsi, je soutiens qu'on ne peut faire un peu d'attention sur l'idée d'une ligne droite, qu'on ne conçoive non-seulement que sa position ne dépend que de deux points (ce qu'Euclide a pris pour une de ses demandes), mais qu'on ne comprenne aussi sans peine et très clairement que si une ligne droite en coupe une autre et qu'il y ait deux points dans la coupante, dont chacun soit également distant de deux points de la coupée, il n'y aura aucun autre point de la coupante qui ne soit également distant de ces deux points de la coupée : d'où il sera aisé de juger quand une ligne sera perpendiculaire à une autre, sans se servir d'angle ni de triangle, dont on ne doit traiter qu'après avoir établi beaucoup de choses qu'on ne saurait démontrer que par les perpendiculaires.

Il est aussi à remarquer que d'excellents géomètres emploient pour principes des propositions moins claires que celles-là ; comme lorsque Archimède a établi ses plus belles démonstrations sur cet axiome : *Que si deux lignes sur le même plan ont les extrémités communes, et sont courbées ou creuses vers la même part, celle qui est contenue sera moindre que celle qui la contient.*

J'avoue que ce défaut de prouver ce qui n'a pas besoin de preuves ne paraît pas grand, et qu'il ne l'est pas aussi en soi ; mais il l'est beaucoup dans les suites, parce que c'est de là que naît ordinairement le renversement de l'ordre naturel dont nous parlerons plus bas ; cette envie de prouver ce qui devait être supposé comme clair et évident de soi-même, ayant souvent obligé les géomètres de traiter des choses pour servir de preuve à ce qu'ils n'auraient point dû prouver, qui ne devraient être traitées qu'après, selon l'ordre de la nature.

DÉFAUT III. *Démonstration par l'impossible.*

Ces sortes de démonstrations qui montrent qu'une chose est telle, non par ses principes, mais par quelque absurdité qui s'ensuivrait si elle était autrement, sont très ordinaires dans Euclide. Cependant il est visible qu'elles peuvent convaincre l'esprit, mais qu'elles ne l'éclairent point ; ce qui doit être le principal fruit de la science : car notre esprit n'est point satisfait, s'il ne sait non-seulement que la chose est, mais pourquoi elle est ; ce qui ne s'apprend point par une démonstration qui réduit à l'impossible.

Ce n'est pas que ces démonstrations soient tout-à-fait à rejeter ; car on peut quelquefois s'en servir pour prouver des négatives qui ne sont proprement que des corollaires d'autres propositions, ou claires d'elles-mêmes, ou démontrées auparavant par une autre voie ; et alors cette sorte de démonstration, en réduisant à l'impossible, tient plutôt lieu d'explication que d'une démonstration nouvelle.

Enfin, on peut dire que ces démonstrations ne sont recevables que quand on n'en peut donner d'autres ; et que c'est une faute de s'en servir pour prouver ce qui peut se prouver positivement : or, il y a beaucoup de propositions dans Euclide qu'il ne prouve que par cette voie, qui peuvent se prouver autrement sans beaucoup de difficulté.

DÉFAUT IV. *Démonstrations tirées par des voies trop éloignées.*

Ce défaut est très commun parmi les géomètres. Ils ne se mettent pas en peine d'où les preuves qu'ils apportent sont prises, pourvu qu'elles soient convaincantes ; et cependant ce n'est que prouver les choses très imparfaitement, que de les prouver par des voies étrangères, d'où elles ne dépendent point selon leur nature.

C'est ce qu'on comprendra mieux par quelques exemples. Euclide, liv. I, propos. 5, prouve qu'un triangle isocèle a les deux angles sur

QUATRIÈME PARTIE. 315

la base égaux en prolongeant également les côtés du triangle, et faisant de nouveaux triangles qu'il compare les uns avec les autres.

Mais il n'est pas incroyable qu'une chose aussi facile à prouver que l'égalité de ces angles, ait besoin de tant d'artifice pour être prouvée? comme s'il y avait rien de plus ridicule que de s'imaginer que cette égalité dépendît de ces triangles étrangers; au lieu qu'en suivant le vrai ordre, il y a plusieurs voies très faciles, très courtes et très naturelles pour prouver cette même égalité.

La 47ᵉ du livre I, où il est prouvé que le carré de la base qui soutient un angle droit est égal aux deux carrés des côtés, est une des plus estimées propositions d'Euclide ; et néanmoins il est assez clair que la manière dont elle y est prouvée n'est point naturelle, puisque l'égalité de ces carrés ne dépend point de l'égalité des triangles qu'on prend pour moyen de cette démonstration, mais de la proportion des lignes, qu'il est aisé de démontrer sans se servir d'aucune autre ligne que de la perpendiculaire du sommet de l'angle droit sur la base.

Tout Euclide est plein de ces démonstrations par des voies étrangères.

DÉFAUT V. *N'avoir aucun soin du vrai ordre de la nature.*

C'est ici le plus grand défaut des géomètres. Ils se sont imaginé qu'il n'y avait presque aucun ordre à garder, sinon que les premières propositions pussent servir à démontrer les suivantes ; et ainsi, sans se mettre en peine des règles de la véritable méthode, qui est de commencer toujours par les choses les plus simples et les plus générales, pour passer ensuite aux plus composées et aux plus particulières, ils brouillent toutes choses, et traitent pêle-mêle les lignes et les surfaces, les triangles et les carrés, prouvent, par des figures, les propriétés des lignes simples, et font une infinité d'autres renversements qui défigurent cette belle science.

Les éléments d'Euclide sont tout pleins de ce défaut. Après avoir traité de l'étendue dans les quatre premiers livres, il traite généralement des proportions de toutes sortes de grandeurs dans le cinquième. Il reprend l'étendue dans le sixième, et traite des nombres dans les septième, huitième et neuvième, pour recommencer au dixième à parler de l'étendue. Voilà pour le désordre général ; mais il est rempli d'une infinité d'autres particuliers. Il commence le premier livre par la construction d'un triangle équilatère ; et vingt-deux propositions après, il donne le moyen général de faire tout triangle de trois lignes droites données, pourvu que les deux soient plus grandes qu'une seule; ce qui emporte la construction particulière d'un triangle équilatère sur une ligne donnée.

Il **ne** prouve rien des lignes perpendiculaires et des parallèles **que par** des triangles. Il mêle la dimension des surfaces à celles des lignes.

Il prouve, livre I, proposition 16, que le côté d'un triangle étant prolongé, l'angle extérieur est plus grand que l'un ou l'autre des opposés intérieurement; et seize propositions plus bas, il prouve que cet angle extérieur est égal aux deux opposés.

Il faudrait transcrire tout Euclide pour donner tous les exemples qu'on pourrait apporter de ce désordre.

Défaut VI. *Ne point se servir de divisions et de partitions.*

C'est encore un autre défaut dans la méthode des géomètres, de ne point se servir de divisions et de partitions. Ce n'est pas qu'ils ne marquent toutes les espèces de genres qu'ils traitent; mais c'est simplement en définissant les termes, et mettant toutes les définitions de suite, sans marquer qu'un genre a tant d'espèces, et qu'il ne peut pas en avoir davantage, parce que l'idée générale du genre ne peut recevoir que tant de différences, ce qui donne beaucoup de lumière pour pénétrer la nature du genre et des espèces.

Par exemple, on trouvera dans le 1ᵉʳ livre d'Euclide les définitions de toutes les espèces de triangles : mais qui doute que ce ne fût une chose bien plus claire de dire ainsi?

Le triangle peut se diviser selon les côtés, ou selon les angles.

Car les côtés sont :

ou
- tous égaux, et il s'appelle — *Équilatère.*
- deux seulement égaux, et il s'appelle — *Isocèle.*
- tous trois inégaux, et il s'appelle — *Scalène.*

Les angles sont :

ou
- tous deux aigus, et il s'appelle — *Oxygone.*
- deux seulement aigus, et alors le 3ᵉ est

ou
- droit, et il s'appelle — *Rectangle*
- obtus, et il s'appelle — *Amblygone.*

Il est même beaucoup mieux de ne donner cette division du triangle, qu'après avoir expliqué et démontré toutes les propriétés du triangle en général; d'où l'on aura appris qu'il faut nécessairement que deux angles au moins du triangle soient aigus, parce que les trois ensemble ne sauraient valoir plus de deux droits.

Ce défaut retombe dans celui de l'ordre, qui ne voudrait pas qu'on traitât ni même qu'on définît les espèces qu'après avoir bien connu le genre, surtout quand il y a beaucoup de choses à dire du genre, qui peut être expliqué sans parler des espèces.

CHAPITRE X.
Réponse à ce que disent les géomètres sur ce sujet.

Il y a des géomètres qui croient avoir justifié ces défauts, en disant qu'ils ne se mettent pas en peine de cela ; qu'il leur suffit de ne rien dire qu'ils ne prouvent d'une manière convaincante ; et qu'ils sont par là assurés d'avoir trouvé la vérité, qui est leur unique but.

On avoue aussi que ces défauts ne sont pas si considérables, qu'on ne soit obligé de reconnaître que, de toutes les sciences humaines, il n'y en a point qui aient été mieux traitées que celles qui sont comprises sous le nom général de mathématiques ; mais on prétend seulement qu'on pourrait encore y ajouter quelque chose qui les rendrait plus parfaites ; et que, quoique la principale chose qu'ils aient dû y considérer soit de ne rien avancer que de véritable, il aurait été néanmoins à souhaiter qu'ils eussent eu plus d'attention à la manière la plus naturelle de faire entrer la vérité dans l'esprit.

Car ils ont beau dire qu'ils ne se soucient pas du vrai ordre, ni de prouver par des voies naturelles ou éloignées, pourvu qu'ils fassent ce qu'ils prétendent, qui est de convaincre ; ils ne peuvent pas changer par là la nature de notre esprit, ni faire que nous n'ayons une connaissance beaucoup plus nette, plus entière et plus parfaite des choses que nous savons par leurs vraies causes et leurs vrais principes, que de celles qu'on ne nous a prouvées que par des voies obliques et étrangères.

Et il est de même indubitable qu'on apprend avec une facilité incomparablement plus grande, et qu'on retient beaucoup mieux ce qu'on enseigne dans le vrai ordre ; parce que les idées qui ont une suite naturelle s'arrangent bien mieux dans notre mémoire, et se réveillent bien plus aisément les unes les autres.

On peut dire même que ce qu'on a su une fois pour en avoir pénétré la vraie raison, ne se retient pas par mémoire, mais par jugement, et que cela devient tellement propre, qu'on ne peut l'oublier : au lieu que ce qu'on ne sait que par des démonstrations qui ne sont point fondées sur des raisons naturelles, s'échappe aisément, et se retrouve difficilement quand il nous est une fois sorti de la mémoire, parce que notre esprit ne nous donne point de voie pour le retrouver.

Il faut donc demeurer d'accord qu'il est en soi beaucoup mieux de garder cet ordre que de ne point le garder ; mais tout ce que pourraient dire des personnes équitables, est qu'il faut négliger un petit inconvénient, lorsqu'on ne peut l'éviter sans tomber dans un plus grand ; qu'ainsi c'est un inconvénient de ne pas toujours garder le vrai ordre ; mais qu'il vaut mieux néanmoins ne pas le garder, que de manquer à prouver invinciblement ce que l'on avance, et s'exposer à tomber dans quelque erreur et quelque paralogisme, en recherchant de certaines preuves qui peuvent être plus naturelles, mais qui ne sont pas si convaincantes ni si exemptes de tout soupçon de tromperie.

Cette réponse est très raisonnable ; et j'avoue qu'il faut préférer à toutes choses l'assurance de ne point se tromper ; et qu'il faut négliger le vrai ordre, si on ne peut le suivre sans perdre beaucoup de la force des démonstrations, et s'exposer à l'erreur : mais je ne demeure pas d'accord qu'il soit impossible d'observer l'un et l'autre, et je m'imagine qu'on pourrait faire des éléments de géométrie où toutes choses seraient traitées dans leur ordre naturel, toutes les propositions prouvées par des voies très simples et très naturelles, et où tout néanmoins serait très clairement démontré. (C'est ce qu'on a depuis exécuté dans les Nouveaux Éléments de Géométrie, et particulièrement dans la nouvelle édition qui vient de paraître [107].)

CHAPITRE XI.

La méthode des sciences réduite à huit règles principales.

On peut conclure de tout ce que nous venons de dire, que, pour avoir une méthode qui soit encore plus parfaite que celle qui est en usage parmi les géomètres, on doit ajouter deux ou trois règles aux cinq que nous avons proposées dans le chap. II : de sorte que toutes ces règles peuvent se réduire à huit,

Dont les deux premières regardent les idées, et peuvent se rapporter à la première partie de cette Logique.

La 3e et la 4e regardent les axiomes, et peuvent se rapporter à la seconde partie.

La 5e et la 6e regardent les raisonnements, et peuvent se rapporter à la troisième partie.

QUATRIÈME PARTIE.

Et les deux dernières regardent l'ordre, et peuvent se rapporter à la quatrième partie.

Deux règles touchant les définitions.

1. Ne laisser aucun des termes un peu obscurs ou équivoques sans le définir.
2. N'employer dans les définitions que des termes parfaitement connus ou déjà expliqués.

Deux règles pour les axiomes.

3. Ne demander en axiomes que des choses parfaitement évidentes.
4. Recevoir pour évident ce qui n'a besoin que d'un peu d'attention pour être reconnu véritable.

Deux règles pour les démonstrations.

5. Prouver toutes les propositions un peu obscures, en n'employant à leur preuve que les définitions qui auront précédé, et les axiomes qui auront été accordés, ou les propositions qui auront déjà été démontrées.
6. N'abuser jamais de l'équivoque des termes, en manquant de substituer mentalement les définitions qui les restreignent et qui les expliquent.

Deux règles pour la méthode.

7. Traiter les choses, autant qu'il se peut, dans leur ordre naturel, en commençant par les plus générales et les plus simples, et expliquant tout ce qui appartient à la nature du genre avant que de passer aux espèces particulières.
8. Diviser, autant qu'il se peut, chaque genre en toutes ses espèces, chaque tout en toutes ses parties, et chaque difficulté en tous ses cas.

J'ai ajouté à ces deux règles, *autant qu'il se peut*, parce qu'il est vrai qu'il arrive beaucoup de rencontres où on ne peut pas les observer à la rigueur, soit à cause des bornes de l'esprit humain, soit à cause de celles qu'on a été obligé de donner à chaque science.

Ce qui fait qu'on y traite souvent d'une espèce, sans qu'on puisse y traiter tout ce qui appartient au genre; comme on traite du cercle dans la géométrie commune, sans rien dire en particulier de la ligne courbe qui en est le genre, qu'on se contente seulement de définir.

On ne peut pas aussi expliquer d'un genre tout ce qui pourrait s'en dire, parce que cela serait souvent trop long; mais il suffit d'en dire tout ce qu'on veut en dire avant que de passer aux espèces.

Mais je crois qu'une science ne peut être traitée parfaitement, qu'on n'ait grand égard à ces deux dernières règles aussi bien qu'aux autres, et qu'on ne se résolve à ne s'en dispenser que par nécessité ou par une grande utilité.

CHAPITRE XII.

De ce que nous connaissons par la foi, soit humaine, soit divine.

Tout ce que nous avons dit jusqu'ici regarde les sciences humaines, purement humaines, et les connaissances qui sont fondées sur l'évidence de la raison; mais, avant de finir, il est bon de parler d'une autre sorte de connaissance, qui souvent n'est pas moins certaine ni moins évidente en sa manière, qui est celle que nous tirons de l'autorité.

Car il y a deux voies générales qui nous font croire qu'une chose est vraie. La première est la connaissance que nous en avons par nous-mêmes, pour en avoir reconnu et recherché la vérité, soit par nos sens, soit par notre raison; ce qui peut s'appeler généralement *raison*, parce que les sens mêmes dépendent du jugement de la raison; ou *science*, prenant ici ce nom plus généralement qu'on ne le prend dans les écoles, pour toute connaissance d'un objet tiré de l'objet même.

L'autre voie est l'autorité des personnes dignes de croyance qui nous assurent qu'une telle chose est, quoique par nous-mêmes nous n'en sachions rien; ce qui s'appelle foi ou croyance, selon cette parole de saint Augustin : *Quod scimus, debemus rationi; quod credimus, auctoritati.*

Mais comme cette autorité peut être de deux sortes, de Dieu ou des hommes, il y a aussi deux sortes de foi, divine et humaine.

La foi divine ne peut être sujette à erreur, parce que Dieu ne peut ni nous tromper ni être trompé.

La foi humaine est de soi-même sujette à erreur, parce que tout homme est menteur, selon l'Écriture, et qu'il peut se faire que celui qui nous assurera une chose comme véritable sera lui-même trompé : et néanmoins, ainsi que nous avons déjà marqué ci-dessus, il y a des choses que nous ne connaissons que par une foi humaine,

QUATRIÈME PARTIE.

que nous devons tenir pour aussi certaines et aussi indubitables que si nous en avions des démonstrations mathématiques ; comme ce que l'on sait, par une relation constante de tant de personnes, qu'il est moralement impossible qu'elles eussent pu conspirer ensemble pour assurer la même chose, si elle n'était vraie. Par exemple, les hommes ont assez de peine naturellement à concevoir qu'il y ait des antipodes ; cependant, quoique nous n'y ayons pas été, et qu'ainsi nous n'en sachions rien que par une foi humaine, il faudrait être fou pour ne pas le croire, et il faudrait de même avoir perdu le sens pour douter si jamais César, Pompée, Cicéron, Virgile ont été, et si ce ne sont point des personnages feints comme ceux des Amadis.

Il est vrai qu'il est souvent assez difficile de marquer précisément quand la foi humaine est parvenue à cette certitude, et quand elle n'y est pas encore parvenue ; et c'est ce qui fait tomber les hommes en deux égarements opposés : dont l'un est de ceux qui croient trop légèrement sur les moindres bruits ; et l'autre de ceux qui mettent ridiculement la force de l'esprit à ne pas croire les choses les mieux attestées lorsqu'elles choquent les préventions de leur esprit ; mais on peut néanmoins marquer de certaines bornes qu'il faut avoir passées pour avoir cette certitude humaine, et d'autres au-delà desquelles on l'a certainement, en laissant un milieu entre ces deux sortes de bornes, qui approche plus de la certitude ou de l'incertitude, selon qu'il approche plus des unes ou des autres.

Que si l'on compare ensemble les deux voies générales qui nous font croire qu'une chose est, la raison et la foi, il est certain que la foi suppose toujours quelque raison ; car, comme dit saint Augustin dans sa Lettre cxxii, et en beaucoup d'autres lieux ; nous ne pourrions pas nous porter à croire ce qui est au-dessus de notre raison, si la raison même ne nous avait persuadés qu'il y a des choses que nous faisons bien de croire, quoique nous ne soyons pas encore capables de les comprendre : ce qui est principalement vrai à l'égard de la foi divine, parce que la vraie raison nous apprend que Dieu étant la vérité même, il ne peut nous tromper en ce qu'il nous révèle de sa nature ou de ses mystères. D'où il paraît qu'encore que nous soyons obligés de captiver notre entendement pour obéir à Jésus-Christ, comme dit saint Paul, nous ne le faisons pas néanmoins aveuglément et déraisonnablement, ce qui est l'origine de toutes les fausses religions ; mais avec connaissance de cause, et parce que c'est une action raisonnable que de se captiver de la sorte sous l'autorité de Dieu, lorsqu'il nous a donné des preuves suffisantes, comme sont les miracles et autres événements prodigieux, qui nous obligent de croire que c'est lui-même qui a découvert aux hommes les vérités que nous devons croire.

Il est certain, en second lieu, que la foi divine doit avoir plus de force sur notre esprit que notre propre raison ; et cela par la raison même qui nous fait voir qu'il faut toujours préférer ce qui est plus certain à ce qui l'est moins ; et qu'il est plus certain que ce que Dieu dit est véritable, que ce que notre raison nous persuade, parce que Dieu est plus incapable de nous tromper que notre raison d'être trompée.

Néanmoins, à considérer les choses exactement, jamais ce que nous voyons évidemment et par la raison ou par le fidèle rapport des sens n'est opposé à ce que la foi divine nous enseigne ; mais ce qui fait que nous le croyons, c'est que nous ne prenons pas garde à quoi doit se terminer l'évidence de notre raison et de nos sens. Par exemple, nos sens nous montrent clairement dans l'Eucharistie de la rondeur et de la blancheur ; mais nos sens ne nous apprennent point si c'est la substance du pain qui fait que nos yeux y aperçoivent de la rondeur et de la blancheur : et ainsi la foi n'est point contraire à l'évidence de nos sens, lorsqu'elle nous dit que ce n'est point la substance du pain qui n'y est plus, ayant été changée au corps de JÉSUS-CHRIST par le mystère de la Transsubstantiation, et que nous n'y voyons plus que les espèces et les apparences du pain qui demeurent, quoique la substance n'y soit plus.

Notre raison, de même, nous fait voir qu'un seul corps n'est pas en même temps en divers lieux ni deux corps en un même lieu ; mais cela doit s'entendre de la condition naturelle des corps ; parce que ce serait un défaut de raison de s'imaginer que notre esprit étant fini, il pût comprendre jusqu'où peut aller la puissance de Dieu qui est infinie ; et ainsi lorsque les hérétiques, pour détruire les mystères de la foi, comme la Trinité, l'Incarnation et l'Eucharistie, opposent ces prétendues impossibilités qu'ils tirent de la raison, ils s'éloignent en cela même visiblement de la raison, en prétendant pouvoir comprendre par leur esprit l'étendue infinie de la puissance de Dieu. C'est pourquoi il suffit de répondre à toutes ces objections ce que saint Augustin dit sur le sujet même de la pénétration des corps : *Sed nova sunt, sed insolita sunt, sed contra naturæ cursum notissimum sunt, quia magna, quia mira, quia divina, et eò magis vera, certa, firma.*

CHAPITRE XIII.

Quelques règles pour bien conduire sa raison dans la croyance des événements qui dépendent de la foi humaine.

L'usage le plus ordinaire du bon sens et de cette puissance de notre âme qui nous fait discerner le vrai d'avec le faux, n'est pas dans les sciences spéculatives auxquelles il y a si peu de personnes qui soient obligées de s'appliquer; mais il n'y a guère d'occasion où on l'emploie plus souvent, et où elle soit plus nécessaire, que dans le jugement que l'on porte de ce qui se passe tous les jours parmi les hommes.

Je ne parle point du jugement que l'on fait si une action est bonne ou mauvaise, digne de louange ou de blâme, parce que c'est à la morale à le régler, mais seulement de celui que l'on porte touchant la vérité ou la fausseté des événements humains ; ce qui seul peut regarder la logique, soit qu'on les considère comme passés, comme lorsqu'il ne s'agit que de savoir si on doit les croire ou ne pas les croire ; ou qu'on les considère dans le temps à venir, comme lorsqu'on appréhende qu'ils n'arrivent, ou qu'on espère qu'ils arriveront : ce qui règle nos craintes et nos espérances.

Il est certain qu'on peut faire quelques réflexions sur ce sujet, qui ne seront peut-être pas inutiles, et qui pourront au moins servir à éviter des fautes où plusieurs personnes tombent pour n'avoir pas assez consulté les règles de la raison.

La première réflexion est qu'il faut mettre une extrême différence entre deux sortes de vérités : les unes qui regardent seulement la nature des choses et leur essence immuable, indépendamment de leur existence; et les autres qui regardent les choses existantes, et surtout les événements humains et contingents, qui peuvent être et n'être pas quand il s'agit de l'avenir, et qui pouvaient n'avoir pas été quand il s'agit du passé. J'entends tout ceci selon leurs causes prochaines, en faisant abstraction de leur ordre immuable dans la providence de Dieu ; parce que, d'une part, il n'empêche pas la contingence, et que, de l'autre, ne nous étant pas connu, il ne contribue en rien à nous faire croire les choses.

Dans la première sorte de vérités, comme tout y est nécessaire, rien n'est vrai qu'il ne soit universellement vrai; et ainsi nous devons conclure qu'une chose est fausse, si elle est fausse en un seul cas.

Mais si l'on pense se servir des mêmes règles dans la croyance des événements humains, on n'en jugera jamais que faussement, si ce n'est par hasard, et on y fera mille faux raisonnements.

Car ces événements étant contingents de leur nature, il serait ridicule d'y chercher une vérité nécessaire; et ainsi un homme serait tout-à-fait déraisonnable qui n'en voudrait croire aucun, que quand on lui aurait fait voir qu'il serait absolument nécessaire que la chose se fût passée de la sorte.

Et il ne serait pas moins déraisonnable s'il voulait m'obliger d'en croire quelqu'un, comme serait la conversion du roi de la Chine à la religion chrétienne, par cette seule raison que cela n'est pas impossible; car un autre qui m'assurerait du contraire, pouvant se servir de la même raison, il est clair que cela ne pourrait me déterminer à croire l'un plutôt que l'autre.

Il faut donc poser pour une maxime certaine et indubitable dans cette rencontre, que la seule possibilité d'un événement n'est pas une raison suffisante pour me le faire croire; et que je puis aussi avoir raison de le croire, quoique je ne juge pas impossible que le contraire soit arrivé : de sorte que de deux événements je pourrai avoir raison de croire l'un et de ne pas croire l'autre, quoique je les croie tous deux possibles.

Mais par où me déterminerai-je donc à croire l'un plutôt que l'autre, si je les juge tous deux possibles? Ce sera par cette maxime :

Pour juger de la vérité d'un événement, et me déterminer à le croire ou à ne pas le croire, il ne faut pas le considérer nûment et en lui-même, comme on ferait une proposition de géométrie; mais il faut prendre garde à toutes les circonstances qui l'accompagnent, tant intérieures qu'extérieures. J'appelle circonstances intérieures celles qui appartiennent au fait même, et extérieures celles qui regardent les personnes par le témoignage desquelles nous sommes portés à le croire. Cela étant fait, si toutes ces circonstances sont telles qu'il n'arrive jamais, ou fort rarement, que de pareilles circonstances soient accompagnées de fausseté, notre esprit se porte naturellement à croire que cela est vrai, et il a raison de le faire, surtout dans la conduite de la vie, qui ne demande pas une plus grande certitude que cette certitude morale, et qui doit même se contenter en plusieurs rencontres de la plus grande probabilité.

Que si, au contraire, ces circonstances ne sont pas telles

qu'elles ne se trouvent fort souvent avec la fausseté, la raison veut ou que nous demeurions en suspens, ou que nous tenions pour faux ce qu'on nous dit, quand nous ne voyons aucune apparence que cela soit vrai, encore que nous n'y voyions pas une entière impossibilité.

On demande, par exemple, si l'histoire du baptême de Constantin par saint Sylvestre est vraie ou fausse. Baronius la croit vraie; le cardinal du Perron, l'évêque Sponde, le P. Pétau, le P. Morin et les plus habiles gens de l'Église la croient fausse. Si on s'arrêtait à la seule possibilité, on n'aurait pas droit de la rejeter, car elle ne contient rien d'absolument impossible; et il est même possible, absolument parlant, qu'Eusèbe, qui témoigne le contraire, ait voulu mentir pour favoriser les Ariens, et que les Pères qui l'ont suivi aient été trompés par son témoignage : mais si l'on se sert de la règle que nous venons d'établir, qui est de considérer quelles sont les circonstances de l'un ou de l'autre baptême de Constantin, et qui sont celles qui ont plus de marques de vérité, on trouvera que ce sont celles du dernier; car, d'une part, il n'y a pas grand sujet de s'appuyer sur le témoignage d'un écrivain aussi fabuleux qu'est l'auteur des Actes de saint Sylvestre, qui est le seul ancien qui ait parlé du baptême de Constantin à Rome; et, de l'autre, il n'y a aucune apparence qu'un homme aussi habile qu'Eusèbe eût osé mentir en rapportant une chose aussi célèbre qu'était le baptême du premier empereur qui avait rendu la liberté à l'Église, et qui devait être connue de toute la terre, lorsqu'il l'écrivait, puisque ce n'était que quatre ou cinq ans après la mort de cet empereur.

Il y a néanmoins une exception à cette règle, dans laquelle on doit se contenter de la possibilité et de la vraisemblance; c'est quand un fait, qui est d'ailleurs suffisamment attesté, est combattu par des inconvénients et des contrariétés apparentes avec d'autres histoires : car alors il suffit que les solutions qu'on apporte à ces contrariétés soient possibles et vraisemblables; et c'est agir contre la raison que d'en demander des preuves positives, parce que le fait en soi étant suffisamment prouvé, il n'est pas juste de demander qu'on en prouve de la même sorte toutes les circonstances : autrement on pourrait douter de mille histoires très assurées qu'on ne peut accorder avec d'autres qui ne le sont pas moins, que par des conjectures qu'il est impossible de prouver positivement.

On ne saurait, par exemple, accorder ce qui est rapporté dans les **Livres** des **Rois** et dans ceux des **Paralipomènes** des années des **règnes** de divers rois de Judas et d'Israël, qu'en donnant à quelques-uns de ces rois deux commencements de règne, l'un, du **vivant**, et l'autre après la mort de leurs pères. Que si l'on demande quelle preuve on a qu'un tel roi ait régné quelque temps avec son père, il faut avouer qu'on n'en a point de positive ; mais il suffit que ce soit une chose possible, et qui est arrivée assez souvent en d'autres rencontres, pour avoir droit de la supposer comme une circonstance nécessaire pour allier des histoires d'ailleurs très certaines.

C'est pourquoi il n'y a rien de plus ridicule que les efforts qu'ont fait quelques hérétiques de ce dernier siècle pour prouver que saint Pierre n'a jamais été à Rome. Ils ne peuvent nier que cette vérité ne soit attestée par tous les auteurs ecclésiastiques, et même les plus anciens, comme Papias, saint Denis de Corinthe, Caïus, saint Irénée, Tertullien, sans qu'il s'en trouve aucun qui l'ait niée ; et néanmoins ils s'imaginent pouvoir la ruiner par des conjectures, comme, par exemple, que saint Paul ne fait pas mention de saint Pierre dans ses Épîtres écrites de Rome ; et, quand on leur répond que saint Pierre pouvait être alors hors de Rome, parce qu'on ne prétend pas qu'il y ait été tellement attaché qu'il n'en soit souvent sorti pour aller prêcher l'Évangile en d'autres lieux, ils répliquent que cela se dit sans preuve ; ce qui est impertinent, parce que le fait qu'ils contestent étant une des vérités les plus assurées de l'Histoire Ecclésiastique, c'est à ceux qui le combattent de faire voir qu'il contient des contrariétés avec l'Écriture, et il suffit à ceux qui le soutiennent de résoudre ces prétendues contrariétés, comme on fait celles de l'Écriture même, à quoi nous avons montré que la possibilité suffisait.

CHAPITRE XIV.

Application de la règle précédente à la croyance des miracles.

La règle qui vient d'être expliquée est, sans doute, très importante pour bien conduire sa raison dans la croyance des faits particuliers ; et, faute de l'observer, on est en danger de tomber en des extrémités dangereuses de crédulité et d'incrédulité.

Car il y en a, par exemple, qui feraient conscience de douter d'aucun miracle, parce qu'ils se sont mis dans l'esprit qu'ils seraient obligés de douter de tous s'ils doutaient d'aucuns, et qu'ils **se** persuadent que ce leur est assez de savoir que tout est possible à Dieu, pour croire tout ce qu'on leur dit des effets de sa toute-puissance.

D'autres, au contraire, s'imaginent ridiculement qu'il y a de la force d'esprit à douter de tous les miracles, sans en avoir d'autre raison, sinon qu'on en a souvent raconté qui ne se sont pas trouvés véritables, et qu'il n'y a pas plus de sujet de croire les uns que les autres.

La disposition des premiers est bien meilleure que celle des derniers ; mais il est vrai néanmoins que les uns et les autres raisonnent également mal.

Ils se jettent de part et d'autre sur les lieux communs. Les premiers en font sur la puissance et sur la bonté de Dieu, sur les miracles certains qu'ils apportent pour preuve de ceux dont on doute, et sur l'aveuglement des libertins, qui ne veulent croire que ce qui est proportionné à leur raison. Tout cela est fort bon en soi, mais très faible pour nous persuader d'un miracle en particulier, puisque Dieu ne fait pas tout ce qu'il peut faire ; que ce n'est pas un argument qu'un miracle soit arrivé, de ce qu'il en est arrivé de semblables en d'autres occasions : et qu'on peut être fort bien disposé à croire ce qui est au-dessus de la raison, sans être obligé de croire tout ce qu'il plaît aux hommes de nous raconter, comme étant au-dessus de la raison.

Les derniers font des lieux communs d'une autre sorte : « La « vérité (dit l'un d'eux) et le mensonge ont leurs visages conformes, « le port, le goût et les allures pareilles ; nous les regardons de « même œil. J'ai vu la naissance de plusieurs miracles de mon « temps. Encore qu'ils s'étouffent en naissant, nous ne laissons pas « de prévoir le train qu'ils eussent pris, s'ils eussent vécu leur âge : « car il n'est que de trouver le bout du fil, on dévide tant qu'on « veut, et il y a plus loin de rien à la plus petite chose du monde, « qu'il n'y a de celle-là jusqu'à la plus grande. Or, les premiers « qui sont abreuvés de ce commencement d'étrangeté, venant à « semer leur histoire, sentent, par les oppositions qu'on leur fait, « où loge la difficulté de la persuasion, et vont calfeutrant cet « endroit de quelque pièce fausse. L'erreur particulière fait pre- « mièrement l'erreur publique, et, à son tour, après, l'erreur « publique fait l'erreur particulière. Ainsi va tout ce bâtiment, « s'étoffant et se formant de main en main, de manière que le plus « éloigné témoin en est mieux instruit que le plus voisin, et le der- « nier informé mieux persuadé que le premier [108]. »

Ce discours est ingénieux, et peut être utile pour ne pas se laisser emporter à toutes sortes de bruits : mais il y aurait de l'extravagance d'en conclure généralement qu'on doit tenir pour suspect tout ce qui se dit des miracles; car il est certain que cela ne regarde au plus que ce qu'on ne sait que par des bruits communs, sans remonter jusqu'à l'origine; et il faut avouer qu'il n'y a pas grand sujet de s'assurer de ce qu'on ne saurait que de cette sorte.

Mais qui ne voit qu'on peut faire aussi un lieu commun opposé à celui-là, qui sera pour le moins aussi bien fondé? Car, comme il y a quelques miracles qui se trouveraient peu assurés si l'on remontait jusqu'à la source, il y en a aussi qui s'étouffent dans la mémoire des hommes, ou qui trouvent peu de croyance dans leur esprit, parce qu'ils ne veulent pas prendre la peine de s'en informer. Notre esprit n'est pas sujet à une seule espèce de maladie, il y en a de différentes et de toutes contraires. Il y a une sotte simplicité qui croit les choses les moins croyables; mais il y a aussi une sotte présomption qui condamne comme faux tout ce qui passe les bornes étroites de son esprit. On a souvent de la curiosité pour des bagatelles, et l'on n'en a point pour des choses importantes. De fausses histoires se répandent partout, et de très véritables n'ont point de cours.

Peu de gens savent le miracle arrivé de notre temps à Faremoutier, en la personne d'une religieuse tellement aveugle, qu'il lui restait à peine la forme des yeux, qui recouvra la vue en un moment par l'attouchement des reliques de sainte Fare, comme je le sais d'une personne qui l'a vue dans les deux états.

Saint Augustin dit qu'il y avait, de son temps, beaucoup de miracles très certains, qui étaient connus de peu de personnes, et qui, quoique très remarquables et très étonnants, ne passaient pas d'un bout de la ville à l'autre. C'est ce qui le porta à faire écrire et réciter devant le peuple ceux qui se trouvaient assurés, et il remarque, dans le XXIIe livre de la Cité de Dieu, qu'il s'en était fait dans la seule ville d'Hippone près de soixante et dix depuis deux ans qu'on y avait bâti une chapelle en l'honneur de saint Étienne, sans beaucoup d'autres qu'on n'avait pas écrits, qu'il témoigne néanmoins avoir sus très certainement.

On voit donc assez qu'il n'y a rien de moins raisonnable que de se conduire par des lieux communs en ces rencontres, soit pour embrasser tous les miracles, soit pour les rejeter tous, mais qu'il faut les examiner par leurs circonstances particulières et par la fidélité et la lumière des témoins qui les rapportent.

La piété n'oblige pas un homme de bon sens de croire tous les miracles rapportés dans la Légende dorée, ou dans Métaphraste, parce que ces auteurs sont remplis de tant de fables qu'il n'y a pas sujet de s'assurer de rien sur leur témoignage seul, comme le cardinal Bellarmin n'a pas fait difficulté de l'avouer du dernier.

Mais je soutiens que tout homme de bon sens, quand il n'aurait point de piété, doit reconnaître pour véritables les miracles que saint Augustin raconte dans ses Confessions ou dans la Cité de Dieu être arrivés devant ses yeux, ou dont il témoigne avoir été très particulièrement informé par les personnes mêmes à qui les choses étaient arrivées, comme d'un aveugle guéri à Milan en présence de tout le peuple, par l'attouchement des reliques de saint Gervais et de saint Protais, qu'il rapporte dans ses Confessions, et dont il dit, dans le XXII° livre de la Cité de Dieu, chapitre VIII : *Miraculum quod Mediolani factum est cùm illic essemus, quando illuminatus est cæcus, ad multorum notitiam potuit pervenire; quia et grandis est civitas, et ibi erat tunc Imperator, et immenso populo teste res gesta est, concurrente ad corpora martyrum Gervasii et Protasii;*

D'une femme guérie en Afrique par des fleurs qui avaient touché aux reliques de saint Étienne, comme il le témoigne au même lieu ;

D'une dame de qualité, guérie d'un cancer jugé incurable, par le signe de la croix qu'elle y fit faire par une nouvelle baptisée, selon la révélation qu'elle en avait eue ;

D'un enfant mort sans baptême, dont la mère obtint la résurrection par les prières qu'elle en fit à saint Étienne, en lui disant, avec une grande foi : *Saint martyr, rendez-moi mon fils. Vous savez que je ne demande sa vie qu'afin qu'il ne soit pas éternellement séparé de Dieu.* Ce que ce saint rapporte comme une chose dont il était très assuré, dans un sermon qu'il fit à son peuple, sur le sujet d'un autre miracle très insigne qui venait d'arriver en ce moment-là même dans l'église où il prêchait, lequel il décrit fort au long dans cet endroit de la Cité de Dieu.

Il dit que sept frères et trois sœurs, d'une honnête famille de Césarée en Cappadoce, ayant été maudits par leur mère pour une injure qu'ils lui avaient faite, Dieu les avait punis de cette peine, qu'ils étaient continuellement agités, et dans le sommeil même, par un horrible tremblement de tout le corps, ce qui était si difforme, que, ne pouvant plus souffrir la vue des personnes de leur connaissance, ils avaient tous quitté leur pays pour s'en aller de divers côtés, et qu'ainsi l'un de ces frères, appelé **Paul**, et l'une de ses sœurs, appelée Palladie, étaient venus à Hippone, et s'étant fait remarquer par toute la ville, on avait appris d'eux la cause de leur malheur ; que le propre jour de Pâques, le frère, priant **Dieu** devant les barreaux de la chapelle de Saint-Étienne, tomba tout d'un coup dans un assoupissement pendant lequel on s'aperçut qu'il ne tremblait plus ; et s'étant réveillé parfaitement sain, il se fit dans l'église un grand bruit du peuple, qui louait Dieu de ce miracle et qui courait à saint Augustin, lequel se préparait à dire la messe, pour l'avertir de ce qui s'était passé.

« Après, dit-il, que les cris de réjouissance furent passés et que
« l'Écriture sainte eut été lue, je leur dis peu de chose sur la fête
« et sur ce grand sujet de joie, parce que j'aimai mieux leur laisser,
« non pas entendre, mais considérer l'éloquence de Dieu dans cet
« ouvrage divin. Je menai ensuite chez moi le frère qui avait été
« guéri ; je lui fis conter toute son histoire, je l'obligeai de l'écrire,
« et le lendemain je promis au peuple que je la lui ferais réciter
« le jour d'après. Ainsi le troisième jour d'après Pâques, ayant
« fait mettre le frère et la sœur sur les degrés du jubé, afin que
« tout le peuple pût voir dans la sœur, qui avait encore cet hor-
« rible tremblement, de quel mal le frère avait été délivré par la
« bonté de Dieu ; je fis lire le récit de leur histoire devant le peuple,
« et je les laissai aller. Je commençai alors à prêcher sur ce
« sujet (*on a le sermon, qui est le* 323°), et tout d'un coup, lorsque
« je parlais encore, un grand cri de joie s'élève du côté de la
« chapelle, et on m'amène la sœur, qui, étant sortie de devant
« moi, y était allée et y avait été parfaitement guérie en la même
« manière que son frère ; ce qui causa une telle joie parmi le
« peuple, qu'à peine pouvait-on supporter le bruit qu'ils faisaient. »

J'ai voulu rapporter toutes les particularités de ce miracle pour convaincre les plus incrédules qu'il y aurait de la folie à le révoquer en doute, aussi bien que tant d'autres que ce saint raconte au même endroit ; car, supposé que les choses soient arrivées comme il le rapporte, il n'y a point de personnes raisonnables qui n'y doivent reconnaître le doigt de Dieu, et ainsi tout ce qui resterait à l'incrédulité serait de douter du témoignage même de saint Augustin, de s'imaginer qu'il a altéré la vérité pour autoriser la religion chrétienne dans l'esprit des païens ; or, c'est ce qui ne peut se dire avec la moindre couleur :

Premièrement, parce qu'il n'est point vraisemblable **qu'un homme judicieux eût voulu mentir en des choses si publiques, où** il aurait pu être convaincu de mensonge par une infinité de témoins, ce qui n'aurait pu tourner qu'à la honte de la religion chrétienne. Secondement, parce qu'il n'y eut jamais personne plus ennemi du mensonge que ce saint, surtout en matière de religion, ayant établi par des livres entiers, non-seulement qu'il n'est jamais permis de mentir, mais que c'est un crime horrible de le faire, sous prétexte d'attirer plus facilement les hommes à la foi.

Et c'est ce qui doit causer un extrême étonnement de voir que les hérétiques de ce temps, qui regardent saint Augustin comme un homme très éclairé et très sincère, n'aient pas considéré que la manière dont ils parlent de l'invocation des saints et de la vénération des reliques, comme d'un culte supertiticux, et qui tient de l'idolâtrie, va à la ruine de toute la religion ; car il est visible que c'est lui ôter un de ses plus solides fondements que d'ôter aux vrais miracles l'autorité qu'ils doivent avoir pour la confirmation de la vérité ; et il est clair que c'est détruire entièrement cette autorité des miracles que de dire que Dieu en fasse pour récompenser un culte superstitieux et idolâtre. Or, c'est proprement ce que les hérétiques font, en traitant, d'une part, le culte que les catholiques rendent aux saints et à leurs reliques, d'une superstition criminelle ; et ne pouvant nier, de l'autre, que les plus grands amis de Dieu, tel qu'a été saint Augustin, par leur propre confession, ne nous aient assuré que Dieu a guéri des maux incurables, illuminé des aveugles, et ressuscité des morts pour récompenser la dévotion de ceux qui invoquaient les saints et révéraient leurs reliques.

En vérité, cette seule considération devrait faire reconnaître à tout homme de bon sens la fausseté de la religion prétendue réformée.

Je me suis un peu étendu sur cet exemple célèbre du jugement qu'on doit faire de la vérité des faits, pour servir de règle dans les rencontres semblables, parce qu'on s'y égare de la même sorte. Chacun croit que c'est assez pour les décider de faire un lieu commun, qui n'est souvent composé que de maximes, lesquelles, non-seulement ne sont pas universellement vraies, mais qui ne sont pas même probables, lorsqu'elles sont jointes avec les circonstances particulières des faits que l'on examine. Il faut joindre les circonstances et non les séparer, parce qu'il arrive souvent qu'un fait qui est peu probable selon une seule circonstance, qui est ordinairement une marque de fausseté, doit être estimé certain selon d'autres circonstances ; et, qu'au contraire, un fait qui nous paraîtrait vrai selon une certaine circonstance, qui est d'ordinaire jointe avec la vérité, doit être jugé faux selon d'autres qui affaiblissent celle-là, comme on l'expliquera dans le chapitre suivant.

CHAPITRE XV.

Autre remarque sur le sujet de la croyance des événements.

Il y a encore une autre remarque très importante à faire sur la croyance des événements. C'est qu'entre les circonstances qu'on doit considérer pour juger si on doit les croire, ou si on ne doit pas les croire, il y en a qu'on peut appeler des circonstances communes, parce qu'elles se rencontrent en beaucoup de faits, et qu'elles se trouvent incomparablement plus souvent jointes à la vérité qu'à la fausseté ; et alors, si elles ne sont point contrebalancées par d'autres circonstances particulières qui affaiblissent ou qui ruinent dans notre esprit les motifs de croyance qu'il tirait de ces circonstances communes, nous avons raison de croire ces événements, sinon certainement, au moins très probablement : ce qui nous suffit quand nous sommes obligés d'en juger ; car comme nous nous devons contenter d'une certitude morale dans les choses qui ne sont pas susceptibles d'une certitude métaphysique, lors aussi que nous ne pouvons pas avoir une entière certitude morale, le mieux que nous puissions faire, quand nous sommes engagés à prendre parti, est d'embrasser le plus probable, puisque ce serait un renversement de la raison d'embrasser le moins probable.

Que si, au contraire, ces circonstances communes, qui nous auraient portés à croire une chose, se trouvent jointes à d'autres circonstances particulières qui ruinent dans notre esprit, comme nous venons de dire, les motifs de croyance qu'il tirait de ces circonstances communes ; ou qui même soient telles qu'il soit fort rare que de semblables circonstances ne soient pas accompagnées de fausseté, nous n'avons plus alors la même raison de croire cet événement : mais, ou notre esprit demeure en suspens, si les circonstances particulières ne font qu'affaiblir le poids des circonstances communes ; ou il se porte à croire que le fait est faux, si elles sont telles qu'elles soient ordinairement des marques de fausseté. Voici un exemple qui peut éclaircir cette remarque.

C'est une circonstance commune à beaucoup d'actes d'être signés par deux notaires, c'est-à-dire par deux personnes publiques qui ont d'ordinaire grand intérêt à ne point commettre de fausseté, parce qu'il y va non-seulement de leur conscience et de leur honneur, mais aussi de leur bien et de leur vie. Cette seule considération, suffit, si nous ne savons point d'autres particularités d'un contrat, pour croire qu'il n'est point antidaté ; non qu'il n'y en puisse avoir d'antidatés, mais parce qu'il est certain que de mille contrats, il y en a neuf cent quatre-vingt-dix-neuf qui ne le sont point : de sorte qu'il est incomparablement plus probable que ce contrat que je vois est l'un des neuf cent quatre-vingt-dix-neuf, que non pas qu'il soit cet unique qui entre mille peut se trouver antidaté. Que si la probité des notaires qui l'ont signé m'est parfaitement connue, je tiendrai alors pour très certain qu'ils n'y auront point commis de fausseté.

Mais si, à cette circonstance commune d'être signé par deux notaires, qui m'est une raison suffisante, quand elle n'est point combattue par d'autres, d'ajouter foi à la date d'un contrat, on y joint d'autres circonstances particulières, comme que ces notaires soient diffamés pour être sans honneur et sans conscience, et qu'ils aient pu avoir un grand intérêt à cette falsification, cela ne me fera pas encore conclure que ce contrat est antidaté, mais diminuera le poids qu'aurait eu sans cela dans mon esprit la signature des deux notaires pour me faire croire qu'il ne le serait pas. Que si, de plus, je puis découvrir d'autres preuves positives de cette antidate, ou par témoins, ou par des arguments très forts, comme serait l'impuissance où un homme aurait été de prêter vingt mille écus en un temps où l'on montrerait qu'il n'aurait pas eu cent écus vaillant, je me déterminerai alors à croire qu'il y a de la fausseté dans ce contrat ; et ce serait une prétention très déraisonnable de vouloir m'obliger, ou à ne pas croire ce contrat antidaté, ou à reconnaître que j'avais tort de supposer que les autres où je ne voyais pas les mêmes marques de fausseté ne l'étaient pas, puisqu'ils pouvaient l'être comme celui-là.

On peut appliquer tout ceci à des matières qui causent souvent des disputes parmi les doctes. On demande si un livre est véritablement d'un auteur dont il a toujours porté le nom ; ou si les actes d'un concile sont vrais ou supposés.

Il est certain que le préjugé est pour l'auteur, qui est depuis longtemps en possession d'un ouvrage, et pour la vérité des actes d'un concile que nous lisons tous les jours, et qu'il faut des raisons considérables pour nous faire croire le contraire, nonobstant ce préjugé.

C'est pourquoi un fort habile homme de ce temps ayant voulu

montrer que la lettre de saint Cyprien au pape Etienne, sur le sujet de Martien, évêque d'Arles, n'est pas de ce saint martyr, il n'en a pu persuader les savants, ses conjectures ne leur ayant pas paru assez fortes pour ôter à saint Cyprien une pièce qui a toujours porté son nom, et qui a une parfaite ressemblance de style avec ses ouvrages.

C'est en vain aussi que Blondel et Saumaise, ne pouvant répondre à l'argument qu'on tire des lettres de saint Ignace pour la supériorité de l'évêque au-dessus des prêtres dès le commencement de l'Église, ont voulu prétendre que toutes ces lettres étaient supposées, selon même qu'elles ont été imprimées par Isaac Vossius et Ussérius sur l'ancien manuscrit grec de la bibliothèque de Florence; et ils ont été réfutés par ceux même de leur parti, parce qu'avouant, comme ils font, que nous avons les mêmes lettres qui ont été citées par Eusèbe, par saint Jérôme, par Théodoret, et même par Origène, il n'y a nulle apparence que les lettres de saint Ignace, ayant été recueillies par saint Polycarpe, ces véritables lettres soient disparues, et qu'on en ait supposé d'autres dans le temps qui s'est passé entre saint Polycarpe et Origène, ou Eusèbe; outre que ces lettres de saint Ignace, que nous avons maintenant, ont un certain caractère de sainteté et de simplicité si propre à ces temps apostoliques, qu'elles se défendent toutes seules contre ces vaines accusations de supposition et de fausseté.

Enfin, toutes les difficultés que le cardinal du Perron a proposées contre la lettre du concile d'Afrique au pape saint Célestin, touchant les appellations au saint-siége, n'ont point empêché que l'on n'ait cru depuis, comme auparavant, qu'elle a été véritablement écrite par ce concile.

Mais il y a néanmoins d'autres rencontres où les raisons particulières l'emportent sur cette raison générale d'une longue possession.

Ainsi, quoique la lettre de saint Clément à saint Jacques, évêque de Jérusalem, ait été traduite par Ruffin, il y a près de treize cents ans, et qu'elle soit alléguée comme étant de saint Clément par un concile de France, il y a plus de douze cents ans, il est toutefois difficile de ne pas avouer qu'elle est supposée, puisque ce saint évêque de Jérusalem ayant été martyrisé avant saint Pierre, il est impossible que saint Clément lui ait écrit depuis la mort de saint Pierre, comme le suppose cette lettre.

De même, quoique les commentaires sur saint Paul, attribués à saint Ambroise, aient été cités sous son nom par un très grand nombre d'auteurs, et l'œuvre imparfait sur saint Mathieu sous celui de saint Chrysostome, tout le monde néanmoins convient aujourd'hui qu'ils ne sont pas de ces saints, mais d'autres auteurs anciens engagés dans beaucoup d'erreurs.

Enfin, les Actes que nous voyons dans les conciles de Sinuesse sous Marcellin, de deux ou trois de Rome sous saint Sylvestre, et d'un autre de Rome sous Sixte III, seraient suffisants pour nous persuader de la vérité de ces conciles, s'ils ne contenaient rien que de raisonnable, et qui eût du rapport au temps qu'on attribue à ces conciles; mais ils en contiennent tant de déraisonnables, et qui ne conviennent point à ces temps-là, qu'il y a grande apparence qu'ils sont faux et supposés.

Voilà quelques remarques qui peuvent servir en ces sortes de jugements : mais il ne faut pas s'imaginer qu'elles soient de si grand usage qu'elles empêchent toujours qu'on ne s'y trompe. Tout ce qu'elles peuvent au plus, est de faire éviter les fautes les plus grossières, et d'accoutumer l'esprit à ne pas se laisser emporter par des lieux communs, qui, ayant quelque vérité en général, ne laissent pas d'être faux en beaucoup d'occasions particulières, ce qui est une des plus grandes sources des erreurs des hommes.

CHAPITRE XVI.

Du jugement que l'on doit faire des accidents futurs.

Ces règles, qui servent à juger des faits passés, peuvent facilement s'appliquer aux faits à venir : car, comme l'on doit croire probablement qu'un fait est arrivé, lorsque les circonstances certaines que l'on connaît sont ordinairement jointes avec ce fait, on doit croire aussi probablement qu'il arrivera, lorsque les circonstances présentes sont telles, qu'elles sont ordinairement suivies d'un tel effet. C'est ainsi que les médecins peuvent juger du bon ou du mauvais succès des maladies, les capitaines, des événements futurs d'une guerre, et que l'on juge dans le monde de la plupart des affaires contingentes.

Mais, à l'égard des accidents où l'on a quelque part, et que l'on peut, ou procurer ou empêcher en quelque sorte par ses soins, en s'y exposant ou en les évitant, il arrive à bien des gens de tomber dans une illusion qui est d'autant plus trompeuse qu'elle leur paraît plus raisonnable. C'est qu'ils ne regardent que la grandeur et la conséquence de l'avantage qu'ils souhaitent, ou de l'inconvénient qu'ils craignent, sans considérer en aucune sorte l'apparence et la probabilité qu'il y a que cet avantage ou cet inconvénient arrive, ou n'arrive pas.

Ainsi, lorsque c'est quelque grand mal qu'ils appréhendent, comme la perte de la vie ou de tout leur bien, ils croient qu'il est de la prudence de ne négliger aucune précaution pour s'en garantir ; et si c'est quelque grand bien, comme le gain de cent mille écus, ils croient que c'est agir sagement que de tâcher de l'obtenir si le hasard en coûte peu, quelque peu d'apparence qu'il y ait qu'on y réussisse.

C'est par un raisonnement de cette sorte qu'une princesse ayant ouï dire que des personnes avaient été accablées par la chute d'un plancher, ne voulait jamais ensuite entrer dans une maison, sans l'avoir fait visiter auparavant ; et elle était tellement persuadée qu'elle avait raison, qu'il lui semblait que tous ceux qui agissaient autrement étaient imprudents.

C'est aussi l'apparence de cette raison qui engage diverses personnes en des précautions incommodes et excessives pour conserver leur santé. C'est ce qui en rend d'autres défiantes jusqu'à l'excès dans les plus petites choses, parce qu'ayant été quelquefois trompées, elles s'imaginent qu'elles le seront de même dans toutes les autres affaires : c'est ce qui attire tant de gens aux loteries : gagner, disent-ils, vingt mille écus pour un écu, n'est-ce pas une chose bien avantageuse ? Chacun croit être cet heureux à qui le gros lot arrivera ; et personne ne fait réflexion que s'il est, par exemple, de vingt mille écus, il sera peut-être trente mille fois plus probable pour chaque particulier qu'il ne l'obtiendra pas, que non pas qu'il l'obtiendra.

Le défaut de ces raisonnements est que, pour juger de ce que l'on doit faire pour obtenir un bien, ou pour éviter un mal, il ne faut pas seulement considérer le bien et le mal en soi, mais aussi la probabilité qu'il arrive ou n'arrive pas, et regarder géométriquement la proportion que toutes ces choses ont ensemble ; ce qui peut être éclairci par cet exemple [109].

Il y a des jeux où dix personnes mettant chacune un écu, il n'y en a qu'une qui gagne le tout, et toutes les autres perdent ; ainsi chacun des joueurs n'est au hasard que de perdre un écu, et peut en gagner neuf. Si l'on ne considérait que le gain et la perte en soi, il semblerait que tous y ont de l'avantage ; mais il faut de plus considérer que si chacun peut gagner neuf écus, et n'est au hasard que d'en perdre un, il est aussi neuf fois plus probable, à l'égard de chacun, qu'il perdra son écu et ne gagnera pas les neuf,

Ainsi, chacun a pour soi neuf écus à espérer, un écu à perdre, neuf degrés de probabilité de perdre un écu, et un seul de gagner les neuf écus ; ce qui met la chose dans une parfaite égalité.

Tous les jeux qui sont de cette sorte sont équitables, autant que les jeux peuvent l'être, et ceux qui sont hors de cette proportion sont manifestement injustes : et c'est par là qu'on peut faire voir qu'il y a une injustice évidente dans ces espèces de jeux qu'on appelle loteries, parce que le maître de loterie prenant d'ordinaire sur le tout une dixième partie pour son préciput, tout le corps des joueurs est dupé de la même manière que si un homme jouait à un jeu égal, c'est-à-dire, où il y a autant d'apparence de gain que de perte, dix pistoles contre neuf. Or, si cela est désavantageux à tout le corps, cela l'est aussi à chacun de ceux qui le composent, puisqu'il arrive de là que la probabilité de la perte surpasse plus la probabilité du gain, que l'avantage qu'on espère ne surpasse le désavantage auquel on s'expose, qui est de perdre ce qu'on y met.

Il y a quelquefois si peu d'apparence dans le succès d'une chose, que, quelque avantageuse qu'elle soit, et quelque petite que soit celle que l'on hasarde pour l'obtenir, il est utile de ne pas la hasarder. Ainsi, ce serait une sottise de jouer vingt sols contre dix millions de livres, ou contre un royaume, à condition que l'on ne pourrait le gagner, qu'au cas qu'un enfant arrangeant au hasard les lettres d'une imprimerie, composât tout d'un coup les vingt premiers vers de l'Énéide de Virgile : aussi, sans qu'on y pense, il n'y a point de moment dans la vie où l'on ne la hasarde plus qu'un prince ne hasardera son royaume en le jouant à cette condition [109].

Ces réflexions paraissent petites, et elles le sont en effet si on en demeure là ; mais on peut les faire servir à des choses plus importantes ; et le principal usage qu'on doit en tirer, est de nous rendre plus raisonnables dans nos espérances et dans nos craintes. Il y a, par exemple, beaucoup de personnes qui sont dans une frayeur excessive lorsqu'elles entendent tonner. Si le tonnerre les fait penser à Dieu et à la mort, à la bonne heure ; on n'y saurait trop penser ; mais si c'est le seul danger de mourir par le tonnerre qui leur cause cette appréhension extraordinaire, il est aisé de leur faire voir qu'elle n'est pas raisonnable ; car de deux millions de personnes, c'est beaucoup s'il y en a une qui meure de cette manière, et on peut dire même qu'il n'y a guère de mort violente qui soit moins commune. Puis donc que la crainte du mal doit être proportionnée, non-seulement à la grandeur du mal, mais aussi à la probabilité de l'événement, comme il n'y a guère de genre de mort plus rare que de mourir par le tonnerre, il n'y en a guère aussi qui dût nous causer moins de crainte, vu même que cette crainte ne sert de rien pour nous le faire éviter.

C'est par là non-seulement qu'il faut détromper ces personnes qui apportent des précautions extraordinaires et importunes pour conserver leur vie et leur santé, en leur montrant que ces précautions sont un plus grand mal que ne peut être le danger si éloigné de l'accident qu'elles craignent ; mais qu'il faut aussi désabuser tant de personnes qui ne raisonnent guère autrement dans leurs entreprises qu'en cette manière : Il y a du danger en cette affaire, donc elle est mauvaise ; il y a de l'avantage dans celle-ci, donc elle est bonne ; puisque ce n'est ni par le danger, ni par les avantages, mais par la proportion qu'ils ont entre eux qu'il faut en juger.

Il est de la nature des choses finies de pouvoir être surpassées, quelque grandes qu'elles soient, par les plus petites, si on les multiplie souvent, ou que ces petites choses surpassent plus les grandes en vraisemblance de l'événement, qu'elles n'en sont surpassées en grandeur. Ainsi, le moindre petit gain peut surpasser le plus grand qu'on puisse s'imaginer, si le petit est souvent réitéré, ou si ce grand bien est tellement difficile à obtenir, qu'il surpasse moins le petit en grandeur que le petit ne le surpasse en facilité ; et il en est de même des maux que l'on appréhende, c'est-à-dire que le moindre petit mal peut être plus considérable que le plus grand mal qui n'est pas infini, s'il le surpasse par cette proportion.

Il n'y a que les choses infinies, comme l'éternité et le salut, qui ne peuvent être égalées par aucun avantage temporel, et ainsi on ne doit jamais les mettre en balance avec aucune des choses du monde. C'est pourquoi le moindre degré de facilité pour se sauver vaut mieux que tous les biens du monde joints ensemble ; et le moindre péril de se perdre est plus considérable que tous les maux temporels, considérés seulement comme maux.

Ce qui suffit à toutes les personnes raisonnables pour leur faire tirer cette conclusion, par laquelle nous finirons cette logique, que la plus grande de toutes les imprudences est d'employer son temps et sa vie à autre chose qu'à ce qui peut servir à en acquérir une qui ne finira jamais, puisque tous les biens et les maux de cette vie ne sont rien en comparaison de ceux de l'autre, et que le danger de tomber dans ces maux est très grand, aussi bien que la difficulté d'acquérir ces biens.

Ceux qui tirent cette conclusion et qui la suivent dans la conduite de leur vie, sont prudents et sages, fussent-ils peu justes dans tous les raisonnements qu'ils font sur les matières de science ; et ceux qui ne la tirent pas, fussent-ils justes dans tout le reste, sont traités dans l'Écriture de fous et d'insensés, et font un mauvais usage de la logique, de la raison et de la vie.

NOTES

SUR LA LOGIQUE.

(1) *Essais*, liv. II, ch. XII. Si Montaigne a le tort d'avoir pris parti pour Pyrrhon, il a du moins le mérite d'avoir relevé avec une rare finesse les contradictions et les inconséquences de la nouvelle Académie. « Cette inclination académique, dit-il, et cette propension à une proposition plutôt qu'à une autre, qu'est-ce autre chose que la recognoissance de quelque plus apparente vérité en celle-cy qu'en celle-là? Si notre entendement est capable de la forme, des linéaments, du port et du visage de la vérité, il la verroit entière, aussi bien que demie, naissante et imparfaicte..... Comment se laissent-ils plier à la vraisemblance, s'ils ne cognoissent le vray ? Comment cognoissent-ils la semblance de ce de quoy ils ne cognoissent pas l'essence ? Ou nous pouvons juger tout-à-faict, ou tout-à-faict nous ne le pouvons pas. »

(2) Érasme s'étant moqué de l'affectation de quelques savants d'Italie à n'employer que des termes de Cicéron, Jules Scaliger écrivit deux harangues où il l'accablait de grossières invectives. Érasme ne répondit pas à la première, et ne vit pas la seconde.

(3) Pierre Ramus, né dans le Vermandois, en 1502, suivant les uns, en 1515, suivant les autres, professa la philosophie et l'éloquence au collège de France. Il était protestant, et mourut assassiné dans la nuit de la Saint-Barthélemy. Par son enseignement et par ses livres dirigés contre Aristote, il préluda à la grande réforme accomplie un siècle plus tard par Bacon et Descartes.

(4) Théophraste Paracelse, né en Suisse en 1493, mort en 1541, médecin, alchimiste et thaumaturge célèbre par ses rêveries astrologiques et cabalistiques. — Jean-Baptiste Van-Helmont, né à Bruxelles en 1377,

mort à Vienne en 1644, sectateur de Paracelse, et auteur lui-même d'un système de philosophie naturelle, où quelques vues ingénieuses et exactes s'allient aux spéculations les plus bizarres sur l'homme et sur le monde. Son fils Fr. Mercurius donna beaucoup de développement à ses doctrines.

(5) Pascal développe admirablement cette idée dans le célèbre morceau *de l'Autorité en matière de Philosophie*, qui forme l'article 1er des *Pensées* dans l'édition publiée par Bossut.

(6) Arnauld nous paraît avoir ici en vue Hobbes et Gassendi, qui, dans leurs *Objections contre les Méditations de Descartes*, ont effectivement soutenu que nous n'avions pas l'idée de Dieu.

(7) Hobbes, *Objections contre les Méditations de Descartes*, Obj. IVe.

(8) Gassendi.

(9) Arnauld se montre ici beaucoup trop sévère à l'égard d'Aristote. Des philosophes récents ont jugé avec plus d'indulgence et d'impartialité le système des catégories. Voyez, entre autres, M. Cousin, *Fragments philosophiques*, préf. de la 1re édition ; *Introd. à l'Hist. de la Philos.*, leç. IVe ; et M. Barthélemy Saint-Hilaire, *de la Logique d'Aristote*, tome II, p. 323.

(10) Raymond Lulle naquit à Palma, dans l'île de Majorque, en 1234, et mourut en 1315. Il avait imaginé une sorte d'art universel qu'il appelait *Ars magna*, et au moyen duquel il prétendait résoudre toutes les questions scientifiques. Ses partisans prirent le nom de Lullistes,

(11) Cicéron, *Académiques*, liv. II, 20.

(12) La théorie des universaux a été exposée par Porphyre dans un traité intitulé : Εἰσαγωγὴ περὶ τῶν πεντὲ φονῶν. Ce traité sert d'introduction aux ouvrages logiques d'Aristote dans la plupart des éditions.

(13) L'étude des idées générales soulève une foule de questions qui sont loin d'avoir été épuisées par Arnauld. On peut suppléer à son silence par la lecture d'une excellente leçon de M. Laromiguière (*Leç. de Philos.*, Part. II, leç. XII), où se trouve résumé avec précision et méthode ce qu'il y a de meilleur sur la généralisation dans les ouvrages de Locke et de Condillac.

(14) Pomponace, philosophe italien, né à Mantoue en 1462, mort en 1525 ou 1530. Dans un traité *de l'Immortalité de l'âme*, publié à Bologne en 1516, il avança qu'on ne trouvait dans Aristote aucun argument propre à l'établir. Ce paradoxe dangereux fut vivement contesté, et faillit attirer une persécution à son auteur. Pomponace éluda les difficultés de ses adversaires en distinguant la vérité philosophique et la vérité religieuse. Le dix-huitième siècle a su faire son profit de cette distinction subtile, selon laquelle une chose peut être vraie pour la foi et fausse pour la raison.

(15) Malebranche (*Rech. de la Vérité*, liv. II, part. II, ch. 6) donne, d'après le jésuite La Cerda, une liste assez exacte des philosophes qui ont pris part à ce débat. Il est à remarquer que le plus profond et le plus savant

des commentateurs du Stagyrite, Alexandre d'Aphrodise, est favorable à l'opinion de Pomponace.

(16) Leibnitz (*Nouv. Essais sur l'Ent. hum.*, liv. II, ch. XXIX) admet également qu'une idée peut être à la fois claire et confuse.

(17) « Le vulgaire dit : le feu est chaud, la neige est froide, le sucre est doux ; nos sens nous l'attestent, et le nier est une absurdité. Les philosophes disent : le chaud, le froid, le doux, ne sont que des sensations en nous : supposer que ces sensations sont dans le feu, dans la neige, dans le sucre, c'est une absurdité. La contradiction est plus apparente que réelle : elle vient d'un abus de mots de la part des philosophes et d'une confusion d'idées de la part du vulgaire. Quand le philosophe dit qu'il n'y a point de chaleur dans le feu, qu'est-ce qu'il entend ? que le feu n'éprouve pas la sensation de la chaleur ; il a raison, et s'il prend la peine de s'expliquer, le vulgaire sera de son avis : mais il s'exprime mal, car il y a réellement dans le feu une qualité qu'on appelle *chaleur*, et les philosophes et le vulgaire désignent plus souvent par ce nom la qualité que la sensation. Les philosophes prennent donc le terme dans un sens et le vulgaire l'entend dans un autre. Dans le sens du vulgaire la proposition est absurde et le vulgaire soutient qu'elle l'est : dans le sens du vulgaire elle est vraie, et le vulgaire l'avouera aussitôt qu'il l'aura comprise : il sait très bien que le feu ne sent pas la chaleur, et c'est tout ce que le philosophe entend en disant qu'il n'y a pas de chaleur dans le feu. » Reid, *Essais sur les Facultés intellect.*, Ess. II, ch. XVII, OEuv. comp. t. III, p. 281.

(18) *Tusculanes*, I, 25.   (19) *Tusculanes*, I, 20.

(20) Si l'on compare cet excellent chapitre au IIIe livre de l'*Essai sur l'Entendement humain* de Locke, on verra qu'Arnauld a devancé le philosophe anglais sur la plupart des points importants.

(21) Voyez la note 17.

(22) « On assure, » dit Mackintosh (*Mélanges philosophiques*, trad. par Léon Simon, p. 109), « que Descartes combattit le premier l'erreur
« par laquelle *on cherche à définir des mots qui expriment des notions trop*
« *simples pour être susceptibles d'analyse*. Mais en examinant avec soin
« les passages de Descartes et de Locke qui se rapportent à cette question,
« nous pensons que c'est à ce dernier philosophe que l'on doit attribuer
« l'honneur de la découverte. » Ce n'est pas ici le lieu de discuter les titres de Descartes, mais il nous semble évident que la découverte attribuée à Locke par son savant compatriote est exposée fort au long et fort clairement dans la *Logique* de Port-Royal. Arnauld, du reste, ne fait que suivre Pascal. Voyez *Réflexions sur la Géométrie*, Pensées, art. II.

(23) Les Rose-Croix sont une secte d'illuminés dont l'origine, l'histoire et les dogmes sont encore assez peu connus. Ils se donnaient pour fondateur un gentilhomme allemand nommé Rosen Kreutz qui aurait vécu plus de cent ans (1378—1484), visité la Turquie et l'Arabie, et rapporté de

ses voyages des secrets merveilleux. Leur premier chef connu est un certain Valentin Andrea, auteur d'une *Confession de la Rose-Croix* (Confessio Roseæ Crucis), publiée en 1615.

(24) Robert Fludd, né dans le comté de Kent en 1574, mort en 1637, fut un savant médecin, mais un admirateur passionné de Paracelse dont il combina le système avec l'histoire de la création suivant les livres de Moïse. Tel est le fond de ses deux ouvrages, *Philosophia mosaïca* et *Historia macro-et-microcosmi metaphysica, physica et technica*.

(25) *Epistol. ad div.*, IX, 22. (26) Dans le tr. *de la Perp. de la Foi*.
(27) *In Verrem*, act. II, lib. I. (28) Évang. sel. S. Luc, ch. XXII.

(29) Jean Claude, le chef avoué du protestantisme en France sous le règne de Louis XIV, et le plus modéré comme le plus habile des écrivains de son parti.

(30) La *Grammaire générale* fut publiée quelques années avant l'*Art de penser*.

(31) Aristote, *de Interpret.*, III, 16.

(32) Buxtorf, un des plus célèbres grammairiens du xvie siècle. Il était né en Westphalie en 1564, et mourut à Bâle, sa patrie d'adoption, en 1629. On lui doit plusieurs ouvrages sur la langue hébraïque et la littérature des rabbins.

(33) La théorie du Verbe, exposée si diversement à l'époque où Arnauld écrivait, partage encore les grammairiens. Ne pouvant nous engager dans cette longue et épineuse discussion, nous renverrons à une note substantielle de M. Thurot, dans sa traduction de l'*Hermès* d'Harris, Paris, an IV, p. 91.

(34) Le jugement consiste dans l'affirmation d'une idée. La proposition qui est le jugement exprimé ne suppose donc que deux termes, l'un qui désigne l'idée, l'autre qui désigne l'affirmation. Le premier est le sujet, le second, le verbe *est*. Si la plupart des propositions renferment un troisième terme, l'attribut, c'est qu'en général l'esprit ne juge pas seulement de l'existence des choses, mais encore de leur manière d'être. Arnauld part de l'hypothèse que tout jugement est une perception de rapport, mais cette théorie, pour avoir été anciennement admise, n'en est pas mieux fondée. On en trouvera une critique aussi étendue que profonde dans le Cours de Philosophie de M. Cousin, *Hist. de la Philos. au* xviiie *siècle*, leç. 23 et 24.

(35) Cette division des propositions appartient à Aristote, *de Interpret.*, 7 et sqq.

(36) Horace, *Épodes*, II. (37) *Énéide*, I, v. 382.
(38) *Énéide*, I, v. 1 et sqq.

(39) Épicure n'a point placé le souverain bien dans la volupté du corps, mais dans les jouissances de l'esprit (Diogène Laerce, X, 136; Cicéron, *de Finibus*, I et II). Après tout, comme nous l'avons dit ailleurs, la doc-

trine d'Épicure, malgré ses raffinements, n'est toujours que l'égoïsme, c'est-à-dire un système également flétri par la nature et par la raison, où l'on échange des voluptés pour des voluptés, des tristesses pour des tristesses, des craintes pour des craintes, où la morale devient un calcul, la vertu une transaction, où il n'y a plus d'héroïsme parce qu'il n'y a plus de désintéressement.

(40) Actes des Apôtres, ch. XXIV, v. 27.

(41) Jean XII, élu pape en 956, à l'âge de 18 ans, fut déposé par un concile en 963, comme coupable d'épouvantables désordres, rentra l'année suivante à Rome où il se vengea cruellement de ses adversaires, et mourut cette année au milieu de nouveaux excès.

(42) Horace, *Odes*, liv. II, 10.   (43) *Id., ibid.*

(44) Horace, *Épîtres*, I, II, v. 48.   (45) *Ethic. Nicom.* IX, 9.

(46) *Énéide*, II, 79.   (47) Horace, *Épîtres*, I, 17.

(48) *Pharsale*, I, 451.

(49) Ce paradoxe a inspiré à Horace une de ses meilleures satires. *Serm.*, II, III,

(50) Horace, *Serm.*, I, **x**, v. 15. « La raison est peu pénétrante de sa nature et ne se fait pas jour aisément : il faut souvent qu'elle soit pour ainsi dire armée de la redoutable épigramme. La pointe française pique comme l'aiguille pour faire passer le fil. » De Maistre, *Soirées de Saint-Pétersbourg*, tome I, p. 436.

(51) Virgile, *Géorg.*, III, v. 513.   (52) *Ibid.*, III, v. 490.

(53) Sénèque ne fait que traduire dans ce passage une pensée d'Héraclite citée par Platon, *Cratyle*, p. 402 A. de l'édition de Henri Estienne.

(54) Ce renouvellement perpétuel du corps fournit une belle preuve de la spiritualité de l'âme. L'âme en effet est identique ; j'ai la certitude d'être aujourd'hui ce que j'étais hier, il y a un mois, il y a des années ; mes idées changent, mes facultés se développent ou s'altèrent, mes goûts et mes penchants se modifient ; mais la substance qui est le fond même de mon être et en qui réside ma personnalité, demeure invariable. Or, puisque le corps n'a qu'une identité apparente de forme, il est bien clair qu'il ne peut pas être cette substance.

(55) Dans le traité de la *Perpétuité de la Foi.*

(56) *Epist. ad Titum*, I, 15.   (57) *Épîtres, ibid.*

(58) *Sermones*, I, 3.

(59) Cette remarque peut servir à résoudre le sophisme célèbre du *Menteur*, que voici sous sa forme la plus simple : « Épiménide a dit : les « Crétois sont menteurs : or Épiménide était Crétois : donc Épiménide « était menteur ; donc Épiménide a menti en disant que les Crétois sont « menteurs ; donc les Crétois ne sont pas menteurs ; donc Épiménide qui « était Crétois n'a pas menti en disant que les Crétois sont menteurs, etc. » Si les Crétois sont en général menteurs, il ne s'ensuit pas que tous le

soient, et s'ils mentent le plus souvent, il ne s'ensuit pas qu'ils mentent toujours et sur toutes choses.

(60) *Epist. ad Rom.*, 5.
(61) *Serm.*, II, 1.
(62) Evang. sel. S. Matth., VII, 21.
(63) Psaume 142.
(64) Evan. sel. S. Mat., XXVI, 29.
(65) Genèse, 41.
(66) Prophétie de Daniel, 11.
(67) Prophétie d'Ézéchiel, 37.
(68) Genèse, XVII, 10.
(69) Evang. sel. S. Luc, XXII, 20.
(70) *Hist.*, I, 49.

(71) Le P. Buffier (*Cours de Sciences,* p. 880) a critiqué ce passage et, suivant nous, avec raison. Toute opinion, comme il le remarque, est sans doute conforme ou non conforme à son objet, et par conséquent vraie ou fausse sans milieu. Mais si on considère nos pensées dans leur rapport avec l'âme elle-même, on reconnaîtra que plusieurs ne nous paraissent pas assez évidentes pour les déclarer vraies, assez obscures pour les juger fausses, et qu'il convient de les appeler seulement vraisemblables ou probables.

(72) Voyez l'*Arithmétique* de Ramus.

(73) Jean Crassot, natif de Langres, mort en 1616, enseigna la philosophie pendant plus de trente ans dans l'Université de Paris. Il a laissé des *Éléments de Physique et de Logique* publiés après sa mort.

(74) « Rien n'est moins judicieux que de multiplier les classes au-delà du besoin... On veut éclairer les objets et l'on disperse les rayons de lumière. On veut soulager l'esprit, on le surcharge, on l'accable. Il y aurait ici moins d'inconvénients à pécher par défaut que par excès En divisant trop peu, nous ne voyons pas tout, il est vrai ; mais du moins ce que nous avons sous les yeux nous le voyons. En divisant trop au contraire, tout échappe au regard, tout se perd dans la confusion. » Laromiguière, *Leç. de Philos.*, part. II, leç. x.

(75) *Métaph.*, XI, p. 229 de l'édit. de Brandis.

(67) *De Generat.*, II, 2.

(77) Philosophe italien, né en 1568 en Calabre, mort à Paris en 1639, un des esprits les plus originaux du XVIe siècle.

(78) *De Gener.*, II, 2.
(79) *Metaph.*, V, p. 92.
(80) *De Animâ*, II, 1.

(81) C'est Aristote qui a posé le premier dans les *Premiers Analytiques*, I, 2 et suiv., les règles de la conversion des propositions exposées dans ce chapitre.

(82) Les règles du syllogisme ont été formulées par les scholastiques en huit vers latins que voici :

Terminus esto triplex medius majorque minorque,
Latius hunc quam præmissa conclusio non vult.
Nequaquam medium capiat conclusio fas est.

NOTES.

Aut semel aut iterum medius generaliter esto.
Utraque se præmissos negel nihil inde sequetur,
Nil sequitur geminis ex particularibus unquam.
Ambæ affirmantes nequeunt generare negantem.
Pejorem sequitur semper conclusio partem.

(83) Voyez au sujet de cette discussion une note de M. Barthélemy Saint-Hilaire, *de la Logique d'Aristote*, tome II, p. 342 et suiv.

(84) On peut pousser la réduction des règles du syllogisme plus loin que ne le fait Arnauld dans ce chapitre. Le vrai principe du raisonnement, c'est que tout ce qui se trouve dans le contenu se trouve dans le contenant, et que tout ce qui est hors du contenant est hors du contenu. Leibnitz paraît avoir entrevu cette vérité que le P. Buffier (*Cours de Sciences*, p. 766) et Euler (*Lettres à une Princesse d'Allemagne*, part. II, lett. 35 et suiv., édit. de Cournot), ont mise dans tout son jour.

(85) *Énéide*, XI, v. 32 et suiv.   (86) *Essais*, II, xii.

(87) Ramus est l'auteur d'une logique qui était en usage dans les écoles avant l'*Art de penser*. Arnauld y renvoie dans ce passage et dans quelques autres.

(88) Jean Clauberg, né à Chartres en 1625, mort en 1665, est un des esprits les plus distingués de l'école cartésienne : Leibnitz a même poussé l'enthousiasme pour son mérite jusqu'à le placer au-dessus de Descartes. De toutes les parties de la philosophie la logique est celle qu'il paraît avoir le plus cultivée. Je ne sache pas qu'on ait approfondi davantage la classification des erreurs et de leurs causes, la nature des opérations de l'âme, la théorie de la définition, et le sens réel ainsi que la nécessité et les avantages du doute cartésien. Les œuvres de Clauberg ont été publiées à Amsterdam en 1691.

(89) Cette division célèbre appartient à Aristote qui l'a exposée dans plusieurs de ses ouvrages et entre autres au Ier livre de sa *Métaphysique*.

(90) *Réfutations sophistiques*, ch. V.

(91) Tous les fragments qui nous restent de Parménide donnent raison à Aristote contre Arnauld. Voyez l'excellent travail de M. Fr. Riaux qui porte pour titre : *Dissertation sur Parménide d'Élée*.

(92) Pierre Bembo, né en 1470, mort en 1547, secrétaire de Léon X, puis cardinal, auteur de poésies latines, de sonnets à l'imitation de Pétrarque, et d'un grand nombre de lettres.

(93) Pic de la Mirandole, né en 1463, mort en 1494, un des promoteurs de la philosophie platonicienne au xve siècle. Il laissa un neveu du même nom qui marcha sur ses traces.

(94) Saint Augustin, *De Lib. Arbit.*, II, 3. Arnauld a déjà cité ce passage dans les *Objections contre les Méditations de Descartes*. Voyez plus haut, p. 2.

(95) La certitude peut provenir de différentes sources, porter sur différents objets : mais elle n'admet pas de degrés. Celle des sens est postérieure

à celle de la conscience, mais sans y être inférieure, et les spiritualistes qui prennent exclusivement parti pour la seconde ne sont ni plus sages ni mieux avisés que les matérialistes qui n'admettent que la première. C'est ce qu'il est superflu de vouloir prouver après Thomas Reid et l'Ecole écossaise.

(96) On peut rapprocher de ce passage un admirable morceau de Pascal : « Qu'est-ce que l'homme dans l'infini ? qui peut le comprendre ? etc. » *Pensées*, part. Ire, art. IV, 1.

(97) Ici s'arrête l'emprunt fait à Descartes. L'ouvrage d'où ce passage est tiré est le traité des *Règles pour la direction de l'esprit*.

(98) *Discours sur la Méthode*, part. Ire.

(99) Ces règles sont empruntées à Pascal, dans le morceau intitulé : *de l'Art de persuader*, qui est le troisième des *Pensées*.

(100) Cicéron, *de Finibus*, III, 25 et 26.

(101) Euclide, *Éléments*, lib. I, déf. VIII.

(102) *Ibid.*, V, déf. III.

(103) Clavius, savant mathématicien, né à Bamberg en 1581, mort à Rome en 1612.

(104) Simon Stevin a vécu dans la dernière partie du XVIe siècle et le commencement du XVIIe. On lui doit d'importants travaux qui ont enrichi la statique et l'hydrostatique d'un grand nombre de découvertes. Il a aussi laissé quelques ouvrages, entre autres un *Traité d'Arithmétique* d'où sont tirés les passages cités par Arnaud.

(105) C'est la thèse de Gassendi et de toute l'école empirique, celle que Locke a si longuement développée au Ier livre de l'*Essai sur l'Entendement humain*.

(106) Euclide, *Éléments*, liv. I, perp. 20.

(107) Ces *Éléments* sont d'Arnauld ; on les trouve au tome XL de ses *OEuvres complètes*.

(108) Montaigne, *Essais*, III, 11.

(109) A l'époque où parut l'*Art de penser*, il y avait peu d'années que Pascal et Fermat avaient appliqué l'analyse mathématique à l'appréciation des chances des jeux. Depuis, le calcul des probabilités a reçu des développements inespérés et acquis une importance considérable ; mais il s'est de plus en plus séparé de la logique, à laquelle il touche cependant par tant de côtés. Parmi le petit nombre de philosophes qui, à l'exemple d'Arnauld, y ont donné place dans leurs ouvrages, nous citerons : S'Gravesande, *Introd. à la Philos.*, liv. II, 27, 28, 29 ; Reid, *Ess. sur les Facult. int.*, VII, ch. III ; Prévost, *Essais de philos.*, tome II, p. 56—109, **Damiron,** *Logique,* IIe section, ch. III.

DES VRAIES

ET

DES FAUSSES IDÉES

Où l'on croit avoir démontré que ce qu'en dit l'auteur du livre de *la Recherche de la Vérité* n'est appuyé que sur de faux préjugés, et que rien n'est plus mal fondé que ce qu'il prétend : *que nous voyons toutes choses en Dieu.*

Je vous ai donné avis, Monsieur, du dessein que j'avais d'examiner le *Traité de la nature et de la grâce*, et de donner au public le jugement que j'en ferais. Je n'ai point douté que vous ne fissiez voir ma lettre à l'auteur du traité, et que vous ne jugeassiez bien, comme vous avez fait aussi, que c'était pour cela même que je l'avais écrite, m'étant persuadé qu'il était plus honnête et plus chrétien d'agir avec cette franchise, que d'attaquer un ami comme en cachette, et en lui dissimulant ce que je ne devais pas croire qui lui déplairait, puisqu'il aurait fallu pour cela que je l'eusse soupçonné de n'être pas sincère dans la profession qu'il fait d'aimer uniquement la vérité.

Je me sais bon gré de n'avoir pas eu cette pensée de notre ami, et j'apprends avec bien de la joie par votre réponse que je ne me suis pas trompé, quand j'ai cru qu'il était dans une disposition toute contraire à celle qui fait dire à saint Augustin, que celui-là s'aime d'un amour bien déréglé, qui aime mieux que les autres soient dans l'erreur, que non pas que l'on découvre qu'il y est lui-même : *Nimis perversè seipsum amat, qui alios vult errare, ut error suus lateat.* Car vous m'assurez que lui ayant fait voir ma première lettre, que vous aviez bien cru que j'avais écrite pour lui être montrée, il vous a témoigné être dans les mêmes sentiments que moi, pour ce qui regarde la manière d'écrire contre les opinions de nos amis ; et qu'il n'était point fâché que j'écrivisse contre son traité.

Je suis donc en repos de ce côté-là. Mais je crains que vous ne soyez surpris de voir que ce n'est pas encore l'ouvrage que vous attendiez, et que ce n'en peut être que le préambule. Voici ce qui en a été la cause.

Notre ami nous a avertis, dans la seconde édition de son *Traité de la nature et de la grâce,* que pour le bien entendre, il serait à propos que l'on sût les principes établis dans le livre de *la Recherche de la Vérité;* et il a marqué en particulier ce qu'il a enseigné *de la nature des idées,* c'est-à-dire de l'opinion qu'il a *que nous voyons toutes choses en Dieu.*

Je me suis donc mis à étudier cette matière, et m'y étant appliqué avec soin, j'ai trouvé si peu de vraisemblance, pour ne rien dire de plus fort, dans tout ce que notre ami enseigne sur ce sujet, qu'il m'a semblé que je ne pouvais mieux faire, que de commencer par-là à lui montrer qu'il a plus de sujet qu'il ne pense de se défier de quantité de spéculations qui lui ont paru certaines, afin de le disposer par cette expérience sensible à chercher plutôt l'intelligence des mystères de la grâce dans la lumière des saints, que dans ses propres pensées.

Je me persuade, Monsieur, que vous en conviendrez avec moi, quand vous aurez considéré combien il est différent de lui-même dans cette matière *des idées,* et combien y a peu suivi les règles qu'il donne aux autres pour raisonner avec justesse.

Vous en jugerez par la suite de ce traité. J'ajouterai seulement que si j'y ai donné quelque jour à une matière qui a paru jusqu'ici fort obscure et fort embrouillée, ce n'a été qu'en m'attachant d'une part aux notions claires et naturelles que tout le monde peut trouver dans soi-même, pour peu que l'on fasse d'attention à ce qui se passe dans son esprit, en observant de l'autre les règles suivantes, que j'ai cru à propos de mettre d'abord, afin que si on les approuve, on puisse entrer de soi-même dans les mêmes vérités en suivant le même chemin.

CHAPITRE PREMIER.

Règles qu'on doit avoir en vue pour chercher la vérité dans cette matière des idées et en beaucoup d'autres semblables.

Ces règles sont, ce me semble, si raisonnables, que je ne crois pas qu'il y ait aucun homme de bon sens qui ne les approuve, et qui au moins ne demeure d'accord qu'on ne saurait mieux faire que de les observer quand on le peut, et que c'est le vrai moyen d'éviter dans les sciences naturelles beaucoup d'erreurs, auxquelles on s'engage souvent sans y penser.

La première est de commencer par les choses les plus simples et les plus claires, et qui sont telles qu'on n'en peut douter pourvu qu'on y fasse attention.

La deuxième de ne point brouiller ce que nous connaissons clairement, par des notions confuses dont on voudrait que nous nous servissions pour l'expliquer davantage ; car ce serait vouloir éclairer la lumière par les ténèbres.

La troisième est de ne chercher point de raisons à l'infini, mais de demeurer à ce que nous savons être de la nature d'une chose, ou en être certainement une qualité : comme on ne doit point demander de raison pourquoi l'étendue est divisible, et que l'esprit est capable de penser, parce que la nature de l'étendue est d'être divisible, et que celle de l'esprit est de penser.

La quatrième est de ne point demander de définitions des termes qui sont clairs d'eux-mêmes, et que nous ne pourrions qu'obscurcir en les voulant définir, parce que nous ne pourrions les expliquer que par de moins clairs. Tels sont les mots de *penser* et d'*être* dans cette proposition : *Je pense, donc je suis.* De sorte que c'était une fort méchante objection que celle qui fut faite à M. Descartes en ces termes dans les sixièmes objections : « Afin que vous sa-
« chiez que vous pensez, et que vous puissiez conclure de là que
« vous êtes, vous devez savoir ce que c'est que penser, et ce que
« c'est qu'être : et ne sachant pas encore ni l'un ni l'autre, com-
« ment pouvez-vous être certain que vous êtes ; puisqu'en disant
« je pense, vous ne savez ce que vous dites, et que vous le savez
« aussi peu en disant : Donc je suis. » A quoi M. Descartes a répondu qu'il n'y a personne, qui ne sache assez ce que c'est que *penser* et ce que c'est qu'*être,* sans avoir besoin qu'on lui ait jamais défini ces mots, pour être très assuré qu'il ne se trompe pas, quand il dit : *Je pense, donc je suis*[1].

La cinquième est de ne pas confondre les questions où on doit répondre par la cause formelle, avec celles où on doit répondre par la cause efficiente ; et de ne pas demander de cause formelle de la cause formelle, ce qui est une source de beaucoup d'erreurs, mais répondre alors par la cause efficiente. On entendra mieux cela par un exemple. On me demande pourquoi ce morceau de plomb est rond, je puis répondre par la définition de la rondeur, (ce qui est répondre par la cause formelle) en disant que c'est parce que, si on conçoit des lignes droites, tirées de tous les points de la surface que l'on voudra à un certain point du dedans de ce morceau de plomb, elles sont toutes égales. Mais, si on continue à demander d'où vient que la surface extérieure de ce plomb est telle que je viens de dire, et qu'elle n'est pas disposée comme elle devrait être afin que ce plomb fût en cube, un péripatéticien en cherchera une autre cause formelle, en disant que c'est à cause que ce plomb a reçu une nouvelle qualité appelée rondeur, qui a été tirée du sein de sa matière pour le rendre rond, et qu'il n'a pas une autre qualité qui l'aurait déterminé à être cube. Mais le bon sens doit faire répondre par la cause efficiente, en disant que la surface extérieure de ce morceau de plomb est telle que l'on vient de dire, parce qu'étant fondu il a été jeté dans le moule creux, dont la surface concave était telle qu'il fallait pour rendre la convexe du plomb telle qu'il fallait, afin que de tous ses points, etc.

La sixième est de prendre bien garde de ne pas concevoir les esprits comme les corps, ni les corps comme les esprits, en attribuant aux uns ce qui ne convient qu'aux autres : comme quand on attribue aux corps la crainte du vide, et aux esprits d'avoir besoin de la présence locale de leurs objets pour les apercevoir.

La septième, de ne pas multiplier les êtres sans nécessité, ainsi qu'on fait si souvent dans la philosophie ordinaire ; comme lorsque, par exemple, on ne veut pas que les divers arrangements et configurations des parties de la matière suffisent pour faire une pierre, de l'or, du plomb, du feu, de l'eau, s'il n'y a encore une forme substantielle de pierre, d'or, de plomb, de feu, d'eau, réellement distinguée de tout ce que l'on peut concevoir d'arrangements et de configurations des parties de la matière.

Il reste maintenant de faire voir ce que je crois qu'on peut trouver facilement, en suivant ce peu de règles touchant la manière dont nous devons concevoir notre âme et ses opérations, quant à l'une de ses facultés, qui est l'entendement.

CHAPITRE II.

Des principales choses que chacun peut connaître de son âme en se consultant soi-même avec un peu d'attention.

Saint Augustin[2] a reconnu longtemps avant M. Descartes, que pour découvrir la vérité nous ne pouvions commencer par rien de plus certain que par cette proposition : *Je pense, donc je suis* : Et il rapporte à *je pense* toutes les différentes manières dont nous pensons, soit en sachant certainement quelque chose, ce qu'il appelle *intelligere*, soit en doutant, soit en nous ressouvenant. Car il est certain, dit-il, que nous ne pouvons rien faire de tout cela, que nous n'ayons en même temps des preuves certaines de notre existence. Et il conclut de là qu'afin que l'âme se connaisse, elle n'a qu'à se séparer des choses qu'elle peut séparer de sa pensée, et que ce qui restera sera ce qu'elle est : c'est-à-dire que l'âme ne peut être autre chose qu'une substance qui pense, ou qui est capable de penser. Il s'ensuit de là que nous ne pouvons bien connaître ce que nous sommes, que par une sérieuse attention à ce qui se passe en nous ; mais qu'il faut pour cela prendre un soin particulier de n'y rien mêler dont nous ne soyons certains, en nous consultant nous-mêmes, quand nous trouverions de la difficulté à l'expliquer par des mots qui, n'ayant ordinairement été inventés que par des hommes qui n'étaient attentifs qu'à ce qui se passait dans leur corps et dans ceux qui l'environnaient, n'ont été guère propres à attacher les opérations de leur esprit à des sens particuliers, qui nous fussent une occasion d'y penser.

Or, quand notre esprit, étant délivré des préjugés de l'enfance, est arrivé jusqu'à connaître que sa nature est de penser, il reconnaît facilement qu'il serait aussi déraisonnable de se demander pourquoi il pense, que si, au regard de l'étendue, il demandait pourquoi elle est divisible et capable de différentes figures et de différents mouvements ; car, comme il a été dit dans la règle 5, quand on est arrivé jusqu'à connaître la nature d'une chose, on n'a plus rien à chercher ni à demander quant à la cause formelle. Et ainsi je puis seulement me demander pourquoi mon esprit est, et pourquoi l'étendue est ; et alors je dois répondre par la cause efficiente, que c'est parce que Dieu a créé l'une et l'autre.

Comme donc il est clair *que je pense*, il est clair aussi que je pense à quelque chose, c'est-à-dire que je connais et que j'aperçois quelque chose ; car la pensée est essentiellement cela. Et ainsi, ne pouvant y avoir de pensée ou de connaissance sans objet connu, je ne puis non plus me demander à moi-même la raison pourquoi je pense à quelque chose, que pourquoi je pense, étant impossible de penser qu'on ne pense à quelque chose. Mais je puis bien me demander pourquoi je pense à une chose plutôt qu'à une autre.

Les changements, qui arrivent dans les substances simples ne font pas qu'elles soient autre chose que ce qu'elles étaient, mais seulement qu'elles sont d'une autre manière qu'elles n'étaient. Et c'est ce qui doit faire distinguer les choses ou les substances d'avec les modes, ou manières d'être, que l'on peut appeler aussi des modifications. Mais les vraies modifications ne se pouvant concevoir sans concevoir la substance dont elles sont modifications, si ma nature est de penser, et que je puisse penser à diverses choses, sans changer de nature, il faut que ces diverses pensées ne soient que différentes modifications de la pensée qui fait ma nature. Peut-être qu'il y a quelque pensée en moi qui ne change point et qu'on pourrait prendre pour l'essence de mon âme. (Ce n'est qu'un doute que je propose, car cela n'est point nécessaire à ce que j'ai à dire dans la suite.) J'en trouve deux qu'on pourrait croire être telles : la pensée de l'être universel et celle qu'a l'âme de soi-même ; car il semble que l'une et l'autre se trouvent dans toutes les autres pensées. Celle de l'être universel, parce qu'elles enferment toutes l'idée de l'être, notre âme ne connaissant rien que sous la notion d'être possible ou existant. Et la pensée que notre âme a de soi-même, parce que, quoi que ce soit que je connaisse, je connais que je le connais, par une certaine réflexion virtuelle qui accompagne toutes mes pensées.

Je me connais donc moi-même en connaissant toutes les autres choses. Et en effet, c'est par là principalement, ce me semble, que l'on doit distinguer les êtres intelligents de ceux qui ne le sont pas, de ce que les premiers *sunt conscia sui, et suæ operationis*, et les autres non. C'est-à-dire que les uns connaissent qu'ils sont et qu'ils agissent, et que les autres ne le connaissent point. Ce qui se dit plus heureusement en latin qu'en français.

Mais, quelque soin que nous prenions de nous consulter nous-mêmes, nous ne sentons point qu'il y ait autre chose dans les pensées de notre âme qui peuvent changer, et que nous jugeons par là n'en être que des modifications, que dans celles qui ne changent point. Car dans les unes et dans les autres nous ne voyons autre chose que la perception et la connaissance d'un objet. Nous ne ferions donc que nous embarrasser et nous éblouir, si nous voulions chercher comment la perception d'un objet peut être en nous, ou ce que l'on entend par là : parce que nous trouverons, si nous y voulons prendre garde, que c'est la même chose que de demander comment la matière peut être divisible ou figurée, ou ce que l'on entend par être divisible et figuré. Car, puisque la nature de l'esprit est d'apercevoir les objets, les uns nécessairement, pour parler ainsi, et les autres contingemment, il est ridicule de demander d'où vient que notre esprit aperçoit les objets, et ceux qui ne veulent pas voir ce que c'est qu'apercevoir les objets en se consultant eux-mêmes, je ne sais pas comment le leur faire mieux entendre.

Ainsi, au regard de la cause formelle de la perception des objets, il n'y a rien à demander, car rien ne peut être plus clair, pourvu qu'on ne s'arrête qu'à ce que l'on voit clairement dans soi-même, et qu'on n'y mêle point d'autres choses que l'on n'y voit point, mais qu'on s'est imaginé faussement y devoir être, ce qui a produit toutes les erreurs des hommes touchant leur âme, comme saint Augustin a très judicieusement remarqué dans le livre X de la Trinité.

Mais la seule question raisonnable, que l'on peut faire sur cela, ne peut regarder que la cause efficiente de nos perceptions contingentes, c'est-à-dire ce qui est cause que nous pensons tantôt à une chose et tantôt à une autre; car pour les nécessaires on ne peut douter que ce ne soit Dieu. Et c'est de quoi nous nous réservons à parler à la fin de ce traité.

CHAPITRE III.

Que l'auteur de *la Recherche de la Vérité* a parlé autrement des idées dans les deux premiers livres de son ouvrage, que dans le troisième, où il en traite exprès.

Ce que je viens de dire de l'âme et de ses perceptions est si conforme à nos notions naturelles, que l'auteur même de *la Recherche de la Vérité* en a parlé de la même sorte, quand il n'a consulté que les premières notions qui lui sont venues dans l'esprit sur cela, et qu'il ne les a point embrouillées par d'autres notions philosophiques, qu'il a cru trop facilement être véritables dans le fond, et n'avoir besoin que d'être rectifiées.

Voici donc premièrement ses sentiments purs et naturels touchant cette matière; et nous verrons qu'il y a très peu de chose qui ne se puisse très bien accorder avec ce que nous venons de dire, quoiqu'il y ait peut-être quelques expressions ambiguës, et qu'il a pu prendre dans le faux sens de ces idées mal entendues, mais qui de soi-même peuvent aussi être prises dans le sens de la vérité.

Il dit généralement, tout au commencement du livre III : « Que « si par l'essence d'une chose on entend ce que l'on conçoit le « premier dans cette chose, duquel dépendent toutes les modifi- « cations que l'on y remarque, on ne peut douter que l'essence de « l'esprit ne consiste dans la pensée. »

Mais il explique plus au long ce qui se passe dans notre âme, dans le chapitre I du livre I, en se servant de la comparaison de la matière avec l'esprit,

« La matière ou l'étendue renferme en elle deux propriétés ou
« deux facultés. La première faculté est celle de recevoir différen-
« tes figures : et la seconde est la capacité d'être mue. De même
« l'esprit de l'homme renferme deux facultés. La première, qui est
« *l'entendement*, est celle de recevoir plusieurs *idées*, c'est-à-dire
« d'apercevoir plusieurs choses. La seconde, qui est *la volonté*, est
« celle de recevoir plusieurs *inclinations*, ou de vouloir différentes
« choses. Nous expliquerons d'abord les rapports qui se trouvent
« entre la première des deux facultés qui appartiennent à la ma-
« tière, et la première de celles qui appartiennent à l'esprit. »

Remarquez bien ces paroles : « recevoir plusieurs idées, c'est-à-
« dire apercevoir plusieurs choses. » Car on n'aura besoin dans la
suite que de mettre cette définition en la place du défini, pour
ruiner la fausse notion des *idées* qu'il donne ailleurs, en voulant
que nous les concevions comme de certains *êtres représentatifs* des
objets, réellement distinguées des perceptions et des objets.

« L'étendue est capable de recevoir de deux sortes de figures.
« Les unes sont seulement extérieures, comme la rondeur à un
« morceau de cire : les autres sont intérieures, et ce sont celles qui
« sont propres à toutes les petites parties dont la cire est compo-
« sée ; car il est indubitable que toutes les petites parties qui com-
« posent un morceau de cire ont des figures fort différentes de
« celles qui composent un morceau de fer. J'appelle donc simple-
« ment *figure* celle qui est extérieure ; et j'appelle *configuration*
« la figure qui est intérieure, et qui est nécessairement propre à
« la cire, afin qu'elle soit ce qu'elle est.

« On peut dire de même que les idées de l'âme sont de deux
« sortes, en prenant le nom d'idée en général pour tout ce que
« l'esprit aperçoit immédiatement. Les premières nous représen-
« tent quelque chose hors de nous, comme celle d'un carré, d'une
« maison, etc. Les secondes ne nous représentent que ce qui se
« passe dans nous, comme nos sensations, la douleur, le plaisir,
« etc. Car on fera voir dans la suite que ces dernières idées ne
« sont rien autre chose qu'une manière de l'esprit ; et c'est pour
« cela que je les appellerai des *modifications* de l'esprit. »

Les définitions des mots sont libres. Il est fâcheux néanmoins
de donner à une espèce le nom du genre, et ne le point donner du
tout à l'autre espèce ; car cela peut empêcher qu'on ne considère
cette autre espèce comme ayant part à la notion du genre. Et ainsi,
pour éviter cet inconvénient, qu'il me soit permis aussi de faire
mon dictionnaire, et de dire que la perception d'un carré est une

modification de mon âme, aussi bien que la perception d'une couleur ; car la perception d'un carré est quelque chose à mon âme. Or, ce n'en est pas l'essence : c'en est donc une modification. De plus, selon cet auteur, la perception d'un carré est à mon âme ce que la figure est à l'étendue. Or, la figure est une modification de l'étendue : donc, recevoir l'idée d'un carré, c'est-à-dire, apercevoir un carré, est une modification de mon âme. Cependant il faut encore remarquer ici qu'il prend le mot d'idée pour *perception*, et non pour un certain *être représentatif*, dont il prétend ailleurs que nous avons besoin pour apercevoir les choses. Car il demeure d'accord dans le livre III, deuxième partie, chap. I, qu'au regard des sensations, c'est-à-dire dans la perception des couleurs, de la lumière, etc., l'âme n'a pas besoin de ces *êtres représentatifs*, et cependant il appelle ces perceptions des *idées*.

« On pourrait appeler aussi les inclinations de l'âme des modi-
« fications de la même âme. Car, puisqu'il est constant que l'incli-
« nation de la volonté est une manière d'être de l'âme, on pourrait
« l'appeler modification de l'âme. »

Cela me suffit. Quelque raison qu'il croie avoir de ne la pas appeler *modification*, ce m'est assez qu'elle en soit une, comme il l'avoue, pour la croire telle et l'appeler de ce nom.

Il dit ensuite que notre âme est entièrement passive au regard des perceptions, mais non au regard des inclinations. D'où j'aurais à tirer des conséquences très importantes, mais je les réserve pour un autre lieu, parce qu'elles ne regardent que la cause des idées, et non leur *nature*. Or, c'est de *la nature des idées* que je veux présentement vous entretenir. C'est pourquoi je me contente de vous faire remarquer que l'auteur de *la Recherche de la Vérité*, ayant souvent parlé de ces *idées* dans le premier chapitre de son livre, il a marqué en diverses manières que les *idées des objets* et les *perceptions des objets* étaient la même chose. Et ce qui est remarquable, afin qu'on ne croie pas que cela lui est échappé, c'est que dans la deuxième partie du livre II, il continue à prendre le mot d'*idée* dans la même notion, surtout dans le chap. III. Car, ce qu'il appelle dans le titre de ce chapitre « la liaison mutuelle des idées de l'esprit et des traces du cerveau, » il l'appelle dans le chapitre même « la correspondance naturelle et mutuelle des pensées de l'âme et des traces du cerveau. » Il croyait donc alors qu'*idées* étaient la même chose que *pensées*. Et on n'a aussi qu'à lire ce chapitre pour être convaincu qu'il y prend partout pour deux termes synonymes les *idées* et les *pensées*. Cependant il est clair que, quand il parle à fond de la *nature des idées* dans la deuxième partie du livre III, et dans les éclaircissements, ce ne sont plus les *pensées de l'âme* et les *perceptions des objets*, qu'il appelle *idées*, mais de certains *êtres représentatifs des objets*, différents de ces *perceptions*, qu'il dit « exister véritablement, et être « nécessaires pour apercevoir tous les objets matériels. »

Je veux bien ne me pas arrêter à la contradiction qui paraît en cela; car il pourrait n'y en avoir pas, mais seulement un manquement d'exactitude, en ce qu'il aurait pris un même mot en deux différentes manières, sans nous en avoir suffisamment avertis. Mais je soutiens deux choses :

La première, que les idées prises en ce dernier sens sont de vraies chimères qui, n'ayant été inventées que pour nous mieux faire comprendre comment notre âme, qui est immatérielle, peut connaître les choses matérielles que Dieu a créées, nous le fait si peu entendre, que le fruit de ces spéculations est de nous vouloir persuader, après un long circuit, que Dieu n'a donné aucun moyen à nos âmes d'apercevoir les corps réels et véritables qu'il a créés, mais seulement des corps intelligibles qui sont hors d'elles, et qui ressemblent aux corps réels.

La deuxième est que cet auteur, qui est l'homme du monde qui parle avec le plus de force contre ceux qui quittent les notions claires qu'ils trouvent en eux mêmes, pour suivre des notions confuses qui leur sont restées des préjugés de leur enfance, n'est tombé lui-même dans les pensées extraordinaires que j'entreprends de réfuter, que pour ne s'être pu défaire entièrement de ces préjugés, et en avoir retenu un faux principe qui lui est commun avec presque tous les philosophes de l'école, mais qui l'a mené dans des sentiments plus étranges que les autres, parce qu'il l'a poussé plus loin qu'eux : comme de plusieurs qui se sont détournés du vrai chemin, il n'y en a point qui s'égare davantage que celui qui court avec plus de force.

C'est par ce dernier, Monsieur, que je commencerai. Car on reconnaîtra plus facilement la fausseté des paradoxes qu'il a avancés sur cette matière, quand on en aura découvert la cause. Pardonnez-moi, Monsieur, si je me sers de termes si forts. Ce n'est, ce me semble, que l'amour de la vérité, et le désir de la faire mieux entendre qui m'y oblige, sans que je cesse pour cela d'avoir toujours beaucoup d'estime pour la personne que je réfute. Je trouve seulement en ceci un grand exemple de l'infirmité humaine, qui fait que des esprits, fort éclairés d'ailleurs et fort pénétrants, peuvent tomber en de fort grandes erreurs, en philosophant sur ces matières abstraites, sitôt qu'ils se sont laissés aller par mégarde à suivre comme vrai un principe commun, qu'ils n'ont pas pris assez de soin d'examiner, qui se trouve n'être pas vrai. Car la fausseté est féconde aussi bien que la vérité : un faux principe qu'on aura admis pour vrai, faute d'y avoir pris garde d'assez près, n'étant pas moins capable de nous engager en des opinions très absurdes, qu'un seul principe véritable et important est capable de nous découvrir beaucoup d'autres vérités.

CHAPITRE IV.

Que ce que l'auteur de *la Recherche de la Vérité* dit de *la nature des idées*, dans son troisième livre, n'est fondé que sur des imaginations, qui nous sont restées des préjugés de l'enfance.

Comme tous les hommes ont été d'abord enfants, et qu'alors ils n'étaient presque occupés que de leur corps et de ce qui frappait leurs sens, ils ont été longtemps sans connaître d'autre vue que la vue corporelle, qu'ils attribuaient à leurs yeux. Et ils n'ont pu s'empêcher de remarquer deux choses dans cette vue. L'une, qu'il fallait que l'objet fût devant nos yeux, afin que nous le pussions voir, ce qu'ils ont appelé *présence*; et c'est ce qui leur a fait regarder cette présence de l'objet comme une condition nécessaire pour voir. L'autre, qu'on voyait aussi quelquefois les choses visibles dans les miroirs, ou dans l'eau, ou d'autres choses qui nous le représentaient; et alors ils ont cru, quoique par erreur, que ce n'étaient pas les corps mêmes que l'on voyait, mais leurs images. Voilà la seule idée qu'ils ont eue longtemps de ce qu'ils ont appelé voir, d'où il est arrivé qu'ils se sont accoutumés, par une longue habitude, à joindre à l'idée de ce mot l'une ou l'autre de ces deux circonstances : de la présence de l'objet dans la vue directe, ou de voir seulement l'objet par son image, dans la vue réfléchie par des miroirs. Or, on sait assez la peine qu'on a de séparer les idées qui ont accoutumé de se trouver ensemble dans notre esprit, et que c'est une des causes les plus ordinaires de nos erreurs.

Mais les hommes avec le temps se sont aperçus, qu'ils connaissaient diverses choses qu'ils ne pouvaient voir par leurs yeux, ou parce qu'elles étaient trop petites, ou parce qu'elles n'étaient pas visibles, comme l'air, ou parce qu'elles étaient trop éloignées, comme les villes des pays étrangers où nous n'avons jamais été. C'est ce qui les a obligés de croire qu'il y avait des choses que nous voyions par l'esprit, et non par les yeux. Ils eussent mieux fait s'ils eussent conclu qu'ils ne voyaient rien par les yeux, mais tout par l'esprit, quoique en différentes manières. Mais il leur a fallu bien du temps pour en venir jusque-là. Quoi qu'il en soit, s'étant imaginé que la vue de l'esprit était à peu près semblable à celle qu'ils avaient attribuée aux yeux, ils n'ont pas manqué, comme c'est l'ordinaire, de transférer ce mot à l'esprit avec les mêmes conditions qu'ils s'étaient imaginé qui l'accompagnaient quand ils l'appliquaient aux yeux.

La première était la présence de l'objet. Car ils n'ont point douté, et ils ont pris pour un principe certain, aussi bien au regard de l'esprit que des yeux, qu'il fallait qu'un objet fût présent pour être vu. Mais quand les philosophes, c'est-à-dire ceux qui croyaient connaître mieux la nature que le vulgaire, et qui n'avaient pas laissé de se laisser prévenir par ce principe, sans l'avoir jamais bien examiné, ont voulu s'en servir pour expliquer la vue de l'esprit, ils se sont trouvés bien empêchés. Car quelques-uns avaient reconnu que l'âme était immatérielle, et les autres, qui la croyaient corporelle, la regardaient comme une matière subtile, enfermée dans le corps, dont elle ne pouvait pas sortir pour aller trouver les objets de dehors, ni les objets de dehors s'aller joindre à elle. Comment donc les pourra-t-elle voir, puisqu'un objet ne peut être vu s'il n'est présent? Pour sortir de cette difficulté, ils ont eu recours à l'autre manière de voir, qu'ils avaient aussi accoutumé d'appliquer à ce mot au regard de la vue corporelle, qui est de voir les choses, non par elles-mêmes, mais par leurs images, comme quand on voit les corps dans les miroirs. Car, comme j'ai déjà dit, ils croyaient, et presque tout le monde le croit encore, que ce ne sont pas alors les corps que l'on voit, mais seulement leurs images. Ils s'en sont tenus là, et ce préjugé a eu tant de force sur leur esprit, qu'ils n'ont pas cru qu'il y eût seulement le moindre sujet de douter que cela ne fût ainsi. De sorte que, le supposant comme une vérité certaine et incontestable, ils ne se sont plus mis en peine que de chercher quelles pouvaient être ces images ou ces *êtres représentatifs* des corps, dont l'esprit avait besoin pour apercevoir les corps.

Une autre chose, qui revient néanmoins à ce que nous venons de dire, et n'en est guère différente, a encore fortifié ce préjugé. C'est que nous avons une pente naturelle à vouloir connaître les choses par des exemples et des comparaisons, parce que, si on y prend garde, on reconnaîtra que l'on a toujours de la peine à croire ce qui est singulier, et dont on ne peut donner d'exemple. Lors donc que les hommes ont commencé à s'apercevoir que **nous voyons les choses par l'esprit**, au lieu de se consulter eux-mêmes, et de prendre garde à ce qu'ils voyaient clairement se passer dans leur esprit quand ils connaissaient les choses, ils se sont imaginé qu'ils l'entendraient mieux par quelque comparaison. Et parce que, depuis la plaie du péché, l'amour que nous avons pour le corps nous y applique davantage, ce qui nous fait croire que nous connaissons beaucoup mieux et plus facilement les choses corporelles que les spirituelles; c'est dans les corps qu'ils ont cru devoir chercher quelque comparaison propre à leur faire comprendre comment nous voyons par l'esprit tout ce que nous concevons, et principalement les choses matérielles. Et ils n'ont pas pris garde que ce n'était pas le moyen d'éclaircir, mais plutôt d'obscurcir ce qui leur eût été très clair, s'ils se fussent contentés de le considérer en eux-mêmes. Car l'esprit et le corps étant deux natures tout-à-fait distinctes et comme opposées, et dont par conséquent les propriétés ne doivent rien avoir de commun, on ne peut que se brouiller en voulant expliquer l'une par l'autre; et c'est aussi une des sources les plus générales de nos erreurs de ce qu'en mille rencontres nous appliquons au corps les propriétés de l'esprit, et à l'esprit les propriétés du corps[5].

Quoi qu'il en soit, ils n'ont pas été assez éclairés pour éviter cet écueil. Ils ont voulu à toute force avoir une comparaison prise du corps, pour faire mieux entendre (à ce qu'ils croyaient) et à eux-mêmes et aux autres, comment notre esprit pouvait voir les choses matérielles. Car c'est ce qu'ils trouvaient, et ce qu'on trouve encore de plus difficile à comprendre. Et ils n'ont pas eu de peine à la trouver. Elle s'est offerte comme d'elle-même, par cette autre prévention qu'il doit y avoir au moins beaucoup de ressemblance entre les choses qui ont un même nom. Or, ils avaient donné, comme j'ai déjà remarqué, le même nom à la vue corporelle et à la vue spirituelle, et c'est ce qui les a fait raisonner ainsi : Il faut qu'il se passe quelque chose d'à peu près semblable dans la vue de l'esprit que dans la vue du corps : or, dans cette dernière, nous ne pouvons voir que ce qui est présent, c'est-à-dire ce qui est devant nos yeux; ou si nous voyons quelquefois les choses qui ne sont pas devant nos yeux, ce n'est que par des images qui nous les représentent : il faut donc que c'en soit de même dans la vue de l'esprit. Il ne leur en a pas fallu davantage pour se faire un principe certain de cette maxime : Que nous ne voyons par notre esprit que les objets qui sont présents à notre âme : ce qu'ils n'ont pas entendu d'une *présence objective*, selon laquelle une chose n'est objectivement dans notre esprit que parce que notre esprit la connaît ; de sorte que ce n'est qu'exprimer la même chose diversement que de dire qu'une chose est objectivement dans notre esprit (et par conséquent *lui est présente*), et qu'elle est connue de notre esprit. Ce n'est pas ainsi qu'ils ont pris ce mot de *présence*; mais ils l'ont entendu d'une présence préalable à la perception de l'objet, et qu'ils ont jugée nécessaire afin qu'il fût en état de pouvoir être aperçu : comme ils avaient trouvé, à ce qu'il leur semblait, que cela était nécessaire dans la vue. Et de là ils ont passé bien vite dans l'autre principe : que tous les corps, que notre âme connaît, ne pouvant pas lui être présents par eux-mêmes, il fallait qu'ils lui fussent présents par des images qui les représentassent. Et les philosophes se sont encore plus fortifiés que le peuple dans cette opinion, parce qu'ils avaient la même pensée au regard de la vue corporelle, s'étant imaginé que nos yeux mêmes n'aperçoivent leurs objets que par des images qu'ils ont appelées espèces intentionnelles, dont ils croyaient avoir une preuve convaincante par ce qui arrive dans une chambre lorsque, l'ayant toute fermée, à la réserve d'un seul trou, et ayant mis au-devant de ce trou un verre en forme de lentille, on étend derrière à certaine distance un linge blanc, sur qui la lumière, qui vient de dehors, forme ces images, qui représentent parfaitement, à ceux qui sont dans la chambre, les objets de dehors qui sont vis-à-vis.

Ils ont donc reçu encore cet autre principe comme incontestable : que l'âme ne voit les corps que par des images ou espèces qui les représentent. Et ils ont tiré de là différentes conclusions, selon leur différente manière de philosopher, et quelques-uns de fort méchantes. Car voici comme raisonne M. Gassendi, ou plutôt ceux dont il propose les pensées comme des objections, auxquelles il souhaitait que M. Descartes satisfît : « Notre âme ne connaît
« les corps que par des idées qui les représentent : or, ces idées
« ne pourraient pas représenter des choses matérielles et étendues,
« si elles n'étaient elles-mêmes matérielles et étendues : elles le
« sont donc ; mais, afin qu'elles servent à l'âme à connaître les
« corps, il faut qu'elles soient présentes à l'âme, c'est-à-dire
« qu'elles soient reçues dans l'âme : or, ce qui est étendu ne peut
« être reçu que dans une chose étendue : donc il faut que l'âme
« soit étendue, et par conséquent corporelle [1]. » Quelque damnable

que soit cette conclusion, je ne vois pas qu'il soit facile de **ne la pas admettre**, si on en admet les principes, ce qui doit faire **juger** que ces principes ne sauraient être vrais.

Néanmoins, les autres philosophes, qui auraient eu horreur d'une telle conséquence, ont cru l'éviter, en disant que ces idées des corps sont d'abord matérielles et étendues, mais qu'avant que d'être reçues dans l'âme, elles sont spiritualisées, comme les matières grossières se subtilisent en passant par l'alambic. Je ne sais s'ils se servent de cette comparaison, mais c'est à quoi revient ce qu'ils disent, que « les idées des corps, qu'ils appellent « espèces impresses, étant d'abord matérielles et sensibles, sont « rendues intelligibles et immatérielles par l'intellect agent, et « que par là elles deviennent propres à être reçues dans l'intellect « patient. »

Je ne m'étonne pas que la plupart des philosophes, ayant raisonné de la sorte, après avoir reçu aveuglément ces deux principes comme incontestables : « Que l'âme ne pouvait apercevoir que « les objets qui lui étaient présents : et que les corps ne lui pou- « vaient être présents que par de certains êtres représentatifs « appelés idées ou espèces, qui tenaient leur place, leur étant « semblables, et qui, au lieu d'eux, étaient unis intimement à « l'âme ; » mais que l'auteur du livre de *la Recherche de la Vérité*, qui fait profession de suivre une route toute différente, les ait reçus aussi bien qu'eux sans autre examen, rien en vérité n'est **plus** étonnant.

Car il sait mieux que personne que la comparaison de la vue corporelle avec la spirituelle, sur laquelle apparemment tout cela est fondé, est fausse en toutes manières : non-seulement parce que c'est l'âme, et non pas les yeux qui voient, mais aussi parce que, quand ce serait les yeux qui verraient, ou l'âme autant qu'elle est dans les yeux, on ne trouverait rien dans cette vue qui pût servir à autoriser les deux choses que les philosophes de l'école prétendent se devoir trouver dans celle de l'esprit. La première est la présence de l'objet, qu'ils disent devoir être uni intimement à l'âme. Or, c'est tout le contraire dans la vue du corps. Car, quoi qu'en parlant populairement, on dise que l'objet doit être présent à nos yeux, afin que nous le voyions, ce qui a été la cause de l'erreur ; néanmoins, en parlant exactement et philosophiquement, **c'est tout l'opposé**. Il en doit être absent, puisqu'il en doit être éloigné, et que ce qui serait dans l'œil, ou trop près de l'œil, ne se pourrait voir.

Il en est de même de la deuxième condition, qui est de voir de certains êtres représentatifs, qui, étant semblables aux objets, nous les font connaître. Il sait bien que nos yeux ne voient rien de tel, ni notre âme par nos yeux. Il sait que quand on se voit dans un miroir, c'est soi-même que l'on voit, et non point son image. Il sait bien que ces petits êtres voltigeant par l'air, et dont il devrait être tout rempli, que l'école appelle des *espèces intentionnelles*, ne sont que des chimères. Et enfin il sait bien que, quoique les objets que nous regardons forment des images assez parfaites dans le fond de nos yeux, il est certain néanmoins que nos yeux ne voient ces petites images peintes dans la rétine, et que ce n'est point en cela qu'elles servent à la vision, mais d'une autre manière, que M. Descartes a expliqué dans sa dioptrique.

C'est donc assurément une chose fort surprenante, qu'ayant si bien connu la fausseté de tout ce qui a donné lieu à ces préjugés, il n'ait pas laissé d'en être si persuadé, qu'il les a pris sans hésiter pour les fondements inébranlables de tout ce qu'il avait à nous dire sur cette matière. Car c'est ce qu'il fait dans son livre III, part. II, qui est *De la nature des idées;* et dont le premier chapitre a pour titre : « Ce qu'on entend par idées. Qu'elles existent véritable-
« ment, et qu'elles sont nécessaires pour apercevoir les objets
« matériels. » Par où l'on voit ce qu'il a dessein de prouver ; et voici comme il s'y prend pour l'établir sur des principes certains.

« Je crois, dit-il, que tout le monde tombe d'accord (voilà
« comme parlent tous ceux qui veulent que l'on juge des choses
« par les préjugés ordinaires) que nous n'apercevons point les
« objets qui sont hors de nous par eux-mêmes. Nous voyons le
« soleil, les étoiles, et une infinité d'objets hors de nous ; et il n'est
« pas vraisemblable que l'âme sorte du corps, et qu'elle aille, pour
« ainsi dire, se promener dans les cieux, pour y contempler tous
« ces objets. Elle ne les voit donc point par eux-mêmes, et l'objet
« immédiat de notre esprit, lorsqu'il voit le soleil, par exemple,
« n'est pas le soleil, mais quelque chose qui est intimement uni à
« notre âme, et c'est ce que j'appelle idée. Ainsi, par ce mot idée,
« je n'entends ici autre chose que ce qui est l'objet immédiat, ou
« le plus proche de l'esprit, quand il aperçoit quelque chose. Il
« faut bien remarquer qu'afin que l'esprit aperçoive quelque objet,
« il est absolument nécessaire que l'idée de cet objet lui soit
« actuellement présente : il n'est pas possible d'en douter. »

Voilà, Monsieur, comme il entre en matière. Il n'examine pas si ce qu'il suppose comme indubitable, parce qu'on le croit ainsi d'ordinaire, doit être reçu sans examen. Il n'en doute point. Il le prend pour un de ces premiers principes qu'il ne faut qu'envisager avec un peu d'attention pour n'en point douter. Il ne se met donc point en peine de nous le persuader par aucune preuve. Il lui suffit de nous dire « qu'il croit que tout le monde en tombe d'accord. »

Cependant, vous voyez qu'après nous avoir fait entendre, dans le premier chapitre de tout son ouvrage, que *l'idée d'un objet* était la même chose que *la perception de cet objet*, il nous en donne ici toute une autre notion. Car ce n'est plus *la perception des corps* qu'il en appelle l'*idée :* mais c'est un certain *être représentatif* des corps, qu'il prétend être nécessaire pour suppléer à l'absence des corps, qui ne se peuvent unir intimement à l'âme, comme *cet être représentatif,* qui pour cette raison est « l'objet immédiat et le plus « proche de l'esprit, quand il aperçoit quelque chose. » Il ne dit pas qu'il est dans l'esprit, et qu'il en est une modification comme il devait dire, s'il n'avait entendu par là que la perception de l'objet, mais seulement qu'il est *le plus proche de l'esprit*, parce qu'il regarde cet *être représentatif* comme réellement distingué de notre esprit aussi bien que de l'objet.

Cela se voit encore en ce qu'il dit dans la parole suivante, que l'âme et tout ce qui est dans l'âme, comme ses pensées et ses manières de penser, se voit sans idées : ce qui serait une contradiction visible, si par *l'idée d'un objet*, on n'entendait autre chose *que la perception de cet objet*. Car ce serait dire que l'âme s'aperçoit sans s'apercevoir, et qu'elle se connaît sans se connaître. Il est donc clair qu'il a voulu marquer par là qu'afin que l'âme se connaisse elle n'a pas besoin d'un *être représentatif* qui supplée à son absence, parce qu'elle est toujours présente à soi-même.

Enfin, ce qu'il dit à la fin du chapitre montre assez que ce qu'il entend par ce mot *d'idée* en cet endroit ne peut être *la perception de l'objet*, mais un *être représentatif*, qui tient la place de l'objet dans la connaissance des choses matérielles, à cause qu'elles sont absentes, et que l'âme ne peut voir que ce qui lui est présent.

« Je parle principalement ici des choses matérielles, qui certai-
« nement ne peuvent s'unir à notre âme de la façon qui est néces-
« saire, afin qu'elle les aperçoive ; parce que, étant étendues et
« l'âme ne l'étant pas, il n'y a point de proportion entre elles. Outre
« que nos âmes ne sortent point du corps pour mesurer la gran-
« deur des cieux, et par conséquent elles ne peuvent voir les corps
« de dehors, que par des idées qui les représentent. C'est de quoi

« tout le monde doit tomber d'accord (a). » On ne pourrait parler avec plus de confiance, quand on n'aurait à proposer que des choses aussi claires que des axiomes de géométrie. Aussi poursuit-il du même ton :

« Nous assurons donc qu'il est absolument nécessaire que les
« idées que nous avons des corps et de tous les autres objets que
« nous n'apercevons point par eux-mêmes, viennent de ces mêmes
« corps et de ces objets : ou bien que notre âme ait la puissance
« de produire ces idées : ou que Dieu les ait produites avec elle en
« la créant, ou qu'il les produise toutes les fois qu'on pense à
« quelque objet : ou que l'âme ait en elle-même toutes les perfec-
« tions qu'elle voit dans ces corps : ou enfin qu'elle soit unie avec
« un être tout parfait, et qui renferme généralement toutes les
« perfections des êtres créés. »

Si ces prétendus *êtres représentatifs* des corps n'étaient pas de pures chimères, j'avouerais sans peine qu'il faudrait qu'ils se trouvassent dans notre âme par quelqu'une de ces cinq manières. Mais comme je suis persuadé qu'il n'y a rien de plus chimérique, j'ai le dernier étonnement de ce que notre ami, qui a détruit tant d'autres chimères semblables, ait pu donner dans celle-ci.

La conclusion a le même air de confiance, mais accompagnée de quelques termes modestes, dont ne laissent pas de se servir ceux qui sont le plus persuadés qu'ils n'avancent rien qui ne soit de la dernière clarté.

« Nous ne saurions voir les objets qu'en l'une de ces manières.
« Examinons quelle est celle qui semble la plus vraisemblable de
« toutes sans préoccupation, et sans nous effrayer de la difficulté
« de cette question : peut-être que nous la résoudrons assez clai-
« rement ; quoique nous ne prétendions pas donner ici des démon-
« strations incontestables pour toutes sortes de personnes, mais
« seulement des preuves très convaincantes pour ceux au moins
« qui les méditeront avec une attention sérieuse, car on passerait
« peut-être pour téméraire si l'on parlait autrement. »

Et moi, Monsieur, je ne crains point de passer pour témé- raire en vous disant deux choses. L'une que ces idées, prises pour des *êtres représentatifs*, distingués des perceptions, n'étant point nécessaires à notre âme pour voir les corps, il n'est par conséquent nullement nécessaire qu'elles soient en elle par aucune de ces

---

(a) Liv. III, deuxième partie, ch. I, p. 190.

cinq manières. L'autre que la moins vraisemblable de toutes ces manières, et par laquelle on peut le moins expliquer comment notre âme voit les corps, est celle que notre ami a préférée à toutes les autres.

CHAPITRE V.

Que l'on peut prouver géométriquement la fausseté des *idées*, prises pour des êtres *représentatifs*. Définitions, axiomes, demandes, pour servir de principes à ces démonstrations.

Je crois, Monsieur, pouvoir démontrer à notre ami la fausseté de ces *êtres représentatifs*, pourvu qu'il se veuille rendre de bonne foi à ce qu'il a lui-même dit tant de fois que l'on devait observer pour trouver la vérité de la métaphysique, aussi bien que dans les autres sciences naturelles, qui est de ne recevoir pour vrai que ce qui est clair et évident, et de ne se point servir de prétendues *entités*, dont nous n'avons point d'idées claires, pour expliquer les effets de la nature, soit corporelle, soit spirituelle. Je tenterai même de le prouver par la méthode des géomètres.

DÉFINITIONS.

1. J'appelle âme ou esprit la substance qui pense.
2. Penser, connaître, apercevoir, sont la même chose.
3. Je prends aussi pour la même chose *l'idée* d'un objet et la perception d'un objet. Je laisse à part s'il y a d'autres choses, à qui on puisse donner le nom *d'idée*. Mais il est certain qu'il y a des *idées* prises en ce sens, et que ces idées sont ou des attributs ou des modifications de notre âme.
4. Je dis qu'un objet est présent à notre esprit, quand notre esprit l'aperçoit et le connaît. Je laisse encore à examiner s'il y a une autre présence de l'objet préalable à la connaissance, et qui soit nécessaire, afin qu'il soit en état d'être connu. Mais il est certain que la manière dont je dis qu'un objet est présent à l'esprit, quand il en est connu, est incontestable, et que c'est ce qui fait dire qu'une personne que nous aimons nous est souvent présente à l'esprit, parce que nous y pensons souvent.
5. Je dis qu'une chose est *objectivement* dans mon esprit, quand je la conçois. Quand je conçois le soleil, un carré, un son, le soleil, le carré, ce son, sont objectivement dans mon esprit, soit qu'ils soient ou qu'ils ne soient pas hors de mon esprit.
6. J'ai dit que je prenais pour la même chose *la perception* et

l'idée. Il faut néanmoins remarquer que cette chose, quoique unique, a deux rapports, l'un à l'âme qu'elle modifie, l'autre à la chose aperçue, en tant qu'elle est objectivement dans l'âme ; et que le mot *de perception* marque plus directement le premier rapport, et celui *d'idée* le dernier. Ainsi *la perception* d'un carré marque plus directement mon âme comme apercevant un carré : et *l'idée* d'un carré marque plus directement le carré, en tant qu'il est *objectivement* dans mon esprit. Cette remarque est très importante pour résoudre beaucoup de difficultés qui ne sont fondées que sur ce qu'on ne comprend pas assez que ce ne sont point deux entités différentes, mais une même modification de notre âme, qui enferme essentiellement ces deux rapports ; puisque je ne puis avoir de perception qui ne soit tout ensemble la perception de mon esprit comme apercevant, et la perception de quelque chose comme aperçue, et que rien aussi ne peut être objectivement dans mon esprit (qui est ce que j'appelle *idée*) que mon esprit ne l'aperçoive.

7. Ce que j'entends par les *êtres représentatifs,* en tant que je les combats comme des entités superflues, ne sont que ceux que l'on s'imagine être réellement distingués des idées prises pour des perceptions. Car je n'ai garde de combattre toutes sortes d'êtres ou de modalités *représentatives :* puisque je soutiens qu'il est clair, à quiconque fait réflexion sur ce qui se passe dans son esprit, que toutes nos perceptions sont des modalités essentiellement *représentatives.*

8. Quand on dit que nos idées et nos perceptions (car je prends cela pour la même chose) nous représentent les choses que nous concevons et en sont les images, c'est dans tout un autre sens que lorsqu'on dit que les tableaux représentent leurs originaux et en sont les images, ou que les paroles prononcées ou écrites sont les images de nos pensées. Car, au regard des idées, cela veut dire que les choses que nous concevons sont *objectivement* dans notre esprit et dans notre pensée. Or, cette *manière d'être objectivement dans l'esprit* est si particulière à l'esprit et à la pensée, comme étant ce qui en fait particulièrement la nature, qu'en vain on chercherait rien de semblable en tout ce qui n'est pas esprit et pensée. Et c'est, comme j'ai déjà remarqué, ce qui a brouillé toute cette matière des *idées* de ce qu'on a voulu expliquer par des comparaisons, prises des choses corporelles, la manière dont les objets sont représentés par nos idées, quoiqu'il ne puisse y avoir sur cela aucun vrai rapport entre les corps et les esprits.

9. Quand je dis que *l'idée* est la même chose que la *perception*, j'entends par la perception tout ce que mon esprit conçoit, soit par la première appréhension qu'il a des choses, soit par les jugements qu'il en fait, soit par ce qu'il en découvre en raisonnant. Et ainsi, quoiqu'il y ait une infinité de figures dont je ne connais la nature que par de longs raisonnements, je ne laisse pas, lorsque je les ai faits, d'avoir une idée aussi véritable de ces figures que j'en ai du cercle ou du triangle, que je puis concevoir d'abord. Et, quoique peut-être ce ne soit aussi que par raisonnement que je suis entièrement assuré qu'il y a véritablement hors de mon esprit une terre, un soleil et des étoiles, l'idée, qui me représente la terre, le soleil et les étoiles, comme étant vraiment existant hors de mon esprit, n'en mérite pas moins le nom d'idée que si je l'avais eue sans avoir eu besoin de raisonner.

10. Il y a encore une autre équivoque à démêler ; c'est qu'il ne faut pas confondre *l'idée d'un objet* avec *cet objet conçu*, à moins qu'on n'ajoute *en tant qu'il est objectivement dans l'esprit*. Car être conçu, au regard du soleil qui est dans le ciel, n'est qu'une dénomination extrinsèque, qui n'est qu'un rapport à la perception que j'en ai. Or ce n'est pas cela que l'on doit entendre, quand on dit que *l'idée du soleil est le soleil même, en tant qu'il est objectivement dans mon esprit*. Et ce qu'on appelle *être objectivement dans l'esprit* n'est pas seulement être l'objet, qui est le terme de ma pensée, mais c'est être dans mon esprit *intelligiblement*, comme les objets ont accoutumé d'y être ; et l'idée du soleil *est le soleil, en tant qu'il est dans mon esprit*, non formellement comme il est dans le ciel, mais *objectivement*, c'est-à-dire en la manière que les objets sont dans notre pensée, ce qui est une manière d'être beaucoup plus imparfaite que n'est celle par laquelle le soleil est réellement existant, mais qu'on ne peut pas dire néanmoins n'être rien et n'avoir pas besoin de cause.

11. Quand je dirai que l'âme fait ceci ou cela et qu'elle a la faculté de faire ceci ou cela, j'entends par le mot de *faire* la perception qu'elle a des objets, qui est une de ses modifications, sans me mettre en peine de la cause efficiente de cette modification, c'est-à-dire si c'est Dieu qui la lui donne ou si elle se la donne à elle-même ; car cela ne regarde point la nature des *idées*, mais seulement leur origine, qui sont des questions toutes différentes.

12. J'appelle *faculté* le pouvoir que je sais certainement qu'a une chose, ou spirituelle ou corporelle, ou d'agir, ou de pâtir,

ou d'être d'une telle ou telle manière, c'est-à-dire d'avoir une telle ou telle modification.

13. Et quand cette *faculté* est certainement une propriété de la nature de cette chose, je dis alors qu'elle la tient de l'auteur de sa nature, qui ne peut être que Dieu.

AXIOMES.

1. On ne doit recevoir pour vrai, quand on prétend savoir les choses par science, que ce que l'on conçoit clairement.

2. Rien ne nous doit faire douter de ce que nous savons avec une entière certitude, quelques difficultés qu'on nous puisse proposer contre.

3. C'est un visible renversement d'esprit de vouloir expliquer ce qui est clair et certain par des choses obscures et incertaines.

4. On doit rejeter comme imaginaires de certaines *entités* dont on n'a aucune idée claire, et qu'on voit bien qu'on n'a inventées que pour expliquer des choses qu'on s'imaginait ne pouvoir bien comprendre sans cela.

5. Et cela est encore plus indubitable quand on les peut fort bien expliquer sans ces *entités* inventées par les nouveaux philosophes.

6. Rien ne nous est plus certain que la connaissance que nous avons de ce qui se passe dans notre âme, quand nous nous arrêtons là. Il m'est très certain, par exemple, que je conçois des corps quand je crois concevoir des corps, quoiqu'il puisse n'être pas certain que les corps que je conçois, ou soient véritablement, ou soient tels que je les conçois.

7. Il est certain, ou par la raison, en supposant que Dieu ne saurait être trompeur, ou au moins par la foi, que j'ai un corps, et que la terre, le soleil, la lune, et beaucoup d'autres corps que je connais comme existants hors de mon esprit, existent véritablement hors de mon esprit.

8. La conséquence est nécessaire de l'acte au pouvoir, c'est-à-dire, qu'il est certain que qui fait une chose (prenant largement le mot de faire selon la onzième définition) a le pouvoir de la faire, et par conséquent que l'on doit dire qu'il a cette faculté selon la douzième définition.

DEMANDES.

Je demande que chacun fasse une sérieuse réflexion sur ce qui se passe dans son esprit lorsqu'il connaît diverses choses, en considérant tout ce qu'il y remarquera par une simple vue, sans raisonner ni chercher ailleurs des comparaisons prises des choses corporelles, et en ne s'arrêtant que sur ce qu'il verra être si certain qu'il n'en puisse douter.

Et si quelqu'un ne le peut pas faire de lui-même, je lui demande qu'il me suive et qu'il examine de bonne foi si ce que je dirai m'être clair ne lui sera pas aussi clair et certain.

1. Je suis assuré que je suis, parce que je pense, et qu'ainsi je suis une substance qui pense.

2. Je suis plus certain que je suis, que je ne le suis que j'ai un corps, ou qu'il y a d'autres corps. Car je pourrais douter qu'il y a des corps, que je ne pourrais pas pour cela douter que je ne fusse.

3. Je connais l'être parfait, l'être même, l'être universel, et ainsi je ne puis douter que je n'en aie l'idée, en prenant *l'idée d'un objet* pour *la perception d'un objet*, selon la troisième définition.

4. Je suis assuré que je connais des corps, quand je pourrais douter s'il y en a qui existent; car il me suffit que je les connaisse comme possibles; et quand je connaîtrais un corps comme existant qui ne le serait pas, je me tromperais en cela; mais il ne serait pas moins vrai que ce corps serait objectivement dans mon esprit, quoiqu'il n'existât pas hors de mon esprit, et ainsi je le connaîtrais selon la quatrième définition.

5. Quand mes sens ne pourraient m'assurer de l'existence des choses matérielles, la raison m'en assurerait, en ajoutant à mes sentiments que Dieu ne saurait être trompeur. Et si je n'en étais pas entièrement assuré par la raison, je le saurais au moins par la foi (ce que je dis pour mettre la chose dans la dernière certitude, à l'égard même de l'auteur de *la Recherche de la Vérité*). Et par conséquent à moi, qui ai la foi outre la raison, il m'est très certain que quand je vois la terre, le soleil, les étoiles, des hommes qui m'entretiennent, ce ne sont point des corps ou des hommes imaginaires que je vois, mais les ouvrages de Dieu, et de véritables hommes que Dieu a créés comme moi. Et il ne m'importe qu'entre mille de ces objets il y en puisse avoir quelqu'un qui ne serait que dans mon esprit; il me suffit, pour ce que je prétends, que je ne puisse douter de quelque côté que me vienne cette certitude, de la raison ou de la foi, que pour l'ordinaire les corps que je crois voir sont de véritables corps qui existent hors de moi.

6. Il ne m'est pas moins certain que je connais une infinité d'objets en général, et non-seulement en particulier, comme le

nombre pair en général, ce qui comprend une infinité de nombres, un nombre carré en général, et ainsi des autres. Qu'il en est de même des corps, connaissant certainement un cube en général, un cylindre, une pyramide, quoiqu'il y en ait de chacune de ces espèces d'une infinité de grandeurs différentes.

7. Je ne puis douter aussi que je ne connaisse les choses en deux manières, ou par une vue directe ou par une vue expressément réfléchie, comme quand je fais réflexion sur l'idée ou la connaissance que j'ai d'une chose, et que je l'examine avec plus d'attention, pour reconnaître ce qui est enfermé dans cette idée, prise au sens que j'ai dit dans la troisième définition.

Si j'avais ici un petit *Eraste*, je l'interrogerais, comme on a fait si ingénieusement dans les *Conversations chrétiennes*[5], et je suis certain qu'il me répondrait sur toutes ces choses qu'il en est parfaitement assuré. Au lieu que si je lui demandais s'il ne faut pas outre tout cela admettre de ces autres idées, qui sont des *êtres représentatifs*, etc., je ne suis pas moins certain qu'il me dirait qu'il n'en sait rien, qu'il n'a rien à dire sur cela, et qu'il ne répond que sur les choses dont il a des notions claires, et qu'il n'en a point de ces *êtres représentatifs*. Et pour l'auteur de la *Recherche de la Vérité*, je croirais lui faire tort si j'avais le moindre doute qu'il ne reconnût de bonne foi qu'il n'y a rien en tout cela qui ne soit très assuré.

Mais j'ai encore à expliquer quelques autres termes et quelques autres façons de parler dont je n'ai rien dit dans les *définitions*, parce qu'il m'a paru que cela demandait plus de discours pour le bien faire entendre et pour prévenir des difficultés qui ne sont fondées que sur des équivoques, qui ne sont point encore assez démêlées par ce que j'ai dit jusqu'ici. C'est ce que je traiterai dans le chapitre suivant.

CHAPITRE VI.

Explication de ces façons de parler : « Nous ne voyons point immédiatement « les choses ; ce sont leurs idées qui sont l'objet immédiat de notre pensée ; et « c'est dans l'idée de chaque chose que nous en voyons les propriétés. »

Il semble d'abord qu'on ne peut admettre pour vraies ces façons de parler : « Nous ne voyons point immédiatement les « choses ; ce sont leurs idées qui sont l'objet immédiat de notre « pensée, et c'est dans l'idée de chaque chose que nous en voyons « les propriétés, » qu'on ne soit obligé de recevoir la philosophie des fausses idées. Car on a de la peine à comprendre que ces façons de parler puissent être vraies, si, outre les objets que nous connaissons, il n'y a quelque chose dans notre esprit qui les représente.

Je ne rejette point ces façons de parler; je les crois vraies étant bien entendues; et je puis même demeurer d'accord de cette dernière conséquence. Mais je nie qu'il s'ensuive de là qu'on soit obligé d'admettre d'autres idées que celles que j'ai définies dans le chapitre précédent, troisième, sixième et septième définitions, qui n'ont rien de commun avec les *êtres représentatifs* distingués des perceptions qui sont les seuls que je combats, comme je l'ai marqué particulièrement dans la septième définition.

Pour bien entendre tout ceci, il faut faire deux ou trois remarques : la première est que notre *pensée ou perception* est essentiellement réfléchissante sur elle-même, ou ce qui se dit plus heureusement en latin, *est sui conscia*. Car je ne pense point que je ne sache que je pense. Je ne connais point un carré que je ne sache que je le connais : je ne vois point le soleil, ou, pour mettre la chose hors de tout doute, je ne m'imagine point voir le soleil, que je ne sois certain que je m'imagine de le voir. Je puis quelque temps après ne me pas souvenir que j'ai conçu telle et telle chose ; mais dans le temps que je la conçois, je sais que je la conçois. On peut voir ce que saint Augustin dit sur cela dans le Livre X de la Trinité, chapitre x.

La deuxième est qu'outre cette réflexion qu'on peut appeler *virtuelle*, qui se rencontre dans toutes nos perceptions, il y en a une autre plus *expresse* par laquelle nous examinons notre perception par une autre perception, comme chacun l'éprouve sans peine ; surtout dans les sciences qui ne se sont formées que par les réflexions que les hommes ont faites sur leurs propres *perceptions :* comme lorsqu'un géomètre, ayant conçu un triangle comme une figure terminée par trois lignes droites, a trouvé, en examinant la perception qu'il avait de cette figure, qu'il fallait qu'elle eût trois angles, et que ces trois angles fussent égaux à deux droits.

Il n'y a rien, dans ces deux remarques, qui puisse être raisonnablement contesté. Or, joignant à cela ce que nous avons dit dans les définitions troisième, sixième et septième, il s'ensuit que toute perception étant essentiellement représentative de quelque chose, et selon cela s'appelant *idée*, elle ne peut être essentiellement réfléchissante sur elle-même que son objet immédiat ne soit cette *idée*, c'est-à-dire *la réalité objective* de la chose que mon esprit est dit apercevoir; de sorte que, si je pense au soleil, la réalité objective du soleil, qui est présente à mon esprit, est l'objet immédiat de cette perception; et le soleil possible ou existant, qui est hors de mon esprit, en est l'objet médiat pour parler ainsi. Et ainsi l'on voit que sans avoir recours à des *êtres représentatifs* distingués des perceptions, il est très vrai en ce sens que non-seulement au regard des choses matérielles, mais généralement au regard de toutes choses, ce sont nos idées que nous voyons *immédiatement* et qui sont *l'objet immédiat de notre pensée :* ce qui n'empêche pas que nous ne voyons aussi par ces idées l'objet qui contient formellement ce qui n'est qu'*objectivement* dans l'idée : c'est-à-dire, par exemple, que je ne conçoive l'être formel d'un carré qui est *objectivement* dans l'idée ou la perception que j'ai d'un carré[6].

Mais, afin qu'on ne croie pas que j'aie inventé cela pour me tirer de cette difficulté, l'auteur de *la Recherche* trouvera la même chose dans les Méditations de M. Descartes, lorsqu'il entreprend de prouver géométriquement l'existence de Dieu et l'immortalité de l'âme, en répondant aux secondes objections. On n'a qu'à considérer pour cela la deuxième et la troisième définition de cette méthode géométrique que je mettrai en latin et en français, parce que le latin me paraît plus net.

Ideæ nomine intelligo cujuslibet cogitationis formam illam, per cujus immediatam perceptionem ipsius ejusdem cogitationis conscius sum; adeò ut nihil possim verbis exprimere intelligendo id quod dico, quin ex hoc ipso certus sim in me esse ideam ejus quod verbis illis significatur.

Per realitatem objectivam Ideæ intelligo entitatem rei representatæ per ideam quatenùs est in idea, eodemque modo dici potest perfecto objectiva, artificium objectivum, etc. *Nam, quæcumque percipimus tamquam in idearum objectis, ea sunt in ipsis ideis objectivè.*

« Par le nom d'*Idée*, j'entends cette forme de chacune de nos
« pensées par la perception *immédiate* de laquelle nous avons
« connaissance de ces mêmes pensées. De sorte que je ne puis
« rien exprimer par des paroles, lorsque j'entends ce que je dis
« que de cela même il ne soit certain que j'ai en moi l'idée de la
« chose qui est signifiée par mes paroles.

« *Par la réalité objective d'une idée*, j'entends l'entité ou l'être
« de la chose représentée par cette idée, en tant que cette entité
« est dans l'idée, et de la même façon on peut dire *une perfection*

« *objective, un artifice objectif*, etc. Car tout ce que nous conce-
« vons comme étant dans les objets des idées, tout cela est objec-
« tivement ou par représentation dans les idées mêmes. »

Il paraît par ces deux définitions, aussi bien que par beaucoup d'autres choses, qu'il dit dans sa troisième Méditation et dans la cinquième, que ce qu'il appelle idée, et sur quoi il fonde ensuite ses démonstrations de Dieu et de l'âme, n'est point réellement distingué de notre pensée ou perception, mais que c'est notre pensée même, en tant qu'elle contient *objectivement* ce qui est formellement dans l'objet. Et il paraît que c'est cette idée qu'il dit être l'objet *immédiat* de notre pensée, *per cujus immediatam perceptionem*, etc., parce que la pensée se connaît soi-même, et que je ne pense à rien, *cujus non conscius sim*. Et par conséquent, il n'a pas eu besoin, non plus que moi, d'avoir recours à un *être représentatif*, distingué de ma pensée, pour admettre ces propositions qui sont très vraies étant bien entendues : *Que ce sont les idées des choses que nous voyons immédiatement*, ou *que c'est ce qui est l'objet immédiat de notre pensée*.

Ce n'est encore qu'en ce sens qu'il prend le mot d'*idée* dans cette proposition, qu'il prétend avec raison être le fondement de toutes les sciences naturelles : *Tout ce que je vois clairement être enfermé dans l'idée d'une chose peut avec vérité être affirmé de cette chose*. Si, consultant l'idée que j'ai d'un triangle (par une réflexion sur la perception que j'en ai), je trouve que l'égalité de ses trois angles à deux droits est enfermée dans cette idée ou perception, je puis affirmer avec vérité que tout triangle a trois angles égaux à deux droits.

Et enfin c'est en prenant toujours le mot *d'idée* dans le même sens, et non pour un être représentatif distingué de la perception, qu'il a prouvé l'existence de Dieu par une démonstration que l'auteur de *la Recherche de la Vérité* dit (p. 201) en être *la plus belle preuve, la plus relevée, la plus solide, et la première*, c'est-à-dire celle qui suppose le moins de chose. La voici :

Tout ce qui est manifestement enfermé dans l'idée d'une chose en peut être affirmé avec vérité.

Or, l'existence nécessaire est manifestement enfermée dans l'idée que nous avons tous de l'être infiniment parfait.

On peut donc affirmer de l'être infiniment parfait qu'il est et qu'il existe.

Il est visible que dans cette démonstration le mot *d'idée* ne se peut prendre que pour la perception de l'être parfait, et non pour l'être parfait même en tant qu'il est intimement uni à notre âme pour y tenir lieu de cet être représentatif, distingué des perceptions, dont on suppose que nous avons besoin pour concevoir les choses matérielles. Car, en prenant le mot d'*idée* dans ce dernier sens, cette démonstration que notre ami dit être *si belle, si relevée et si solide*, ne serait que le sophisme qu'on appelle *pétition de principe;* puisque je ne pourrais tirer la conclusion, *donc l'être parfait existe*, qu'en supposant dans la mineure qu'il est *par lui-même intimement uni à mon âme*, et par conséquent qu'il existe.

J'aurai occasion de parler de cela plus au long en un autre endroit. Tout ce que j'en veux conclure ici est que je n'ai point besoin de reconnaître d'autres idées que celles que j'ai définies qui ne sont point distinguées des perceptions pour demeurer d'accord de la vérité de ces façons de parler : *Nous ne voyons point immédiatement les choses, et ce sont leurs idées qui sont l'objet immédiat de nos pensées.*

On voit aussi ce qu'on doit entendre, quand on dit que *c'est dans l'idée de chaque chose qu'on en voit les propriétés;* et rien assurément n'est plus inutile pour cela que cet *être représentatif* distingué des perceptions duquel on voudrait que notre esprit eût besoin pour concevoir les nombres et l'étendue.

Je ne puis mieux faire, ce me semble, pour éclaircir cela, que de proposer un exemple, où je ne supposerai rien que tout le monde ne reconnaisse se passer ainsi dans son esprit, pourvu qu'il ne porte point sa vue ailleurs, et qu'il ne se détourne point à penser comment se peut faire en lui ce qu'il ne peut pas douter qui ne s'y fasse.

Le philosophe Thalès, ayant à payer 20 ouvriers à une drachme chacun, compte 20 drachmes et les leur donne. Cela ne s'est pu faire qu'il n'y ait eu au moins deux perceptions dans son esprit : l'une de 20 hommes, l'autre de 20 drachmes. Et j'avertis, une fois pour toutes, qu'*idée* et *perception* n'est dans mon Dictionnaire que la même chose : et qu'ainsi, quand je me servirai du mot d'*idée* ou de l'*idée d'un objet*, je n'entendrai par là que *la perception d'un objet.*

Étant de loisir, il se met à rêver : et considérant ce qu'il y a de commun dans ces deux *perceptions* ou *idées* qui est que dans l'une ou dans l'autre il y a 20, il en retranche ce qu'elles ont de particulier, et il en fait une idée abstraite du nombre de 20 qu'il peut ensuite appliquer à 20 chevaux, à 20 maisons, à 20 stades. C'est une troisième idée ou perception.

Il s'avise de plus de réfléchir sur cette idée abstraite du nombre de 20, c'est-à-dire qu'il la considère avec plus d'attention par une vue réfléchie qui est une des plus admirables facultés de notre esprit. Et la première chose qu'il y découvre est qu'il peut être partagé en deux moitiés égales. Car il voit sans peine qu'en mettant 10 d'un côté et 10 de l'autre, cela fait 20 ; et il voit en même temps que, s'il avait ajouté 1 à 20, le nombre de 21 ne se pourrait pas partager en deux moitiés égales, parce que le plus près que l'on pourrait approcher du partage juste serait de mettre 10 d'un côté et 11 de l'autre. Et cela lui fait juger qu'il est bon de distinguer par des mots particuliers les nombres qui se peuvent ou ne se peuvent pas partager en deux moitiés égales, en appelant les uns *pairs* et les autres *impairs*.

Considérant ensuite ce qui est encore enfermé dans cette **idée** ou perception du nombre de 20, il recherche quelles mesures il peut avoir, c'est-à-dire quels nombres étant pris tant de fois font justement ce nombre de 20. Il commence par *l'unité*, et il voit tout d'un coup que l'unité en doit être une des mesures, puisque l'unité prise vingt fois fait 20. D'où il est aisé de faire une règle générale, qui est que l'unité est la mesure de tous les nombres, puisqu'elle l'est de soi-même, *un* étant *un*, et que chacun de tous les autres nombres n'est qu'une certaine multitude d'unités.

Il prend 2 ensuite, et il trouve que 2 est encore une mesure de 20. Car en comptant 2 à 2, 2, 4, 6, etc., après avoir fait cela dix fois, il arrive justement à 20.

Il prend 3, et il trouve que ce n'est point une mesure de 20. Car en comptant 3 à 3, 3, 6, 9, 12, etc., après avoir fait cela six fois, il arrive à 18, après quoi il n'y a plus que 2 jusqu'à 20.

Il prend 4, et trouve que c'est une mesure de 20, parce que 4 pris cinq fois fait justement 20.

Il trouve la même chose de 5, parce que 5 pris 4 fois fait justement 20.

Il trouve ensuite que ni 6, ni 7, ni 8, ni 9, ne peuvent être des mesures de 20, par la même raison qu'il a trouvé que 3 ne le pouvait être.

Mais il trouve que 10 en est une mesure, parce que dix fois 2 font 20.

Mais que ni 11, ni 12, ni 13, ni 14, ni 15, ni 16, ni 17, ni 18, ni 19, ne peuvent, étant pris tant de fois, faire justement 20, et ainsi n'en peuvent être la mesure.

Mais que 20 la peut être, parce qu'une fois 20 est 20.

Il fait ensuite sur tout cela diverses autres réflexions.

La première, que pouvant y avoir des nombres qui n'ont point d'autre mesure que l'unité et eux-mêmes, il est bon de leur donner un nom qui les distingue des autres, et qu'on les peut appeler *nombres premiers*.

La deuxième, que tous les nombres pairs, pouvant être partagés en deux moitiés égales, ont tous 2 pour leur mesure.

La troisième, que de tous les nombres pairs il n'y a que 2 qui soit un nombre *premier*, parce qu'il est le seul de tous les pairs qui n'ait pour mesure que l'unité et soi-même.

Je ne pousse pas cela plus loin. Mais voici les réflexions que j'y fais. La première, que je ne suppose aucuns *êtres représentatifs*, mais seulement que ce philosophe a eu d'abord les deux perceptions directes de 20 hommes et de 20 drachmes, sans se mettre en peine d'où il les a eues. Et je veux bien, si on le veut, que ce soit Dieu qui les lui ait données à l'occasion des mouvements corporels qui se sont faits dans les organes de ses sens et dans son cerveau. Quoi qu'il en soit, de quelque opinion que l'on soit sur cela, on ne peut nier qu'il n'ait eu ces deux perceptions, puisque l'on suppose qu'il a aperçu, qu'il a connu ces 20 hommes et ces 20 drachmes, et qu'il n'est pas possible aussi qu'il n'ait aperçu, qu'il n'ait connu ces 20 hommes et ces 20 drachmes, pourvu qu'il ait eu ces deux perceptions, de quelque part qu'il les ait eues, ce qui ne regarde point la *nature des idées*, mais leur origine.

La deuxième est que ces deux *perceptions* que j'appelle *idées* étant une fois posées, on ne peut nier que notre esprit n'ait la faculté de faire tout ce que j'ai fait faire à ce philosophe. Car nous le faisons tous les jours; et ainsi nous sommes assurés que nous le pouvons faire, *certissima scientia et clamante scientia*, comme dit saint Augustin. Or c'est cela proprement qu'on doit appeler *voir les propriétés des choses dans leurs idées* : voir dans l'idée de l'étendue qu'elle doit être divisible et mobile : voir dans l'idée de l'esprit que ce doit être une substance distinguée réellement de la substance étendue : voir dans l'idée de Dieu, c'est-à-dire dans l'idée de l'être parfait, qu'il faut nécessairement qu'il existe : voir dans l'idée d'un triangle qu'il faut nécessairement que ces trois angles soient égaux à deux droits. On n'a besoin pour cela que de comprendre que notre esprit a le pouvoir de réfléchir sur ses pensées; et lorsqu'il a une fois la perception d'un objet, de le considérer avec plus d'attention.

On n'en peut douter : et c'est d'où dépendent toutes les sciences, surtout les abstraites, comme la métaphysique, la géométrie, l'arithmétique, l'algèbre. Car on n'y fait autre chose que de concevoir nettement et distinctement les objets les plus simples, à quoi servent les définitions. On y joint les rapports les plus faciles à connaître entre ces objets simples, ce qui fait les axiomes. Et de là par de simples réflexions sur ces premières connaissances (et non sur des *êtres représentatifs* imaginaires) on tire cette chaîne admirable de conclusions, qui forcent par leur évidence tous les esprits raisonnables à s'y rendre, en vertu de cet unique principe : *Que tout ce qui est contenu dans la vraie idée d'une chose (c'est-à-dire dans la perception claire que nous en avons) en peut être affirmé avec vérité.* Et il faut que ce soit Dieu qui nous ait donné une inclination invincible d'acquiescer à cela, et de le prendre pour le fondement de toute la certitude humaine; puisque, s'il y a des gens qui peuvent dire de parole qu'ils n'y acquiescent pas, ils ne laissent pas d'y acquiescer en effet, comme il paraît en ce que les sciences, où l'on s'applique uniquement à consulter ces idées, c'est-à-dire les perceptions naturelles que nous avons des choses, et à pénétrer ce qui est enfermé dans ces idées, telles que sont l'arithmétique, l'algèbre, la géométrie, se font recevoir par tout le monde pour indubitables.

Mais, comme mon principal but dans ce chapitre a été de démêler l'équivoque du mot *immédiatement*, je déclare ici que, si par concevoir *immédiatement* le soleil, un carré, un nombre cubique, on entend ce qui est opposé à les concevoir par le moyen des idées, telles que je les ai définies dans le chapitre précédent, c'est-à-dire par des idées non distinctes des perceptions; je demeure d'accord que nous ne les voyons point *immédiatement;* parce qu'il est plus clair que le jour que nous ne les pouvons voir, apercevoir, connaître que par les perceptions que nous en avons, de quelque manière que ce soit que nous les ayons. Mais il est clair aussi que cela n'est pas moins vrai de la manière dont nous concevons Dieu et notre âme, que de celle dont nous concevons les choses matérielles. Que si par ne les pas connaître *immédiatement* on entend ne les pouvoir connaître que par des *êtres représentatifs* distingués des perceptions, je prétends que selon ce sens ce n'est pas seulement *médiatement*, mais aussi *immédiatement*, que nous pouvons connaître les choses matérielles aussi bien que Dieu et notre âme, c'est-à-dire que nous ne les pouvons connaître sans qu'il y ait aucun milieu entre nos perceptions et l'objet : je dis *nos perceptions,* parce que j'avoue que nous avons souvent besoin de la perception réfléchie, outre la perception directe, pour les bien connaître.

Tout ce que dessus étant supposé, je crois pouvoir démontrer la fausseté de l'hypothèse de ces *êtres représentatifs*. Car pour cela je n'ai besoin que de faire deux choses. L'une, de prouver clairement et évidemment que tous les principes et toutes les preuves sur lesquels on a bâti cet édifice des idées n'ont aucun fondement solide. L'autre, de montrer que nous n'avons nulle nécessité pour connaître les choses que Dieu a voulu que nous connussions de ces *êtres représentatifs*, distingués des perceptions. Et c'est ce que j'espère que l'on verra par les démonstrations suivantes.

CHAPITRE VII.

Démonstrations contre les idées prises pour des *êtres représentatifs*, distingués des perceptions.

Propositions à démontrer.

Notre esprit n'a point besoin pour connaître les choses matérielles de certains *êtres représentatifs*, distingués des perceptions, qu'on prétend être nécessaires pour suppléer à l'absence de tout ce qui ne peut être par soi-même uni intimement à notre âme.

Démonstration 1.

Un principe qui n'est appuyé que sur une expression équivoque, qui n'est vraie que dans un sens, qui ne regarde point la question qu'on veut résoudre par ce principe, et qui dans l'autre sens suppose sans aucune preuve ce qui est en question, doit être banni de la véritable philosophie.

Or telle est la première chose que l'auteur de la *Recherche de la Vérité* prend pour principe de ce qu'il veut prouver touchant la nature des idées.

Il ne pouvait donc pécher plus ouvertement contre ses propres règles, qu'en commençant par là son traité *de la Nature des Idées*. Et il ne peut l'avoir proposé comme indubitable que faute de l'avoir bien examiné, et pour s'être laissé prévenir d'un sentiment communément reçu par les philosophes, n'ayant pas pris garde que c'était un reste des préjugés de l'enfance, qui n'était pas mieux fondé que cent autres qu'il a rejetés.

On ne peut nier la majeure, et l'auteur de la *Recherche de la Vérité* le fera moins que personne, vu le soin qu'il dit partout que l'on doit prendre dans les sciences, de n'admettre pour vrai que ce dont la vérité nous est clairement connue, et de ne s'en fier sur cela à l'autorité de personne.

Il ne reste donc à prouver que la mineure, ce qui est bien facile; ses paroles sont : « Tout le monde tombe d'accord que nous n'aper-« cevons point les objets qui sont hors de nous par eux-mêmes. » L'équivoque est dans ces mots, *par eux-mêmes*, car ils peuvent être pris en deux sens. La première, qu'ils ne se font point connaître à notre esprit par eux-mêmes, c'est-à-dire qu'ils ne sont point la cause que nous les apercevons, et qu'ils ne produisent point dans notre esprit les perceptions que nous avons d'eux : comme on dit que la matière ne se meut point de soi-même ou par soi-même, parce qu'elle ne se donne point à soi-même son mouvement. Ce premier sens est vrai, mais il ne fait rien à la question qui est de *la Nature des Idées*, et non pas de leur origine. Il est clair aussi que ce n'est pas en ce sens qu'il a pris ces mots. Car, soutenant comme il fait que Dieu est l'auteur de toutes nos perceptions, il aurait dû mettre l'âme aussi bien que toutes les choses matérielles entre les choses que nous n'apercevons point par elles-mêmes, puisque selon lui c'est Dieu, et non pas notre âme, qui cause en notre esprit la perception par laquelle nous l'apercevons.

Il ne reste donc que le deuxième sens, dans lequel il **a pu** prendre ces mots *par eux-mêmes*, en opposant *être connu par soi-même* (comme il croit que l'est notre âme quand elle se connaît) *à être connu par ces êtres représentatifs des objets distingués des perceptions*[7], dont nous avons déjà tant parlé. Or, les prenant en ce sens, c'est supposer visiblement ce qui est en question avant que de l'avoir établi par aucune preuve : et qu'il aurait reconnu sans peine devoir être rejeté comme faux, ou au moins comme douteux, s'il l'avait examiné par ses propres règles, et s'il **avait** philosophé dans cette matière, comme il fait dans les autres.

Car, si, au lieu de nous renvoyer à ce prétendu *monde*, qu'il dit être d'accord de ceci et de cela, il s'était consulté soi-même, et avait considéré attentivement ce qui se passe dans son esprit, il y aurait vu clairement qu'il connaît les corps, qu'il connaît un cube, un cône, une pyramide, et que, se tournant vers le soleil, il voit le soleil : je ne dis pas que ses yeux corporels le voient ; car les yeux corporels ne voient rien, mais son esprit par l'occasion que ses yeux lui en donnent. Et si, passant plus avant, comme il le devait, pour observer ses règles, il s'était arrêté sur cette pensée : *Je connais un cube; je vois le soleil*, pour la méditer et considérer ce qui y est enfermé clairement, je suis assuré que, ne sortant point de lui-même, il lui aurait été impossible d'y voir autre chose que la perception du cube, ou le cube objectivement présent à l'esprit, que la perception du soleil, ou le soleil objectivement présent à l'esprit, et qu'il n'y aurait jamais trouvé la moindre trace de cet *être représentatif* du cube ou du soleil, distingué de la *perception*, et qui aurait dû suppléer à l'absence de l'un et de l'autre. Mais que, pour l'y trouver, il aurait fallu qu'il l'y eût mis lui-même par un vieux reste d'un préjugé dont il n'aurait pas eu de soin de se dépouiller entièrement. C'est-à-dire qu'il ne l'y aurait trouvé que comme les défenseurs des formes substantielles les trouvent dans tous les corps de l'univers, parce qu'ils se sont imaginé qu'elles sont propres à expliquer ce que l'on remarque dans ces corps, et qu'on ne le pourrait pas faire sans cela. Puis donc que cette manière de philosopher, par ce qui est ou n'est pas enfermé dans les notions claires que nous avons des choses, lui est une raison convaincante de rejeter, comme une invention de gens oisifs, la supposition d'une forme substantielle dans tous les corps en la manière que l'entendent les philosophes de l'école, ce lui en devrait être une aussi de rejeter, comme une pure imagination encore plus mal fondée, la supposition fantastique de ces *êtres représentatifs* des corps qui ont été inventés par la même voie que les formes substantielles, et dont la notion est encore plus obscure et plus confuse que celles de ces formes.

CHAPITRE VIII.

Démonstration II.

Ce n'est pas philosopher avec justesse, en traitant d'une matière importante, que de prendre d'abord pour un principe général dont on fait dépendre tout ce que l'on dit dans la suite, ce qui, non-seulement n'est pas clair, mais ce qui est tout contraire à ce qui nous est si clair et si évident, qu'il nous est impossible d'en douter.

Or, c'est ce qu'a fait l'auteur de *la Recherche de la Vérité* dans son traité *de la Nature des Idées*.

On ne peut donc philosopher avec moins de justesse qu'il a fait dans cette matière, ni d'une manière plus opposée à celle qu'il a suivie dans presque toutes les autres.

Il n'y a que la mineure à prouver.

Ce qu'il a supposé d'abord comme un principe clair et indubi-

table, est que notre esprit ne pouvait connaître que les objets qui sont présents à notre âme[8]. Et c'est ce qui lui fait dire : « Nous
« voyons le soleil, les étoiles et une infinité d'objets hors de nous,
« et il n'est pas vraisemblable que l'âme sorte du corps, et qu'elle
« aille, pour ainsi dire, se promener dans les cieux, pour y con-
« templer tous ces objets. Elle ne les voit donc point par eux-
« mêmes, et l'objet immédiat de notre esprit, lorsqu'il voit le
« soleil, par exemple, n'est pas le soleil, mais quelque chose qui
« est intimement uni à notre âme, et c'est ce que j'appelle idée. »
Un homme qui parle de la sorte, suppose manifestement, comme un principe clair et incontestable, que notre âme ne saurait apercevoir les objets qui sont éloignés du lieu où elle est. Et c'est de là qu'il conclut que le soleil, étant éloigné du lieu où est notre âme, il faut, afin que notre âme voie le soleil, ou qu'elle aille trouver le soleil, ou que le soleil la vienne trouver. Le premier, avec raison, ne lui paraît pas vraisemblable. « Car il n'est pas vrai-
« semblable, dit-il, que l'âme sorte du corps, et qu'elle aille se
« promener dans les cieux. » Il faudrait donc que ce fût le soleil qui la vînt trouver. Mais il y a encore plus d'inconvénient à vouloir que le soleil sorte de sa place pour aller trouver les âmes qui le veulent voir. Que faire à cela; il nous sera donc impossible que nous voyions le soleil? Nous y trouverons un remède (disent les philosophes de l'école, aussi bien que l'auteur de *la Recherche de la Vérité*) et on nous doit savoir bon gré de l'avoir trouvé ; car sans cela tout était perdu. Les hommes auraient eu beau dire qu'ils voient le soleil, nous leur aurions prouvé démonstrativement que ce sont des rêveurs, et qu'il est impossible qu'ils le voient. L'argument aurait été concluant : Notre âme ne saurait voir que les objets qui lui sont présents ; cela est indubitable. Or, le soleil est éloigné de notre âme de plus de trente millions de lieues, à ce que dit M. Cassini. Il faudrait donc, avant qu'elle le pût voir, ou qu'elle s'approchât de lui, ou qu'il s'approchât d'elle. Or, vous ne croyez pas que votre âme soit sortie de votre corps pour aller trouver le soleil, ni que le soleil soit sorti du ciel pour s'unir intimement à votre âme : vous rêvez donc quand vous dites que vous voyez le soleil. Mais ne vous fâchez pas, nous vous allons tirer de cet embarras, et nous vous donnerons le moyen de le voir. C'est qu'au lieu du soleil, qu'il n'y aurait pas d'apparence de faire sortir si souvent du lieu où il est (ce serait trop d'embarras), nous avons trouvé fort ingénieusement un certain *être représentatif* qui tient sa place, et qui suppléera à son absence en s'unissant intimement

à nos âmes. Et c'est à cet *être représentatif* du soleil (quel qu'il soit et de quelque part qu'il vienne, car c'est de quoi nous ne sommes pas encore d'accord entre nous) que nous avons donné le nom *d'idée* ou *d'espèce*.

Mais, raillerie à part, il est certain que notre ami a supposé par ce qu'il dit en cet endroit aussi bien que dans tout le reste de son traité de la *Nature des Idées* : Que notre âme ne peut voir, ni connaître, ni apercevoir (car tout cela est la même chose) les objets éloignés du lieu où elle est, tant qu'ils en demeurent éloignés.

Or, non-seulement je doute de ce prétendu principe, mais je soutiens qu'il est faux de la dernière fausseté, parce qu'il est evident de la dernière évidence que notre âme peut connaître une infinité de choses éloignées du lieu où elle est, et qu'elle le peut parce que Dieu lui en a donné le pouvoir. La preuve en est facile.

Par le huitième axiome, la conséquence est nécessaire de l'acte au pouvoir, c'est-à-dire qu'il est certain que, qui fait une chose (prenant largement le mot de faire, selon la onzième définition), a le pouvoir de la faire, et par conséquent que l'on doit dire qu'il a cette faculté, selon la douzième définition, et qu'il la tient de l'auteur de sa nature quand c'en est une dépendance, selon la treizième.

Or, par la cinquième demande jointe à la neuvième définition, il m'est certain que mon âme a vu une infinité de fois le soleil, les étoiles, et les autres ouvrages de Dieu et des hommes, qui n'étaient pas des spectres, mais de véritables hommes, et créés de Dieu comme moi.

Donc je suis certain que mon âme a la faculté de voir toutes choses; et que, comme c'est une dépendance de la pensée qui est sa nature, elle la tient de Dieu qui est l'auteur; c'est-à-dire que c'est Dieu qui, l'ayant faite une substance qui pense, qui voit, qui connaît, lui a donné aussi la faculté de voir toutes les choses que je viens de dire.

Or, toutes ces choses, le soleil, les étoiles, les hommes qui m'ont entretenu, et généralement tous les corps de la nature, hors celui qui est joint à mon âme, sont éloignés du lieu où est mon âme.

Donc mon âme a la faculté de voir des corps éloignés du lieu où elle est; et Dieu, en la créant, lui a donné cette faculté, parce que c'est une dépendance de sa nature, selon la dernière définition.

Je ne vois pas ce qu'on peut répondre à cela : et on en sera

encore plus convaincu, si on considère que Dieu, d'une part, a créé l'homme pour être le spectateur et l'admirateur de ses ouvrages ; et que de l'autre, ayant joint l'âme à un corps, il faut bien qu'il lui ait donné la faculté, c'est-à-dire le pouvoir de voir, d'apercevoir, de connaître, non-seulement le corps auquel elle est jointe, mais aussi tous les autres qui l'environnent, qui pouvaient lui nuire ou l'aider à la conservation du sien. Or, il ne se pouvait pas faire que tous les autres corps n'en fussent éloignés. Il a donc fallu nécessairement qu'il lui ait donné le pouvoir de connaître les corps éloignés du lieu où elle serait, c'est-à-dire du corps auquel elle serait jointe.

Mais d'où vient donc, me dira-t-on, que tout le monde s'est laissé aller à cette pensée, que l'âme ne pouvant connaître les objets éloignés d'elle, il fallait que quelque chose servît à les lui rendre présents, et que c'est à quoi sont nécessaires les idées ou espèces ?

J'en ai déjà donné la raison dans le chapitre IV. C'est la comparaison de la vue corporelle mal entendue avec la vue de l'esprit. Et l'équivoque du mot de *présence* y a beaucoup servi, comme je l'ai marqué. Car il est fort ordinaire que le même mot, étant appliqué à l'esprit et au corps, est pris par la plupart du monde fort grossièrement, et selon ce qu'il convient au corps, lors même qu'on l'applique à l'esprit. Ainsi le mot de *présence*, signifiant au regard des corps une *présence locale*, et au regard des esprits une *présence objective*, selon laquelle les objets sont dits être dans notre esprit quand ils y sont objectivement, c'est-à-dire quand ils en sont connus, selon la quatrième définition, cette *présence objective*, étant trop spirituelle pour la plupart du monde, et la *présence locale* leur étant bien plus connue, on a attaché deux sens très faux à cette proposition équivoque : *Il faut que les corps soient présents à l'âme pour en être connus.* Le premier est qu'on s'est imaginé que cette *présence* était préalable à la connaissance des corps, et qu'elle était nécessaire, afin que les corps fussent en état d'être connus ; au lieu que cette présence des objets dans notre esprit, n'étant autre chose qu'une *présence objective*, n'est point différente de la perception que notre esprit a de l'objet, et ainsi n'a garde de précéder la connaissance qu'il en a, puisque c'est par cela même qu'il les connaît qu'ils lui sont présents.

Le second faux sens est qu'ils ont pris grossièrement cette *présence* pour une *présence locale*, telle qu'est celle qui convient aux corps : comme il paraît assez par l'auteur même de *la Recherche de la Vérité*, qui fait consister en cela la difficulté qu'aurait l'âme de voir le soleil par lui-même, de ce qu'il est si éloigné, et qu'il n'est pas vraisemblable qu'elle sorte de son corps pour l'aller trouver dans le ciel. Il regarde donc *l'éloignement local* comme un obstacle, qui met un corps hors d'état de pouvoir être vu par notre esprit : Donc c'est aussi une *présence locale* qu'il croit nécessaire afin que notre esprit voie ses objets.

Cependant, comme les fausses opinions ne sauraient bien s'entretenir, et qu'elles se démentent toujours par quelque endroit, ils disent d'autres choses, qui font voir que cette *présence locale* n'y fait rien du tout ; et que selon eux, quand Dieu aurait permis à notre âme de sortir de notre corps pour aller trouver le soleil afin de le voir, elle aurait fait un grand voyage fort inutilement, puisqu'elle ne le verrait pas davantage lorsqu'elle serait non-seulement tout proche, mais au dedans même de cet astre, qu'en demeurant où elle est. Car notre âme pourrait-elle être plus présente au soleil qu'elle l'est à son propre corps. Or, selon l'auteur de *la Recherche de la Vérité*, elle ne voit non plus son propre corps par lui-même que tous les autres : Donc c'est en vain qu'il allègue, comme une raison qui empêche notre âme de voir le soleil par lui-même, de ce qu'elle en est éloignée et qu'elle ne peut pas sortir de son corps pour s'aller promener dans le ciel ; puisque présent ou éloigné, c'est pour elle la même chose, et qu'elle est condamnée par une sentence irrévocable de cette philosophie des fausses idées de ne voir jamais aucun corps par lui-même, présent ou absent, proche ou éloigné. Et je pourrais même ôter ces mots *par lui-même*, et dire absolument qu'elle est condamnée à ne voir jamais aucun corps, comme nous le verrons dans la suite.

On dira peut-être que cela vient de ce que les corps ne peuvent être présents à notre âme de la manière qui est nécessaire, afin que notre esprit les aperçoive. Mais je ne saurais croire que notre ami approuvât cette réponse. Il hait trop les termes vagues qui ne sont point expliqués, pour prétendre que nous nous en devons payer. Il faudrait donc qu'il nous fît entendre ce que c'est au regard d'un corps *être présent à notre âme, de la manière qui est nécessaire afin que notre esprit l'aperçoive*. Or, quelle notion distincte nous pourrait-il donner de cette sorte de présence, si ce qu'il en dira nous fait comprendre que ce n'est ni la *présence objective* ni la *présence locale* ? Il faudra donc qu'il abandonne la prétendue nécessité d'une présence locale entre le soleil et notre âme, afin que notre âme puisse voir le soleil. Et il ne le pourrait faire sans m'accorder tout ce que j'ai entrepris de prouver, et sans être en même temps obligé de reconnaître qu'il n'a pas assez pris garde à ce qu'il disait, quand il a représenté l'éloignement local du soleil, comme une raison qui empêchait notre âme de le voir, à moins que cet empêchement ne fût levé ; ou parce que notre âme sortant de notre corps irait trouver le soleil, ce qui n'est pas vraisemblable, ou parce que quelque être représentatif du soleil viendrait s'unir intimement à notre âme, pour suppléer à son absence. Car, s'il était maintenant forcé d'avouer que la présence locale ou l'éloignement local ne fait rien à un corps, pour pouvoir ou ne pouvoir pas être l'objet de notre esprit, ce qu'il dit de l'éloignement du soleil, et de ce que notre âme ne sort pas de notre corps pour l'aller trouver, serait aussi peu raisonnable que, si, parlant d'un bas breton, qui m'aurait parlé en sa langue que je n'entends pas, je me plaignais de n'avoir pu rien comprendre à tout ce qu'il m'aurait dit, parce qu'il m'aurait parlé trop bas ; ce qui serait sans doute ridicule, puisqu'un regard d'une langue que je n'entends point, que l'on me la parle bas, ou que l'on me la parle haut, c'est pour moi la même chose. L'application est aisée à faire.

Que si, pour ne pas tomber dans cet inconvénient, il persistait toujours à nous expliquer cette présence d'une *présence locale*, l'argument que j'ai fait contre demeure donc dans toute sa force. Et en voici encore un autre que je ne crois pas moins fort.

Il est certain par la sixième demande que mon esprit n'aperçoit pas seulement les choses matérielles singulières, comme un tel carré, un tel triangle, un tel cube, mais qu'il conçoit un carré en général, un triangle en général, un cube en général ; et sans cela il n'y aurait point proprement de géométrie. Car quand un géomètre démontre les propriétés d'un carré ou d'un triangle, ce n'est point d'un tel carré ou d'un tel triangle, mais de tout carré et de tout triangle.

Or ces sortes d'objets, quoique corporels, un carré en général, un triangle en général, un cube en général, ne sont nulle part *localement ;* et ce qui n'est nulle part localement ne peut être localement ni présent ni absent de mon âme. Et il en est de même des nombres abstraits qui sont l'objet de l'arithmétique.

On ne peut donc dire raisonnablement que c'est parce qu'ils sont absents localement de mon âme qu'ils ont besoin d'*êtres représentatifs*, qui suppléent à cette absence, pour en pouvoir être connus.

Voici encore une autre raison qui, pour être un peu subtile, n'en sera peut-être pas moins bonne.

Parce que c'est une condition de l'objet de la volonté d'être bon ou de le paraître, afin d'en pouvoir être aimé, il est impossible que notre volonté aime un objet que comme bon. D'où il s'ensuit, ce me semble, que si c'était une condition de l'objet de l'entendement d'être présent localement à notre âme pour en être connu, il faudrait que, comme notre volonté ne peut rien aimer comme mauvais, notre entendement ne pût aussi rien concevoir comme absent localement de notre âme.

Or nous ne pouvons douter que notre esprit ne conçoive une infinité de choses, comme absentes du lieu où est notre âme : comme quand, par exemple, la mère du jeune Tobie pleurait si amèrement de ce qu'il tardait à revenir, il est bien certain que son esprit le concevait comme absent d'elle.

Donc la présence locale n'est point une condition nécessaire à ce qu'un objet puisse être vu de notre âme ; et par conséquent l'absence locale ne fait rien aussi à ce qu'il n'en puisse être vu.

On ne s'est avisé de s'imaginer le contraire que parce que, depuis le péché, n'étant presque appliqués qu'au soin de la conservation de notre machine, principalement dans l'enfance, qui dure longtemps en bien des gens, nous avons bien de la peine à nous élever au-dessus de la matière, et à concevoir spirituellement les choses spirituelles. Nous y mêlons presque toujours des notions de ce qui ne convient qu'aux corps, et nous nous imaginons qu'en les laissant dans le même genre, nous les avons néanmoins mises en état d'être attribuées aux esprits, en les concevant, à ce qu'il nous semble, d'une manière un peu moins grossière que quand nous les attribuons aux corps. C'est ce qui fait que saint Thomas a raison de dire, après Boëce, qu'il y a des maximes très claires et très certaines, qui ne sont néanmoins telles qu'à l'égard des sages, et qui n'entrent point dans l'esprit du peuple, dont ils donnent pour exemple que les choses incorporelles ne sont point dans un lieu : *Quædam sunt communes animi conceptiones, et per se notæ, apud sapientes tantum, ut incorporalia in loco non esse.* Car il n'y a presque personne qui, quoique persuadé que notre âme est incorporelle, ne croie que, pour être, il faut qu'elle soit en quelque lieu, et qu'elle aurait cessé d'être si elle n'était quelque part. Il ne faut donc pas s'étonner si on a changé sans presque s'en apercevoir la *présence objective*, qui est la seule nécessaire à un corps aussi bien qu'à toute autre chose, pour être connu de notre esprit ; mais qui n'est point différente de la connaissance même, si on l'a, dis-je, changé en une *présence locale* (le mot de *présence* étant beaucoup plus lié à cette notion qu'à l'autre.) Et, si ensuite on a tiré de la supposition de cette *présence locale*, comme nécessaire, afin qu'un objet puisse être en état d'être aperçu par notre âme, toutes les conséquences bizarres que nous ont enfanté ces *êtres représentatifs*, qui doivent suppléer à l'absence des corps, sauf à disputer entre ceux qui conviennent en général de la nécessité de ces êtres chimériques ce qu'on doit entendre par-là, et quelle est leur origine⁹. Car il est assez plaisant qu'ils commencent tous par ne point douter qu'il ne faille nécessairement qu'une chose soit, parce qu'ils croient en avoir besoin pour expliquer comment notre âme, sans sortir de son corps, peut voir le soleil, qui en est éloigné de tant de millions de lieues, sauf à chercher ensuite à loisir ce que ce sera qui leur rendra ce bon office de leur donner le moyen d'expliquer ce qu'ils verraient clairement n'avoir pas besoin de leurs prétendues explications, s'ils avaient voulu prendre la peine de consulter ce qui se passe dans leur esprit, sans y vouloir mêler des choses qu'ils n'y trouvent point, et qui ne conviennent qu'à leur machine, comme est la considération de la présence ou de l'absence locale.

CHAPITRE IX.

Démonstration III.

Celle-ci sera plus courte. Elle consistera à faire voir qu'une proposition, qu'il joint aux précédentes, et qui ne lui paraît pas moins considérable, est encore une proposition équivoque, qui dans un sens est véritable, mais entièrement inutile à son dessein; et dans l'autre est très fausse, et suppose ce qui est en question.

Cette proposition est : « Il faut bien remarquer qu'afin que « l'esprit aperçoive quelque chose, il est absolument nécessaire « que l'idée de cet objet lui soit actuellement présente; mais il « n'est pas nécessaire qu'il y ait au dehors quelque chose de sem- « blable à cette idée. »

J'ai fait voir dans les chap. III et IV que dans le commencement de son ouvrage il prend le mot d'*idée* pour la perception même, mais que dans le lieu où il traite expressément de la *nature des idées*, il le prend pour un certain *être représentatif*, distingué réellement de la perception et de l'objet. Ainsi on ne peut porter aucun jugement de cette proposition si on ne lève auparavant l'ambiguïté du mot d'*idée*, et pour cela il en faut faire deux propositions, en mettant dans chacune l'une des deux définitions en la place du défini.

Voici la première, où le mot d'idée sera pris pour la perception même : « Il faut bien remarquer qu'afin que l'esprit aperçoive
« quelque objet, il est absolument nécessaire que l'idée de cet
« objet, prise pour sa perception, lui soit actuellement présente ;
« il n'est pas possible d'en douter, mais il n'est pas nécessaire
« qu'il y ait au dehors quelque chose de semblable à cette
« perception. »

Rien n'est plus vrai que cette proposition, prise en ce sens, dans toutes ces deux parties. Car comment notre esprit pourrait-il apercevoir quelque chose s'il n'en avait l'idée, c'est-à-dire la perception. Il est certain aussi que la perception de plusieurs choses est actuellement dans notre esprit, quoique ces choses ne soient pas actuellement hors de nous.

Et voici la deuxième proposition où le mot d'*idée* est pris comme dans le chap. 1 de la deuxième partie du livre III, qui est l'endroit que nous examinons présentement, pour un certain *être représentatif*, distingué de la perception, qui supplée à l'absence des objets et met par là l'esprit en état de les pouvoir connaître.

« Il faut bien remarquer qu'afin que l'esprit aperçoive quelque
« objet, il est absolument nécessaire que cet être représentatif, à
« qui je viens de donner le nom d'idée, lui soit actuellement
« présent ; il n'est pas possible d'en douter. Mais il n'est pas néces-
« saire qu'il y ait au dehors quelque chose de semblable à cet
« être représentatif. »

Mais cette proposition étant conçue en ces termes, non-seulement *il est possible d'en douter*, mais je la nie absolument dans sa première partie, ne voyant aucun besoin de ce prétendu *être représentatif* pour connaître aucun objet ou présent ou absent. Et ainsi, supposer *qu'il n'est pas possible de douter de la nécessité de cet être représentatif*, c'est manifestement supposer ce qui est en question. Et, pour la deuxième partie, s'il n'est pas nécessaire qu'il y ait au dehors quelque chose de semblable à *l'être représentatif*, il n'est pas plus nécessaire qu'il y ait au dehors quelque chose *d'existant* qui soit semblable à la perception que j'ai du soleil. D'où il s'ensuit que ce n'est pas une raison qui m'oblige d'avoir recours à ces *êtres représentatifs* distingués des perceptions, de ce que je pourrais concevoir le soleil, quoiqu'il n'y eût point de soleil au monde. Car comme alors ce serait le soleil possible que je concevrais, et non le soleil existant, quoique par erreur je pusse croire que ce serait le soleil existant, il en faudrait dire de même de *l'être représentatif* du soleil, supposé qu'il n'y eût point de soleil; savoir, qu'il me représenterait un soleil possible et non le soleil existant, et que ce me serait aussi une occasion d'erreur si je jugeais de là que le soleil existe.

CHAPITRE X.

Démonstration IV.

Rien ne doit être plus suspect à ceux qui philosophent raisonnablement que ces *entités* philosophiques, dont on n'a que des notions fort confuses, et qu'on voit assez n'avoir été inventées que pour expliquer de certaines choses que l'on a cru ne se pouvoir expliquer sans cela. Mais il n'y a pas lieu de douter qu'on ne les doive rejeter absolument, quand on peut montrer qu'on n'en n'a que faire et qu'on s'en peut fort bien passer. On est assuré que l'auteur de *la Recherche de la Vérité* ne contestera point cette maxime.

Il n'y a donc qu'à prouver que ces prétendus *êtres représentatifs*, qu'il appelle *idées*, sont de cette nature, et qu'on n'en n'a nul besoin pour l'usage qu'il leur attribue, qui est de donner moyen à notre esprit de voir les choses matérielles, et cela est bien facile.

1. Dieu n'a point voulu créer notre âme et la mettre dans un corps qui devait être environné d'une infinité d'autres corps, qu'il n'ait voulu aussi qu'elle fût capable de connaître les corps, et que, par conséquent, il n'ait voulu aussi que les corps fussent conçus par notre âme.

Or, toutes les volontés de Dieu sont efficaces; il est donc certain que Dieu a donné à nos esprits la faculté de voir les corps, et aux corps la faculté passive, pour parler ainsi, d'être vus par notre esprit. Tout cela est plus clair que le jour; mais voici la suite.

Dieu ne fait point par les voies composées ce qui se peut faire par des voies plus simples; c'est le grand principe de notre ami, dont il s'est servi dans cette matière même de la nature des idées.

Or Dieu ayant voulu que notre esprit connût les corps, et que les corps fussent connus par notre esprit, il a été sans doute plus simple de rendre notre esprit capable de connaître immédiatement les corps, c'est-à-dire sans *êtres représentatifs* distingués des perceptions (car c'est dans ce sens que je prendrai toujours ici le mot d'*immédiatement*), et les corps capables d'être immédiatement connus par notre esprit, que de laisser l'âme dans l'impuissance de les voir autrement que par le moyen de certains *êtres représentatifs*, et d'une manière si embarrassée, qu'il n'y a point d'homme sincère qui puisse dire de bonne foi qu'il l'ait comprise.

Comment donc l'auteur de *la Recherche de la Vérité*, qui fait tant valoir cette maxime : que Dieu agit toujours par les voies les plus simples, qu'il la pousse quelquefois trop loin, s'est-il pu mettre dans l'esprit que notre âme n'était pas capable de voir les corps immédiatement, mais seulement par le moyen de ces prétendus *êtres représentatifs*, à qui il donne sans raison le nom d'idées ?

2. Je suppose que mon âme ne pense à aucun corps, mais qu'elle est occupée de la pensée de soi-même, ou à rechercher la propriété de quelque nombre. Il s'agit de savoir comment il se pourra faire qu'elle passe de cette pensée à celle du corps *A*. Vous voulez qu'elle ne le puisse que par le moyen d'un certain *être représentatif* de ce corps *A* ; mais je vous demande s'il suffira que cet *être représentatif*, quel qu'il soit, créé ou incréé, soit intimement uni à mon âme, sans qu'il se fasse aucune nouvelle modification dans mon âme, c'est-à-dire sans qu'elle reçoive aucune nouvelle perception. Il est visible que non, car cet *être représentatif* ne lui peut servir de rien si elle ne l'aperçoit. Or je suppose qu'elle ne l'apercevait pas auparavant ; il faut donc nécessairement qu'elle en ait une nouvelle perception ; or cette nouvelle perception sera--elle seulement la perception de l'*être représentatif*, que j'appellerai *B*, ou si elle le sera aussi du corps *A* ?

Si elle l'est de l'un et de l'autre, donc l'un et l'autre sera en même temps objectivement dans mon esprit, donc ce sera la perception de l'un et de l'autre qui sera l'objet immédiat de ma pensée, et ni l'un ni l'autre n'en sera que l'objet immédiat, selon ce qui a été dit dans le chap. VI. Et ainsi, afin qu'on pût dire que je vois *B* immédiatement et *A* médiatement, il faudrait que je les visse par deux perceptions différentes, et que celle de *B* fût cause de celle d'*A*.

Que si l'on dit que cette première perception n'est pas que la perception de l'*être représentatif*, il en faudra donc encore une seconde qui soit la perception du corps *A*. Car c'est le corps *A* que j'ai besoin de voir, parce qu'il me peut être utile ou dommageable à la conservation de ma machine; au lieu que l'*être représentatif* qu'on voudrait que je visse auparavant n'y saurait faire ni bien ni mal. Puis donc qu'il en faut venir à la fin à la perception du corps *A*, sans laquelle mon âme, qui a besoin de le voir, ne le verrait jamais, et avec laquelle il est impossible qu'elle ne le voie, pourquoi l'Être infiniment parfait, qui agit toujours par les voies les plus simples, n'y serait-il pas venu tout d'un coup? et quelle apparence qu'il eût été chercher un détour aussi inutile que celui qu'on lui fait prendre pour exécuter la volonté qu'il a eue de rendre mon âme capable de voir les corps, et les corps capables d'être vus par mon âme? Car, comme j'ai déjà dit, cela a dû être réciproque et sa volonté s'est dû étendre aussi bien à l'un qu'à l'autre; ce qui prévient ce que l'on pourrait dire, que l'âme d'elle-même serait bien capable de voir immédiatement les corps, c'est-à-dire sans *êtres représentatifs*, puisqu'elle peut bien se voir ainsi elle-même ; mais que c'est que les corps sont trop grossiers et trop disproportionnés à la spiritualité de l'âme, pour pouvoir être vus immédiatement.

Mais, comme on ne peut avoir que cette défaite, il est bon de l'examiner encore en particulier. Rien en vérité ne me paraît plus étrange que de dire que les corps sont trop grossiers pour pouvoir être vus immédiatement par notre âme, car on aurait raison d'alléguer la grossièreté et l'imperfection des corps, s'il s'agissait de les rendre *connaissants*, comme on ne fait que trop souvent dans la philosophie commune, où l'on veut que les bêtes connaissent et que les plantes choisissent leur aliment, et que toutes les choses pesantes aillent chercher le centre de la terre comme le lieu de leur repos, ce qui ne se pourrait sans connaissance. Mais quand il s'agit seulement d'être connu, que peut faire à cela l'imperfection des choses matérielles? Connaître est sans doute une grande perfection en ce qui connaît, et ainsi ce qui est dans le plus bas degré de la nature intelligente est quelque chose sans comparaison de beaucoup plus grand et plus admirable que tout ce qu'il y a de plus accompli dans la nature corporelle; mais être connu n'est qu'une simple dénomination dans l'objet connu, et il suffit pour cela de n'être pas un pur néant, car il n'y a que le néant qui soit incapable d'être connu, et être connaissable, pour parler ainsi, est une propriété inséparable de l'être, aussi bien que d'être *un*, d'être *vrai* et d'être *bon*, ou plutôt c'est la même chose que d'être *vrai*, ce qui est vrai étant l'objet de l'entendement, comme ce qui est bon est l'objet de la volonté. De sorte que c'est l'imagination du monde la plus mal fondée de vouloir qu'un corps, comme corps, ne soit pas un objet proportionné à l'âme pour ce qui est d'en être connu.

Il paraît aussi que l'auteur de *la Recherche de la Vérité* ne s'arrête point à la matérialité des corps, pour les rendre incapables d'être connus immédiatement par mon âme; puisque, si on l'en croit, elle ne saurait non plus connaître immédiatement les âmes des autres hommes. Et comme il prétend en même temps que nous ne les connaissons ni en elles-mêmes ni par idée, il se réduit à dire que nous ne les connaissons que par conjecture : sur quoi j'aurais bien des choses à dire, mais cela me détournerait trop de mon sujet.

A quoi donc en reviendra-t-on? Ce sera sans doute à cette *union intime,* que l'on prétend que tous les objets de notre esprit doivent avoir avec notre âme, afin d'être en état d'en pouvoir être connus immédiatement. Or ni les corps, quels qu'ils soient, ni les âmes des autres hommes, ne peuvent être unis intimement à mon âme : donc ils n'en peuvent être connus immédiatement.

Mais n'y a-t-il qu'à donner à Dieu des lois bizarres et sans fondement? N'y a-t-il qu'à l'assujettir aux vaines imaginations des philosophes, pour l'obliger, lui, *qui agit toujours par les voies les plus simples,* à prendre un aussi étrange circuit que l'on voudrait qu'il prît pour exécuter la volonté qu'il a de faire connaître à notre âme les choses matérielles? Je n'aurai donc qu'à dire aussi qu'on ne peut concevoir qu'un corps sorte de son repos, qu'on ne le pousse ; et qu'il ne saurait être poussé que par quelque vertu, ni continuer son mouvement que cette vertu ne continue de le pousser, et que c'est ce qui s'appelle *vertu impresse :* et qu'ainsi, puisque l'on veut maintenant que ce soit Dieu qui donne le mouvement à tous les corps particuliers, il faudra que ce soit aussi par une *vertu impresse,* qui n'est guère moins universellement reconnue par les philosophes de l'école que ces *êtres représentatifs* des objets. Car, quelle raison pourra-t-on avoir pour rejeter cette dernière pensée, que je n'aie aussi pour rejeter la première?

On dira que la nécessité de cette *vertu impresse,* pour faire continuer le mouvement aux corps que l'on jette, est une imagination que l'on a supposée sans l'avoir bien examinée, et qu'on ne saurait appuyer d'aucune preuve valable. J'en dis autant de la **prétendue** nécessité que l'on a supposé avec aussi peu de fondement qu'avaient tous les objets de notre esprit d'être unis intimement à notre âme, afin d'être en état d'en pouvoir être connus.

On dira que, laissant là cette *vertu impresse,* il est impossible de concevoir que Dieu donnant le mouvement à un corps, ce corps ne se meuve pas ; et qu'ainsi, Dieu n'ayant pour but que de faire mouvoir ce corps, il serait contre sa sagesse d'y employer cette *vertu impresse*, puisqu'il le peut faire sans cela.

Je dis de même qu'il est impossible de concevoir que Dieu donne à mon esprit la perception du corps *A*, et que je n'aperçoive pas le corps *A* ; et qu'ainsi Dieu n'ayant pour but que de me faire apercevoir le corps *A*, parce que cela m'est nécessaire pour la conservation du mien, il serait contre sa sagesse d'y employer un *être représentatif* uni intimement à mon âme, quel qu'il puisse être ; puisqu'il peut faire sans cela qu'elle connaisse le corps *A*, et qu'il ne fait jamais par des détours inutiles ce qu'il peut faire par des voies plus simples. Je serai fort trompé, si on me peut faire voir que ces dernières instances contre la nécessité des *êtres représentatifs* ne soient pas aussi bien fondées et aussi solides que les premières, contre la nécessité d'une *vertu impresse*.

On peut voir ce que j'ai dit dans le chap. VI sur la manière dont nous voyons les propriétés des choses dans leurs idées. Et je ne doute point qu'on n'en conclue que ces *êtres représentatifs*, distingués des perceptions, ne sont bons à rien ; puisque les laissant là pour ce qu'ils valent, je trouve sans peine de quoi expliquer tout ce qui se passe dans la connaissance humaine. Et ceux mêmes qui les supposent sont obligés d'avouer qu'ils ne me sauraient servir de rien, si je ne les connais, et que je ne connaisse par eux les objets qu'ils représentent, c'est-à-dire si je n'ai par là la perception d'un carré, pour laquelle on s'est imaginé que j'avais besoin d'un *être représentatif* intimement uni à mon âme. Or, dès que j'ai la perception d'un carré, qui peut douter que si je cherche les propriétés d'un carré, ce ne soit dans cette perception que je les cherche. Et par conséquent ? comme j'ai dit dans le chap. VI, lorsqu'on dit *ceci ou cela est enfermé dans l'idée d'une telle chose*, le mot d'*idée* signifie la perception que nous avons de cet objet, et non un prétendu *être représentatif*, que l'école a inventé, croyant en avoir besoin, mais qui certainement n'est bon à rien en la manière qu'ils l'entendent.

CHAPITRE XI.

Démonstration V.

Rien ne peut convaincre davantage un homme qui raisonne bien de la fausseté d'un principe, que quand il le conduit dans des erreurs tout-à-fait absurdes, et directement contraires à ce qu'il aurait supposé pour indubitable, qui l'est en effet, et qui est la chose même qu'il avait prétentendu expliquer par ce principe.

Or c'est ce qui est arrivé à l'auteur de *la Recherche de la Vérité* dans l'emploi qu'il a fait de ce principe : « qu'afin qu'un objet « puisse être en état d'être aperçu immédiatement par notre esprit, « il faut qu'il soit uni intimement à notre âme. »

Car il n'a employé ce principe qu'après avoir supposé, comme une chose incontestable, que nous voyons une infinité de corps, et que notre esprit les aperçoit; mais que la difficulté est d'expliquer comment il les aperçoit. C'est ce qui lui fait dire dans le titre du chap. I de la deuxième partie du livre III, « que les idées « nous sont nécessaires pour apercevoir tous les objets matériels. » Il suppose donc qu'on les aperçoit. Et c'est comme si je disais que les lunettes d'approche nous sont nécessaires pour apercevoir les satellites de Jupiter et de Saturne; car certainement il serait ridicule de parler ainsi, si même avec ces lunettes nous n'apercevions point les satellites de ces deux planètes. Il dit encore dès le commencement de ce chapitre comme nous avons déjà vu : « Nous « voyons le soleil, les étoiles et une infinité d'objets hors de « nous. » Et un peu plus bas : « Toutes les choses que l'âme aper- « çoit sont de deux sortes : ou elles sont dans l'âme, ou elles sont « hors de l'âme. Notre âme n'a pas besoin d'idées pour apercevoir « les premières. Mais, pour celles qui sont hors de l'âme, nous ne « pouvons les apercevoir que par le moyen des idées, supposé que « ces choses ne puissent pas lui être intimement unies. »

Il est donc indubitable par tout cela que nous apercevons les choses qui sont hors de l'âme, aussi bien que celles qui sont dans l'âme : mais toute la difficulté c'est de savoir si nous avons besoin d'idées pour voir les unes plutôt que les autres, et de quelle nature seront ces idées, dont on aura besoin pour voir celles qui sont hors de nous.

Dans tout ce livre III il demeure dans cette supposition que nous apercevons les choses matérielles; mais que ce ne peut être que par des idées. Et il dit même expressément dans le chap. VI, page 200, qu'on ne voit pas tant les idées des choses, que les choses mêmes que les idées représentent. « Car, lors, dit-il, qu'on « voit un carré, on ne dit pas qu'on voit l'idée de ce carré, qui « est unie à l'esprit, mais seulement le carré, qui est au dehors. »

Cependant, dans les *Éclaircissements*, poussant encore plus loin les conséquences naturelles de cette philosophie des idées, il nous transporte tout d'un coup en des pays inconnus, où les hommes n'ont plus de véritable connaissance les uns des autres, ni même de leurs propres corps, ni du soleil et des astres que Dieu a créés ; mais où chacun ne voit, au lieu des hommes vers lesquels il tourne les yeux, que des *hommes intelligibles*, au lieu de son propre corps qu'il regarde, qu'un *corps intelligible*, au lieu du soleil et des autres astres que Dieu a créés, qu'un *soleil et des astres intelligibles*, et au lieu des espaces matériels, qui sont entre nous et le soleil, que des *espaces intelligibles* [10]. On croira peut-être que je ne dis cela que pour rire, et que ce ne sont que des conséquences qu'il n'avoue point et que je lui attribue sans raison. Écoutons-le donc parler lui-même en la page 546 :

« Il faut prendre garde que le soleil, par exemple, que l'on voit
« n'est pas celui que l'on regarde. Le soleil et tout ce qu'il y a
« dans le monde matériel n'est pas visible par lui-même : je l'ai
« prouvé ailleurs. L'âme ne peut voir que le soleil auquel elle est
« immédiatement unie. »

C'est visiblement le contraire de ce que nous venons de voir qu'il dit en la page 200. « Lorsqu'on voit un carré, on ne dit pas
« que l'on voit l'idée de ce carré, qui est unie à l'esprit, mais le
« carré même, qui est au dehors. » Il faut donc qu'ayant pénétré plus avant dans ces mystérieuses idées, à mesure qu'il a plus avancé dans son travail, il ait reconnu que la manière dont il s'était expliqué dans cette page 200 n'était pas assez exacte, et que c'était trop se conformer aux sentiments et au langage du peuple que de dire que, « lorsqu'on voit un carré, c'est le carré
« même qui est au dehors que l'on voit, et non pas l'idée du carré,
« qui est unie à l'esprit ; » mais que pour parler philosophiquement et dans *une rigoureuse exactitude*, il fallait franchir le pas, et dire nettement que notre âme ne peut voir que le carré qui est uni à notre âme, c'est-à-dire l'*être représentatif* de ce carré, distingué de la perception que nous en avons, et non pas le carré même qui est hors de nous : comme le soleil que nous regardons n'est pas celui que l'on voit, mais un autre soleil, auquel notre âme est immédiatement unie.

Il s'explique encore plus au long sur cela, et plus affirmativement, en la page 498. « Le corps matériel que nous animons
« (prenons-y garde) n'est pas celui que nous voyons, lorsque nous
« le regardons, je veux dire, lorsque nous tournons les yeux du
« corps vers lui : c'est un corps intelligible que nous voyons,

« comme il y a des espaces matériels entre notre corps et le soleil
« que nous regardons. »

Rien ne peut être plus net ni mieux expliqué. Il distingue *regarder* et *voir*. Il définit *regarder*, en disant que c'est seulement tourner nos yeux vers un objet : et il fait entendre que *voir* est apercevoir un objet par notre esprit. Et il distingue ensuite avec encore plus de soin ce que nous *regardons* de ce que nous *voyons*. Et il nous avertit d'y *prendre garde*, comme étant une chose dont on ne peut pas douter, pourvu qu'on y fasse attention. Il nous déclare donc que lorsque nous *regardons* notre corps, c'est-à-dire lorsque nous tournons les yeux vers lui, ce que nous *voyons* par notre esprit à l'occasion de ce regard n'est pas *le corps que nous animons*, mais que c'est *un corps intelligible*, qui, n'ayant rien de matériel, a pu être intimement uni à notre âme. Et que de même, quand nous *regardons* le soleil, en tournant les yeux vers lui, ce que nous *voyons* par notre esprit n'est pas le soleil matériel que Dieu a créé, mais un *soleil intelligible*. Et il va au-devant d'une objection, prise du grand espace que nous voyons par l'esprit entre notre corps et le soleil, qui ne paraît pas pouvoir être autre que matériel. Car il prétend qu'il y a des *espaces intelligibles* entre ce *corps intelligible* et ce *soleil intelligible* que nous *voyons*, comme il y a des *espaces matériels* entre notre corps et le soleil que nous *regardons*.

N'est-ce pas visiblement ce que j'ai dit? Il a supposé d'abord que notre esprit aperçoit les choses matérielles. Il n'était en peine que du *comment*: si c'était par des idées ou sans idées, en prenant le mot d'idée pour des *êtres représentatifs* distingués des perceptions. Et après avoir bien philosophé sur la nature de ces *êtres représentatifs*, après les avoir promenés partout, et n'avoir pu les placer qu'en Dieu, tout le fruit qu'il en recueille n'est plus de nous expliquer comment nous *voyons* les choses matérielles, qui était uniquement ce que l'on cherchait, mais c'est que notre esprit est incapable de les apercevoir, et que nous vivons dans une continuelle illusion, en croyant *voir* les choses matérielles que Dieu a créées, lorsque nous les *regardons*, c'est-à-dire que nous tournons nos yeux vers elles ; et cependant ne voyant au lieu d'elles que des *corps intelligibles* qui leur ressemblent.

En faut-il davantage pour n'avoir aucune créance, à ce que dit cet auteur *de la Nature des Idées*, quelque air de spiritualité qu'il y donne? Car, qu'avait-il entrepris de prouver? Que les idées dont il recherche la nature *sont nécessaires pour apercevoir les objets matériels*. Et que conclut-il après beaucoup de subtilités? Que notre corps tourne ses yeux vers les corps matériels, ce qui s'appelle regarder, mais que notre esprit est incapable de les *apercevoir*, et qu'il n'aperçoit que les *corps intelligibles*. Peut-on croire qu'un homme qui a accoutumé de bien raisonner, ait raisonné sur de bons principes lorsqu'il en conclut tout le contraire de ce qu'il avait entrepris de prouver, ou plutôt de ce qu'il avait supposé comme étant incontestable et n'ayant pas besoin d'aucune preuve? C'est comme si un homme avait promis de faire voir comment la liberté de l'homme se peut accorder avec la providence de Dieu, et que, après beaucoup de discours, il ne trouvât point d'autre moyen de faire cet accord qu'en niant que l'homme soit libre.

J'en pourrais demeurer là : mais, parce qu'il se pourrait trouver des gens qui aimeraient mieux croire que la faute qu'a faite l'auteur de *la Recherche de la Vérité* est d'avoir supposé d'abord que notre esprit aperçoit les choses matérielles, que de se départir de ce qu'il dit dans les *Éclaircissements* qu'il ne peut apercevoir que les choses intelligibles, ou qu'il n'aurait manqué que de parler exactement, je veux bien examiner si cette opinion, qui paraît si extraordinaire, peut avoir quelque fondement.

Je ne veux point me prévaloir de l'avantage que donne la surprise où tout le monde peut être à la seule proposition d'une doctrine si étrange, et qu'il serait si facile de tourner en ridicule. Je sais qu'il y en a de très véritables contre lesquelles on n'est pas moins prévenu, et qu'il y a bien des gens qui ne sont guère moins choqués quand on leur dit que les bêtes ne sont que des machines qui ne sentent rien et qui ne connaissent rien, que s'ils entendaient dire que nous ne voyons que des corps intelligibles. Laissons donc là toutes les préventions, et n'employons que la raison pour juger de la vérité ou de la fausseté de cette pensée, qui a d'une part quelque chose de fort choquant pour le commun du monde, mais qui, de l'autre, semble avoir quelque chose de mystérieux qui la peut faire agréer à beaucoup de personnes qui aiment les mystères, surtout quand ils sont revêtus de termes nobles, comme est celui d'*intelligible*. Mais c'est ce mot même qu'il faut expliquer, pour en démêler l'équivoque. Car, comme on peut dire que ce qui est objectivement dans notre esprit y est *intelligiblement*, on peut dire aussi en ce sens que ce que je vois *immédiatement*, en tournant mes yeux vers le soleil, est le soleil intelligible, pourvu qu'on n'entende par là que l'idée du soleil, qui n'est point distinguée de ma perception, comme il a été expliqué dans le chap. VI, et qu'on n'ajoute pas que je ne vois que *le soleil intelligible*. Car, quoique je ne voie immédiatement ce soleil *intelligible*, par la réflexion virtuelle que j'ai de ma perception, je n'en demeure pas là, mais cette même perception, dans laquelle je vois ce soleil intelligible, me fait voir en même temps le soleil matériel que Dieu a créé. Or, comme ce n'est pas cela que l'auteur de *la Recherche de la Vérité* a voulu dire, et qu'il est certain qu'il a entendu par le soleil *intelligible* quelque chose de réellement distingué de la perception que j'ai du soleil, lorsqu'il a prétendu, dans les *Éclaircissements*, p. 498 et 546, que ce n'est que ce soleil *intelligible* que nous voyons, on supplie ceux qui voudraient s'opiniâtrer à soutenir son paradoxe de répondre à cet argument.

Mon âme est capable de voir, et voit en effet ce que Dieu a voulu qu'elle vît.

Or, Dieu l'ayant jointe à un corps, a voulu qu'elle vît, non un corps *intelligible*, mais celui qu'elle anime, non d'autres corps *intelligibles*, mais les corps matériels qui sont autour de celui qui lui est joint, non un soleil *intelligible*, mais le soleil matériel qu'il a créé et qu'il a mis dans le ciel.

Donc il n'est point vrai que notre âme ne voie qu'un corps intelligible, et non celui qu'elle anime. Et il en est de même des autres corps.

La majeure ne se peut nier sans impiété, puisque ce ne serait pas concevoir Dieu tel qu'il est, c'est-à-dire tout-puissant, que de prétendre qu'il n'ait pas fait tout ce qu'il a voulu. Il n'y a donc qu'à prouver la mineure.

Dieu, en créant mon âme et la mettant dans un corps, a voulu qu'elle veillât à la conservation de ce corps, et que, composant un homme avec ce corps, je vécusse en société avec d'autres hommes qui auraient un corps et une âme comme moi, et que cette société consistât à nous rendre mutuellement des offices de charité.

Or, il a été nécessaire pour cela que je connusse le corps que j'anime, et non un corps *intelligible*; car je dois connaître le corps que je dois conserver : or ce n'est point un corps *intelligible* que je dois conserver, mais le corps que j'anime. Et de même, si, lorsque je sens un grand froid, j'ai besoin de m'approcher du feu, c'est du feu matériel que je dois approcher le corps que j'anime, et non point d'un feu *intelligible*. Si, étant exposé aux rayons du soleil pendant le grand été, je m'en trouve incommodé et comme brûlé, et que je doive chercher un lieu où je puisse être à couvert des rayons du soleil, ce sera des rayons du soleil matériel et non de ceux d'un soleil *intelligible*. C'est une viande matérielle et un breuvage matériel que je dois prendre par la bouche matérielle, pour soutenir le corps que j'anime, et en réparer les ruines. C'est donc tout cela que je dois connaître, et non une viande *intelligible* et un breuvage *intelligible*, que mon esprit verrait être reçus par une bouche *intelligible*, dans un corps *intelligible*; car il n'y a pas d'apparence que tout cela fût propre à nourrir mon corps. Il en est de même de la société que je dois avoir avec les autres hommes. Je les dois connaître pour les assister dans leurs besoins ou pour en être assisté, pour les instruire ou pour en être instruit, et enfin pour leur rendre ou pour recevoir d'eux une infinité d'offices de charité. Or, il est bien clair que ce n'est point à des hommes *intelligibles* que je rends tous ces devoirs, mais à des hommes que je vois et qui me voient, qui me parlent et à qui je parle.

Donc rien n'est plus mal fondé, pour ne rien dire de plus fort, que cette imagination bizarre que quand nous tournons les yeux vers les corps matériels, ce qui s'appelle regarder, ce ne sont pas ces corps matériels que nous voyons, mais des corps intelligibles.

On voudra peut-être nous faire croire par de vaines subtilités que cela revient à un, et que nous ne laisserons pas de bien veiller à la conservation de notre corps, quoique nous ne le voyions pas, mais seulement un corps *intelligible*, et que nous pourrons aussi agir de la même sorte avec les autres hommes, quoique nous ne les voyions point, mais seulement des hommes *intelligibles*.

Mais que les partisans de ce paradoxe poussent leurs raffinements si loin qu'ils voudront, sans m'amuser à les combattre, je n'ai besoin pour les leur rendre inutiles que d'un argument que j'ai déjà fait.

Dieu ne fait point par des voies composées, brouillées, embarrassées, ce qu'il peut faire par des voies plus simples. L'auteur de *la Recherche de la Vérité* n'a garde de contester cette proposition, puisqu'il la met entre les premières notions dont personne ne saurait douter : « Qui oserait dire, dit-il p. 494, que Dieu n'agit point « par les voies les plus simples ? »

Or, quand il serait vrai que ce qui se fait si facilement et si naturellement dans la supposition : que Dieu a rendu notre âme capable de connaître les corps matériels, se pourrait faire aussi dans l'autre supposition ; qu'elle n'est point capable de les connaître, mais seulement de connaître des corps *intelligibles*, il faudrait toujours avouer que cela ne se ferait dans cette dernière supposition que par une voie, non-seulement bien moins simple que dans l'autre, mais qui serait assurément très brouillée et très embarrassée.

Donc cette dernière supposition doit être rejetée comme tout-à-fait indigne de la sagesse de Dieu, quand on y pourrait donner quelque vraisemblance par de vaines subtilités.

Enfin, le dernier retranchement serait de dire que Dieu, qui a créé les corps matériels, n'a pas dû faire en faveur de notre âme ce qui est contraire à leur nature ; et qu'ainsi il ne faut pas s'étonner si notre âme ne peut voir ni connaître des *corps matériels*, mais seulement les *intelligibles*, parce qu'il est de la nature des corps matériels de n'être ni visibles ni intelligibles.

C'est aussi le principe dont se sert l'auteur de *la Recherche de la Vérité*, pour condamner notre âme à ne voir aucun corps matériel. Nous l'avons déjà vu dans ce passage de la page 516 : « Il faut
« prendre garde que le soleil que l'on voit n'est pas celui que l'on
« regarde. Le soleil, et tout ce qu'il y a dans le monde matériel,
« n'est pas visible par lui-même ; je l'ai prouvé ailleurs : l'âme ne
« peut voir que le soleil auquel elle est immédiatement unie. » Et c'est par là qu'il commence *l'Éclaircissement sur la nature des idées*, où il prétend expliquer *comme on voit en Dieu toutes choses*, ce qui est la même chose dans sa philosophie que de ne voir que les corps qui, étant en Dieu, sont intimement unis à notre âme, ce qu'il appelle autrement *les corps intelligibles;* car il y établit d'abord comme un principe, d'où cela doit suivre, *que les corps ne sont point visibles par eux-mêmes*. Mais, au lieu d'en demeurer là, ce qui aurait laissé quelque obscurité mystérieuse qui eût un peu caché ce qu'il y a de défectueux, ou dans ce prétendu principe, ou dans les conséquences qu'il en tire, pour ne nous laisser voir que des *corps intelligibles*, il a tout gâté, en nous marquant ce qu'il entend par *être visible par soi-même;* car il le fait en des termes qui ne rendent ce principe vrai qu'en le rendant en même temps entièrement inutile à l'usage qu'il en veut faire : « Il est évident,
« dit-il, que les corps ne sont point visibles par eux-mêmes, qu'ils
« ne peuvent agir sur notre esprit ni se représenter à lui. Cela
« n'a pas besoin de preuves, cela se découvre d'une simple vue ;
« mais cela n'est certain qu'à ceux qui font taire leur sens pour
« écouter leur raison. Ainsi, tout le monde croit que les corps
« se poussent les uns les autres, parce que les sens le disent ;
« mais on ne croit pas que les corps sont par eux-mêmes entière-

« ment invisibles et incapables d'agir dans l'esprit, parce que les
« sens ne le disent pas, et qu'ils semblent dire le contraire. »

On voit donc qu'il prend pour la même chose *être visible par soi-même*, et *pouvoir agir sur notre esprit ;* et au contraire, *être par soi-même entièrement invisible* et *être incapable d'agir dans notre esprit.* Ainsi, laissant là les termes équivoques d'*être visible ou invisible par soi-même*, et mettant en leur place le sens qu'il leur donne, qui est d'*être capable ou incapable d'agir sur notre esprit et de se représenter à lui*, c'est-à-dire de s'en faire connaître, qui ne voit tout d'un coup que rien n'est moins propre à établir ce qu'il prétend : « que nous ne voyons point les corps matériels,
« mais seulement les corps intelligibles ; » car il ne pourrait y employer ce principe qu'en vertu de cette majeure.

Ce qui est incapable d'agir sur notre esprit et de s'en faire connaître, ne peut être vu par notre esprit.

Or, les corps matériels sont incapables d'agir sur notre esprit et de s'en faire connaître.

Donc les corps matériels ne peuvent être vus par notre esprit.

Donc quand nous croyons les voir, ce sont des corps intelligibles que nous voyons au lieu d'eux.

Ces conséquences sont fort justes, et on ne les pourrait nier si la majeure était vraie. Mais à qui persuadera-t-on que rien ne puisse être connu par notre esprit que ce qui peut agir sur lui, pour s'en faire connaître ; comme si *être connu* supposait une faculté active en ce qui est connu, au lieu que c'est tout au plus s'il en suppose une passive. C'est donc la même chose que si on disait que la matière ne saurait être mue, et qu'il faut que ce soit quelque autre chose qui soit mue au lieu d'elle, parce qu'elle n'est pas mobile d'elle-même, c'est-à-dire qu'elle ne se peut pas donner le mouvement à elle-même. On voit assez combien cela serait absurde. Cependant je ne vois pas que cela le fût davantage que d'argumenter comme on fait ici : Les corps ne sont pas visibles par eux-mêmes, c'est-à-dire qu'ils ne peuvent pas agir sur notre esprit ; donc ils ne sont pas visibles, donc ils ne peuvent être connus par notre esprit. C'est le sophisme que les logiciens appellent *à dicto secundùm quid ad dictum simpliciter.*

Il ne me reste plus qu'à dire un mot sur une autre équivoque du mot d'*intelligible*, afin que l'on puisse juger si les corps matériels sont ou ne sont point intelligibles ; et par là on pourra voir qu'il y a un très bon sens, selon lequel de grands philosophes ont pu dire que *le monde matériel n'était pas intelligible.*

Il faut donc remarquer que le mot d'*intelligible* vient d'*intelligere*, et qu'il signifie proprement *quod potest intelligi*. Or, le verbe d'*intelligere* a deux significations : l'une générale, quand il se prend pour connaître, de quelque manière que cette connaissance se fasse ; l'autre particulière, quand on le restreint à une seule manière de connaître, qui est celle *de pure intellection*, laquelle consiste en ce que notre âme connaît ses objets, sans qu'il s'en forme d'images corporelles dans le cerveau pour les représenter ; et alors *intelligible* est opposé à *sensible* ou à *imaginable*.

Dans le premier sens, *intelligible* signifie ce qui peut être connu, comme qui dirait *connaissable*, et alors il est sans doute que les choses matérielles sont *intelligibles*, puisqu'il est plus clair que le jour, comme je l'ai prouvé ci-dessus, que notre âme a la faculté de connaître les choses matérielles, et que par conséquent les choses matérielles en peuvent être connues.

Dans le deuxième sens, les choses matérielles singulières, comme un tel cube, un tel cylindre, ne sont point proprement *intelligibles*, mais sensibles, parce que nous n'apercevons les corps singuliers que par le moyen de nos sens ; mais en général elles sont *intelligibles*, et ne sont même proprement qu'*intelligibles*. Car, comme il n'y a que des corps singuliers qui puissent frapper nos sens, n'étant pas possible qu'un cube quelconque, c'est-à-dire un cube en général, qui n'est en aucun lieu, comme je l'ai déjà remarqué, puisse faire impression sur mes yeux, en ébranlant les filets du nerf optique par les rayons de lumière qui en seraient réfléchis, il faut nécessairement ou que nous ne connaissions aucun corps en général (ce que l'on ne peut pas dire, chacun se pouvant convaincre du contraire par sa propre expérience), ou que nous les connaissions par la pure intellection, et que par conséquent ils soient *intelligibles*, sans avoir besoin d'autres idées que de nos *perceptions*, et non de ces *êtres représentatifs*, que l'on voudrait qui en fussent distingués. Il faut seulement remarquer que la perception d'un corps singulier, que nous n'aurons eue que par les sens, nous peut réveiller l'idée d'un corps en général, comme la figure d'un carré tracé sur du papier nous réveille l'idée universelle d'un carré ; mais cela n'empêche pas, à ce qu'il me semble, que l'idée universelle de ce carré ne soit une *pure intellection*, lors même qu'elle est accompagnée d'une image dans le cerveau, parce que notre esprit ne s'arrête point à ce qu'il y a de singulier, ni dans cette image du cerveau, ni dans celle qui est tracée sur le papier, mais qu'il s'applique seulement à l'idée abstraite d'un carré en général, qui ne peut être tracée ni dans le cerveau ni sur du papier.

Que si on demande pourquoi Dieu a voulu que les corps **singuliers** ne fussent pas *intelligibles,* mais que nous ne les puissions apercevoir que par le moyen de nos sens, en voici, ce me semble, la raison. La capacité de notre esprit étant bornée, et ne devant pas même être toute employée à la connaissance des corps, Dieu n'a pas jugé à propos que nous connussions tous les corps singuliers, ce qui aurait été presque à l'infini. Il a donc cru qu'il fallait qu'il y eût en nous quelque raison de connaître les uns plutôt que les autres, et que ce fût principalement par rapport à la conservation de notre corps; et c'est pour cela qu'il nous a donné les sens, qui sont des organes corporels qui, étant frappés en diverses manières par de petits corps qui y causent des mouvements, sont une occasion à notre âme de porter son attention vers l'endroit d'où ses corpuscules nous semblent partir pour venir frapper nos sens; mais ayant par là les perceptions ou idées des corps singuliers, il est aisé à notre esprit, en séparant de cette idée ce qu'elle a de singulier, ou d'en faire une idée générale, ou de réveiller celle qu'il en a déjà, de la manière que nous avons dit dans le chap. vi; et par là ce qui est contenu dans cette idée, c'est-à-dire dans cette perception abstraite, devient *intelligible,* parce qu'il peut alors être conçu par une pure intellection. Et ainsi, de quelque manière que l'on considère les choses matérielles, ou comme singulières, ou comme universelles, il n'y a nulle raison de dire qu'elles ne pussent être aperçues par notre esprit; d'où il s'ensuit que de quelque côté qu'on se tourne, il n'y a rien qui puisse donner de la vraisemblance à cet étrange paradoxe, que quand nous regardons les corps qui nous environnent, et même notre propre corps, c'est-à-dire quand nous tournons nos yeux vers eux, ce ne sont pas ces *corps matériels* que nous voyons, mais des *corps intelligibles.*

CHAPITRE XII.

De la manière dont l'auteur de *la Recherche de la Vérité* veut que nous **voyions** les choses en Dieu. Qu'il a parlé peu exactement, ou beaucoup varié, **touchant** les choses qu'il prétend que l'on voit en Dieu.

Nous avons déjà vu que cet auteur n'a pris tant de soin **de bien** établir la philosophie des *êtres représentatifs* distingués des *perceptions,* auxquels il donne le nom d'*idées* que pour nous obliger de reconnaître, comme une chose très avantageuse à **la religion,** qu'il n'y a que Dieu qui puisse faire à l'égard des esprits la fonction de cet *êtres représentatifs;* et qu'ainsi c'est en Dieu que nous voyons toutes choses.

C'est dans ce dessein qu'il a supposé que ces *êtres représentatifs* ne pouvaient être unis à notre âme, et lui donner moyen de voir les objets de dehors qu'en cinq manières, afin qu'après avoir montré les inconvénients des quatre premières, il ne restât plus que la dernière qu'il faudrait nécessairement embrasser. Et c'est par là aussi qu'il commence le chap. vi, p. 199, qui a pour titre : *Que nous voyons toutes choses en Dieu.*

« Nous avons examiné dans les chapitres précédents, quatre
« différentes manières dont l'esprit peut voir les objets de dehors,
« lesquelles ne nous paraissent pas vraisemblables. Il ne reste plus
« que la cinquième, qui paraît seule conforme à la raison, et la
« plus propre pour faire connaître la dépendance que les esprits
« ont de Dieu dans toutes leurs pensées. »

J'aurais bien des choses à dire sur les preuves qu'il apporte contre les quatre premières de ces cinq manières; car il y en a qui me semblent très faibles : mais cela serait fort inutile, car il importe peu de savoir s'il a bien ou mal combattu des opinions qui n'ont aucune apparence de vérité.

On peut aussi remarquer qu'étant quelquefois si difficile en preuves, qu'il prétend qu'on n'en doit point admettre qui ne forcent par leur évidence à se rendre à ce qu'on propose, il s'est contenté à bien moins dans cette rencontre; quoiqu'il n'y ait rien dans tout son livre dont il ait parlé avec tant de chaleur et tant de zèle que de cette nouvelle découverte. Car rien assurément ne ressemble moins à de véritables démonstrations que les raisons qu'il apporte pour établir une opinion si extraordinaire.

Mais je ne pense pas les devoir non plus examiner; parce que l'on sait assez que ce qui n'a aucune apparence de vérité ne peut être appuyé d'aucune bonne raison. Or, je crois qu'il suffit de représenter ce qu'il dit en expliquant de quelle manière nous voyons toutes choses en Dieu, pour reconnaître qu'il n'y eut jamais rien de plus mal inventé, de plus inintelligible, et de plus mal propre à nous faire apercevoir les objets matériels que nous souhaitons de connaître.

Une des premières preuves du peu de solidité de cette nouvelle doctrine, c'est que celui qui nous la propose comme une merveilleuse découverte, n'a rien de ferme sur tout cela, et qu'il en parle tantôt d'une façon, tantôt d'une autre.

Les amplifications ne conviennent pas à des discours dogmatiques, où l'on ne doit rien avancer que d'exactement vrai. **Pourquoi donc dire** dans le titre d'un chapitre « que nous voyons *toutes « choses* en Dieu ? » Pourquoi le répéter toujours en ce même chapitre ? Pourquoi conclure les preuves que l'on a apportées par ces paroles : « Voilà quelques raisons qui peuvent faire croire que les « esprits aperçoivent *toutes choses*, par la présence intime de celui « qui comprend tout dans la simplicité de son être. » Et un peu plus bas : « Il n'y a que Dieu qui nous puisse éclairer en nous « représentant *toutes choses*, » pour nous venir dire ensuite qu'il s'en faut bien que Dieu, uni à notre âme en qualité d'*être représentatif*, nous représente toutes choses, puisqu'il ne nous représente ni notre propre âme, ni les âmes des autres hommes, ni les esprits angéliques, qui sont tous des choses qui devraient sans comparaison y être bien plutôt représentées que les choses matérielles, puisqu'ils participent davantage à la perfection de son être, étant créés à sa ressemblance et à son image.

Toutes choses se réduisent donc aux choses matérielles et aux nombres. Et encore, pour les choses matérielles, il en excepte, dans les *Éclaircissements*, toutes celles qui existent, et généralement tous les êtres singuliers, ce qui comprend tous les ouvrages de Dieu. Car c'est ce qu'il nous fait entendre, lorsqu'il dit, en la page 542. « Il est, ce me semble, fort utile de considérer que l'es-« prit ne connaît les objets de dehors qu'en deux manières : par « lumière et par sentiment. Il voit les choses par lumière, lors-« qu'il en a une idée claire, et qu'il peut, en consultant cette idée, « découvrir toutes les propriétés dont elles sont capables. Il voit « les choses par sentiment, lorsqu'il ne trouve point en lui-même « d'idée claire de ces choses pour la consulter, qu'il ne peut ainsi « en découvrir clairement les propriétés, qu'il ne les connaît que « par un sentiment confus, sans lumière et sans évidence. C'est « par la lumière et par une idée claire que l'esprit voit les essen-« ces des choses, les nombres et l'étendue. C'est par une idée « confuse ou par sentiment, qu'il juge de l'existence des créatures, « et qu'il connaît la sienne propre. » On ne peut douter après cela qu'il ne prenne pour la même chose *voir par lumière* et *voir par une idée claire*. Or, il n'y a que les essences des choses, les nombres, et l'étendue, qu'il dit que nous voyons par lumière **et par une idée claire** : il n'y a donc que cela que nous voyons en Dieu. Voilà un grand retranchement du mot de *toutes choses*.

Et afin qu'on ne croie pas qu'il ait seulement apporté les essences des choses, les nombres et l'étendue, pour des exemples des choses que nous voyons par lumière et par une idée claire ; mais qu'il n'a pas prétendu qu'il n'y ait que cela seul que nous voyons en cette manière, c'est-à-dire, que nous voyons en Dieu, il s'explique si clairement en la page suivante qu'il n'y a pas lieu de douter qu'il ne restreigne à ces trois choses ce que nous voyons en Dieu, ou, ce qui est la même chose, ce que nous connaissons par lumière ou par idée claire. « De là, dit-il, on peut juger que c'est en Dieu ou « dans une nature immuable que l'on voit tout ce qu'on connaît « par lumière ou idée claire. » C'est donc à cela qu'il restreint ce que l'on voit en Dieu, « non-seulement parce que l'on ne voit par « lumière que les nombres, l'étendue et *les essences des êtres*, les-« quelles ne dépendent point d'un acte libre de Dieu, ainsi que j'ai « dit, mais encore parce qu'on connaît ces choses d'une manière « très parfaite. » Or, toutes les créatures que Dieu a faites dépendent d'un acte libre de Dieu : donc en s'arrêtant à ce qu'il dit en cet endroit-là, qui contient ses dernières pensées sur cette matière, on en doit conclure que nous ne voyons en Dieu aucun des ouvrages de Dieu.

Mais comment accorder cela avec ce qu'il dit dans le chapitre même où il commence à parler à fond de cette matière, et à prouver *que nous voyons toutes choses en Dieu*. C'est le chapitre VI de la deuxième partie du livre III. « Il est, dit-il, absolument néces-« saire que Dieu ait en lui-même les idées de tous les êtres qu'il « *a créés*, puisque autrement il n'aurait pu les produire... Il est « donc certain que l'esprit peut voir en Dieu *les ouvrages de Dieu*, « supposé que Dieu veuille bien lui découvrir ce qu'il y a en Dieu « qui le représente. » Et un peu plus bas : « Nous croyons aussi « que l'on connaît en Dieu les choses changeantes et corruptibles, « quoique saint Augustin ne parle que des choses immuables et « incorruptibles, parce qu'il n'est pas nécessaire pour cela de « mettre quelques imperfections en Dieu, puisqu'il suffit que Dieu « nous fasse voir ce qu'il y a dans lui qui a rapport à ces choses. » C'était donc en ce temps-là *les ouvrages de Dieu, les êtres que Dieu a créés, les choses changeantes et corruptibles*, aussi bien que les immuables et incorruptibles, que nous voyons en Dieu. Et maintenant ce n'est plus cela : nous n'y voyons plus que ce qui ne dépend point des actes libres de Dieu, d'où ont dépendu certainement tous les êtres qu'il a créés.

Je ne vois pas même qu'il demeure ferme et constant dans la restriction qu'il fait des choses que l'on voit en Dieu, quand il les réduit aux *nombres*, à l'*étendue* et à l'*essence des êtres*. Car dans le chapitre vii de la deuxième partie du livre III, il dit qu'il y a quatre manières par lesquelles notre esprit connaît les choses : 1° par elles-mêmes ; 2° par leurs idées (c'est-à-dire, par des êtres représentatifs, qui, selon lui, ne se trouvent qu'en Dieu) ; 3° par conscience ou sentiment intérieur ; 4° par conjecture. Or, il ne met que les corps et les *propriétés des corps* dans cette deuxième classe des choses qu'il prétend ne se pouvoir connaître qu'en la deuxième manière, c'est-à-dire par leurs idées, ce qui est la même chose que d'être vues en Dieu. Et cela a rapport à beaucoup d'autres endroits de son livre, où il réduit aux choses matérielles ce que nous ne pouvons voir par soi-même, mais seulement par des êtres représentatifs distingués des perceptions. Il semble donc que selon cela il ne devrait pas mettre les nombres abstraits, qui font l'objet de l'arithmétique et de l'algèbre, entre les choses qui ne peuvent être vues qu'en Dieu, puisque ces sortes de nombres ne sont point *des corps*, ni *des propriétés des corps*, et qu'ils n'ont rien en eux-mêmes de matériel, pouvant également être appliqués aux choses spirituelles et corporelles.

Et en effet, je ne vois pas pourquoi, selon cet auteur, les nombres abstraits ne pourraient être connus qu'en Dieu. Car, selon lui, il n'y a que les choses qui ont besoin d'être vues par des êtres représentatifs qui sont vues en Dieu, et c'est seulement ce qui ne peut être intimement uni à notre âme, qui a besoin d'être vue par un être représentatif. Or, les nombres abstraits sont intimement unis à notre âme, puisqu'ils ne sont que dans notre âme, quoique les *choses nombrées*, pour parler ainsi, soient hors d'elle : donc les nombres abstraits n'ont pas besoin d'être vus en Dieu.

Je trouve une semblable variation au regard des vérités immuables et éternelles. Il dit en quelques endroits qu'on ne les voit point en Dieu, et en d'autres qu'on les y voit.

Il déclare, en la page 203 « que son sentiment n'est pas que l'on
« voie en Dieu ces vérités, et qu'il n'est pas en cela de l'avis de
« saint Augustin. Nous ne disons pas, dit-il, que nous voyons Dieu
« en voyant les vérités éternelles, comme dit saint Augustin, mais
« en voyant les idées de ces vérités ; car les idées sont réelles, mais
« l'égalité entre ces idées, qui est la vérité, n'est rien de réel.
« Quand, par exemple, on dit que du drap que l'on mesure a trois
« aunes, le drap et les aunes sont réelles, mais l'égalité entre les
« aunes et le drap n'est point un être réel, ce n'est qu'un rapport qui
« se trouve entre les trois aunes et le drap. Lorsqu'on dit que 2 fois

« 2 font 4, les idées des nombres sont réelles, mais l'égalité qui est « entre eux n'est qu'un rapport. » On ne voit donc point en Dieu les vérités, parce que ne sont que des rapports, et qu'un rapport n'est rien de réel.

Mais je ne sais comment cela s'accorde avec ce qu'il dit en la page 193 : « Personne ne peut douter que les idées ne soient des « êtres réels, puisqu'elles ont des propriétés réelles, et que les « unes diffèrent des autres. » Car peut-on nier que les rapports n'aient aussi des propriétés réelles, et que les uns ne diffèrent des autres? N'y en a-t-il point d'égaux et d'inégaux, de plus grands et de plus petits? Le rapport de 3 à 4 n'est-il pas égal au rapport de 15 à 20? Le rapport de 3 à 5 n'est-il pas plus grand que le rapport de 4 à 7, et le rapport de 5 à 11 plus petit que le rapport de 6 à 13? On ne peut donc pas dire qu'un rapport ne soit *rien de réel*. Que si on dit que ce n'est pas un *être réel*, en prenant le mot d'*être* pour celui de *substance*, les nombres abstraits ne sont pas non plus des *êtres réels*. Car, trois aunes en tant qu'*aunes* sont un *être réel*. Mais le nombre de 3, abstrait de toutes les choses *nombrées*, pour parler ainsi, n'est point un *être réel*, n'étant point hors de notre pensée; et ainsi on ne voit pas que ce soit quelque chose de plus réel qu'un rapport. Pourquoi donc y aurait-il plutôt des *idées de nombre* que des *idées de rapport?*

Quoi qu'il en soit, selon ce qu'il dit en cet endroit, on ne voit point en Dieu ni les rapports ni les vérités, parce que ce ne sont que des rapports. Cependant, il semble dire le contraire dans les *Éclaircissements* (p. 535) : « Je vois, dit-il, que deux fois deux font quatre, « qu'il faut préférer son ami à son chien; et je suis certain qu'il « n'y a point d'homme au monde qui ne le puisse voir aussi bien « que moi. Or, je ne vois point ces vérités dans l'esprit des autres, « comme les autres ne le voient point dans le mien : il est donc né- « cessaire qu'il y ait une raison universelle qui m'éclaire et tout ce « qu'il y a d'intelligence. » N'est-ce pas dire que chacun de nous, ne voyant pas ces choses dans l'esprit des autres, nous les voyons tous en Dieu? Or, il vient de dire que *deux fois deux font quatre* n'est qu'un rapport, et la préférence de mon ami à mon chien n'est qu'un rapport aussi. On voit donc les rapports en Dieu selon ce dernier endroit.

CHAPITRE XIII.

Qu'il a varié aussi dans l'explication des manières dont nous voyons les choses en Dieu; que la première était par les idées; qu'il ne s'en est départi qu'en niant qu'il y ait dans le monde intelligible des idées qui représentent chaque chose en particulier, ce qui ne se peut nier sans erreur.

Il a encore bien plus varié en expliquant la manière dont il prétend que nous voyons les choses en Dieu. Après en avoir proposé une dans le chapitre VI de la deuxième partie du livre III, il s'en rétracte dans les *Éclaircissements;* et il y prend un tour tout différent qu'il a cru meilleur, quoiqu'il soit incomparablement plus mauvais, et moins propre à nous faire entendre ce qu'il veut que nous croyons de l'union de notre âme avec Dieu pour voir en lui toutes choses [1].

On en jugera en comparant ensemble ces deux endroits : voici le premier (p. 200). Après avoir supposé deux choses très vraies : l'une « que Dieu a en lui-même les idées de tous les êtres qu'il a « créés », l'autre « que Dieu est très intimement uni à nos âmes « par sa présence », il en conclut « que l'esprit peut voir en Dieu « les ouvrages de Dieu, supposé que Dieu veuille bien lui décou- « vrir ce qu'il y a en lui qui les représente. » Remarquez cette condition, elle enferme deux choses : l'une, que Dieu veuille découvrir à l'homme ce qu'il suppose sans fondement lui être nécessaire pour connaître les ouvrages de Dieu; l'autre, que ce que Dieu lui doit découvrir pour cela, est ce qui en Dieu représente chacun de ses ouvrages, c'est-à-dire les idées selon lesquelles il les a faits, comme saint Augustin l'enseigne et saint Thomas après lui. On ne doute pas que si Dieu voulait découvrir à l'homme ses divines idées pendant cette vie, ce ne lui fût un moyen de connaître les créatures très parfaitement; mais on nie qu'il n'ait point d'autre moyen de les lui faire connaître : et il y a bien des raisons qui font voir qu'il n'use point de ce moyen pour nous en donner la connaissance, surtout pendant cette vie. Car il faudrait pour cela qu'il se fît voir à nous face à face, comme il se fait voir aux bienheureux.

Il a bien prévu cette objection : et voici ce qu'il dit pour la prévenir (p. 200) :

« Mais il faut bien remarquer qu'on ne peut pas conclure que « les esprits voient l'essence de Dieu de ce qu'ils voient toutes « choses en Dieu de cette manière; parce que ce qu'ils voient est « très imparfait et que Dieu est très parfait. Ils voient de la matière

« divisible, figurée, etc., et en Dieu il n'y a rien qui soit divisible
« ou figuré ; car Dieu est tout être, parce qu'il est infini et qu'il
« comprend tout ; mais il n'est aucun être en particulier. Cepen-
« dant ce que nous voyons n'est qu'un ou plusieurs êtres en parti-
« culier, et nous ne comprenons point cette simplicité parfaite de
« Dieu qui renferme tous les êtres. Outre qu'on peut dire qu'on
« ne voit pas tant les idées des choses que les choses mêmes que
« les idées représentent ; car, lorsqu'on voit un carré, par exem-
« ple, on ne dit pas que l'on voit l'idée de ce carré qui est unie à
« l'esprit, mais seulement le carré qui est au dehors. »

S'il pouvait y avoir quelque vraisemblance dans une opinion mal fondée, c'est tout ce qu'on pourrait dire de mieux pour ne rien attribuer à Dieu qui soit indigne de lui, supposé qu'il ait voulu se servir de ces *êtres représentatifs*. Mais c'est mal connaître notre esprit que de s'imaginer qu'une idée qui serait en Dieu, et que notre esprit ne verrait pas, lui pût servir à connaître ce que cette idée représente. C'est comme qui dirait que le portrait d'un homme que je ne connaîtrais que de réputation, étant mis si proche ou si loin de mes yeux que je ne le pourrais voir, ne laisserait pas de me pouvoir servir à connaître le visage de cet homme.

C'est peut-être aussi ce qui lui a fait abandonner cette voie pour en prendre une autre qui lui fait éviter cet inconvénient, mais qui le fait tomber en plusieurs infiniment plus grands, comme nous le verrons plus bas.

Mais je me contenterai de considérer ici que, voulant changer sa première manière de voir les choses en Dieu, il l'a fait en niant une chose très véritable qu'il avait reconnue auparavant. Car il avait assez fait entendre que cette manière consistait en ce que Dieu nous découvrait *chacune de ses idées*. Et c'est de quoi il ne veut plus demeurer d'accord dans ses *Éclaircissements*, comme il le déclare en ces termes (p. 548) :

« Lorsque j'ai dit que nous voyons les différents corps, par la
« connaissance que nous avons des perfections de Dieu qui les
« représentent, je n'ai pas prétendu précisément qu'il y eût en
« Dieu certaines idées particulières qui représentassent chaque
« corps en particulier : » ce qui a rapport à ce qu'il avait dit auparavant : « Il ne faut pas s'imaginer que le monde intelligible ait
« un tel rapport avec le monde matériel et sensible, qu'il y ait,
« par exemple, un soleil, un cheval, un arbre, intelligible, destiné
« à nous représenter le soleil, un cheval et un arbre. »

Et moi, je dis qu'en ôtant le mot de *nous* (car les idées de Dieu ne sont pas pour nous rien représenter au moins tant que nous sommes en cette vie, mais c'est à Dieu même, selon notre manière de concevoir, qu'elles représentent ses ouvrages), ôtant donc ce mot de *nous*, je soutiens que ce n'est pas une imagination, mais une certitude « que le monde intelligible a un tel rapport avec le « monde matériel et sensible, qu'il y a, par exemple, un soleil, un « cheval, un arbre, intelligible, qui représente un soleil, un cheval, « un arbre. » Et il est impossible que cela ne soit pas ainsi.

Car le monde intelligible n'est autre chose que le monde matériel et sensible, en tant qu'il est connu de Dieu et qu'il est représenté dans ses divines idées. Et, par conséquent, il est impossible qu'il n'y ait pas un parfait rapport de l'un à l'autre, et que tout ce qui est matériellement dans le monde matériel ne soit pas intelligiblement dans le monde intelligible. C'est cela même que l'on doit entendre par les idées qu'on admet en Dieu, et qu'on ne peut pas n'y point admettre, dit saint Augustin; puisque pour les nier, il faudrait croire que Dieu eût créé le monde sans raison et sans connaissance : de sorte que Platon, ajoute ce saint, a pu être le premier qui a donné le nom d'*idée* à ce que nous devons concevoir avoir été en Dieu, lorsqu'il a pris le dessein de créer le monde; mais ce qu'il a entendu par ce mot a toujours été reconnu par tous ceux qui ont eu une véritable connaissance de Dieu. Or de cela même que les *idées* sont en Dieu la forme et l'exemplaire selon lequel il a créé chacun de ses ouvrages, parce qu'il n'y en a aucun, pour petit qu'il soit, qu'il n'ait créé avec une connaissance distincte de ce qu'il faisait, il faut bien nécessairement qu'il y ait des idées particulières qui lui représentent non-seulement le soleil, un cheval, un arbre, mais le plus petit moucheron et le plus petit globule de la matière.

C'est une vérité que l'on ne peut contester. Saint Augustin l'établit en plusieurs endroits. Dans la quarante-sixième question des quatre-vingt-trois que nous venons de citer, après avoir dit que les *idées* sont les formes, les notions, les raisons selon lesquelles Dieu a créé toutes choses, il déclare expressément que chaque chose a été créée selon son idée particulière. Le latin exprime mieux sa pensée qu'on ne peut faire en français : *Quis audeat dicere Deum irrationabiliter omnia condidisse? Quod si rectè dici et credi non potest, restat ut omnia ratione sint condita : nec eâdem ratione homo quâ equus; hoc enim absurdum est existimare. Singula igitur propriis sunt creata rationibus. Has autem rationes ubi arbitrandum est esse, nisi in mente Creatoris?*

Saint Thomas à son ordinaire a suivi saint Augustin comme son maître. Il fait une question des idées dans la première partie de sa Somme. C'est la quinzième qui n'a que trois articles. Il prouve dans le premier qu'il y a des idées en Dieu ; dans le deuxième qu'il y a plusieurs idées, et dans le troisième que chaque chose a son idée particulière, et qu'il n'en faut excepter ni la matière ni les individus, comme Platon semble l'avoir fait. Mais il est bon de voir de quelle sorte il explique dans l'art. 2, comment il peut y avoir plusieurs idées en Dieu ; quoique l'idée soit la même chose que l'essence de Dieu, et que Dieu n'ait qu'une essence ; parce que cela nous servira à démêler beaucoup les choses que l'auteur de la *Recherche de la Vérité* a fort embrouillées.

« Il est facile, dit-il, de concevoir en Dieu plusieurs idées,
« sans que cela répugne à sa simplicité. Il ne faut que considérer
« que l'idée d'un ouvrage est dans l'esprit de l'ouvrier comme ce
« qui est conçu (*sicut quod intelligitur*), et non comme la forme
« par laquelle il le conçoit (*et non sicut species, quâ intelligitur,*
« *quæ est forma faciens intellectum actu*), c'est-à-dire comme la
« perception même qui est la cause formelle, pour parler ainsi, de
« ce que l'esprit aperçoit actuellement son objet. Car l'idée d'une
« maison est dans l'esprit de l'architecte comme une chose qu'il
« connaît, et à la ressemblance de laquelle il doit faire la maison
« matérielle qu'il a entrepris de bâtir. Or, il n'est pas contre
« la simplicité de l'entendement divin qu'il connaisse plusieurs
« choses, mais il serait contre sa simplicité qu'il les connût par plu-
« sieurs perceptions. Et ainsi, il y a plusieurs idées en Dieu comme
« conçues de Dieu. (*Unde plures ideæ sunt in mente divina ut intel-*
« *lectæ ab ipso.*) Et on jugera que cela doit être ainsi, en considé-
« rant que Dieu connaît parfaitement son essence, et que par
« conséquent il la connaît en toutes les manières qu'elle peut être
« connue. Or, elle le peut être non-seulement en elle-même, mais
« aussi en tant qu'elle peut être participée par les créatures, selon
« quelque sorte de ressemblance.

« Et chaque créature a sa propre forme ou nature, selon qu'elle
« participe en quelque chose à la ressemblance de l'essence divine.
« En tant donc que Dieu connaît son essence, comme imitable par
« une telle créature, il la connaît comme étant la propre notion
« ou raison, ou la propre idée, de cette créature. Et ainsi des
« autres. On doit donc admettre en Dieu plusieurs *notions ou rai-*
« *sons* de plusieurs choses. Et c'est ce qui fait qu'on admet en
« Dieu plusieurs *idées*. »

Et s'étant objecté « que l'art et la sagesse est aussi bien en Dieu
« un principe de connaissance et d'action que l'idée, qu'il ne devait
« donc point y avoir plusieurs idées, puisqu'il n'y a qu'un art
« divin, et qu'une sagesse divine, » il répond en ces termes : « Les
« mots d'art et de sagesse marquent en Dieu ce par quoi Dieu con-
« naît (*quo Deus intelligit*), mais le mot d'idée marque ce que Dieu
« connaît (*quod Deus intelligit*.) Or Dieu connaît plusieurs choses
« d'un seul regard, et non-seulement ce qu'elles sont en elles-
« mêmes, mais aussi selon ce qu'elles sont connues : ce qui est
« connaître les notions et les raisons de plusieurs choses. C'est ce
« qu'on voit dans un architecte. Car, lorsqu'il a simplement dans
« son esprit la perception de la forme matérielle d'une maison, on
« dit alors qu'il connaît une maison : mais lorsqu'il s'applique à
« considérer cette maison, en tant qu'elle est dans son esprit,
« c'est-à-dire qu'il fait une réflexion expresse sur la perception
« qu'il en a parce qu'il connaît cette maison (*ex eo quod intelligit*
« *se intelligere eam*) cette première perception, qui était aupara-
« vant *id quo intelligitur*, devenant par cette réflexion *id quod*
« *intelligitur*, on dit alors qu'il a *l'idée* de cette maison. Or Dieu
« ne connaît pas seulement plusieurs choses par son essence : mais
« il connaît qu'il connaît plusieurs choses par son essence. Et c'est
« ce qu'on appelle connaître plusieurs notions des choses, ou qu'il
« y a dans l'entendement divin plusieurs idées, en tant que con-
« nues : *Vel plures ideas esse in intellectu divino ut intellectas.* »

On voit par là que saint Thomas ne prend pas le mot *d'idée* si
généralement que je l'ai pris pour toute *perception*, qui comme
telle est proprement *id quo intelligitur* (quoiqu'elle soit aussi en
quelque sorte *id quod intelligitur* par la réflexion virtuelle qui lui
est essentielle), mais qu'il le restreint à la perception, qui par une
réflexion *expresse* sur notre connaissance est devenue plus particulièrement *id quod intelligitur*. Et c'est ce qui revient à ce que
j'ai dit dans le chap. vi, pour expliquer ce que c'était proprement
que de voir les propriétés des choses dans leur idée. Si ce n'est
qu'alors, c'est seulement une *idée* spéculative : au lieu que celle
qu'a un architecte d'une maison qu'il veut bâtir, et qu'il considère
souvent dans son esprit par une connaissance réfléchie sur la première perception qu'il s'en est formée, est une idée pratique, qui
est la même chose que la cause exemplaire. Mais on ne voit en
tout cela ni trace ni vestige de ces *êtres représentatifs*, qui précèdent toutes les *perceptions*, et que l'on s'imagine qui sont nécessaires à notre esprit afin qu'il en puisse avoir.

Et ce qui est encore plus considérable est, que ce saint reconnaît que Dieu voit par une seule et unique vue toutes les choses, et selon ce qu'elles sont en son entendement divin, et selon ce qu'elles sont en elles-mêmes : *Deus uno intellectu intelligit multa ; et non solum secundùm quod in seipsis sunt, sed etiam secundùm quod intellecta sunt.* Et il paraît qu'il regarde la première sorte de perception comme une preuve de la seconde. D'où il s'ensuit que les choses sont *objectivement* en Dieu telles qu'elles sont en elles-mêmes ; et que par conséquent une chose peut être objectivement en Dieu, c'est-à-dire être connue de Dieu, sans qu'elle y soit formellement. Car un crapaud, une chenille, une araignée, sont objectivement en Dieu, puisqu'il les connaît, quoique l'on ne puisse dire qu'il y ait en Dieu formellement des crapauds, des chenilles, des araignées. Et néanmoins nous allons voir que c'est, pour n'avoir pas bien distingué ces choses, que l'auteur de *la Recherche de la Vérité* argumente encore très souvent *à dicto secundùm quid ad dictum simpliciter*, en raisonnant presque toujours en cette manière : *Dieu connaît une telle chose : or Dieu ne connaît rien que dans lui-même : donc une telle chose est en Dieu.* Car être en Dieu se peut entendre dans cette conclusion ou *objectivement*, ou *formellement*. Si l'on entend *formellement*, c'est le sophisme que je viens de marquer, *à dicto secundùm quid ad dictum simpliciter*. Car il ne s'ensuit pas qu'une pierre soit *formellement* dans mon esprit, parce que je la connais, mais il s'ensuit seulement qu'elle y est *objectivement*. Et si ce n'est que cela que l'on entend quand on conclut : *Donc une telle chose est en Dieu*, c'est-à-dire qu'elle y est *objectivement*, c'est badiner que de raisonner de la sorte. Car c'est ne conclure que ce qui est déjà dans la majeure : n'y ayant point de différence entre dire *que Dieu connaît une telle chose, et qu'une telle chose est objectivement en Dieu.*

CHAPITRE XIV.

Seconde manière de voir les choses en Dieu, qui est de les voir dans une *étendue intelligible infinie*, que Dieu renferme. Que ce que l'on dit sur cela, ou est tout-à-fait indigne de Dieu, ou se contredit manifestement.

Nous venons de voir que l'auteur de *la Recherche de la Vérité*, demeurant toujours ferme dans la pensée que nous voyons toutes choses en Dieu, a varié dans l'explication de la manière dont cela se fait. Car, ayant cru d'abord que nous voyons chaque chose par l'idée particulière qu'elle a en Dieu, il a depuis changé de senti-

ment, en déclarant (p. 548) « qu'il n'a pas prétendu (il devait
« plutôt dire qu'il ne prétend plus) qu'il y eût en Dieu certaines
« idées particulières, qui représentassent chaque corps en parti-
« culier ; mais que nous voyons toutes choses en Dieu par l'ap-
« plication que Dieu fait à notre esprit de l'étendue intelligible
« infinie en mille manières différentes. »

C'est donc ce qui reste à examiner si cette seconde manière de
voir les choses en Dieu, qui est de les voir *dans une étendue intelligible infinie, que Dieu renferme*, est plus vraisemblable que l'autre.

Mais, pour en pouvoir bien juger, il faut l'écouter lui-même
expliquer comment il prétend que cela se fait. Et il faut remarquer
avant toutes choses que ce qui l'a fait entrer dans cette nouvelle
pensée est une objection qu'on lui a faite en ces termes.

« OBJECTION. (*a*) Il n'y a rien en Dieu de mobile, il n'y a rien
« de figuré. S'il y a un soleil dans le monde intelligible, ce soleil est
« toujours égal à lui-même ; et le soleil visible paraît plus grand,
« lorsqu'il est proche de l'horizon, que lorsqu'il en est fort éloigné :
« donc ce n'est pas ce soleil intelligible que l'on voit. Il en est de
« même des autres créatures : donc on ne voit point en Dieu les
« ouvrages de Dieu. » Et voici comment il y répond :

« Pour répondre à tout ceci, il suffit de considérer que Dieu
« renferme en lui-même une étendue intelligible infinie ; car Dieu
« connaît l'étendue, puisqu'il l'a faite, et il ne la peut connaître
« qu'en lui-même. Ainsi, comme l'esprit peut apercevoir une par-
« tie de cette étendue intelligible que Dieu renferme, il est certain
« qu'il peut apercevoir en Dieu toutes les figures ; car toute éten-
« due intelligible finie est nécessairement une figure intelligible,
« puisque la figure n'est que le terme de l'étendue. De plus, cette
« figure d'étendue intelligible et générale devient sensible et par-
« ticulière par la couleur, ou par quelque autre qualité sensible que
« l'âme y attache ; car l'âme répand presque toujours la sensation
« sur l'idée qui la frappe vivement. Ainsi il n'est point nécessaire
« qu'il y ait en Dieu de corps sensibles, ou de figures dans l'éten-
« due intelligible, afin que l'on en voie en Dieu, ou afin que Dieu
« en voie, quoiqu'il ne considère que lui-même. Si l'on conçoit
« aussi qu'une figure d'étendue intelligible, rendue sensible par la
« couleur, soit prise successivement des différentes parties de cette
« étendue infinie, ou si l'on conçoit qu'une figure d'étendue intel-
« ligible puisse tourner sur son centre, ou s'approcher successive-

---

(*a*) Page 547.

« ment d'une autre, on aperçoit le mouvement d'une figure sen-
« sible ou intelligible, sans qu'il y ait même de mouvement dans
« l'étendue intelligible. Car Dieu ne voit point le mouvement des
« corps dans sa substance ou dans l'idée qu'il en a lui-même;
« mais seulement par la connaissance qu'il a de ses volontés à leur
« égard. Il ne voit même leur existence que par cette voie, parce
« qu'il n'y a que sa volonté qui donne l'être à toutes choses. Les
« volontés de Dieu ne changent rien dans sa substance : elles ne
« la meuvent pas. Peut-être que l'étendue intelligible est immobile
« en tout sens, même intelligiblement. Mais, quoique nous voyons
« cette étendue intelligible, immobile ou non, elle nous paraît
« mobile, à cause du sentiment de couleur, ou de l'image confuse
« qui reste après le sentiment, laquelle nous attachons successi-
« vement à diverses parties de l'étendue intelligible qui nous sert
« d'idée, lorsque nous voyons ou que nous imaginons le mouve-
« ment de quelque corps : on peut comprendre par les choses que
« je viens de dire, pourquoi on peut voir le soleil intelligible,
« tantôt grand et tantôt petit, quoiqu'il soit toujours le même à
« l'égard de Dieu. Car il suffit pour cela que nous voyons, tantôt
« une plus grande partie de l'étendue intelligible, et tantôt une
« plus petite, et que nous ayons un sentiment vif de lumière pour
« attacher à cette partie d'étendue. Or, comme les parties de l'éten-
« due intelligible sont toutes de même nature, elles peuvent toutes
« représenter quelque corps que ce soit. »

Je ne sais, Monsieur, que vous dire d'un tel discours : j'en suis effrayé. Car je trouve qu'il enferme tant de brouilleries et de contradictions, que toute ma peine sera d'en démêler les équivoques, et d'en découvrir les paralogismes.

I. J'ai déjà ruiné par avance celui qui en est le principal fondement, en faisant voir en quel sens on peut dire que ce que Dieu connaît est en Dieu. Car tout ce discours roule sur cette étrange hypothèse : que « Dieu renferme en lui-même une étendue intel-
« ligible infinie. » Et toute la preuve qu'il en apporte est que
« Dieu connaît l'étendue, puisqu'il l'a faite, et qu'il ne la peut con-
« naître qu'en lui-même. » Il n'y a rien qu'on ne mette en Dieu par un semblable raisonnement, puisque j'aurai autant de sujet de dire : « Dieu renferme en lui-même des millions de mouche-
« rons et de puces intelligibles ; car il les connaît puisqu'il les a
« faits. » Et il ne les peut *connaître qu'en lui-même.*

II. Mais tous ces arguments sont de purs sophismes, car de

cette majeure : « Dieu connaît tout en lui-même, » on n'en peut rien conclure qu'en cette manière :

Or Dieu connaît l'étendue, les moucherons, les puces, les crapauds et toutes les autres créatures :

Donc il connaît toutes choses en lui-même.

Mais c'est un manifeste paralogisme que d'en conclure absolument :

Donc toutes choses sont en Dieu *étendues*, moucherons, puces, crapauds, et il les renferme en lui-même.

III. Pour en tirer cette dernière conclusion, comme fait l'auteur de *la Recherche de la Vérité* au regard de l'étendue, il faudrait que la majeure fût : « Dieu ne connaît que ce qui est en lui ; » mais c'est ce qui ne se peut dire sans erreur ; car Dieu connaît et ce qui est en lui et ce qui est hors de lui, puisqu'il se connaît soi-même, et qu'il connaît aussi les créatures qu'il a produites au dehors. Saint Thomas en fait un article de sa Somme, première partie, question XIV, article 5 ; *Utrum Deus cognoscat alia à se ;* et il conclut « qu'il est nécessaire que Dieu connaisse autre chose
« que lui-même ; car il ne pourrait pas se connaître parfaitement,
« s'il ne connaissait à quoi sa puissance s'étend. Or elle s'étend à
« beaucoup de choses *hors de lui*, puisqu'il en est la cause. Et de
« plus, l'essence de la première cause, qui est Dieu, est d'être l'in-
« telligence même, *ipsum intelligere* : donc les effets, qui sont en
« Dieu comme dans leur cause, sont nécessairement en lui en la
« manière que le doit être ce qui est dans une intelligence, c'est-
« à-dire qu'ils en sont connus. »

Il explique ensuite de quelle manière Dieu voit les choses qui sont hors de lui, et en quoi diffère la vue qu'il a de lui-même de « celle qu'il a des créatures : c'est qu'il se voit, dit-il, en lui-
« même, parce qu'il se voit par son essence ; mais il voit les choses
« qui sont différentes de lui, c'est-à-dire les créatures, non en elles-
« mêmes, mais en lui-même, en tant que son essence contient la
« ressemblance de toutes les choses auxquelles il a donné l'être. »

Et sur ce qu'il s'était objecté cette parole de saint Augustin : *Deus extra seipsum nihil intuetur*, il dit que cela ne se doit point entendre en ce sens que Dieu ne voie rien de ce qui est hors de lui, mais seulement qu'il ne voit qu'en lui-même ce qu'il voit qui est hors de lui. Et en effet, ce que dit saint Augustin en l'endroit cité dans la première objection de saint Thomas, qui est la quarante-sixième question des quatre-vingt-trois, n'a garde de signifier que « Dieu

« ne voit point ce qui est hors de lui » (d'où il semblerait qu'on aurait lieu de conclure, comme fait notre ami, qu'il faut qu'une chose soit en Dieu, puisqu'il la connaît), puisqu'il dit seulement que Dieu n'a point cherché hors de lui des exemplaires qu'il ait eu besoin de voir pour faire toutes les choses qu'il a créées : *Non enim extrà se quicquam positum intuebatur, ut secundùm id constitueret quod constituebat; nam hoc opinari sacrilegium est.*

Saint Thomas pousse encore cela plus avant dans l'article suivant; car il y réfute comme une erreur l'opinion de ceux qui disaient que Dieu ne connaît les créatures que selon la notion générale d'*êtres*, et non selon ce que chacune est en elle-même, et en tant qu'elles sont différentes les unes des autres. Et il soutient que, quoiqu'il les connaisse dans soi et par son essence, il les connaît néanmoins chacune par une connaissance particulière, parce que l'essence divine a tout ce que chacune a de perfection, et quelque chose de plus infiniment. *Cùm essentia Dei habeat in se quicquid perfectionis habet essentia cujuscumque rei alterius, et adhùc amplius, Deus in se ipso potest omnia propria cognitione cognoscere.*

Et dans la réponse à la première objection il découvre l'illusion où notre ami tombe presque toujours dans cette matière. C'est qu'il regarde ordinairement comme deux choses opposées : « Connaître « les choses selon l'être intelligible qu'elles ont dans l'entendement « de celui qui les connaît; » et « les connaître selon ce qu'elles « sont en elles-mêmes, et hors de l'entendement. » Mais ce saint montre fort bien que cela est si peu opposé, que ce dernier est une suite du premier. Car, quoique quelqu'un connaisse un objet selon l'être intelligible qu'il a dans l'entendement, cela n'empêche pas qu'il ne le connaisse en même temps selon ce qu'il est hors de l'entendement. Ainsi je connais une pierre selon l'être intelligible qu'elle a dans mon entendement, quand je connais que je la connais ; et néanmoins je connais en même temps cette pierre selon ce qu'elle est en elle-même et selon sa propre nature. Et comme il ne dit tout cela que pour expliquer comment Dieu ne laisse pas de voir les créatures en elles-mêmes et d'une connaissance propre, quoiqu'il les voie dans son essence, on peut juger de là si c'est parler en théologien que de dire, comme notre ami en la page 498 : « Dieu voit qu'il y a des espaces entre les corps qu'il a créés ; mais « il ne voit pas ces corps ni ces espaces par eux-mêmes. Il ne les « peut voir que par des corps et par des espaces intelligibles. » Il **y a dans ces paroles** quelque chose de mystérieux qui les a pu faire recevoir avec respect par beaucoup de gens. Mais ces mystères disparaîtront sitôt qu'on aura donné la vraie notion au mot d'*intelligible*, et qu'on ne l'aura pas laissé dans une obscurité qui fait, ou qu'on ne conçoit rien distinctement, ou que l'on conçoit toute autre chose que ce qu'on devrait concevoir, quand on lit ces grands mots : *corps intelligibles, espaces intelligibles, soleil intelligible, étendue intelligible*. Car un soleil intelligible n'est autre chose, selon ce que nous venons de voir dans saint Thomas, que le soleil matériel selon ce qu'il est dans l'entendement de celui qui le connaît : *Secundùm esse quod habet in cognoscente*; ce qui n'a garde d'être opposé à ce qu'il est en lui-même, surtout au regard de Dieu ; puisque la connaissance de Dieu étant très parfaite, il ne peut connaître chaque chose que selon ce qu'elle est véritablement en elle-même. Il les connaît donc, comme dit le même saint, *et secundùm esse intelligibile quod habent in cognoscente, et secundùm esse quod habent extrà cognoscentem*. Il n'est donc pas vrai que Dieu ne voie les espaces entre les corps qu'il a créés que par des corps et par des espaces intelligibles, et qu'il ne puisse voir ces corps et ces espaces par eux-mêmes, à moins que ce *par eux-mêmes* ne soit une équivoque qui détourne l'esprit à un sens dont il ne s'agit point. Car, si *par eux-mêmes* se rapporte *ad rationem cognoscendi*, Dieu ne voit pas les corps par eux-mêmes, parce qu'il les voit dans son essence, et que son essence est ce qui les lui fait connaître. Mais si *par eux-mêmes* se rapporte *ad rem cognitam*, Dieu voit les corps par eux-mêmes, puisqu'il les voit selon ce qu'ils sont en eux-mêmes, et dans leur propre nature, et non-seulement selon l'être intelligible qu'ils ont dans l'entendement divin. Et par conséquent ce dernier sens de *par eux-mêmes* étant le seul qui puisse regarder l'engagement où il s'était mis de prouver « que Dieu voit qu'il y a des espaces qu'il « a créés ; mais qu'il ne les voit que par des espaces intelligibles, » il est plus clair que le jour que cette proposition est insoutenable en bonne théologie, puisqu'en Dieu *les espaces intelligibles* ne sont autre chose que les espaces réels et matériels qu'il a mis entre les corps qu'il a créés, en tant qu'ils sont connus de Dieu ; et que par conséquent il est impossible que Dieu voie ces espaces intelligibles qu'il ne voie en même temps les espaces réels et matériels qu'il a mis entre ces corps : bien loin que la connaissance des premiers l'empêche de connaître les derniers.

IV. De bonne foi je ne saurais deviner ce qu'il a voulu que **nous** entendissions par cette *étendue intelligible infinie*, dans laquelle il prétend maintenant que nous voyons toutes choses; car il en dit des choses si contradictoires, qu'il me serait aussi difficile de m'en former une notion distincte sur ce qu'il en dit que de comprendre une montagne sans vallée. C'est une créature, et ce n'est pas une créature. Elle est Dieu, et elle n'est pas Dieu. Elle est divisible, et elle n'est pas divisible. Elle n'est pas seulement éminemment en Dieu, mais elle y est formellement. Et elle n'y est qu'éminemment et non pas formellement.

C'est une créature, puisque c'est l'étendue que Dieu a faite. Et c'est l'étendue que Dieu a faite, puisqu'il prouve par là que Dieu la connaît, « Dieu, dit-il, renferme en lui-même une étendue intelli-
« gible infinie. Car Dieu connaît l'étendue, puisqu'il l'a faite, et
« ne la peut connaître qu'en lui-même. »

Et ce n'est pas une créature, puisque si cela était, en voyant les choses dans cette *étendue intelligible infinie* nous ne les verrions que dans une créature, et son dessein est de montrer que nous les voyons en Dieu.

Et par là il faut qu'elle soit Dieu. Mais elle ne saurait être Dieu ni un attribut de Dieu, par les mêmes raisons par lesquelles cet auteur prouve en la page 546 « que l'âme ne renferme pas l'éten-
« due intelligible, comme une de ses manières d'être. » Car il ne faut que les appliquer à Dieu pour voir sans peine qu'elles sont bien plus fortes pour exclure l'étendue intelligible de la nature de Dieu, que pour l'exclure de celle de notre âme, ou, pour mieux dire, selon la vraie notion de *l'étendue intelligible* que j'ai marquée dans le chapitre précédent, ces raisons ne prouvent point que l'étendue intelligible ne soit pas dans notre âme; et selon la notion confuse de cet auteur, si elles prouvent que *l'étendue intelligible* n'est pas dans notre âme, elles prouvent aussi qu'elle n'est pas en Dieu. Je commencerai par faire voir le premier.

« On aperçoit, dit-il, cette étendue intelligible seule sans penser
« à autre chose, et l'on ne peut concevoir les manières d'être, sans
« apercevoir le sujet dont elles sont manières. »

Réponse. Je nie l'antécédent. Car *l'étendue intelligible*, prise pour la perception de l'étendue, ne saurait se concevoir sans que l'on conçoive en même temps l'esprit qui l'aperçoit.

« On aperçoit cette étendue intelligible, sans penser à son esprit.»

Réponse. C'est ce que je nie encore pour la raison que je viens de dire. Car on ne peut penser à l'étendue *intelligible*, sans penser à quelque esprit de qui elle est aperçue, puisque c'est cela même qui la fait appeler *intelligible*.

« Cette étendue intelligible étant bornée, fait quelque figure,
« et les bornes de l'esprit ne peuvent se figurer. »

Réponse. Elle fait une figure *intelligible*, qui peut être aussi aisément dans notre esprit que l'étendue *intelligible*, c'est-à-dire que l'une et l'autre y est objectivement.

« Cette étendue intelligible ayant des parties se peut diviser,
« et l'on ne voit rien en l'âme qui soit divisible. »

Réponse. Je réponds qu'il n'y a rien en notre âme qui soit *formellement* divisible ; mais elle ne saurait connaître l'étendue, que l'étendue avec toutes ses propriétés, *la divisibilité, la mobilité*, etc., ne soient en elle *intelligiblement*, c'est-à-dire *objectivement*, et ainsi, de ce qu'elle est indivisible par sa nature, il ne s'ensuit nullement qu'elle ne puisse renfermer en soi l'étendue *intelligible*, quoique l'étendue ne se puisse concevoir que divisible.

Que si c'est dans un autre sens que cet auteur prend le mot *d'étendue intelligible*, je soutiens que ces mêmes raisons doivent prouver que l'étendue intelligible infinie ne peut être Dieu, c'est-à-dire être un attribut de Dieu. Il ne faut pour cela que les reprendre.

« On aperçoit, dit-il, cette étendue intelligible seule sans penser
« à autre chose, et l'on ne peut concevoir les manières d'être
« sans apercevoir le sujet ou l'être dont elles sont les manières. »

Mais on peut encore moins concevoir l'attribut d'un être sans apercevoir l'être dont il est attribut. Donc, si Dieu renfermait en lui-même *l'étendue intelligible* comme un de ses attributs, on ne la pourrait concevoir sans concevoir Dieu ; *or on la peut concevoir sans penser à autre chose, donc elle n'est pas renfermée en Dieu* comme un de ses attributs.

« On aperçoit cette étendue intelligible sans penser à son esprit. »

On l'aperçoit aussi sans penser à Dieu ; car il est certain que les épicuriens et les gassendistes ne pensent point à Dieu quand ils conçoivent l'espace où se promènent leurs atomes, comme une *étendue intelligible infinie*.

« On ne peut même concevoir que cette étendue intelligible
puisse être la manière de son esprit. »

On ne peut encore moins concevoir qu'elle puisse être Dieu, ou un attribut de Dieu.

« Cette étendue intelligible étant bornée fait quelque figure, et
« les bornes de l'esprit ne peuvent le figurer. »

Cela est encore plus fort au regard de Dieu ; car on ne peut concevoir de bornes en Dieu, et quand on en feindrait, il est encore plus certain qu'elles *ne pourraient le figurer*.

« Cette étendue intelligible, ayant des parties, se peut diviser,
« et l'on ne voit rien en l'âme qui soit divisible. »

Et n'est-il pas encore plus clair *qu'il n'y a rien en Dieu qui soit divisible* : Donc, s'il croit avoir droit de conclure par toutes ces raisons que *l'étendue intelligible ne saurait être une manière d'être de notre esprit*, combien en a-t-on plus de conclure aussi qu'elle ne peut être Dieu ni un attribut de Dieu.

Et il ne faut pas s'imaginer que la qualité d'*infinie*, qu'il donne à cette *étendue intelligible*, la rende moins indigne d'être admise en Dieu. L'infinité, qui convient à Dieu, n'a nul rapport à l'infinité que l'on peut concevoir dans l'étendue ; et bien loin que cette dernière soit contenue dans l'idée de l'être parfait, cette idée ne l'exclut pas moins nécessairement qu'elle enferme nécessairement la première. Car plus une étendue est vaste, quand ce serait jusqu'à l'infini, plus elle a de parties réellement distinctes les unes des autres, ce qui répugne manifestement à la simplicité de Dieu, qui est un des principaux attributs de l'être parfait. Mais l'infinité, qui convient à Dieu, n'a garde de rien avoir qui répugne à cette idée, puisque c'est au contraire la première chose que l'on y voit que l'être même, la plénitude de l'être, l'être sans bornes, et par conséquent infini.

Il se trouve aussi que cette *étendue intelligible infinie* est divisible et non divisible. Elle est divisible, parce que ce qui fait essentiellement la divisibilité de l'étendue n'est pas que l'une de ses parties soit actuellement séparée de l'autre, mais il suffit pour cela qu'une partie soit hors de l'autre, et ne soit pas l'autre. Or l'on nous vient de dire « qu'une figure d'étendue intelligible peut
« être prise successivement des différentes parties de cette
« étendue infinie ; » on la conçoit donc comme divisible. Mais étant Dieu, comme elle le doit être, afin que ce soit voir les choses en Dieu que de les voir dans cette étendue, elle ne saurait être divisible, selon cet auteur, puisqu'il est si certain, selon lui,

que Dieu n'est pas divisible, que dans la page 494, c'est une des choses sur lesquelles il dit que personne n'hésite à répondre : « Car qui hésite, dit-il, à répondre lorsqu'on lui demande si Dieu « est sage, juste, puissant ; s'il est ou n'est pas triangulaire, divi- « sible, mobile ? »

V. Mais ce qui est de plus embarrassant est de savoir si cette *étendue intelligible infinie*, laquelle il prétend qui est en Dieu, puisqu'il dit que Dieu la renferme, y est *formellement* ou seulement éminemment. Cette distinction est nécessaire pour expliquer comment les effets sont dans leurs causes. Il y en a qui croient que chaque plante est dans le germe d'où elle sort selon ses parties, mais plus petites à proportion, et cet auteur s'est déclaré pour ce sentiment dans le chap. vi du liv. I. Si cela est, on peut dire que chaque plante est *formellement* dans le germe qui la produit. Mais il n'en est pas ainsi des créatures à l'égard de Dieu ; elles doivent être en lui comme dans leur cause, mais elles n'y peuvent pas être *formellement*, car tout ce qu'elles ont d'être et de perfection est borné, et par là est imparfait. Or il n'y a rien d'imparfait en Dieu ; la matière surtout est nécessairement par sa nature divisible et figurée, *et il n'y a rien en Dieu qui soit divisible ou figuré*, comme dit notre auteur, page 200. Ainsi les créatures devant être en Dieu comme dans leur cause, et n'y pouvant être *formellement*, on a été obligé de chercher un mot pour marquer la manière dont elles y étaient, et on n'en a point trouvé de plus propre que de dire qu'elles y étaient *éminemment*, c'est-à-dire d'une manière plus noble qu'elles ne sont en elles-mêmes, et qui est dégagée de toutes les imperfections qui sont inséparablement attachées à leur condition de créatures, quand on les compare à la perfection infinie du souverain Être. M. Descartes, qui n'était pas homme à se servir d'une distinction de l'école s'il ne l'avait jugée bien fondée, se sert de celle-ci en plusieurs endroits de ses ouvrages, et surtout dans la réponse aux secondes objections, où il devait parler avec plus d'exactitude, puisqu'il y entreprend de prouver par la méthode des géomètres l'existence de Dieu et la distinction réelle de notre âme d'avec notre corps. L'auteur de *la Recherche de la Vérité* ne se sert pas de ces mêmes mots, mais il s'explique en des termes qui reviennent au même sens, lorsqu'il dit que « Dieu est tout être parce qu'il est infini, « et qu'il comprend tout, mais qu'il n'est aucun être en particu- « lier. » D'où il conclut qu'encore que nous voyons toutes choses

en Dieu (à ce qu'il s'est imaginé) « néanmoins nous ne voyons pas
« Dieu, parce que ce que nous voyons n'est qu'un ou plusieurs
« êtres, et que nous ne comprenons point cette simplicité parfaite
« de Dieu, qui renferme tous les êtres. » A quoi se rapporte ce
qu'il avait dit auparavant en la page 198 : « Que toutes les
« créatures, même les plus terrestres et les plus matérielles, sont
« en Dieu, quoique d'une manière *toute spirituelle et que nous ne*
« *pouvons comprendre.* »

Mais on est bien empêché de savoir en laquelle de ces deux
manières il a prétendu que Dieu renferme en lui-même cette
étendue intelligible infinie, dans laquelle il veut que nous voyons
toutes choses. On voudrait bien que ce ne fût qu'*éminemment*, car
cela pourrait ne rien marquer qui ne fût digne de Dieu ; on serait
seulement en peine de deviner pourquoi tous les corps que Dieu a
créés, et que nous avons besoin de voir, étant éminemment en
Dieu, à plus juste titre que cette *étendue intelligible infinie*, il
n'aurait pas plutôt dit que chacun de ces corps étant éminemment
en Dieu, c'est là où nous les voyons, que de dire que nous les voyons
tous dans cette *étendue intelligible infinie*, s'il avait cru qu'elle
n'était, aussi bien que tous les corps particuliers, qu'*éminemment*
en Dieu. C'est déjà une raison qui fait croire qu'il a pensé qu'elle
y était *formellement*, et non-seulement *éminemment*, mais que
cela était suffisamment adouci par le mot d'*intelligible*, auquel
je ne vois pas qu'on puisse donner aucun bon sens en cet endroit-là.

Mais cela paraît encore en ce que rien ne peut manquer qu'une
chose est *formellement* étendue, et non-seulement *éminemment*,
que quand on y met ce en quoi consiste le plus l'imperfection de
l'étendue, qui est d'avoir des parties distinctes réellement les
unes des autres ; de sorte qu'on y en peut prendre d'autres plus
petites et d'autres plus grandes. Or c'est ce qu'il dit de son
étendue intelligible infinie, comme nous avons déjà vu dans l'endroit que nous avons rapporté.

C'en est une autre de ce qu'il oppose l'étendue aux corps sensibles et au mouvement, et qu'il ne veut pas que les corps sensibles, ni le mouvement même intelligible, soient en Dieu en la
même manière qu'il s'est imaginé que cette *étendue* y était. Cela
est exprès pour les corps sensibles ; car dans la même page où il
dit que Dieu renferme l'étendue, il dit *qu'il n'y a point en Dieu
de corps sensibles*, et qu'il n'est point nécessaire qu'il y en ait
afin qu'on en voie en Dieu. Et pour le mouvement, voici ce qu'il
en dit au même endroit : « On peut, dit-il, apercevoir le mouvement

« d'une figure sensible, sans qu'il y ait même de mouvement
« dans l'étendue intelligible ; car Dieu ne voit point le mouvement
« des corps dans sa substance ou dans l'idée qu'il en a en lui-même,
« mais seulement par la connaissance qu'il a de ses volontés ; il ne
« voit même leur existence que par cette voie, parce qu'il n'y a
« que sa volonté qui donne l'être à toutes choses. Les volontés de
« Dieu ne changent rien dans sa substance ; elles ne la meuvent
« pas. Peut-être que l'étendue intelligible est immobile en tout
« sens, même intelligiblement. »

Je n'entends rien à tout cela et je n'y trouve pas un mot de vrai. S'il n'y a point de mouvement dans *l'étendue intelligible*, on peut bien voir le mouvement par une perception qu'on a d'ailleurs, mais il est impossible qu'on le voie dans cette étendue.

La preuve qu'on en apporte, prise de la science de Dieu à l'égard du mouvement, est une fausse supposition. Dieu voit toutes choses dans son essence, et soi-même et les créatures, et par conséquent il y voit le mouvement aussi bien que l'étendue.

Il n'est pas moins certain qu'il voit le mouvement par l'idée qu'il en a lui-même. Car, comme nous l'avons déjà montré, il n'a rien fait dont il n'eût l'idée : or, il a créé la matière en mouvement, sans quoi elle n'aurait été qu'une masse informe, dont il n'aurait pu faire aucun de ses ouvrages : il a donc nécessairement l'idée de la matière en mouvement, non-seulement parce qu'il l'a créée dans cet état, mais encore parce qu'il la conserve toujours dans le même état ; puisque c'est immédiatement par lui-même qu'il conserve la même quantité de mouvement dans le monde, en la faisant passer continuellement d'un corps dans un autre. Il est donc impossible qu'il n'ait pas en lui-même l'idée du mouvement, puisqu'il ne fait rien dont il n'ait l'idée, comme je l'ai montré ci-dessus par saint Augustin et par saint Thomas.

Il n'est pas vrai, selon cet auteur même, que Dieu ne connaisse les mouvements que par la connaissance de ses volontés, qui les produisent. Car il suppose, dans son *Traité de la nature et de la grâce*, discours I, § 13, « que Dieu découvrant dans les trésors
« infinis de sa sagesse une infinité de mondes possibles, comme
« des suites nécessaires des lois des mouvements qu'il pouvait
« établir, s'est déterminé à créer celui qui aurait pu se produire
« et se conserver par les voies les plus simples. » Il a donc connu les lois des mouvements dans les trésors infinis de sa sagesse, avant que de les connaître dans ses volontés, puisque c'était avant qu'il se fût déterminé à créer le monde. Or, il ne pouvait pas connaître

les lois des mouvements, sans connaître les mouvements. Il n'est donc pas vrai que ce n'est que dans la volonté qu'il a eue de produire les mouvements, qu'il connaît les mouvements.

Je ne puis aussi deviner pourquoi il dit que les volontés de Dieu ne changent rien dans sa substance, et qu'elles ne la meuvent pas. Est-ce que si Dieu connaissait les mouvements par son essence ou substance, et non-seulement par ses volontés, il serait à craindre que sa substance n'en fût changée? Et pourquoi donc ne pense-t-on pas aussi que, si Dieu connaît l'étendue par son essence, et non-seulement par sa volonté, il soit à craindre que son essence ne soit étendue, ce qui n'est pas moins contraire à la nature de l'être infiniment parfait, que si elle était en mouvement. Je ne vois donc pas pourquoi l'étendue en repos et immobile lui paraît plus digne d'être admise en Dieu que l'étendue en mouvement ou mobile. C'est assurément qu'il n'a pas assez consulté *la vaste et immense idée de l'être infiniment parfait*, quand il en a eu ces pensées.

Mais ce qui me semble plus considérable, c'est qu'il paraît par là qu'il veut que, pourvu que son *étendue intelligible infinie* soit immobile, elle puisse être en Dieu d'une manière en laquelle l'étendue mobile et en mouvement n'y peut pas être non plus que les corps sensibles qu'il dit aussi n'être pas en Dieu. Or, il ne peut avoir nié que l'étendue mobile et en mouvement, aussi bien que les corps sensibles, ne soient en Dieu *éminemment*, c'est-à-dire de cette manière *toute spirituelle*, et dégagée de toutes les imperfections qui ne peuvent manquer de se trouver dans les créatures, selon laquelle il avoue en un autre endroit *que les choses les plus matérielles et les plus terrestres sont en Dieu*. Il faut donc, ou qu'il se soit contredit, ou qu'il ait prétendu que *l'étendue intelligible infinie* n'était pas seulement en Dieu *éminemment*, mais qu'elle y était aussi *formellement :* ou bien qu'il ait mis hors de Dieu cette *étendue intelligible infinie*, comme Aristote a cru que Platon y avait mis ses idées[12], n'ayant pas assez pris garde que c'était en Dieu, et non pas hors de Dieu, qu'il la devait mettre, puisqu'il n'y avait eu recours que faute d'autre meilleur moyen de nous faire voir toutes choses en Dieu. Quoi qu'il en soit, on ne peut guère faire concevoir plus grossièrement une étendue *formelle* en ce qui est de l'étendue, qu'il fait celle-là quoiqu'il la nomme *intelligible*. Il est seulement vrai qu'il on a voulu ôter, je ne sais pourquoi, une des principales propriétés de l'étendue que Dieu a créée, qui est la mobilité, et qu'il lui a plu la considérer comme l'espace de gassendistes qu'ils veulent aussi qui soit immobile. Mais je ne vois pas, comme je le viens de montrer, que cela la rende plus capable d'être admise en Dieu; et je m'en vas faire voir, dans le chapitre suivant, que cela la rend beaucoup plus incapable de nous servir d'*être représentatif* pour y voir tous les corps et tous les nombres[13].

CHAPITRE XV.

Que l'étendue intelligible infinie ne nous saurait être un moyen de voir les choses que nous ne connaissons pas et que nous voudrions connaître.

On vient de voir, dans l'article précédent, que rien n'est plus inintelligible que cette *étendue intelligible infinie*, que cet auteur a inventée pour nous donner moyen de voir les choses en Dieu, s'étant persuadé, sur de faux principes, que nous ne pouvions voir autrement aucun des objets qui sont hors de nous.

Mais, ce qui n'est pas moins étrange, est qu'il ait si mal rencontré dans ce prétendu moyen de voir les choses en Dieu, qu'en lui accordant tout ce qu'il suppose, il est impossible que cette *étendue intelligible infinie*, dans laquelle il prétend que nous devons voir toutes choses, nous soit un moyen d'en voir aucune de toutes celles que nous ne connaîtrions pas, et que nous voudrions connaître.

Je commence par les nombres; car il les met entre les trois choses que nous ne voyons qu'en Dieu, parce que nous *les voyons par lumière et par une idée claire*. Je voudrais bien savoir quel est le nombre qui, étant divisé par 28, il reste 5; et étant divisé par 19, il reste 6; et étant divisé par 15, il reste 7; c'est-à-dire que je voudrais bien savoir l'année de la période julienne, qui a ces trois caractères, cinq du cycle solaire, six du nombre d'or, et sept de l'indiction. A quoi, je vous prie, me pourrait servir, pour connaître ce nombre, l'*étendue intelligible infinie* entièrement unie à mon âme? Me dira-t-on que tous les nombres y sont, parce qu'on la peut distinguer par l'esprit en une infinité de parties? Cela veut dire que tous les nombres y seront quand mon esprit les y aura mis. Mais, quand ils y seraient comme dans un livre où tous les nombres seraient comptés depuis un jusqu'à cent millions (car je suis certain que le nombre que je cherche ne va pas jusque-là) me serait-ce un grand avantage pour le trouver? Non certainement. Car, quand je me résoudrais à parcourir tous ces nombres, jusqu'à ce que je l'eusse rencontré, ce serait inutilement, parce que, ne le connaissant pas, je ne pourrais pas savoir si je l'aurais rencontré ou non. Mais peut-être aussi que cette *étendue intelligible infinie* n'est que pour les corps, et qu'il y a quelque autre moyen de voir les nombres en Dieu, dont il ne s'est pas encore expliqué. Voyons donc si elle sera de plus grand usage pour les corps et pour les figures, que je ne connaîtrais pas encore, et que je voudrais bien connaître. On m'assure que oui, et on le prouve en trois manières.

La première est que, comme l'esprit peut apercevoir une partie de cette étendue intelligible que Dieu renferme, il est certain qu'il peut apercevoir en Dieu toutes les figures : car toute étendue intelligible finie est nécessairement une figure intelligible finie, puisque la figure n'est que le terme de l'étendue.

La deuxième, que cette figure d'étendue intelligible et générale devient sensible et particulière par la couleur, ou par quelque autre qualité sensible que l'âme y attache.

La troisième est que, si l'on conçoit qu'une figure d'étendue intelligible, rendue sensible par la couleur, soit prise successivement des différentes parties de cette étendue infinie, ou si l'on conçoit qu'une figure d'étendue intelligible puisse tourner sur son centre, ou s'approcher successivement d'une autre, on aperçoit le mouvement d'une figure sensible ou intelligible, sans qu'il y ait même de mouvement dans l'étendue intelligible.

Je ne saurais croire que l'on ne voie tout d'un coup que tous ces moyens, bien loin de me pouvoir donner la connaissance de ce que je ne connaîtrais pas, supposent nécessairement que je le connais déjà, et qu'à moins que je ne le connusse, ils ne me sauraient être d'aucun usage. Mais vous me permettrez, Monsieur, de rendre cela plus sensible par le conte suivant, que vous prendrez comme il vous plaira, pour une histoire ou pour une parabole.

Un excellent peintre, qui avait autrefois bien étudié, et qui était aussi habile en sculpture, avait un si grand amour pour saint Augustin, que, s'entretenant un jour avec un de ses amis, il lui témoigna qu'une des choses qu'il souhaiterait plus ardemment serait de savoir au vrai, si cela se pouvait, comment était fait ce grand saint. Car, vous savez, lui dit-il, que nous autres peintres désirons passionnément d'avoir les visages au naturel des personnes que nous aimons. Cet ami trouva comme lui cette curiosité fort louable, et il lui promit de chercher quelque moyen de le contenter sur cela. Et, soit que ce fût pour se divertir, ou qu'il eût eu quelque autre dessein, il fit apporter le lendemain chez le peintre un grand bloc de marbre, une grosse masse de fort belle cire, et une toile pour peindre (car, pour une palette, chargée de couleurs et de pinceaux, il s'attendit bien qu'il y en trouverait.) Le peintre étonné, lui demanda à quel dessein il a fait apporter tout cela **chez lui** : C'est, lui dit-il, pour vous contenter dans le désir que **vous** avez de savoir comment était fait saint Augustin; car je **vous** donne par là le moyen de le savoir. Et comment cela? repartit le peintre. C'est, lui dit son ami, que le véritable visage de ce saint est certainement dans ce bloc de marbre, aussi bien que dans ce morceau de cire : vous n'avez seulement qu'à en ôter le superflu, ce qui restera vous donnera une tête de saint Augustin tout-à-fait au naturel : et il vous sera aussi bien aisé de la mettre sur votre toile en y appliquant les couleurs qu'il faut. Vous vous moquez de moi, dit le peintre, car je demeure d'accord que le vrai visage de saint Augustin est dans ce bloc de marbre et dans ce morceau de cire; mais il n'y est pas d'une autre manière que cent mille autres. Comment voulez-vous donc qu'en taillant ce marbre pour en faire le visage d'un homme, et travaillant sur cette cire dans ce même dessein, le visage que j'aurai fait au hasard soit plutôt celui de ce saint que quelqu'un de ces cent mille, qui sont aussi bien que lui dans ce marbre et dans cette cire? Mais quand, par hasard, je le rencontrerais, ce qui est un cas moralement impossible, je n'en serais pas plus avancé; car, ne sachant point du tout comment était fait saint Augustin, il serait impossible que je susse si j'aurais bien rencontré ou non. Et il en est de même du visage que vous voudriez que je misse sur cette toile. Le moyen que vous me donnez pour savoir au vrai comment était fait saint Augustin est donc tout-à-fait plaisant ; car c'est un moyen qui suppose que je le sais, et qui ne me peut servir de rien si je ne le sais.

Il semblait que l'ami n'eût rien à répliquer à cela. Mais comme ce peintre est fort curieux, il lui demanda s'il n'avait point le livre de *la Recherche de la Vérité*. Il l'avait; il l'alla quérir, et le mit entre les mains de son ami, qui, l'ayant ouvert à la p. 547, reprit le discours en ces termes : « Vous vous étonnez de l'invention que je vous ai donnée pour vous faire avoir le visage de saint Augustin au naturel. Je n'ai fait en cela que ce qu'a fait l'auteur de ce livre pour nous faire avoir la connaissance des choses matérielles, qu'il prétend que nous ne pouvons connaître par elles-mêmes, mais seulement en Dieu : et la manière dont il dit que nous les connaissons en Dieu, est par le moyen d'une *étendue intelligible infinie* que Dieu renferme. Or, je ne vois point que le moyen qu'il me donne pour voir dans cette étendue une figure que j'aurais seulement ouï nommer, et que je ne connaîtrais point, soit différent de celui que je vous avais proposé pour vous faire avoir le visage de saint Augustin au naturel. Il dit que, comme mon esprit peut apercevoir une partie de cette étendue intelligible que Dieu renferme, il peut apercevoir en Dieu toutes les figures, parce que toute étendue intelligible finie est nécessairement une figure intelligible. C'est aussi ce que je vous ai dit, qu'il n'y a point de visage d'homme qu'on ne puisse trouver dans ce bloc de marbre en le taillant comme il faut. Mais est-il moins nécessaire de connaître cette figure (que j'ai supposé que je ne connaissais pas) pour prendre une partie de cette étendue intelligible, et la borner par mon esprit comme il faut qu'elle le soit, afin que cette figure en soit le terme, que vous avez cru avec raison qu'il était nécessaire de connaître le vrai visage de saint Augustin pour le faire apercevoir dans ce marbre et dans cette cire, où il n'est pas moins caché que chaque figure dans cette étendue intelligible. En quoi est-ce donc que son invention vaut mieux que la mienne, que je ne doute point qu'en votre âme vous n'ayez traitée de ridicule, quoique vous n'ayez pas voulu user de ce mot?

« Il fait aussi entendre que mon esprit peut voir dans cette étendue intelligible tout corps sensible que je ne connaîtrais pas et que j'aurais besoin de connaître, en attachant la couleur ou quelque autre qualité sensible à une partie de cette étendue intelligible.

« Mais il faudrait encore pour cela que je connusse ce corps sensible, afin d'appliquer à une partie de l'étendue une couleur convenable; car, si j'appliquais une couleur rouge à cette partie de l'étendue, ce ne serait pas le moyen d'y voir un objet sensible qui ne pourrait être que vert. C'est donc la même chose que ce que je vous disais, que vous n'aviez qu'à appliquer sur votre toile les couleurs nécessaires pour y former le visage de saint Augustin, et qu'il ne tiendrait qu'à vous d'en avoir par là un portrait parfaitement ressemblant. Car vous avez eu raison de me dire qu'il faudrait pour cela que vous sussiez comment était fait le visage de saint Augustin, et que votre peine était de ne le pas savoir.

« Enfin, comme il n'a pu ignorer que les lignes courbes d'où dépend la connaissance des figures curvilignes ne se peuvent ordinairement bien concevoir qu'en considérant le mouvement par lequel on les décrit, il a voulu que l'on pût aussi apercevoir le mouvement dans son *étendue intelligible infinie*, parce que l'on peut concevoir qu'une figure d'étendue intelligible peut tourner sur son centre ou s'approcher successivement d'une autre. Mais comme chaque figure ou chaque ligne courbe se trace différemment, et qu'autre est le mouvement par lequel se trace une hyperbole, et autre celui par lequel se trace une ellipse, comment pourrais-je voir dans cette étendue intelligible immobile le mouvement particulier qui est nécessaire pour trouver une ellipse, en concevant qu'une de ses parties s'approche successivement d'une autre en la manière qu'il faut pour cela, si je ne connaissais pas encore ce qu'est une ellipse, ni comment elle se trace. N'est-ce donc pas supposer que je connais par ailleurs, que par cette étendue intelligible, ce que l'on voudrait que je ne pusse savoir que par cette étendue intelligible. Prenez donc votre parti, ou ne vous moquez point de mon invention, ou ne faites pas plus d'état de celle de cet auteur, d'ailleurs si habile, que de la mienne. » La conversation finit de la sorte, et le peintre ne fut pas fâché qu'on lui eût ouvert les yeux sur cet endroit de la *Recherche de la Vérité*, qu'il avait lu autrefois avec respect, et qu'il n'avait osé approfondir, le croyant trop mystérieux et trop haut pour lui.

Voilà mon histoire ou ma parabole. Je n'ai rien à y ajouter, sinon que je trouve un endroit dans ce même auteur sur cette même matière des idées, qu'il ne faut qu'appliquer à ce qu'il dit de cette *étendue intelligible,* pour confirmer ce que nous venons de dire, qu'elle ne nous peut faire connaître que ce que l'on supposerait que nous connaîtrions déjà.

C'est dans le chap. III de la deuxième partie du livre III, où il combat l'opinion de ceux qui disent que l'âme a la puissance de produire ses idées : « Quand on accorderait, dit-il, à l'esprit de
« l'homme une puissance souveraine pour anéantir et pour créer
« les idées des choses, avec tout cela il ne s'en servirait jamais
« pour les produire. »

J'en dis de même de ce qu'il fait faire à l'esprit pour trouver les idées des choses dans son étendue intelligible. Quand notre esprit pourrait borner, comme il lui plairait, cette étendue intelligible, il n'y pourrait trouver l'idée d'aucune figure qu'il ne connaîtrait pas encore et qu'il voudrait connaître. Et les raisons qu'il apporte pour prouver sa proposition seront encore plus fortes pour prouver la mienne.

« Car, de même, dit-il, qu'un peintre, quelque habile qu'il soit
« dans son art, ne peut pas représenter un animal qu'il n'aura
« jamais vu, et duquel il n'aura aucune idée, de sorte que le tableau
« qu'on l'obligerait d'en faire ne peut pas être semblable à cet ani-

« mal inconnu ; ainsi un homme ne peut pas former l'idée d'un
« objet s'il ne le connaît auparavant, c'est-à-dire s'il n'en a déjà
« l'idée, laquelle ne dépend point de sa volonté. Que s'il en a déjà
« une idée, il connaît cet objet, et il lui est inutile d'en former une
« nouvelle. Il est donc inutile d'attribuer à l'esprit de l'homme la
« puissance de produire ses idées. »

Il est donc inutile aussi d'attribuer à l'esprit de l'homme la puissance de borner l'*étendue intelligible infinie*, pour y trouver l'idée d'une figure qu'il a besoin de connaître. Car, de même qu'un peintre, quelque habile qu'il soit en son art, ne peut pas représenter un animal qu'il n'aura jamais vu et dont il n'aura aucune idée, de sorte que le tableau qu'on l'obligera d'en faire ne peut pas être semblable à cet animal inconnu, ainsi un homme ne peut pas borner l'étendue intelligible en la manière qu'il faudrait qu'elle fût pour être l'idée de cette figure qu'il a besoin de connaître, telle que serait la figure d'un verre qui doit grossir les objets, s'il ne connaît auparavant cette figure, c'est-à-dire s'il n'en a déjà l'idée. Et s'il en a déjà une idée, il connaît cet objet et il lui est inutile d'en former une nouvelle dans cette *étendue intelligible infinie*.

Il se fait sur cela une objection, et la solution qu'il y donne sera la même qu'on lui donnera s'il en fait une semblable : « On pour-
« rait peut-être dire que l'esprit a des idées générales et confuses
« qu'il ne produit pas, et que celles qu'il produit sont particulières,
« plus nettes et plus distinctes : mais c'est toujours la même
« chose. Car, de même qu'un peintre ne peut pas tirer le portrait
« d'un homme particulier de sorte qu'il soit assuré d'y avoir
« réussi, s'il n'en a une idée distincte, et même si la personne
« n'est présente, ainsi l'esprit qui n'aura, par exemple, que l'idée
« de l'être ou de l'animal en général, ne pourra pas se représenter
« un cheval, ni en former une idée bien distincte, et être assuré
« qu'elle est parfaitement semblable à un cheval, s'il n'a déjà une
« première idée avec laquelle il confère cette seconde. Or, s'il en
« a une première, il est inutile d'en former une seconde, et la
« question regarde cette première : Donc, etc. »

On voit sans peine qu'on lui peut dire la même chose. « Car, de
« même qu'un peintre, etc. » Ainsi, l'esprit qui n'aura que l'idée d'une figure en général ne pourra borner l'étendue intelligible de la manière qu'il serait nécessaire, pour y trouver l'idée de la figure d'un verre propre à grossir les objets, et être assuré que cette idée est parfaitement semblable à celle qu'il cherche, s'il n'a déjà une

première idée de cette figure avec laquelle il confère cette seconde. Or, s'il en a une première, il lui est inutile d'en chercher une seconde dans l'étendue intelligible.

Je serais fort surpris, Monsieur, si on me peut montrer que ce qu'il dit est concluant contre ceux qu'il combat, et que ce que je dis à son exemple ne le soit pas encore plus contre lui-même.

CHAPITRE XVI.

Que ce que cet auteur fait faire à notre esprit, pour trouver ses idées dans son *étendue intelligible infinie*, est contraire à l'expérience et aux lois générales que Dieu s'est prescrites à lui-même pour nous donner la connaissance de ses ouvrages.

Après avoir fait voir dans le chap. XIV que cette *étendue intelligible infinie*, en la manière que cet auteur la représente, est tout-à-fait intelligible et n'est qu'un amas de contradictions, et après avoir montré dans le chap. XV que, quand on la supposerait telle qu'il veut qu'elle soit, il serait impossible que notre esprit y pût trouver les idées des choses qu'il ne connaîtrait pas et qu'il aurait besoin de connaître; il ne me reste plus, pour un entier renversement de cette nouvelle philosophie des idées, qu'à montrer que, quand ce qu'il fait faire à notre esprit, pour lui faire trouver ses idées dans cette *étendue intelligible infinie,* pourrait lui servir à les y trouver (ce qui ne peut être, comme nous venons de le faire voir), on n'en devrait pas moins rejeter comme des chimères tout ce qu'il dit sur cela, par ce qui est manifestement contraire à ce que nous savons certainement se passer dans notre esprit, qui est la plus certaine des expériences, et aux lois générales que Dieu s'est prescrites à lui-même pour nous donner la connaissance de ses ouvrages.

Il n'est besoin pour le reconnaître que de faire deux réflexions. La première est que cet auteur n'a pas entrepris d'expliquer comment notre esprit pourrait voir les corps dans quelque cas extraordinaire, comme serait la supposition fantastique que Dieu n'en eût point créé, et qu'ils fussent seulement possibles: mais que son dessein est d'expliquer la manière générale et ordinaire dont notre esprit voit effectivement les corps que Dieu a créés, et sans laquelle il lui serait impossible de les voir. Or, quand on a un dessein tel que celui-là, il ne suffit pas de dire des choses purement possibles, et se piquer de subtilité en inventant des systèmes imaginaires : il faut surtout prendre garde de ne rien supposer de contraire à ce qui est certainement; puisque rien n'est plus capable de faire rejeter ces ingénieuses méditations, que quand on peut dire : Vous vous tourmentez en vain, pour m'apprendre comment je fais une telle chose; puisque je suis assuré, par une expérience que je ne puis démentir, que je ne la fais pas, mais que je fais tout le contraire.

La seconde réflexion est que, quand il s'agit, non de quelque effet extraordinaire et sans suite, mais d'un effet commun, naturel, ordinaire et qui est une suite de ce que Dieu a voulu qui arrivât dans le monde selon les lois qu'il y a établies, il ne faut pas s'imaginer qu'il suffise d'avoir bien prouvé, à ce que l'on croit, que Dieu en est l'auteur, pour prétendre qu'il dépend tellement de sa volonté qu'il n'y ait qu'à supposer qu'il fait cela à propos de rien, et parce seulement qu'il le veut, sans qu'on ait besoin d'en rechercher d'autre raison. L'auteur de *la Recherche de la Vérité* n'a garde de contredire cela; puisque c'est sa grande maxime, qu'il pousse quelquefois plus loin qu'il ne faut, mais qui est incontestable, quand Dieu agit selon le cours ordinaire des choses de la nature. Or il n'est point ici question de ce que Dieu fait dans les illuminations extraordinaires et surnaturelles de la grâce, mais de ce qu'il fait au regard de nos plus ordinaires et plus naturelles perceptions des objets les plus communs.

Ces perceptions sont de deux sortes selon cet auteur, livre I, chap. I. Les premières nous représentent quelque chose hors de nous, comme un carré, une maison, etc. Les secondes ne nous représentent que ce qui se passe dans nous, comme nos sensations de la lumière, des couleurs, des sons. Je commencerai par les dernières.

Il veut que Dieu en soit l'auteur : on en demeure d'accord. Mais il faut de son côté qu'il avoue, comme il fait aussi, que Dieu ne les cause pas dans notre âme à propos de rien ; mais qu'il ne le fait que par un ordre très réglé, selon les desseins qu'il a eus en joignant notre âme à un corps. Car, pour me restreindre à la lumière et aux couleurs, il enseigne lui-même, après M. Descartes (*a*), que « les sentiments de la lumière et des couleurs ne nous sont « nécessaires que pour connaître plus distinctement les objets ; et « que c'est pour cela que nos sens nous portent à les attribuer seu- « lement aux objets. » D'où il conclut que « ces jugements, aux- « quels les impressions de nos sens nous portent, sont très justes « si on les considère par rapport à la conservation de nos corps. »

Il ajoute dans le chapitre d'après, que « la raison pour laquelle

---

(*a*) Liv. I, chap. XII.

« toutes les sensations ne peuvent pas bien s'expliquer par des
« paroles, comme toutes les autres choses, c'est qu'il dépend de la
« volonté des hommes d'en attacher les idées à tels noms qu'il leur
« plaît ; mais que ces mêmes hommes n'attachent pas, comme il
« leur plaît, leurs sensations à des paroles, ni même à aucune
« autre chose. Ils ne voient point de couleurs, quoiqu'on leur en
« parle, s'ils n'ouvrent les yeux. Ils ne goûtent point de saveurs,
« s'il n'arrive quelque changement dans l'ordre des fibres de leur
« langue et de leur cerveau. En un mot, toutes les sensations ne
« dépendent point de la volonté des hommes ; et il n'y a que celui
« qui les a faits qui les conserve dans cette mutuelle correspon-
« dance des modifications de leur âme avec celle de leur corps. »

Il s'ensuit de là deux choses. L'une que Dieu ne cause ces sensations dans notre âme que quand il arrive quelque changement dans les organes de nos sens. L'autre que la fin de ces sensations, et principalement de la lumière et des couleurs, n'est que pour nous faire connaître plus distinctement les corps qui nous environnent, par rapport à la conservation du nôtre ; et que c'est pour cela qu'il a été bon que notre âme les attribuât à ces corps, et qu'elle se représentât les uns lumineux et les autres colorés d'une telle ou d'une telle couleur, selon que les corpuscules qui rejaillissent de ces objets auraient frappé différemment les filets du nerf optique, et les auraient diversement ébranlés. Voilà l'ordre commun et ordinaire, selon lequel Dieu cause en nous ces sensations.

Mais il faut que la trop forte application qu'a eue cet auteur à faire trouver les idées de tous les corps que nous voyons dans son *étendue intelligible infinie*, lui ait fait oublier toutes ces vérités, qu'il avait auparavant si bien expliquées, pour l'avoir rendu capable de nous vouloir persuader que, quand notre âme voit un carreau de marbre blanc, ce n'est point ce carreau qu'elle voit d'une figure carrée, mais qu'elle envisage une partie de l'étendue intelligible infinie, et qu'elle la conçoit bornée comme il faut, pour avoir cette figure, et que ce n'est point aussi à ce marbre *qu'elle attache la sensation de la couleur blanche*, comme on a cru jusqu'ici qu'elle devait faire, selon l'institution de l'auteur de son union avec le corps, mais que c'est à une partie quelconque de cette même étendue intelligible. Je dis quelconque ; car c'est ce qu'il enseigne, quand il dit que « afin que nous puissions voir le
« soleil intelligible, tantôt grand et tantôt petit, il suffit que nous
« voyions tantôt une plus grande partie de l'étendue intelligible,
« et tantôt une plus petite, et que nous ayons un sentiment vif de

« lumière pour attacher à cette étendue. C'est pourquoi, ajoute-
« t-il, comme toutes les parties de cette étendue intelligible sont
« de même nature, elles peuvent toutes représenter quelque corps
« que ce soit. »

Un exemple suffira pour faire voir qu'on ne peut aller plus directement contre l'institution de l'auteur de la nature. Je marchande trois sortes de marbres de différents prix, parce qu'ils sont de différentes couleurs, l'un blanc, l'autre noir et l'autre jaspé. Or, de ce que l'on dit que ces trois différentes couleurs ne sont proprement que dans mon esprit et non dans ces marbres, il ne faut pas s'imaginer qu'il n'y ait rien dans chacun qui soit cause qu'il me paraisse plutôt d'une couleur que de l'autre. Il est certain que cela vient du différent arrangement des petites parties de leur surface, qui est cause que les corpuscules, qui rejaillissent de ces marbres vers nos yeux en ébranlent diversement les filets du nerf optique. Mais, parce que notre âme aurait eu trop de peine à discerner la différence de ces ébranlements qui n'est que du plus ou moins, Dieu a jugé à propos de nous donner moyen de les discerner plus facilement par ces sensations de différentes couleurs, qu'il a bien voulu causer dans notre âme à l'occasion de ces divers ébranlements de notre nerf optique : comme les tapissières ont un *patron* qu'elles appellent *rude*, où les diverses nuances d'une même couleur sont marquées par des couleurs toutes différentes, afin qu'elles s'y trompent moins.

Mais ce dessein de Dieu serait renversé, si, sous prétexte que nul de ces marbres n'est proprement ni blanc, ni noir, ni jaspé, mais que ces couleurs ne sont que des modifications de mon âme, je pouvais attacher chacune de ces couleurs auquel je voudrais ; car alors, bien loin que ces couleurs me servissent à les distinguer, elles ne me serviraient plus qu'à les confondre. C'est pourquoi Dieu n'a pas voulu que cela dépendît de ma liberté; et j'en suis convaincu par l'expérience. Car je ne pourrais pas, quand je le voudrais, attacher la couleur blanche au marbre qui m'a paru noir, ni le noir à celui qui m'a paru blanc ou jaspé. Cela n'est nullement à mon choix. Mais je ne saurais m'empêcher d'attacher le blanc, et de l'appliquer, pour ainsi dire, au marbre qui a frappé les organes de ma vue de la manière qui par la loi que Dieu s'est prescrite à lui-même a dû être cause que mon âme eût la sensation de la blancheur.

On est assuré que l'auteur de *la Recherche de la Vérité* ne contestera rien de tout cela. Il faut donc qu'il ait renoncé à tout ce qu'il fait de mieux, lorsque, dans la nécessité de défendre à quelque prix que ce soit sa nouvelle philosophie des idées, il s'est trouvé réduit à attribuer à notre âme cette puissance imaginaire d'attacher la sensation du vert, du rouge, du bleu, ou de quelque autre couleur que ce soit, à une partie quelconque de l'*étendue intelligible*, qu'il ne peut pas seulement feindre avoir causé quelque mouvement dans l'organe de notre vue.

La manière dont nous avons la perception des corps, selon leur grandeur et leur figure, ne répugne pas moins à la prétention qu'il a, que pour avoir cette perception, je sois obligé d'en aller chercher les idées dans l'*étendue intelligible infinie*. Car, au regard des corps singuliers, cette perception a encore une dépendance nécessaire avec ce qui se passe dans les organes de nos sens, n'y ayant personne qui ne sache qu'ordinairement notre âme aperçoit les corps plus grands ou plus petits, selon que les images qui en sont peintes dans le fond de notre œil sont plus grandes ou plus petites. Ce n'est pas que ces images causent nos perceptions. Mais c'est que, selon l'institution de l'auteur de la nature, elles ne manquent point de se former dans notre esprit quand les objets frappent nos sens, et selon qu'ils les frappent, soit que ce soit Dieu qui les cause en nous, aussi bien que celles des qualités sensibles, ou qu'il ait donné à notre âme la faculté de les produire en soi-même, ce qui regarde une question toute différente de celle que l'on traite ici. Or cela étant, comme on n'en peut douter, n'est-il pas évident que c'est une pure vision contraire à cette institution de la nature, que de ne s'en pas tenir là, mais de vouloir que notre esprit ne puisse avoir ces perceptions qu'en s'appliquant à une *étendue intelligible infinie*, dans laquelle on le fait aller chercher les idées de toutes les figures des corps que nous croyons voir et que nous ne voyons point, selon cette nouvelle philosophie des idées.

Quant aux figures abstraites, qui sont l'objet de la géométrie, on sait assez que celles qui sont un peu composées, et surtout les curvilignes, ne se connaissent point ordinairement par une simple vue, mais qu'il y faut employer la considération des mouvements nécessaires pour les tracer, et qu'il faut souvent une longue suite de raisonnements pour en connaître les principales propriétés : sans quoi on ne peut pas dire, surtout selon cet auteur, qu'on en ait une idée claire. Or, qu'a tout cela de commun avec cette prétendue manière d'en avoir l'idée, on l'allant chercher dans une *étendue intelligible infinie*, où elle ne se trouve point si on ne l'y met ?

Mais ce qu'a trouvé cet auteur, pour accorder sa doctrine sur ce point des idées avec son autre doctrine que Dieu agit comme cause universelle, dont les volontés générales doivent être déterminées à chaque effet par ses causes qu'il appelle occasionnelles, est encore plus contraire à l'expérience. Car la cause occasionnelle, qu'il a cru déterminer Dieu à nous donner chaque idée en particulier, est le désir que nous en avons. C'est ce qu'il enseigne dans le deuxième éclaircissement, p. 488. « Il ne faut pas, dit-il, s'imaginer
« que la volonté commande à l'entendement d'une autre manière
« que par ses désirs et ses mouvements; car la volonté n'a point
« d'autre action. Et il ne faut croire non plus que l'entendement
« obéisse à la volonté, en produisant en lui-même les idées des
« choses que l'âme désire; car l'entendement n'agit point : il ne
« fait que recevoir la lumière ou les idées de ces choses, par
« l'union nécessaire qu'il a avec celui qui renferme tous les êtres
« d'une manière intelligible, ainsi qu'on l'a expliqué dans le troi-
« sième livre. Voici donc tout le mystère : L'homme participe à la
« souveraine raison, et la vérité se découvre à lui à proportion
« qu'il s'applique à elle, et qu'il la prie. Or le désir de l'âme est
« une prière naturelle, qui est toujours exaucée; car c'est une loi
« naturelle que les idées soient d'autant plus présentes à l'esprit,
« que la volonté les désire avec plus d'ardeur. »

Cela serait beau, s'il était vrai. Mais l'expérience y est si contraire, que je ne puis comprendre comment on se hasarde d'avancer de telles choses, sans s'être auparavant consulté soi-même. Si on l'avait fait, on n'aurait pas manqué de reconnaître qu'il y a bien des objets qui nous déplaisent, et que nous voudrions bien ne pas voir, dont les idées ne laissent pas d'être fort présentes à notre esprit, et que nous souffrons avec peine des représentations fâcheuses que nous souhaiterions fort de ne point voir, bien loin de les désirer.

Mais il est encore bien plus manifeste qu'au regard des essences des choses, de l'étendue et des nombres, à quoi il restreint quelquefois ce que nous voyons en Dieu, on ne peut dire avec vérité que ce soit une loi naturelle que les idées soient d'autant plus présentes à l'esprit que la volonté les désire avec plus d'ardeur. Je ne sais que confusément ce que c'est qu'une parabole : j'ai beau désirer d'en avoir une idée plus claire et plus distincte qui m'en puisse faire connaître les propriétés, je suis assuré que si je ne fais que le désirer, avec quelque ardeur que je le désire, je n'éprouverai point, ce qu'on me dit avec tant de confiance, « que le désir

« de l'âme, qui souhaite d'avoir l'idée d'un objet, est une prière
« naturelle qui ne manque jamais d'être exaucée, et que l'expé-
« rience nous apprend que l'idée de ce que nous avons envie de
« connaître est d'autant plus présente et plus claire, que notre
« désir est plus fort. » Car, tant s'en faut que l'expérience m'apprenne cela, qu'elle m'apprend certainement tout le contraire.

Il en est de même des nombres. Car j'aurais beau désirer des années entières, et avec toute l'ardeur possible de savoir le nombre de la période julienne, dont j'ai parlé dans l'article précédent, qui a pour ses trois caractères, 5. 6. 7. on supposera tant qu'on voudra *que Dieu est l'auteur de nos idées*, il est certain que je me trouverai trompé, si je m'attends que l'envie que j'en ai sera la cause occasionnelle, qui déterminera Dieu à me rendre présente à mon esprit l'idée de ce nombre. Mais si je me sers pour le trouver de la méthode dont il est parlé dans un des journaux des savants, je ne me souviens pas de quelle année, soit qu'on ait peu d'envie de le savoir, ou qu'on en ait une fort grande, ce sera la recherche qu'on en fera par cette méthode que l'on pourra appeler *une prière naturelle, qui ne manquera point d'être exaucée*. Cependant on assure que le désir est *cette prière, qui ne manque point d'être exaucée*. Car, outre ce que j'ai déjà rapporté, on dit un peu plus bas : « Nous ne souhaitons jamais de penser à quelque objet,
« que l'idée de cet objet ne nous soit aussitôt présente : et, comme
« l'expérience nous l'apprend, cette idée est d'autant plus présente
« et plus claire, que notre désir est plus fort..... Ainsi, quand j'ai
« dit que la volonté commande à l'entendement de lui présenter
« quelque objet particulier, j'ai prétendu seulement dire que l'âme,
« qui veut considérer avec attention cet objet, s'en approche par
« son désir ; parce que ce désir, en conséquence des volontés effi-
« caces de Dieu, qui sont les lois inviolables de la nature, est la
« cause de la présence et de la clarté de l'idée qui représente cet
« objet. Je n'avais garde de parler d'une autre façon, ni de m'ex-
« pliquer comme je fais présentement ; car je n'avais pas encore
« prouvé que Dieu seul est l'auteur de nos idées, et que nos vo-
« lontés particulières en sont les causes occasionnelles. »

Il est assez difficile que deux personnes conviennent, quand l'une et l'autre se fondent sur des expériences contraires. Je m'imagine néanmoins qu'il ne sera pas difficile de juger laquelle de nos deux expériences sera plus conforme à celle des autres hommes. Et je viens de plus de trouver un passage de notre ami, que je ne vois pas comment il pourra accorder *avec cette maxime* des *Éclaircis-*

sements : « Nous ne souhaitons jamais de penser à quelque objet,
« que l'idée de cet objet ne nous soit aussitôt présente. » Car je ne
sais si l'on peut former une proposition plus directement contraire
à celle-là, que celle-ci de la p. 215 : « Il est absolument faux, dans
« l'état où nous sommes, que les idées des choses soient présentes
« à notre esprit toutes les fois que nous les voulons considérer. »

CHAPITRE XVII.

Autre variation de cet auteur, qui dit tantôt qu'on voit Dieu en voyant les créatures en Dieu, et tantôt qu'on ne le voit point, mais seulement les créatures.

Une autre variation de cet auteur, que j'ai touchée en passant, mais que je n'ai pas assez fait considérer, est qu'il dit tantôt que l'on voit Dieu en voyant en lui les choses matérielles, et tantôt qu'on ne le voit pas, mais seulement les choses matérielles.

Il dit qu'on le voit en la p. 20. Et il prétend même que Dieu n'a pu faire autrement, par ce raisonnement étrange, qu'il appelle une démonstration : « La dernière preuve, dit-il, qui sera peut-
« être une démonstration pour ceux qui sont accoutumés aux rai-
« sonnements abstraits est celle-ci : Il est impossible que Dieu ait
« d'autre fin principale de ses actions que lui-même : il est donc
« nécessaire que non-seulement notre amour naturel, je veux dire
« le mouvement qu'il produit dans notre esprit, tende vers lui ;
« mais encore que la connaissance, et que la lumière qu'il lui
« donne nous fasse connaître quelque chose qui soit en lui ; car
« tout ce qui vient de Dieu ne peut être que pour Dieu. Si Dieu
« faisait un esprit, et lui donnait pour idée ou pour objet immédiat
« de sa connaissance le soleil, Dieu ferait, ce me semble, cet esprit,
« et l'idée de cet esprit pour le soleil et non pas pour lui. Dieu ne
« peut donc faire un esprit pour connaître ses ouvrages, si ce n'est
« que cet esprit voit en quelque façon Dieu en voyant ses ouvrages.
« De sorte que l'on peut dire que si nous ne voyions Dieu en quel-
« que manière, nous ne verrions aucune chose. »

J'ai appelé ce raisonnement étrange, parce qu'il l'est en effet, et que c'est un pur sophisme, bien loin d'être une démonstration. Car cet auteur prétend que notre âme se connaît elle-même sans se voir en Dieu, et sans rien voir qui soit en Dieu en se connaissant. Or cela ne donne pas lieu de dire que notre âme soit pour elle-même, et non pas pour Dieu. Encore donc que notre esprit eût le soleil pour objet immédiat de sa connaissance, on ne pourrait pas dire pour cela que notre esprit fût pour le soleil et non pas pour Dieu. Et en effet, il n'y a aucune liaison de cette conséquence à l'antécédent. Car d'une part ce n'est pas tant ce que je fais au regard des choses purement naturelles, que la fin pour laquelle je les dois faire, autant que je puis, qui doit marquer que j'ai été créé pour Dieu ; et de l'autre c'est par ma volonté, et non par mon esprit que je me dois rapporter à ma dernière fin. Tout ce que l'on peut donc dire au regard de la connaissance que j'ai du soleil est, que pour satisfaire pleinement à l'institution de ma nature, je ne dois pas voir le soleil seulement pour le voir et pour y chercher ma propre satisfaction, parce que ce serait alors qu'il pourrait sembler que j'aurais été fait pour le soleil, mais que je dois rapporter à Dieu la connaissance que j'ai du soleil, en le louant de ses ouvrages, et lui rendant grâce de l'utilité que j'en reçois. Voilà ce que l'on peut raisonnablement conclure à cet égard de la maxime générale : Que Dieu nous a faits pour lui. Mais je ne sais qui sont ces esprits accoutumés aux raisonnements abstraits, qui trouveront qu'on en doit conclure, que si Dieu ne nous faisait connaître quelque chose qui est en lui, en nous faisant voir le soleil, il semblerait qu'il aurait fait notre esprit pour le soleil et non pas pour lui.

Quoi qu'il en soit, il paraît par cette prétendue démonstration, bonne ou mauvaise, que son sentiment est « que tout ce qui vient « de Dieu ne pouvant être que pour Dieu, il ne peut faire un esprit « pour connaître ses ouvrages, si ce n'est que notre esprit voit en « quelque façon Dieu, en voyant ses ouvrages. »

Et en la p. 200 : « Puisque Dieu peut faire voir aux esprits toutes « choses, en voulant simplement qu'ils voient ce qui est au milieu « d'eux-mêmes, c'est-à-dire ce qu'il y a dans lui-même qui a rap- « port à ces choses et qui les représente, il n'y a pas d'apparence « qu'il le fasse autrement. » Et un peu plus bas : « Nous voyons « tous les êtres créés, à cause que Dieu veut que ce qui est en lui « qui les représente, nous soit découvert : » or ce qui est en Dieu qui représente les êtres créés, est Dieu même : cela ne peut donc nous être découvert que nous ne voyions Dieu : donc nous voyons Dieu en voyant les êtres créés.

Et en la p. 202 : « Nous ne disons pas que nous voyons Dieu en « voyant les vérités, mais en voyant les idées de ces vérités. » Il prétend donc qu'on voit Dieu en voyant l'idée du soleil et l'idée de la terre, mais non pas précisément en voyant cette vérité que le soleil est plus grand que la terre. Et un peu plus bas : *Selon notre sentiment* NOUS VOYONS DIEU, *lorsque nous voyons des vérités éter-*

nelles : non que ces vérités soient Dieu, mais parce que les idées, dont ces vérités dépendent, sont en Dieu. Il soutient donc encore que, lorsque nous disons que tout carré est la moitié du carré de la diagonale, nous *voyons Dieu ;* parce que nous ne saurions assurer cela, sans que notre esprit voie ces deux carrés, et qu'il ne saurait voir ces deux carrés qu'en voyant Dieu.

Et dans la p. 203 : « Nous croyons aussi que l'on connaît en Dieu
« les choses changeantes et corruptibles, quoique saint Augustin
« ne parle que des choses immuables et incorruptibles : parce qu'il
« n'est pas nécessaire pour cela de mettre quelque imperfection en
« Dieu : puisqu'il suffit, comme nous avons déjà dit, que Dieu nous
« fasse voir ce qu'il y a dans lui qui a rapport à ces choses. » Or,
ce qu'il y a dans Dieu qui a rapport aux choses changeantes et corruptibles est Dieu même : Nous ne saurions donc voir les choses changeantes et corruptibles que nous ne voyions Dieu.

Cependant, dans la page 200, il semble dire tout le contraire après le premier des deux passages de cette même page que j'ai rapportés, et immédiatement avant le dernier. Car, afin qu'on ne pût pas conclure que nous voyons l'essence de Dieu de ce que nous voyons toutes choses en Dieu, il dit « qu'on ne voit pas tant les
« idées des choses, que les choses mêmes que les idées représen-
« tent ; et que, lorsqu'on voit un carré, par exemple, on ne dit pas
« que l'on voit l'idée de ce carré qui est unie à l'esprit, mais seu-
« lement le carré, qui est au dehors. »

Et dans les avertissements, page 549, s'étant proposé cette objection, prise de saint Jean, I, 18 : « Que personne n'a jamais
« vu Dieu, je réponds, dit-il, que ce n'est pas proprement voir
« Dieu que voir en lui les créatures ; ce n'est pas voir l'essence
« des créatures dans sa substance ; comme ce n'est pas voir un
« miroir que d'y voir seulement les objets qu'il représente. »

Mais il faut remarquer que ce n'est que par nécessité, et pour s'échapper d'une objection qui l'incommode, qu'il parle de cette dernière sorte, c'est-à-dire qu'il semble nier *que nous voyons Dieu en voyant les créatures.* Car partout ailleurs il fait entendre que nous le voyons, et il est impossible qu'il puisse parler autrement en suivant ses principes. La comparaison qu'il apporte d'un miroir est très défectueuse, et ne prouve nullement que l'on puisse dire, selon sa doctrine, *qu'en voyant les choses en Dieu, ce n'est point Dieu que nous voyons, mais seulement les créatures.* Car un miroir n'a rien en soi qui représente les objets, mais il en renvoie seulement les images ; selon la philosophie commune, ou, selon celle

de M. Descartes, il fait seulement que les globules qui rejaillissent de notre visage, ayant rencontré la surface polie du miroir, sont derechef poussés vers nos yeux. Or, ce n'est point en cette manière que nous voyons les choses en Dieu ; mais il veut que ce soit parce que Dieu nous découvre ce qui est en lui qui représente les êtres créés. C'est en ces propres termes qu'il s'explique en la page 199 :
« L'esprit, dit-il, peut voir en Dieu les ouvrages de Dieu, supposé
« que Dieu veuille bien lui découvrir ce qu'il y a *dans lui qui les*
« *représente*. Or, voici les raisons qui semblent prouver qu'il le
« veut. » Il prétend donc que nous voyons les choses en Dieu, non comme dans un miroir, mais comme dans un tableau, qui nous représente les choses que nous ne pouvons voir par elles-mêmes, parce qu'elles ne nous sont pas présentes. Car c'est la raison qu'il donne partout de la nécessité que nous avons de voir les choses matérielles en Dieu, parce qu'elles ne peuvent être présentes à notre esprit ; au lieu que Dieu, qui les représente, y est intimement uni. Or, il est inconcevable qu'on puisse voir par un tableau les choses qu'il représente, sans voir le tableau : il ne peut donc pas dire, en parlant sincèrement et en demeurant dans les principes de sa philosophie des idées, qu'en voyant les choses en Dieu, ce n'est pas Dieu proprement que nous voyons, mais seulement les créatures.

On l'en peut convaincre par des arguments en forme, qui seront de véritables démonstrations.

On ne peut pas dire que nous ne voyons pas proprement ce qui est l'objet immédiat de notre esprit.

Or, quand nous voyons les créatures, c'est Dieu intimement uni à notre âme, qui est l'objet immédiat de notre esprit.

On ne peut donc pas dire qu'en voyant les créatures, ce n'est pas Dieu proprement que nous voyons, mais seulement les créatures.

La mineure, qui est la seule à prouver, est de lui en divers endroits. Et c'est le fondement de toute sa philosophie des idées. En la page 188, il dit en général « que notre âme n'aperçoit point
« les objets qui sont hors de nous par eux-mêmes ; mais que *l'ob-*
« *jet immédiat* de notre esprit, lorsqu'il voit le soleil, par exemple,
« n'est pas le soleil, mais quelque chose qui est intimement uni à
« notre âme. » Et dans la page 199, où il entreprend de prouver *que nous voyons toutes choses en Dieu*, il détermine que ce *quelque chose intimement uni à notre âme*, qui doit être l'objet immédiat de notre esprit, lorsqu'il aperçoit les choses qui sont hors de nous,

ne peut être que Dieu, parce qu'il n'y a que lui qui possède les deux conditions qui sont nécessaires pour cela. L'une, « qu'il a en « lui les idées de tous les êtres qu'il a créés, et qu'il les voit tous « en considérant les perfections qu'il enferme, auxquelles ils ont « rapport. » L'autre, « qu'il est très étroitement uni à nos âmes « par sa présence. » D'où il conclut « que l'esprit peut voir ce qu'il « y a dans Dieu qui représente les êtres créés, puisque cela « est très spirituel, très intelligible, et très présent à l'esprit. » Il est donc clair qu'il applique à Dieu en particulier dans ce chap. 6 ce qu'il avait dit généralement dans le chap. 1, « que quand nous « voyons le soleil, ce n'est pas le soleil qui est l'*objet immédiat* de « notre esprit, mais quelque chose qui est intimement uni à notre « âme. » Donc dans cette nouvelle philosophie des *idées*, quand nous voyons les créatures en Dieu, c'est Dieu qui est l'objet immédiat de notre esprit : donc on ne peut point dire, selon cette philosophie, que quand nous voyons les créatures, ce n'est pas Dieu proprement que nous voyons, mais seulement les créatures. Et si on l'a dit, ce n'a été que pour éluder une objection à laquelle on avait peine de répondre.

En voici une autre preuve qui n'est pas moins forte. Il suppose partout qu'il y a deux sortes de monde, de soleil, d'espaces, et ainsi des autres choses corporelles : un monde matériel, et un *monde intelligible* ; le soleil matériel, et le *soleil intelligible;* des espaces matériels, et des *espaces intelligibles*. Et ce qu'il entend par ce mot d'*intelligible* est que toutes ces choses, en tant qu'intelligibles, sont en Dieu, et sont Dieu même, parce que ce sont des idées ou des perfections de Dieu qui représentent ces êtres créés. C'est ce qui lui fait dire, page 498 : « que Dieu ne voit le monde « matériel que dans le monde intelligible qu'il enferme. » Or, il dit partout que Dieu ne voit rien que dans lui-même : il est donc clair que, selon lui, le *monde intelligible* est Dieu même. Et il en est de même du *soleil intelligible* et des *espaces intelligibles*. Car il dit au même lieu que Dieu ne voit ni les corps ni les espaces qu'il a créés par eux-mêmes, mais seulement par des corps et par des espaces intelligibles.

Or il soutient au même lieu, comme nous avons déjà dit ailleurs, « que le corps matériel que nous animons n'est pas celui que « nous voyons, lorsque nous le regardons, c'est-à-dire lorsque « nous tournons nos yeux vers lui, mais que c'est un corps intel- « ligible ; et que ce n'est aussi que le soleil intelligible que nous « voyons, et non pas le soleil matériel. » Et ce qu'il répète encore

en la page 546 : « Le soleil que l'on voit n'est pas celui que l'on
« regarde; l'âme ne peut voir que le soleil auquel elle est immé-
« diatement unie, c'est-à-dire le soleil intelligible, » qui est Dieu
même, selon cet auteur.

Tant s'en faut donc que l'on puisse dire, selon la nouvelle philosophie des idées, que quand nous voyons les créatures en Dieu, ce
n'est pas Dieu que nous voyons, mais seulement les créatures,
qu'il faut dire absolument tout le contraire : que quand nous voyons
les créatures en Dieu, c'est Dieu uniquement que nous voyons, et
nullement les créatures. Car, si celui qui voit le soleil en Dieu ne
voyait pas Dieu, mais le soleil que Dieu a créé, ce serait le soleil
matériel qu'il verrait, puisque c'est le soleil matériel que Dieu a
créé. Or, selon cet auteur, celui qui regarde le soleil ne voit point
le soleil matériel, mais seulement le soleil intelligible; il ne voit
donc que Dieu, et non pas le soleil que Dieu a créé.

CHAPITRE XVIII.

De trois préjugés qui pourraient empêcher qu'on ne se rende si facilement à ce qui a été dit contre la nouvelle philosophie des idées, dont le premier est l'estime que l'on fait de celui qui en est l'auteur.

Je me persuade que l'on verra maintenant que j'ai eu raison de
ne me pas amuser à répondre aux preuves dont cet auteur si ingénieux et si subtil a cru avoir bien appuyé le sentiment qu'il a *que
nous voyons toutes choses en Dieu.* Cela aurait été nécessaire, si
l'on n'avait eu à lui opposer que des raisons vraisemblables; car
on ne peut juger alors qui sont celles qui le sont le plus, qu'en les
comparant les unes aux autres. Mais cette comparaison est inutile,
quand on peut faire voir démonstrativement la fausseté d'une opinion que l'on combat. Et je ne crois point me tromper, quand j'ose
espérer que toutes les personnes trouveront que je l'ai fait ici.

Je veux bien néanmoins éclaircir trois choses qui sont les seules,
ce me semble, qui pourront empêcher que l'on ne se rende si facilement à ce qui a été dit jusqu'ici contre cette nouvelle philosophie
des idées.

La première est un préjugé que je prévois qui pourra embarrasser plusieurs personnes. L'auteur de *la Recherche de la Vérité*
s'est acquis une si grande réputation dans le monde, et avec raison
(car il y a dans ce livre un grand nombre de très belles choses),
qu'il y aura bien des gens qui auront de la peine à croire qu'un si
grand esprit, et si pénétrant, puisse être repris avec justice d'avoir

avancé tant de choses si peu raisonnables. Et c'est ce qui pourra leur faire avoir pour suspectes les preuves que j'en apporte.

Je pourrais me contenter d'opposer à ce préjugé l'infirmité commune de la nature humaine, qui fait que les plus grands hommes peuvent quelquefois tomber en de fort grandes erreurs; car cela suffit pour nous empêcher de mettre jamais en balance l'autorité d'un homme purement homme contre l'évidence de la vérité. Qu'on examine donc avec tout le soin possible si je ne me suis point trompé en prenant de simples vraisemblances pour des démonstrations. Mais qu'on l'examine indépendamment de l'estime que l'on fait, et que je fais aussi, de l'auteur que je réfute, puisque cela ne peut en rien contribuer à la faiblesse ou à la force de mes preuves.

J'ajouterai seulement qu'il n'y a pas un si grand sujet de s'étonner que l'on pourrait croire, que j'aie pu trouver tant de choses qui paraissent peu raisonnables dans sa philosophie des idées; car sa plus grande faute en cela est d'avoir supposé pour incontestable un principe qui ne lui est pas particulier, mais qu'il a pris de la philosophie commune. C'est ce qui l'a entraîné, par une suite presque inévitable, dans tous les paradoxes qu'il en a tirés par des conséquences assez justes, et qu'il a embrassés avec d'autant moins de précaution qu'ils lui ont paru établir d'une manière admirable la dépendance qu'ont nos esprits de Dieu, et leur union avec la raison souveraine, qui est le verbe divin. De sorte qu'on peut dire de lui, en cette rencontre, ce que dit saint Ambroise de la mère des enfants de Zébédée : *Et si error est, pietatis tamen error est.*

Ce principe est « que notre âme ne saurait voir que ce qui lui est « intimement uni. » Il a regardé cela comme incontestable, et ne s'est jamais mis en peine de le prouver, parce qu'il n'a pas cru qu'on en pût douter. Or, dès qu'un principe nous a paru clair et évident, ce nous est une espèce de nécessité d'en admettre toutes les suites; et nous ne pouvons les regarder comme fausses, tant que nous les considérerons comme ayant une liaison nécessaire avec ce principe. Il ne faut donc pas s'étonner, si, s'étant laissé prévenir de cette maxime commune, « que rien n'est en état de pou-
« voir être vu par notre âme que ce qui lui est présent, c'est-à-dire
« intimement uni, » il a conclu de là tout ce qui suit.

Donc les choses matérielles, ne pouvant être unies intimement à notre âme, n'en peuvent être aperçues par elles-mêmes.

Donc le soleil, par exemple, n'est point visible et intelligible par lui-même.

Donc notre esprit a besoin, pour voir le soleil, d'un être représentatif du soleil qui soit intimement uni à notre âme, ce qui s'appelle autrement le *soleil intelligible*.

Donc, quand nous regardons le soleil, c'est-à-dire que nous tournons nos yeux vers lui, c'est le soleil matériel que nous regardons, mais celui que nous voyons est le *soleil intelligible*.

Donc, il faut chercher d'où nous pourrons avoir, et comment, cet être représentatif du soleil qui doit être intimement uni à notre âme. Or, de toutes les manières dont on peut s'imaginer que cela se fait, il n'y en a point où se trouve moins de difficulté, et qui soit plus vraisemblable que de dire que cet être représentatif est Dieu même, étant aisé de concevoir « que l'esprit peut voir ce qu'il y a « dans Dieu qui représente les êtres créés, puisque cela est très « spirituel, très intelligible et très présent à l'esprit. »

Donc rien n'est plus conforme à la raison que de penser que nous voyons toutes choses en Dieu.

Mais, en voulant expliquer comment cela se faisait, il s'est trouvé plus embarrassé qu'il n'avait cru. Car, ayant d'abord prétendu que nous voyons chaque chose dans l'idée particulière qu'elle a en Dieu, le soleil matériel dans le soleil intelligible, il s'est trouvé empêché de rendre raison pourquoi donc le soleil étant toujours de même grandeur, selon cette idée particulière de Dieu, nous le voyons plus grand quand il est à l'horizon que quand il est au midi ; et il s'est trouvé réduit à dire que nous voyons toutes choses dans une *étendue intelligible infinie* dont toutes les parties étant de même nature chacune était propre à devenir à notre égard *le soleil intelligible*.

Il n'y a que ce dernier qui soit fort étrange ; mais, pour tout le reste, on n'a pas lieu de se tant étonner qu'il l'ait regardé comme vrai, puisqu'un esprit si vif et si pénétrant ne pouvait guère aller moins loin en suivant le chemin que lui faisait faire ce qu'il a pris pour un principe indubitable sur lequel on devait juger de ce que notre esprit pouvait voir ou de ce qu'il ne pouvait pas voir : tant est vrai ce que dit M. Descartes dans sa Méthode : « Que c'est véri- « tablement donner des batailles que de tâcher à vaincre toutes « les difficultés et les erreurs qui nous empêchent de parvenir à « la connaissance de la vérité ; mais que c'est en perdre une que « de recevoir quelque fausse opinion touchant une matière un peu « générale et importante ; » parce qu'il n'est pas presque possible que cela ne nous conduise dans de grands égarements[14].

Il semble donc aussi qu'on fait le même plaisir à un homme à qui ce malheur est arrivé en lui découvrant la fausseté du principe qui l'aurait engagé en beaucoup d'erreurs, que l'on ferait à un voyageur égaré en le remettant dans le bon chemin qu'il n'aurait abandonné qu'en suivant les pas de beaucoup de gens qui s'y seraient trompés avant lui.

C'est pourquoi j'ai lieu d'espérer que notre ami me saura bon gré de lui avoir voulu rendre ce service, quand même je n'y aurais pas réussi. Mais s'il se trouve dans l'impuissance de répondre à ce que je crois avoir démontré, je prie Dieu de tout mon cœur qu'il lui fasse la grâce de donner à notre siècle un exemple d'humilité qui devrait être bien commun parmi les chrétiens, et qui l'est si peu, en reconnaissant de bonne foi que, pour avoir embrassé trop facilement un faux principe, il s'est engagé mal à propos en des erreurs insoutenables touchant la nature des idées, et qu'il n'a point dû proposer avec tant de confiance cette nouvelle opinion : que nous voyons toutes choses en Dieu, puisqu'il voit bien maintenant qu'elle n'a rien de solide.

CHAPITRE XIX.

Du deuxième préjugé, qui est que cette nouvelle philosophie des idées fait mieux voir qu'aucune autre combien les esprits sont dépendants de Dieu, et combien ils lui doivent être unis.

Une des raisons que cet auteur fait le plus valoir, pour confirmer cette mystérieuse pensée que c'est en Dieu que nous voyons toutes choses, est que « ce sentiment lui a paru si conforme à la religion,
« qu'il s'est cru indispensablement obligé de l'expliquer et de le
« soutenir autant qu'il lui serait possible. » Ce sont ses propres termes, dans un éclaircissement sur ce sujet, qui a pour titre :
« Éclaircissement sur la nature des idées dans lequel il explique
« comment on voit en Dieu toutes choses, les vérités et les lois
« éternelles. » Et il témoigne son zèle pour cette opinion avec encore plus de force dans les paroles suivantes : « J'aime mieux
« qu'on m'appelle visionnaire, qu'on me traite d'illuminé, et qu'on
« dise de moi tous ces bons mots que l'imagination, qui est toujours
« railleuse dans les petits esprits, a coutume d'opposer à des
« raisons qu'elle ne comprend pas, ou dont elle ne peut se défendre,
« que de demeurer d'accord que les corps soient capables de m'é-
« clairer : que je sois à moi-même mon maître, ma raison, ma
« lumière, et que, pour m'instruire solidement de toutes choses,
« il suffise que je me consulte moi-même, ou des hommes qui
« peut-être peuvent faire grand bruit à mes oreilles, mais certai-

« nement qui ne peuvent répandre la lumière dans mon esprit.
« Voici donc encore quelques raisons pour le sentiment que j'ai
« établi dans les chapitres sur lesquels j'écris ceci ; » c'est-à-dire,
pour confirmer ce nouveau sentiment : *que nous voyons toutes
choses en Dieu.*

Il avait déjà dit aussi de la même sorte dans le chapitre VI du livre III qui a pour titre : *Que nous voyons toutes choses en Dieu.*

« La deuxième raison, dit-il, qui peut faire penser que nous
« voyons tous les êtres, à cause que Dieu veut que ce qui est en
« lui, qui les représente, nous soit découvert; et non point parce
« que nous avons autant d'idées créées avec nous que nous pou-
« vons voir de choses, c'est que cela met les esprits créés dans une
« entière dépendance de Dieu et la plus grande qui puisse être.
« Car, cela étant ainsi, non-seulement nous ne saurions rien voir
« que Dieu ne veuille bien que nous le voyions, mais nous ne sau-
« rions rien voir que Dieu même ne nous le fasse voir : *Non sumus
« sufficientes cogitare aliquid à nobis, tanquam ex nobis : sed suffi-
« cientia nostra ex Deo est.* C'est Dieu même qui éclaire les philo-
« sophes dans les connaissances que les hommes ingrats appellent
« naturelles, quoiqu'elles ne leur viennent que du ciel : *Deus enim
« illis manifestavit.* C'est lui qui est proprement la lumière de
« l'esprit et le père des lumières : *Pater luminum* : c'est lui qui
« enseigne la science aux hommes : *Qui docet hominem scientiam* :
« en un mot, c'est la véritable lumière qui éclaire tous ceux qui
« viennent en ce monde : *Lux vera, quæ illuminat omnem
« hominem venientem in hunc mundum.* »

Voilà sans doute qui est capable de donner à beaucoup de gens une espèce de vénération pour un sentiment qu'on leur propose avec tant de zèle, comme étant si avantageux à la religion, que l'on fait assez entendre qu'il n'y a que cela qui puisse mettre les esprits créés dans une entière dépendance de Dieu, et leur faire comprendre que ce ne sont point les corps qui les éclairent, et qu'ils ne sont point à eux-mêmes leur propre lumière, mais qu'ils ne la peuvent tirer que de Dieu.

Si cela était, j'avoue que les raisons dont j'ai combattu ce mystérieux sentiment, quelques démonstratives qu'elles me paraissent, me seraient suspectes à moi-même, et que j'y appréhenderais quelque illusion. Mais il est aisé de faire voir que le sentiment que j'ai combattu n'a aucun de ces avantages qu'on lui attribue. Il faut seulement se donner garde de prendre le change en passant d'une question à l'autre, ce qui embrouille toutes les disputes, et y met une telle confusion qu'après avoir bien contesté on ne sait plus de quoi il s'agit. Quand on ne cherche que la vérité, on doit s'étudier surtout à mettre les choses dans un grand jour, à bien séparer les questions, afin de ne point souffrir qu'on révoque en doute ce qui est évident dans l'une par ce qui est obscur dans l'autre; et à ne point abuser de l'autorité des grands hommes, en appliquant ce qu'ils ont dit d'une matière à une autre toute différente.

Il est donc bon, avant toutes choses, de faire bien remarquer de quoi il ne s'agit point, afin qu'on voie plus facilement de quoi précisément il s'agit.

I. Il ne s'agit point ici de la manière dont Dieu nous éclaire dans l'ordre de la grâce, comment il nous donne de bonnes pensées, et comment il nous instruit intérieurement de nos devoirs. Or, c'est de ces bonnes pensées que saint Paul dit (deuxième aux Corinthiens, v. 3, 5) en parlant du ministère du Nouveau-Testament qui est le ministère de la grâce : *Non sumus sufficientes cogitare aliquid à nobis, tanquam ex nobis, sed sufficientia nostra ex Deo est.* Et ainsi, ce passage n'a point dû être allégué dans cette matière des idées qui regarde toutes sortes de pensées, sans en excepter les plus mauvaises. Car nous ne saurions penser à rien que l'idée de ce à quoi nous pensons ne soit présente à notre esprit : et par conséquent, si c'est en cela que l'on fait dépendre nos esprits de Dieu en ce que nous ne trouvons qu'en lui ces idées, cette dépendance doit regarder également nos bonnes et nos mauvaises pensées.

2. Il ne s'agit point ici proprement de certaines vérités de morale dont Dieu avait imprimé la connaissance dans le premier homme, et que le péché n'a pas entièrement effacées dans l'âme de ses enfants. Ce sont ces vérités que saint Augustin dit souvent que nous voyons en Dieu : mais comme il ne s'est point expliqué sur la manière dont nous les voyons, cela ne peut servir à cet auteur, qui a même été assez sincère pour ne se point prévaloir de l'autorité de ce saint, parce qu'il n'était pas de son opinion : « Car nous ne disons pas, dit-il, que nous voyons Dieu en voyant « les vérités éternelles, comme le dit saint Augustin, mais en « voyant les idées de ces vérités. Car l'égalité entre les idées, qui « est la vérité, n'est qu'un rapport, qui n'est rien de réel. »

3. Il ne s'agit point non plus de la manière dont Dieu a découvert sa divinité aux philosophes païens, mais d'où et comment ils ont eu les idées sur lesquelles ils ont raisonné dans les sciences les plus naturelles, et qui ont moins de rapport à la religion, telles que

sont les mathématiques. Or ces paroles de saint Paul : *Deus enim illis manifestavit*, ne regardent point ces sciences abstraites purement naturelles, mais la connaissance qu'ils avaient eue de ce qui se peut découvrir de Dieu par les créatures. Car c'est sur cela que saint Paul dit : *Deus enim illis manifestavit*, « Dieu même le leur « ayant fait connaître. » On n'a donc point dû citer ces paroles de l'apôtre pour autoriser ce nouveau système, que ce n'est qu'en Dieu que nous pouvons voir les choses matérielles, parce que nous n'en pouvons trouver les idées que dans *l'étendue intelligible infinie* qu'il renferme. Ce qui ne peut regarder la connaissance de Dieu qu'ont eue ces philosophes, puisque cet auteur enseigne que nous voyons Dieu sans idée, c'est-à-dire sans ces *êtres représentatifs* distingués des perceptions, dont il prétend que nous avons besoin pour apercevoir toutes les autres choses qui sont hors de nous.

4. Il ne s'agit point aussi de la cause de nos perceptions, à qui il donne quelquefois le nom d'idée, et avec raison ; car on lui a déjà marqué souvent que quand on lui accorderait que notre entendement est une faculté purement passive comme la matière, cela ne regarderait point la question de la nécessité des idées prises pour des *êtres représentatifs*. Et j'ajoute ici que tant s'en faut que cela fît quelque chose pour appuyer ce qu'il dit de la dépendance que nos esprits ont de Dieu, en ce que c'est en lui seul qu'ils peuvent trouver ces *êtres représentatifs*, en quoi on voudrait faire consister la lumière qu'ils tirent de lui ; que rien au contraire ne ruine tant cette dernière opinion que l'établissement de cette autre, qui est du même auteur : que Dieu est l'unique cause de toutes nos perceptions.

5. Il ne s'agit point de tout cela, mais de nos connaissances les plus naturelles et les plus communes, de ce qui nous est nécessaire pour apercevoir le soleil, un cheval, un arbre ; pour avoir l'idée d'un cube, d'un cylindre, d'un carré, d'un nombre. Et sur cela même il n'est pas question de savoir si notre esprit doit être éclairé de Dieu, mais de quelle sorte il en doit être éclairé, et si c'est en la manière que cet auteur a inventée qu'on peut réduire à trois points :

Le premier est que notre esprit ne saurait voir les choses matérielles par elles-mêmes, mais seulement par des *êtres représentatifs* distingués de nos perceptions, et qui les doivent précéder, auxquels il a donné le nom d'idées, quoique par abus ;

Le deuxième est que notre esprit ne saurait trouver ces idées ou *êtres représentatifs* des choses matérielles qu'en Dieu ;

Le troisième, que ce qui lui donne moyen de les trouver en Dieu, est que Dieu renferme en lui-même une *étendue intelligible infinie*.

Sur quoi je dirai trois choses : L'une, que quand **nous dépendrions** de Dieu en cela, cette dépendance ne serait point assez considérable pour en faire tant de bruit ;

L'autre, qu'elle ne nous serait d'aucun usage pour nous attacher véritablement à Dieu, et que ce nous serait plutôt une occasion de nous attacher avec moins de scrupule aux choses matérielles ;

La dernière, qu'il n'a pu imaginer cette dépendance, fondée sur la nécessité des *êtres représentatifs* distingués de nos perceptions, sans renverser une autre maxime qu'il a pris tant de peine d'établir, qu'il n'y a rien d'inutile dans la conduite de Dieu, et qu'ainsi il ne fait jamais par des voies composées ce qui se peut faire par des voies plus simples.

Je dis donc premièrement, que quand nos âmes dépendraient de Dieu en ce qu'elles ne pourraient trouver qu'en lui des *êtres représentatifs* qu'il appelle idées, cette dépendance n'ajouterait guère à celle qu'elles ont comme créatures, qui les met dans l'impuissance de subsister un seul moment, si par une espèce de création continuée elles ne sont soutenues par la même main qui les a tirées du néant pour leur donner l'être. Car il y a des choses qui sont des dépendances et des suites si nécessaires de notre nature, que l'on ne peut concevoir que Dieu nous ait voulu donner l'être sans vouloir aussi nous donner ces dépendances : ce qui fait voir, ce me semble, manifestement que la nécessité où nous nous trouvons de dépendre de Dieu au regard de ces choses-là n'ajoute rien de considérable à la nécessité d'en dépendre au regard de notre conservation, et c'est pourquoi aussi Dieu a presque inséparablement attaché l'un à l'autre ; de sorte que l'on doit considérer comme une même volonté celle de nous conserver et celle de nous donner ce qu'exige notre conservation comme une dépendance de notre être. Telle est au regard de notre corps, la faculté que nous avons de remuer nos membres pour les fonctions ordinaires de la vie, et, au regard de l'esprit, celle de penser et de pouvoir au moins apercevoir par quelqu'un de nos sens notre propre corps et ceux qui nous environnent.

Comme donc on ne regarde point comme une dépendance que nous ayons de Dieu, différente de celle de la conservation de notre être, de ce que nous ne faisons pas le moindre mouvement, ou de la jambe, ou du bras, ou de la langue, que ce ne soit Dieu lui-même qui donne le mouvement aux esprits animaux, qui doivent pour cela s'insinuer dans les nerfs qui sont attachés à nos muscles ; parce qu'il ne fait en cela qu'exécuter la volonté générale qu'il a eue en nous créant, et que c'est par notre volonté que cette action de Dieu est déterminée à chaque effet particulier : il en serait de même au regard de cette dépendance que nous aurions de *l'étendue intelligible infinie*, pour y trouver les idées de chacune de nos pensées, quand elles ont pour objet les choses matérielles. Ce serait une suite de notre nature, puisque nous sommes faits pour penser, encore plus que pour marcher et pour remuer les mains ou la langue. Dieu ne ferait donc en cela, non plus qu'en l'autre, qu'exécuter les lois qu'il se serait prescrites à lui-même en instituant notre nature ; et nos volontés ne sont pas moins, selon cet auteur, les causes occasionnelles de ces idées qu'elles le sont des mouvements de nos jambes et de nos bras.

Il n'y aurait donc rien en cela qui dût nous être fort considérable. Et nous avons tant d'autres sujets de reconnaissance envers Dieu infiniment plus importants, qui regardent notre salut et l'état de grâce et de gloire auquel il nous appelle par son infinie miséricorde, que notre esprit étant borné et ne pouvant s'appliquer beaucoup à un objet qu'il ne soit moins capable de s'appliquer fortement à d'autres, pourquoi se mettre si fort en peine d'apprendre à des chrétiens à être reconnaissants envers Dieu pour ces lumières humaines, qui ont été la part de ces philosophes et des autres enfants du siècle, en qui Dieu n'a agi que comme auteur de la nature ; au lieu de considérer qu'il importe peu aux enfants de la Jérusalem céleste de savoir au vrai ce qu'il fait en eux en cette manière, pourvu qu'ils n'ignorent pas combien ils lui sont redevables, pour les illuminations vraiment divines dont il éclaire leurs pas, afin de les faire marcher dans sa voie, et pour tout le bien qu'il opère dans leurs cœurs par la secrète opération de son esprit qui en a rompu la dureté, et de cœurs de pierre en a fait des cœurs de chair.

Mais la seconde chose que j'ai promis de montrer est que, bien loin qu'il y ait tant de sujet de faire valoir la spiritualité de ce nouveau système des idées, qu'il me paraît plus nuisible qu'avantageux à ceux qui s'y voudront arrêter. Car que nous apprend-on par là ? Que nous voyons Dieu en voyant des corps, le soleil, un cheval, un arbre ; que nous le voyons en philosophant sur des triangles et des carrés ; et que les femmes, qui sont idolâtres de leur beauté, voient Dieu en se regardant dans leur miroir, parce que le visage qu'elles y voient n'est pas le leur, mais un *visage intelligible* qui lui ressemble, et qui fait partie de cette *étendue intelligible infinie* que Dieu renferme. Et on ajoute à cela qu'il n'y a de toutes les créatures que notre pauvre âme, qui, quoique créée à l'image et à la ressemblance de Dieu, n'a point ce privilége de voir Dieu en se voyant. Est-ce là un bon moyen de nous porter à nous séparer des choses corporelles pour rentrer dans nous-mêmes? Est-ce le moyen de nous faire avoir peu d'estime des sciences humaines, purement humaines, que l'on ne se contente pas de spiritualiser, mais que l'on *divinise* en quelque sorte, en faisant croire à ceux qui s'y appliquent que les objets de ces sciences sont quelque chose de bien plus grand et de bien plus noble qu'ils ne pensent; puisque, s'ils recherchent le cours des astres, ces astres qu'ils contemplent ne sont point des astres matériels du monde matériel, mais les astres *intelligibles* du monde *intelligible* que Dieu renferme en lui-même; et que s'ils étudient les propriétés des figures, ce ne sont pas non plus des figures matérielles qu'ils voient, mais des figures intelligibles, qui ne se trouvent que dans *l'étendue intelligible infinie,* dans laquelle Dieu lui-même les voit, lui qui ne voit rien que dans son essence.

N'est-ce point aussi donner occasion aux hommes de ne plus regarder comme une passion blâmable, et indigne d'un chrétien, cette curiosité vague et inquiète contre laquelle saint Augustin parle si souvent, qui fait rechercher à voir et à connaître toutes sortes d'objets sensibles, pour les voir seulement et pour en faire des épreuves? Car n'est-ce pas là bien relever, et donner sujet à ceux qui en sont malades de se plaire dans leurs maladies, que de leur persuader que c'est Dieu qu'ils voient en croyant voir les choses sensibles?

Mais je ne puis m'empêcher de dire encore quelque chose de plus fort. On me fait entendre que le principal but de cette philosophie des idées est de nous apprendre combien les esprits sont unis à Dieu; et je vois ensuite qu'au lieu de les unir à Dieu, on les veut unir à une *étendue intelligible infinie,* que l'on prétend que Dieu renferme. Et c'est ce qui me fait dire sans crainte que je ne veux point de cette union, et que j'y renonce de bon cœur; car je ne reconnais point pour mon Dieu une *étendue intelligible infinie,* dans laquelle on peut distinguer diverses parties, quoique toutes de même nature. Ce n'est point là le Dieu que j'adore. C'est l'idée que saint Augustin avait de Dieu, étant encore manichéen. Il témoigne dans le livre VII de ses *Confessions,* ch. I, « qu'il ne « pouvait alors se figurer Dieu que comme une substance infini-

« ment étendue ; » mais il déclare aussi que « c'était parce qu'il ne « pouvait alors le concevoir autrement que corporel. » On dira qu'on ne l'entend pas si grossièrement : je le veux. Mais de quelque manière qu'on l'entende, n'est-ce point s'expliquer d'une manière tout-à-fait indigne de Dieu que de nous faire passer pour la même chose de voir les choses matérielles en Dieu et de les voir dans une *étendue intelligible infinie*, dans laquelle on peut distinguer diverses parties et concevoir que l'une s'approche de l'autre? Rien n'est-il plus propre à jeter les hommes dans l'erreur et à les porter à se représenter Dieu comme une substance corporelle, qui n'est différente des autres corps que parce qu'elle est *infinie?*

Je ne répète point ce que j'ai déjà dit sur cela. J'ajouterai seulement que je ne vois point comment cela s'accorde avec ce que dit ce même auteur dans le *Traité de la nature et de la grâce*, Disc. I, § II : « Lorsqu'on prétend parler de Dieu avec exactitude, « il ne faut pas se consulter soi-même, ni parler comme le com- « mun des hommes. Il faut s'élever en esprit au-dessus de toutes « les créatures et consulter avec beaucoup d'attention et de res- « pect l'idée vaste et immense de l'être infiniment parfait; et « comme cette idée nous représente le vrai Dieu bien différent de « celui que se figurent la plupart des hommes, on ne doit point en « parler selon le langage populaire. Il est permis à tout le monde « de dire avec l'Écriture que Dieu s'est *repenti* d'avoir créé « l'homme; qu'il s'est mis en *colère* contre son peuple; qu'il a « délivré Israël de captivité par la force *de son bras*, mais ces « expressions ou de semblables ne sont point permises aux théo- « logiens lorsqu'ils doivent parler exactement. » Il leur est donc encore bien moins permis de dire que c'est voir le soleil en Dieu que de le voir dans une *étendue intelligible infinie, en laquelle il y a diverses parties, quoique toutes de même nature, dont on peut concevoir que l'une s'approche ou s'éloigne successivement de l'autre.*

Il est clair par ces deux premières considérations que cette dépendance, que l'on nous fait avoir de Dieu à cause du besoin que l'on prétend que nous avons des idées prises pour des *êtres représentatifs*, serait peu considérable et de peu d'usage pour des chrétiens quand elle serait bien fondée; mais la dernière fera voir qu'elle est très mal fondée par les propres principes de cet auteur, car c'est à quoi je me restreins ici à le combattre par lui-même.

Il déclare, dans le deuxième *Éclaircissement*, sur le chap. I du livre I, qu'il ne s'était point alors encore expliqué sur ce qu'il prétend avoir prouvé dans le chap. VI de la deuxième partie du liv. III : *Que nous voyons toutes choses en Dieu*, donc ce qu'il établit dans ce chap. I du liv. I est indépendant de cette question.

Or, ce qu'il y établit suffit de reste pour nous faire reconnaître que les esprits ne s'éclairent point eux-mêmes, et qu'ils ne sont point à eux-mêmes leur propre lumière, mais qu'il faut que ce soit Dieu même qui les éclaire.

Il n'est donc pas vrai que nous soyons obligés de croire tout ce qu'il a enseigné depuis touchant les idées prises pour des *êtres représentatifs*, et la nécessité qu'il prétend que nous avons de voir les choses matérielles en Dieu, pour reconnaître que notre esprit n'est point à lui-même sa propre lumière au regard de la connaissance des choses matérielles, et qu'il faut que ce soit Dieu qui l'éclaire.

Il n'y a que la mineure à prouver, ce qui sera facile ; car j'ai déjà prouvé dans l'art 3, que dans ce livre I il prend le mot d'*idée* pour *perception*, comme il paraît clairement en ce qu'il prend pour la même chose *notions* et *idées*. « Il semble, dit-il, que les notions « ou les idées qu'on a de deux facultés ne sont pas assez nettes. » Or, on ne peut pas douter que *notion* ou *perception* ne soient deux termes synonymes, et en ce qu'il explique *recevoir plusieurs idées* par *apercevoir plusieurs choses*. Or, prenant le mot d'*idée* pour *perception*, on ne peut pas enseigner plus clairement que nous ne sommes point notre lumière au regard des choses matérielles, mais qu'il faut que ce soit Dieu qui nous éclaire, qu'en enseignant que nous ne pouvons pas nous donner à nous-mêmes l'idée ou la perception des choses matérielles ; car la lumière intellectuelle active, pour parler ainsi, ne consiste qu'en cela, notre esprit ne pouvant être éclairé au regard d'un objet qu'en le connaissant ; de sorte qu'il est visible que ne se pouvoir donner la perception d'un objet, c'est ne se pouvoir éclairer soi-même à l'égard de cet objet.

Donc ce qu'il enseigne dans ce chap. I du livre I, suffit de reste pour nous faire reconnaître que notre esprit ne s'éclaire point lui-même et n'est point sa propre lumière au regard des choses matérielles, mais qu'il faut que ce soit Dieu qui l'éclaire, s'il y enseigne que nous ne pouvons nous donner à nous-mêmes les perceptions des choses matérielles.

Or, l'on ne peut pas l'enseigner plus clairement qu'il fait, puisqu'il y établit comme une chose certaine (je n'examine pas ici si elle l'est autant qu'il le dit, ayant déclaré que mon dessein était seulement de le combattre par lui-même) « que notre entendement,

« ou la faculté qui est en nous de recevoir plusieurs idées, c'est-
« à-dire d'apercevoir plusieurs choses, est entièrement passive,
« et ne renferme aucune action. »

Donc il avait suffisamment enseigné dans ce chapitre, où il ne
prend point les idées pour des *êtres représentatifs*, et où il n'avait
point encore supposé *que nous vissions les choses en Dieu*, et que
notre esprit n'était point capable de s'éclairer lui-même au regard
des choses matérielles, ni d'être à lui-même sa propre lumière.

Donc il n'a point eu besoin pour établir cela de pousser plus loin
sa philosophie des idées, et d'avancer ce paradoxe : « Que nous ne
« saurions voir le moindre corps que nous ne le voyions en Dieu,
« ou plutôt que nous ne voyons Dieu, lorsque nous nous imagi-
« nons voir ce corps. »

Donc le zèle qu'il témoigne avoir d'empêcher que l'on ne croie
que nous sommes à nous-mêmes notre propre lumière, ne lui doit
point servir de préjugé, pour faire recevoir favorablement des
opinions si étranges.

CHAPITRE XX.

Du troisième préjugé, qu'en n'admettant point cette philosophie des idées on est
réduit à dire que notre âme pense, parce que c'est sa nature, et que Dieu en la
créant lui a donné la faculté de penser.

Ce qui m'a fait croire que je devais représenter comme un
préjugé, pour cette philosophie des idées, de ce qu'en ne l'admettant point on est réduit à dire « que notre âme pense, parce que
« c'est sa nature, et que Dieu en la créant lui a donné la faculté
« de penser, » est la manière dont notre ami traite ceux qui parlent
de la sorte, parce qu'il y a des gens à qui cette confiance pourrait
faire croire qu'il a raison. C'est dans la réponse à la *première Objection* qu'il se propose dans ses *Éclaircissements*, p. 543, contre ce
qu'il avait dit, « qu'il n'y a que Dieu qui nous éclaire, et que nous
« voyons toutes choses en lui. »

Mais, faisant profession d'écrire pour des gens *qui se piquent
d'une grande justesse et d'une exactitude rigoureuse*, il eût été bon
qu'il n'eût point mêlé ensemble deux choses très différentes : l'une
qu'il n'y a que Dieu qui nous éclaire; l'autre *que nous voyons
toutes choses en lui.* Car, nous venons de voir que, selon ses principes mêmes, on pourrait très bien dire qu'il n'y a que Dieu qui
nous éclaire, sans qu'on fût obligé d'ajouter (ce qui est visiblement faux) *que nous voyons toutes choses en lui,* ea la manière

qu'il l'entend. C'est pourquoi il donne visiblement le change dans sa **réponse** à cette objection, parce qu'il s'attache uniquement à la **première** de ces deux choses : *Qu'il n'y a que Dieu qui nous éclaire*, et **laisse** là la deuxième, en quoi consiste la difficulté : *Que nous voyons toutes choses en Dieu.*

Ce n'est pas néanmoins à quoi je m'arrête. Je prétends seulement justifier cette proposition en elle-même : *Notre âme pense, parce que c'est sa nature, et que Dieu, en la créant, lui a donné la faculté de penser* ; et faire voir qu'il y a plusieurs rencontres où c'est la meilleure réponse que l'on puisse faire, et que c'est pour ne s'en être pas contenté que l'on s'est jeté dans des embarras d'où on n'a pu se tirer que par la fausse philosophie des *êtres représentatifs;* et qu'ainsi notre ami n'a point raison d'en parler dans les termes qu'il fait.

« Je m'étonne, dit-il, que messieurs les cartésiens, qui ont avec
« raison tant d'aversion pour les termes généraux de *nature* et de
« *faculté*, s'en servent si volontiers dans cette occasion. Ils trou-
« vent mauvais que l'on dise que le feu brûle par sa *nature*, et
« qu'il change certains corps en verre par une *faculté* naturelle :
« et quelques-uns d'entre eux ne craignent point de dire que
« l'esprit de l'homme produit en lui-même les idées de toutes
« choses par sa *nature*, et parce qu'il a la *faculté* de penser. Mais,
« ne leur en déplaise, ces termes ne sont pas plus significatifs
« dans leur bouche que dans celle des péripatéticiens. »

J'ai déjà dit que je ne soutenais cette proposition qu'en elle-même. Or, elle n'a point en elle-même le sens que lui donne l'auteur de la réponse à l'objection ; car, penser à un objet ne signifie point produire en soi-même la perception de cet objet, mais seulement en avoir la perception, de qui que ce soit qu'on l'ait, ou de Dieu ou de soi-même : il n'est donc point nécessaire, ni pour la vérité de cette proposition : *Notre âme pense, parce que c'est sa nature, et que Dieu, en la créant, lui a donné la faculté de penser*, ni pour l'usage qu'on en peut faire, en philosophant raisonnablement que notre esprit produise en lui-même les idées de toutes choses par sa nature (car le mot de *penser* n'enferme point cela), mais il suffit, qu'en plusieurs rencontres, cette réponse soit très bonne, et qu'on s'en doive contenter. Or, cela est ainsi, comme on l'a fait voir dans le chapitre second. Car, si on demande, **par exemple**, pourquoi notre âme peut voir les choses matérielles, **son propre corps**, et ceux qui l'environnent, lors même qu'ils en **sont fort éloignés**, c'est fort bien répondre que de dire « qu'elle

« les peut voir parce que c'est sa nature, et que Dieu lui a donné
« la faculté de penser. » Je soutiens encore une fois que cette
réponse est très bonne, et que c'est pour ne s'en être pas contenté
qu'on est allé s'imaginer que notre âme ne pouvait voir les choses
matérielles que par des *êtres représentatifs* qui, étant intimement
unis à notre âme, les mettait en état d'être connues d'elle : ce qui
a enfanté tant de bizarres opinions que l'auteur de la *Recherche de
la Verité* n'a réfutées que pour leur en substituer une autre, qui
ne vaut pas mieux, et qui est même encore plus étrange.

« Mais pourquoi donc, dit-il, messieurs les cartésiens ont-ils
« tant d'aversion pour les termes généraux de nature et de faculté
« quand les péripatéticiens s'en servent? Pourquoi trouvent-ils
« mauvais que l'on dise que le feu brûle parce que c'est sa nature,
« et qu'il change certains corps en verre par une faculté naturelle? »
La réponse n'est pas difficile : c'est que ce sont des mots dont
on se peut bien ou mal servir ; et qu'ainsi les mêmes personnes
peuvent avec raison trouver mauvais qu'on s'en serve mal, et
trouver bon qu'on s'en serve bien. On s'en sert mal quand, par le
mot de *faculté*, on entend une entité distincte de la chose à qui on
attribue cette faculté, comme lorsque l'on prend l'entendement et
la volonté pour des facultés réellement distinctes de notre âme. On
s'en sert mal aussi quand on prétend avoir rendu raison d'un effet
inconnu, ou connu très confusément, par le mot général de *faculté*,
qu'on donne à la cause, comme quand on dit que l'aimant attire le
fer, parce qu'il a cette faculté, ou que le feu change certains corps en
verre par une faculté naturelle ; car l'abus qu'on fait alors de ces
mots consiste principalement en ce que, avant de savoir ce que
c'est au regard du fer d'être attiré par l'aimant, et au regard de la
cendre d'être changée en verre par le feu, on s'en tire en disant
que l'aimant et le feu ont chacun cette faculté. Mais si, après avoir
expliqué, comme fait M. Descartes, ce que c'est que la vitrifica-
tion, et ce que le feu y contribue ; et ce que c'est aussi ce qu'on
appelle l'attraction du fer par l'aimant, et ce que l'aimant y contribue, on demandait de nouveau d'où vient que le feu a ce mouvement violent, qui est cause que de certains corps se changent en
verre, et d'où vient que l'aimant a des pores tournés en vis, ce
serait alors fort bien répondre que de dire que c'est parce que
telle est la nature du corps qu'on appelle feu, et telle de celui qu'on
appelle aimant.

Voici encore un autre exemple du mauvais et du bon usage de
ces termes. Si on me demande pourquoi une pierre, étant suspen-

due en l'air par un filet, tombe en bas sitôt que l'on coupe ce filet, c'est mal répondre que de dire que c'est que Dieu lui a donné cette **faculté** en la créant, de tendre au centre par son mouvement, et que cette faculté s'appelle pesanteur ; et, pour bien répondre, il faut voir ce qu'en a dit M. Descartes, dans ses principes de philosophie[15]. Mais si on demande en général pourquoi la matière est capable de mouvement, on répond très bien en disant que c'est sa nature, et que Dieu, en la créant, a donné à ses parties cette faculté, que l'une peut être éloignée ou approchée successivement de l'autre.

Or ce n'est qu'en des cas tout semblables que je me sers, au regard de la pensée de mon âme, des mots de *nature* et de *faculté*. Car, moi âme, je sais que je vois les corps, que je vois celui que j'anime, que je vois le soleil, quelque distant qu'il soit de moi. Je sais de plus ce que c'est que de voir des corps ; et quand je ne le pourrais pas expliquer à d'autres, il me suffit que j'en aie en moi-même une science certaine. Je sais enfin qu'il n'y a point d'apparence que Dieu m'ait voulu joindre un corps sans vouloir que je le connusse, et que, par conséquent, il a fallu qu'il m'ait donné la faculté de le connaître, aussi bien que ceux qui lui pourraient servir ou nuire pour sa conservation. Pourquoi donc, si on me demande d'où vient que, n'étant pas corporelle, je puis apercevoir les corps présents ou absents ? ne serait-ce pas bien répondre que de dire que c'est parce que ma nature étant de penser, je sens par ma propre expérience que les corps sont du nombre des choses auxquelles Dieu a voulu que je pusse penser, et que, m'ayant créée et jointe à un corps, il a été convenable qu'il m'ait donné la faculté de penser aux choses matérielles aussi bien qu'aux spirituelles ? Qui ne se contente pas de cela, et qui veut que, passant plus outre, on lui rende raison de ce qui n'a point d'autre raison que celle dont il ne lui plaît pas d'être satisfait, ne saurait que s'égarer ; parce que, cherchant ce qui n'est pas, il mérite par sa témérité de ne trouver pas ce qui est, comme dit excellemment saint Augustin : *Compescat ergo se humana temeritas, et id quod non est non quærat, ne id quod est non inveniat.* De Gen. cont. Man., lib. I, c. II.

Je prévois que l'auteur pourra dire qu'il n'a point combattu la proposition que je défends, en la prenant dans le sens que je l'ai prise. Je le veux. Mais je lui demande s'il l'approuve ou s'il ne l'approuve pas, dans le sens que je la prends, qui ne touche point la question si Dieu est ou n'est pas auteur des perceptions que j'ai des choses matérielles ? S'il ne l'approuve pas, j'en demande la raison,

Car il est clair que tout ce qu'il y répond dans les *Éclaircissements* ne me regarde point. Et s'il l'approuve, j'en conclus qu'il n'a donc qu'à retrancher de son livre tout ce qu'il y dit de la nature des idées, en les prenant pour des *êtres représentatifs* distingués des perceptions, et toutes les conséquences qu'il en tire, pour nous faire croire que nous ne saurions voir les choses matérielles qu'en Dieu, ou plutôt que nous ne pouvons tourner nos yeux vers les choses matérielles, ce qui s'appelle regarder, mais qu'en les regardant, ce n'est que Dieu que nous voyons.

CHAPITRE XXI.

Que quand cet auteur dit qu'il y a des choses que nous voyons sans idée, ce qu'il entend par là n'est point assez démêlé, et cause tant de confusion, qu'on n'en peut avoir aucune notion claire.

L'auteur de *la Recherche de la Vérité* ayant expliqué dans les six premiers chapitres de son livre III sa doctrine de la nature des idées, il distingue dans le septième quatre différentes manières par lesquelles il prétend que notre esprit connaît les choses.

« La première, dit-il, est de connaître les choses par elles-
« mêmes.

« La deuxième de les connaître par leurs idées, c'est-à-dire
« comme je l'entends ici, par quelque chose qui soit différent
« d'elles.

« La troisième de les connaître par *conscience*, ou par sentiment
« intérieur.

« La quatrième de les connaître par conjecture. »

Il soutient ensuite « qu'il n'y a que Dieu que nous connaissions
« par lui-même.

« Qu'il n'y a que les corps et les propriétés des corps que nous
« connaissions par leurs idées.

« Que nous ne connaissons point notre âme ni ses propriétés
« par son idée, mais seulement par conscience et par sentiment
« intérieur.

« Et que nous ne connaissons que par conjecture les âmes des
« autres hommes. »

Nous n'avons pas besoin de nous arrêter ici au premier et au dernier, nous en parlerons plus bas. Écoutons seulement ce qu'il dit en particulier du deuxième et du troisième.

« On ne peut douter, dit-il, que l'on ne voie les corps avec leurs
« propriétés par leurs idées ; parce que, n'étant pas intelligibles

« par eux-mêmes, nous ne les pouvons voir que dans l'être qui
« les renferme d'une manière intelligible. Ainsi c'est en Dieu
« et par leurs idées que nous voyons les corps avec leurs proprié-
« tés, et c'est pour cela que la connaissance que nous en avons est
« très parfaite : je veux dire que l'idée que nous avons de l'éten-
« due suffit pour nous faire connaître toutes les propriétés dont
« l'étendue est capable, et que nous ne pouvons désirer d'avoir une
« idée plus distincte et plus féconde de l'étendue, des figures et des
« mouvements, que celle que Dieu nous en donne. »

On suppose avec bien de la confiance qu'on *ne peut douter* de ce que je crois avoir fait voir démonstrativement être tel, que non-seulement on en peut douter, mais que l'on doit le rejeter comme absolument faux. Quoi qu'il en soit, il faut remarquer que la notion qu'il donne à cette façon de parler : *voir les corps par leurs idées*, n'est pas simplement de les voir clairement, *mais de les voir dans l'être qui les renferme d'une manière intelligible*, c'est-à-dire en Dieu. D'où il infère *que la connaissance que nous en avons est très parfaite*, comme étant une suite de cette manière de voir les choses, et non pas comme si cette manière même de les voir ne consistait qu'à les voir clairement. Et c'est ce qui paraît encore par ce qu'il dit de la manière dont nous connaissons notre âme :

« Il n'est pas de même de notre âme, nous ne la connaissons
« point par son idée : nous *ne la voyons point en Dieu* : nous ne la
« connaissons que par *conscience*; et c'est pour cela que la con-
« naissance que nous en avons est imparfaite. Nous ne savons de
« notre âme que ce que nous sentons se passer en nous. Si nous
« n'avions jamais senti de douleur, de chaleur, de lumière, etc.,
« nous ne pourrions savoir si notre âme en serait capable, parce
« que nous ne la connaissons point par son idée. Mais, si nous
« voyions en Dieu l'idée, qui répond à notre âme, nous connaî-
« trions en même temps ou nous pourrions connaître toutes les
« propriétés dont elle est capable : comme nous connaissons toutes
« les propriétés dont l'étendue est capable, parce que nous con-
« naissons l'étendue par son idée. »

Il paraît encore par là que cet auteur prend pour la même chose *de voir un objet en Dieu* et *de le voir par son idée;* mais qu'il ajoute à cela que cette manière de voir les choses en Dieu et par leurs idées est si parfaite, qu'elle fait apercevoir, avec la chose que l'on connaît, ses propriétés et les modifications dont elle est capable.

Cependant, dans le lieu où il était le plus obligé de bien démêler l'équivoque qu'il avait laissée en plusieurs endroits dans le mot d'*idée*, il le fait si imparfaitement, qu'on en demeure plus incertain de ce qu'il entend par ce mot, lorsqu'il déclare en tant d'endroits que l'âme ne le connaît point elle-même par son **idée**. C'est dans l'*Éclaircissement* sur le chap. III du liv. I, p. 489.

« Quand je dis que nous n'avons point d'idées des mystères de
« la foi, il est visible, par ce qui précède et par ce qui suit, que je
« parle des idées claires qui produisent la lumière et l'évidence et
« par lesquelles on a compréhension de l'objet, si l'on peut parler
« ainsi. Je demeure d'accord qu'un paysan ne pourrait pas croire,
« par exemple, que le Fils de Dieu s'est fait homme, ou qu'il y
« a trois personnes en Dieu, s'il n'avait quelque idée de l'union du
« Verbe avec notre humanité, et quelque notion de personne.
« Mais, si ces idées étaient claires, on pourrait, en s'y appliquant,
« comprendre parfaitement ces mystères et les expliquer aux au-
« tres : ce ne seraient plus des mystères ineffables. »

On ne parle plus ici *de voir les choses en Dieu*, pour expliquer ce que c'est que les voir par leurs idées. On laisse là cette notion du mot d'*idée*, comme si on ne la lui avait jamais donnée. Et on prétend seulement que voir une chose par son idée, c'est la voir par *une idée claire, qui produise la lumière et l'évidence, et par laquelle on ait la compréhension de l'objet, si on peut parler ainsi.* Et on prétend qu'on a pu dire qu'on n'avait point d'idée d'une chose, quand on n'en avait point une idée de cette sorte, c'est-à-dire une idée claire, quoiqu'on en eût quelque idée et quelque notion.

Et on applique cela à ce qu'on a dit si souvent touchant l'âme, qu'on ne la voit point par idée, et qu'on n'en a point d'idée.

« Je dis ici que nous n'avons point d'idée de nos mystères,
« comme j'ai dit ailleurs que nous n'avons point d'idée de notre
« âme, parce que l'idée que nous avons de notre âme n'est point
« claire, non plus que celle de nos mystères. Ainsi ce mot *idée*
« est équivoque. Je l'ai pris quelquefois pour tout ce qui représente
« à l'esprit quelque objet, soit clairement, soit confusément. Je l'ai
« pris même encore plus généralement pour tout ce qui est l'objet
« immédiat de l'esprit. Mais je l'ai pris aussi pour ce qui repré-
« sente les choses à l'esprit d'une manière si claire, qu'on peut
« découvrir d'une simple vue si telles ou telles modifications leur
« appartiennent. C'est pour cela que j'ai dit quelquefois qu'on
« avait une idée de l'âme, et quelquefois je l'ai nié. Il est difficile
« et quelquefois ennuyeux et désagréable de garder dans ses expres-
« sions une exactitude trop rigoureuse. Quand un auteur ne se

« contredit que dans l'esprit de ceux qui le critiquent, et qui sou-
« haitent qu'il se contredise, il ne doit pas s'en mettre fort en
« peine : et s'il voulait satisfaire par des explications ennuyeuses
« à tout ce que la malice ou l'ignorance de quelques personnes
« pourrait lui opposer, il ferait un fort méchant livre. »

Je commencerai par examiner cette réflexion de l'auteur : que si on voulait garder dans ses expressions une exactitude trop rigoureuse, en évitant les équivoques qui font paraître qu'on se contredit, on serait en danger de faire de méchants livres. C'est de quoi je ne saurais demeurer d'accord au regard des livres de science. Car, comme on n'écrit que pour se faire entendre, on ne saurait éviter avec trop de soin ce qui peut empêcher qu'on ne comprenne bien notre pensée : et rien ne peut tant l'empêcher que quand nous prenons des mots essentiels et importants, et qui marquent ce que nous avons entrepris d'éclaircir en particulier, en des sens si différents et qui forment dans l'esprit des notions si opposées, qu'il se trouve que sans avoir averti le monde de ces équivoques nous disons le *oui* et le *non* de la même chose. N'est-ce pas la première règle, pour bien traiter une science, d'en définir les principaux termes, afin d'en fixer la notion à un seul et unique sens, pour peu qu'il y ait sujet d'appréhender qu'on ne les prenne en différentes manières ?

Que si on doit avoir ce soin pour empêcher que le lecteur ne se brouille et prenne mal la pensée de l'auteur, combien plus l'auteur même doit-il éviter qu'il ne se brouille lui-même dans ses pensées, et qu'il ne tombe dans des contradictions apparentes, pour n'être pas constant à ne donner aux termes capitaux de ce qu'il traite que la même signification, ou au moins de ne leur en faire changer qu'après en avoir averti le monde? Que dirions-nous, par exemple, d'un géomètre qui dirait tantôt que la diagonale d'un carré est incommensurable au côté, et en d'autres endroits qu'elle peut être commensurable au côté? et qui répondrait pour se sauver de cette contradiction qu'il a pris le mot de carré dans le premier endroit pour un rectangle de quatre côtés égaux, et dans l'autre pour un quadrilatère de quatre côtés égaux qui ne seraient pas à angles droits? Trouverait-on cette explication fort raisonnable dans un livre dogmatique; et approuverait-on qu'il prît à partie ceux qui se plaindraient de son peu d'exactitude, comme des critiques injustes dont on ne devrait pas se mettre en peine, parce qu'on ne pourrait faire que de méchants livres si on les voulait contenter ?

Je me trouve d'autant plus obligé de faire cette observation, que ce n'est pas seulement l'ambiguïté du mot d'*idée* qui fait beaucoup de brouillerie dans le premier ouvrage de cet auteur, mais que c'est un défaut répandu dans son *Traité de la nature et de la grâce*, où de semblables mots, qui se prennent en différents sens, semblent donner lieu à de grands mystères qui disparaîtront aussitôt qu'on en aura démêlé les équivoques.

Néanmoins ce n'est pas à quoi je trouve ici le plus à redire. Je lui pardonnerais qu'il ait pris le mot d'*idée* dans son livre de *la Recherche de la Vérité* dans des sens très différents, pourvu au moins que dans les avertissements qu'il y a joints à la quatrième édition, il eût pris soin de les bien marquer et d'en donner des notions bien distinctes. Mais, bien loin de cela, il n'y fait que brouiller de nouveau la signification de ce mot, et ce qu'il en dit ne s'accorde point avec ce qu'il en avait dit dans son troisième livre, où il traite à fond cette matière. Car toute la différence qu'il met dans ce troisième avertissement, page 489, entre les *idées* est la clarté et l'obscurité, ne donnant point d'autre solution à la contradiction qu'on lui avait objectée, sinon que quand il avait dit que nous n'avions point d'*idée* de notre âme, il avait parlé ainsi parce que nous ne la voyons point par *ces idées claires, qui produisent la lumière et l'évidence, et par lesquelles on a la compréhension de l'objet, pour parler ainsi*; et que, quand il a dit qu'on avait une *idée* de l'âme, il a pris ce mot plus généralement pour toute sorte d'idée claire ou obscure.

Mais cette explication est très défectueuse, et ne fait point bien entendre son sentiment des idées. Car le mot d'*idée* ne serait point *équivoque*, mais seulement *générique*, s'il ne signifiait que des idées d'une même nature, dont les unes seraient obscures et les autres claires. Et ce serait alors très mal parler de nier le mot d'idée d'une des espèces, quoique la moins noble. C'est comme qui dirait qu'un trapèze n'est pas un quadrilatère, parce qu'il en est l'espèce la plus imparfaite, et qu'un cheval n'est pas un animal, parce qu'il n'est pas un animal raisonnable. Il est vrai aussi qu'il n'est pas tombé dans cette faute, et qu'il pouvait se mieux défendre de la contradiction qu'on lui reprochait qu'il n'a fait dans cet avertissement. Car il pouvait et devait dire : le mot d'*idée* est équivoque, parce qu'il signifie deux choses très différentes, et qui n'ont point proprement de notion commune. Et, selon que je l'ai pris en une ou en l'autre de ces deux manières, j'ai pu dire quelquefois que nous avons une idée de l'âme, et d'autres fois que nous n'en avons point. J'ai pris dans le premier chapitre de mon premier livre l'*idée d'un objet pour la perception d'un objet*, et en prenant le mot d'*idée* en ce sens j'ai dû dire que nous avons une idée de notre âme ; puisque nous ne la pourrions connaître, comme nous faisons, si nous n'en avions la perception. Mais dans la deuxième partie du livre III j'ai pris le mot d'*idée* pour un *être représentatif* des objets, distingué des perceptions, lequel j'ai fait voir ne se pouvait trouver qu'en Dieu. Et c'est en prenant le mot d'*idée* en ce sens que j'ai dit en plusieurs endroits que nous n'avions point d'idée de notre âme, parce que mon sentiment est que nous ne la voyons point en Dieu, comme nous y voyons les choses matérielles, mais que nous la voyons seulement *par conscience et par sentiment intérieur*. Et ce qui me fait croire que nous ne la voyons point en Dieu, est que ce que l'on voit en Dieu, comme l'étendue, se voit bien plus clairement et plus parfaitement que nous ne voyons notre âme.

Cette solution aurait été bien plus raisonnable et plus conforme à sa doctrine des *idées*, que ce qu'il dit d'une manière fort confuse dans ce troisième avertissement. Mais de quelque manière que l'on s'y prenne pour accorder cette contradiction apparente, cela ne laissera pas d'être embarrassé de difficultés insurmontables contre nous, comme nous l'allons faire voir dans les chapitres suivants.

CHAPITRE XXII.

Que s'il était vrai que nous vissions les choses matérielles par des êtres représentatifs *(ce qui est la même chose à cet auteur que de les voir en Dieu), il n'aurait eu nulle raison de prétendre que nous ne voyons pas notre âme en cette manière.*

On peut bien croire que prétendant avoir démontré l'inutilité de ces *êtres représentatifs* distingués des perceptions et des objets, et le peu de raison qu'on a eu de fonder sur cela cette mystérieuse pensée : *que nous voyons en Dieu les choses matérielles*, mon dessein n'est pas de prouver que nous voyons notre âme en cette manière. Mais, pour montrer de plus en plus combien cette philosophie des idées s'entretient mal, il ne sera pas inutile de faire voir que s'il était vrai que nous vissions les choses matérielles par des *êtres représentatifs* (ce qui est la même chose à cet auteur que de les voir en Dieu), il n'aurait point dû prétendre que nous ne voyons point notre âme en cette manière.

Je n'ai pour cela qu'à appliquer à notre âme les raisons générales que cet auteur apporte pour rendre probable cette nouvelle pensée : *que nous voyons toutes choses en Dieu.* C'est le titre de son sixième chapitre de la deuxième partie du livre III.

1° Il suppose, ce qui est vrai, que Dieu a en lui les idées de toutes choses; 2° que Dieu est intimement uni à nos âmes par sa présence. D'où il conclut que « l'esprit peut voir ce qu'il y a dans « Dieu, qui représente les êtres créés, puisque cela est très spiri- « tuel, très intelligible et très présent à l'esprit : et qu'ainsi l'esprit « peut voir en Dieu les ouvrages de Dieu, supposé que Dieu « veuille bien lui découvrir ce qu'il y a dans lui qui les représente. »

Or, l'idée de notre âme n'est-elle pas en Dieu, aussi bien que celle de l'étendue? Et ce qu'il y a en Dieu, qui représente notre âme, n'est-il pas aussi spirituel, aussi intelligible et aussi présent à l'esprit que ce qui représente les corps? Et il est même sans difficulté que ce qu'il y a dans Dieu, qui représente notre âme, qui a été créée à son image et à sa ressemblance, parce qu'il a voulu qu'elle fût comme lui une nature intelligente, est plus propre à faire que notre âme se puisse voir en Dieu, que ce qu'il y a en lui qui représente les corps, qui, ne pouvant être qu'*éminemment* et non pas *formellement* étendu, figuré, divisible, mobile, ne peut être propre à les faire voir à notre esprit, qui les doit concevoir étendus, figurés, divisibles, mobiles. Pourquoi donc, si notre âme voyait les corps en Dieu, ne s'y verrait-elle pas elle-même?

Tout ce que peut dire cet auteur est, que Dieu n'a pas voulu découvrir à notre âme ce qui est dans lui qui la représente; au lieu qu'il veut bien lui découvrir ce qui est dans lui qui représente les corps. Mais qui lui a appris que Dieu veut l'un, et qu'il ne veut pas l'autre? N'appréhende-t-il point, en mettant comme il lui plaît ces inégalités dans la conduite de Dieu, ce qu'il témoigne appréhender si fort en d'autres rencontres, qu'elle n'ait pas assez les caractères qu'il prétend se devoir toujours rencontrer dans la conduite de l'être parfait, qui est d'être *uniforme, constante, réglée.* Car y pourrait-on trouver de l'uniformité, si au regard de la même âme, à qui il a bien voulu être intimement uni, il lui découvrait celles de ses perfections qui représentent les plus viles de ses créatures, savoir, les choses matérielles, en lui cachant celles qui représentent les plus nobles, savoir, les spirituelles? Quelle uniformité pourrait-on trouver en cela?

J'ajoute une autre règle, que cet auteur fait souvent valoir : c'est que la volonté de Dieu est toujours conforme à l'ordre. Or n'est-il pas de l'ordre que notre âme soit pour le moins autant éclairée de Dieu, à l'égard de la connaissance de soi-même, qu'à l'égard de la connaissance des choses matérielles? Et puisque c'est en cela que cet auteur met l'illumination de Dieu, au regard de la connaissance des choses naturelles, en ce qu'il nous les fait voir en lui-même, la volonté de Dieu ne serait donc pas conforme à l'ordre, si, nous faisant voir toutes les choses matérielles en lui, il n'y avait que notre âme, au regard de laquelle il ne nous ferait pas la même grâce de nous la faire voir en lui, quoiqu'il nous fût beaucoup plus important de la connaître en cette manière (si ce qu'en dit cet auteur était véritable) que de connaître des corps.

2. « La deuxième raison, qui fait penser à cet auteur que nous
« voyons tous les êtres à cause que Dieu veut que ce qui est en
« lui qui les représente nous soit découvert, c'est que cela met les
« esprits créés dans une entière dépendance de Dieu et la plus
« grande qui puisse être. » Pourquoi donc, si cela était vrai de tous les êtres, ne le serait-il pas de notre âme? Pourquoi l'excepter d'une proposition si générale? Pourquoi voudra-t-on que l'esprit créé soit dans une entière dépendance de Dieu pour connaître le soleil, un cheval, un arbre, une mouche, et qu'il ne soit pas dans la même dépendance pour se connaître soi-même?

3. La preuve, qu'on a cru être « une démonstration pour ceux
« qui sont accoutumés aux raisonnements abstraits, » et dont nous avons parlé dans le chap. XVI, ne prouve rien absolument, comme je l'ai déjà fait voir : mais si elle prouvait quelque chose ce devrait être plutôt à l'égard de la connaissance que l'âme a de soi-même, que de tout autre objet. « Tout ce qui vient de Dieu (dit-il, p. 202)
« ne peut être que pour Dieu : or si Dieu faisait un esprit qui eût
« le soleil pour l'objet immédiat de sa connaissance, il semblerait
« qu'il aurait fait le soleil pour cet esprit, et non pas pour lui : afin
« donc que cela ne soit pas, il faut que Dieu, nous faisant voir le
« soleil, nous fasse voir quelque chose qui soit en lui. » Qu'on nous dise donc ce qu'il faudra répondre à un homme qui raisonnera de la même sorte, en mettant seulement *notre âme* au milieu *du soleil.* « Tout ce qui vient de Dieu ne peut être que pour Dieu :
« or si l'objet immédiat de la connaissance de notre âme était notre
« âme même, il semblerait que Dieu aurait fait notre âme pour
« elle-même et non pas pour lui : afin donc que cela ne soit pas,
« il faut que Dieu, nous faisant voir notre âme, nous fasse voir
« quelque chose qui soit en lui : » il a donc été nécessaire que nous ne pussions voir notre âme qu'en Dieu, non plus que les choses matérielles.

4. Ce n'est aussi qu'à *posteriori*, pour parler ainsi, que cet auteur prétend prouver que nous ne voyons point notre âme en Dieu, ou, ce qu'il prend pour la même chose, que nous ne la voyons point *par idée*, mais seulement *par conscience, et par sentiment intérieur*. Car voici comme il raisonne :

(*a*) On voit d'une manière très parfaite les choses que l'on voit en Dieu, (*b*) et on peut découvrir d'une simple vue si telles ou telles modifications leur appartiennent. (*c*) Car, comme les idées des choses qui sont en Dieu renferment toutes leurs propriétés, qui en voit les idées en peut voir successivement les propriétés.

(*d*) Or la connaissance que nous avons de notre âme est fort imparfaite, et nous ne connaissons point les propriétés dont elle est capable, comme nous connaissons toutes les propriétés dont l'étendue est capable.

Donc nous ne connaissons point notre âme par son idée, et nous ne la voyons point en Dieu.

Mais, sans avoir besoin d'examiner si la connaissance que nous avons de notre âme est plus imparfaite que celle que nous avons de l'étendue, pour reconnaître tout d'un coup combien sa majeure est fausse, il ne faut que considérer que, selon ses principes, toutes les choses créées hors notre âme, et les autres âmes, ne se peuvent voir autrement qu'en Dieu et par leurs idées, et que cette manière de voir les choses matérielles, le soleil, un arbre, un cheval, n'est point particulière aux philosophes, ou à ceux qui ont beaucoup de pénétration d'esprit, mais leur est commune avec les plus ignorants et les plus hébétés. (*e*) « On ne peut douter, dit-il, que l'on
« ne voie les corps avec leurs propriétés par leurs idées ; parce
« que, n'étant pas intelligibles par eux-mêmes, NOUS NE LES POU-
« VONS VOIR que dans l'être qui les renferme d'une manière intel-
« ligible. Ainsi c'est en Dieu, et par leurs idées que nous voyons
« les corps avec leurs propriétés. » Il n'y a donc point de paysan qui ne voie en Dieu et par leur idée, le soleil, son âne, le blé qui croît dans son champ, et la vigne qu'il cultive : « or la connaissance,
« ajoute-t-il, que nous avons des choses en Dieu et par leurs idées,
« est très parfaite : » il n'y a donc point de paysan qui n'ait, ou qui ne puisse avoir, par la seule vue intérieure qu'il a de ces objets, une connaissance très parfaite du soleil, de son âne, du blé, et de sa vigne ; et qui ne connaisse ou ne puisse connaître très facilement les propriétés de toutes ces choses.

(*a*) Page 206. (*b*) Page 489. (*c*) Page 206. (*d*) *Ib*. (*e*) Page 205.

Or rien n'est plus insoutenable ni plus contraire à l'expérience. Il faut donc nécessairement, ou que les choses matérielles puissent être connues par les paysans autrement qu'en Dieu et par leur idée, ou que ce ne soit pas une preuve que notre âme ne se connaisse pas en Dieu et par son idée, de ce qu'elle se connaît imparfaitement. Car on ne peut douter que la connaissance qu'un paysan ou qu'un enfant a du soleil ne soit, sans comparaison, plus imparfaite que celle qu'un philosophe a de son âme.

On n'a pas même besoin de s'arrêter à des paysans ou à des enfants pour reconnaître que si la majeure était vraie, c'est-à-dire que s'il était vrai que les choses que l'on connaît en Dieu et par leurs idées se doivent connaître très parfaitement, il en faudrait conclure non pas seulement que nous ne voyons pas notre âme en Dieu, mais que la manière ordinaire de voir les autres choses, tant que nous sommes en cette vie, n'est point de les voir en Dieu, et parce que Dieu nous découvre ce qu'il y a en lui qui les représente. Car, si cela était, d'où vient que tous les philosophes, avant M. Descartes, n'ont point eu la même notion du soleil, des étoiles, du feu, de l'eau, du sel, des nuées, de la pluie, de la neige, de la grêle, des vents et de tant d'autres ouvrages de Dieu, qu'en a eu ce philosophe ? Si les autres les ont vus en Dieu, aussi bien que lui, ils les ont dû voir comme lui ; *puisque les idées des choses qui sont en Dieu renferment toutes leurs propriétés*. Or ce sont ces idées des êtres créés dont je viens de parler, que Dieu a découvertes, selon cet auteur, à tous les philosophes qui se sont appliqués à les connaître : d'où vient donc qu'ils n'ont pas vu dans ces idées toutes les propriétés du soleil, des étoiles, de l'eau, du feu, et le reste ; puisque cet auteur donne pour maxime *que lorsqu'on voit les choses comme elles sont en Dieu, on les voit toujours d'une manière très parfaite ?*

CHAPITRE XXIII.

Réponse aux raisons que cet auteur apporte pour montrer que nous n'avons point d'idée claire de notre âme et que nous en avons de l'étendue.

Je crois en avoir assez dit dans le chapitre précédent, pour persuader à toutes les personnes raisonnables que si on voyait toutes les choses en Dieu, en la manière que cet auteur l'entend il n'aurait eu aucune raison d'en excepter notre âme et qu'ainsi ce n'est point de là qu'il a pu conclure *que nous n'avons point d'idée de notre âme;* et que nous la connaissons seulement par conscience, et par sentiment intérieur.

Mais, parce qu'il se sert encore d'un autre moyen, pour prouver la même chose, qui est que nous n'en avons point *d'idée claire*, comme nous en avons de l'étendue, j'ai cru devoir encore examiner si ce moyen est mieux fondé que l'autre.

Il avait reconnu en un endroit que nous avons des idées de l'une et de l'autre : je veux dire, de notre âme et de l'étendue. C'est en la p. 42 où il en parle en ces termes :

« On suppose d'abord qu'on ait fait quelque réflexion sur deux « idées qui se trouvent dans notre âme : l'une qui nous représente « le corps, et l'autre qui nous représente l'esprit ; qu'on les sache « bien distinguer par les attributs positifs qu'elles enferment ; en « un mot, qu'on se soit bien persuadé que l'étendue est différente « de la pensée. »

Il est vrai qu'alors il prenait le mot d'*idée* pour *perception*. Et il avait raison de le prendre ainsi ; car c'est sa vraie notion. Mais il lui a plu depuis de ne prendre ce mot que pour un certain genre *d'êtres représentatifs* distingué des *perceptions*, lesquels il a voulu qu'on ne peut trouver qu'en Dieu, et qu'il a aussi distingué des autres idées prises généralement *pour tout ce qui* représente quelque objet à notre esprit, soit *clairement*, soit *confusément*, en ce qu'il a déclaré que celles à qui on devait donner par préférence le nom d'*idées* étaient *des idées claires, qui produisent la lumière et l'évidence, et par lesquelles on a la compréhension de l'objet*, si on peut parler ainsi. Et c'est ensuite de cette distinction qu'il s'est mis dans l'esprit que, prenant le mot d'idée en cette dernière signification, nous n'avions point d'idée de notre âme, et que nous en avions de l'étendue.

Or, je pourrais me contenter d'avoir montré deux choses : l'une, que nous ne voyons point l'étendue par un *être représentatif*, non plus que notre âme ; l'autre, que quand l'idée que nous avons de notre âme serait moins claire que celle que nous avons de l'étendue, comme il ne s'ensuivrait point de là que ces deux idées fussent d'un genre tout différent, il ne s'ensuivrait pas aussi qu'on pût dire raisonnablement que nous n'avons point d'*idée* de notre âme, et que nous en avons de l'étendue ; car le plus ou le moins de clarté ne donnerait point lieu de ne laisser le nom d'*idée* qu'à la perception que nous avons de l'étendue, et de l'ôter à celle que nous avons de notre âme.

Je pourrais aussi l'arrêter tout court en découvrant l'illusion qui se trouve dans la comparaison qu'il fait des idées de l'âme et de l'étendue, en ce qu'il ne s'arrête qu'à celle de l'étendue en général ;

au lieu qu'il faudrait, afin que sa preuve fût supportable, qu'il eût montré que l'idée de notre âme est moins claire que celle que nous avons de quelque corps que ce soit; car prétendant, comme il fait, que nous voyons en Dieu toutes les choses matérielles, et que nous voyons par des idées claires tout ce que nous voyons en Dieu, il suffirait que l'*idée* que nous avons de notre âme fût pour le moins aussi claire que celle d'une infinité de choses matérielles que, selon lui, nous voyons en Dieu, et par conséquent par des idées claires; cela suffirait, dis-je, pour empêcher qu'il ne pût dire raisonnablement *que nous n'avons point d'idée de notre âme*, quand il serait vrai que l'idée de notre âme serait moins claire que celle de l'étendue en général; et s'il n'en voulait pas convenir, on le lui pourrait prouver par cette démonstration.

Le défaut de clarté, dans l'idée que nous avons de notre âme, ne peut pas donner droit de dire que nous n'en avons point d'idée, si elle est pour le moins aussi claire que celle de beaucoup de choses que nous voyons, selon cet auteur, par des idées assez claires, pour ne pouvoir pas dire que nous n'en avons point d'idée. Or, cela est ainsi, comme on l'a déjà montré.

Car les étoiles, le soleil, le feu n'ont jamais pu, selon cet auteur, être vus qu'en Dieu; et, selon lui, tout ce que l'on voit en Dieu se voit par des idées claires.

Or, les idées que tous les philosophes ont eues du soleil, des étoiles, du feu, avant M. Descartes, étaient moins claires que celle que nous avons de notre âme: donc cet auteur n'a point eu droit de prétendre que l'idée que nous avons de notre âme est si peu claire, qu'on peut dire absolument que nous n'en avons point d'idée.

Mais, en attendant sa réponse sur ces deux points, je veux bien examiner s'il a autant de raison qu'il en croit avoir de soutenir que l'idée que nous avons de notre âme est si peu claire, en comparaison de celle que nous avons de l'étendue en général, qu'il ait eu raison de dire que nous n'avons point d'idée de notre âme, et que nous en avons de l'étendue.

Il en est si persuadé qu'il trouve étrange que quelques cartésiens en aient pu douter, et il ne peut attribuer cela qu'à une aveugle déférence à l'autorité de M. Descartes. C'est comme il commence son *Éclaircissement* sur cette matière, p. 552 : « J'ai dit en quel-
« ques endroits, et même je crois avoir suffisamment prouvé, dans
« le troisième livre de *la Recherche de la Vérité*, que nous n'avons
« point d'idée claire de notre âme, mais seulement *conscience* ou
« *sentiment intérieur*; et qu'ainsi nous la connaissons beaucoup

« plus imparfaitement que nous ne faisons l'étendue. Cela me pa-
« raissait si évident que je ne croyais pas qu'il fût nécessaire de
« le prouver plus au long. Mais l'autorité de M. Descartes, qui dit
« positivement *que la nature de l'esprit est plus connue que celle de
« toute autre chose*, a tellement préoccupé quelques-uns de ses dis-
« ciples, que ce que j'en ai écrit n'a servi qu'à me faire passer
« dans leur esprit pour une personne faible, qui ne peut se prendre
« et se tenir ferme à des vérités abstraites........ Cependant la
« question présente est tellement proportionnée à l'esprit, que je
« ne vois pas qu'il soit besoin d'une grande application pour la ré-
« soudre, et c'est pour cela que je ne m'y étais pas arrêté. »

Écoutons donc ces raisons si faciles à trouver, et mettons pour la première celle qui est le fondement de toutes les autres, et qui nous donnera lieu de démêler ce qu'il a embrouillé par la définition d'une idée claire, qu'il a prise pour principe de tout ce qu'il dit sur cette matière.

Raison I. « (*a*) Je prends pour la même chose n'avoir point
« d'idée d'un objet, et n'en avoir point d'*idée claire*; et je n'appelle
« *idées claires* que celles qui produisent la lumière et l'évidence,
« et par lesquelles on a compréhension de l'objet (si on peut par-
« ler ainsi), c'est-à-dire qui sont telles (*b*) qu'en les consultant
« on peut apercevoir d'une simple vue ce qu'elles enferment et ce
« qu'elles excluent, et reconnaître par là toutes les propriétés de
« l'objet et les modifications dont il est capable. »

Or nous n'avons point une telle idée de notre âme.
Nous n'en avons donc point d'idée claire, et cela suffit pour dire que nous n'en avons point d'idée.

Réponse. Pour pouvoir dire ce que je pense de la majeure, il faut savoir de lui s'il prétend que cette définition qu'il donne d'une idée claire doit être admise par tout le monde comme contenant la vraie notion de la clarté d'une idée, ou s'il n'a voulu que faire son dictionnaire particulier en nous avertissant que, sans se mettre en peine en quel sens les autres prennent le nom d'idée claire, il est résolu pour lui de ne se servir de ce mot qu'en le prenant dans le sens que j'ai marqué.

S'il prétend le premier, je nie sa majeure, et je lui soutiens qu'il

---

(*a*) Page 489.   (*b*) Pages 554, 555, 556.

se trompe manifestement s'il a supposé que tout le monde demeurait d'accord de sa définition d'une idée claire. Il est bien certain au moins que M. Descartes n'en demeure pas d'accord, puisqu'il enseigne en beaucoup de lieu que nous pouvons avoir une idée claire et distincte d'un objet sans connaître tout ce qui peut convenir à cet objet. C'est pourquoi il soutient partout que nous avons une idée claire et distincte de Dieu, quoiqu'elle ne soit pas telle qu'on la puisse appeler *adæquatam* (c'est le mot dont il se sert pour marquer une idée qui ferait connaître toutes les propriétés d'un objet) *qualem nemo habet non modo de infinito, sed nec forte etiam de ullâ aliâ re, quantumvis parvâ.* Et, dans la réponse aux quatrièmes Objections, il dit que les idées que nous avons de l'âme et du corps peuvent être claires et distinctes, sans que l'une ni l'autre soit *adæquata*, c'est-à-dire qu'elle soit telle qu'elle nous fasse connaître tout ce qui convient à l'une et à l'autre de ces deux substances.

Il est donc certain qu'il n'a point cru qu'afin qu'une idée fût claire il fût nécessaire qu'elle enfermât toutes les propriétés de l'objet.

Et, en effet, peut-on douter qu'on n'ait eu avant Pythagore l'idée claire d'un triangle rectangle, quoique ce soit lui, à ce que l'on croit, qui en a découvert le premier cette belle propriété : *que le carré de sa base est égal aux carrés des deux côtés?* Est-ce de même qu'on n'a point eu d'idée claire de l'ellipse et de l'hyperbole avant M. Descartes, parce que c'est peut-être lui qui a le premier découvert les propriétés qu'il en a démontrées dans sa *Dioptrique* pour la réfraction des rayons ?

Que si, ne pouvant pas prétendre que cette définition d'une idée claire soit admise par tout le monde, il est réduit à dire qu'il a pu prendre ce mot en ce sens, et n'appeler idée claire que celle qui aurait toutes les conditions qu'il a marquées, on le lui avoue ; et on lui accorde aussi qu'en prenant en ce sens le mot d'*idée claire*, nous n'avons point d'idée claire de notre âme. Mais on lui soutient aussi qu'on n'en a point non plus de l'étendue, ni peut-être d'aucune autre chose du monde, comme M. Descartes l'a bien remarqué. Et ainsi tout se réduira, à l'égard de ses autres preuves, à montrer qu'elles ne sont pas plus concluantes contre l'idée claire de notre âme que contre l'idée claire de l'étendue.

RAISON II. « Je crois pouvoir dire que l'ignorance où sont la
« plupart des hommes à l'égard de leur âme, de sa distinction
« d'avec le corps, de sa spiritualité, de son immortalité et de ses

« autres propriétés, suffit pour prouver évidemment que l'on n'en
« a point d'idée claire et distincte. »

Réponse. Si les erreurs des hommes et les doutes déraisonnables qu'ils ont tous les jours sur des choses très certaines peuvent être allégués pour prouver que nous n'avons point d'idées claires des choses dont il leur plaît de douter, il n'y a plus rien dont on puisse dire que nous ayons des idées claires. Car y a-t-il rien dont les sceptiques et les pyrrhoniens n'aient fait profession de douter? Il ne faudrait que leur appliquer ce qu'il dit en la page 557 : « Faisons
« justice à tout le monde : ceux qui ne sont pas de notre sentiment
« sont raisonnables aussi bien que nous, ils ont les mêmes idées
« des choses, ils participent à la même raison. Pourquoi auraient-
« ils douté de ce qui nous paraît de plus certain dans la géométrie
« même, s'ils en avaient eu des idées claires? »

Que si de ce général nous descendons au particulier, comment n'a-t-il pas vu qu'on n'avait pas moins de droit de conclure de ce qu'il dit que les hommes n'ont point d'idée claire et distincte de leur corps? Car les épicuriens n'ont nié la spiritualité et l'immortalité de l'âme que parce qu'ils ont cru que leur corps était capable de penser. Et il n'y a encore présentement que trop d'impies qui sont dans le même sentiment. Or si les uns et les autres avaient eu une idée claire de leur corps, ils n'auraient pas eu cette pensée puisque, selon cet auteur, « quand on a l'idée claire d'une chose,
« on voit sans peine et d'une vue simple ce qu'elle enferme et ce
« qu'elle *exclut*. » Donc cette raison ne prouve rien, ou elle prouve autant contre la clarté de l'idée du corps ou de l'étendue que contre la clarté de celle de l'âme.

RAISON III. « L'idée du corps ou de l'étendue est si claire que
« tout le monde convient de ce qu'elle enferme et de ce qu'elle
« exclut (car de ce qu'il y en a qui doutent si le corps est ou n'est
« pas capable de sentiment, c'est qu'ils entendent par le corps
« quelque autre chose que l'étendue, et qu'ils n'ont point d'idée
« claire du corps pris en ce sens), et que celle de l'âme est si con-
« fuse que les cartésiens mêmes disputent tous les jours si les mo-
« difications de couleurs lui appartiennent. »

Réponse. J'examinerai cette fin, et j'en ferai une autre raison. Mais, pour ce qui est de la clarté de l'idée, de l'étendue, c'est le plus plaisant sophisme du monde. Car il prétend que tout le monde convient de ce qu'elle enferme et de ce qu'elle exclut, en même temps qu'il avoue qu'il y en a qui distinguent le corps de l'étendue. Il est donc faux qu'ils aient une idée claire de l'étendue, puisqu'ils ne savent pas que le corps et l'étendue sont la même chose. Cependant ils ne nient pas que ce qu'ils appellent corps ne soit **étendu**; ils prennent donc le corps pour une chose étendue. Comment peut-il donc dire « que tout le monde convient de ce que « l'idée d'une chose étendue enferme, et de ce qu'elle exclut; » puisqu'il demeure d'accord qu'il y en a qui doutent si une chose étendue n'est point capable de sentiment? Mais nous allons voir la même illusion dans la raison suivante.

RAISON IV. « (a) On ne peut faire de demande sur ce qui appar« tient ou n'appartient pas à l'étendue, à laquelle on ne puisse « répondre facilement, promptement, hardiment, par la seule con« sidération de l'idée qui la représente. Tous les hommes convien« nent de ce que l'on doit croire sur ce sujet. Car ceux qui disent « que la matière peut penser ne s'imaginent pas qu'elle ait cette « **faculté** à cause qu'elle est étendue : ils demeurent d'accord que « l'étendue, précisément comme telle, ne peut penser. »

Réponse. Ce *précisément comme telle* est une pure équivoque. Car il est vrai qu'ils ne croient pas que toute étendue puisse penser, et en ce sens on peut dire qu'ils ne croient pas que l'étendue, comme telle, puisse penser (ce qui ne convient pas au genre, ne pouvant être attribué à l'espèce quand on la considère précisément selon l'idée générique), mais ils croient qu'il y a quelques étendues qui pensent. C'est ce qui paraît par ce qui est dit dans les cinquièmes Objections proposées à M. Descartes sur sa deuxième Méditation, 2 : « Pourquoi, ô mon âme, ne pourriez-vous pas encore être un « vent, ou plutôt un esprit très délié et très subtil qui se forme par « la chaleur du cœur du plus pur sang, et qui étant répandu par « les membres leur donne la vie, voit avec l'œil, entend avec « l'oreille, pense avec le cerveau, et fait les autres fonctions qu'on « a accoutumé de vous attribuer? Si cela est ainsi, pourquoi n'au« riez-vous pas la même figure que votre corps, comme l'air a la « même figure que le vaisseau qui le contient? Car le corps gros« sier auquel vous êtes unie a une infinité de petits pores dans les« quels vous êtes répandue, de sorte que vous n'avez pas raison « de dire qu'il n'y a rien en vous de ce qui appartient à la nature « du corps. » N'est-ce pas prétendre qu'il y a une substance étendue qui peut penser et avoir divers sentiments, savoir : celle qui

(a) Page 553.

étant très subtile est répandue dans les pores de la substance du cerveau et dans les organes des sens. Je demeure d'accord qu'il n'y a rien de plus déraisonnable et qui choque plus le bon sens que ces pensées impies. Mais ce n'est pas seulement ce que dit cet auteur : selon ses principes, il faudrait que personne ne les pût jamais avoir. Car il prétend que l'idée que nous avons de l'étendue est si claire « que les femmes et les enfants, les savants et les
« ignorants, les plus éclairés et les plus stupides, conçoivent sans
« peine, par l'idée qu'ils en ont, ce qui lui convient et ce qui ne
« lui peut convenir. » Il faut donc nécessairement qu'ils conviennent qu'il n'y a point de substance étendue qui puisse penser et avoir des sentiments. Or ceux dont je viens de parler, et dont M. Gassendi propose les sentiments, bien loin de convenir de cela, soutiennent que la substance étendue qui est dans les pores de la substance de notre cerveau a la faculté de penser. Il paraît donc que l'auteur de *la Recherche de la Vérité* n'appuie ses nouvelles opinions que sur des hypothèses visiblement fausses, qu'il propose comme indubitables.

Raison V. « Pour s'assurer si les qualités sensibles sont ou ne
« ne sont pas des manières d'être de l'esprit, on ne consulte point
« l'idée prétendue de l'âme : les cartésiens même consultent, au
« contraire, l'idée de l'étendue, et ils raisonnent ainsi : La chaleur,
« la douleur, la couleur, ne peuvent être des modifications de
« l'étendue : car l'étendue n'est capable que de différentes figures
« et de différents mouvements ; or il n'y a que deux genres d'être
« des esprits et des corps : donc la douleur, la chaleur, la couleur,
« et toutes les autres qualités sensibles appartiennent à l'esprit.
« Puisqu'on est obligé de consulter l'idée qu'on a de l'étendue,
« pour découvrir si les qualités sensibles sont des manières d'être
« de son âme, n'est-il pas évident qu'on n'a point d'idée claire de
« l'âme ? Autrement s'aviserait-on jamais de prendre ce détour ? »

Réponse. Je ne sais pas qui sont ces cartésiens qui raisonnent comme on les fait raisonner ici ; et j'ai de la peine à croire qu'il y en ait. Au moins je sais bien que M. Descartes n'a jamais raisonné de la sorte. Il ne faut que l'entendre parler dans la première Partie de ses Principes, n° 68 et 70.

« Mais, afin que nous puissions distinguer ici ce qu'il y a de
« clair en nos sentiments d'avec ce qui est obscur, nous remar-
« querons en premier lieu que nous connaissons clairement et

« distinctement la douleur, la couleur, et les autres sentiments, lors-
« que nous les considérons simplement comme des pensées ; mais
« que quand nous voulons juger que la couleur, que la douleur, etc.,
« sont des choses qui subsistent hors de notre pensée, nous ne
« concevons en aucune façon quelle chose c'est que cette couleur,
« cette douleur, etc. Et il en est de même lorsque quelqu'un nous dit
« qu'il voit de la couleur dans un corps, ou qu'il se sent de la douleur
« en quelqu'un de ses membres, comme s'il nous disait qu'il voit
« ou qu'il sent quelque chose, mais qu'il ignore entièrement quelle
« est la nature de cette chose, ou bien qu'il n'a pas une connais-
« sance distincte de ce qu'il voit et de ce qu'il sent. Car, encore
« que lorsqu'il n'examine pas ses pensées avec attention, il se
« persuade peut-être qu'il en a quelque connaissance, à cause
« qu'il suppose que la couleur qu'il croit voir dans l'objet, a de la
« ressemblance avec le sentiment qu'il éprouve en soi ; néanmoins
« s'il fait réflexion sur ce qui lui est représenté par la couleur, ou
« par la douleur, en tant qu'elles existent dans un corps coloré, ou
« bien dans une partie blessée, il trouvera sans doute qu'il n'en a
« pas de connaissance... Il est donc évident, lorsque nous disons
« à quelqu'un que nous apercevons des couleurs dans les objets,
« qu'il en est de même que si nous lui disions que nous apercevons
« en ces objets je ne sais quoi dont nous ignorons la nature, mais
« qui cause pourtant en nous un certain sentiment fort clair et mani-
« feste qu'on nomme le sentiment des couleurs. Mais il y a bien de
« la différence en nos jugements : car, tant que nous nous conten-
« tons de croire qu'il y a je ne sais quoi dans les objets (c'est-à-
« dire dans les choses telles qu'elles soient) qui cause en nous ces
« pensées confuses qu'on nomme sentiments, tant s'en faut que
« nous nous méprenions ; qu'au contraire nous évitons la sur-
« prise qui nous pourrait faire méprendre, à cause que nous ne
« nous emportons pas sitôt à juger témérairement d'une chose que
« nous remarquons ne pas bien connaître. Mais, lorsque nous
« croyons apercevoir une certaine couleur dans un objet, bien
« que nous n'ayons aucune connaissance distincte de ce que nous
« appelons d'un tel nom, et que notre raison ne nous fasse aper-
« cevoir aucune ressemblance entre la couleur que nous supposons
« être en cet objet, et celle qui est en notre sens, néanmoins, parce
« que nous ne prenons pas garde à cela, et que nous remarquons
« en ces mêmes objets plusieurs propriétés, comme la grandeur,
« la figure, le nombre, etc., qui existent en eux, de même sorte
« que nos sens, ou plutôt notre entendement nous les fait aperce-

« voir, nous nous laissons persuader aisément que ce qu'on nomme
« couleur dans un objet est quelque chose qui existe en cet objet,
« qui ressemble entièrement à la couleur qui est en notre pensée.
« Et ensuite nous pensons apercevoir clairement en cette chose ce
« que nous n'apercevons en aucune façon appartenir à sa nature. »

On voit donc par ce que tout le monde peut reconnaître en lui-même, comme a fait M. Descartes, que jamais personne n'a eu besoin de consulter l'idée de l'étendue pour y apprendre que les sentiments des couleurs et de la douleur sont des modifications de notre âme. Car jamais personne n'en a pu douter, puisque ce sont de ces choses dont tout le monde est intérieurement convaincu par sa propre expérience. De quoi donc a-t-on douté, et de quoi tant de gens doutent-ils encore? Si ce que nous savons déjà être une modification de notre âme n'en est point aussi une de notre corps ou de ce que nous regardons, c'est-à-dire s'il y a quelque chose dans les objets que nous voyons de semblable à la couleur verte ou rouge, dont nous avons le sentiment ; et s'il y a de même quelque chose dans notre bras, lorsqu'on y fait une incision, de semblable à ce sentiment fâcheux que nous appelons douleur, que notre âme ressent à l'occasion de cette incision qui se fait dans notre bras : voilà sur quoi on a dû consulter l'idée de l'étendue, pour se persuader et à soi-même et aux autres que les couleurs et la douleur n'en sont point des modifications, parce que l'étendue n'est capable que de différentes figures et de différents mouvements [17]. Ainsi le grand détour que cet auteur fait prendre aux cartésiens, pour prouver que les couleurs et la douleur sont des modifications de notre âme, est une pure illusion ; et l'argument qu'il leur fait faire, et qu'il paraît approuver, serait ridicule, et supposerait ce que l'on prétend qu'ils veulent prouver. Car il faudrait qu'il eût pour majeure :

Il faut nécessairement que les couleurs et la douleur soient des modifications ou de mon corps ou de mon esprit.

Or, elles ne peuvent être des modifications de mon corps.

Il faut donc qu'elles le soient de mon esprit.

On pourrait proposer pour instance contre la majeure un argument semblable, dont la conclusion est fausse selon cet auteur.

Il faut nécessairement que la faculté d'envoyer des esprits animaux dans les nerfs et les muscles de mes jambes pour me faire marcher, appartienne à mon corps ou à mon esprit.

Or, elle n'appartient pas à mon corps : car le corps est capable de recevoir toutes sortes de mouvements, mais il n'en peut donner aucun.

Il faut donc qu'elle appartienne à mon esprit. Et cependant elle n'appartient ni à l'un ni à l'autre, selon cet auteur ; mais **il faut que ce soit Dieu qui cause par lui-même ce mouvement dans les esprits animaux**, quoique à l'occasion de divers mouvements de notre volonté.

Mais, sans m'arrêter à cela, je demande si, supposé que je n'eusse jamais senti ni les couleurs, ni la douleur, je me serais jamais avisé de dire qu'il faut qu'elles soient des modifications de mon corps, ou de mon esprit ? Je ne puis donc mettre en question quelle est celle de ces deux parties de moi-même dont elles sont des modifications, que parce que j'en ai eu les sentiments ; c'est-à-dire, que je les ai aperçues par mon esprit : or, cela n'a pu être que je n'aie connu qu'elles étaient des modifications de mon esprit, et par conséquent ce n'est point cela que j'ai dû me mettre en peine de prouver, mais seulement si, outre qu'elles sont des modifications de mon esprit, elles sont aussi des modifications de mon corps.

Jamais donc rien ne fut moins propre à nous persuader que nous n'avons point d'idée claire de notre âme, que cette fausse supposition : Qu'il faut que nous consultions l'idée de l'étendue pour savoir si les couleurs et la douleur sont des modifications de notre âme.

RAISON VI. « Comment peut-on soutenir que l'on connaît plus
« clairement la nature de l'âme que l'on ne connaît celle du corps ;
« puisque l'idée du corps ou de l'étendue est si claire, que tout le
« monde convient de ce qu'elle renferme et de ce qu'elle exclut, et
« que celle de l'âme est si confuse que les cartésiens mêmes dispu-
« tent tous les jours si les modifications de couleur lui appartiennent.
« On se rend même ridicule parmi quelques cartésiens, si l'on dit
« que l'âme devient actuellement rouge, bleue, jaune; et que lors-
« que l'on sent une charogne, l'âme devient formellement puante. »

Réponse. J'admire qu'il n'ait pas vu que cette raison est incomparablement plus forte contre la clarté de l'idée de l'étendue, que contre la clarté de l'idée de l'âme. Car ceux qui pensent que les qualités sensibles n'appartiennent pas à l'âme, croient qu'elles appartiennent au corps. Ils n'ont donc pas une idée claire du corps, puisque, selon lui, afin qu'une idée soit claire, il faut que l'on puisse apercevoir d'une simple vue *ce qu'elle enferme et ce qu'elle exclut.*

Or ils ne voient pas que l'idée du corps exclut la couleur : donc l'idée qu'ils ont du corps n'est pas claire, et pour me servir de ses propres termes : « dont l'idée de l'étendue est si confuse qu'il « y a une infinité de gens qui ne voient pas que les modifications des « couleurs ne lui peuvent appartenir. »

Mais cela ne peut rien prouver contre la clarté de l'idée de l'âme. Car il n'y a personne à qui l'on ne fasse comprendre facilement que le sentiment de la couleur appartient à l'âme. Mais on aura plus de peine de le détromper de l'opinion où presque tout le monde est, qu'outre ce sentiment de la couleur qu'on ne peut douter être une modification de notre âme, il y a quelque chose dans les objets que l'on appelle colorés, qui est semblable à la couleur dont nous avons le sentiment. Si donc ce doute doit venir de ce que l'une ou l'autre de ces deux idées n'est pas claire, ce sera sans doute au défaut de clarté de l'idée de l'étendue qu'il le faudra rapporter, et non pas au défaut de clarté de l'idée de notre âme, puisque c'est le corps que ce doute regarde, et non pas notre âme.

Quant à ces cartésiens qui ne veulent pas avouer *que notre âme soit verte* ou *jaune* ou *puante*, je ne sais pas ce qu'il veut dire par là. Car si ceux dont il parle prétendent que les qualités sensibles sont des modifications de l'étendue, et non pas de notre âme, ils ne sont pas cartésiens en cela ; mais si, avouant que ce sont des modifications de notre âme, et non pas de l'étendue, ils soutiennent seulement que cela ne fait pas que notre âme doive être appelée ou *verte*, ou *jaune*, ou *puante*, ce ne sera qu'une question de nom dans laquelle je ne crois pas qu'ils aient tant de tort que cet auteur se l'imagine. Il ne faut seulement que bien comprendre de quoi il s'agit.

Deux cartésiens se promenant ensemble : «Savez-vous, dit l'un, pourquoi la neige est blanche, que les charbons sont noirs et que les charognes sont si puantes?—Voilà de sottes questions, répondit l'autre ; car la neige n'est point blanche, ni les charbons noirs, ni les charognes puantes; mais c'est votre âme qui est blanche, quand vous regardez de la neige ; qui est noire, quand vous regardez des charbons ; et qui est puante, quand vous êtes proche d'une charogne. » Je suppose qu'ils étaient d'accord pour le fond de la doctrine; mais je demande qui parlait le mieux, et je soutiens que c'était le premier, et que la censure du dernier n'était pas raisonnable. Car premièrement il y a une infinité de *dénominations* qui ne supposent point de modifications dans les choses à qui on les donne. Est-ce mal parler que de dire que la statue de Diane était **adorée** par les Éphésiens? Cependant l'honneur que ces idolâtres **rendaient** à cette statue n'était pas une modification de la statue, **mais** seulement des idolâtres. Il est clair de plus que de deux sortes de langages celui-là doit être estimé le plus raisonnable et le plus juste qui est plus conforme à l'institution de la nature. Or, ce n'est point pour notre âme que Dieu nous donne le sentiment des couleurs ou de la puanteur, mais c'est pour nous donner un moyen plus facile de distinguer les corps que nous regardons, ou de nous éloigner de ceux dont la présence nous incommoderait. Il a donc été à propos de conformer notre langage à cette intention de l'auteur de la nature, en appelant les corps blancs, noirs ou puants, puisque c'est par rapport aux corps, et non par rapport à elle-même, que notre âme reçoit ces différentes modifications. Et ce qui fait voir encore qu'on a dû parler ainsi, et qu'on n'a point dû dire que *l'âme est verte*, ou *jaune* ou *puante*, c'est que la signification des mots dépend de la volonté des hommes. Or, il est certain que les hommes n'ont jamais eu dessein d'appeler vert ou jaune que les choses sur la surface desquelles notre âme a cru que la couleur verte ou jaune, dont elle avait le sentiment, était répandue. Mais c'est en cela, dira-t-on, qu'ils se sont trompés. Soit; n'usez donc point de ces mots si vous ne voulez. Mais il ne vous est pas permis de les prendre en des sens bizarres que l'usage ne leur a jamais donnés, comme vous faites en disant que l'âme est verte ou jaune, puisque cela devrait signifier que l'âme est une chose sur la surface de laquelle la couleur verte ou jaune est répandue, ce qui jetterait dans une bien plus grande erreur que celle que l'on veut éviter, puisque ce serait donner lieu de croire que l'âme est corporelle. Et de plus, les hommes ne se trompent qu'à demi quand ils regardent les couleurs comme répandues sur les objets; car, quoiqu'elles n'y soient pas réellement répandues, néanmoins l'intention de l'auteur de la nature est que notre âme les y attache et les y applique en quelque sorte pour les distinguer plus facilement les unes des autres. Et cela suffit pour autoriser l'usage qui veut que ce soient les corps qu'on appelle *verts* ou *jaunes*, et non pas notre âme.

On n'a donc point tant de raison de se récrier contre les cartésiens qui ne trouveraient pas bon qu'on introduisît **un autre langage**, et qu'on affectât de faire valoir de bizarres façons de parler qui ne peuvent être propres qu'à décrier la vérité et la faire tourner en ridicule.

Raison VII. « Quoique je voie ou que je sente les couleurs, les
« saveurs, les odeurs, je puis dire que je ne les connais point par
« une idée claire, puisque je ne puis en découvrir clairement les
« rapports. Nous n'avons donc point d'idée claire ni de l'âme ni de
« ses modifications. »

Réponse. Cette raison ne peut être concluante qu'en vertu de cette majeure absolument fausse : « Nous n'avons d'idées claires que « des choses dont nous pouvons connaître les rapports qu'elles ont « avec d'autres. » Or, il faut que lui-même reconnaisse que cette majeure est absolument fausse. Car il avoue que nous avons une idée claire du carré et du cercle, et néanmoins personne n'a pu jusqu'ici en trouver le rapport. Je ne doute point aussi qu'il n'y ait une infinité de lignes courbes dont on ne connaît point le rapport qu'elles ont ou avec la ligne droite ou avec d'autres courbes. Il faut donc conclure de cette nouvelle condition, qu'il ajoute à la notion qu'il a des idées claires, que nous n'avons non plus d'idées de la plupart des modifications de l'étendue que des modifications de notre âme.

Il est certain de plus que les rapports ne conviennent proprement qu'aux quantités, à l'étendue, aux nombres, aux temps, au mouvement. Or, les qualités sensibles ne sont point des quantités. Pourquoi voudrait-il donc que nous en connussions les rapports, afin que l'on pût dire que nous en avons des idées claires ?

Raison VIII. « Quoique les musiciens distinguent fort bien les
« différentes consonnances, ce n'est point qu'ils en distinguent les
« rapports par des idées claires. C'est l'oreille seule qui juge chez
« eux de la différence des sons ; la raison n'y connaît rien. Mais on
« ne peut pas dire que l'oreille juge par idée claire ou autrement
« que par sentiment. Les musiciens n'ont donc point d'idée claire
« des sons, en tant que sentiments ou modifications de l'âme. Et
« par conséquent, on ne conçoit point l'âme ni ses modifications
« par idée claire, mais seulement par conscience ou sentiment
« intérieur. »

Réponse. Rien n'est plus embrouillé que cette raison. Pour y donner quelque forme, il la faudrait réduire à deux arguments, dont le premier serait :

Nous ne connaissons point par idée claire ce que nous ne connaissons que par l'oreille, et non par la raison.

Or, quoique les musiciens connaissent fort bien les différentes consonnances, ce n'est que par l'oreille qu'ils en jugent, et la raison n'y connaît rien.

Nous ne connaissons donc point les sons par des idées claires.

Le second est : Nous ne connaissons point par idée claire ce que nous ne connaissons que par sentiment intérieur.

Or l'âme ne connaît les modifications que par sentiment intérieur.

Donc elle ne les connaît point par des idées claires.

Mais je nie les majeures de l'un et de l'autre.

Et je prétends que dans l'une et dans l'autre on nous veut faire regarder comme deux choses opposées ce qui n'est nullement opposé.

Car, dans la majeure du premier aussi bien que dans la mineure, on veut qu'il n'y ait que l'oreille qui juge des sons, et que la raison n'y connaisse rien, quoiqu'il n'y rien de plus faux dans la philosophie même de cet auteur, que l'idée qu'il donne ici de l'oreille, qui juge seule d'une consonnance, sans que la raison ait aucune part à ce jugement. On sait qu'il enseigne partout que les sens ne jugent de rien, et que c'est la raison seule qui juge de ce qui lui est rapporté par les sens. En vain donc oppose-t-il l'oreille à la raison dans une chose qui ne se peut jamais faire que par la raison, quoique par l'entremise de l'oreille. Il faut donc qu'il parle plus nettement et plus philosophiquement, et qu'il se réduise à dire que, quoique ce soit notre raison qui aperçoit les sons, et qui en juge aussi bien que de toutes les autres qualités sensibles, on doit croire néanmoins que de ce qu'elle ne les peut apercevoir que par le ministère des sens, c'est une marque qu'elle ne les peut apercevoir par des idées claires. Je me pourrais contenter de dire que je nie cela, et que j'attends qu'on me le prouve. Car je ne crois pas qu'on osât faire passer cette maxime pour un de ses premiers principes dont on ne saurait douter de bonne foi. Je veux néanmoins faire plus et montrer, tant par ce que chacun peut connaître par sa propre conscience, que par l'autorité d'un grand homme, qu'il n'y a nulle incompatibilité entre ne connaître une chose que par l'entremise des sens, et en avoir une idée claire.

Mais il faut auparavant remarquer que la difficulté n'est pas en général sur l'*idée*, mais seulement sur la qualité de *claire*. Car, avouant comme il a fait, qu'il a reconnu en un endroit que nous avons une idée de notre âme, quoiqu'il ait dit en d'autres que nous n'en avons point, il n'a démêlé cette contradiction apparente que par cette distinction : qu'il a dit que nous en avions une, en prenant le mot d'*idée* pour *tout ce qui représente à l'esprit quelque chose, soit clairement, soit obscurément*, et qu'il ne l'a nié qu'en restreignant le mot d'idée à une idée claire. Il ne s'agit donc que de prouver que l'idée que nous avons des qualités sensibles, comme sont les couleurs, les sons, les odeurs, en tant qu'elles sont des modifications de notre âme, est une idée claire. Et pour cela il n'est besoin que de prouver que nous les connaissons clairement. Car, puisque nous les connaissons par une idée, en prenant ce mot généralement, comme cet auteur l'avoue, si cette idée ne nous les représente que confusément, ce sera une idée confuse; mais si elle nous les représente clairement et distinctement, ce sera une idée claire.

Or, j'en appelle à la conscience de tout le monde. Qu'ils se consultent eux-mêmes, et qu'ils me disent s'il n'est pas vrai qu'ils croient connaître clairement les différentes couleurs qu'ils voient, et les divers sons qu'ils entendent. Cet auteur même le reconnaît en effet, quoiqu'il semble en avoir un peu de peine, et que c'est pour cela qu'il se sert de quelques termes diminutifs, ayant peut-être prévu que cela ne s'accordait pas tout-à-fait avec une autre de ses maximes. C'est dans le chapitre XIII du livre I : « Il se trouve, « dit-il, tous les jours une infinité de gens qui se mettent fort en « peine de savoir ce que c'est que la douleur, le plaisir et les autres « sensations... Il est vrai que ces sortes de gens sont admirables « de vouloir qu'on leur apprenne ce qu'ils ne peuvent ignorer (*a*). « Une personne, par exemple, qui se brûle la main, distingue fort « bien la douleur qu'il sent d'avec la lumière, la couleur, le son, « les saveurs, les odeurs, le plaisir, et d'avec toute autre douleur « que celle qu'il sent ; il la distingue très bien de l'admiration, du « désir, de l'amour ; il la distingue d'un carré, d'un cercle, d'un « mouvement ; enfin il la reconnaît fort différente de toutes les « choses qui ne sont point cette douleur qu'il sent. Or, s'il n'avait « aucune connaissance de la douleur, je voudrais bien savoir com- « ment il pourrait connaître avec évidence et certitude que ce qu'il « sent, n'est aucune de ces choses. »

Il se contente de dire que cela prouve que nous avons *quelque connaissance* de la douleur; mais il est clair que cela prouve plus, et que l'on en doit conclure que nous la connaissons clairement. Car si nous n'en n'avions qu'une connaissance obscure, nous ne pourrions connaître qu'avec quelque doute, et non point *avec évidence et certitude*, que ce que nous sentons n'est aucune de toutes les choses qu'il a marquées.

(*a*) Page 52.

Et en effet, c'est ce qu'assure M. Descartes, que nous voyons clairement les qualités sensibles lorsque nous ne les considérons que comme des modifications de notre esprit, quoique ce fût l'homme du monde le plus réservé à prendre pour clair ce qui ne l'aurait pas été. On ne peut pas le dire plus positivement qu'il fait dans le passage que nous avons déjà rapporté du livre I des Principes, § 68. « Pour bien distinguer, dit-il, ce qui est clair et « obscur dans les idées que nous avons des choses, il faut surtout « bien remarquer que nous voyons clairement et distinctement la « douleur, la couleur, et autres choses semblables, tant que nous « ne les regardons que comme des sentiments et des pensées, mais « qu'il n'en est pas de même quand nous les considérons comme « des choses qui sont hors de notre esprit. »

Or de là je conclus deux choses : l'une qu'il n'y a rien de plus faux que la majeure du deuxième argument, qui est une supposition que cet auteur fait partout, en nous voulant faire passer pour deux choses opposées *de voir une chose par une idée claire et de ne la voir que par un sentiment intérieur*. Car on ne voit la douleur, la couleur et autres choses semblables, que par *sentiment intérieur*, et néanmoins M. Descartes soutient qu'on les voit *clairement et distinctement* quand on ne les considère que comme des sentiments et des pensées.

L'autre que la douleur, la couleur, et autres choses semblables, n'étant connues obscurément et confusément que quand nous les considérons par erreur comme étant hors de notre âme, il s'ensuit de là que les idées de ces qualités sensibles ne sont obscures et confuses que quand on les rapporte aux corps, comme si elles en étaient des modifications. Et par conséquent on ne peut raisonnablement rien conclure de leur obscurité contre la clarté de l'idée de l'âme, et cela irait plutôt à faire douter de la clarté de l'idée de l'étendue.

J'en pourrais demeurer là ; mais puisqu'il fait tant valoir cette matière des sensations, pour prouver que nous n'avons point d'*idée claire* de notre âme, j'ai cru qu'on serait bien aise de voir que sans sortir de cette matière des sensations, on pourrait facilement le convaincre par un argument semblable au sien : que nous n'avons point d'idée claire de l'étendue, ou au moins que l'idée de notre âme est plus claire que celle de l'étendue.

Il n'est besoin pour cela que de remarquer que nos différentes sensations dépendent de différentes causes occasionnelles, qui ne sont point des modifications de notre âme, mais de la matière.

Par exemple, si j'ai le sentiment de la couleur rouge en regardant un objet, et de la verte lorsque j'en regarde un autre, cela vient de ce que les particules de la surface de ces deux objets sont différemment disposées, ce qui est cause que les globules par lesquels se communique l'action de la lumière rejaillissent diversement de ces deux objets vers nos yeux, et qu'ils causent ensuite de différents mouvements dans les filets du nerf optique. Or il n'y a rien de ces trois choses-là qui n'appartienne à l'étendue, et non pas à notre âme. Cela supposé, voici comme je raisonne.

Je connais clairement et distinctement mes sensations quand je ne les considère que comme des modifications de mon âme ; c'est ce que je viens de prouver, et au contraire, je ne connais point du tout, ou je ne connais qu'obscurément et confusément les causes occasionnelles de mes différentes sensations, quoiqu'il soit certain qu'il n'y a rien dans ces causes occasionnelles qui n'appartienne à l'étendue. Car qui est celui qui se peut vanter de connaître clairement comment doivent être disposées les particules de la surface d'un corps pour être la cause occasionnelle du sentiment que j'ai de la couleur rouge, et ainsi de deux autres choses, savoir : le mouvement des globules et le mouvement des filets du nerf optique ?

Or, selon cet auteur, nous ne sommes censés avoir l'idée claire d'un objet qu'autant que nous pouvons connaître clairement, en consultant cette idée, les modifications dont il est capable. C'est son principe, quoique je n'en convienne pas.

Et par conséquent si la connaissance claire ou obscure que nous avons de ce qui regarde nos sensations peut être apportée pour une preuve de la clarté ou de l'obscurité des idées de notre âme et de l'étendue, elle ne pourra servir qu'à nous faire conclure, contre les prétentions de cet auteur, que l'idée que nous avons de notre âme est plus claire que celle que nous avons de l'étendue.

RAISON IX. (a) « Comme on a une idée claire de l'ordre, si l'on
« avait aussi une idée claire de l'âme par le sentiment intérieur
« qu'on a de soi-même, on connaîtrait avec évidence si elle serait
« conforme à l'ordre ; on saurait bien si l'on est juste ou non ; on
« pourrait même connaître exactement toutes ses dispositions
« intérieures au bien et au mal, lorsqu'on en aurait le sentiment ;
« mais si l'on pouvait se connaître tel qu'on est, on ne serait pas
« si sujet à la présomption. »

(a) Page 856.

Réponse. Tout cela n'est fondé que sur la fausse définition d'une idée claire, dont j'ai déjà parlé dans la réponse à la Raison 1. Car j'avoue que s'il n'y avait point d'*idée claire* que celle qui nous donnerait le moyen de connaître si parfaitement un objet, que nous ne pourrions rien ignorer, non-seulement de ces principales propriétés, mais généralement de toutes ses modifications, j'avoue, dis-je, qu'en prenant en ce sens le mot d'*idée claire*, nous n'avons point d'idée claire de notre âme. Mais je soutiens aussi que nous n'en avons d'aucune chose, et surtout que cet auteur n'a point dû supposer que nous en avons de l'*ordre* et de l'*étendue*, en niant que nous en ayons de notre âme.

Car, pour commencer par celle de l'*ordre*, il faudrait, pour en avoir une idée claire, selon la définition qu'il en donne, que nous sussions tout ce qui est conforme à l'ordre ; et comme les idées claires sont, selon lui, communes à tous les hommes, il faudrait qu'il n'y eût point d'homme qui ne connût ce qui est conforme ou ce qui n'est pas conforme à l'ordre. Or, si cela était, d'où vient donc que les païens et ceux mêmes qui étaient les plus éclairés d'entre eux ont eu tant de fausses règles de morale ? d'où vient que parmi les chrétiens mêmes il y a tant de gens qui se persuadent ne faire rien contre l'ordre, lorsqu'ils le violent en mille choses. Il faut donc nécessairement ou que nous n'ayons pas une idée claire de l'ordre, ou que nous en puissions avoir une, quoique nous ne sachions pas tout ce qui est conforme à l'ordre. Et par conséquent je pourrai avoir une idée claire de mon âme, quoique je ne la connaisse pas d'une manière si parfaite que tout ce qui est en elle me soit toujours évident. Mais ce qui est bien étrange est qu'il paraît que cet auteur a supposé que l'idée claire que nous avons de l'ordre nous donnait moyen de connaître avec évidence ce qui est conforme à l'ordre, autrement il n'aurait pu conclure *que, comme on a une idée claire de l'ordre, si nous en avions aussi une idée claire de notre âme, on connaîtrait avec évidence si elle est conforme à l'ordre.* Car si je me suis trompé en croyant conforme à l'ordre ce qui n'y serait pas conforme, je pourrais connaître parfaitement l'état de mon âme sans que je connusse pour cela avec évidence si cela était conforme à l'ordre ; c'est ce qu'on comprendra mieux par un exemple. Quand saint Paul persécutait les chrétiens, il n'ignorait pas quel était sur cela l'état de son âme, car il connaissait fort bien le dessein qu'il avait d'exterminer la religion que les disciples de Jésus de Nazareth voulaient établir. Il n'y avait donc rien, au regard de la connaissance de son âme, qui le pût empêcher de connaître avec évidence si elle était ou si elle n'était pas conforme à l'ordre; et cependant il ne le **savait point**, et il se trompait certainement en la croyant conforme à l'ordre. Son erreur venait donc, non de ne pas bien connaître son âme, mais de ne pas bien connaître ce qui est conforme à l'ordre; et par conséquent on aurait droit de conclure de là que nous n'avons pas une idée claire de l'ordre, que d'en conclure que nous n'avons pas une idée claire de notre âme.

Il en est de même de l'idée de l'étendue. Il y a une infinité de choses que nous n'aurions jamais su si elles convenaient ou non à l'étendue, si nous ne l'avions appris par expérience. Qui se serait jamais imaginé tous les effets de la poudre à canon, si on ne les avait appris par hasard ? C'est encore le hasard qui a fait juger que les effets qu'on attribuait à la fuite du vide doivent être attribués à la pesanteur de l'air. Il y a très peu de gens qui puissent croire que tout ce que font les autres animaux se fasse sans connaissance, par les seules modifications de l'étendue. Mais si des hommes étaient nés dans une île déserte, où il n'y aurait aucun animal, il est encore plus certain qu'ils ne trouveraient jamais dans l'idée de l'étendue qu'il pût y avoir de telles machines. Il en est presque de même des plantes. Si nous n'en avions jamais vu, la clarté de l'idée de l'étendue ne suffirait pas pour nous en faire avoir la moindre pensée. Cependant l'auteur de *la Recherche de la Vérité* ne laisse pas de croire que nous avons une idée très claire de l'étendue. Pourquoi veut-il donc que ce soit une preuve que nous n'avons pas d'idée claire de notre âme, de ce que nous avons souvent besoin d'expérience pour connaître quelles sont ses dispositions intérieures touchant la vertu, ou quelles sont ses forces pour demeurer ferme dans son devoir ?

Raison X. « Il est nécessaire de faire de grands raisonnements
« pour s'empêcher de confondre l'âme avec le corps. Mais si l'on
« avait une idée claire de l'âme, comme l'on en a du corps, certai-
« nement on ne serait point obligé de prendre tous ces détours pour
« la distinguer de lui : cela se découvrirait d'une simple vue, et
« avec autant de facilité que l'on reconnaît que le carré n'est pas
« le cercle. »

Réponse. Cet endroit et beaucoup d'autres semblables font voir que cet auteur croit qu'on ne connaît point par une idée claire ce qu'on ne découvre point d'une simple vue, mais qu'on ne saurait savoir que par raisonnement. Je trouve une semblable pensée dans les troisièmes objections faites à M. Descartes par un Anglais nommé **Hobbes**. Car ce philosophe prétendait aussi que nous n'avions point d'idée de ce que nous ne connaissions que par un raisonnement. Dans la troisième objection sur la troisième **Méditation** : « J'ai déjà, dit-il, souvent remarqué que nous n'avons aucune idée « ni de Dieu ni de l'âme. J'ajoute ici que nous n'en avons point « aussi de la substance ; car nous ne la connaissons que par le rai- « sonnement : et ainsi nous ne la concevons point, et n'en avons « point d'idée. » A quoi M. Descartes répond en deux mots : « J'ai « aussi souvent remarqué que j'appelle idée la perception que nous « avons de tout ce que nous connaissons par raisonnement, aussi « bien que tout ce que nous connaissons d'une autre manière. »

Et il en est de même d'une idée claire. On doit appeler idée claire la perception de tout ce que nous connaissons clairement par des raisonnements, quelque longs qu'ils puissent être, pourvu qu'ils soient démonstratifs, aussi bien que de tout ce que nous connaissons clairement d'une autre manière.

Et il faut bien que cet auteur en demeure d'accord, puisqu'il veut que nous reconnaissions par des idées claires toutes les propriétés de l'étendue. Car, niera-t-il qu'il y en ait une infinité qui ne s'aperçoivent point d'une simple vue, mais qu'on n'a pu découvrir que par de longs raisonnements ? Est-ce que Pythagore n'a eu qu'à consulter l'idée du triangle rectangle et du carré, pour découvrir d'une simple vue que le carré de la base devait être égal aux carrés des deux côtés ? Est-ce qu'Archimède n'a eu qu'à consulter l'idée de la sphère pour découvrir d'une simple vue que l'étendue de sa surface devait être quadruple de l'aire de l'un de ses grands cercles ? Toutes les propriétés des sections coniques se découvrent-elles aussi d'une simple vue ? Or, il s'est déclaré trop hautement le protecteur de l'*idée claire* de l'étendue, pour ne pas vouloir que tout cela se voie par des idées claires. Il a donc deux poids et deux mesures, lorsque, pour avoir plus de moyen de soutenir que nous n'avons point d'idée claire de notre âme, il s'avise de prétendre qu'on ne voit par une idée claire que ce que l'on découvre d'une simple vue, sans avoir besoin de raisonnement.

CHAPITRE XXIV.

Conclusions des raisons de cet auteur contre la clarté de l'idée de l'âme. D'où vient qu'il ne l'a pu trouver dans lui-même.

Je crois n'avoir omis aucune des raisons de cet auteur contre la clarté de l'idée de l'âme. Je ne sais s'il sera satisfait de ce que j'ai dit pour montrer qu'elles n'ont rien de solide. Car il paraît, par la manière dont il les conclut, qu'il n'a point douté que tout le monde n'en dût être entièrement convaincu.

« Je ne m'arrête pas, dit-il, à prouver plus au long que l'on ne
« connaît point l'âme ni ses modifications par des idées claires.
« De quelque côté qu'on se considère soi-même, on le reconnaît
« suffisamment : et je n'ajoute ceci à ce que j'en avais déjà dit dans
« la *Recherche de la Vérité*, que parce que quelques cartésiens y
« avaient trouvé à redire. Si cela ne les satisfait pas, j'attendrai
« qu'ils me fassent reconnaître cette idée claire que je n'ai pu
« trouver en moi, quelque effort que j'aie fait pour la découvrir. »

Il n'est pas surprenant qu'après avoir attaché la notion d'une idée claire à tant de conditions, comme nous avons vu dans tout l'article précédent, il n'ait pu trouver en lui-même une idée claire de l'âme qu'il voulait qui fût conforme à la définition qu'il en avait donnée. C'est par la même raison que les stoïciens ne croyaient pas qu'il y eût aucun homme sur la terre qu'on pût appeler homme de bien. Car ils enfermaient tant de choses dans cette qualité d'homme de bien, qu'ils devaient bien prévoir qu'ils ne trouveraient jamais personne en qui elles se rencontrassent. Mais ce qui est étonnant est qu'il n'ait pas au moins imité en cela ces philosophes, en poussant les suites de sa définition d'une idée claire aussi loin qu'elles le doivent être. Il paraît au contraire qu'il n'a eu en vue que de l'appliquer à l'idée de notre âme, pour nous persuader qu'elle est si obscure que c'est plutôt fait de dire que nous n'en avons point d'idée ; au lieu que, pour toutes les autres choses, ou il oublie facilement les conditions qu'il a mises, afin qu'une idée soit claire, ou il s'imagine en quelques endroits que ces conditions conviennent à leurs idées, quoiqu'en d'autres il reconnaisse le contraire. Car peut-on soutenir plus positivement que l'idée de l'étendue nous donne moyen de connaître toutes les modifications dont elle est capable, que de dire comme il fait en la page 205 ?
« L'idée que nous avons de l'étendue suffit pour nous faire con-

« naître toutes les propriétés dont l'étendue est capable ; et nous
« ne pouvons désirer d'avoir une idée plus distincte et plus fé-
« conde de l'étendue, des figures et des mouvements, que celle
« que Dieu nous en donne ? » Et peut-on mieux reconnaître que
cela n'est pas, que d'avouer comme il fait en la page 173 : « que le
« moindre morceau de cire est capable d'un nombre infini, ou
« plutôt d'un nombre infiniment infini de différentes modifications,
« que nul esprit ne peut comprendre. » Car cela étant, comme on
n'en peut douter, ce que nous connaissons des modifications de la
matière, par cette idée *si distincte et si féconde* qu'il dit ailleurs que
Dieu nous en donne, n'est rien en comparaison de ce que nous en
ignorons, et de ce que Dieu aurait pu nous en faire connaître, s'il
l'avait voulu : et ainsi c'est une étrange hyperbole d'assurer « que
« l'idée que nous avons de l'étendue suffit pour nous faire connaître
« **toutes** les propriétés dont l'étendue est capable, et que nous ne
« pouvons désirer d'en avoir une plus distincte ni plus féconde. »

Mais revenons à l'idée de notre âme. Il ne sera pas difficile de
lui apprendre comment il la pourra trouver en lui-même. Il n'a
qu'à s'ôter de l'esprit diverses préventions très mal fondées, comme
il le pourra lui-même reconnaître facilement, en considérant avec
attention les idées qu'il croit être claires. Car il faudra qu'il cesse
de les prendre pour des idées claires, ou qu'il avoue que ce qui ne
conviendra pas à ces idées-là ne sera pas nécessaire à la clarté
d'une idée.

La première de ces préventions est « que l'idée d'un objet ne
« puisse être claire, si elle ne nous donne moyen de connaître
« clairement toutes les modifications dont cet objet est capable. »
C'est confondre l'*idée claire* avec l'idée *compréhensive*, et renouveler le pyrrhonisme, parce qu'il n'y aurait rien dont nous pussions
nous assurer d'avoir une idée claire, comme a fort bien remarqué
M. Descartes, s'il n'y a point d'idée claire que celle qui nous
donne une si entière connaissance d'un objet, qu'il n'y aurait rien
qui nous en fût caché, non-seulement de ses attributs essentiels,
mais même de ses simples modifications.

La deuxième est « que nous ne pouvons connaître deux choses
« par des idées claires que nous n'en connaissions les rapports. »
Et c'est ce que j'ai déjà fait voir n'avoir point de fondement par
deux instances, auxquelles je ne crois pas qu'on puisse rien répliquer. L'une est que nous avons des idées très claires du cercle et
du carré, de la sphère et du cube, quoique nous ne connaissions
point le rapport du cercle au carré, ni de la sphère au cube. L'autre

que les rapports ne conviennent proprement qu'aux quantités : et par conséquent les choses qui ne sont point quantité peuvent être connues par des idées claires, sans que nous en connaissions les rapports.

La troisième est « qu'on ne connaît par une idée claire que ce « qu'on découvre d'une simple vue, et avec autant de facilité que « l'on reconnaît que le carré n'est pas le cercle. » C'est vouloir que nous n'ayons point d'*idées claires* de presque tout ce que l'on sait par les sciences les plus certaines, comme sont l'algèbre, la géométrie, l'arithmétique. Car, hors les premiers principes, et les plus simples définitions qui se découvrent d'une simple vue, tout le reste ne se connaît que par des démonstrations qui consistent souvent en une fort longue suite de raisonnements.

La quatrième est « qu'on ne connaît point par des idées claires « ce qu'on connaît par conscience et par sentiment. » Et c'est justement tout le contraire, au moins pour ce qui est de ce que nous connaissons pendant cette vie. Car rien ne nous est plus clair que ce que nous connaissons en cette manière, comme saint Augustin nous l'apprend dans le livre XIII de la Trinité, chap. I, où il dit que nous connaissons notre propre foi : et il en est de même de nos autres pensées : *certissimâ scientiâ, et clamante conscientiâ :* par une science très certaine, et comme par un cri de notre conscience. Or, ce que nous connaissons par ce sentiment intérieur ne nous peut être si certain que le dit ce saint, que parce qu'il est clair et évident. Car, dans les connaissances naturelles, ce ne peut être que la clarté et l'évidence qui fait la certitude. Or, quand on voudrait douter si la perception que nous avons de notre pensée, lorsque nous la connaissons comme par elle-même sans réflexion expresse, est proprement une idée, on ne peut nier au moins qu'il ne nous soit facile de la connaître par une idée, puisque nous n'avons pour cela qu'à faire une réflexion expresse sur notre pensée. Car alors cette seconde pensée, ayant pour objet la première, elle en sera une perception formelle, et par conséquent une idée. Or, cette idée sera claire, puisqu'elle nous fera apercevoir très évidemment ce dont elle est idée. Et, par conséquent, il est indubitable que nous voyons par des idées claires ce que nous voyons par sentiment et par conscience : bien loin qu'on doive regarder comme opposées ces deux manières de connaître, ainsi que fait partout l'auteur de *la Recherche de la Vérité*.

Lors donc que cet auteur se sera défait de ces quatre fausses préventions, il lui sera aisé de trouver en soi-même une idée claire de son âme : et il y a même assez de choses dans son livre qui l'aideront à la découvrir.

Ce qu'il dit de l'âme dans le chap. 1 du livre III aurait suffi pour lui faire comprendre que nous avons une idée claire de notre âme, s'il s'était contenté de la vraie notion d'une idée claire, sans y ajouter beaucoup de conditions que la clarté d'une idée ne demande point.

Il dit « qu'après y avoir pensé sérieusement on ne peut douter « que l'essence de l'esprit ne consiste dans la pensée, de même que « l'essence de la matière consiste dans l'étendue. » Peut-on dire certainement en quoi consiste l'essence d'une chose dont on n'aurait point d'idée, où dont l'on pourrait dire, comme il fait en la page 206, « que c'est la chose du monde qu'on connaît le mieux quant « à son existence, et qu'on connaît le moins quant à son essence. »

Il ajoute au même lieu (page 171) « qu'il n'est pas possible de « concevoir un esprit qui ne pense point, quoiqu'il soit possible « d'en concevoir un qui ne sente point, qui n'imagine point, et « même qui ne veuille point..... Mais que la puissance de vouloir « est inséparable de l'esprit, quoiqu'elle ne lui soit pas essen- « tielle : comme la capacité d'être mue est inséparable de la maté- « rielle, quoiqu'elle ne lui soit pas essentielle. » On peut voir beaucoup d'autres choses semblables dans le même endroit, qui montrent manifestement, ou qu'il avance tout cela témérairement et sans savoir ce qu'il dit, ou qu'il connaît mieux qu'il ne dit la nature de son âme.

Mais il dit une chose dans ce même chapitre, qui renverse ce qu'il donne ailleurs pour la principale condition de *l'idée claire d'un objet*, qui est de nous donner moyen de connaître toutes les modifications dont il est capable. C'est en la page 173 : « Il faut, dit-il, « demeurer d'accord que la capacité qu'a l'âme de recevoir diffé- « rentes modifications est vraisemblablement plus grande que la « capacité qu'elle a de concevoir : je veux dire que, comme l'es- « prit ne peut épuiser ni comprendre toutes les figures dont la « matière est capable, il ne peut aussi comprendre toutes les diffé- « rentes modifications que la puissante main de Dieu peut pro- « duire dans l'âme, quand même il connaîtrait aussi distinctement « la capacité de l'âme qu'il connaît celle de la matière. »

On peut tirer de là deux arguments démonstratifs contre sa définition d'une *idée claire*. Voici le premier.

Notre esprit ne saurait comprendre toutes les figures dont la matière est capable.

Or, cela n'empêche pas que notre esprit ne connaisse la matière par une idée claire.

Il n'est donc point nécessaire, pour connaître un objet par une idée claire, de comprendre toutes les modifications dont il est capable.

Voici le second. Si notre âme se connaissait aussi distinctement qu'elle connaît la matière, rien ne pourrait empêcher qu'on ne dît qu'elle se connaît par une idée claire.

Or, quand elle se connaîtrait aussi distinctement qu'elle connaît sa matière, elle ne pourrait pas comprendre toutes les modifications que la puissante main de Dieu peut produire en elle.

Ce n'est donc pas une raison qui puisse prouver qu'elle ne se connaît pas par une idée claire, de ce qu'elle ne connaît pas toutes les modifications dont elle est capable.

Il dit en la page 207 (livre III, deuxième partie, chap. VII) « que « la connaissance que nous avons de notre âme suffit pour en « démontrer l'immortalité, la spiritualité, la liberté et quelques « autres attributs qu'il est nécessaire que nous sachions. » Or, il y a une contradiction qu'on puisse rien démontrer de ce qu'on ne connaît que confusément et obscurément. Je n'en veux point d'autre preuve que celle que cet auteur nous en donne. Car il avouera sans doute que *démontrer* c'est prouver *avec évidence*: or, il nous enseigne, livre I, chap. II, « que l'évidence ne consiste « que dans la vue claire et distincte de toutes les parties et de tous « les rapports de l'objet, qui sont nécessaires pour en porter un « jugement assuré » : donc on ne peut rien démontrer d'un objet dont on n'a point une *vue claire et distincte*. Et, par conséquent, si nous n'avions une vue claire et distincte de notre âme, nous n'en pourrions démontrer ni l'immortalité, ni la spiritualité, ni la liberté : or, avoir une vue claire et distincte d'un objet, et connaître un objet par une idée claire, est visiblement la même chose : il n'est donc pas vrai que nous n'ayons point d'idée claire de notre âme.

Enfin il n'a qu'à faire ce qu'il conseille aux autres, pour trouver cette idée qu'il dit n'avoir pu encore trouver dans lui-même. C'est en la page 42, où il renvoie ses lecteurs à divers livres de saint Augustin, de M. Descartes et de M. de Cordemoy [18], pour apprendre à bien distinguer les idées de l'âme et du corps. Car ces auteurs, et surtout les deux premiers, soutiennent que nous avons une idée plus claire et plus distincte de notre âme que de notre corps. Pourquoi donc nous y renvoie-t-il, si nous y devons trouver ce qu'il croyait être contraire à la vérité ?

Rien n'est plus beau que ce que saint Augustin dit sur cela dans le livre X de la Trinité, chap. 10 :

« Car après avoir montré que les philosophes ont eu divers « sentiments touchant la nature de notre âme, les uns ayant cru « que c'était de l'air, les autres que c'était du feu, et d'autres ceci « et cela ; mais qu'ils convenaient que ce qui était en eux, qu'ils « appelaient âme, vivait, se ressouvenait, concevait diverses choses « clairement, voulait, pensait, savait, jugeait. Voilà de quoi, dit- « il, jamais personne n'a pu douter ; car le doute même lui aurait « fait trouver tout cela en lui ; puisqu'il se peut dire à lui-même : « Si je doute, je suis et je vis. Si je doute je me souviens de ce « dont je doute. Si je doute, je vois clairement que je doute. Si je « doute, je voudrais bien savoir certainement ce dont je doute. Si « je doute, je pense. Si je doute, je sais que je ne sais pas. Si je « doute, je juge que je ne dois pas témérairement prendre parti. « Et ainsi, quiconque doute, de quoi que ce soit qu'il doute, il ne « peut pas douter de toutes ces choses qui se trouvent dans son « âme, puisque si elles n'y étaient point elle ne pourrait douter « d'aucune chose. » Et un peu plus bas : « Ces philosophes, qui « ont eu tant de différents sentiments touchant notre âme, n'ont « pas pris garde que notre âme se connaît quand elle cherche à « se connaître : or, on ne connaît point que l'on connaît une chose « quand on n'en connaît pas la nature et la substance : donc, « quand notre âme se connaît, elle connaît sa substance et sa « nature. Or, elle a une connaissance certaine d'elle-même, comme « nous l'avons fait voir : elle a donc une connaissance certaine « de sa nature. Or, elle n'est point certaine qu'elle soit ou de l'air « ou du feu, ou quelque autre corps, ou une manière d'être du « corps : elle n'est donc rien de tout cela. » Est-ce là le langage d'un homme qui aurait cru qu'on n'a point d'idée claire de l'âme, et qu'on ne la connaît que confusément et obscurément ?

Il nous renvoie encore à M. Descartes dans ses Méditations, et principalement à ce qu'il dit pour prouver la distinction de l'âme et du corps. Mais c'est où se trouve justement que cette distinction a pour fondement les idées claires tant de l'âme que du corps. Car c'est la règle qu'il donne dans sa sixième Méditation : « C'est « assez que je puisse concevoir *clairement* et distinctement une « chose sans une autre, pour être certain que l'une n'est pas l'au- « tre. » Et sur ce qu'on lui avait contesté cela dans les secondes objections, il l'établit encore plus fortement dans sa réponse. « Pouvez-vous, dit-il, nier qu'il ne suffise que nous puissions

« concevoir *clairement* une chose sans une autre, pour juger
« qu'elles sont réellement distinctes? Donnez-nous donc un signe
« plus certain de la distinction réelle. Je suis assuré que vous n'en
« sauriez apporter aucun. Direz-vous que ce sont les sens qui
« nous en assurent, parce que nous voyons une chose sans l'autre?
« Mais on doit ajouter beaucoup moins de foi à ses sens qu'à son
« esprit. Et même, à proprement parler, c'est par l'esprit et non
« par les sens que nous connaissons les choses : de sorte que con-
« naître par les sens une chose sans une autre, c'est avoir l'idée
« d'une chose, et connaître par l'esprit que l'idée de cette chose
« n'est pas celle d'une autre; c'est-à-dire que c'est concevoir une
« chose sans une autre, ce qui ne se peut plus concevoir cer-
« tainement, si l'idée que l'on a de l'une et de l'autre n'est
« claire et distincte : *Nec potest id certò intelligi, nisi utriusque rei*
« *idea fit clara et distincta.* » Il a donc cru qu'il fallait que l'idée de
l'âme fût claire aussi bien que celle du corps, pour établir solidement la distinction de l'âme et du corps.

Et c'est principalement celle de l'âme qu'il n'a point douté qui
ne fût claire et distincte. Car bien loin qu'il se soit imaginé que
c'était une marque que nous ne connaissons point notre âme par
une idée claire de ce que nous la connaissons par conscience,
que c'est de cela même qu'il a inféré que l'on ne pouvait pas douter
que nous ne la connussions par une idée claire. C'est ce qu'il
déclare en peu de mots, et précis, à la fin de sa réponse aux
sixièmes objections : *Non dubitavi quin claram haberem ideam
mentis meæ, utpotè cujus mihi intimè conscius eram.*

Je n'aurais rien opposé de tout cela à l'auteur de *la Recherche de
la Vérité*, s'il n'avait renvoyé aux Méditations de M. Descartes sur
le sujet des idées de l'âme et du corps. Car je sais bien qu'il ne se
croit pas obligé d'être sur cela de son sentiment. Il reproche même,
comme une faiblesse, aux disciples de M. Descartes, de s'être tellement laissés préoccuper par l'autorité de leur maître, qu'ils aient
pu croire ce qu'il dit : « Que la nature de l'esprit est plus connue
« que celle de toute autre chose. »

Mais, parce que ces cartésiens pourraient se plaindre qu'on les
accuse à tort d'une déférence aveugle à l'autorité d'un homme,
lorsqu'ils ne se sont rendus qu'à ses raisons, il leur a voulu ôter
ce sujet de plainte en leur faisant voir qu'il n'y a rien de plus faible que ce qui les a persuadés. C'est ce qu'il entreprend de montrer dans les *Éclaircissements*, p. 554.

« On connaît, disent ces philosophes après M. Descartes, la na-

« ture d'une substance, d'autant plus distinctement que l'on en
« connaît davantage d'attributs : or, il n'y a point de choses dont
« on connaisse tant d'attributs que de notre esprit; parce qu'au-
« tant qu'on en connaît dans les autres choses, on en peut autant
« compter dans l'esprit de ce qui les connaît, et partant sa nature
« est plus connue que celle de toute autre chose. »

Il y a bien des gens à qui cette raison a paru aussi solide que subtile et ingénieuse, mais, pour lui, il s'en défait aisément par le moyen de ses préventions.

« Qui ne voit, dit-il, qu'il y a bien de la différence entre con-
« naître par idée claire et connaître par conscience? »

Réponse. C'est sa quatrième prévention. Car il ne veut pas dire seulement qu'il y a des choses qu'on connaît par idée claire et qu'on ne connaît pas par conscience; cela est indubitable, mais ne ferait rien contre l'argument auquel il a entrepris de répondre. Il veut donc dire plus : savoir, qu'on ne connaît point par idée claire ce qu'on connaît par conscience. Or, je viens de montrer le contraire par cet argument : Ce qu'on connaît par conscience se connaît *certissimâ scientiâ*, comme dit saint Augustin, par une science très certaine. Or, il n'y a de certitude dans les connaissances naturelles que par la clarté et l'évidence; on connaît donc clairement ce qu'on connaît par conscience. Or, nous allons voir, par la suite de sa réponse, qu'il prend pour la même chose *connaître clairement*, et *connaître par idée claire*.

« Quand je connais que 2 fois 2 font 4, je le connais très claire-
« ment, mais je ne connais point *clairement* ce qui est en moi qui
« le connaît. »

Réponse. Je le nie. Cela se dit en l'air et sans fondement. Car je connais clairement que c'est moi qui le connais. Or, je ne puis pas douter, quand je douterais de toutes choses, que je ne sois une substance qui pense, comme nous venons de voir que saint Augustin le prouve d'une manière admirable; je connais donc clairement que c'est moi, substance qui pense, qui connais que 2 fois 2 font 4. Cependant remarquez qu'il prend pour la même chose *connaître clairement*, et *connaître par une idée claire*.

« Je le sens, il est vrai. Je le connais par conscience ou par
« sentiment intérieur : mais je n'en ai point d'idée claire comme

« j'en ai des nombres, entre lesquels je puis découvrir clairement
« les rapports. »

Réponse. C'est la seconde prévention, que j'ai déjà détruite plusieurs fois.

« Je puis *compter* qu'il y a dans mon esprit trois propriétés :
« celle de connaître que 2 fois 2 font 4 ; celle de connaître que
« 3 fois 3 font 9 ; et celle de connaître que 4 fois 4 font 16. Et, si
« on le veut même, ces trois propriétés seront différentes entre
« elles, et je pourrai ainsi compter en moi une infinité de proprié-
« tés ; mais je nie qu'on connaisse *clairement* la nature des choses
« que l'on peut *compter* (*a*).

Il paraît donc qu'il convient de ce qui fait le fort de l'argument de M. Descartes : « Qu'il n'y a point de chose dont on connaisse
« tant d'attributs que de notre esprit, parce qu'autant qu'on en
« connaît dans les autres choses, on en peut autant compter dans
« l'esprit de ce qu'il les connaît. » Il en demeure d'accord. Mais il est réduit à dire qu'on ne les connaît pas *clairement* : dont il n'apporte point d'autre raison dans cette fin de sa réponse : « sinon
« qu'il ne s'ensuit pas que l'on connaisse clairement la nature des
« choses que l'on peut *compter* : » comme si on avait supposé qu'on les connaît *clairement,* parce qu'on les pût *compter.* Ce qui n'est jamais venu dans l'esprit de M. Descartes, qui n'a dit qu'on pouvait compter autant de modifications de notre âme qu'elle en connaît dans les autres choses, que pour montrer qu'il n'y a point de choses dont on connaisse tant d'attributs que de notre esprit. Mais il n'a pas prévu qu'on le dût arrêter sur le défaut de clarté dans la connaissance qu'a notre âme de ses propres modifications, parce qu'il avait supposé, aussi bien que saint Augustin, qu'il n'y avait rien qui nous fût plus clair. Et, comme je prétends avoir fait voir que cet auteur n'a eu aucune raison de le nier, je prétends aussi qu'il n'a nullement satisfait à l'argument par lequel M. Descartes a voulu prouver *que la nature de l'esprit est plus connue que celle de toute autre chose.* Car on n'a qu'à prévenir sa distinction, en prenant pour vrai, comme il l'est aussi, ce qu'il a voulu révoquer en doute.

« On connaît la nature d'une chose d'autant plus distinctement
« qu'on en connaît davantage d'attributs, pourvu qu'on les con-

---

(*a*) Page 555.

« naisse clairement. » Cette fin met cette majeure hors d'état de pouvoir être niée par l'auteur de la *Recherche de la Vérité*.

Or, notre esprit connaît clairement plus d'attributs ou de propriétés de lui-même que de toute autre chose. Car je ne puis connaître l'attribut ou propriété d'aucune autre chose, que je ne connaisse clairement la perception que j'en ai, et cette perception est un attribut ou propriété de mon esprit. D'où il s'ensuit, par l'aveu de cet auteur, que, mettant à part si l'esprit connaît clairement ou obscurément ses propres perceptions, il peut compter en soi une infinité de propriétés s'il a une infinité de perceptions.

Il connaît donc plus de propriétés de lui-même que de toute autre chose ; et pourvu qu'il connaisse clairement ses propres perceptions, de quoi on ne peut raisonnablement douter, on ne peut douter aussi que la nature de notre esprit ne nous soit plus connue que celle de toute autre chose.

CHAPITRE XXV.

Si nous connaissons sans idées les âmes des autres hommes.

Je ne dirai qu'un mot de la manière dont il veut que nous connaissions les âmes des autres hommes. Il dit que « nous ne les « connaissons point en elles-mêmes, parce qu'il n'y a que Dieu « que nous voyions d'une vue immédiate et directe.

« Que nous ne les connaissons point par leurs idées, » sans qu'il en donne des raisons particulières ; parce qu'il a cru sans doute qu'on n'avait qu'à appliquer celles qu'il avait données pour montrer que nous n'avions point d'idée de notre âme propre.

Que nous ne les connaissons point par conscience, parce qu'elles sont différentes de nous, et qu'on ne connaît par conscience que ce qui n'est point différent de soi. D'où il conclut que « nous ne les « connaissons par conjecture, c'est-à-dire que nous conjecturons « que les âmes des autres hommes sont de la même espèce que la « nôtre. »

Je n'ai pas besoin de m'étendre sur cela. Car 1° tout ce que j'ai dit, pour faire voir que s'il était vrai que nous vissions les choses en Dieu, ce qu'il prend pour la même chose que de les voir par des idées claires, il n'y aurait nulle raison d'en excepter notre âme, est encore plus fort pour prouver que, ne pouvant voir par conscience les âmes des autres hommes, comme chacun peut voir la sienne, il serait encore plus contraire à l'uniformité de la conduite de Dieu de ne nous pas faire voir ces âmes, comme il nous fait voir, selon cet auteur, les choses matérielles, c'est-à-dire *en nous découvrant ce qui est dans lui qui les représente*.

2° Si nous pouvons voir par des idées claires les choses matérielles singulières, comme le soleil, du feu, de l'eau, un cheval, un arbre, on ne comprend pas pourquoi nous ne pourrions pas voir de même par des idées claires les âmes des autres hommes. Car je ne vois point d'une simple vue la substance du soleil, mais par des jugements que j'en fais, sur le rapport de mes sens, qui me font apercevoir quelque chose de fort élevé dans le ciel, fort lumineux et fort ardent. Je juge de même sur le rapport de mes sens que des corps semblables au mien s'approchent de moi, et cela me porte à croire que ce sont des corps humains; mais quand je leur parle et qu'ils me répondent, et que je leur vois faire un grand nombre d'actions qui sont des marques infaillibles d'esprit et de raison, j'en conclus bien plus évidemment que ces corps, semblables au mien, sont animés par des âmes semblables à la mienne, c'est-à-dire par des substances intelligentes, distinguées réellement de ces corps, que je ne conclus qu'il y a un soleil, et ce que c'est que le soleil. Et ainsi je sais cela aussi certainement pour le moins que tout ce que je sais du soleil, ou par les observations des astronomes, ou par les spéculations de M. Descartes.

Or, je suis persuadé, comme j'ai dit dans les chapitres précédents, qu'au regard des connaissances naturelles, c'est la même chose de *connaître un objet certainement* et de le *connaître par une idée claire*, soit qu'on le connaisse d'une vue simple, ou que ce ne soit que par raisonnement, puisque autrement les géomètres ne verraient presque rien par des idées claires, puisqu'ils ne connaissent presque rien que par raisonnement.

Et ainsi je ne trouve point mauvais que l'on dise que nous ne connaissons que par conjecture les âmes des autres hommes, pourvu que d'une part on prenne généralement le mot de *conjecture* pour ce qui est opposé à *la simple vue*, et qu'on l'étende à tout ce que l'on connaît par raisonnement et par les démonstrations même les plus certaines; et que de l'autre on ne s'aille pas imaginer qu'on ne voit point par des idées claires ce que l'on connaît par raisonnement, comme quelques adversaires de M. Descartes l'ont voulu prétendre sans raison, pour avoir plus de moyen d'affaiblir ses démonstrations de l'existence de Dieu et de l'immortalité de l'âme, fondées sur les idées de l'un et de l'autre.

CHAPITRE XXVI.

Si nous voyons Dieu en lui-même et sans idée.

On a de la peine à découvrir les vrais sentiments de l'auteur de *la Recherche de la Vérité*, touchant l'idée de Dieu. Car d'une part il l'admet en plusieurs endroits, et en fait même le principe des plus belles démonstrations de son existence. Et en d'autres il la nie si positivement, et soutient si expressément que nous connaissons Dieu sans *idée*, et que rien de créé ne le peut représenter, que l'on ne sait comment il a pu avancer des choses si opposées sans se contredire.

Dans les *Éclaircissements*, p. 494. « Les hommes disent quel-
« quefois qu'ils n'ont point d'idée de Dieu, et qu'ils n'ont aucune
« connaissance de ses volontés; et même ils le pensent souvent
« comme ils le disent : mais c'est qu'ils ne connaissent point ce
« qu'ils savent peut-être le mieux. Car où est l'homme qui hésite
« à répondre, lorsqu'on lui demande si Dieu est sage, juste, puis-
« sant, s'il est ou n'est pas triangulaire, divisible, mobile, sujet au
« changement, quel qu'il puisse être? Cependant, on ne peut
« répondre, sans crainte de se tromper, si certaines qualités con-
« viennent ou ne conviennent pas à un sujet, si l'on n'a point d'idée
« de ce sujet. »

Dans les *Éclaircissements*, p. 538. « Si nous n'avions point en
« nous-mêmes l'idée de l'infini, et si nous ne voyions pas toutes
« choses par l'union naturelle de notre esprit avec la raison uni-
« verselle et infinie, il me paraît évident que nous n'aurions pas
« la liberté de penser à toutes choses. » Il reconnaît donc que nous avons en nous-mêmes l'idée de l'infini, c'est-à-dire de Dieu.

Et dans la p. 543. « Il y a toujours idée pure et sentiment confus
« dans la connaissance que nous avons des choses comme actuel-
« lement existantes, si on en excepte celle de Dieu et celle de
« notre âme. J'excepte l'existence de Dieu; car on la reconnaît
« par idée pure et sans sentiment : son existence ne dépendant
« point d'une cause, et étant renfermée dans l'idée de l'être par-
« fait, comme l'égalité des diamètres est renfermée dans l'idée
« du cercle. » C'est reconnaître l'idée de Dieu en la manière que M. Descartes a pris ce mot, puisque c'est approuver la démonstration qu'il a donnée de l'existence de Dieu, fondée sur ce que l'existence nécessaire est aussi évidemment renfermée dans l'idée

de l'être parfait, qu'il est renfermé dans l'idée du triangle d'avoir ses trois angles égaux à deux droits, ou, ce qui est la même chose, que l'égalité des diamètres est renfermée dans l'idée du cercle.

Il parle encore conformément à cette pensée de M. Descartes lorsqu'il dit, dans le livre III, partie II, chap. VI, p. 201 : « Enfin la « plus belle preuve de l'existence de Dieu, c'est l'idée que nous « avons de l'infini. Car il est constant que l'esprit aperçoit l'infini, « quoiqu'il ne le comprenne pas, et qu'il a une IDÉE TRÈS DISTINCTE « EN DIEU. »

Et c'est encore après ce philosophe qu'il ajoute au même endroit : « Non-seulement l'esprit a l'idée de l'infini, il l'a même « avant celle du fini. Car nous concevons l'être infini de cela seul « que nous concevons l'être, sans penser s'il est fini ou infini. Mais « afin que nous concevions un être fini, il faut nécessairement « retrancher quelque chose de cette notion générale de l'être, « laquelle par conséquent doit précéder. »

Voilà donc bien d'endroits, où il reconnaît que nous avons l'idée de Dieu : mais en voilà d'autres où il le nie, et où il semble ruiner en même temps ce qu'il en avait conclu : que c'était sur cette idée de Dieu qu'était fondée la plus belle preuve de son existence.

Car dans le même livre III, chap. VII, il veut que ce soit le propre de Dieu d'être connu par lui-même sans idée. « On connaît, « dit-il, les choses par elles-mêmes et SANS IDÉES, lorsque étant « très intelligibles elles peuvent pénétrer l'esprit, et se découvrir « à lui..... Or il n'y a que Dieu que l'on connaisse par lui-même ; « car encore qu'il y ait d'autres êtres spirituels que lui, et qui « semblent être intelligibles par leur nature, il n'y a présentement « que lui seul qui pénètre l'esprit et se découvre à lui. Il n'y a « que Dieu que nous voyons d'une vue immédiate et directe. »

Je veux croire qu'il n'y a en cela qu'une contradiction apparente, et je tâcherai même de la démêler. Mais ce qui m'embarrasse est que je ne vois pas que je me puisse servir pour ce dénouement de ce qu'il a dit dans son 3ᵉ *Éclaircissement*, p. 439, pour en accorder une semblable touchant l'âme, dont il avait dit en quelques endroits que nous en avons une idée, et en d'autres il l'avait nié. Sa solution est que « le mot d'idée est équivoque : qu'il l'a « pris quelquefois pour tout ce qui représente à l'esprit quel-« que objet, soit clairement, soit confusément : qu'il l'a même pris « encore plus généralement pour tout ce qui est l'objet immédiat « de notre esprit. Mais qu'il l'a pris aussi pour tout ce qui se repré-« sente les choses à l'esprit, d'une manière si claire qu'on peut

« découvrir d'une simple vue si telles ou telles modifications leur
« appartiennent. » Ce qu'appliquant à l'âme, il déclare qu'il a dit
« que nous n'en avons point d'idée, parce que l'idée que nous en
« avons n'est pas claire. » Or il n'y a point d'apparence qu'il se
voulût servir de la même solution pour accorder les endroits où il
a dit que nous avons une idée de Dieu, avec ceux où il est dit que
nous voyons Dieu sans idée. Car, quoi que ce soit qu'il ait entendu
par l'idée de Dieu, quand il a dit qu'il est constant que nous avons
une idée très distincte de Dieu, il n'a pas nié sans doute que cette
idée ne fût claire, puisqu'il recommande avec tant de soin dans
son *Traité de la nature et de la grâce* de « consulter avec beaucoup
« d'attention l'idée vaste et immense de l'être infiniment parfait,
« lorsqu'on prétend parler de Dieu avec quelque exactitude. » A
quoi il ajoute au même lieu « que pour bien juger des expressions
« dont on se sert en parlant de Dieu, il ne faut pas regarder si
« elles sont ordinaires, mais observer avec soin si elles sont CLAI-
« RES, et si elles s'accordent parfaitement avec l'idée qu'ont tous
« les hommes de l'être infiniment parfait. »

Voilà donc l'idée de Dieu qu'ont tous les hommes, et une idée claire ; puisque c'est cette idée qu'il faut consulter pour parler de Dieu avec exactitude : ce qu'on ne pourrait pas dire si elle était obscure et confuse.

Comment donc accorder cela avec ce qu'il établit, comme un des principaux dogmes de sa Philosophie des idées, « que de toutes « les choses que nous connaissons il n'y a que Dieu que nous con-« naissions par lui-même et sans idée ? » Ce ne peut être que par une autre équivoque du mot d'*idée*, que j'ai remarquée dès le commencement de ce traité.

Car, dès l'entrée du livre de *la Recherche de la Vérité*, il prend le mot d'*idée* dans son vrai sens, pour la perception d'un objet ; et il y reconnaît que cette perception d'un objet est une modification de notre esprit. Or il est clair qu'on ne peut nier raisonnablement, en prenant le mot d'*idée* dans cette signification, que nous n'ayons une idée de Dieu. Aussi est-ce dans ce sens-là qu'il avoue que nous en avons une, comme il paraît par le passage de la p. 201, où il prend pour la même chose l'*idée* de l'infini et la *notion* de l'infini. Car le mot de *notion* n'est point équivoque, et n'a jamais signifié autre chose que *perception*.

Mais, dans le livre III, il donne tout un autre sens au mot d'*idée*. Car il entend par ce mot *un être représentatif*, distingué des perceptions, lequel il s'imagine être nécessaire pour mettre les objets qu'il a supposé n'être pas intelligibles par eux-mêmes, en état d'être connus de notre âme. De sorte qu'il y a trois choses, qu'on doit distinguer, selon lui, dans la connaissance de ces sortes d'objets : l'objet, qui doit être connu, et qui n'est pas intelligible par lui-même : l'être représentatif, qui le met en état d'être connu, et la perception de notre esprit, par laquelle il est actuellement connu. Or, prenant le mot d'idée en ce sens, il a dû dire, selon son système, que nous voyons Dieu par lui-même et sans idée. Car cela veut dire seulement que Dieu, étant intelligible par lui-même, et intimement présent à notre âme, elle n'a pas besoin qu'il soit mis en état de lui être connu par un *être représentatif* distingué de lui-même. C'est-à-dire que nous ne pouvons pas distinguer trois choses dans la connaissance que nous avons de Dieu, comme nous faisons dans la connaissance des choses matérielles, mais seulement deux : l'objet qui est Dieu, intelligible par lui-même : et la perception, par laquelle nous ne le connaissons sans avoir besoin d'un *être représentatif*, distingué de la perception de l'objet. Et c'est ce qu'il a marqué, quand il dit, p. 205 : « qu'on ne peut concevoir que « l'être sans restriction, l'être immense, l'être universel, puisse « être aperçu par une idée, c'est-à-dire par un être particulier, « par un être différent de l'être universel et infini. »

Car il n'a pu entendre par là qu'on doive connaître Dieu *sans perception*. 1. Parce que ce serait une contradiction visible ; puisque connaître Dieu, et avoir la perception de Dieu, sont absolument la même chose. 2. La perception, n'étant qu'une modification de notre âme, ne peut être appelée *un être, un être particulier, un être différent de l'être universel et infini*. 3. Que voudrait dire : *on ne saurait concevoir que l'être universel soit aperçu par une idée*, en prenant le mot d'*idée* pour *perception*. Pourrait-on, au contraire, concevoir que l'être universel fût aperçu sans qu'on en eût de perception ? 4. Puisqu'il parle en tant d'endroits de l'*idée de Dieu, de la vaste et immense idée de l'être parfait*, et qu'il assure que tous les hommes ont cette idée, il faut qu'il y ait une signification de mot d'*idée*, selon laquelle il a cru que cela était indubitable : or on n'en saurait trouver d'autre, sinon celle qu'il a donnée à ce mot au commencement de son ouvrage, en le prenant pour *perception* : il n'y a donc point d'autre moyen de concilier les endroits où il dit que nous avons une idée de Dieu, avec ceux où il dit que nous connaissons Dieu sans idée, qu'en supposant que dans les uns il a pris le mot d'*idée* pour *perception*, qui est sa notion véritable, et que dans les autres il l'a pris pour cet *être représentatif*, dont il s'est imaginé sans raison que nous avions besoin pour connaître toutes choses hors Dieu et notre âme.

Mais, outre les autres preuves, par lesquelles j'ai fait voir que cette dernière notion du mot d'*idée* n'a aucun fondement raisonnable, on y peut ajouter celle-ci : qu'elle ne sert qu'à embrouiller les plus claires et les plus naturelles notions que nous aurions sans cela de nos propres connaissances ; et qu'il est presque impossible que ceux qui en sont prévenus, ne tombent sans y prendre garde en plusieurs contradictions. Car, quand un mot a une signification ordinaire claire et distincte, si par erreur on lui en donne une autre, qui non-seulement ne soit pas plus claire, mais qui soit fort obscure et fort confuse, il n'est pas presque possible qu'on demeure toujours ferme à prendre ce mot dans cette nouvelle signification ; et il échappe toujours en divers endroits où on le prend selon sa signification commune, qu'on ne peut tellement chasser de son esprit qu'elle ne revienne souvent. Et c'est ce que nous avons vu qui n'a pas manqué d'arriver à cet auteur au regard du mot d'*idée* : ce qui assurément cause beaucoup de confusion et d'obscurité dans des discours dogmatiques, sur des matières fort abstraites, qu'on ne saurait prendre trop de soin de rendre claires.

En voici un nouvel exemple ; car dans la même période il faut qu'au commencement il ait pris le mot d'*idée* pour *perception*, et suivant cette notion, ce qu'il en dit est très véritable, et qu'à la fin il l'ait pris pour un *être représentatif*, ce qui brouille tout ce qu'il avait dit auparavant, page 201.

« Enfin, dit-il, la preuve de l'existence de Dieu la plus belle, la
« plus relevée, la plus solide et la première, ou celle qui suppose
« le moins de choses, c'est l'idée que nous avons de l'infini ; car il
« est constant que l'esprit aperçoit l'infini, quoiqu'il ne le com-
« prenne pas, et qu'il a une idée très distincte de Dieu. » Jusque-là cela va fort bien ; mais il est indubitable que le mot d'*idée* doit être pris pour *perception*, comme l'a pris M. Descartes dans cette démonstration de l'existence de Dieu que cet auteur a eue en vue, quand il dit que « c'est la plus belle, la plus relevée, la plus solide,
« et celle qui suppose le moins de choses. » Mais ce qu'il ajoute n'a plus de sens en demeurant dans cette même notion du mot d'*idée* :
« Il est constant que l'esprit a une idée très distincte de Dieu, qu'il
« ne peut avoir que par l'union qu'il a avec lui ; puisqu'on ne peut
« concevoir que l'idée de l'être infiniment parfait, qui est celle que
« nous avons de Dieu, soit quelque chose de créé. » N'est-il pas visible qu'il change imperceptiblement, et sans en avertir le monde,

la notion du mot d'*idée*, et qu'il ne prend plus l'*idée de Dieu* pour la *perception de Dieu ;* car, la prenant en ce sens, pourrait-il dire que *ce n'est pas quelque chose de créé ?* Pouvons-nous avoir des perceptions incréées? Et nos perceptions ne sont-elles pas essentiellement les représentations de leurs objets? Il faut donc nécessairement ou que nous n'ayons aucune perception de Dieu, et que, quand nous en parlons, nous en parlions comme des perroquets, sans savoir ce que nous disons, ou que si nous en avons, comme on n'en peut douter, elle représente l'être infini, contre ce qu'il dit, page 205 : « Que l'on ne peut concevoir que quelque chose de créé représente l'infini. » Mais ce qui lui fait dire cela, comme je l'ai déjà remarqué, est que tout d'un coup il a perdu de vue les *idées* prises pour *des perceptions*, et que, sans y prendre garde, il a substitué à ce mot sa notion bizarre d'*êtres représentatifs*, qu'il se figure comme des tableaux et des images que notre esprit doit envisager avant que de former ses perceptions; car on peut trouver quelque sens à ce qu'il dit, « que l'on ne peut concevoir que l'idée « d'un être infiniment parfait soit quelque chose de créé, » en substituant au mot d'*idée* celui d'*être représentatif*, étant bien certain qu'il est difficile de concevoir qu'il puisse y avoir un *être représentatif* distingué de Dieu, qui soit comme un tableau et une image que notre esprit doive envisager pour se former la perception de l'être infiniment parfait. C'est tout ce que l'on peut dire pour excuser cette proposition, qui serait assurément fort dangereuse, si on y prenait le mot d'*idée* dans le même sens, au commencement et à la fin de cette période; car, en le prenant à la fin comme au commencement, il faudrait, ou que la perception que nous avons de Dieu ne fût point une modification ou un attribut de notre âme, mais quelque chose d'incréé, ce qui n'est pas concevable ; ou que nous n'eussions point de perception de Dieu, ce qui est absolument ruiner la preuve de son existence par l'idée que nous avons de l'infini, bien loin que cela se puisse accorder avec ce qu'on dit ici, que c'en est la plus belle preuve.

Et en effet, nous voyons que tous les adversaires de M. Descartes, qui n'ont point voulu demeurer d'accord de la solidité de ses preuves de l'existence de Dieu par l'idée de l'Être parfait, se sont toujours opiniâtrés à nier que nous ayons aucune idée de Dieu. C'est une des objections recueillies du gros livre des *Instances,* de M. Gassendi [19]. *Omnes homines Dei in se ideam non animadvertere :* Qu'il n'est pas vrai que tous les hommes puissent trouver en eux l'idée de Dieu. A quoi M. Descartes répond « qu'en prenant le mot

« d'*idée*, comme il l'a pris dans ses démonstrations, pour la percep-
« tion que nous avons d'un objet, personne ne peut nier qu'il n'ait
« en lui l'idée de Dieu, à moins qu'il ne dise qu'il n'entend pas ce
« que veulent dire ces mots, *la plus parfaite de toutes les choses que
« nous puissions concevoir;* car c'est ce que tous les hommes en-
« tendent par le mot Dieu. Or, dire que l'on n'entend pas des mots
« aussi clairs que ceux-là, c'est aimer mieux se réduire soi-même
« aux dernières extrémités, que d'avouer qu'on a eu tort de com-
« battre le sentiment d'un autre. A quoi je puis ajouter qu'on ne
« peut guère s'imaginer de confession plus impie que celle d'un
« homme qui dit qu'il n'a point d'idée de Dieu, dans le sens que
« j'ai pris ce mot d'*idée;* car c'est faire profession de ne le connaître
« ni par la raison naturelle, ni par la foi, ni par quelque autre
« voie que ce soit; puisque, si on n'a nulle perception qui réponde
« à la signification du mot Dieu, il n'y a point de différence entre
« dire qu'on croit que Dieu est, et dire qu'on croit que rien est. »

Et il ajoute au même endroit, ce qui peut servir de réponse à ce
que dit cet auteur, « que rien de créé ne peut représenter l'Être
« infini ; » car c'était une instance de ces mêmes philosophes « que
« nous comprendrions Dieu si nous en avions l'idée. » A quoi il
répond « que cette objection est sans fondement, car le mot de
« *comprendre* marquant quelque limitation, il est impossible qu'un
« esprit fini comprenne Dieu qui est infini. Mais cela n'empêche
« pas qu'il n'en puisse avoir l'idée, c'est-à-dire la perception,
« comme je puis toucher une montagne, quoique je ne la puisse
« pas embrasser. » Et c'est aussi ce que cet auteur reconnaît dans
le lieu même que j'examine ; « car il est constant, dit-il, que
« l'esprit aperçoit l'infini, quoiqu'il ne le comprenne pas. »

Je ne crois pas que l'auteur même de *la Recherche de la Vérité*
puisse rien trouver de plus plausible, pour accorder les diverses
choses qu'il dit de l'idée de Dieu, soit en l'admettant, soit en la
niant; mais j'espère qu'il en conclura lui-même qu'il aurait bien
mieux fait de s'en tenir à la notion que M. Descartes en avait donnée, qui est la seule claire et distincte qu'on en puisse avoir, que
de s'en former une nouvelle, que nous avons fait voir par tout ce
Traité n'être fondée que sur de faux préjugés, qui lui sont communs
avec les philosophes de l'école, mais qui l'ont engagé en de beau-
**coup plus grandes absurdités, parce qu'il les a poussés beaucoup
plus loin qu'eux.**

CHAPITRE XXVII.

De l'origine des idées. Qu'il n'y a aucune raison de croire que notre âme soit purement passive, au regard de toutes ses perceptions, et qu'il est bien plus vraisemblable qu'elle a reçu de Dieu la faculté de s'en former plusieurs.

Il n'y a rien à quoi on doive plus prendre garde, pour bien traiter une matière de science, que d'éviter la brouillerie et la confusion, qui arrive quand on mêle ensemble des questions différentes. C'est ce qui m'a obligé de distinguer en plusieurs endroits de ce Traité ce qui regarde la nature des idées d'avec ce qui regarde leur origine, et de réserver à la fin à traiter de ce dernier point.

Mais pour rendre la chose plus claire, et prévenir des objections qui ne seraient point à propos, il faut remarquer deux choses : l'une, que je prends le mot d'*idée* pour perception, et dans le même sens que l'auteur de *la Recherche de la Vérité* l'a pris dans le chap. I de son ouvrage; l'autre, qu'il ne s'agit ici que des connaissances purement naturelles, et non de la manière dont le Saint-Esprit nous éclaire dans l'ordre de la grâce.

Cela supposé, la question est de savoir si toutes nos idées ou perceptions nous viennent de Dieu, ou s'il y en peut avoir qui nous viennent de nous-mêmes.

L'auteur de *la Recherche de la Vérité* est du premier sentiment, et il le soutient avec beaucoup de zèle en beaucoup d'endroits de son livre.

Il suppose dès l'entrée « (a) que la première et la principale des « convenances qui se trouvent entre la faculté qu'a la matière de « recevoir différentes *figures* et différentes *configurations*, et celle « qu'a l'âme de recevoir différentes *idées* et différentes *modifica-* « *tions*, c'est que de même que la faculté de recevoir différentes « figures et différentes configurations dans les corps est entière- « ment passive, et ne renferme aucune action, ainsi la faculté de « recevoir différentes idées et différentes modifications dans l'es- « prit est entièrement passive et ne renferme aucune action. »

Et c'est la différence qu'il met entre l'entendement, c'est-à-dire la faculté de notre âme, qui est capable de recevoir plusieurs perceptions, et la volonté, c'est-à-dire celle de ses facultés, qui est capable de recevoir plusieurs inclinations ; en ce que cette dernière n'est pas purement passive comme la première.

« Car, de même, dit-il, que l'Auteur de la nature est la cause

(a) Page 3.

« universelle de tous les *mouvements* qui se trouvent dans la ma-
« tière, c'est aussi lui qui est la cause générale de toutes les *incli-
« nations* naturelles qui se trouvent dans les esprits... Mais il y a
« une différence fort considérable entre l'impression ou le mouve-
« ment que l'Auteur de la nature produit dans la matière, et l'im-
« pression ou le mouvement vers le bien en général que le même
« Auteur de la nature imprime sans cesse à l'esprit. Car la ma-
« tière est toute sans action : elle n'a aucune force pour arrêter
« son mouvement, ni pour le déterminer et le détourner d'un
« côté plutôt que d'un autre... Mais il n'en est pas de même de la
« volonté ; on peut dire en un sens qu'elle est agissante et qu'elle
« a en elle-même la force de déterminer diversement l'inclination
« ou l'impression que Dieu lui donne. Car, quoiqu'elle ne puisse pas
« arrêter cette impression, elle peut en un sens la détourner du côté
« qu'il lui plaît, et causer ainsi tout le dérèglement qui se rencontre
« dans ses inclinations. » Et c'est ce qui lui fait dire dans les Avertissements, p. 483 : « Si l'on prétend que vouloir différentes choses,
« c'est se donner différentes modifications, je demeure d'accord
« qu'en ce sens l'esprit peut se modifier diversement par l'action
« que Dieu met en lui. »

Voilà ce qu'il avoue au regard de la volonté et de ses inclinations. Mais au regard des perceptions, il soutient toujours que
notre entendement n'agit point et qu'il ne fait que les recevoir de
Dieu. C'est ce qu'il répète encore dans le deuxième Avertissement,
p. 488 : « Il ne faut pas croire, dit-il, que l'entendement obéisse à
« la volonté, en produisant en lui-même les idées des choses que
« l'âme désire ; car l'entendement n'agit point, il ne fait que rece-
« voir la lumière ou les idées de ces choses. »

Je ne prétends pas combattre ce qu'il établit en tous ces endroits
touchant l'origine des idées prises pour des perceptions d'une manière aussi convaincante que je crois avoir détruit ce qu'il enseigne dans ce même livre touchant la nature des idées prises pour
des êtres représentatifs. Car je mets grande différence entre
ce que l'on peut trouver à redire en l'un et l'autre de ces deux
sortes de sentiments.

Je me contenterai donc de faire voir que l'on ne saurait prouver
par aucune bonne raison que notre âme soit purement passive au
regard de toutes ses perceptions, et qu'il est bien plus vraisemblable qu'elle a reçu de Dieu la faculté de s'en former plusieurs.
Et je ne veux employer pour cela que les choses mêmes dont il
demeure d'accord.

I. On ne sait pourquoi il semble ne vouloir avouer que conditionnellement ce qu'il ne saurait s'empêcher d'avouer absolument. « Si l'on prétend, dit-il, que vouloir différentes choses c'est se « donner différentes modifications, je demeure d'accord qu'en ce « sens l'esprit peut se modifier diversement. » Ce *si* est fort inutile ; car il demeure d'accord en ce même lieu que les inclinations de l'âme, c'est-à-dire ses volontés, sont des *manières d'être* de l'âme. Et il est sans doute que *modification* est la même chose que *manière d'être*. Il est donc indubitable que si notre âme peut vouloir différentes choses (comme il en convient) en déterminant l'impression qu'elle reçoit de Dieu vers le bien général, du côté qu'il lui plaît, elle peut aussi se donner différentes modifications. Et c'est ce qu'il établit aussi absolument et sans *si* dans le premier *Éclaircissement*, p. 479, en ces termes : « Je réponds que la foi, la « raison et le sentiment intérieur que j'ai de moi-même m'ont « obligé de quitter la comparaison de l'âme avec la matière, où « je la quitte. Car je suis convaincu en toutes manières que j'ai « en moi-même un principe de mes déterminations ; et j'ai des « raisons pour croire que la matière n'a point de semblable « principe. »

Il avoue donc que notre âme se peut donner, et se donne en effet, presque à tout moment, de nouvelles modifications, au regard de ses déterminations et de ses volontés. Et je soutiens que, par cet aveu, il s'est ôté tout moyen de prouver ce qu'il veut établir en même temps : qu'elle ne se peut donner aucune nouvelle modification au regard de ses perceptions. Car pourquoi l'âme serait-elle plutôt purement passive au regard de ses perceptions qu'au regard de ses inclinations ?

Ce ne peut pas être en qualité de créature, comme s'il était impossible qu'une créature eût aucune action, et qu'il fallût absolument que Dieu fît tout, *la créature n'y contribuant rien que passivement* ; car, si cela était, notre âme n'étant pas moins créature au regard de ses inclinations qu'au regard de ses perceptions, il faudrait donc qu'elle n'eût aucun pouvoir de se déterminer, ce que cet auteur déclare être contraire à la foi et à la raison, et au sentiment intérieur que nous avons de nous-mêmes.

Ce n'est pas aussi la comparaison de l'âme avec la matière qui peut obliger à croire que la faculté qu'a notre âme de recevoir différentes idées et différentes perceptions doit être entièrement passive, parce que celle qu'a la matière de recevoir différentes figures est entièrement passive et ne renferme aucune action. Car, cette comparaison se trouvant fausse, au regard de la faculté qu'a la matière de recevoir aussi différents mouvements, comparée à la faculté qu'a l'âme d'avoir différentes inclinations, il n'y a nulle nécessité qu'elle soit vraie au regard des figures d'une part, et des perceptions de l'autre. Et il est facile, au contraire, de se servir de cette comparaison pour faire voir que l'âme peut être active au regard de ses perceptions aussi bien qu'au regard de ses inclinations.

Car il faut remarquer que notre âme et la matière sont deux êtres simples (c'est-à-dire que ce ne sont pas des êtres composés de deux natures différentes, comme est l'homme), et que surtout, au regard de l'âme, les diverses facultés que l'on considère en elle ne sont point des choses distinctes réellement, mais le même être différemment considéré. Avouer donc que l'âme est active au regard de l'une de ses facultés, qui est la volonté, c'est avouer qu'elle est active absolument et par sa nature : et ainsi c'est sans raison qu'on la compare avec un être simple tel qu'est la matière, qui est purement passif par sa nature. D'où il s'ensuit qu'on ne peut rien conclure de cette comparaison, qui puisse tenir lieu d'aucune preuve raisonnable.

Je puis même ajouter que, si on en pouvait conclure quelque chose, ce serait tout le contraire de ce que dit cet auteur. Car la matière n'est incapable de se donner différentes figures, que parce qu'elle est incapable de se donner différents mouvements, étant bien certain qu'elle se pourrait figurer si elle pouvait se mouvoir : or, les inclinations sont à l'âme, selon cet auteur, ce que les mouvements sont à la matière : donc le pouvoir qu'a l'âme de se donner différentes inclinations doit être au moins un argument vraisemblable qu'elle a aussi le pouvoir de se donner différentes perceptions, puisque, si la matière avait le pouvoir de se donner différents mouvements, elle aurait aussi le pouvoir de se donner différentes figures.

II. Je ne vois pas que, si ce qu'il y a d'actif dans l'âme ne s'étendait à quelques perceptions, aussi bien qu'à ses inclinations, l'auteur de *la Recherche de la Vérité* pût expliquer ce qu'il croit nécessaire, afin que nous soyons libres. Il ne faut pour cela que l'entendre parler dans le chapitre I du livre I, p. 6.

« L'esprit, considéré comme poussé vers le bien en général, ne
« peut déterminer son mouvement vers un bien particulier (*en
« quoi il fait consister la liberté*), si le même esprit, considéré comme

« capable d'idées, n'a la connaissance de ce bien particulier. Je
« veux dire, pour me servir des termes ordinaires, que la volonté
« est une puissance aveugle, qui ne peut se porter qu'aux choses
« que l'entendement lui représente. De sorte que la volonté ne peut
« déterminer diversement l'impression qu'elle a pour le bien, et
« toutes ses inclinations naturelles, qu'en commandant à l'enten-
« dement de lui représenter quelque objet particulier. La force
« qu'a la volonté de déterminer ses inclinations renferme donc
« nécessairement celle de pouvoir porter l'entendement vers les
« objets qui lui plaisent. »

Il a bien vu qu'il s'ensuivait de là que notre esprit se pouvait donner de nouvelles perceptions, afin qu'il pût agir librement. La preuve en est démonstrative.

Car, selon lui, l'esprit, considéré comme poussé vers le bien en général, ne peut déterminer son mouvement vers un bien particulier, en quoi il fait consister sa liberté, que par le pouvoir qu'il a de faire en sorte que, comme capable d'idées, c'est-à-dire de perceptions, il ait la connaissance de ce bien particulier qu'il ne connaissait pas auparavant.

Or, il est impossible que notre esprit connaisse un objet qu'il ne connaissait pas auparavant, que par une perception qu'il n'avait pas auparavant.

Il s'ensuit donc que l'esprit ne saurait être libre, selon lui, s'il n'a le pouvoir de se donner de nouvelles perceptions, aussi bien que de nouvelles inclinations.

Je ne sais s'il a cru se pouvoir tirer de cette difficulté, parce qu'il dit sur cet endroit, dans ses *Eclaircissements*, p. 488 : « Qu'il
« ne faut pas s'imaginer que la volonté commande à l'entende-
« ment d'une autre manière que par ses désirs et ses mouvements,
« ni que l'entendement obéisse à la volonté, en produisant en
« lui-même les idées des choses que l'âme désire. Tout le mystère,
« dit-il, est que le désir qu'a mon âme de connaître un objet est
« une prière naturelle qui est toujours exaucée. Et ainsi ce désir,
« en conséquence des volontés efficaces de Dieu, est la cause de la
« présence et de la clarté de l'idée qui représente l'objet. »

Mais il n'a pas pris garde que tout ce qu'il fait par là est de changer le mot de *commandement* en celui de *désir*, ce qui ne lui est peut-être d'aucun usage pour se tirer de l'embarras où il s'est jeté par l'explication qu'il a voulu donner de la manière dont notre volonté est libre. Car il n'a point rétracté cette proposition générale.

« L'esprit considéré comme poussé vers le bien en général
« (c'est-à-dire comme volonté), *ne peut* déterminer son mouve-
« ment vers un bien particulier (en quoi il met la liberté); si le
« même esprit, considéré comme capable d'idées (c'est-à-dire
« comme entendement) n'a la connaissance de ce bien particulier. »

Ni cette conséquence qu'il en tire :

« La force qu'a la volonté de déterminer ses inclinations ren-
« ferme *donc nécessairement* celle de pouvoir porter l'entendement
« vers les objets qui lui plaisent, c'est-à-dire de pouvoir faire par
« ses désirs, ensuite des volontés efficaces de Dieu, que l'entende-
« ment lui représente les objets qui lui plaisent. »

Or, cela ne se peut soutenir qu'on ne s'engage dans un cercle
qui n'a point de fin. Car il dit au même endroit « que la volonté est
« une puissance aveugle qui ne peut se porter qu'aux choses que
« l'entendement lui représente. »

Donc, afin qu'un objet lui plaise, il faut que l'entendement le lui
représente.

Donc, afin qu'elle puisse désirer que l'entendement lui représente les objets qui lui plaisent, il faut que l'entendement les lui
ait représentés.

Donc il faut que ce qu'elle désire qui se fasse se soit déjà fait.

On trouvera la même chose, quand on retrancherait de cette
proposition ces mots : *qui lui plaisent*, qu'il n'y a peut-être mis
que par mégarde, et qu'on ne s'arrêterait qu'au désir qu'il suppose que doit avoir l'âme de connaître le bien particulier que nous
appellerons *A*, pour pouvoir déterminer vers ce bien *A* le mouvement que Dieu lui donne vers le bien en général.

Car l'âme, comme volonté, ne peut désirer de connaître le bien
A, que, comme entendement, elle n'en ait la perception; puisque
la volonté « étant une puissance aveugle, ne peut se porter qu'aux
« choses que l'entendement lui représente. » Il faut donc qu'elle ait
la perception du bien *A* pour désirer de l'avoir; or, c'est son désir
qui la lui doit faire avoir selon notre ami : il faut donc qu'elle ait
ce qu'elle désire d'avoir pour être en état de désirer de l'avoir.

Que si on dit que cette perception du bien *A*, qu'elle a déjà,
n'en est qu'une perception obscure enfermée dans ce désir, et
qu'elle en désire une plus parfaite; donc, ce désir dépendant de
nous selon notre ami, et, étant une modification que notre âme se
peut donner, il faut qu'elle se puisse donner ce qui est essentiellement enfermé dans ce désir, et sans quoi on ne pourrait dire qu'elle
eût ce désir sans une contradiction manifeste. Or, ce désir enferme

nécessairement une perception au moins imparfaite du bien *A*, puisqu'il est manifestement impossible que j'aie aucune volonté ni aucun désir, au regard du bien *A*, si je n'en ai aucune perception : *Ignoti nulla cupido*. Il est donc clair qu'on ne peut dire raisonnablement que je me puis donner le désir de connaître le bien *A*, et qu'en cela consiste ma liberté, qu'on ne reconnaisse en même temps que je me puis donner quelque perception du bien *A*.

On dira peut être que cela prouve seulement qu'il faut que j'aie déjà une perception obscure et confuse du bien *A* avant que mon âme puisse désirer de le connaître plus parfaitement.

Mais qu'entend-on par cette perception obscure et confuse du bien particulier que j'ai appelé *A* ? Est-ce une idée ou une perception qui représente si confusément le bien *A*, qu'elle peut représenter également à notre âme le bien *B*, le bien *C*, le bien *D*, et une infinité d'autres biens particuliers vers lesquels mon âme peut déterminer son mouvement qu'elle a de Dieu vers le bien en général ; ou si cette idée, quoiqu'on l'appelle obscure et confuse, ne représente à mon âme que le bien *A* ?

Si on dit le premier, il s'ensuivra que cette idée ne donnera pas plus de pouvoir à mon âme de désirer le bien *A*, que de désirer le bien *B*, le bien *C*, le bien *D*, et une infinité d'autres choses semblables, à moins qu'elle ne choisisse le bien *A* dans cette confusion : ce qu'elle ne peut faire que par une perception du bien *A*, qui soit plus distincte et moins confuse que celle des autres biens, et laquelle par conséquent il faudra qu'elle se puisse donner à elle-même avant que de pouvoir désirer de connaître plus parfaitement le bien *A*.

Que si on dit le dernier, il faudra donc, ou, que notre âme ait tout ensemble les notions obscures et imparfaites de chacun de ces biens particuliers qui sont infinis, afin qu'elle puisse désirer de connaître plus parfaitement l'un d'eux plutôt que l'autre, ou qu'il ne dépende point de sa liberté de détourner vers lequel elle voudrait de ces biens particuliers le mouvement qu'elle a de Dieu vers le bien général, mais qu'elle ne puisse le détourner que vers le bien particulier dont elle a déjà une idée obscure. Outre qu'on sera obligé de rendre raison, d'où vient qu'indépendamment de sa liberté Dieu lui a donné l'idée obscure d'un bien particulier plutôt que d'un autre, sans qu'on puisse rapporter cela à ses désirs comme à des causes occasionnelles qui auraient déterminé les volontés générales de Dieu, parce que cela irait à l'infini. On ne voit donc pas que la manière, dont l'auteur de *la Recherche de la Vérité* a prétendu expliquer la liberté, se puisse soutenir, sans **qu'il soit obligé de** reconnaître que notre âme se peut donner de **nouvelles modifications** au regard de ses idées aussi bien qu'au regard **de ses inclinations.**

III. Je ne sais si je dois répondre aux arguments qu'il apporte dans le livre III, deuxième partie, chapitre III, pour montrer que l'âme n'a pas *la puissance de produire ses idées*. Car j'ai déjà remarqué plusieurs fois que, dans ce livre III, ce ne sont pas les *perceptions*, mais *les êtres représentatifs* qu'il entend par le mot d'*idées*. Or, je n'ai garde de croire que notre âme a la puissance de produire ces *êtres représentatifs*, ne croyant pas que ce soit autre chose que des chimères.

Que si néanmoins on voulait appliquer ces mêmes arguments aux perceptions, il serait bien aisé d'en faire voir la faiblesse.

(*a*) « Personne, dit-il, ne peut douter que les idées ne soient des
« êtres réels, puisqu'elles ont des propriétés réelles, que les unes
« ne diffèrent des autres, et qu'elles ne représentent des choses
« toutes différentes. »

J'en demeure d'accord, pourvu que, par le mot d'*être*, on entende les *manières d'être* aussi bien que les substances.

« On ne peut aussi raisonnablement douter qu'elles ne soient
« spirituelles et fort différentes des corps qu'elles représentent. »
Cela est encore vrai.

(*b*) « Et cela semble assez fort pour faire douter si les idées, par
« le moyen desquelles on voit les corps, ne sont pas plus nobles
« que les corps mêmes. » Cela est vrai en un sens, parce qu'elles sont spirituelles ; mais cela n'est pas vrai en un autre sens, parce que les idées, prises pour des perceptions, ne sont que des manières d'être, au lieu que les corps sont des substances.

(*c*) « Ainsi, quand on assure que les hommes ont la puissance de
« se former les idées telles qu'il leur plaît, on se met fort en
« danger d'assurer que les hommes ont la puissance de faire des
« êtres plus nobles et plus parfaits que le monde que Dieu a créé. »
Je nie cette conséquence ; car les idées, prises pour des perceptions, ne sont point des *êtres* à proprement parler, mais seulement des manières d'être.

(*d*) « Mais quand il serait vrai que les idées ne seraient que des
« êtres bien petits et bien méprisables, ce sont pourtant des êtres

---

(*a*) Page 193. (*b*) *Ib.* (*c*) *Ib.* (*d*) *Id.*

« et des êtres spirituels ; et les hommes n'ayant pas la puissance
« de créer, il s'ensuit qu'ils ne peuvent pas les produire ; car la
« production des idées, de la manière qu'on l'explique, est une
« véritable création. »

Je ne me mets pas en peine de quelle manière les autres expliquent la production des idées, ni ce qu'ils entendent par le mot d'*idées*. Mais, en prenant les idées pour des *perceptions*, comme on les doit prendre pour bien parler, et comme il les a prises lui-même au commencement de son ouvrage, on ne peut dire raisonnablement qu'il faudrait que l'âme eût la puissance de créer, si elle avait le pouvoir de se donner quelques-unes de ses idées, c'est-à-dire de ses perceptions ; car la création est la production d'une substance ; et jamais on n'a dit que ce fût créer, en parlant proprement, que de donner une nouvelle modification à une substance. Cela se peut dire dans un langage figuré, comme quand David demande à Dieu *qu'il crée en lui un cœur nouveau*, et que saint Paul dit *que nous avons été créés en Jésus-Christ dans les bonnes œuvres*. Mais, en parlant exactement et philosophiquement, la création, comme j'ai dit, est la création d'une substance ; or nos perceptions ne sont point des substances, ce ne sont que des *manières d'être* de notre âme. Il n'est donc pas vrai qu'elle ne se pourrait donner de nouvelles perceptions si elle n'avait la puissance de créer.

Et il faut bien que cet auteur en convienne ; car il ne peut nier que nos inclinations et nos volontés particulières ne soient *des manières d'être* de notre âme, aussi bien que nos perceptions : or il demeure d'accord que notre âme se peut donner de nouvelles modifications, au regard de ses inclinations et de ses volontés, sans qu'elle ait pour cela la puissance de créer : il n'est donc point nécessaire qu'elle ait la puissance de créer, pour se pouvoir donner de nouvelles modifications au regard de ses idées.

IV. Il me suffit d'avoir montré qu'on n'a point de raison de croire que notre âme n'étant point purement passive au regard de ses inclinations, elle le doive être au regard de ses perceptions : ce qui n'empêche pas qu'on ne puisse dire que notre âme n'est peut-être active qu'en tant qu'elle est volonté ; parce que ce n'est peut-être qu'en le voulant que nous nous pouvons donner diverses perceptions.

J'en pourrais demeurer là ; car je n'ai point assez de lumière pour pouvoir déterminer quelles sont les perceptions que nous tenons nécessairement de Dieu, et quelles sont celles que notre âme se peut donner à elle-même. J'en dirai néanmoins un mot, mais en proposant seulement ce qui me paraît plus vraisemblable, sans rien déterminer absolument.

1. Il y a lieu de croire que Dieu en créant l'âme lui **a donné l'idée d'elle-même**, et que c'est peut-être cette pensée d'elle-même qui fait son essence. Car, comme j'ai déjà dit en un autre lieu, rien ne paraît plus essentiel à l'âme que d'avoir la conscience et le sentiment intérieur de soi-même, ce que les Latins appellent plus heureusement *esse sui consciam*.

2. On en peut dire autant de l'idée de l'infini ou de l'être parfait. On ne peut concevoir que nous la puissions former de nous mêmes, et il faut que nous la tenions de Dieu. Et pourvu que l'auteur de *la Recherche de la Vérité* veuille bien n'entendre que *perception* par le mot d'*idée*, je n'aurai pas de peine à consentir à ce qu'il dit en la page 201 : « Il est constant que l'esprit aperçoit l'infini, quoi-« qu'il ne le comprenne pas, et qu'il a une idée très distincte de « Dieu, qu'il ne peut avoir que par l'union qu'il a avec lui (c'est-« à-dire qu'il ne peut tenir que de Dieu, comme je l'entends). Il a « même l'idée de l'infini avant celle du fini ; car nous concevons « l'être infini de cela seul que nous concevons l'être, sans penser « s'il est fini ou infini. Mais, afin que nous concevions un être fini, « il faut nécessairement retrancher quelque chose de cette notion « générale de l'être, laquelle, par conséquent, doit précéder. » Mais, selon cela, au lieu de son analogie entre l'esprit et la matière, qu'il a été obligé d'abandonner à moitié chemin, il en pourrait trouver une bien plus belle entre la volonté et l'entendement, en disant que, comme Dieu se contente, au regard de la volonté, de lui donner une impression vers le bien en général, qu'elle peut déterminer par ses différentes inclinations vers les biens particuliers, il se pourrait faire aussi qu'il se fût contenté, au regard de l'entendement, de lui donner l'idée de l'être infini, en lui donnant le pouvoir de se former de cette idée les idées des êtres finis. Je ne dis pas que j'approuve cette pensée, mais je dis seulement qu'elle eût été assez conforme à ses principes.

3. On ne peut presque pas douter que ce ne soit Dieu qui nous donne les perceptions de la lumière, des sons et des autres qualités sensibles, aussi bien que de la douleur, de la faim, de la soif, quoique ce soit à l'occasion de ce qui se passe dans les organes de nos sens ou dans la constitution de notre corps.

4. Il y a aussi beaucoup d'apparence que Dieu nous donne les perceptions des objets fort simples, comme de l'étendue, de la

ET DES FAUSSES IDÉES.   519

ligne droite, des premiers nombres, du mouvement, du temps et des plus simples rapports qui nous font apercevoir si facilement la vérité des premiers principes, comme le tout est plus grand que sa partie.

5. Il y a au contraire bien de l'apparence que notre âme se donne à elle-même les idées ou perceptions des choses qu'elle ne peut connaître que par raisonnement, comme sont presque toutes les lignes courbes.

Mais, de quelque manière que nous ayons ces idées, nous en sommes toujours redevables à Dieu : tant parce que c'est lui qui a donné à notre âme la faculté de les produire, que parce qu'en mille manières, qui nous sont cachées, selon les desseins qu'il a eus sur nous de toute éternité, il dispose par les ordres secrets de sa providence toutes les aventures de notre vie, d'où dépend presque toujours que nous connaissons une infinité de choses que nous n'aurions pas connues, s'il les avait disposées d'une autre sorte.

CHAPITRE XXVIII.

Diverses réflexions sur ce que dit l'auteur de *la Recherche de la Vérité*, qu'on ne peut être entièrement assuré de l'existence des corps que par la foi.

Je pensais en demeurer là, mais, ayant travaillé sur un autre endroit de *la Recherche de la Vérité*, qui a beaucoup de rapport à sa philosophie des idées, puisque la considération *du monde intelligible, du soleil intelligible, des espaces intelligibles*, fait une des principales preuves de ce qu'il y veut établir, j'ai cru devoir ajouter ici les raisons qui m'ont toujours empêché de pouvoir être de son sentiment.

Il est question de savoir, dans l'endroit que je prétends examiner, si on peut être assuré par la raison de l'existence des corps ; ou si on n'en peut être entièrement assuré que par la foi.

C'est ce qu'il traite dans un de ses *Éclaircissements*, qui a pour titre : « Qu'il est difficile de prouver qu'il y a des corps, et ce que « l'on doit penser des preuves que l'on apporte de leur existence. »

Il y loue d'abord M. Descartes de ce que (a), « voulant établir « sa philosophie sur des fondements inébranlables, il n'a pas cru « pouvoir supposer qu'il y eût des corps, ni devoir le prouver par « des preuves sensibles, quoiqu'elles paraissent très convaincantes « au commun des hommes. Apparemment il savait aussi bien que

---

(a) Page 497.

« **nous** qu'il n'y avait qu'à ouvrir les yeux pour voir **des corps** ;
« **et que** l'on pouvait s'en approcher et les toucher, pour s'assurer
« **si nos** yeux ne nous trompaient point dans leur rapport. Il con-
« **naissait** assez l'esprit de l'homme pour juger que de **semblables**
« **preuves** n'eussent pas été rejetées. »

Notre ami aurait pu en demeurer là ; et il aurait bien fait. Mais il passe bien plus loin ; car il prétend que cela ne se peut démontrer par la raison, lors même qu'on a recours à ce que dit M. Descartes que Dieu n'est point trompeur, et qu'il le serait s'il nous donnait tant de divers sentiments à l'occasion des corps qui nous environnent, et de celui que nous croyons uni à notre âme, sans qu'il y eût dans le monde que Dieu et notre esprit. Il prétend qu'avec tout cela nous pourrions et nous ferions bien de ne point assurer qu'il y a des corps, et que nous ne pouvons en être entièrement assurés que par la foi.

« Quoique M. Descartes, dit-il, ait donné les preuves les plus
« fortes que la raison toute seule puisse fournir pour l'existence
« des corps ; quoiqu'il soit évident que Dieu n'est point trompeur,
« et qu'on puisse dire qu'il nous tromperait effectivement, si nous
« nous trompions nous-mêmes en faisant l'usage que nous devons
« faire de notre esprit et des autres facultés dont il est l'auteur ;
« cependant on peut dire que l'existence de la matière n'est point
« encore parfaitement démontrée. Car enfin, en matière de philo-
« sophie, nous ne devons croire quoi que ce soit, que lorsque
« l'évidence nous y oblige. Nous devons faire usage de notre
« liberté autant que nous le pouvons. Nos jugements ne doivent
« pas avoir plus d'étendue que nos perceptions. Ainsi, lorsque
« nous voyons des corps, jugeons seulement que nous en voyons,
« et que ces corps visibles ou intelligibles existent actuellement.
« Mais pourquoi jugerons-nous positivement qu'il y a au dehors
« un monde matériel, semblable au monde intelligible que nous
« voyons ? » Et un peu plus bas. « Pour être pleinement convaincu
« qu'il y a des corps, il faut qu'on nous démontre non-seulement qu'il
« y a un Dieu, et que Dieu n'est point trompeur, mais encore que
« Dieu nous a assurés qu'il en a effectivement créé ; ce que je ne
« trouve point prouvé dans les ouvrages de M. Descartes. Dieu ne
« parle à l'esprit et ne l'oblige à croire qu'en deux manières, par
« l'évidence et par la foi. Je demeure d'accord que la foi oblige à
« croire qu'il y a des corps ; mais, pour l'évidence, il me sem-
« ble qu'elle n'est point entière, et que nous ne sommes point
« invinciblement portés à croire qu'il y ait quelque autre chose

ET DES FAUSSES IDÉES.

« que Dieu et notre esprit. Il est vrai que nous avons un pen-
« chant extrême à croire qu'il y a des corps qui nous environ-
« nent. Je l'accorde à M. Descartes ; mais ce penchant, tout
« naturel qu'il est, ne nous y force point par évidence : il nous y
« incline seulement par impression. Or, nous ne devons suivre
« dans nos jugements libres que la lumière et l'évidence ; et si
« nous nous laissons conduire à l'impression sensible, nous nous
« tromperons presque toujours. » Et après avoir rapporté un raisonnement, pour prouver l'existence des corps, il ajoute (a) : « Ce
« raisonnement est peut-être assez juste ; cependant il faut demeu-
« rer d'accord qu'il ne doit point passer pour une démonstration
« évidente de l'existence des corps. Car enfin Dieu ne nous pousse
« point invinciblement à nous y rendre. Si nous y consentons,
« c'est librement : nous pouvons n'y pas consentir. Si le raisonne-
« ment que je viens de faire est juste, nous devons croire qu'il est
« tout-à-fait vraisemblable qu'il y a des corps ; mais nous ne
« devons pas en demeurer pleinement convaincus par ce seul rai-
« sonnement. Autrement c'est nous qui agissons, et non pas Dieu
« en nous. C'est par un acte libre, et par conséquent sujet à
« l'erreur, que nous consentons, et non par une impression invin-
« cible ; car nous croyons, parce que nous le voulons librement,
« et non parce que nous le voyons avec évidence. Certainement il
« n'y a que la foi qui puisse nous convaincre qu'il y a effective-
« ment des corps. On ne peut avoir de démonstration exacte de
« l'existence d'un autre être que de celui qui est nécessaire. Et si
« l'on y prend garde de près, on verra bien qu'il n'est pas même
« possible de connaître avec une entière évidence si Dieu est ou
« n'est pas véritablement créateur d'un monde matériel et sensi-
« ble ; car une telle évidence ne se rencontre que dans les rapports
« nécessaires : et il n'y a point de rapport nécessaire entre Dieu
« et un tel monde. Il a pu ne le pas créer : et s'il l'a fait, c'est
« qu'il l'a voulu, et qu'il l'a voulu librement. »

Trouvez bon, Monsieur, que je fasse trois ou quatre réflexions
sur ce qu'il prétend prouver qu'il n'y a que la foi qui nous puisse
assurer qu'il y a des corps, et sur les preuves qu'il y emploie.

RÉFLEXION I. Il est bien étrange qu'il ne se soit pas aperçu que,
demeurant dans les principes qu'il a établis en cet endroit, il est
impossible qu'il ait rien *démontré* de tout ce qu'il avance dans son

(a) Pages 499 et 500.

Traité de la nature et de la grâce. Car il ne dit point qu'il ait appris par la révélation de Dieu ces grandes maximes sur lesquelles tout ce traité roule. « Que si Dieu veut agir au dehors, c'est qu'il veut se « procurer un honneur digne de lui ; qu'il agit par les voies les « plus simples ; qu'il n'agit point par des volontés particulières, « mais par des volontés générales qui sont déterminées par des « causes occasionnelles. » Il n'a point entrepris de rien prouver de tout cela par l'Écriture, et, s'il avait cru le pouvoir faire, il aurait dû dire qu'il le savait par la foi, et non pas qu'il l'a *démontré*.

Or il ne peut pas dire qu'il y ait un rapport plus nécessaire entre Dieu et ces manières d'agir, qu'entre Dieu et la création du monde. Car, quoiqu'il dise quelquefois (*a*) que les lois de la nature sont constantes et immuables, il est obligé de reconnaître en d'autres endroits que la loi de communication des mouvements (*b*) « n'est « point essentielle à Dieu, mais arbitraire ; qu'il y a des occasions « où ces lois générales doivent cesser de produire leur effet, et « qu'il est à propos que les hommes sachent que Dieu est tellement « maître de la nature, que s'il se soumet aux lois qu'il a établies, « c'est plutôt parce qu'il le veut que par une nécessité absolue. »

Il n'a donc pu rien démontrer de toutes ces maximes, qui sont le fondement de tout ce qu'il a de particulier dans son Traité, s'il est vrai, comme il le prétend dans cet endroit que nous venons de rapporter, qu'il n'est pas possible de connaître avec une entière évidence si Dieu est ou n'est pas véritablement créateur du monde matériel et sensible, parce qu'une telle évidence ne se rencontre que dans les rapports nécessaires ; et qu'il n'y a point de rapport nécessaire entre Dieu et un tel monde, qu'il a pu ne pas créer. Car il a pu aussi ne pas agir par des volontés générales, déterminées par des causes occasionnelles ; et par conséquent il n'y a point de rapport nécessaire entre Dieu et cette manière d'agir. On ne peut donc, selon lui, avoir sur cela d'entière évidence ni d'exacte démonstration.

Un autre que lui pourrait dire qu'il suffit que ce qu'il a dit de ces choses ait une grande apparence de vérité, et qu'il n'est pas nécessaire qu'il les ait prouvées par des démonstrations tout-à-fait exactes. Mais, pour lui, il est bien clair qu'il ne peut point parler de la sorte, après ce que nous venons de voir. Car il n'a pas écrit sur des matières si importantes pour ne persuader personne. Or, il nous a déclaré bien positivement que nous ferions mal de nous

---

(*a*) Premier Discours, partie I, § 18.   (*b*) § 20.

rendre à ses raisonnements, quelque justes qu'ils parussent, s'ils n'étaient démonstratifs ; « parce que ce serait nous qui agirions, « et non pas Dieu en nous, et que ce serait par un acte libre, et « par conséquent sujet à erreur, que nous embrasserions ses sen- « timents, et non par une impression invincible, nous y rendant « parce que nous le voudrions librement, et non parce que nous « le verrions avec évidence. » Donc il n'a rien fait dans ce nouveau livre, ni pour l'Église en général, ni pour ceux en particulier qu'il dit avoir eus en vue, « qui se piquent d'une grande justesse et « d'une rigoureuse exactitude, » si ce qu'il y a mis n'a que de grandes apparences de vérité : et il faut, selon ses principes, qu'il en ait au moins *démontré avec évidence* les principaux fondements. Cependant, Monsieur, je pourrai n'être pas longtemps à vous faire voir qu'il s'en faut même beaucoup qu'il ait été au moins jusqu'à ne rien dire qui n'ait de grandes apparences de vérité.

Réflexion II. Rien n'est moins vrai que ce que dit l'auteur de *la Recherche de la Vérité*, que « pour être convaincus qu'il y a des « corps, il faut qu'on nous démontre non-seulement qu'il y a un « Dieu, et que Dieu n'est point trompeur, mais encore que Dieu « nous ait assurés qu'il en a effectivement créés, et que si nous « n'avions point la foi qui nous oblige à croire qu'il y a des corps, « nous ne serions point invinciblement portés à croire qu'il y en a. » Car je soutiens, au contraire, que le même principe qui est le fondement de la foi, et qui ne la suppose pas, mais la précède, me fait voir nécessairement qu'il y a des corps et d'autres êtres que Dieu et mon esprit.

Ce principe est qu'on doit recevoir pour vrai ce qui ne pourrait être faux qu'on ne fût contraint d'admettre en Dieu des choses tout-à-fait contraires à la nature divine, comme d'être trompeur, ou sujet à d'autres imperfections que la lumière naturelle nous fait voir évidemment ne pouvoir être en Dieu. On ne suppose point la foi, ni de révélation particulière touchant l'existence des corps, en supposant ce principe : donc ce qui suit évidemment de ce principe, en n'y joignant que des choses dont je ne puis non plus douter que de ma propre existence, doit être regardé comme très bien démontré ; et par conséquent j'ai raison de prendre pour de véritables démonstrations les arguments qui suivent.

Argument I. Nous pouvons tirer de la parole un argument certain de l'existence des corps, en y joignant le principe que Dieu n'est point trompeur. Car je ne puis douter que je ne croie parler depuis que je me connais, c'est-à-dire joindre mes pensées à de certains sons que je crois former par le corps, que j'ai supposés m'être unis, pour les faire entendre à d'autres personnes semblables à moi, que je suppose être autour de moi, et qui ne manquent point, à ce qu'il me semble, de faire entendre de leur part, ou par d'autres paroles que je m'imagine ouïr, ou par d'autres signes que je crois voir, qu'ils ont bien compris ce que je leur ai voulu dire.

Or, si je n'avais point de corps, et qu'il n'y eût point d'autres hommes que moi, il faudrait que Dieu m'eût trompé une infinité de fois, en formant dans mon esprit immédiatement par lui-même, et sans qu'on puisse dire qu'il en a pris occasion des mouvements qui se seraient faits dans mon corps, puisqu'on suppose que je n'en ai point, toutes les pensées que j'ai eues de tant de divers sons, comme formés par les organes de mon corps, et en me répondant lui-même intérieurement si à propos que je ne pouvais pas douter que ce ne fussent les personnes à qui je pensais parler qui me répondaient, et cela, non une fois ou deux, mais une infinité de fois.

Donc Dieu n'étant point trompeur, il faut nécessairement que j'aie un corps, et qu'il y ait d'autres hommes semblables à moi, et qui joignent comme moi leurs pensées à des sons pour me les faire connaître.

ARGUMENT II. J'ai appris diverses langues pour me faire entendre de différentes personnes. Je suis bien assuré que je ne les ai point inventées, et j'ai jugé fort différemment de ces langues, les unes m'ayant paru plus belles que les autres ; et j'ai cru savoir fort certainement que les autres étaient plus nouvelles, et les autres plus anciennes. Et j'ai aussi remarqué que, croyant parler à de certaines personnes, ils m'entendaient bien en leur parlant une de ces langues, et ne m'entendaient point en leur parlant l'autre.

Or, il faudrait attribuer à Dieu une conduite tout-à-fait indigne de lui, s'il n'y avait que lui et mon esprit : car il faudrait qu'il fût auteur de toutes ces différentes langues, sans qu'on en pût concevoir la moindre utilité, sinon qu'il eût eu dessein de se divertir et de me tromper ; et que, me faisant croire que je parle tantôt l'une et tantôt l'autre, il me voulût aussi faire croire, en contrefaisant le personnage de ceux à qui je crois parler, qu'il y en avait qu'il n'entendait point, et d'autres qu'il entendait.

Je ne puis donc, sans croire des choses indignes de Dieu, supposer qu'il n'y a point d'hommes hors moi, et qu'il n'y a point d'autres êtres que Dieu est mon esprit.

Argument III. J'ai cru ouïr une infinité de fois des hommes qui me parlaient, dont les uns m'ont paru me dire de fort bonnes choses, et d'autres de fort mauvaises, et qui eussent été capables de me faire beaucoup offenser Dieu, si j'eusse suivi les impressions que leurs paroles étaient capables de me donner ; car il y en avait même qui m'eussent porté à croire qu'il n'y a point de Dieu. Or, je suis bien assuré que ces pensées ne venaient point de moi, puisque j'en avais beaucoup d'horreur : il faudrait donc qu'elles fussent de Dieu, qui m'aurait parlé intérieurement en la place de ces personnes, que je croyais me parler extérieurement. Or, l'idée que j'ai de l'Être parfait ne souffre point qu'on lui attribue une conduite si indigne de sa bonté : donc je dois regarder comme impossible la supposition qu'il n'y ait que Dieu et mon esprit.

Argument IV. On peut tirer encore d'aussi forts arguments de l'art d'écrire, c'est-à-dire de former de certains caractères visibles, qui pussent réveiller dans l'esprit de ceux qui les verraient les idées des sons, qui avaient déjà été pris pour signes des pensées. Je suis bien assuré que je n'ai point inventé cet art ; et quand je l'ai appris, je me suis imaginé que c'était d'autres personnes semblables à moi qui me l'apprenaient. Il faudrait encore que ce fût Dieu qui eût joué tous ces personnages par les imaginations qu'il aurait mises dans mon esprit, comme pour se divertir avec moi. Pourrait-on le penser, et ne le pas croire trompeur ? Mais depuis, ayant compris que la plus grande utilité de cet art était de se faire entendre aux personnes absentes, qui pourraient par le même moyen nous rendre réponse sur ce que nous leur aurions écrit, ce qui pouvait quelquefois n'être qu'après un fort long temps, quand elles étaient fort éloignées, je m'en suis servi une infinité de fois à cette fin, et je n'ai pas manqué de recevoir la réponse au temps que j'avais pensé. Si l'une et l'autre, c'est-à-dire la lettre et la réponse, n'avaient été que des imaginations que Dieu aurait mises dans mon esprit immédiatement par lui-même, pourrait-on douter qu'il n'eût pris plaisir à me tromper ? Or, il faudrait bien que cela fût, s'il n'y avait que Dieu et mon esprit : donc cette hypothèse, enfermant tant de choses indignes de Dieu, doit être rejetée comme impossible.

Argument V. J'ai cru que l'art d'écrire avait produit une infinité de livres, et je me suis imaginé en avoir lu beaucoup, et sur différentes matières, que je suis bien assuré que je n'avais pas faits. Il y en avait de différentes histoires, écrites en diverses langues, dont les unes m'ont paru vraies, d'autres douteuses, et d'autres fausses. J'ai pris pour vraies, au moins au regard des principaux incidents, celles qui rapportaient des choses comme s'étant passées de leur temps au vu et au su de tout le monde, ou qui étaient rapportées de la même sorte par plusieurs autres auteurs, qu'on ne pouvait pas croire raisonnablement s'être entendus ensemble pour mentir. J'ai pris pour douteuses celles qui n'étaient pas si bien attestées, et pour fausses celles qui étaient manifestement contraires aux vraies, ou que ceux qui les avaient composées n'avaient données que pour des fables, comme les poëmes et les romans. Que pourrais-je dire sur cela dans l'hypothèse qu'il n'y aurait que Dieu et mon esprit? Étant bien assuré que ce n'est pas moi qui ai composé ces histoires, il faudrait que ce fût Dieu qui en fût l'auteur, et qui les eût imprimées dans mon esprit et dans ma mémoire spirituelle, dans le temps même que je m'imaginais les lire dans les livres; et je ne saurais plus quel jugement en porter. Car, étant de Dieu, elles devraient toutes être vraies, sans en excepter les plus fausses, ce qui est une contradiction ridicule. Et les plus vraies devraient être fausses, puisque, n'y ayant que Dieu et mon esprit, il ne se serait rien passé de tout ce qu'elles conteraient. En faut-il davantage pour démontrer l'absurdité de cette supposition, quand on connaît Dieu?

Argument VI. J'ai cru avoir lu d'autres de ces livres, sur toutes sortes de sujets. Il s'en trouve qui tendent à ruiner les plus grandes vérités, et même qu'il y a un Dieu : d'autres, comme ceux que je me suis imaginé être des poëtes païens, qui sont pleins de choses tout-à-fait contraires à l'honnêteté et à la pudeur. Puis-je croire sans impiété que Dieu aurait fait les uns et les autres, en me les imprimant immédiatement dans l'esprit? Il faudrait bien que je le crusse, si j'étais seul avec Dieu; car je suis bien assuré que ce n'est point moi qui les ai faits.

Argument VII. Les sentiments de la douleur, de la faim, de la soif, peuvent, si l'on veut, ne rien prouver touchant l'existence de mon corps, étant considérés seuls : mais ils la prouvent démonstrativement, quand on y joint la considération de Dieu.

Quand j'ai cru avoir approché ma main trop près du feu, j'en ai senti une douleur cuisante, que j'ai appelé brûlure, qui m'a obligé de m'en retirer ; et comme cette douleur a cessé ou beaucoup diminué, aussitôt que j'ai cru l'avoir tirée du feu, j'ai été porté à croire que Dieu m'avait donné ce sentiment de douleur pour la conservation de mon corps : ce qui serait inutile, et tout-à-fait indigne de lui, si je n'avais point de corps : donc j'ai un corps.

De temps en temps j'ai cru avoir besoin de manger et de boire, c'est-à-dire de faire entrer de la nourriture et de la boisson, que je me suis imaginé être des corps, dans celui que j'ai pensé être uni à mon esprit. Et j'ai été averti de ce besoin par un sentiment qui s'appelle faim, et par un autre qui s'appelle soif. Quand ces sentiments ont été grands, je m'en suis senti incommodé, et je me suis imaginé que mon corps tombait en langueur ; mais, après que j'ai cru avoir bu et mangé, je me suis senti mieux. Ne serait-ce pas accuser Dieu d'une véritable illusion, s'il m'avait donné ces sentiments avec toute cette suite toujours uniforme une infinité de fois en ma vie, n'ayant point de corps qui eût besoin de tout cela ?

ARGUMENT VIII. Il en est de même des autres sensations. S'il avait plu à Dieu me donner les sensations de la lumière, des couleurs, des sons, des odeurs, des saveurs, du froid, du chaud à propos de rien, je m'en étonnerais moins ; et je ne doute pas qu'il ne le pût faire quand je n'aurais point de corps. Mais pourquoi aurait-il voulu, sinon à dessein de me tromper, ne me donner les sentiments de la lumière et des couleurs, au moins fort vifs, que quand je crois ouvrir les yeux, si je n'ai point d'yeux ? Car, si je n'ai point d'yeux, l'imagination d'ouvrir les yeux ne peut avoir aucun rapport à ces sentiments de la lumière et des couleurs. Pourquoi ne me donnerait-il jamais, ou presque jamais, ce sentiment vif d'une lumière éclatante qui m'éblouit, sinon quand je crois être tourné vers un corps qu'on appelle le soleil, si ce corps n'est point : pourquoi, ayant beaucoup de plaisir à entendre des sons fort harmonieux, ne me donne-t-il jamais ce plaisir, que quand je m'imagine qu'on remue à l'entour de moi quelques corps, dont je m'imagine que le mouvement est au moins l'occasion de me faire ressentir ces sons ? Cette règle constante d'accompagner presque toujours ces sensations, quand elles sont vives, d'imaginations de corps, à qui je suis porté naturellement à les attribuer, comme étant au moins l'occasion qui fait que je les ai pourrait-elle être en Dieu, s'il n'y avait point de corps ? Et n'aurait-il pas fallu au moins qu'il nous eût donné quelque moyen d'éviter l'erreur, où il était impossible que cela ne nous jetât[20] ?

Réflexion III. Cette réflexion regarde l'objection qu'on a voulu prévenir dans la Recherche de la Vérité, et qu'il était bien aisé de prévoir. C'est que l'on doit être assuré qu'il y a des corps avant que d'avoir la foi, puisque la foi suppose des corps, des prophètes, des apôtres, une Écriture sainte, des miracles : à quoi il répond en ces termes :

« Mais, si l'on y prend garde de près, on reconnaîtra que, quoi-
« qu'on ne suppose que des apparences d'hommes, de prophètes,
« d'apôtres, d'Écriture sainte, de miracles, etc. ce que nous avons
« appris par ces prétendues apparences est absolument incontes-
« table ; puisque, comme j'ai prouvé en plusieurs endroits de cet
« ouvrage, il n'y a que Dieu qui puisse représenter à l'esprit ces
« prétendues apparences, et que Dieu n'est point trompeur ; car
« la foi même suppose tout ceci : or dans l'apparence de l'Écriture
« sainte, et par les apparences des miracles, nous apprenons que
« Dieu a créé un ciel et une terre, que le Verbe s'est fait chair, et
« d'autres semblables vérités qui supposent l'existence d'un monde
« créé : donc il est certain par la foi qu'il y a des corps, et toutes
« ces apparences deviennent par elle des réalités. »

Je ne sais, Monsieur, si je me trompe, mais je ne crois pas qu'il y ait jamais eu de cercle plus vicieux. Car il s'agit de savoir si, ayant supposé qu'il n'y a point de corps, et qu'il n'y a que Dieu et mon esprit, je puis demeurer dans cette supposition jusqu'à ce que j'aie la foi, et ne la quitter que par la foi. Et je soutiens que cela est impossible, et que la raison de cet auteur ne le prouve en aucune sorte. Car, dans cette supposition, tant que j'y demeure, je suis obligé de croire qu'il n'y a que Dieu qui ait pu représenter à mon esprit tout ce que j'ai jamais lu de bon ou de mauvais dans les livres, que je sais bien n'avoir pas composés. Il m'aurait donc aussi bien représenté ce que je me suis imaginé avoir lu dans l'Alcoran, que ce que j'ai cru avoir lu dans un livre appelé la Bible : donc dans l'hypothèse qu'il n'y a que moi et mon esprit, si cette raison était bonne au regard de la Bible que : « Dieu n'étant point
« trompeur, et n'y ayant que lui qui ait pu représenter à mon esprit
« ce que je me suis imaginé avoir vu dans la Bible, cela me doit
« passer pour incontestable, » je ne vois pas pourquoi elle ne serait

pas bonne au regard de l'Alcoran. Et ainsi je suis assuré que je ne pourrais sortir de cet embarras qu'en me servant de la maxime que Dieu ne peut être trompeur, pour me convaincre de la fausseté évidente de cette supposition qu'il n'y a point de corps, mais seulement Dieu et mon esprit; et non pour en conclure qu'avant même d'avoir reconnu l'absurdité de cette hypothèse, des apparences de prophètes, d'apôtres, d'Écriture sainte et de miracles, nous pourraient suffire, pour nous faire ajouter foi à l'Écriture, et changer par là ces apparences en réalités.

Si on me peut montrer qu'il n'y a point en cela de contradiction, j'avouerai ingénument ma bêtise; car j'y en crois voir une manifeste.

RÉFLEXION IV. Je ne sais comment il n'a pas pris garde que, si les principes qu'il a établis dans son *Traité de la nature et de la grâce* étaient véritables, il faudrait qu'il rétractât ce qu'il a dit si positivement dans la *Recherche de la Vérité*: qu'avant la foi je ne puis être entièrement assuré qu'il y ait autre chose que Dieu et mon esprit. Car il n'a point prétendu avoir tiré ces principes de la révélation divine, mais de l'idée de l'être parfait; et néanmoins j'en puis conclure évidemment qu'il est impossible qu'il n'y ait que moi et mon esprit: donc s'ils étaient vrais et nécessaires, comme le doivent être des principes, on peut être assuré de la fausseté de cette supposition, sans avoir recours à la foi. Je me contenterai d'en rapporter deux ou trois exemples.

1. « Si Dieu veut agir au dehors, c'est qu'il veut se procurer un « honneur digne de lui. » Or d'une part je suis assuré qu'il a voulu agir au dehors, puisque je ne puis douter que je ne sois son ouvrage: et de l'autre je sens bien que je ne suis pas capable de lui rendre un honneur digne de lui.

Donc il faut qu'en agissant au dehors il ait eu en vue quelque autre chose que moi, qui lui ait pu rendre un honneur digne de lui: donc je ne puis croire qu'il y ait seulement Dieu et mon esprit.

2. « Il n'est pas digne de l'Être parfait d'agir ordinairement par « des volontés particulières; mais il est plus digne de lui d'agir « comme cause universelle, dont les volontés sont déterminées à « des effets particuliers par des causes occasionnelles. »

Or, si je n'avais point de corps, et que mon esprit fût sa seule créature, comme Dieu m'aurait créé par une volonté particulière, il ferait aussi mille et mille choses en moi par des volontés particulières, sans avoir de causes occasionnelles, surtout dans tout ce qui me paraît regarder un corps que je n'aurais point, et d'autres corps qui ne seraient point aussi.

Donc il n'est pas vrai que je n'aie point de corps, et que mon esprit soit la seule créature de Dieu.

3. « Dieu agit par les voies les plus simples, et selon les lois « générales; » or, ce ne serait pas si je n'avais point de corps, et qu'il n'agît qu'envers moi seul : donc il n'est pas vrai, etc.

Je ne demeure pas d'accord de ces démonstrations, parce que je ne demeure pas d'accord que les principes dont on les tire soient assez généraux et assez nécessaires pour démontrer une proposition qui pourrait être contestée; mais il me semble que la conclusion en est bien tirée, et par conséquent il faut qu'il reconnaisse, ou que ces maximes ne sont pas telles qu'il les a crues, ou qu'il a eu tort de dire qu'il n'y a que la foi qui puisse nous assurer qu'il y a des corps.

CONCLUSION.

Voilà, Monsieur, mes premières difficultés sur les sentiments particuliers de notre ami. Cela ne regarde pas encore ceux du *Traité de la Nature et de la Grâce;* mais il a cru lui-même qu'ils y avaient bien du rapport, puisqu'il a souhaité qu'on les étudiât avant que d'examiner ceux de son Traité, et qu'il y renvoie expressément dans le premier chapitre de son troisième Discours. Je ne pouvais donc mieux faire, pour bien entrer dans les nouvelles pensées de son dernier ouvrage, que de commencer par là.

J'y ai trouvé de plus de l'avantage pour lui et pour moi. C'est que je n'ai point eu besoin de lui opposer l'autorité de celui-ci, ou de celui-là, ce qui jette souvent dans des questions de fait assez ennuyeuses, ni de le combattre par les vieilles règles et les vieux principes d'une philosophie qu'il n'aurait pas approuvée. Je n'ai eu le plus souvent qu'à l'opposer à lui-même, qu'à le prier de prendre plus garde à ce qui se passe dans son esprit, qu'à l'avertir, comme il a fait si souvent les autres, de plus écouter la raison que les préjugés, et de le faire souvenir des maximes qu'il a établies pour se bien conduire dans la recherche de la vérité.

Si j'y ai bien réussi, je ne prétends point en tirer de gloire; car je ne saurais dire comment tout cela m'est venu dans l'esprit, ne m'étant jamais formé jusqu'alors aucun sentiment sur cette matière; de sorte que si l'on trouve que j'y aie donné quelque jour, j'avouerai sans peine qu'il faut qu'il y ait eu plus de bonheur que d'adresse.

Que si, au contraire, je m'étais trompé, et que je me fusse ébloui moi-même, lorsque je me suis imaginé avoir découvert l'éblouissement des autres, il serait juste que j'en portasse la confusion. Et il me semble, autant que je puis sonder le fond de mon cœur, que je n'en appellerais point, et que je ne trouverais point mauvais que l'on me traitât comme je l'aurais mérité, si j'avais été assez imprudent pour parler avec tant de confiance, n'ayant pas raison. Car c'est une faute humaine et pardonnable de tomber innocemment dans quelque erreur qui n'a point de mauvaise suite; mais en quelque matière que ce soit, on a de la peine à excuser un homme qui ne se contente pas de combattre ce qu'il aurait dû approuver, mais qui le fait avec tant de présomption, qu'il entreprend de faire passer les égarements de son esprit pour de véritables démonstrations.

Mais je dis plus, Monsieur, quand il n'y aurait rien que de solide dans tout ce que j'ai écrit sur ce sujet des idées (comme je vous avoue de bonne foi qu'il m'est impossible de croire autre chose, tant que je n'aurai point d'autre lumière que celle que j'ai maintenant), je serai très aise que, si notre ami n'en est pas persuadé, et qu'il demeure toujours dans ses premiers sentiments, il les défende du mieux qu'il pourra, sans m'épargner, et en se servant des termes qu'il jugera les plus propres à faire voir qu'il n'a point tort; mais que c'est moi qui ai combattu mal à propos cette belle maxime si digne de Dieu : *que c'est en Dieu que nous voyons toutes choses.*

NOTES

SUR LE TRAITÉ DES VRAIES ET DES FAUSSES IDÉES.

(1) *Réponses aux sixièmes Objections.*

(2) Voyez plus haut *Objections contre les Méditations*, p. 2.

(3) Reid partage entièrement la manière de voir d'Arnauld sur l'origine de l'hypothèse des idées représentatives. Voyez *Œuvres complètes*, t. III, p. 226 et suiv. Le même volume renferme un morceau remarquable de M. Royer-Collard sur le même sujet, p. 327 et suiv. Cf. II, p. 365 et suiv.

(4) *Cinquièmes Objections contre les Méditations*, t. II, p. 273 de l'édition des *Œuvres philos. de Descartes*, publiées par M. Garnier.

(5) Les *Conversations chrétiennes* sont un ouvrage de Malebranche.

(6) Ces efforts d'Arnauld pour concilier sa propre théorie avec les façons de parler communes lui ont attiré les critiques de Reid (*OEuv. compl.*, t. IV, p. 229). Ils sont en effet moins heureux que subtils ; ce qui n'empêche pas que la critique de Reid ne soit fort exagérée, comme nous en faisons la remarque dans l'introduction.

(7) Malebranche dans sa *Réponse*, p. 138, a désavoué cette opinion.

(8) Malebranche a également désavoué cette opinion. Voyez la Réplique d'Arnauld, *Défense du Livre des vraies et des fausses Idées*, p. 149.

(9) « La troisième réflexion que je présenterai au sujet des idées, dit Reid (*OEuv. compl.*, III, p. 249), c'est qu'à l'exception de leur existence qui est universellement admise, tout ce qui les concerne est un sujet de dispute entre les philosophes. Si les idées ne sont pas des êtres imaginaires, nous devons les connaître parfaitement puisque nous avons avec elles le commerce le plus intime : cependant il n'y a rien sur quoi les philosophes aient autant différé. »

(10) « Lorsque nous voyons le soleil ou la lune, dit Reid, il nous semble assurément que les objets immédiats de notre vision sont très éloignés de nous et qu'ils le sont aussi l'un de l'autre. Nous ne doutons pas qu'ils ne soient ce même soleil et cette même lune que Dieu a suspendus à la voûte des cieux le jour de la création, et qui depuis n'ont pas cessé d'exécuter les révolutions qu'il leur avait prescrites. Cependant les philosophes nous avertissent que nous sommes dans une erreur grossière ; que le soleil et la lune que nous voyons immédiatement ne sont point, comme nous le supposons, à des millions de lieues l'un de l'autre et de nous ; qu'ils sont dans notre esprit ; qu'ils ont commencé d'être quand nous les avons aperçus ; qu'ils cesseront d'être lorsque nous cesserons de les voir ; qu'en un mot, les objets que nous percevons ne sont que des idées en nous.... » *OEuvr. compl.*, t. III, p. 232.

(11) Arnauld dans sa *Défense*, p. 275, est revenu fort au long sur ces variations de Malebranche.

(12) Aristote a présenté la critique du système de Platon dans la plupart de ses ouvrages, et en particulier au livre Ier et au livre XIII de sa *Métaphysique*. C'est d'ailleurs une question que de savoir si Platon a distingué les idées de l'intelligence divine ou les y a confondues. On trouvera un résumé substantiel de cette controverse dans les *Études sur le Timée*, par M. Henri Martin, Argum. § I, et notes 22 et 60.

(13) Arnauld, comme nous l'avons dit dans notre introduction, alla plus loin dans la *Défense* et soutint que Malebranche *mettait formellement l'étendue en Dieu*, en d'autres termes, faisait Dieu matériel. Malebranche se défendit victorieusement de cette imputation ; Arnauld toutefois crut devoir insister de nouveau. Voyez *Lettres au P. Malebranche*, lettres VIII et IX.

(14) *Discours sur la Méthode*, partie VI.

(15) *Principes de la Philosophie*, partie III.

(16) *Réponses aux Cinquièmes Objections*, III. Cf. *Méditations*, III; *Principes*, I, 19.

(17) Voyez les Notes sur la Logique, 17.

(18) Cordemoy, partisan de la philosophie de Descartes, né vers 1620, mort en 1684, auteur de divers opuscules, entre autres, d'un traité *du Discernement de l'Ame et du Corps*.

(19) Descartes ayant répondu aux *Premières Objections* de Gassendi, celui-ci répliqua; c'est au recueil de ses *Instances* que renvoie Arnauld. On en trouvera l'analyse au tome II des *OEuvres philosophiques* de Descartes, publiées par M. Garnier.

(20) Tous les arguments d'Arnauld en faveur de l'existence du monde matériel peuvent se ramener à celui de Descartes : Si les corps n'existaient pas, Dieu ne serait pas véridique, et il manquerait de plusieurs autres perfections. Est-il nécessaire de faire remarquer que cette démonstration prétendue n'est qu'un paralogisme, qu'on appellerait grossier, a dit M. Royer-Collard, s'il ne s'agissait d'aussi grands hommes. Nous ne connaissons Dieu qu'au moyen et dans la mesure de notre faculté générale de connaître : il est donc étrange de présenter les perfections divines comme preuve de la véracité de ces facultés considérées soit en elles-mêmes, soit dans leur application. L'existence du monde nous est directement révélée par les sens : quand on entreprend de la démontrer, on accorde implicitement qu'elle a besoin de l'être, et si la démonstration est détestable, on s'expose à susciter des philosophes qui la contestent comme ont fait Berkeley et Hume.

FIN.

TABLE.

	Pages.
INTRODUCTION.	V

OBJECTIONS
CONTRE LES MÉDITATIONS DE DESCARTES.

LETTRE AU PÈRE MERSENNE.	1
NOTES SUR LES OBJECTIONS.	19
AVIS.	21
AVERTISSEMENT.	22

LOGIQUE.

PREMIER DISCOURS, où l'on fait voir le dessein de cette nouvelle logique. 23

SECOND DISCOURS, contenant la réponse aux principales objections qu'on a faites contre cette logique. 33

PREMIÈRE PARTIE.

Contenant les réflexions sur les idées ou sur la première action de l'esprit qui s'appelle concevoir.

CHAP. I.	Des idées selon leur nature et leur origine.	46
— II.	Des idées considérées selon leurs objets.	53
— III.	Des dix catégories d'Aristote.	56
— IV.	Des idées des choses et des idées des signes.	59
— V.	Des idées considérées selon leur composition ou simplicité, et où il est parlé de la manière de connaître par abstraction ou précision.	61
— VI.	Des idées considérées selon leur généralité, particularité et singularité.	63
— VII.	Des cinq sortes d'idées universelles, genres, espèces, différences, propres, accidents.	65
— VIII.	Des termes complexes et de leur universalité ou particularité.	71

Chap. IX.	De la clarté et distinction des idées et de leur obscurité et confusion.	76
— X.	Quelques exemples de ces idées confuses et obscures tirés de la morale.	82
— XI.	D'une autre cause qui met de la confusion dans nos pensées et dans nos discours, qui est que nous les attachons à des mots.	8
— XII.	Du remède à la confusion qui naît dans nos pensées et dans nos discours de la confusion des mots, où il est parlé de la nécessité et de l'utilité de définir les noms dont on se sert, et de la différence de la définition des choses d'avec la définition des noms.	91
— XIII.	Observations importantes touchant la définition des noms.	95
— XIV.	D'une autre sorte de définition de noms, par lesquels on marque ce qu'ils signifient dans l'usage.	98
— XV.	Des idées que l'esprit ajoute à celles qui sont précisément signifiées par les mots.	104

DEUXIÈME PARTIE.

Contenant les réflexions que les hommes ont faites sur leurs jugements.

Chap. I.	Des mots par rapport aux propositions.	107
— II.	Du Verbe.	112
— III.	Ce que c'est qu'une proposition, et des quatre sortes de propositions.	117
— IV.	De l'opposition entre les propositions qui ont même sujet et même attribut.	120
— V.	Des propositions simples et composées, qu'il y en a de simples qui paraissent composées et qui ne le sont pas, et qu'on peut appeler complexes. De celles qui sont complexes par le sujet ou par l'attribut.	122
— VI.	De la nature des propositions incidentes qui font partie des propositions complexes.	125
— VII.	De la fausseté qui peut se trouver dans les termes complexes et dans les propositions incidentes.	128
— VIII.	Des propositions complexes selon l'affirmation ou la négation, et d'une espèce de ces sortes de propositions que les philosophes appellent *modales*.	131
— IX.	Des diverses sortes de propositions composées.	134

		Pages.
Chap. X.	Des propositions composées dans le sens.	140
— XI.	Observations pour reconnaitre dans quelques propositions exprimées d'une manière moins ordinaire, quel en est le sujet et quel en est l'attribut.	147
— XII.	Des sujets confus équivalents à deux sujets.	148
— XIII.	Autres observations pour reconnaitre si les propositions sont universelles ou particulières.	151
— XIV.	Des propositions où l'on donne aux signes le nom des choses.	158
— XV.	De deux sortes de propositions qui sont de grand usage dans les sciences, la division et la définition, et premièrement de la division.	162
— XVI.	De la définition qu'on appelle définition de choses.	165
— XVII.	De la conversion des propositions, où l'on explique plus à fond la nature de l'affirmation et de la négation dont cette conversion dépend, et premièrement de la nature de l'affirmation.	169
— XVIII.	De la conversion des propositions affirmatives.	171
— XIX.	De la nature des propositions négatives.	173
— XX.	De la conversion des propositions négatives.	174

TROISIÈME PARTIE.

Du raisonnement.

Chap. I.	De la nature du raisonnement et des diverses espèces qu'il peut y en avoir.	176
— II.	Division des syllogismes en simples et en conjonctifs, et des simples en incomplexes et en complexes.	179
— III.	Règles générales des syllogismes simples et complexes.	180
— IV.	Des figures et des modes des syllogismes en général, qu'il ne peut y avoir que quatre figures.	185
— V.	Règles, modes et fondements de la première figure.	188
— VI.	Règles, modes et fondements de la seconde figure.	190
— VII.	Règles, modes et fondements de la troisième figure.	193
— VIII.	Des modes de la quatrième figure.	195
— IX.	Des syllogismes complexes, et comment on peut les réduire aux syllogismes communs et en juger par les mêmes règles.	198
— X.	Principe général par lequel, sans aucune réduction aux figures et aux modes, on peut juger de la bonté ou du défaut de tout syllogisme.	204

		Pages.
Chap. XI.	Application de ce principe général à plusieurs syllogismes qui paraissent embarrassés.	206
— XII.	Des syllogismes conjonctifs.	210
— XIII.	Des syllogismes dont la conclusion est conditionnelle.	214
— XIV.	Des enthymèmes et des sentences enthymématiques.	218
— XV.	Des syllogismes composés de plus de trois propositions.	220
— XVI.	Des dilemmes.	222
— XVII.	Des lieux ou de la méthode de trouver des arguments. Combien cette méthode est de peu d'usage.	225
— XVIII.	Division des lieux en lieux de grammaire, de logique et de métaphysique.	229
— XIX.	Des diverses manières de mal raisonner que l'on appelle sophismes.	234
— XX.	Des mauvais raisonnements que l'on commet dans la vie civile et dans les discours ordinaires.	251

QUATRIÈME PARTIE.

De la méthode.

Chap. I.	De la science. Qu'il y en a. Que les choses que l'on connaît par l'esprit sont plus certaines que ce que l'on connaît par les sens. Qu'il y a des choses que l'esprit humain est incapable de savoir. Utilité que l'on peut tirer de cette ignorance nécessaire.	279
— II.	De deux sortes de méthodes, analyse et synthèse. Exemple de l'analyse.	287
— III.	De la méthode de composition, et particulièrement de celle qu'observent les géomètres.	294
— IV.	Explication plus particulière de ces règles, et premièrement de celles qui regardent les définitions.	296
— V.	Que les géomètres semblent n'avoir pas toujours bien compris la différence qu'il y a entre la définition des mots et la définition des choses.	300
— VI.	Des règles qui regardent les axiomes, c'est-à-dire les propositions claires et évidentes par elles-mêmes.	302
— VII.	Quelques axiomes importants, et qui peuvent servir de principes à de grandes vérités.	307
— VIII.	Des règles qui regardent les démonstrations.	310
— IX.	De quelques défauts qui se rencontrent d'ordinaire dans la méthode des géomètres.	311

		Pages.
Chap. X.	Réponse à ce que disent les géomètres à ce sujet.	317
— XI.	La méthode des sciences réduite à huit règles principales.	318
— XII.	De ce que nous connaissons par la foi, soit humaine soit divine.	320
— XIII.	Quelques règles pour bien conduire sa raison dans la croyance des événements qui dépendent de la foi humaine.	323
— XIV.	Application de la règle précédente à la croyance des miracles.	326
— XV.	Autre remarque sur le sujet de la croyance des événements.	332
— XVI.	Du jugement que l'on doit faire des accidents futurs.	335
Notes sur la logique.		339

DES VRAIES ET DES FAUSSES IDÉES.

Préambule.	Que l'on croit avoir démontré que ce qu'en dit l'auteur du livre de *la Recherche de la Vérité* n'est appuyé que sur de faux préjugés, et que rien n'est plus mal fondé que ce qu'il prétend : « *Que nous voyons toutes choses en Dieu.* »	347
Chap. I.	Règles qu'on doit avoir en vue pour chercher la vérité dans cette matière des idées et en beaucoup d'autres semblables.	348
— II.	Des principales choses que chacun peut connaître de son âme en se consultant soi-même avec un peu d'attention.	350
— III.	Que l'auteur de *la Recherche de la Vérité* a parlé autrement des idées dans les deux premiers livres de son ouvrage que dans le troisième livre, où il en traite exprès.	353
— IV.	Que ce que l'auteur de *la Recherche de la Vérité* dit de la nature des idées dans son troisième livre n'est fondé que sur des imaginations qui nous sont restées des préjugés de l'enfance.	357
— V.	Que l'on peut prouver géométriquement la fausseté des *idées* prises pour des *êtres représentatifs*. Définitions, axiomes, demandes pour servir de principes à ces démonstrations.	365
— VI.	Explications de ces façons de parler : « Nous ne voyons « immédiatement les choses ; ce sont leurs idées qui sont « l'objet immédiat de notre pensée ; et c'est dans l'idée « de chaque chose que nous en voyons les propriétés. »	370

		Pages.
Chap. VII.	Démonstrations contre les idées prises pour des *êtres représentatifs* distingués des perceptions. Proposition à démontrer. — Démonstration I.	378
— VIII.	Démonstration II.	380
— IX.	Démonstration III.	387
— X.	Démonstration IV.	389
— XI.	Démonstration V.	393
— XII.	De la manière dont l'auteur de *la Recherche de la Vérité* veut que nous voyons les choses en Dieu. Qu'il a parlé peu exactement ou beaucoup varié touchant les choses qu'il prétend que l'on voit en Dieu.	403
— XIII.	Qu'il a varié aussi dans l'explication des manières dont nous voyons les choses en Dieu, que la première était par les idées, qu'il ne s'en est départi qu'en niant qu'il y ait dans le monde intelligible des idées qui représentent chaque chose en particulier, ce qui ne se peut nier sans erreur.	409
— XIV.	Seconde manière de voir les choses en Dieu, qui est de les voir dans une *étendue intelligible infinie* que Dieu renferme. Que ce que l'on dit sur cela, ou est tout-à-fait indigne de Dieu, ou se contredit manifestement.	414
— XV.	Que l'étendue intelligible infinie ne nous saurait être un moyen de voir les choses que nous ne connaissons pas, et que nous voudrions connaître.	427
— XVI.	Que ce que cet auteur fait faire à notre esprit pour trouver ses idées dans son *étendue intelligible infinie* est contraire à l'expérience et aux lois générales que Dieu s'est prescrites à lui-même pour nous donner la connaissance de ses ouvrages.	433
— XVII.	Autre variation de cet auteur, qui dit tantôt qu'on voit Dieu, en voyant les créatures en Dieu, et tantôt qu'on ne le voit point, mais seulement les créatures.	440
— XVIII.	De trois préjugés qui pourraient empêcher qu'on ne se rende si facilement à ce qui a été dit contre la nouvelle philosophie des idées, dont le premier est l'estime que l'on fait de celui qui en est l'auteur.	445
— XIX.	Du préjugé II, qui est que cette nouvelle philosophie des idées fait mieux voir qu'aucune autre combien les esprits sont dépendants de Dieu et combien ils lui doivent être unis.	448

	Pages.
Chap. XX. Du préjugé III, qu'en n'admettant point cette philosophie des idées, on est réduit à dire que notre âme pense, parce que c'est sa nature, et que Dieu, en la créant, lui a donné la faculté de penser.	457
— XXI. Que quand cet auteur dit qu'il y a des choses que nous voyons sans idée, ce qu'il entend par là n'est pas assez démêlé et cause tant de confusion qu'on n'en peut avoir aucune notion claire.	461
— XXII. Que s'il était vrai que nous vissions les choses matérielles par des *êtres représentatifs* (ce qui est la même chose à cet auteur que de les voir en Dieu), il n'aurait eu nulle raison de prétendre que nous ne voyons pas notre âme en cette matière.	466
— XXIII. Réponse aux raisons que cet auteur apporte pour montrer que nous n'avons point d'idée claire de notre âme, et que nous en avons de l'étendue.	470
— XXIV. Conclusion des raisons de cet auteur contre la clarté de l'idée de l'âme. D'où vient qu'il ne l'a pu trouver dans lui-même.	491
— XXV. Si nous connaissons sans idée les âmes des autres hommes.	500
— XXVI. Si nous voyons Dieu en lui-même et sans idée.	502
— XXVII. De l'origine des idées. Qu'il n'y a aucune raison de croire que notre âme soit purement passive, au regard de toutes ses perceptions, et qu'il est bien plus vraisemblable qu'elle a reçu de Dieu la faculté de s'en former plusieurs.	509
— XXVIII. Diverses réflexions sur ce que dit l'auteur de *la Recherche de la Vérité* qu'on ne peut être entièrement assuré de l'existence des corps que par la foi.	519
Conclusion.	530
Notes sur le traité des vraies et des fausses idées.	531

FIN DE LA TABLE.

EXTRAIT DU CATALOGUE

DE LA

LIBRAIRIE DE L. HACHETTE

PUBLICATIONS PHILOSOPHIQUES

Considérations sur la sensibilité mise à sa place et présentée comme essentiellement distincte du principe intellectuel, par M. Paffe, professeur de philosophie, 1 vol. in-8°. Prix, broché. . . . . 3 fr. 50 c.

Cours de droit naturel, professé à la Faculté des lettres de Paris, par Jouffroy, 3 vol. in-8°. Prix, brochés. . . 20 fr.

Cours de philosophie, par M. Damiron, professeur de philosophie à la Faculté des lettres de Paris, 4 vol. in-8°. Prix, brochés. . . . . 24 fr.

    On vend séparément :

    Première partie : *Psychologie*, 2 vol., 2ᵉ édit. Prix. . 10 fr.
    Deuxième partie : *Morale*, 1 vol., 2ᵉ édit. Prix. . . 7 fr.
    Troisième partie : *Logique*, 1 vol. . . . . 7 fr.

Cours de philosophie, professé par M. V. Cousin à la Faculté des lettres, pendant l'année 1818, comprenant l'analyse de la raison ; publié d'après les rédactions de ses meilleurs élèves, par M. Ad. Garnier, 1 vol. in-8°. Prix, br. 7 fr. 50 c.

Cours d'esthétique, professé par Jouffroy à la Faculté des lettres de Paris, publié par M. Damiron, 1 vol. in-8°. Prix. . . . .

Descartes (Œuvres complètes de), publiées par M. Victor Cousin, 11 vol. in-8. Prix, brochés. . . . . 36 fr.

Destination de l'homme, de Fichte, traduit de l'allemand par le baron Barchou de Penhoën, 1 vol. in-8°. Prix, broché. . . . . 5 fr.

Essais sur la philosophie des Hindous, par H. T. Colebrooke, directeur de la Société asiatique de Londres; traduits de l'anglais et augmentés de textes sanskrits et de notes nombreuses, par M. G. Pauthier, de la Société asiatique de Paris, 2 parties réunies en 1 vol. in-8°. Prix, broché.   6 fr.

Essai sur l'histoire de la philosophie en France au XIXe siècle, par M. Damiron, 3e éd., 2 v. in-8°. Prix, br. 13 fr.

Extraits philosophiques de Cicéron, rédigés sur le plan du programme adopté pour l'examen du baccalauréat ès lettres, par M. de Lens, professeur de philosophie au collége royal d'Angers, 2e édition, 1 vol. in-12. Prix, br.   2 fr. 50 c.

Histoire de la philosophie allemande, depuis Leibnitz jusqu'à Hegel, par le baron Barchou de Penhoën, 2 vol. in-8°. Prix, brochés. . . . . 15 fr.

Influence (de l') de la philosophie du dix-huitième siècle sur la législation et la sociabilité du dix-neuvième, par M. Lerminier, 1 vol. in-8°. Prix, broché. . . . . 5 fr.

Kabbale (la), ou la philosophie religieuse des Hébreux, par M. Ad. Franck, professeur agrégé de philosophie à la Faculté des lettres de Paris, 1 vol. in-8°. Prix, broché. . .   7 fr. 50 c.

Philosophie du droit, par M. E. Lerminier, 2 vol. in-8°. Prix, brochés. . . . . 14 fr.

Précis de l'histoire de la philosophie, publié par MM. de Salinis et de Scorbiac, anciens directeurs du collége de Juilly, 1 vol. in-8°, 2e édition. Prix, broché. . . . .   6 fr.

Précis d'un cours de psychologie, par M. Ad. Garnier, professeur adjoint de philosophie à la Faculté des lettres de Paris, 1 vol. in-8°. Prix, broché. . . . .   4 fr.

Psychologie (la) et la phrénologie comparées, par le même auteur, 1 vol. in-8°. Prix, broché. . . .   7 fr. 50 c.

Usage (de l') et de l'abus de l'esprit philosophique durant le dix-huitième siècle, par M. J.-C.-M. Portalis; précédé d'un essai sur l'origine, l'histoire et les progrès de la littérature française et de la philosophie, par M. le comte Portalis, pair de France, 3e édition, 2 vol. in-8°. Prix, brochés. . . . . 12 fr.

Imprimerie de E. Duverger, rue de Verneuil, no 4.

LIBRAIRIE DE L. HACHETTE.

BIBLIOTHÈQUE PHILOSOPHIQUE

DES TEMPS MODERNES

OU COLLECTION DES PRINCIPAUX PHILOSOPHES

QUI ONT ÉCRIT DEPUIS LA RENAISSANCE DES LETTRES.

PHILOSOPHIE FRANÇAISE.

PREMIÈRE SÉRIE, FORMAT IN-8°.
En vente :

OEuvres philosophiques de Bacon, publiées d'après les textes originaux, avec notice et éclaircissements, par M. N. Bouillet, proviseur du collége royal de Bourbon, 3 vol.

OEuvres philosophiques de Descartes, publiées d'après les textes originaux, avec notices, sommaires et éclaircissements, par M. Ad. Garnier, professeur adjoint de philosophie à la Faculté des lettres de Paris, 4 forts volumes.

Lettres de L. Euler à une princesse d'Allemagne sur divers sujets de physique et de philosophie, précédées de l'éloge d'Euler, par Condorcet, et annotées par M. A. Cournot, inspecteur général des études. 2 volumes avec planches.

OEuvres complètes de Thomas Reid, chef de l'école écossaise, publiées par Th. Jouffroy, avec des fragments de Royer-Collard, et une introduction de l'éditeur, 6 volumes.

DEUXIÈME SÉRIE, FORMAT TRÈS GRAND IN-18.
En vente :

OEuvres philosophiques d'Arnauld, comprenant : les Objections contre les Méditations de Descartes, la Logique de Port-Royal, le Traité des vraies et des fausses Idées, et publiées par M. Jourdain, professeur de philosophie au collége Stanislas, 1 volume. Prix : 3 fr. 50 c.

OEuvres philosophiques de Bossuet, comprenant : le Traité de la connaissance de Dieu et de soi-même, le Traité sur le libre arbitre, la Logique, divers fragments, et publiés par M. de Lens, professeur de philosophie au collége royal d'Angers, 1 volume. Prix : 3 fr. 50 c.

DICTIONNAIRE DES SCIENCES PHILOSOPHIQUES

Dans les temps anciens et modernes, publié par M. Franck, professeur agrégé de philosophie à la Faculté des lettres de Paris, avec la collaboration de plusieurs professeurs de philosophie, 4 forts volumes qui seront publiés chacun en deux livraisons.

La première livraison paraîtra en Septembre 1843, et les livraisons suivantes de trois mois en trois mois.